NOUVEAUX PROGRAMMES 2016

# Cap Maths

CYCLE 2

CP

W0213240

GUIDE DE L'ENSEIGNANT

DIRECTEUR DE COLLECTION

**Roland Charnay**

Professeur de mathématiques

**Georges Combier**

Professeur de mathématiques

**Marie-Paule Dussuc**

Professeur de mathématiques en ESPE

**Dany Madier**

Professeur des écoles

Cette publication est conforme à la nouvelle orthographe www.orthographe-recommandee.info

Cet ouvrage applique l'orthographe recommandée par le ministère de l'Éducation nationale.

PAPIER RECYCLÉ

Hatier

# La nouvelle édition de Cap Maths CP

Cette nouvelle édition de **Cap Maths CP** est le fruit d'une réflexion alimentée par plusieurs enquêtes réalisées auprès d'enseignants ainsi que par les commentaires spontanés qui nous sont adressés. Elle prend en compte les attendus du programme en vigueur depuis la rentrée 2016 pour le cycle 2.

Ce programme conforte le choix d'une méthode d'enseignement qui accorde **une place essentielle à la réflexion des élèves au travers de situations de recherche** qui sont à la base des principaux apprentissages, sans négliger **la part importante qui doit être dévolue aux exercices d'entrainement et de consolidation**.

Ce choix se trouve en accord avec cette affirmation de l'introduction du **programme de cycle 2** :

> Au cycle 2, la résolution de problèmes est au centre de l'activité mathématique des élèves, développant leurs capacités à chercher, raisonner et communiquer. Les problèmes permettent d'aborder de nouvelles notions, de consolider des acquisitions, de provoquer des questionnements.

L'enseignement des mathématiques au cycle 2 est organisé autour de **six compétences essentielles** (BO spécial n° 11 du 26 novembre 2015, p. 74) qui concernent tous les niveaux de ce cycle. Les mêmes compétences sont également déclinées pour les cycles suivants (cycles 3 et 4). Voici comment les six compétences du programme (sur fond bleu) sont prises en compte dans **Cap Maths CP**.

**Chercher**

- S'engager dans une démarche de résolution de problèmes en observant, en posant des questions, en manipulant, en expérimentant, en émettant des hypothèses, si besoin avec l'accompagnement du professeur après un temps de recherche autonome.
- Tester, essayer plusieurs pistes proposées par soi-même, les autres élèves ou le professeur.

**Ce que propose Cap Maths CP :**

→ La plupart des nouveaux apprentissages sont mis en place à partir d'une situation qui engage les élèves dans un travail de recherche.

→ Les pages « Banque de problèmes », à la fin de chaque unité, offrent plusieurs occasions de placer les élèves en situation de recherche.

**Modéliser**

- Utiliser des outils mathématiques pour résoudre des problèmes concrets, notamment des problèmes portant sur des grandeurs et leurs mesures.
- Réaliser que certains problèmes relèvent de situations additives, d'autres de situations multiplicatives, de partages ou de groupements.
- Reconnaitre des formes dans des objets réels et les reproduire géométriquement.

**Ce que propose Cap Maths CP :**

→ Des problèmes sont proposés dans tous les domaines d'étude : Nombres et calculs, Grandeurs et mesures, Espace et géométrie.

→ Pour les structures additives, sont proposées des situations de réunion, de complément, d'augmentation et de diminution, de déplacement sur une file numérique.

→ Dans le domaine des grandeurs et des mesures, le travail sur les longueurs (comparaison, mesure avec une unité...) prend appui sur des situations qui permettent de leur donner du sens.

→ En géométrie, les différents types d'activités proposés concourent à caractériser les formes non seulement à partir de leur allure globale, mais aussi pour les polygones usuels en fonction de leur nombre de côtés et de sommets.



ISBN : 978-2-218-96441-1

**Représenter**

- Appréhender différents systèmes de représentations (dessins, schémas, arbres de calcul, etc.).
- Utiliser des nombres pour représenter des quantités ou des grandeurs.
- Utiliser diverses représentations de solides et de situations spatiales.

**Ce que propose Cap Maths CP :**

→ Les élèves sont amenés à prendre des informations sur différents supports (texte, illustration).

→ Ils sont incités à recourir à des schématisations comme supports de résolution de problèmes ou pour rendre compte d'une stratégie de calcul.

→ La progression est pensée pour articuler le travail sur les nombres et sur les grandeurs.

→ En géométrie, l'étude des représentations planes de l'espace et de solides produites par les élèves placés en situation de communication permet d'en dégager de premières caractéristiques.

**Raisonner**

- Anticiper le résultat d'une manipulation, d'un calcul, ou d'une mesure.
- Raisonner sur des figures pour les reproduire avec des instruments.
- Tenir compte d'éléments divers (arguments d'autrui, résultats d'une expérience, sources internes ou externes à la classe, etc.) pour modifier son jugement.
- Prendre progressivement conscience de la nécessité et de l'intérêt de justifier ce que l'on affirme.

**Ce que propose Cap Maths CP :**

→ Le recours à des situations expérimentales, qui favorisent l'appropriation d'une situation et la validation des réponses anticipées par les élèves, est un axe fort du travail proposé.

→ De même, dans des moments collectifs (les mises en commun), les élèves sont incités à justifier leurs propositions et à développer des arguments en faveur d'une solution ou pour mettre en défaut la proposition d'un autre élève.

**Calculer**

- Calculer avec des nombres entiers, mentalement ou à la main, de manière exacte ou approchée, en utilisant des stratégies adaptées aux nombres en jeu.
- Contrôler la vraisemblance de ses résultats.

**Ce que propose Cap Maths CP :**

→ Le calcul mental fait l'objet d'un entrainement quotidien et de séances d'apprentissage spécifiques, en veillant à faire expliciter les procédures utilisées dans le cas du calcul réfléchi.

→ Une technique de calcul posé pour l'addition n'est introduite que lorsque les élèves sont capables d'en comprendre le fonctionnement.

**Communiquer**

- Utiliser l'oral et l'écrit, le langage naturel puis quelques représentations et quelques symboles pour expliciter des démarches, argumenter des raisonnements.

**Ce que propose Cap Maths CP :**

→ Tout au long de la progression, notamment pour les nouveaux apprentissages, la compréhension des élèves s'articule autour de trois langages mis en relation : celui des objets et des représentations imagées, celui des mots (principalement à l'oral) et celui des symboles mathématiques.

# Les supports de Cap Maths CP

## Pour l'enseignant

### Le Guide de l'enseignant

***C'est le « pivot » de la méthode, un outil incontournable.***
*Chacune des 10 unités d'apprentissage est découpée en 9 séances décrites dans le guide auxquelles s'ajoute le bilan. 3 ou 4 séances supplémentaires, au choix de l'enseignant, sont prévues pour la consolidation et la résolution de problèmes.*
*Toutes les activités sont décrites et commentées, tous les exercices sont corrigés.*

**Pour chaque unité :**

- **Tableau de programmation** des apprentissages.
- **Situations d'apprentissage, activités de révision et de calcul mental** décrites de façon détaillée avec analyse des procédures des élèves, pistes de différenciation et proposition de synthèse en fin d'apprentissage.
- **Exercices** du fichier Nombres et Calculs et du cahier Mesures et Géométrie commentés avec visuels et corrigés.
- **Bilan de fin d'unité** commenté avec des propositions de consolidation et remédiation : exercices dans le fichier Nombres et Calculs ou le cahier Mesures et Géométrie et outils complémentaires de la collection Cap Maths.
- **Exploitation de la page Problèmes.**

**Toutes les 3 ou 4 unités :**

- **Évaluations** de fin de période commentées.

### Le Matériel photocopiable

*Les fiches du matériel sont en noir et blanc pour en faciliter la photocopie.*
*Leur utilisation est précisée dans le Guide.*

- **Fiches de travail et matériel** pour les activités de la classe.
- **Évaluations** de fin de période.

### Le CD-Rom du guide

*Inclus dans le guide, il comprend notamment le matériel qui peut être modifié par l'enseignant.*

- **Fiches différenciation** pour certains exercices du Fichier et du Cahier.
- **Évaluations** de fin de période.
- **Bilans de compétences** du socle.
- **Tableau de progression** des apprentissages pour le cycle 2

## Pour l'élève

### Le fichier Nombres et Calculs

*L'utilisation du Fichier est précisée dans le Guide.*

- **10 unités de travail :** calcul mental, exercices de révision, exercices d'entrainement suite aux phases d'apprentissage.
- **10 Bilans** en fin d'unité.
- **Exercices de consolidation** en fin d'unité.
- **7 pages Problèmes** et **3 pages Jeux.**
- **Matériel individuel prédécoupé :** cartes quantités, cartes nombres, compteur, monnaie…
- **Sous-main :** file numérique et tableau des nombres (jusqu'à 99).

### Le Dico-Maths

*Ce fascicule indépendant est fourni avec le Fichier. Il sert progressivement de référence sure aux élèves avec un vocabulaire précis.*

- Connaissances et compétences attendues au CP dans les trois domaines : Nombres et calculs, Grandeurs et mesures, Espace et géométrie.

### Le cahier Mesures et Géométrie

*L'utilisation du Cahier est précisée dans le Guide.*
*Il est fourni avec le Fichier.*

- **10 unités de travail** : exercices de révision, exercices d'entrainement suite aux phases d'apprentissage.
- **10 Bilans** en fin d'unité
- **Exercices de consolidation** en fin d'unité.
- **3 pages Problèmes**
- **Matériel individuel prédécoupé :** règles graduées et unités de longueur, formes géométriques.

# Les outils complémentaires pour le CP

*Ces outils sont à la disposition de l'enseignant pour enrichir son choix d'activités. Il peut y puiser librement, aidé par les indications fournies dans le Guide.*

| | | | |
|---|---|---|---|
| **Pour entrainer, consolider et différencier dans les trois domaines du programme** | **Avec l'enseignant** en collectif ou avec un groupe d'élèves |  | **80 Activités et jeux mathématiques CP**<br>**Activités et jeux** regroupés par domaines afin d'entrainer ou de consolider des connaissances travaillées dans chaque unité. |
| | **En individuel** | 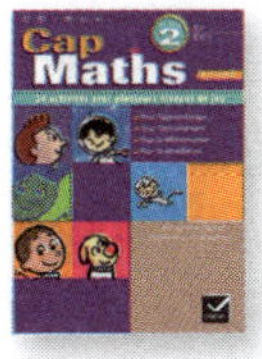 | **CD-Rom jeux interactifs GS-CP-CE1**<br>**Activités interactives** qui complètent et prolongent certaines situations de Cap Maths. |
| **Pour travailler le calcul mental** | **Avec l'enseignant** en collectif ou avec un groupe d'élèves |  | **Ressources numériques classe calcul mental CP**<br>**Activités de calcul mental** interactives pour vidéoprojection et TNI. |
| | **En individuel** |  Androïd - IOS | **Appli calcul mental CP-CE1-CE2**<br>**Activités pour tablettes et smartphones** (Apple et Androïd) : entrainement au calcul rapide et calcul réfléchi (5 à 6 niveaux de jeu par classe).<br>Disponibles sur App Store et Play Store. |
| **Pour gagner du temps dans la préparation du matériel collectif, en lien avec les situations de Cap Maths** | | 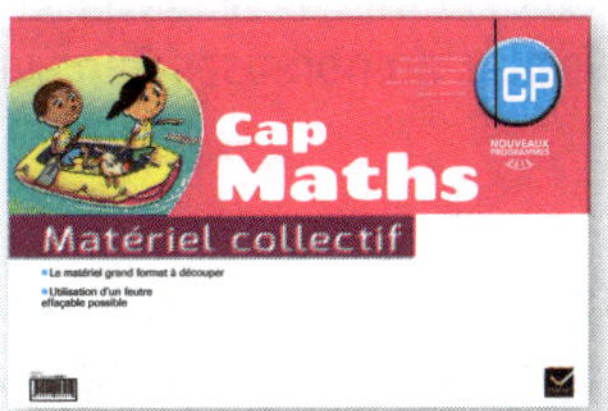 | **Matériel collectif grand format CP**<br>**24 posters à découper :** cartes, file numérique, tables de numération, cibles, formes géométriques, horloges… |
| | | 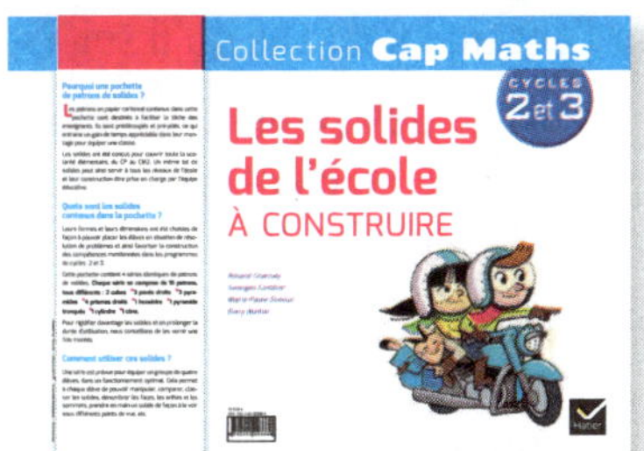 | **Les solides de l'école du CP au CM2**<br>**4 séries identiques de 16 solides** différents en couleur, prédécoupés et pré-pliés sur des planches cartonnées, qui permettent à chaque élève de manipuler les solides une fois montés. |
| **Pour apprendre à se servir d'une calculatrice** | **Avec l'enseignant et en individuel** | 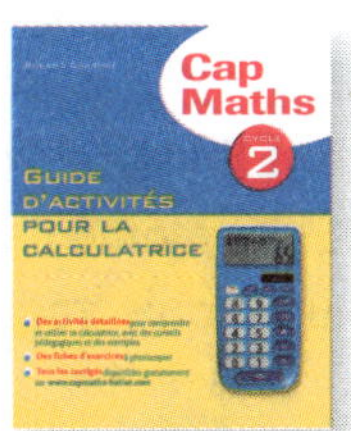 | **Activités pour la calculatrice GS-CP-CE1**<br>**Activités qui peuvent être conduites avec une calculatrice** sur différents apprentissages du domaine Nombres et Calculs. Des exercices sur fiches photocopiables sont également proposés. |
| **Pour s'informer, discuter…** | |  | **www.capmaths-hatier.com**<br>– Présentation de la méthode.<br>– Forum de discussion.<br>– Ressources à télécharger. |

# La démarche de Cap Maths CP

**Les 7 piliers de la démarche d'apprentissage proposée.**

**CHERCHER** → **Acquérir un nouveau savoir** a du sens si ce savoir se révèle être un outil qui permet de répondre à des questions, de résoudre de nouveaux problèmes.

Ce moment du travail aide l'élève à s'approprier ces questions et problèmes, et à s'engager dans une première élaboration du savoir sous-jacent.

**EXPLOITER** → **La confrontation avec les autres élèves** permet une première mutualisation des réponses et démarches (ou procédures). Elle donne également lieu à des échanges d'arguments à propos de la validité de ces réponses et des erreurs identifiées.

**METTRE AU POINT UNE NOUVELLE CONNAISSANCE** → **Les apports de l'enseignant** sont indispensables pour compléter, mettre en forme et en mots, et officialiser ce qui est à retenir.
**Le recours à des écrits de référence** établis avec l'enseignant ou fournis aux élèves (Dico-Maths de Cap Maths) contribue à cette reconnaissance du savoir à maitriser.

**S'ENTRAINER** → **Pour stabiliser et rendre les connaissances opérationnelles**, on s'appuie sur la mémorisation de certains résultats et sur la répétition de certaines procédures.

**Des moments d'entrainement** sont donc indispensables. Les exercices ou problèmes traités peuvent être corrigés individuellement si quelques élèves seulement n'ont pas réussi, ou collectivement en cas de difficultés plus nombreuses dans la classe.

**ÉVALUER** → **L'évaluation est nécessaire** pour piloter les apprentissages des élèves.
En ce sens, elle a d'abord un **rôle formatif** et peut prendre des aspects divers :

– **au quotidien,** en cours d'apprentissage, les travaux des élèves sont une source essentielle d'observation et d'analyse pour l'enseignant, sans qu'il soit besoin d'exercices spécifiques ;

– **régulièrement,** au terme de chacune des 10 unités d'apprentissage, les réussites et les difficultés sont identifiées pour mettre en place des réponses pédagogiques adaptées : remédiation, consolidation ;

– **au terme de chaque trimestre de l'année scolaire,** un point est fait pour savoir comment les élèves ont capitalisé leurs acquis et s'ils sont capables de les mobiliser dans des situations variées, de complexité différente.

**CONSOLIDER, REMÉDIER** → **L'apprentissage est rarement linéaire et sans embuches.** Suite aux observations faites et analysées par l'enseignant, des moments personnalisés sont nécessaires, visant à remédier à une difficulté, à consolider un acquis fragile ou encore à enrichir une compréhension trop faible.

**RÉVISER** → **Un nouvel élément de savoir est rarement définitivement acquis.** Des moments de reprise sont nécessaires. Cela peut être fait à l'occasion d'un nouvel apprentissage qui mobilise cet élément de savoir ou être réalisé par des activités de révision après la période d'apprentissage.

# L'organisation du travail avec **Cap Maths CP**

## L'ORGANISATION EN 10 UNITÉS

Les apprentissages dans **Cap Maths** sont organisés sur **10 unités** de 3 semaines chacune environ, soit **30 semaines.** L'année scolaire étant organisée sur **36 semaines,** cela laisse donc une marge de temps disponible (de 5 à 6 semaines) pour d'autres activités, notamment pour les évaluations périodiques prévues par l'Institution et pour leur exploitation (consolidation, différenciation…).

Par rapport à l'organisation en 15 unités proposée dans l'édition précédente, le découpage de **Cap Maths** en 10 unités présente l'avantage de mieux organiser les apprentissages en une suite de séances réalisables sur une même unité et de laisser une plus grande souplesse et initiative à l'enseignant pour la gestion des apprentissages.

**Chaque unité correspond à 13 ou 14 séances de travail** d'une durée de 1 h à 1 h 15 min :

– **10 séances** sont décrites de façon détaillée (9 pour les apprentissages, 1 pour le bilan de fin d'unité) ;

– **3 ou 4 séances** restent à disposition de l'enseignant pour tenir compte des besoins de ses élèves. Pour cela, il peut utiliser les différentes ressources qui lui sont proposées : banques de problèmes et exercices de consolidation du fichier Nombres et Calculs ou du cahier Mesures et Géométrie, fiches différenciation fournies dans le CD-Rom du Guide, activités complémentaires proposées dans le « CD-Rom Jeux interactifs » ou dans les « 80 Activités et jeux mathématiques CP ».

## LE PLAN DE TRAVAIL PROPOSÉ PAR CAP MATHS

Le schéma proposé par **Cap Maths** prend en compte les horaires officiels, mais d'autres organisations sont bien entendu possibles.

### ▸ Plan de travail pour l'année

| **Année scolaire**<br>horaire officiel : **180 h** | • 10 unités de 15 h chacune, soit **150 h.**<br>• Compléments, évaluations périodiques : **30 h.** |
|---|---|

### ▸ Plan de travail pour chaque unité

| **Unité de travail de 3 semaines :**<br>**15 h** | • **9 séances** d'environ 1 h 15 min avec pour chacune : calcul mental, révisions et nouveaux apprentissages (voir tableau suivant).<br>• **1 séance** d'environ 1 h pour le bilan de fin d'unité.<br>• **3 ou 4 séances** d'environ 45 min ou 1 h chacune pour les pages problèmes, les consolidations et la remédiation. |
|---|---|

### ▸ Plan de travail pour chaque séance

<table>
<tr><td>Calcul mental oral et révisions</td><td>• 30 minutes<br>(9 séances par unité)</td><td rowspan="2">Ces 2 blocs (calcul mental/révision et nouvel apprentissage) sont prévus comme pouvant être deux moments différents d'une même journée.</td></tr>
<tr><td>Nouveaux apprentissages</td><td>• 45 minutes<br>(9 séances par unité)</td></tr>
<tr><td>Bilan</td><td colspan="2">• 45 minutes ou 1 heure (1 séance en fin d'unité)</td></tr>
<tr><td>Pages problèmes, consolidation, remédiation</td><td colspan="2">• 1 heure (3 séances par unité) ou 45 minutes (4 séances par unité)</td></tr>
</table>

## DANS UNE CLASSE À COURS MULTIPLES

Au CP, les activités mathématiques nécessitent souvent une présence importante de l'enseignant, notamment dans les moments de travail sur de nouveaux apprentissages. **Trois choix** ont été faits pour faciliter l'utilisation de **Cap Maths** dans une classe à cours multiples.

▸ **La régularité de l'organisation des séances consacrées à de nouveaux apprentissages** permet de prévoir deux temps distincts dans la journée (de 30 minutes et de 45 minutes), ces deux temps n'étant pas nécessairement consécutifs (voir *plan de travail pour chaque séquence*, p. VII).

▸ **Le temps de travail sur le fichier Nombres et Calculs ou le cahier Mesures et Géométrie** est renforcé avec des activités de consolidation et remédiation, et doit progressivement devenir de plus en plus un temps de travail autonome pour l'élève.

▸ **Les moments de recherche individuelle ou en équipe** permettent à l'enseignant de se rendre disponible pour travailler avec d'autres niveaux, mais il doit pouvoir observer ce que font les élèves en vue de l'exploitation collective.

## DIFFÉRENCIATION ET AIDE AUX ÉLÈVES EN DIFFICULTÉ

Tous les élèves ne progressent pas au même rythme et n'empruntent pas les mêmes chemins de compréhension. **Cap Maths** propose plusieurs moyens pour prendre en compte les besoins de chacun.

### ▸ Différenciation par les modes de résolution

Dans la plupart des situations-problèmes proposées aux élèves, plusieurs modes de résolution corrects sont possibles. Il est important de faire comprendre et accepter par les élèves qu'un problème peut être résolu en élaborant une solution personnelle et non en essayant de deviner celle qui est supposée être attendue par l'enseignant.

La possibilité donnée à l'élève de traiter une question, en utilisant les moyens qui correspondent le mieux à sa compréhension de la situation et aux connaissances qu'il est capable de mobiliser, constitue le moyen privilégié de la différenciation. Il permet à l'élève de s'engager dans un travail sans la crainte de ne pas utiliser le seul mode de résolution attendu par l'enseignant.

Il convient toutefois d'avoir le souci d'amener les élèves à faire évoluer leurs modes de résolution vers des modes de résolution plus élaborés. **Cap Maths** fournit des indications sur les moyens d'atteindre cet objectif.

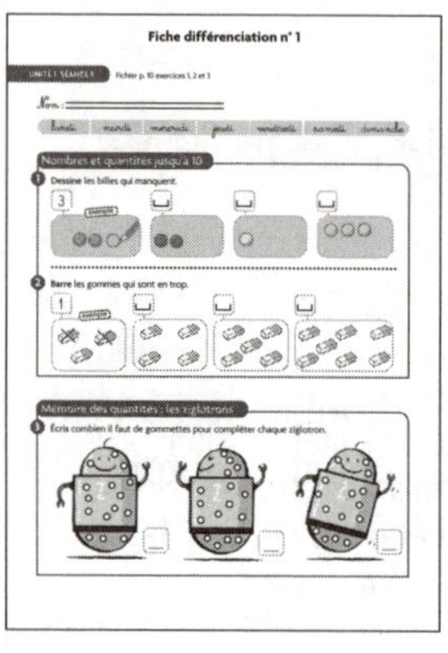


### ▸ Différenciation et aide par l'aménagement des situations

Le plus souvent, dans la phase de mise en place des notions, les situations proposées le sont dans des conditions identiques pour tous les élèves. À l'issue de ce travail, il peut être nécessaire de reprendre, avec toute la classe ou avec quelques élèves, certaines activités, en adaptant des données ou en autorisant ou non le recours à tel ou tel matériel (file numérique, calculatrice…).

Les **Fiches différenciation** reprennent des exercices du fichier Nombres et Calculs ou du cahier Mesures et Géométrie, avec la possibilité pour l'enseignant de choisir certaines données. Ces fiches, disponibles sur le CD-Rom du guide, permettent ainsi une adaptation des exercices dans la perspective d'une aide appropriée aux besoins et aux possibilités de chacun.

### ▸ Différenciation et aide par le choix des tâches proposées

À d'autres moments, il est nécessaire d'apporter une aide particulière à un élève ou à un groupe d'élèves pour remédier à des difficultés ou pour consolider une connaissance particulièrement importante pour la suite des apprentissages.

Des pistes de travail sont fournies dans le Guide de l'enseignant à la fin de chaque unité :

– l'enseignant peut proposer des **exercices et problèmes de remédiation et de consolidation** dans les pages « Je consolide mes connaissances » du fichier Nombres et Calculs ou du cahier Mesures et Géométrie ;

– dans une double perspective d'aide et d'approfondissement, il est également possible de faire appel à des **problèmes choisis dans les pages « Banque de problèmes »** du fichier Nombres et Calculs ou du cahier Mesures et Géométrie ou encore aux activités de l'ouvrage « 80 Activités et jeux mathématiques au CP » ;

– les activités du « CD-Rom Jeux interactifs » peuvent également être utilisées à ces fins, notamment pour l'**entrainement au calcul mental**.

## TRACES ÉCRITES ET DICO-MATHS

L'identification des éléments de connaissance importants et leur mémorisation sont parfois difficiles pour de jeunes élèves. La méthode **Cap Maths** insiste sur les phases d'élaboration (résolution de problèmes), de mise en évidence par l'enseignant (synthèse) et d'exercices (entrainement, consolidation et révision).

Il est également nécessaire que les élèves puissent se référer à des **écrits provisoires ou permanents** qui permettent d'organiser les connaissances sur des supports écrits qui leur sont accessibles, ce que les enseignants appellent souvent les « traces écrites ». Celles-ci peuvent prendre plusieurs formes.

▸ **Le fichier Nombres et Calculs et le cahier Mesures et Géométrie ne comportent pas d'éléments de cours.** La mise en place des apprentissages se fait essentiellement à partir d'activités proposées dans le Guide de l'enseignant et parfois avec l'appui des fiches photocopiables. Cela n'enlève rien à la nécessité de garder des traces de ce qui a été appris.

▸ **Des écrits provisoires peuvent rester affichés quelques jours** pour que les élèves puissent s'y référer lors des séances qui suivent un nouvel apprentissage. À titre d'exemple, nous proposons, suite à l'introduction du symbolisme de l'addition et de la soustraction (signes + *et* –) en unité 3, que des résultats soient recensés et affichés dans un répertoire collectif au fur et à mesure de leur production. Plus tard, ces résultats seront organisés et complétés dans un premier répertoire avec toutes les décompositions des nombres jusqu'à 10 (en unité 4). Ces écrits provisoires peuvent être formulés avec les mots des élèves dans la mesure où ceux-ci ne contreviennent pas au sens mathématique.

▸ **D'autres écrits sont destinés à être conservés de façon plus durable** pour être consultés par les élèves ; ils peuvent alors donner lieu :
– soit à des affichages facilement accessibles pour les élèves (par exemple, affichage des figures géométriques et leurs noms) ; ces affichages ne doivent cependant pas être trop nombreux pour éviter que les élèves ne s'y perdent ;
– soit à des traces écrites individuelles consignées dans un cahier.

▸ **Le Dico-Maths complète ces diverses traces écrites.** Son usage habitue l'élève à se reporter à une source de renseignements sure chaque fois qu'il a oublié le sens d'un mot ou qu'il veut retrouver une méthode, un procédé appris mais oublié (souvent partiellement). Au départ, et notamment avec de jeunes élèves, il est d'abord utilisé avec l'aide de l'enseignant et sous son impulsion. Puis, progressivement, les élèves sont invités à y avoir recours de manière plus autonome. Évidemment, l'enseignant reste libre d'en autoriser ou pas l'usage en fonction de l'activité proposée à ses élèves.

## ÉVALUATION

À propos d'évaluation, on pense souvent uniquement à des exercices spécifiques, codifiés et donnant lieu à un inventaire de compétences ou à une appréciation. En réalité, l'évaluation peut revêtir diverses formes.

### ► L'évaluation intégrée aux activités quotidiennes

Au quotidien, **en observant et en analysant les productions écrites ou orales de ses élèves,** l'enseignant obtient des informations utiles au pilotage de son enseignement. Cette évaluation intégrée, qui ne s'appuie pas sur des exercices spécifiques, suffit souvent pour apporter les ajustements nécessaires pour la classe ou une partie des élèves. La description des procédures ou des erreurs possibles fournie dans le Guide de l'enseignant constitue pour cela une aide précieuse.

### ► Les bilans de fin d'unité

Tout au long des apprentissages, il est nécessaire de savoir comment les connaissances travaillées ont été comprises afin de pouvoir réagir au plus vite, si nécessaire. À la fin de chaque unité, dans le fichier Nombres et Calculs et le cahier Mesures et Géométrie, un bilan des nouveaux apprentissages est proposé :

**Fichier p. 12**

**Cahier p. 4**

1. Le bilan est préparé avec l'enseignant, à l'aide des supports de « **Je prépare le bilan** », les élèves étant invités à commenter chaque planche, à évoquer l'activité correspondante et à exprimer ce qu'ils pensent avoir retenu du travail réalisé. C'est aussi l'occasion pour l'enseignant de reformuler l'essentiel de ce qu'il fallait retenir, voire de revenir sur certains apprentissages.

**Fichier p. 13**

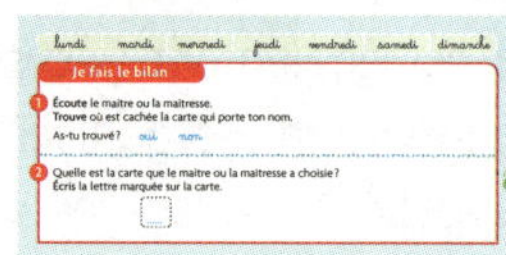

**Cahier p. 4**

2. Les élèves traitent les exercices de la page « **Je fais le bilan** ». À partir de leurs réponses, l'enseignant peut renseigner un **bilan de compétences** pour chaque élève (bilans fournis dans le CD-Rom du guide) et envisager les consolidations à mettre en place (voir ci-après).

### ► Les évaluations de fin de période

Il est également important, régulièrement, de faire un **bilan exhaustif des acquis des élèves**, centré sur les apprentissages essentiels inscrits dans le programme, et de relever des difficultés persistantes. Les supports de ces évaluations sont disponibles à la fois dans le Matériel photocopiable et le CD-Rom du Guide, et sont commentés dans le Guide. À partir de ces évaluations, l'enseignant peut renseigner les documents demandés par l'Institution et communiquer avec les parents sur la progression de leur enfant.

## CONSOLIDATION DES APPRENTISSAGES

**Cap Maths** met à disposition des enseignants **plusieurs outils pour organiser la consolidation des apprentissages** (remédiation, approfondissement, prolongement…). L'utilisation de ces outils est laissée à l'initiative de l'enseignant en fonction de l'organisation de sa classe et des besoins de ses élèves. Les activités de consolidation peuvent être utilisées **à la suite des bilans de fin d'unité,** mais peuvent aussi l'être **en cours d'apprentissage** lorsque l'enseignant juge utile d'insister sur des connaissances dont l'acquisition présente des difficultés.

## ▸ Exercices de consolidation du fichier Nombres et Calculs et du cahier Mesures et Géométrie

Pour chacun des deux outils, ces exercices sont situés en fin d'unité après les pages consacrées au bilan. Certains exercices peuvent être proposés à tous les élèves, d'autres seulement à quelques-uns, dans un atelier d'aide personnalisée par exemple.

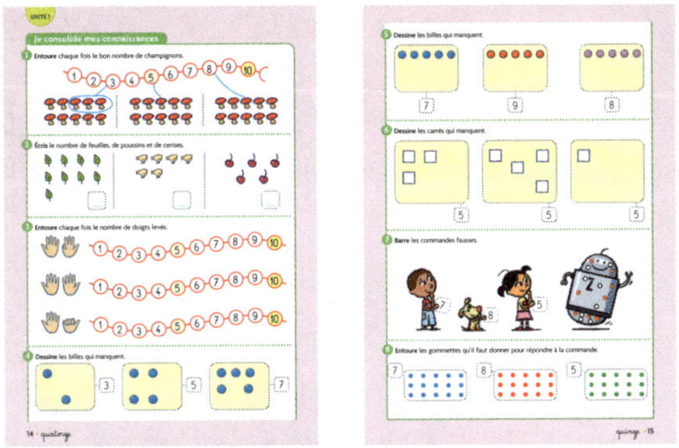

Fichier p. 14-15

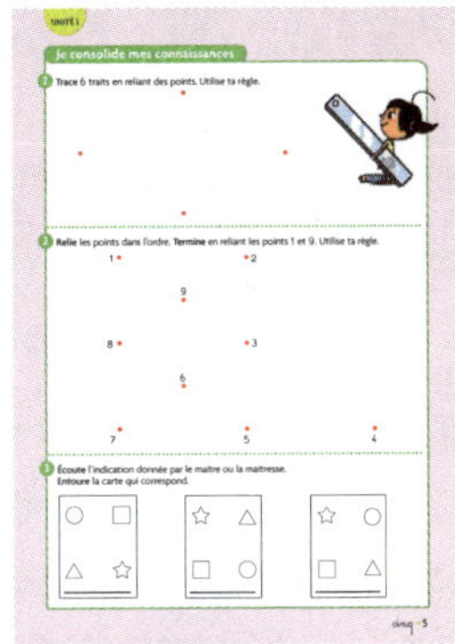

Cahier p. 5

## ▸ Fiches différenciation

Ces fiches sont fournies dans le **CD-Rom du guide**. Elles reprennent des exercices du fichier Nombres et Calculs ou du cahier Mesures et Géométrie et sont à compléter par l'enseignant qui choisit par exemple les valeurs numériques sur lesquelles il estime utile de faire travailler ses élèves. Leur utilisation est du même type que les exercices de consolidation.

## ▸ 80 Activités et jeux mathématiques CP

Cet ouvrage propose de nombreuses activités, souvent sous forme de jeux, qui peuvent être utilisées en complément de celles décrites dans le guide.
Regroupées par thèmes, elles sont destinées à entrainer ou approfondir des connaissances travaillées au cours de chaque unité. Elles peuvent être utilisées dans le cadre d'une action différenciée en vue de consolider des apprentissages (par exemple dans une optique de remédiation). Elles peuvent être proposées en ateliers dirigés, dans un coin mathématiques ou collectivement.

## ▸ CD-Rom Jeux interactifs GS-CP-CE1

Ce CD-Rom reprend certaines situations en favorisant le travail autonome de l'élève et en exploitant l'interactivité permise par l'ordinateur. Les activités proposées peuvent être utilisées à plusieurs fins :
– se substituer à des moments d'apprentissage proposés dans Cap Maths, notamment pour les classes à cours multiples ou pour les classes hétérogènes ;
– offrir des modalités de soutien pour des élèves en difficulté ;
– favoriser l'entrainement individualisé des élèves.

## ▸ Activités pour la calculatrice GS-CP-CE1

Cet ouvrage propose des activités qui peuvent être conduites avec une calculatrice sur les différents apprentissages du domaine Nombres et Calculs.

## ▸ Appli Calcul mental pour tablette et smartphone CP-CE1-CE2

Cette application, disponible sur l'App Store et le Play Store, propose des activités graduées pour un entrainement individualisé au calcul mental.

Toutes ces activités de consolidation des apprentissages sont indiquées dans le Guide de l'enseignant après chaque bilan d'unité, dans la rubrique Consolidation (à l'exception des activités de l'Appli Calcul mental).

# Les principaux apprentissages pour les 10 unités

| | Problèmes Gestion de données | Nombres et calculs — Nombres | Nombres et calculs — Calculs | Grandeurs et mesures | Espace et géométrie |
|---|---|---|---|---|---|
| **Unité 1** | **Nombres et calculs**<br>• Problème « pour apprendre à chercher » (toutes les réponses possibles)<br>• Banque de problèmes *Les photos de Gribouille* | **Nombres jusqu'à 10**<br>• Décomposition des nombres jusqu'à 5<br>• Les nombres pour garder la mémoire des quantités<br>• Doubles jusqu'à 10 | | | **Repérage**<br>• Dans un espace connu<br>• Dans l'espace de la feuille |
| **Unité 2** | **Nombres et calculs**<br>• Banque de problèmes *Les bougies d'anniversaire* | **Nombres jusqu'à 10**<br>• Comparaison de quantités<br>• Décomposition de quantités avec 1, 2 et 5 | **Addition soustraction**<br>• Ajouts et compléments<br>• Signes + et = | | **Repérage**<br>• Dans un espace connu |
| **Unité 3** | **Espace et géométrie**<br>• Banque de problèmes *Jeux de couleurs* | **Nombres jusqu'à 19**<br>• Les nombres pour garder la mémoire des rangs<br>• Approche de la dizaine | **Addition soustraction**<br>• Signes +, – et = | **Longueur**<br>• Comparaison | **Repérage**<br>• Utilisation d'un plan |
| **Unité 4** | **Nombres et calculs**<br>• Banque de problèmes *Les bons partages* | **Nombres jusqu'à 39**<br>• Suite écrite en chiffres<br>• Approche de la dizaine | **Addition soustraction**<br>• Répertoire additif et décomposition des nombres jusqu'à 10 | **Longueur**<br>• Addition de longueurs, longueur double et longueur moitié | **Figures planes**<br>• Reconnaissance perceptive (carré, rectangle, triangle) |
| **Unité 5** | **Nombres et calculs**<br>• Banque de problèmes *Les boites de crayons* | **Nombres jusqu'à 39**<br>• Dizaines et unités : valeur positionnelle des chiffres | **Addition soustraction**<br>• Répertoire additif jusqu'à 10 : utilisation, mémorisation | **Temps**<br>• Dates et durées : calendrier | **Repérage**<br>• Déplacement sur quadrillage |
| **Unité 6** | **Espace et géométrie**<br>• Banque de problèmes *Les carrés bicolores* | **Nombres jusqu'à 99**<br>• Dizaines et unités : valeur positionnelle des chiffres<br>• Comparaison (à partir des écritures en chiffres)<br>**Nombres jusqu'à 59**<br>• Lecture | **Addition soustraction**<br>• Doubles et moitiés jusqu'à 20<br>• Calcul réfléchi : appui sur un résultat connu (dont les doubles) | **Longueur**<br>• Mesure par report de l'unité | |

**Progression en calcul mental :**
se référer au fichier Nombres et Calculs (p. 4).

**Activités de révision et de consolidation :**
se référer au fichier Nombres et Calculs (p. 2-3) et au cahier Mesures et Géométrie (dos de la couverture).

# Les principaux apprentissages pour les 10 unités

| | Problèmes Gestion de données | Nombres et calculs | | Grandeurs et mesures | Espace et géométrie |
|---|---|---|---|---|---|
| | | Nombres | Calculs | | |
| Unité 7 | **Nombres et calculs**<br>• Problèmes sur la monnaie<br>• Banque de problèmes *Avec la monnaie* | **Nombres jusqu'à 99**<br>• Dizaines, unités et suite des nombres | **Addition soustraction**<br>• Déplacement sur une piste numérotée | **Monnaie en euros**<br>• Calcul avec des pièces et des billets de 1 €, 2 €, 5 €, 10 €<br>**Longueur**<br>• Mesure avec une règle graduée | **Figures planes**<br>• Reconnaissance dans un assemblage complexe (carré, rectangle, triangle)<br>**Repérage**<br>• Sur un quadrillage |
| Unité 8 | **Nombres et calculs**<br>• Banque de problèmes *Les mercredis d'Arthur et Zoé* | **Nombres jusqu'à 99**<br>• Tableau des nombres organisé par dizaines | **Addition soustraction**<br>• Répertoire additif jusqu'à 18 : élaboration, utilisation, mémorisation<br>• Calcul sur les dizaines | | **Repérage**<br>• Reproduction de figures sur un quadrillage |
| Unité 9 | **Espace et géométrie**<br>• Banque de problèmes *Des assemblages* | **Nombres jusqu'à 59, puis 79**<br>• Lecture et écriture en lettres<br>**Nombres jusqu'à 99**<br>• Dizaines et unités : décompositions avec 10 | **Addition soustraction**<br>• Calcul réfléchi : sommes de 2 nombres (sommes inférieures à 100) | **Temps**<br>• Lecture de l'heure<br>**Masse**<br>• Comparaison | **Figures planes**<br>• Tracés (carré, rectangle, triangle) |
| Unité 10 | **Nombres et calculs**<br>• Banque de problèmes *Le cirque* | **Nombres jusqu'à 99**<br>• Lecture et écriture en lettres | **Addition soustraction**<br>• Équivalence entre complément et différence<br>• Calcul posé : sommes de 2 nombres (sommes inférieures à 100)<br>• Calcul sur les dizaines<br>• Comparaison de sommes | | **Solides**<br>• Reconnaissance, description, représentation |

**Programme du cycle 2** (en vigueur à la rentrée 2016)

La connaissance des nombres entiers et du calcul est un objectif majeur du cycle 2. Elle se développe en appui sur les quantités et les grandeurs, en travaillant selon plusieurs axes.

**Des résolutions de problèmes contextualisés :** dénombrer des collections, mesurer des grandeurs, repérer un rang dans une liste, prévoir des résultats d'actions portant sur des collections ou des grandeurs (les comparer, les réunir, les augmenter, les diminuer, les partager en parts égales ou inégales, chercher combien de fois l'une est comprise dans l'autre, etc.). Ces actions portent sur des objets tout d'abord matériels puis évoqués à l'oral ou à l'écrit ; le travail de recherche et de modélisation sur ces problèmes permet d'introduire progressivement les quatre opérations (addition, soustraction, multiplication, division).

**L'étude de relations internes aux nombres :** comprendre que le successeur d'un nombre entier c'est « ce nombre plus un », décomposer/recomposer les nombres additivement, multiplicativement, en utilisant les unités de numération (dizaines, centaines, milliers), changer d'unités de numération de référence, comparer, ranger, itérer une suite (+ 1, + 10, + n), etc.

**L'étude des différentes désignations orales et/ou écrites :** nom du nombre ; écriture usuelle en chiffres (numération décimale de position) ; double de, moitié de, somme de, produit de ; différence de, quotient et reste de ; écritures en ligne additives/soustractives, multiplicatives, mixtes, en unités de numération, etc.

**L'appropriation de stratégies de calcul** adaptées aux nombres et aux opérations en jeu. Ces stratégies s'appuient sur la connaissance de faits numériques mémorisés (répertoires additif et multiplicatif, connaissance des unités de numération et de leurs relations, etc.) et sur celle des propriétés des opérations et de la numération. Le calcul mental est essentiel dans la vie quotidienne où il est souvent nécessaire de parvenir rapidement à un ordre de grandeur du résultat d'une opération, ou de vérifier un prix, etc.

**Une bonne connaissance des nombres inférieurs à mille et de leurs relations** est le fondement de la compréhension des nombres entiers, et ce champ numérique est privilégié pour la construction de stratégies de calcul et la résolution des premiers problèmes arithmétiques.

**Attendus de fin de cycle**

- ▶ Comprendre et utiliser des nombres entiers pour dénombrer, ordonner, repérer, comparer.
- ▶ Nommer, lire, écrire, représenter des nombres entiers.
- ▶ Résoudre des problèmes en utilisant des nombres entiers et le calcul.
- ▶ Calculer avec des nombres entiers.

## I. LES NOMBRES AU DÉBUT DU CP

### CONNAISSANCES ET COMPÉTENCES FONDAMENTALES

Tout au long de l'école maternelle, les élèves se sont approprié de premières connaissances et compétences sur les nombres entiers. Celles-ci doivent être consolidées, enrichies et stabilisées dans les premiers mois du CP avant d'aborder l'étude des désignations chiffrées et verbales des nombres (numération décimale).

Le schéma suivant permet de résumer ces connaissances et compétences relatives à une première maitrise des nombres.

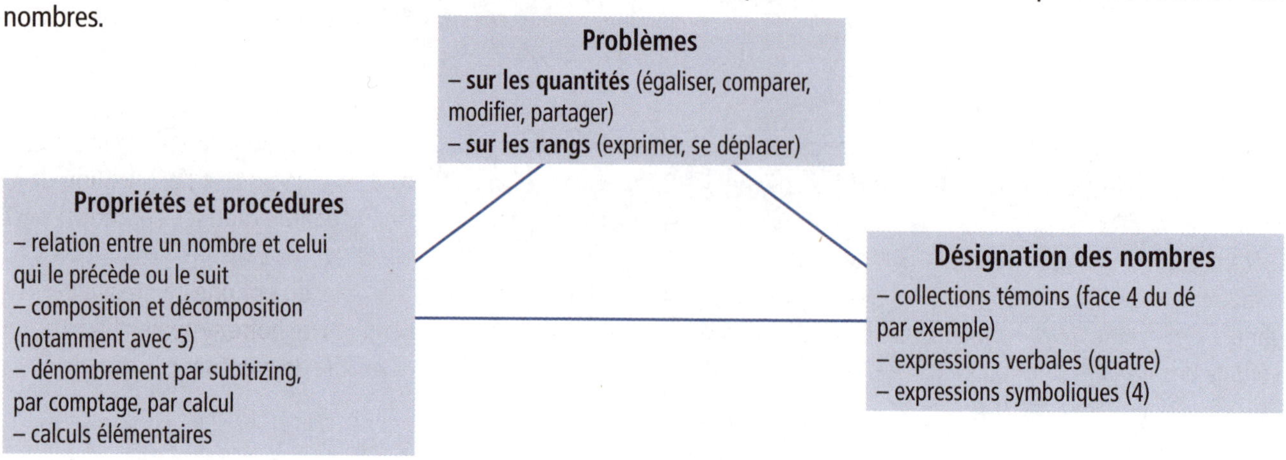

## RÉPONSES À QUELQUES QUESTIONS

### ▸ Dans les 2 premières unités de Cap Maths, le travail concerne pour l'essentiel les nombres jusqu'à 10. Quelles sont les justifications de ce choix ?

Cette inflexion par rapport aux éditions précédentes dans lesquelles le champ numérique envisagé en début d'année était plus large résulte de deux considérations.

**La première considération se réfère aux indications apportées dans les nouveaux programmes.** Celui pour la Maternelle[1] évoque à plusieurs reprises le champ des nombres jusqu'à dix comme domaine d'étude privilégié, aussi bien pour « la construction des quantités » que pour « quantifier des collections », « dire combien il faut ajouter ou enlever pour obtenir des quantités » ou encore pour « lire les nombres écrits en chiffres ». En continuité avec ces indications, le programme de cycle 2 précise dans les repères de progressivité qu'« au CP, l'étude systématique des relations numériques entre des nombres inférieurs à 10, puis à 20 (décomposition/recomposition) est approfondie durant toute l'année ». Cependant, comme l'indique le programme de Maternelle, la suite orale des nombres doit être connue bien au-delà de dix puisqu'il est recommandé que les élèves sachent « dire la suite des nombres jusqu'à trente ».

**La seconde considération résulte d'observations faites au niveau des classes** où les enseignants constatent, chez certains élèves, des difficultés ou des lacunes dans la maitrise des petits nombres, ce qui handicape la suite du travail avec des nombres plus grands.

→ Dans le fichier **Cap Maths**, l'enseignant trouvera, pages 6 et 7, des outils permettant **de repérer les compétences de chaque élève** : connaissance de la comptine numérique, dénombrement et réalisation de quantités d'objets, reconnaissance d'écritures chiffrées, résolution de problèmes portant sur les quantités (comparaison, augmentation, diminution...). Cela lui permet d'ajuster les activités proposées au profil de chaque élève.

### ▸ Quels problèmes sont proposés dès le début de l'année ?

Le sens des nombres est d'abord lié aux problèmes qu'ils permettent de résoudre, notamment en relation avec des quantités d'objets. Les problèmes proposés dans cette première période de l'année conduisent les élèves à prendre conscience de différentes utilisations des nombres pour :

– exprimer des quantités et en garder la mémoire ;
– comparer des quantités, sans avoir à les reproduire ;
– anticiper le résultat de modifications à apporter à une quantité (ajouts ou retraits) ;
– anticiper ce qu'il faut ajouter à une quantité pour obtenir une quantité donnée.

Ces situations sont fondamentales pour permettre aux élèves de donner du sens aux nombres.

→ Trois situations fondamentales sont proposées dans **Cap Maths** au cours des deux premières unités. **La situation « Ziglotron »** vise à consolider le fait que les nombres permettent d'avoir une mémoire des quantités et de réaliser des problèmes d'égalisation de quantités. **La situation « La bataille »** conduit les élèves à utiliser la comparaison des nombres pour comparer des quantités (après avoir pu les comparer directement). Dans le cadre d'un jeu, **la situation « Dix dans la boite »** oblige les élèves à opérer avec les nombres pour décider des actions à mettre en œuvre pour gagner.

### ▸ Quelles étapes faut-il prévoir pour la maitrise des suites orale et écrite (en chiffres) des nombres ?

Tout d'abord, il faut préciser que la maitrise de la suite orale (souvent appelée comptine numérique) est essentielle, comme le précise un rapport[2] établi par les chercheurs P. Barrouillet et V. Camos qui souligne que « l'acquisition de la chaine numérique verbale et son usage dans les processus de quantification est déterminante pour les apprentissages arithmétiques et mathématiques ultérieurs ».

Il faut constater ensuite que, bien qu'ayant fait l'objet d'un travail en Maternelle, les élèves en ont une connaissance très variable (en termes d'étendue et de stabilité). Cela est en grande partie dû aux incohérences de notre système d'expression verbale des nombres, notamment pour la zone des nombres de *onze* à *dix-neuf*, ce qui justifie de procéder par étapes.

---

1. BOEN spécial n°2 du 26 mars 2015.
2. Une version courte de ce rapport est publiée dans Michèle Kail, Michel Fayol, *Les Sciences cognitives et l'école*, PUF, 2003.

Enfin, une bonne maitrise de cette suite orale suppose plusieurs capacités, notamment savoir :
– la réciter à partir de un ;
– la réciter d'un nombre fixé à un autre nombre fixé ;
– la réciter « en reculant » ;
– dire immédiatement le nombre qui suit ou qui précède un nombre donné.
La suite écrite (en chiffres) est plus facile à maitriser que la suite orale puisqu'elle est construite sur les principes de la numération décimale.

→ Avant d'aborder des nombres plus grands pour lesquels un appui sur la dizaine (vingt, trente…) est possible, **Cap Maths** envisage trois étapes dans la maitrise de la suite orale : jusqu'à dix en unité 1, jusqu'à seize en unité 2 et enfin jusqu'à dix-neuf en unité 3 (ce qui permet une première mise en relation avec la dizaine). La suite écrite (en chiffres) est étudiée parallèlement à la suite orale et mise en relation avec les quantités exprimées par chaque nombre.

### ▸ Comment aider les élèves à reconnaitre et produire les écritures des chiffres ?

La reconnaissance des écritures chiffrées (au moins pour les nombres jusqu'à 9) est déjà assurée pour certains élèves en début de CP, alors qu'elle reste délicate pour d'autres. La difficulté peut être double puisqu'il faut être capable :
– d'associer le nombre qu'exprime chaque chiffre avec sa désignation orale (lire) et avec une quantité (comprendre) ;
– de produire chacune des signes (écrire), ce qui nécessite une habileté graphique.
Une aide et un entrainement sont nécessaires sur chacun de ces aspects.
Pour le premier aspect, l'utilisation de la file numérique (matérialisation de la suite écrite) permet de faire le lien entre expression orale et écriture chiffrée des nombres, l'élève pointant successivement chaque nombre de la file (1, 2, 3…) en même temps qu'il énonce la suite orale (*un, deux, trois*…).
Pour le second aspect, l'enseignant doit être vigilant à la bonne tenue du crayon et à la bonne formation des écritures.

→ Pour le premier aspect, de nombreux exercices de révision proposés notamment en unités 1 et 2 permettent de stabiliser les compétences attendues des élèves. Pour le second aspect, un entrainement est également prévu dans le fichier, mais, pour certains élèves, il devra être renforcé (voir par exemple, l'activité 4 proposé dans l'ouvrage *80 activités pour le CP* et les fiches écriture dans le CD-Rom et le matériel photocopiable).

### ▸ Quelles procédures de dénombrement faut-il entrainer en début de CP ?

Les procédures envisagées en début de CP ont déjà été travaillées à l'école maternelle. Il s'agit donc de s'assurer qu'elles sont maitrisées par tous les élèves. Elles sont de quatre types.

**1. Certaines quantités (jusqu'à trois, parfois quatre) peuvent être reconnues par perception globale, sans recours au comptage.** On utilise souvent le terme anglo-saxon de subitizing pour désigner cette procédure. Les élèves doivent être entrainés à ce type de reconnaissance très rapide.

**2. D'autres quantités peuvent également être reconnues par perception globale, mais à condition que les objets à dénombrer soient présentés dans une certaine configuration.** Les deux configurations les plus importantes sont celles appelées constellations (figurations des nombres sur un dé classique) et celles liées à la représentation des nombres avec les doigts, d'abord pour les nombres jusqu'à *cinq* (avec les doigts d'une seule main) puis pour les nombres jusqu'à *dix* (avec les doigts de deux mains).

**3. Le comptage** (d'abord de *un* en *un*, puis plus complexe de *deux* en *deux*…) permet de dénombrer des quantités plus importantes. Cette procédure présente encore des difficultés pour certains élèves, liées d'abord au fait qu'il faut organiser le comptage pour ne pas oublier d'objets ni compter deux fois le même, mais également liées au fait qu'il faut avoir compris que le dernier nombre dit caractérise la quantité d'objets qui vient d'être comptée. En pointant chaque objet d'une collection et en disant simultanément *un, deux, trois, quatre*… il faut avoir conscience que un, deux, *trois* et *quatre* ne sont pas les numéros attribués à chaque objet mais les quantités d'objets qui viennent d'être pointés : *un* exprime le fait qu'on vient de dénombrer un objet, *deux* qu'on vient de dénombrer deux objets, etc.

**4. La décomposition de la quantité d'objets à dénombrer** est une autre possibilité qui permet d'abord d'exprimer une quantité sous la forme « *il y en a trois et encore trois et encore deux* », puis sous la forme usuelle « *il y en a huit* » lorsque l'élève aura acquis les premiers rudiments du calcul.

→ Au cours des premières unités, les activités de révision sont largement consacrées à ces différentes modalités de dénombrement de quantités (jusqu'à dix d'abord).

### ▸ Faut-il privilégier un matériel pour représenter les nombres par des quantités ?

Il est tentant de recourir à un matériel privilégié pour représenter les nombres, en particulier les petits nombres. Mais ce n'est pas sans risque, celui notamment d'enfermer chez l'enfant le concept « nombre » dans une référence permanente à ce matériel et de bloquer ainsi le nécessaire processus d'abstraction.

→ C'est ce qui nous a conduits à envisager une pluralité de représentations, en favorisant aussi souvent que possible les mises en relations : doigts, constellations, objets divers organisés (par exemple par paires) ou non, et plus tard, monnaie… en lien avec la comptine orale et la file numérique.

## PRINCIPALES ÉTAPES DE L'APPRENTISSAGE DES NOMBRES EN DÉBUT DE CP

| | **Nombres jusqu'à 10 (et comptine orale jusqu'à 19)** |
|---|---|
| Unité 1 | – Dénombrer, constituer et compléter des collections en utilisant différentes procédures<br>– Connaitre la comptine orale jusqu'à 10<br>– Former un nombre à partir de celui qui le précède ou de celui qui le suit (en ajoutant ou en soustrayant 1)<br>– Décomposer et composer de petites quantités (quantités jusqu'à 5, doubles jusqu'à 10)<br>– Problèmes : utiliser les nombres pour exprimer, mémoriser et égaliser des quantités |
| Unité 2 | – Dénombrer, constituer et compléter des collections en utilisant différentes procédures<br>– Ajouter, soustraire ou compléter de petites quantités<br>– Connaitre la comptine orale jusqu'à 16 (étendue à 19 en unité 3)<br>– Problèmes :<br>• utiliser les nombres pour comparer des quantités<br>• utiliser les nombres pour anticiper le résultat d'un ajout ou d'un retrait sur des quantités |

Remarque : Ce qui est travaillé dans cette première période de l'année constitue également une approche du calcul.

# II. NUMÉRATION DÉCIMALE

## LES DIFFÉRENTS SENS D'UNE OPÉRATION

Les connaissances et compétences relatives à la désignation des nombres (écriture des nombres en chiffres et en lettres, lecture) travaillées au CP concernent les nombres inférieurs à 100. Elles peuvent être résumées par le schéma suivant.

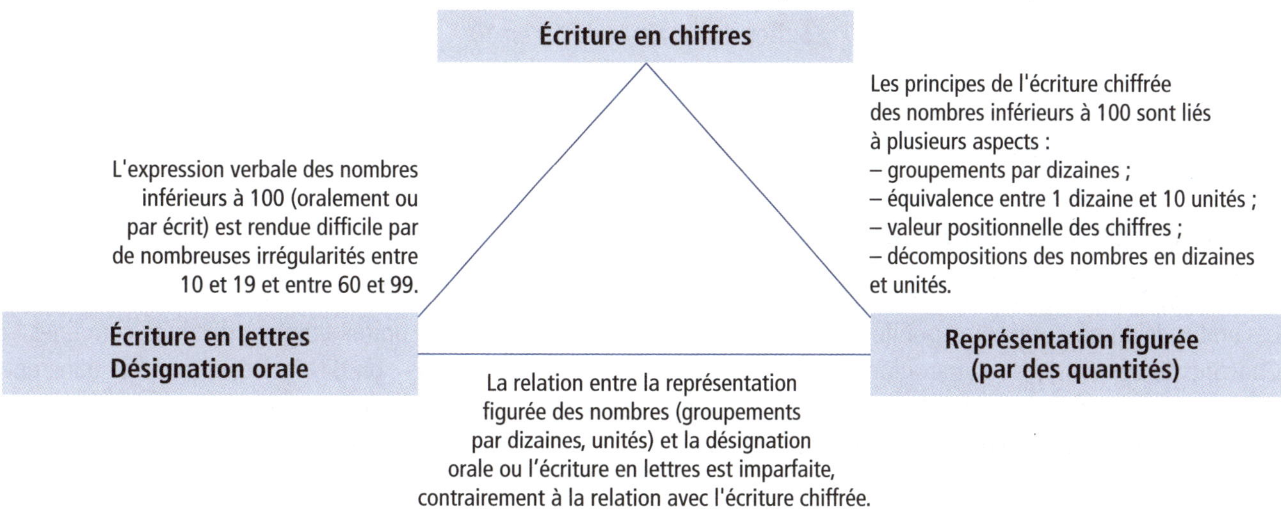

**La capacité de l'élève à circuler entre les pôles de ce schéma permet de caractériser un premier niveau de maitrise des systèmes de désignation des nombres inférieurs à 100.**

***Exemple avec le nombre 75***

**75**

Dans *soixante-quinze*, on ne retrouve pas directement le 7 et le 5 de 75.

75 doit être compris comme 7 dizaines et 5 unités en sachant que chaque dizaine équivaut à 10 unités.

***soixante-quinze***

Dans la figuration par des quantités organisées, *soixante* et *quinze* n'apparaissent pas directement : il faut isoler 6 dizaines (pour *soixante*) et grouper 1 dizaine et 5 unités (pour *quinze*).

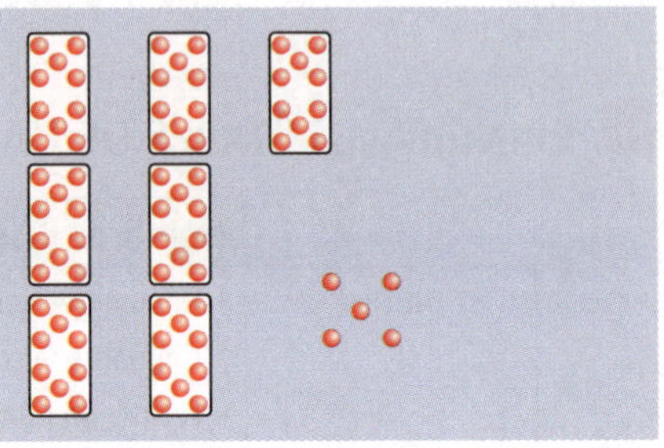

Dans Cap Maths, l'écriture des nombres en lettres tient compte de la recommandation des programmes d'utiliser l'orthographe rectifiée par l'Académie Française en 1990.

*« On lie par des traits d'union les numéraux formant un nombre complexe, inférieur ou supérieur à cent.*
*Exemples : elle a vingt-quatre ans, cet ouvrage date de l'année quatre-vingt-neuf, elle a cent-deux ans, cette maison a deux-cents ans, il lit les pages cent-trente-deux et deux-cent-soixante-et-onze, il possède sept-cent-mille-trois-cent-vingt-et-un francs. »*

**La maitrise des désignations des nombres en chiffres joue un rôle essentiel dans la compréhension de nombreux apprentissages numériques dès le CP.**

**Compréhension des écritures en chiffres**

**Suites de nombres de 1 en 1**

Par exemple, dans la suite de 1 en 1, le passage de 39 à 40 s'explique par le fait que 10 unités = 1 dizaine.

**Comparaison des nombres**

La comparaison des nombres revient à la comparaison des chiffres de même rang.

**Calcul mental**

De nombreuses procédures s'appuient sur la décomposition des nombres liée à leur écriture chiffrée.

**Calcul posé**

Au CP, la compréhension des étapes de calcul et des retenues est liée à celle des décompositions en dizaines et unités et des équivalences entre 1 dizaine et 10 unités.

**Suites de nombres de 10 en 10**

Par exemple, dans la suite de 10 en 10, le passage de 39 à 49 s'explique par le fait qu'on ajoute 1 dizaine.

## RÉPONSES À QUELQUES QUESTIONS

### ▸ Le programme parle d'unités de numération. Que faut-il entendre par là ?

Les unités de numération correspondent aux termes unités (parfois appelés aussi unités simples), dizaines, centaines… Chacune de ces unités de numération permet d'exprimer une quantité d'objets : on dira par exemple que dans une boite il y a 20 craies (la quantité est exprimée en unités simples) ou encore 2 dizaines de craies (la quantité est exprimée en dizaines). Un parallèle peut être fait, à partir du CE1, avec l'expression de la longueur d'un segment sous la forme 20 cm (l'unité choisie est le cm), 2 dm (l'unité choisie est le dm) en lien avec l'expression double décimètre pour désigner une règle graduée.

La maitrise de notre système de numération décimale (écriture des nombres en chiffres) peut être caractérisée par deux points essentiels :
– le rang d'un chiffre : il correspond à une unité de numération et indique donc la valeur exprimée par ce chiffre ;
– les relations entre unités de numération comme 1 dizaine = 10 unités (puis, à partir du CE1, 1 centaine = 10 dizaines = 100 unités).

Il ne s'agit donc pas seulement de savoir dire que, dans 35, 3 est appelé le chiffre des dizaines et 5 celui des unités, mais d'avoir compris que 3 indique qu'on a compté 3 groupements de dix unités (3 dizaines) alors que 5 indique qu'on a compté 5 unités isolées… et que 35 évoque le nombre total d'unités. Au CP, l'unité de numération est pratiquement toujours représentée par un objet. Plus tard, elle pourra être choisie de façon conventionnelle (une dizaine ou un millier d'objets par exemple), notamment dans le cadre de la mesure.

→ C'est au CE1 que ces connaissances se mettent principalement en place, notamment parce que le principe de groupements par dix se trouve réitéré (on groupe 10 dizaines pour former 1 centaine). Mais dès le CP, cette étude occupe, de façon progressive, une place importante.
**Cap Maths** y consacre donc de nombreuses séances. Dès l'unité 3, l'idée de dizaine comme groupement de 10 unités est abordée en relation avec la formation des nombres de 10 à 19. Et en unité 5, **la situation « Le grand ziglotron »** permet de stabiliser la valeur des chiffres en fonction de leur rang dans l'écriture de tous les nombres à 2 chiffres.

### ▸ Faut-il lier l'étude des nombres écrits en chiffres à celle de leur expression verbale ?

La réponse ne peut pas être oui ou non. Comme on l'a vu précédemment, pour les nombres de 20 à 59, il existe une bonne adéquation entre leurs expressions chiffrée et verbale. Ce n'est plus le cas pour les nombres plus grands : la compréhension de *soixante-cinq* n'aide en rien celle de *quatre-vingt-quinze* ! Il n'existe pas, dans notre langue, de principe général pour l'expression verbale des nombres jusqu'à 100.

À l'inverse, l'expression chiffrée des nombres obéit à un principe général et, d'une certaine façon, la compréhension de l'écriture d'un nombre à deux chiffres peut être généralisée à celle de tous les nombres à deux chiffres : si on a compris que 65 doit être interprété comme 6 dizaines (6 groupements de dix) et 5 unités, on a potentiellement compris que 95 doit être interprété comme 9 dizaines (9 groupements de dix) et 5 unités. Dès que ce principe est établi, il n'y a aucun motif à découper l'étude des nombres écrits en chiffres « en tranches ».

→ C'est la raison pour laquelle, dans **Cap Maths**, après qu'en unité 5 on a établi ce principe général (dans **la situation « Le grand ziglotron »**), des nombres écrits en chiffres jusqu'à 99 sont rencontrés, même si tous les élèves ne savent pas encore les exprimer avec des mots : ils les comprennent au sens où ils peuvent donner une valeur à chacun des chiffres avec lesquels ils sont écrits.

### ▸ Comment organiser l'apprentissage de la lecture des nombres ?

Pour lire les nombres de 20 à 59, il suffit de connaitre le nom de chaque dizaine (*vingt*, *trente*…). Pour les nombres de 60 à 99, la lecture est beaucoup plus complexe. Il convient d'étudier simultanément les nombres de la tranche dont le nom commence par *soixante* (de 60 à 79), puis ceux de la tranche de nombres dont le nom commence par *quatre-vingts* (de 80 à 99) ; ces deux tranches ne seront maitrisées (à l'oral) par certains élèves qu'au CE1. En effet, au CP, ces désignations orales ne peuvent pas être entièrement justifiées auprès des élèves.

Il convient d'attirer l'attention des élèves sur le fait que, lorsqu'on entend par exemple *quarante*, on peut écrire immédiatement un 4… alors que, lorsqu'on entend *soixante* (ou *quatre-vingts*), on doit attendre pour savoir s'il faut écrire 6 ou 7 (ou 8 ou 9)…

→ Dans **Cap Maths**, la lecture des nombres jusqu'à 59 fait l'objet d'un entrainement régulier de façon que leur lecture soit maitrisée en fin de CP. L'écriture en lettres est également envisagée. Après que la lecture des nombres plus grands a été faite de façon occasionnelle, un travail spécifique est conduit, en unité 9, sur la lecture des nombres de 60 à 79, puis, en unité 10, sur celle des nombres de 80 à 99. Beaucoup d'élèves parviendront à lire ces nombres en fin de CP. Pour d'autres, une reprise, d'ailleurs encouragée par le programme actuel, sera nécessaire en début de CE1.

### ▸ Faut-il utiliser un matériel de numération ?

Il est fondamental que les élèves donnent du sens aux mots dizaines et unités et comprennent que 1 dizaine = 10 unités. Le recours à un matériel de numération est pour cela indispensable à ce niveau de la scolarité (cf. schéma page XVIII), chaque fois que ces relations doivent être illustrées ou chaque fois qu'un élève semble avoir oublié la signification de ces mots ou qu'il a des difficultés à donner à chaque chiffre sa valeur dans l'écriture chiffrée d'un nombre.

→ **Cap Maths** fournit un tel matériel (fiche photocopiable 30). D'autres matériels peuvent être utilisés en complément.

### ▸ Faut-il utiliser le tableau de numération ?

Le tableau de numération (voir dico-maths, rubrique 6) est une aide pour la reconnaissance de la valeur des chiffres dans l'écriture chiffrée d'un nombre. Mais son usage ne doit pas être systématisé. Au contraire, il faut inciter les élèves à repérer la valeur d'un chiffre directement en analysant l'écriture chiffrée d'un nombre. Le tableau n'est utilisé qu'en cas de difficulté et de façon provisoire.

→ Dans **Cap Maths**, le tableau de numération n'est pas utilisé de façon systématique.

### ▸ Les nombres jusqu'à 99 sont présentés en file numérique puis en tableau de nombres. Quel est l'intérêt de ces deux organisations ?

La file numérique est utilisée depuis l'école maternelle. Elle reprend des organisations familières aux élèves : calendrier, jeu de l'oie… Elle permet de visualiser l'engendrement de la suite des nombres.
Le tableau des nombres présente un triple intérêt :
– il organise de façon synthétique tous les nombres de deux chiffres (ce qui permet d'aller jusqu'à 99 pour les écritures chiffrées, avant même que tous les nombres puissent encore être lus par les élèves) ;
– il renforce la prise de conscience du rôle joué par chacun des chiffres dans l'écriture d'un nombre ;
– il offre un support pour travailler le comptage de 1 en 1 (sur les lignes) et de 10 en 10 (sur les colonnes).

→ Dans **Cap Maths**, en unité 8, le travail sur le tableau des nombres permet une synthèse de plusieurs apprentissages : décomposition des nombres en dizaines et unités, suite des nombres de 1 en 1 ou de 10 en 10, ajout d'unités ou de dizaines, lecture des nombres…

### ▸ Pourquoi mettre en place une procédure particulière de comparaison des nombres ?

La procédure souvent enseignée distingue deux cas, selon que les nombres à comparer sont écrits ou pas avec le même nombre de chiffres, et elle constitue souvent un obstacle pour l'apprentissage de la comparaison de nombres décimaux.

La procédure que nous proposons au cycle 2 est beaucoup plus simple. Elle est valable quelle que soit la taille des nombres et s'étend facilement au cas des nombres décimaux. Enfin, elle peut être expliquée et comprise facilement à partir des connaissances des élèves relatives à la numération décimale.

**34 > 8** parce que 34 comporte des dizaines et que 8 n'en comporte pas (et que 8 est plus petit que 1 dizaine).

**34 > 28** parce que 34 comporte 3 dizaines alors que 28 n'en comporte que 2 (et que 8 est plus petit que 1 dizaine).

Dans tous les cas, il s'agit de parcourir les écritures chiffrées des 2 nombres à partir de la gauche et de conclure dès qu'apparaissent deux chiffres différents (8 pouvant être considéré comme 08).

→ Cette procédure est travaillée en unité 6 (**activité « Qui a le plus ? »**) après que les élèves ont stabilisé la compréhension de la valeur positionnelle des chiffres.

## PRINCIPALES ÉTAPES DE L'APPRENTISSAGE DES NOMBRES ET DE LA NUMÉRATION PROPOSÉES PAR CAP MATHS CP

| Unités 3 et 4 | **Vers les dizaines (nombres jusqu'à 39)** |
|---|---|
| Unité 3 | Suites orales et écrites des nombres jusqu'à 19<br>Les nombres de 11 à 19 en fonction de 10 |
| Unité 4 | Suites orales et écrites des nombres jusqu'à 39<br>Les nombres de 11 à 39 en fonction de 10, 20 et 30 |
| Unités 5 à 8 | **Dizaines et unités, valeur positionnelle des chiffres (nombres jusqu'à 99), lecture des nombres jusqu'à 59** |
| Unité 5 | Valeur des chiffres en fonction de leur rang (dizaines et unités) |
| Unité 6 | Dénombrer en groupant par dizaines<br>Comparaison des nombres<br>Lecture des nombres jusqu'à 59 |
| Unité 7 | Dizaines, unités et suites de nombres<br>Ajouter 1 ou 10 et avancer de 1 ou d'une dizaine<br>Conversions entre unités et dizaines |
| Unité 8 | Structuration des nombres en tableau |
| Unités 9 et 10 | **Lecture des nombres de 60 à 99** |
| Unité 9 | Lecture des nombres de 60 à 79 |
| Unité 10 | Lecture des nombres de 80 à 99 |

# III. CALCUL MENTAL ET AUTRES MODES DE CALCUL

Parmi les différentes modalités de calcul (calcul mental pour l'addition et la soustraction, initiation au calcul posé pour l'addition, initiation à l'usage d'une calculatrice), le calcul mental occupe une position centrale.

## CONNAISSANCES ET COMPÉTENCES FONDAMENTALES

**Le calcul mental** est pointé par plusieurs études comme jouant un **rôle décisif** dans la réussite des élèves en mathématiques. Le schéma suivant qui articule les différentes formes du calcul mental et ses effets sur d'autres apprentissages permet d'en comprendre les raisons.

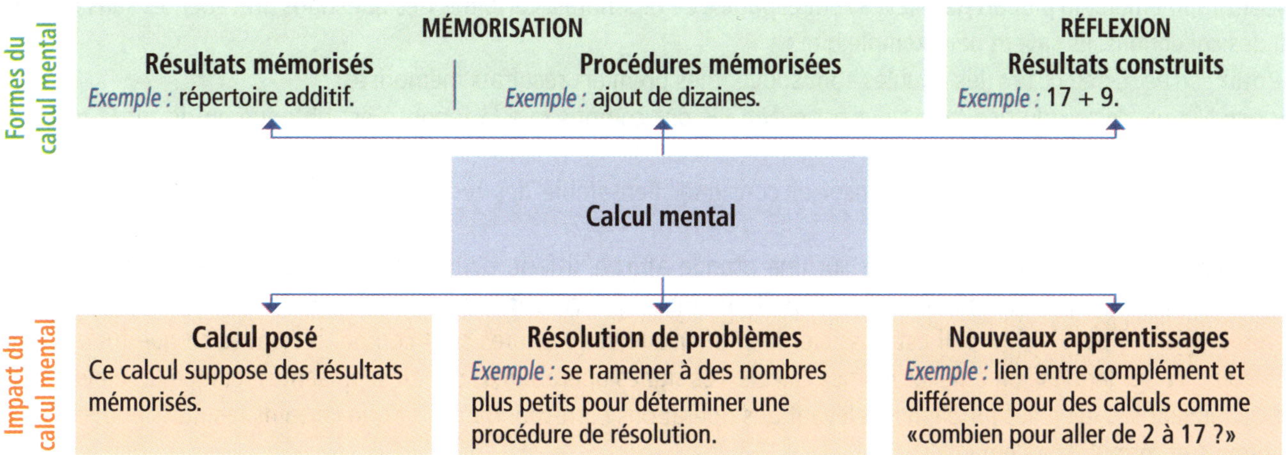

## RÉPONSES À QUELQUES QUESTIONS

### ▸ En maternelle, les élèves ont été confrontés à de premiers problèmes portant sur des modifications apportées à des quantités (augmentation, diminution). Comment s'organise la transition vers le calcul en début de CP ?

À l'école maternelle, il n'y a pas d'enseignement explicite du calcul au sens où le symbolisme des opérations n'y est pas utilisé. Cependant, les élèves y sont confrontés, d'une part lorsqu'ils envisagent comment une quantité peut être décomposée en quantités plus petites (ou peut être composée à l'aide de ces mêmes quantités) et d'autre part lorsqu'ils anticipent le résultat d'une augmentation ou d'une diminution en utilisant les nombres qu'ils connaissent.

En début de CP, ces activités sont reprises. Les élèves sont par exemple invités à :
– trouver toutes les façons de décomposer les très petites quantités (jusqu'à 5) ;
– compléter des quantités pour en obtenir d'autres (notamment des quantités de 5 ou 10 objets) ;
– trouver rapidement la quantité obtenue en ajoutant ou en soustrayant 1 à une quantité donnée ;
– trouver la quantité obtenue suite à une augmentation, une diminution ou une réunion.

Dans un premier temps, ne disposant encore ni de l'addition ni de la soustraction, les élèves sont amenés à imaginer des solutions personnelles : représenter les objets par un dessin ou à l'aide des doigts et dénombrer, utiliser leur file numérique, recourir au surcomptage mental (souvent aidé par l'usage des doigts), utiliser un résultat déjà mémorisé. Les situations proposées permettent aux élèves de vérifier par eux-mêmes la validité de leurs anticipations.
À la suite de cela, avant même que ne soient répertoriés des résultats, les élèves sont entrainés à calculer sur les petits nombres (sommes inférieures à 5). En particulier, ils apprennent qu'ajouter 1 ou retrancher 1 revient à dire le nombre suivant ou le nombre précédent. Cette prise de conscience, nouvelle pour certains élèves, constitue une étape importante dans l'apprentissage du calcul. De premières décompositions de quantités et de nombres sont également réalisées, notamment avec les nombres 1, 2 et 5. Toutes ces compétences sont travaillées à partir de questions posées sur des collections d'objets.

Les nombres 5 et 10 jouent un rôle important dans la mise en place des premiers éléments de calcul. C'est la raison pour laquelle, dans le prolongement des problèmes précédents et en prenant appui sur des configurations familières (constellation du 5 notamment), les élèves sont amenés à trouver ce qui manque à une configuration pour atteindre 5 ou ce qu'il faut ajouter à la configuration du 5 pour atteindre un nombre compris entre 6 et 9.
Les traitements sur les nombres liés à ces questions sont exprimés en langage verbal (*trois avec deux*, ça fait *cinq* puis *trois plus deux*, c'est *cinq* ou *quatre moins un*, c'est *trois*).

→ Ce type de travail est proposé en unités 1 et 2, en calcul mental, en révision et dans **l'activité de référence « Dix dans la boite »** qui conduit les élèves à travailler à la fois sur des situations d'ajouts et de recherche de compléments nécessitant la mise en place d'un premier codage des actions avec les nombres.

### ▸ Comment introduire le langage symbolique ?

Assez rapidement, la plupart des élèves sont capables de répondre à certaines des questions précédentes sans revenir à des collections. Ils savent par exemple que :
– *deux plus deux, c'est quatre* (les doubles sont souvent les premiers résultats mémorisés) ;
– *cinq plus un, c'est six* ou *cinq moins un*, c'est *quatre* (ils ont compris que la réponse est obtenue en disant le nombre suivant ou le nombre précédent).
À partir de là, il est possible de recenser et consigner l'ensemble des résultats que des élèves de la classe sont capables de dire très rapidement.
Ces résultats sont, par exemple, notés sur une grande affiche. Il faut, pour cela, mettre au point un langage écrit qui accompagne les formulations orales. C'est le moment que choisit l'enseignant pour introduire les écritures du type $2 + 2 = 4$ ou $5 - 1 = 4$. Il est possible de vérifier que ces écritures sont compatibles avec ce que fournit une calculatrice sur laquelle on tape les mêmes calculs. Les signes opératoires sont ainsi présentés lorsque les élèves sont déjà familiarisés avec des problèmes relevant des opérations correspondantes et que certains résultats peuvent être obtenus et formulés oralement.
L'ensemble des résultats « connus » recensés est complété au fur et à mesure que de nouvelles questions sont posées, notamment dans les activités de calcul mental.

→ En unité 2, puis plus particulièrement en unité 3, le symbolisme de l'addition, de la soustraction et de l'égalité est introduit, en même temps qu'est établi un premier répertoire collectif de résultats, sans souci d'organisation pour cette première étape. Il peut, bien entendu, être ensuite utilisé par les élèves.

### ▸ Pourquoi introduire en même temps l'addition et la soustraction ?

Ce choix répond à 3 considérations :
– les problèmes faisant intervenir l'addition ou la soustraction portent sur les mêmes situations (évolution de collections, déplacements sur la file numérique, par exemple) ;
– le fait de disposer de deux opérations évite aux élèves de penser que tout problème se résout par une addition ;
– la disponibilité des signes + et – permet de diversifier les représentations des nombres : par exemple, 7 est égal à 5 + 2, mais aussi à 10 – 3.

→ Après cette introduction des 2 opérations en unité 3, dans certains exercices, des questions relatives aux deux opérations sont posées de façon à maintenir la vigilance des élèves.

### ▸ Quelle signification faut-il donner à l'égalité ?

Dans le domaine numérique, le signe = est utilisé avec diverses significations. Dans de nombreuses circonstances il est utilisé pour annoncer un résultat, comme c'est le cas avec une calculatrice. Les seules écritures possibles sont alors du type 5 + 2 = 7 ou 5 – 2 = 3.
En mathématiques, le signe = a une autre signification, celle de marquer que deux expressions désignent le même nombre. En dehors des écritures précédentes, il est alors possible d'écrire 7 = 5 + 2 ou 3 = 5 – 2 ou encore 3 + 2 + 3 = 6 + 2 ou 3 + 2 + 3 = 4 + 4. Il est souhaitable que dès le CP les élèves soient incités à travailler avec cette signification mathématique de l'égalité. Cela peut permettre, pour des questions comme 4 + … = 7, d'éviter que les élèves ne répondent 11 (+ et = incitant à ajouter les nombres) car ils savent que de part et d'autre du signe = il doit y avoir des expressions du même nombre : un codage comme [4 + …] = [7] peut d'ailleurs les y aider.

### ▸ Comment mettre en place les tables d'addition ?

Une remarque préliminaire : nous préférons parler de répertoire additif plutôt que de tables d'addition car la mémorisation des résultats additifs ne se fait pas par « tables », mais plutôt par domaines (très petits nombres, petit nombre et très petit nombre… – voir la question suivante).
Lorsque le nombre de résultats recensés dans le répertoire collectif affiché dans la classe (et évoqué précédemment) devient important, il est difficile de s'y repérer. La question de son organisation peut alors être envisagée. En même temps qu'une organisation est mise en place, le problème se pose de savoir si le répertoire est complet ou non.
Le premier répertoire additif mis en place concerne les sommes dont le résultat ne dépasse pas 10. Ce peut être aussi l'occasion d'introduire ou de réintroduire le nombre 0.
Au CP, nous avons choisi de ne pas introduire la table de Pythagore, difficile d'accès pour de nombreux élèves qui maitrisent mal le repérage dans un tableau à double entrée comportant de nombreuses cases. Nous lui avons préféré un tableau organisé en fonction des résultats, comme le montre l'extrait suivant :

| 4 | 5 | 6 |
|---|---|---|
| 0 + 4<br>1 + 3<br>2 + 2<br>3 + 1<br>4 + 0 | 0 + 5<br>1 + 4<br>2 + 3<br>3 + 2<br>4 + 1<br>5 + 0 | 0 + 6<br>1 + 5<br>2 + 4<br>3 + 3<br>4 + 2<br>5 + 1<br>6 + 0 |

Cette présentation présente également l'avantage de mettre en avant les décompositions des nombres, très utiles en calcul réfléchi.

→ Après qu'un premier répertoire de résultats a été introduit en unité 3, il est complété pour les résultats jusqu'à 10 en unité 4, puis jusqu'à 18 en unité 8.

### ▸ Quand faut-il attendre la mémorisation complète du répertoire additif ?

Pour beaucoup d'élèves, il est difficile de passer de la connaissance de 5 + 3 = 8 à celle de 8 – 5 = 3 ou à la réponse à la question « combien pour aller de 5 à 8 ? » ou encore à la production de la décomposition de 8 sous la forme 5 + 3. Or, une maitrise complète du répertoire additif suppose la capacité à donner très rapidement les sommes, les différences, les compléments et les décompositions qui relèvent de ce répertoire. Il faut du temps et des moments de conceptualisation en classe pour y parvenir, notamment pour établir l'équivalence entre le calcul d'une différence (par exemple 8 – 5) et celle du complément correspondant (ici, 5 pour aller à 8). Pour beaucoup d'élèves, cette mémorisation complète du répertoire additif ne sera pas assurée avant la fin du CE1 et pour certains, il faudra encore y travailler au CE2.

### ▸ Certains élèves semblent ne pas avoir mémorisé certains résultats additifs tout en étant cependant capables de les donner rapidement. Que faut-il en penser ?

Les chercheurs ont mis en évidence que le répertoire additif était entièrement mémorisé par certaines personnes qui associent alors de façon réflexe 13 à 7 + 6, alors que d'autres n'en ont mémorisé qu'une partie et recomposent très rapidement les autres résultats à partir de ceux qu'ils ont mémorisés. Cette seconde façon de procéder n'est pas un handicap dans la mesure où les résultats sont reconstruits de façon quasi instantanée. Cela montre l'importance qu'il y a à ne pas limiter cet apprentissage au seul entrainement et à prévoir des moments où sont explicités les moyens de reconstruire des résultats en prenant appui sur des résultats connus (voir questions suivantes).

### ▸ Quelles étapes peut-on prévoir pour la mémorisation du répertoire additif ?

**La mémorisation** de résultats ou de procédures de calcul est le résultat d'un processus dont quelques caractéristiques peuvent être précisées ainsi :
– **certains résultats sont mémorisés plus rapidement que d'autres** ; pour l'addition, on peut citer en exemple les ajouts de 1 ou 2, les doubles… ;
– **certains résultats découlent directement d'autres résultats connus, en s'appuyant sur la commutativité de l'addition,** propriété que les élèves doivent connaitre « en acte » : prise de conscience que si, par exemple, 5 + 2 est connu, alors 2 + 5 l'est aussi ;
– **avant d'être mémorisé, un résultat est souvent d'abord reconstruit par un calcul dit réfléchi** ; ainsi, avant d'être associé immédiatement à 13, 7 + 6 est-il retrouvé en appui sur 6 + 6 ou à partir de l'ajout successif à 7 de 3 et de 3 (passage par 10) ou encore pensé comme l'ajout de 5 + 2 et de 5 + 1 ;
– **les résultats qui vont servir de point d'appui** à l'élève pour construire d'autres résultats doivent donc faire l'objet d'une attention particulière : les doubles des nombres jusqu'à 5, puis jusqu'à 10, les compléments à 10 ; le fait que l'addition est commutative (si 9 + 3 est connu 3 + 9 l'est aussi, ce que beaucoup d'élèves ignorent ou n'exploitent pas) est également fondamental ;
– **l'entrainement**, enfin, joue un rôle essentiel et doit être quotidien ; les résultats étant connus ou retrouvés en s'appuyant principalement sur les noms des nombres plutôt que sur leurs désignations chiffrées, il convient d'accorder une large place aux questions formulées oralement, les réponses pouvant être données par écrit.

→ La progression proposée prend en compte les éléments énoncés dans les questions précédentes. **Cap Maths** propose des séances consacrées à la mise en place du répertoire additif (en unités 3, 4 et 8), à l'utilisation de ce répertoire (notamment **l'activité « La punta »** en unités 5 et 8) et à l'utilisation de points d'appui (**activité « À partir d'un résultat connu »** en unité 6). De plus, les séances de calcul mental quotidiennes sont très souvent consacrées à la consolidation de cette maitrise du répertoire additif. Ainsi, progressivement, et de manière variable selon les élèves, le stock de résultats mémorisés ou retrouvés très rapidement s'enrichit.

### ▸ Le programme évoque les propriétés implicites des opérations et les propriétés de la numération. Quelle mise en œuvre dans le cadre du calcul réfléchi ?

**Au préalable, il faut souligner que les procédures de calcul réfléchi se déroulent très différemment de celles en œuvre pour le calcul posé.** Le calcul réfléchi porte essentiellement sur des mots alors que le calcul posé porte sur des chiffres. Les élèves en difficulté en calcul mental sont souvent des élèves qui posent l'opération dans leur tête. D'où l'importance de ne pas mettre en place prématurément des techniques de calcul posé qui pourraient avoir un effet négatif sur l'élaboration de procédures de calcul mental.

**Pour pouvoir mettre en œuvre et comprendre les procédures de calcul réfléchi,** les élèves doivent pouvoir s'appuyer sur des résultats mémorisés solides et sur des stratégies efficaces.

Par exemple, lorsque les élèves ne connaissent pas le résultat de 8 + 7, ils peuvent, par exemple :
– s'appuyer sur la connaissance du double de 7 et lui ajouter 1 (ou sur celle du double de 8 et lui soustraire 1) ;
– partir de 8, lui ajouter d'abord 2 pour atteindre 10, puis ajouter 5 à 10 (en s'appuyant à la fois sur la connaissance du complément de 8 à 10 et sur une décomposition appropriée de 7) ;
– décomposer 8 sous la forme 5 + 3 et 7 sous la forme 5 + 2, puis tirer parti du fait qu'ils connaissent 5 + 5 et 3 + 2…
De telles procédures peuvent cependant s'avérer trop difficiles à mettre en place et à gérer par certains élèves qui préfèreront, par exemple, compléter 8 à 10, puis atteindre 15 en « avançant de 1 en 1 », en s'aidant de leurs doigts.
**L'acquis le plus important pour les élèves réside dans la conscience qu'ils ont de pouvoir construire des résultats.**
Les progrès dans le choix et la gestion des procédures proviennent de plusieurs facteurs :
– la consolidation des points d'appui : bonne mémorisation des résultats inférieurs à 10, capacité à décomposer les nombres sous forme de sommes (notamment en faisant intervenir 5), mémorisation des compléments à 10, repérage du fait qu'une somme comme 10 + 5 est facile à calculer car c'est 1 dizaine plus 5 unités ;
– la compréhension des procédures utilisées par d'autres, d'où la place donnée à l'explicitation de celles-ci, à leur traduction sous forme écrite et à leur illustration à l'aide de divers supports (doigts, objets, file numérique) ;
– le fait de pouvoir être accompagné, en certaines occasions, par l'enseignant dans la réalisation d'un calcul par une procédure envisageable mais difficile à gérer seul (par exemple dans le cadre d'un atelier, en différenciation).
Ajoutons que, lorsque par exemple six exercices sont proposés dans le Guide de l'enseignant, mieux vaut parfois n'en traiter que trois et prendre un temps suffisant pour la phase d'explicitation.

→ Dans la progression de **Cap Maths**, le calcul réfléchi occupe une place très importante dans la mesure où les résultats du répertoire additif sont donnés à construire par les élèves avant d'être entrainés en vue de leur mémorisation. Au-delà du répertoire additif, le calcul réfléchi porte principalement sur le calcul sur les dizaines (40 + 30 étant pensé comme ajout de 4 dizaines et de 3 dizaines), sur l'addition d'unités à un nombre et sur l'addition de 2 nombres avant la mise en place d'une technique de calcul posé.

### ▸ Quel intérêt y a-t-il à proposer des « petits problèmes » dans le cadre des activités quotidiennes de calcul mental ?

La tradition de la résolution de problèmes est marquée par la place des énoncés écrits. Il ne s'agit pas d'en nier l'importance. Mais d'autres modes de présentation des situations doivent être utilisés : sous forme expérimentale, avec l'aide d'illustrations ou sous forme orale. À cet égard, les moments de calcul mental jouent un rôle particulier. C'est ce qui nous a conduits à renforcer le travail consacré à ce type d'activités. Portant sur des nombres bien connus des élèves, qui ne les effraient pas, les problèmes à traiter mentalement mobilisent plus facilement leur attention sur le raisonnement à mettre en œuvre et sur le sens des opérations sollicitées (voir pages XXVII-XXVIII). Enfin, leur présentation orale évite bon nombre de difficultés que certains élèves rencontrent dans le décodage d'un texte et permet donc un accès plus rapide au travail mathématique.

→ Dans 2 séances de calcul mental sur 9 par unité, **Cap Maths** propose des petits problèmes que les élèves doivent résoudre mentalement, en général en séances 1 et 5.

### ▸ Quelle place faut-il donner à l'apprentissage du calcul posé de l'addition ?

Dans les repères de progressivité pour le cycle 2, on lit que « *leur apprentissage (celui des opérations posées) est un moyen de renforcer la compréhension du système décimal de position et de consolider la mémorisation des relations numériques élémentaires et qu'il a donc lieu lorsque les élèves se sont approprié des stratégies de calcul basées sur des décompositions/recompositions liées à la numération décimale, souvent utilisées en calcul mental ou écrit* ». Cela signifie que cet apprentissage ne peut intervenir que lorsque tous les éléments qui permettent d'assurer la compréhension de ce mécanisme sont en place. Cet apprentissage relève donc plutôt du CE1 et, au CP, ne peut être envisagé qu'en toute fin d'année, lorsque les principes de la numération décimale sont acquis (pour justifier le principe de la retenue) et lorsque les faits numériques élémentaires sont suffisamment disponibles.

→ Dans **Cap Maths**, l'addition posée n'est mise en place qu'en unité 10. Ce choix résulte des considérations précédentes. Nous aurions pu faire le choix de commencer cet apprentissage plus tôt avec des additions « sans retenue ». Nous l'avons rejeté en raison des obstacles connus qu'il génère pour certains élèves qui traitent alors séparément les unités et les dizaines dans un ordre aléatoire (en commençant par exemple par additionner les dizaines), ce qui fonctionne pour les additions « sans retenue » mais conduit à des erreurs dans les cas « avec retenues ».

### ▸ Les calculatrices peuvent-elles être utilisées dès le CP ?

Au CP, le calcul mental (mémorisation, réflexion) est privilégié. Les calculatrices sont donc introduites avec prudence, dans des activités où elles permettent de renforcer des apprentissages en cours.

→ Dans **Cap Maths**, les calculatrices sont utilisées comme support de certains apprentissages (en unité 7, pour l'étude de la numération décimale – **activité « Quantités, compteur, file et calculatrice »**). Elles peuvent également être mises à la libre disposition des élèves pour résoudre certains problèmes lorsque l'enseignant l'estime nécessaire.

## PRINCIPALES ÉTAPES DE L'APPRENTISSAGE DES MÉTHODES DE CALCUL PROPOSÉES PAR CAP MATHS CP

Les compétences signalées en gras font l'objet de séances d'apprentissage. Les autres sont entrainées dans le cadre du calcul mental quotidien ou des activités de révision.

| | CALCUL MENTAL<br>Les problèmes proposés en calcul mental sont répertoriés dans la partie suivante « Sens des opérations » | | CALCUL POSÉ |
|---|---|---|---|
| | **Mémorisation de résultats et de procédures** | **Procédures de calcul réfléchi** | |
| Unité 1 | • Ajout et retrait de 1, en relation avec le nombre suivant et le nombre précédent (nombres jusqu'à 10)<br>• Doubles (nombres jusqu'à 10)<br>• Décomposition de quantités (jusqu'à 5) | | |
| Unité 2 | | • **Ajout et retrait de très petits nombres (nombres jusqu'à 10)**<br>• **Décompositions de quantités (jusqu'à 10) avec 1, 2 et 5**<br>• Compléter une quantité à 5 ou à 10 | |
| Unité 3 | • Ajout et retrait de très petits nombres (nombres jusqu'à 10)<br>• **Premier répertoire additif** | • Décompositions de quantités (jusqu'à 10) avec 1, 2 et 5 | |
| Unité 4 | • Doubles et moitiés (nombres jusqu'à 10)<br>• Compléments à 5<br>• **Répertoire additif** (jusqu'à 10) | • Compléments de 5 à un nombre jusqu'à 10<br>• Compléments à 10 | |
| Unité 5 | • Calculs du type 10 + 3, de 10 pour aller à 13, 13 – 10<br>• Décompositions additives de 5 et de 10<br>• **Répertoire additif** (jusqu'à 10) | • Somme de plusieurs nombres | |
| Unité 6 | • Répertoire additif (jusqu'à 10)<br>• **Doubles et moitiés (jusqu'à 20)** | • **Calcul réfléchi de sommes en appui sur un double ou sur un résultat connu (nombres jusqu'à 20)** | |
| Unité 7 | • Répertoire additif (jusqu'à 14) | • **Calculs avec 1, 2, 5, 10 (monnaie)** | |
| Unité 8 | • Compléments et différences (jusqu'à 10)<br>• Calcul sur les dizaines<br>• **Répertoire additif** (jusqu'à 18) | • **Calcul sur les dizaines** | |

| Unité 9 | • Répertoire additif (jusqu'à 16)<br>• Doubles et moitiés (jusqu'à 20) | • Comparaison de sommes<br>• **Somme de deux nombres (nombres inférieurs à 100)** | |
|---|---|---|---|
| Unité 10 | • Répertoire additif (jusqu'à 18) : sommes, compléments et différences<br>• Calcul sur les dizaines | • Décompositions additives de nombres<br>• **Calcul sur les dizaines et comparaison de sommes** | • **Somme de deux nombres (nombres inférieurs à 100)** |

## IV. SENS DES OPÉRATIONS

L'expression « sens d'une opération » évoque la capacité des élèves à utiliser à bon escient cette opération pour résoudre un problème[3]. La situation est plus complexe que ne pourrait le laisser supposer cette expression. Comme l'ont montré de nombreux travaux (en particulier en France, ceux de Gérard Vergnaud[4]) une même opération peut être sollicitée pour résoudre une grande variété de problèmes. Il serait plus juste de parler des « différents sens » d'une opération. Si, pour certains problèmes, la reconnaissance de l'opération ne pose guère de difficulté, pour d'autres au contraire cette reconnaissance est plus tardive et nécessite la mise en place d'un enseignement organisé sur la base de situations appropriées. Pour résumer cette problématique, on peut se référer aux 2 schémas suivants :

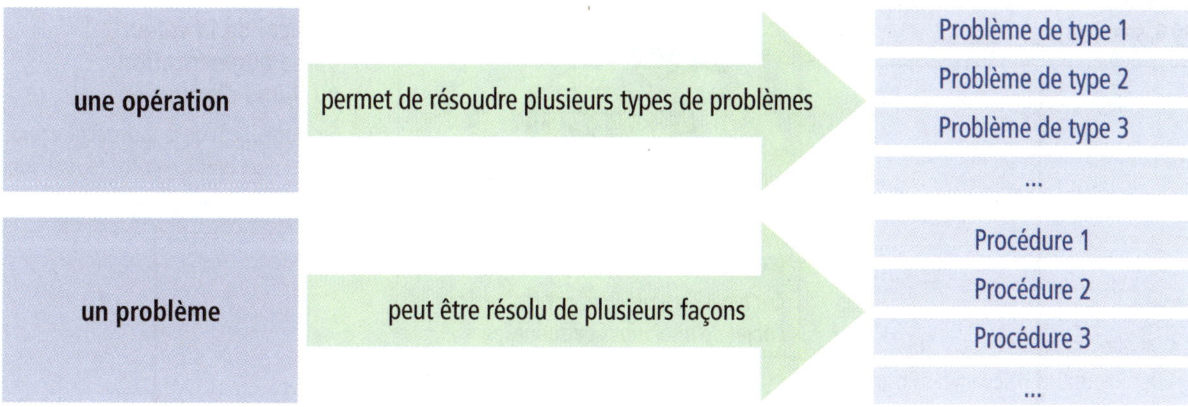


### EXEMPLE : LA SOUSTRACTION

Au début, pour beaucoup d'élèves, c'est l'opération qui permet de **trouver ce qui reste** à la suite d'une diminution. En quelque sorte, **soustraire, c'est enlever**. Ce sens de la soustraction est assez tôt accessible, mais il peut aussi constituer un obstacle pour l'accès à d'autres sens de la soustraction.
En effet, la soustraction est également utile pour **trouver un complément** (*Combien de billes bleues dans un ensemble qui comporte 25 billes dont 18 rouges, sachant que toutes les autres sont bleues ?*). Dans cette situation, il est plus naturel de se demander ce qu'il faut ajouter à 18 pour obtenir 25, autrement dit de raisonner d'un point de vue additif plutôt que d'un point de vue soustractif.
Un autre sens de la soustraction peut également être évoqué, celui qui correspond au **calcul d'un écart ou d'une différence** (*Léo a 25 billes. Tom en a 18. Léo a plus de billes que Tom. Combien de plus ?*).
D'autres catégories de problèmes qui peuvent être résolus en utilisant la soustraction peuvent être mentionnées. L'essentiel ici est de souligner cette pluralité de sens et le fait que, au-delà de ce qu'on pourrait appeler le « sens naturel », leur maitrise suppose un travail didactique et ne peut pas être seulement le fruit de problèmes rencontrés de façon plus ou moins hasardeuse.

Prenons l'exemple de la recherche de la valeur d'un complément : *Combien de billes bleues dans un ensemble qui comporte 25 billes dont 18 rouges, sachant que toutes les autres sont bleues ?*

---

3. Voir un autre aspect du travail sur la résolution de problèmes, pages XXIX et suivantes.
4. Voir par exemple http://www-irem.ujf-grenoble.fr/revues/revue_n/fic/38/38n2.pdf pour le cas des structures additives.

Avec ces données, la réponse peut être trouvée :
– par un dessin ou un schéma, en dénombrant directement les billes bleues ;
– en allant de 18 à 25, par addition à trou (18 + … = 25) ;
– en calculant 25 – 18.
Le fait que ces différentes modalités sont équivalentes et peuvent être remplacées l'une par l'autre est à construire avec les élèves.

À partir de là, deux questions se posent :
– faut-il proposer des problèmes relevant d'un sens particulier avant qu'il ait été enseigné ?
– à quel moment tel sens particulier peut-il être enseigné et comment ?

La réponse à la première question peut être schématisée de la façon suivante, pour la soustraction :

### SOUSTRACTION

**Calcul d'un reste**

***Exemple***

*Dans cette boite, il y avait 10 billes.*
*Zoé a sorti 4 billes de la boite.*
*Combien reste-t-il de billes dans la boite ?*
(unité 6, séance 5)

↓

Problèmes d'emblée reconnus comme se résolvant par soustraction.

↓

**Résolution dite experte**

**Recherche d'un complément**

***Exemple***

Combien d'os Gribouille a-t-il mangés ?

Gribouille a mangé ........ os.

(unité 10, séance 2)

*Ces types de problèmes ont d'abord fait l'objet de résolutions personnelles.*

↓

Problèmes pour lesquels une résolution par soustraction est enseignée.

↓

**Passage d'une résolution dite personnelle à une résolution dite experte**

- **Calcul d'un écart ou d'une différence**
- **Calcul d'une valeur initiale avant une augmentation**
- **Calcul de la valeur d'une augmentation ou d'une diminution**

*Ces autres sens de la soustraction feront l'objet d'un enseignement tout au long de l'école primaire.*

↓

Problèmes résolus par divers moyens (sans que la soustraction soit visée).

↓

**Résolution dite personnelle**

## L'APPRENTISSAGE DU SENS DES OPÉRATIONS DANS CAP MATHS

| | |
|---|---|
| Unité 1 | – Décomposer une quantité de 2 à 5 objets |
| Unité 2 | – Chercher le résultat de l'augmentation ou de la diminution de 1 à 3 d'une quantité (champ numérique de 1 à 10)<br>– Composer une quantité avec des quantités égales à 1, 2 ou 5 |
| Unité 6 | – Chercher le résultat du partage d'une quantité en 2 parts égales |
| Unité 7 | – Chercher le résultat d'un déplacement en avant ou en arrière sur une piste numérotée ou chercher la valeur du déplacement |
| Unité 10 | – Chercher une quantité complémentaire d'une quantité donnée (vers l'équivalence entre recherche d'un complément et calcul d'une différence) |

D'autres problèmes qui mettent en jeu le sens des opérations sont proposés dans le cadre du calcul mental, des exercices de révision et de consolidation, ainsi que dans les banques de problèmes de toutes les unités.

# V. PROBLÈMES – ORGANISATION ET GESTION DE DONNÉES

## CONNAISSANCES ET COMPÉTENCES FONDAMENTALES

**La résolution de problèmes est l'activité mathématique par excellence.** C'est à sa capacité à utiliser ce qu'il sait pour venir à bout d'un problème qu'on reconnait véritablement qu'un élève maitrise ce qu'il a appris. Or on constate, dans la plupart des évaluations (nationales ou internationales), des faiblesses chez trop d'élèves dans ce domaine : angoisse face à une situation inédite, manque d'initiative, peur de se tromper…

Dès la GS, dans Cap Maths, la résolution de problèmes est travaillée dans trois directions :
– **partir d'un problème pour apprendre une nouvelle connaissance** : cela permet à l'élève de comprendre à quoi elle sert, quel est l'intérêt de la maitriser ;
– **utiliser les connaissances acquises dans des problèmes nouveaux** : cela permet d'en renforcer le sens et d'étendre leur champ d'utilisation ;
– **développer les capacités à chercher** : exploiter des informations, explorer une piste et la remettre en cause, s'aider d'un dessin ou d'un schéma, faire de petites déductions, expliquer pourquoi une réponse convient ou ne convient pas sont autant de compétences que l'enfant doit commencer à développer très tôt. C'est ce que le programme du cycle 2 mentionne en indiquant qu'« *on veillera à proposer aux élèves, dès le CP, des problèmes pour apprendre à chercher qui ne soient pas de simples problèmes d'application à une ou plusieurs opérations mais nécessitent des recherches avec tâtonnements* ».

Cette approche du travail mathématique vise également à développer chez l'élève les capacités à :
– raisonner, déduire ;
– écouter pour comprendre, interroger, répéter, réaliser un travail ou une activité ;
– échanger, questionner, justifier un point de vue ;
– travailler en groupe, s'engager dans un projet ;
– utiliser les outils mathématiques pour résoudre des problèmes portant sur diverses grandeurs.

**D'autres capacités spécifiques de la résolution de problèmes** sont également visées :
– développer une pensée logique (chercher, abstraire, raisonner) ;
– organiser les données d'un problème en vue de sa résolution ;
– produire une solution originale dans un problème de recherche ;
– formuler et communiquer sa démarche ;
– contrôler et discuter la pertinence ou la vraisemblance d'une solution ;
– identifier des erreurs dans une solution en distinguant celles qui sont relatives au choix d'une procédure de celles qui interviennent dans sa mise en œuvre.

En dehors des connaissances mathématiques développées dans les activités de résolution de problèmes (voir les commentaires relatifs aux différents domaines), d'autres connaissances et compétences de nature méthodologique font l'objet d'un enseignement. Pour le CP, elles sont résumées dans le schéma suivant :

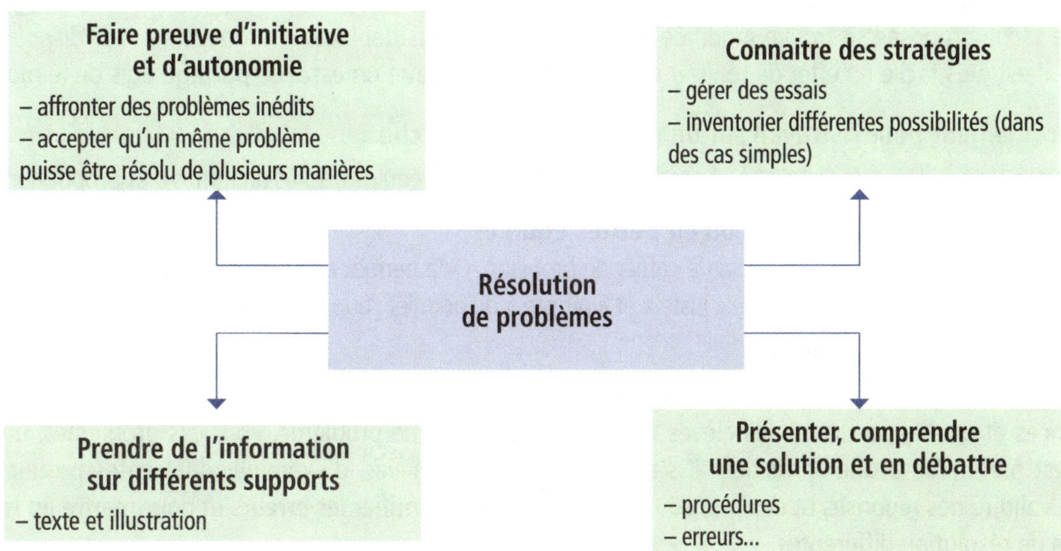

## RÉPONSES À QUELQUES QUESTIONS

### ▶ Pourquoi faut-il proposer des problèmes de recherche ?

**Trois raisons principales** peuvent être avancées :

**1. Développer un « comportement de chercheur ».**

En effet, s'engager dans la résolution d'un problème n'est, souvent, pas une attitude spontanée des élèves qui arrivent au CP. Ils ont parfois tendance à attendre des indications sur la démarche à suivre avant de se lancer dans un travail. Il est donc nécessaire, par l'action, de leur faire comprendre ce que l'on attend d'eux en mathématiques : prendre des initiatives, accepter la responsabilité de la résolution du problème, accepter de ne pas trouver tout de suite, argumenter à propos de la validité d'une solution…

**2. Prendre conscience de la portée des connaissances dont on dispose.**

Celles-ci ne permettent pas seulement de résoudre des problèmes dits « d'application », mais (même peu nombreuses) elles peuvent être mobilisées pour traiter de nombreux autres problèmes.

**3. Préparer des apprentissages ultérieurs.**

L'appropriation d'un nouveau sens pour une opération suppose que l'élève mette cette opération en rapport avec une nouvelle catégorie de problèmes. Il le fera plus facilement s'il est déjà familier de tels problèmes qu'il a eu l'occasion de résoudre par d'autres méthodes. Ainsi des situations de partage équitable ou de groupements réguliers sont proposées bien avant que l'élève ne soit capable de les résoudre en utilisant la division.

### ▶ Faut-il donner des explications complémentaires ?

Dans certains cas, des explications complémentaires peuvent être élaborées collectivement :
– sur la signification des informations fournies et la compréhension de la question ;
– sur ce qu'il faut faire : utiliser le brouillon pour chercher, expliquer ensuite comment on a trouvé, répondre à la question posée…

Progressivement, les élèves doivent pouvoir travailler de façon plus autonome.

### ▶ Faut-il fournir du matériel aux élèves ?

Dans les situations d'apprentissage, la plupart des problèmes sont proposés à partir d'un support matériel. Dans les moments d'entrainement, de révision, de consolidation ou dans les pages « Problèmes », les problèmes sont souvent proposés à partir d'un support écrit (texte, illustration). Pour aider à la compréhension de la situation et de la question, il peut être utile de « matérialiser la situation ». Par exemple, dans la page « Problèmes » en fin d'unité 4, le problème ci-contre est proposé :

Arthur et Zoé veulent se partager ces papillotes. Arthur doit avoir autant de papillotes que Zoé.

Entoure la part de chacun.

Pour des élèves qui ont du mal à comprendre la situation, on peut fournir des objets représentant les bonbons et demander de faire le partage sur ces objets avant de consigner la réponse avec les bonbons dessinés.

Il faut cependant avoir conscience que si dans les deux cas les élèves résolvent bien un problème de partage équitable en deux, la tâche proposée se trouve modifiée du fait que des objets déplaçables sont mis à leur disposition : avec des objets, il est plus facile en effet de réaliser une distribution, de faire un essai de partage puis de le modifier…

### ▶ Quel déroulement pour le travail sur un problème de recherche ?

Le plus souvent, un problème de recherche gagne à être résolu en petites équipes, après un temps d'appropriation individuel.

**– Phase de recherche (en individuel ou en petites équipes)**

Elle est élaborée sur une feuille à part ou sur le cahier de brouillon. Cela permet aux élèves de se sentir libre d'explorer une piste, puis une autre, sans se soucier de faire « juste » et « propre » du premier coup avant même d'avoir commencé à chercher.

**– Phase d'exploitation (en collectif)**

Les productions des élèves sont tout d'abord une source d'informations pour l'enseignant, en observant quelles connaissances et quelles stratégies les élèves mobilisent pour chaque problème. Pour ces problèmes, une mise en commun est préférable à une correction. Il s'agit alors, avec les élèves, d'examiner différentes productions pour discuter la validité des réponses et des procédures utilisées, pour identifier les erreurs et pour mettre en relation des procédures de résolution différentes.

Ce travail sur les solutions des élèves est un des moyens de les faire progresser, en montrant qu'il y a rarement une seule façon de résoudre un problème et en leur permettant de s'approprier d'autres procédures que celles qu'ils ont utilisées.

### ▸ Faut-il une synthèse et une trace écrite à l'issue du travail sur un problème de recherche ?

**1. Une synthèse est toujours nécessaire.**
Elle peut, selon les problèmes, porter sur des points différents, par exemple :
– sur les **comportements attendus** dans ce type d'activité : on peut ne pas trouver tout de suite, au brouillon, on peut essayer, barrer, recommencer ;
– sur les **modalités du travail en équipes** : s'écouter, proposer, suivre une piste, en débattre, choisir une solution… ;
– sur les **différentes résolutions valides** et leur mise en relation ;
– sur une **stratégie particulière** : faire un essai et en tenir compte pour l'essai suivant ; organiser un inventaire des possibilités ; déterminer des étapes possibles… ;
– sur des **erreurs caractéristiques**.

**2. Dans certains cas, une trace écrite peut être jugée utile.**
Elle peut alors prendre différentes formes :
– **trace écrite collective** (avec différentes solutions validées) au tableau, sur affiche, sous forme de document projetable (TNI, par exemple) et pouvant être utilisée comme source d'informations par les élèves ;
– **document photocopié** remis aux élèves et contenant différentes solutions validées ;
– **trace écrite personnalisée,** chaque élève recopiant l'une des solutions qu'il pense avoir comprise et qu'il pense pouvoir utiliser dans un problème voisin qui lui sera effectivement proposé un peu plus tard.

### ▸ Comment utiliser les pages « Problèmes » ?

**Pour chaque série, les problèmes sont variés :**
– ils sont, le plus souvent, situés dans un même contexte, ce qui contribue à maintenir l'intérêt des élèves et leur permet de se concentrer davantage sur les questions posées ;
– ils ne relèvent pas toujours tous des mêmes notions mathématiques, de manière à favoriser la réflexion quant au choix des procédures de résolution ;
– les données sont fournies par des supports divers : dessin, texte, schéma.

**Chaque élève ne traitera pas obligatoirement l'ensemble des problèmes.**
Le choix, l'utilisation et la mise en œuvre de ceux-ci sont laissés à l'initiative de l'enseignant. Certains problèmes peuvent être proposés en résolution individuelle. D'autres sont résolus en équipes, soit directement, soit après une phase de résolution individuelle.

**La recherche peut se faire d'abord au brouillon.**
Elle se fait alors sur une feuille à part. Ensuite, les élèves peuvent consigner leurs réponses dans le fichier.

**L'exploitation prend souvent la forme d'une mise en commun.**
Voir pages XXX-XXXI.

## PRINCIPALES OCCASIONS DU TRAVAIL SUR LA RÉSOLUTION DE PROBLÈMES

Le tableau suivant ne recense que les occasions de travailler sur telle ou telle stratégie à partir des problèmes posés dans les pages « Problèmes ». Ces stratégies peuvent être à l'œuvre dans beaucoup d'autres situations proposées dans Cap Maths.

| | Pages Problèmes |
|---|---|
| Gérer des essais | Unités 1, 4, 8, 3* |
| Prendre de l'information sur différents supports | Unités 2, 4, 5, 7, 8, 10 |
| Inventorier différentes possibilités | Unités 5, 3*, 9* |

3*, 9* : Les problèmes concernés se trouvent dans le cahier Mesures et Géométrie.

**Programme du cycle 2** (en vigueur à la rentrée 2016)

Dans les différents enseignements mais aussi dans leur vie quotidienne, les élèves sont amenés à comparer des objets ou des phénomènes en utilisant des nombres. À travers des activités de comparaison, ils apprennent à distinguer différents types de grandeurs et à utiliser le lexique approprié : longueurs (et repérage sur une droite), masses, contenance (et volume contenu), durées (et repérage dans le temps), prix. La comparaison de grandeurs peut être directe, d'objet à objet (juxtaposer deux baguettes), nécessiter la comparaison à un objet intermédiaire (utiliser un troisième récipient pour déterminer laquelle de deux bouteilles a la plus grande contenance) ou à plusieurs objets de même grandeur (mettre bout à bout plusieurs baguettes identiques pour comparer les longueurs de deux lignes tracées au sol).
Elle peut également reposer sur la comparaison de mesures des grandeurs.

Dans le cas des longueurs, des masses, des contenances et des durées, les élèves ont une approche mathématique de la mesure d'une grandeur : ils déterminent combien de fois une grandeur à mesurer « contient » une grandeur de référence (l'unité). Ils s'approprient ensuite les unités usuelles et apprennent à utiliser des instruments de mesure (un sablier, une règle graduée, un verre mesureur, une balance, etc.).

Pour résoudre des problèmes liés à des situations vécues, les élèves sont amenés à calculer avec des grandeurs. Ils utilisent les propriétés des nombres et les opérations, et en consolident ainsi la maitrise.

Pour comprendre les situations et valider leurs résultats ils doivent aussi donner du sens à ces grandeurs (estimer la longueur d'une pièce ou la distance entre deux arbres dans la cour, juger si un livre peut être plus lourd qu'un autre, etc.) en s'appuyant sur quelques références qu'ils se seront construites.
Ces problèmes sont l'occasion de renforcer et de relier entre elles les connaissances numériques et géométriques, ainsi que celles acquises dans « Questionner le monde ».

**Attendus de fin de cycle**

▸ Comparer, estimer, mesurer des longueurs, des masses, des contenances, des durées.
▸ Utiliser le lexique, les unités, les instruments de mesures spécifiques de ces grandeurs.
▸ Résoudre des problèmes impliquant des longueurs, des masses, des contenances, des durées, des prix.

Les principales connaissances et compétences travaillées au CP s'organisent autour de la construction des différentes grandeurs : **longueur, masse, durée**. La contenance sera travaillée au CE1.

## CONSTRUCTION DES NOTIONS DE GRANDEUR ET DE MESURE

La **grandeur** est une propriété d'un objet qu'il s'agit de différencier de ses autres propriétés : distinguer longueur d'une ligne et place qu'elle occupe sur la feuille, distinguer masse et volume d'un objet. La mesure est un nombre qui quantifie cette grandeur, une unité étant donnée.

Il est important que l'élève **comprenne la grandeur avant d'aborder sa mesure**. La grandeur est généralement mise en évidence dans la résolution d'un problème de **comparaison**.
Pour la **longueur**, à la suite du travail fait en Grande Section de maternelle, **la compréhension de la grandeur est un objectif important du CP**. Les élèves construisent des procédures de comparaison directe et indirecte, en utilisant un objet intermédiaire (bande de papier par exemple). Ils comprennent les propriétés d'additivité de la longueur (la longueur d'une grande bande obtenue en mettant deux bandes bout à bout est la somme des longueurs des deux bandes), et donc comprennent ce qu'est une longueur double ou moitié d'une longueur donnée.

Ils comprennent ensuite que le nombre est utile pour mémoriser ou communiquer une longueur : il peut être obtenu en dénombrant les **reports de l'unité**. Ce nombre est la mesure de la longueur considérée. Sur une **règle graduée**, l'unité est déjà reportée. Ainsi on peut lire directement la mesure de la longueur. L'unité usuelle qu'est le centimètre et le double décimètre ne seront introduits qu'en CE1.

Pour la **masse**, la notion de grandeur est construite dans la résolution de problèmes de comparaison, en soupesant ou en utilisant une balance à plateaux. La balance à plateaux est l'instrument qui objective cette comparaison.

Dans les situations d'apprentissage proposées, il est important que **l'expérimentation** des élèves soit effective et qu'un temps suffisant y soit consacré.

## STRUCTURATION PROGRESSIVE DES REPÈRES TEMPORELS

En fin de Grande Section, les élèves ont été familiarisés avec des repères temporels : moment de la journée (rentrée en classe, récréation…), jour de la semaine, date du jour comme repères significatifs de la vie de la classe. Ces apprentissages doivent être poursuivis et consolidés en lien avec le domaine « Questionner le monde ».
L'utilisation rituelle des supports présents dans la classe permet une structuration progressive des apprentissages : calendriers divers qui constituent les références des repères temporels sociaux (année, mois, semaine, jour), liste ou roue des jours pour mettre en évidence le caractère cyclique des jours de la semaine, emploi du temps d'une journée, horloge en état de marche.

Durant le cycle 2, les apprentissages vont se construire sur deux échelles de temps :
– le temps long, celui des **dates** et des **durées** ;
– le temps court, celui de l'**horaire** et des **durées exprimées en heures et minutes**.
Au CP, les objectifs visés sont :
– connaitre les jours de la semaine et les mois de l'année ;
– repérer des dates sur le calendrier ;
– déterminer des durées en jours à l'aide du calendrier ;
– approcher la lecture de l'heure sur une horloge à aiguilles.

Le **repérage de la date** se fait chaque jour. Les élèves sont familiarisés avec divers types de calendriers. Ils savent y lire des dates : repérage du jour, du quantième et du mois. Dans des problèmes liés à la vie courante, les élèves sont amenés à déterminer des durées en comptant le nombre de jours séparant deux dates sur le calendrier.
De la même façon, la **lecture de l'heure** se construit à partir du vécu des élèves. Ils repèrent des horaires connus qui correspondent à des moments spécifiques de la vie de la classe (début, fin de la récréation, fin de la matinée…). Progressivement, ils apprennent à lire l'heure (horaires en heures entières) sur une horloge à aiguilles.

## RÉPONSES À QUELQUES QUESTIONS

### ▸ Le programme parle de « travailler sur les grandeurs en commençant par les comparer pour appréhender le concept, avant de les mesurer », et aussi d'« opérations sur les grandeurs ». Comment cela peut-il se traduire pour les longueurs ?

En GS et au CP, des situations de **manipulation** visent à installer **la notion de longueur**. Dans des problèmes de **comparaison de longueurs** (par exemple recherche de bandes de papier qui sont superposables), les élèves construisent le **sens** de la notion de longueur, indépendamment de la mesure.
En Grande Section, les élèves ont construit des procédures de **comparaison directe** : par exemple, pour des bandes de papier, les superposer ou poser les bandes en parallèle, **aligner** une de leurs extrémités, voir si l'une des bandes dépasse l'autre à leurs autres extrémités.

*La bande bleue est plus longue que la rouge.*

Au CP, les élèves doivent élaborer des procédures de **comparaison indirecte** en utilisant un objet intermédiaire. Ces procédures prennent du sens dans des situations où la comparaison perceptive ou directe est impossible.

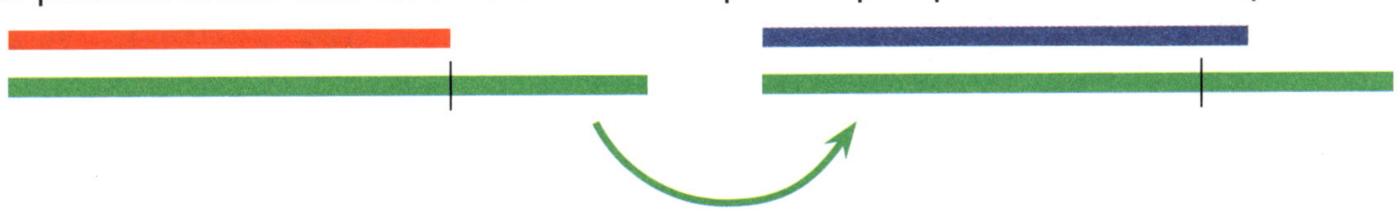

*La bande verte sert d'objet intermédiaire de comparaison.*

Les élèves doivent aussi comprendre **les opérations sur les longueurs** : addition, soustraction, multiplication par un entier, division et ce, indépendamment de la mesure. Compléter une bande de papier pour qu'elle ait la même longueur qu'une bande donnée, construire une bande de longueur double qu'une bande donnée ou compter combien de morceaux de longueur donnée sont contenus dans une bande de papier peut se faire sans mesures.

→ Dans **Cap Maths CP**, plusieurs situations de **manipulation** portant sur des bandes de papier permettent de construire les notions visées. Les supports de ces situations se trouvent dans le Matériel photocopiable.
Dans **la situation « C'est quelle bande ? »** de l'unité 3, les élèves sont confrontés à un problème de comparaison de longueur d'une bande A à d'autres bandes, mais la bande A est dessinée sur le recto d'une feuille et le lot des bandes est dessiné au verso de la feuille. Ni la comparaison directe par manipulation, ni celle à vue ne sont possibles. La stratégie attendue est d'utiliser un objet pour faire une comparaison intermédiaire ou de reporter la longueur d'une bande sur un objet plus long, comme une bandelette de papier.
En unité 4, dans **la situation « Les chemins de couleur »**, les élèves réalisent des « chemins » en mettant bout à bout des bandes de couleur de longueurs fixées. Ils comparent les longueurs de chemins, réalisent des chemins de longueur donnée, complètent un chemin pour qu'il ait une longueur donnée. Ils construisent une bande de longueur double ou moitié d'une bande donnée.
Dans *80 activités et jeux mathématiques CP*, des activités comme le « jeu des bandes » permettent d'entrainer les procédures de comparaison directe apprises en Grande Section de maternelle.

## ▸ Quelle progression sur les mesures de longueur ?

Dans le prolongement des situations portant sur les grandeurs, les élèves vont être confrontés à trouver combien de fois une longueur unité est contenue dans une longueur donnée. Ce nombre obtenu permet, une unité étant donnée, de représenter une longueur : c'est la **mesure de cette longueur**. Les élèves vont apprendre la procédure de **mesure des longueurs par report d'une unité**.

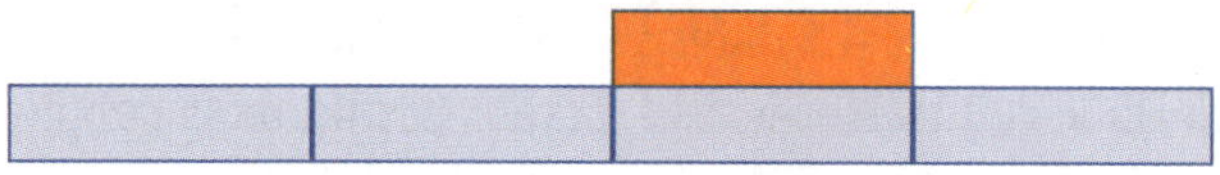

*La bande bleue mesure 4 unités.*

Ils doivent ensuite comprendre qu'avec une **règle graduée**, convenablement placée, on peut obtenir plus rapidement cette mesure.

→ Dans **Cap Maths CP**, plusieurs situations de manipulation portant sur des bandes de papier permettent de construire la notion de mesure et les procédures de mesurage. Ces procédures sont ensuite transférées au mesurage de segments. Le matériel nécessaire (unités, règles graduées correspondantes) se trouve dans le matériel encarté du cahier Mesures et Géométrie.
À partir de l'unité 6, dans **la situation « Les bandes colorées »**, les élèves doivent construire une bande de couleur de même longueur qu'une bande blanche donnée, à l'aide d'une unité. En trouvant combien de fois l'unité peut être reportée dans la bande blanche, les élèves associent à sa longueur un nombre. Ainsi est introduite la mesure. La méthode de mesurage par report de l'unité est ensuite entrainée pour mesurer d'autres bandes, puis des segments. Dans la suite de la situation, le même problème est posé aux élèves, mais ils ont cette fois à leur disposition une règle, graduée avec l'unité utilisée précédemment. Les élèves comprennent comment est conçue une règle graduée par report régulier de l'unité, ainsi que son utilité pour effectuer des mesures. La technique de mesurage à l'aide d'une règle graduée est ensuite entrainée pour mesurer des longueurs de segments. L'utilisation du double décimètre et des unités usuelles est un objectif du CE1.

## ▸ Quel travail sur la monnaie ?

Les objectifs visés au CP sont la connaissance des pièces et des billets en euros et le calcul de valeurs ou de prix.
Les élèves utilisent des pièces et des billets de 1 à 10 euros. Ils pratiquent des échanges, de façon à comprendre que, par exemple, un billet de 5 euros équivaut à 2 pièces de 2 euros et 1 pièce de 1 euro (il faut distinguer la valeur d'un lot de pièces et de billets de la quantité de pièces et de billets qu'il contient). Ils calculent des sommes d'argent, confortant ainsi la maitrise du calcul sur les nombres 1, 2, 5 et 10, puis le calcul sur les dizaines.

→ Dans **Cap Maths CP**, le matériel de **manipulation** (pièces et billets en carton) est proposé dans le **matériel encarté** du fichier Nombres et Calculs.

### ▸ Quel travail sur la date et les durées en jours ?

Le repérage de la date se fait chaque jour. Progressivement, les élèves rencontrent différents types de calendriers. L'enseignant les accompagne dans la lecture de dates : repérage du jour, du quantième et du mois.

→ Durant les deux premières unités, les élèves ont à repérer le jour de la semaine sur l'entête de la page du fichier Nombres et Calculs ou du cahier Mesures et Géométrie, la date pouvant être inscrite au-dessous. Ensuite, les élèves inscrivent chaque jour la date sur leur fichier ou leur cahier avec l'aide de l'enseignant.
Un travail de synthèse est proposé en unité 5 sur un calendrier téléchargeable sur le site Cap Maths. Les élèves sont amenés à déterminer des durées en comptant le nombre de jours séparant deux dates sur le calendrier. Les problèmes posés sont liés au vécu des élèves.

### ▸ Quelle approche de la lecture de l'heure ?

Une familiarisation quotidienne aide les élèves à se donner des repères dans le déroulement de la journée et à commencer à objectiver la notion de durée. L'enseignant donne des repères sur l'horloge de la classe, par exemple : « Quand la petite aiguille sera sur le 10 et la grande aiguille sur le 12, il sera dix heures et ce sera l'heure de la récréation. » Progressivement, les élèves arrivent à lire des horaires en heures entières.

→ **Cap Maths** propose en unité 9, une première approche du rôle des aiguilles, orientée vers le repérage de la petite aiguille, qui permet aux élèves de lire des horaires en heures entières. Ils ont à relier ces horaires aux évènements habituels de la journée : lever et coucher, repas, horaires de l'école. La lecture des horaires en heures entières sur une horloge à aiguilles est entrainée. Ces activités ne constituent qu'une approche pour des apprentissages qui seront poursuivis au CE1.

## ÉTAPES DES APPRENTISSAGES RELATIFS À GRANDEURS ET MESURES PROPOSÉES PAR CAP MATHS CP

| Unités 3 à 8 | **Longueur** |
|---|---|
| Unité 3 | – Comparaison indirecte de longueurs |
| Unité 4 | – Additivité des longueurs de deux objets mis bout à bout<br>– Longueur double et longueur moitié |
| Unités 6 et 7 | – Mesure de longueur par report de l'unité |
| Unités 7 et 8 | – Mesure de longueur avec une règle graduée |
| Unité 5 | **Dates et durées** |
| Unité 5 | – Lecture de dates sur un calendrier<br>– Détermination d'une durée en jours à l'aide d'un calendrier |
| Unités 9 et 10 | **Horaires en heures entières** |
| Unités 9 et 10 | – Lecture d'horaires en heures entières, correspondant à des horaires connus |
| Unité 9 | **Masse** |
| Unité 9 | – Comparaison de masses |
| Unité 7 | **Monnaie** |
| Banque de problèmes | – Réalisation de sommes de monnaie en euros |

**Programme du cycle 2** (en vigueur à la rentrée 2016)

Au cycle 2, les élèves acquièrent à la fois des **connaissances spatiales** comme l'orientation et le repérage dans l'espace et des **connaissances géométriques** sur les solides et sur les figures planes. Apprendre à se repérer et se déplacer dans l'espace se fait en lien étroit avec le travail dans *Questionner le monde* et *Éducation physique et sportive*. Les connaissances géométriques contribuent à la construction, tout au long de la scolarité obligatoire, des concepts fondamentaux d'alignement, de distance, d'égalité de longueurs, de parallélisme, de perpendicularité, de symétrie.

Les compétences et connaissances attendues en fin de cycle se construisent à partir de problèmes, qui s'enrichissent tout au long du cycle en jouant sur les outils et les supports à disposition, et en relation avec les activités mettant en jeu les grandeurs géométriques et leur mesure.

Dans la suite du travail commencé à l'école maternelle, l'acquisition de connaissances spatiales s'appuie sur des problèmes visant à localiser des objets ou à décrire ou produire des déplacements dans l'espace réel. L'oral tient encore une grande place au CP mais les représentations symboliques se développent et l'espace réel est progressivement mis en relation avec des représentations géométriques. La connaissance des solides se développe à travers des activités de tri, d'assemblages et de fabrications d'objets. Les notions de géométrie plane et les connaissances sur les figures usuelles s'acquièrent à partir de résolution de problèmes (reproduction de figures, activités de tri et de classement, description de figures, reconnaissance de figures à partir de leur description, tracés en suivant un programme de construction simple). La reproduction de figures diverses, simples et composées est une source importante de problèmes de géométrie dont on peut faire varier la difficulté en fonction des figures à reproduire et des instruments disponibles. Les concepts généraux de géométrie (droites, points, segments, angles droits) sont présentés à partir de tels problèmes.

En géométrie comme ailleurs, il est particulièrement important que le professeurs utilisent un langage précis et adapté et introduisent le vocabulaire approprié au cours des manipulations et situations d'action où il prend sens pour les élèves, et que ceux-ci soient progressivement encouragés à l'utiliser.

**Attendus de fin de cycle**

- (Se) repérer et (se) déplacer en utilisant des repères et des représentations.
- Reconnaitre, nommer, décrire, reproduire quelques solides.
- Reconnaitre, nommer, décrire, reproduire, construire quelques figures géométriques.
- Reconnaitre et utiliser les notions d'alignement, d'angle droit, d'égalité de longueurs, de milieu, de symétrie.

Les principaux objectifs d'apprentissage visés au CP s'organisent autour de deux grands axes :
– **la consolidation des compétences spatiales** qui concernent plus particulièrement le repérage dans l'espace et l'orientation ;
– **la construction de connaissances et de compétences géométriques** liées aux figures planes et aux solides ainsi qu'aux tracés.

## CONNAISSANCES ET COMPÉTENCES FONDAMENTALES

### I. CONSOLIDATION DES COMPÉTENCES SPATIALES

À la suite du travail réalisé en Grande Section de maternelle, l'orientation dans différents types d'espace doit être travaillée, ces espaces se différenciant par :
– leur dimension ;
– les systèmes de repères qui peuvent y être utilisés ;
– le vocabulaire qui permet de s'y repérer.

• **L'espace qui nous entoure**

Dans cet espace qui a trois dimensions, un objet peut être repéré :

– **par rapport à l'observateur** *(en haut, en bas, devant, derrière, à gauche, à droite)* ;

– **par rapport à une autre personne ou objet orienté** *(devant, derrière, à la gauche de, à la droite de)* ;

*Exemple :* La plante est devant la fillette et le seau est à sa gauche.

– **par rapport à un autre objet non orienté** *(devant, derrière, à gauche de, à droite de)*.

*Exemple :* La plante est à gauche du panier et le seau est devant le panier.

Dire alors que « le seau est devant le panier », ou que « le panier est derrière le seau », signifie que le seau est dans un premier plan.

Il va de soi que les apprentissages spatiaux liés à l'espace qui nous entoure ne peuvent se réaliser que dans cet espace.

• **L'espace de la feuille**

Cet espace, comme le plan vertical du tableau, a une orientation conventionnelle et les mots *haut*, *bas*, *droite* et *gauche* permettent de s'y repérer. Le basculement du plan du tableau à celui de la feuille ne va pas de soi : le haut de la feuille pour l'observateur correspond à la partie de la feuille qui est la plus éloignée de lui.

*Exemple :* Le cercle rouge est en haut à gauche.

• **Sur une ligne orientée**

C'est un vocabulaire temporel qui permet le repérage : *début, fin, avant, après*.

*Exemple :* Sur la bande numérique le chiffre 5 est après le chiffre 4.

• **Dans un quadrillage**

Le repérage prend en compte les cases (rangées en lignes et colonnes) ou bien les traits et les nœuds. Si le quadrillage est dans la feuille de papier, son orientation est donnée par celle de la feuille : il y a alors un haut, un bas, une droite et une gauche.

On peut utiliser des nombres :

– **pour repérer une case ou un nœud ;**

*Exemple :* Le point rouge est dans la ligne du haut, dans la 2e colonne en partant de la gauche.

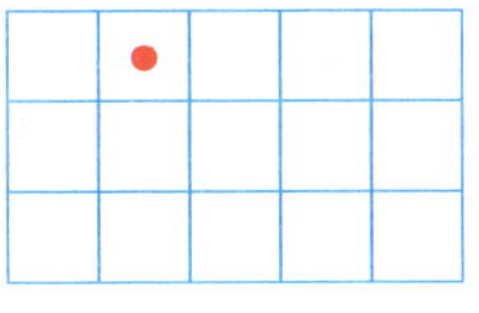

– **pour repérer une case ou un nœud relativement à une autre case ou un autre nœud.**

*Exemple :* Le point vert est 3 carreaux en dessous du point rouge.

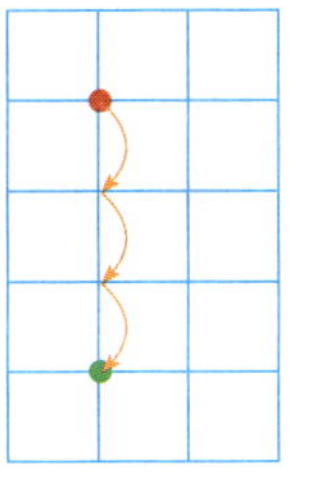

## II. CONSTRUCTION DES CONNAISSANCES ET COMPÉTENCES GÉOMÉTRIQUES

• **Les figures planes**

Depuis la Grande Section, les élèves savent **reconnaitre perceptivement** certaines figures et les nommer : **triangles, carrés, rectangles**. En début d'année, cette reconnaissance perceptive et globale est évaluée. Cette compétence doit être affinée en permettant aux élèves d'identifier ces mêmes figures dessinées dans différentes orientations ou incluses dans des assemblages complexes.

La résolution de problèmes de **reproduction** et de **construction** permet de mener un travail plus analytique pour **les figures les plus usuelles**. Les élèves décrivent les figures en utilisant le vocabulaire *côté*, *sommet*. Les élèves ont perçu que les triangles ou les rectangles ne se ressemblent pas tous, à la différence des carrés. Ils comprennent que :

– les **triangles** ont tous trois côtés (bords droits) et trois sommets et qu'ils n'ont pas la même forme ;

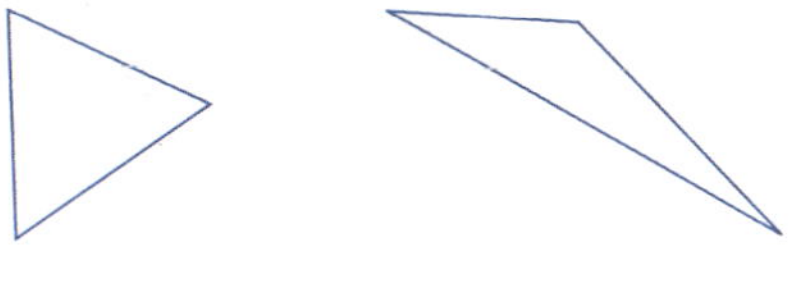

– les carrés et les rectangles ont 4 côtés et 4 sommets, mais tous les rectangles n'ont pas la même forme.

### • Les solides

Les solides sont abordés par des problèmes de description et de représentation d'assemblages. Ainsi les solides les plus usuels peuvent être nommés (cube, pavé, cylindre, cône, pyramide) ou décrits dans un langage élève.
Les élèves conçoivent que la forme d'un solide dépend de la forme de ses faces.

## RÉPONSES À QUELQUES QUESTIONS

### ▶ Quels problèmes proposer pour développer des compétences spatiales ?

Le langage spatial prend son sens dans la communication d'une localisation entre quelqu'un qui la connait (l'émetteur) et quelqu'un qui l'ignore (le récepteur). Dans un premier temps, les indications de localisation sont données par l'enseignant, qui est alors l'émetteur, les élèves étant les récepteurs. Dans un deuxième temps, les élèves sont confrontés au problème de donner des indications qui permettent de retrouver un objet caché. Les localisations dans des espaces environnants (classe, cour) amènent à identifier des objets particuliers servant de repères fixes (porte, fenêtre, pilier, tableau, meuble…) et à utiliser des locutions indiquant les relations spatiales (*à côté, entre, près de*), mais aussi et plus précisément : *sur, sous, devant, derrière, à droite de, à gauche de*… C'est aussi dans ces situations de communication de localisation que les élèves peuvent être amenés à élaborer ou à utiliser des représentations planes de l'espace, des dessins ou des plans.
Ce travail de structuration de l'espace par l'utilisation des indicateurs spatiaux du langage et par l'utilisation de représentations planes est un objectif important du CP ; il est mené en lien avec les domaines « Questionner le monde » et « Éducation physique et sportive ».

→ **Cap Maths** propose dans les 3 premières unités, à la suite du travail effectué en Grande Section, différents **problèmes de localisation** d'abord **dans la cour**, puis **dans la classe**. Les élèves ont à suivre ou émettre des indications orales pour retrouver un objet caché. Toujours dans l'espace de la classe, les élèves doivent ensuite produire un dessin qui permette à coup sûr de retrouver la cachette. Les difficultés rencontrées par ceux qui reçoivent le message amènent à se demander ce qu'il faut dire ou représenter pour être compris : désignation ou présence sur le dessin d'objets servant de repères fixes, expression précise ou représentation correcte des positions relatives. Le problème de retrouver un objet caché est ensuite posé dans la cour, les localisations étant indiquées sur un plan élaboré par l'enseignant. Progressivement, les élèves comprennent les limites de leurs premières solutions et construisent des démarches plus efficaces. Dans ces situations, les phases de verbalisation et d'échange appuyées sur l'étude des caractéristiques de certaines locutions ou de certains dessins sont des temps importants de l'apprentissage.
En unité 7, les élèves sont confrontés à un problème où l'on doit communiquer la position d'objets cachés **sur un quadrillage**. Les élèves sont conduits à prendre conscience de la nécessaire orientation du plan lors de sa lecture : le plan doit être orienté comme l'espace réel.

### ▶ Quelles activités sur le quadrillage ?

Au CP, les élèves apprennent à se repérer dans un quadrillage, support peut-être déjà rencontré en Grande Section. Dans un quadrillage, les élèves de maternelle voient majoritairement une juxtaposition de cases. Il s'agit de les amener à le concevoir comme un ensemble de lignes droites ayant deux directions différentes se croisant à des nœuds. Si le quadrillage est tracé sur la feuille de papier, les directions de ces lignes droites sont qualifiées d'horizontale et verticale. Les élèves doivent construire des méthodes spécifiques de repérage sur quadrillage que ce soit pour les cases ou pour les nœuds : par rapport au contour du quadrillage et aussi relativement à une autre case ou un autre nœud. Le repérage d'une case ou d'un nœud par deux nombres qui constituent ses coordonnées est un objectif du CE1.

→ **Cap Maths** propose de nombreuses activités sur quadrillage. Dans des problèmes de **reproduction de dispositions de jetons** dessinés dans des cases d'un quadrillage sur la feuille de papier, les élèves réinvestissent des procédures élaborées en Grande Section. Elles consistent à repérer une case par rapport à une autre en comptant les carreaux suivant l'horizontale ou la verticale ou à repérer une case par rapport aux bords du quadrillage ; le vocabulaire lié au repérage dans un tableau (« ligne » et « colonne ») peut alors être utilisé.
Une situation spécifique (**le jeu « Gribouille cherche son os »**) amène à travailler sur les traits et les nœuds. En unité 8, des problèmes de reproduction de figures dessinées sur quadrillage, polygones dont les côtés suivent les traits et dont les sommets sont sur des nœuds, obligent à consolider les procédures de repérage par rapport aux traits et aux nœuds. Une

variable importante dans ces problèmes de reproduction concerne le support du modèle et le support de reproduction :
– quadrillages limités, les deux quadrillages étant sur une même page et ayant le même nombre de lignes et de colonnes, à la même hauteur dans la page ou décalés ;
– quadrillage occupant tout l'espace de la feuille, la reproduction devant être réalisée sur le même quadrillage que le modèle.
Dans le premier cas, la stratégie de reproduction peut s'appuyer sur un repérage par rapport aux bords du quadrillage.
Dans le deuxième cas, il est nécessaire de reproduire un premier sommet et de repérer un deuxième sommet ou un côté par rapport à celui-ci.

### ▸ Quels problèmes sur les figures planes et les solides ?

C'est en résolvant des problèmes sur du matériel que les élèves de CP construisent et structurent leurs connaissances sur les figures planes et les solides : reconnaitre et nommer les figures planes et les solides usuels, concevoir certaines de leurs propriétés. Ces problèmes sont de différents types : **classement, description, reproduction** (un modèle est donné, il s'agit de produire un objet identique), **construction** (une description est donnée, il s'agit de produire un objet conforme), **représentation** (pour un solide, il s'agit d'en produire un dessin).

→ **Cap Maths** propose une progression de problèmes posés sur des **figures en carton** (présentes dans le matériel encarté du cahier Mesures et Géométrie), ainsi que sur **un lot de solides à monter** (patrons figurant dans le Matériel photocopiable ou dans la pochette *Les Solides de l'école*).
En unité 4, est proposée une activité de **classement** de figures planes. Suivent des problèmes de reconnaissance, et en unité 7, un problème de **reproduction d'assemblages complexes**. Les élèves sont confrontés à l'identification des figures qui composent les assemblages et ce, dans différentes orientations. La reconnaissance des figures élémentaires simples est entrainée, ainsi que l'identification des figures identiques (ou superposables). Les compétences travaillées dans ces situations consistent à :
– analyser les figures qui composent un assemblage complexe et leurs positions relatives ;
– isoler visuellement une figure élémentaire ;
– imaginer des actions sur cette figure (translation, rotation) ;
– développer des stratégies pour reproduire un assemblage complexe.
En unité 9, par la **construction** de triangles, de carrés et de rectangles sur papier pointé, les élèves ont à se questionner sur la position relative et les longueurs respectives de leurs côtés. Ils approchent ainsi certaines de leurs propriétés qui seront étudiées au CE1.
En fin d'année, sont proposés des problèmes de **reproduction d'assemblages de solides**. Les élèves doivent reconnaitre, nommer ou décrire les solides présents, puis les représenter, ceci pour concevoir certaines de leurs caractéristiques, notamment que la forme d'un polyèdre (ce mot n'est pas employé avec les élèves) est déterminée en partie par le nombre et la forme de ses faces. Ces apprentissages seront repris au CE1.

### ▸ Quel travail sur les tracés à la règle ?

Au CP, les élèves apprennent à utiliser la règle comme instrument pour tracer des traits droits : en joignant deux points, en s'appuyant sur des traits déjà tracés (comme dans un quadrillage), en prolongement d'un segment déjà tracé.
Mais c'est en résolvant des **problèmes de reproduction** que les élèves vont comprendre l'exigence de l'activité de tracé : bien utiliser la règle et prendre gout à un travail soigné, mais aussi utiliser des procédures efficaces.

→ Dans le cahier Mesures et Géométrie, **Cap Maths** propose, en début d'année, de nombreux exercices de tracés permettant aux élèves d'acquérir des savoir-faire techniques quant au maniement de la règle et à la tenue du crayon (joindre des points, repasser des traits en pointillé, compléter des dessins), puis, à partir de l'unité 5, des problèmes de reproduction.
Sur quadrillage, les figures à reproduire sont des polygones dont les côtés suivent les lignes du quadrillage et dont les sommets sont sur des nœuds. Sur papier blanc, les reproductions sont à compléter (**activité « Dans un carré »**).
Les élèves apprennent qu'une reproduction est le tracé de la figure à l'identique du modèle. Ils ont à mettre en œuvre une méthode qui conjugue analyse du modèle, techniques de repérage des extrémités des segments à tracer, contrôle éventuel de leur longueur, mise en ordre des actions, tracés à la règle.
Les variables choisies dans ces problèmes de reproduction (choix du modèle, choix du support) rendent ces situations accessibles aux élèves de CP. Ce type de situation sera repris au CE1.

## ÉTAPES DES APPRENTISSAGES RELATIFS À L'ESPACE PROPOSÉES PAR CAP MATHS CP

| Unités 1 et 2 | **Repérage dans l'espace de la feuille de papier** |
|---|---|
| Unités 1 et 2 | – Repérage conventionnel : en haut/en bas ; à droite/à gauche |
| **Unités 1 à 7** | **Repérage dans l'espace** |
| Unité 1 | – Repérage d'objets par rapport à d'autres objets dans un espace connu<br>– Utilisation d'un vocabulaire spatial de position : *devant, derrière, à gauche, à droite, en bas, en haut...* |
| Unités 1 et 2 | – Utilisation d'un repère fixe pour localiser un objet |
| Unités 2 et 3 | – Construction et utilisation d'un dessin d'un espace connu pour situer sur ce dessin un objet de l'espace ou localiser dans l'espace un objet repéré sur le dessin |
| Unité 7 | – Orientation d'un plan pour le mettre en relation avec un espace réel |
| **Unités 2 à 8** | **Repérage dans un quadrillage** |
| Unités 2, 6, 7 | – Repérage relatif de cases |
| Unités 5 et 8 | – Repérage par rapport aux traits et aux nœuds du quadrillage |

## ÉTAPES DES APPRENTISSAGES RELATIFS À LA GÉOMÉTRIE PROPOSÉES PAR CAP MATHS CP

### Solides

| Unité 10 | – Reconnaissance de quelques solides : cube, pavé droit, cylindre, cône<br>– Notion de face<br>– Description, représentation |
|---|---|

### Figures planes

| Unités 4 à 9 | **Carré, rectangle, triangle** |
|---|---|
| Unité 4 | – Reconnaissance parmi des formes découpées |
| Unité 5 | – Reconnaissance parmi des formes dessinées sur une feuille |
| Unités 7 et 8 | – Reconnaissance dans un assemblage complexe |
| Unité 9 | – Construction sur papier pointé |
| **Unités 5 à 10** | **Figures planes autres** |
| Unités 5, 6, 9, 10 | – Reproduction sur papier blanc |
| Unité 8 | – Reproduction sur quadrillage (les côtés suivent des lignes du quadrillage) |

### Utilisations d'instruments

| Unités 1 à 10 | **La règle** |
|---|---|
| Unités 1 à 4 | – Pour joindre 2 points, prolonger un trait, repasser sur un trait |
| Unités 5, 8, 9 | – Pour suivre les lignes d'un quadrillage en respectant des contraintes |
| Unités 5, 6, 9, 10 | – Pour reproduire des figures sur papier blanc |
| **Unités 4 et 7** | **Un gabarit** |
| Unités 4 et 7 | – Pour tracer le contour d'une forme |

# Évaluation initiale

Le programme fixe la liste des compétences devant être acquises en fin d'école maternelle, en particulier celles concernant le domaine numérique (voir encadré ci-dessous).

Il est nécessaire en début d'année de déterminer, parmi ces compétences, celles que chaque élève maitrise effectivement et celles qu'il doit consolider.

Une **évaluation initiale sur les quantités et sur les nombres est donc proposée au début du fichier Nombres et Calculs**. Elle peut être réalisée, de façon étalée, au cours des deux premières semaines de l'année scolaire.

La **première partie** de cette évaluation (consignes 1 à 7, p. 6) se déroule exclusivement à l'oral. L'enseignant prend à part chaque élève et le questionne à partir des consignes fournies. Il note les réponses orales de l'élève.

La **deuxième partie** (exercices 8 à 11, p. 7) est réalisée avec le groupe classe. L'enseignant lit les consignes à voix haute et les élèves répondent par écrit dans leur fichier.

**Programme de l'école maternelle** (en vigueur à la rentrée 2015)

**Utiliser les nombres**

- Évaluer et comparer des collections d'objets avec des procédures numériques ou non numériques.
- Réaliser une collection dont le cardinal est donné. Utiliser le dénombrement pour comparer deux quantités, pour constituer une collection d'une taille donnée ou pour réaliser une collection de quantité égale à la collection proposée.
- Utiliser le nombre pour exprimer la position d'un objet ou d'une personne dans un jeu, dans une situation organisée, sur un rang ou pour comparer des positions.
- Mobiliser des symboles analogiques, verbaux ou écrits, conventionnels ou non conventionnels pour communiquer des informations orales et écrites sur une quantité.

**Étudier les nombres**

- Avoir compris que le cardinal ne change pas si on modifie la disposition spatiale ou la nature des éléments.
- Avoir compris que tout nombre s'obtient en ajoutant un au nombre précédent et que cela correspond à l'ajout d'une unité à la quantité précédente.
- Quantifier des collections jusqu'à dix au moins ; les composer et les décomposer par manipulations effectives puis mentales. Dire combien il faut ajouter ou enlever pour obtenir des quantités ne dépassant pas dix.
- Parler des nombres à l'aide de leur décomposition.
- Dire la suite des nombres jusqu'à trente. Lire les nombres écrits en chiffres jusqu'à dix.

## FICHIER NOMBRES ET CALCULS p. 6 et 7

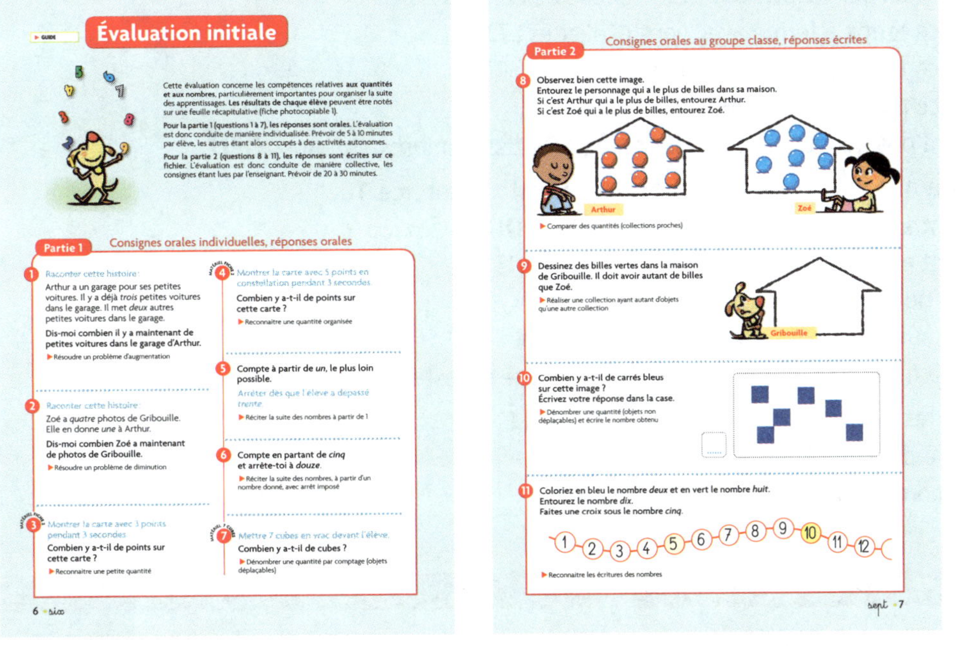
GUIDE

Évaluation initiale

Cette évaluation concerne les compétences relatives **aux quantités et aux nombres**, particulièrement importantes pour organiser la suite des apprentissages. **Les résultats de chaque élève** peuvent être notés sur une feuille récapitulative (fiche photocopiable 1).

**Pour la partie 1 (questions 1 à 7), les réponses sont orales.** L'évaluation est donc conduite de manière individualisée. Prévoir de 5 à 10 minutes par élève, les autres étant alors occupés à des activités autonomes.

**Pour la partie 2 (questions 8 à 11), les réponses sont écrites sur ce fichier.** L'évaluation est donc conduite de manière collective, les consignes étant lues par l'enseignant. Prévoir de 20 à 30 minutes.

Partie 1 — Consignes orales individuelles, réponses orales

1. Raconter cette histoire : Arthur a un garage pour ses petites voitures. Il y a déjà *trois* petites voitures dans le garage. Il met *deux* autres petites voitures dans le garage. **Dis-moi combien il y a maintenant de petites voitures dans le garage d'Arthur.** ▶ Résoudre un problème d'augmentation
2. Raconter cette histoire : Zoé a *quatre* photos de Gribouille. Elle en donne *une* à Arthur. **Dis-moi combien Zoé a maintenant de photos de Gribouille.** ▶ Résoudre un problème de diminution
3. (Matériel fiche 2) Montrer la carte avec 3 points pendant 3 secondes. **Combien y a-t-il de points sur cette carte ?** ▶ Reconnaitre une petite quantité
4. (Matériel fiche 2) Montrer la carte avec 5 points en constellation pendant 3 secondes. **Combien y a-t-il de points sur cette carte ?** ▶ Reconnaitre une quantité organisée
5. **Compte à partir de *un*, le plus loin possible.** Arrêter dès que l'élève a dépassé *trente*. ▶ Réciter la suite des nombres à partir de 1
6. **Compte en partant de *cinq* et arrête-toi à *douze*.** ▶ Réciter la suite des nombres, à partir d'un nombre donné, avec arrêt imposé
7. (Matériel 7 cubes) Mettre 7 cubes en vrac devant l'élève. **Combien y a-t-il de cubes ?** ▶ Dénombrer une quantité par comptage (objets déplaçables)

6 • six

Partie 2 — Consignes orales au groupe classe, réponses écrites

8. Observez bien cette image. Entourez le personnage qui a le plus de billes dans sa maison. Si c'est Arthur qui a le plus de billes, entourez Arthur. Si c'est Zoé qui a le plus de billes, entourez Zoé. (Arthur — Zoé) ▶ Comparer des quantités (collections proches)
9. Dessinez des billes vertes dans la maison de Gribouille. Il doit avoir autant de billes que Zoé. (Gribouille) ▶ Réaliser une collection ayant autant d'objets qu'une autre collection
10. Combien y a-t-il de carrés bleus sur cette image ? Écrivez votre réponse dans la case. ▶ Dénombrer une quantité (objets non déplaçables) et écrire le nombre obtenu
11. Coloriez en bleu le nombre *deux* et en vert le nombre *huit*. Entourez le nombre *dix*. Faites une croix sous le nombre *cinq*. 1 2 3 4 5 6 7 8 9 10 11 12 ▶ Reconnaitre les écritures des nombres

sept • 7

## PROPOSITION DE CODAGE DES RÉPONSES ET DES PROCÉDURES POSSIBLES

Pour chaque élève, l'enseignant établit un relevé d'informations (**fiche photocopiable 1**), avec codage des réponses et des procédures. Le codage peut, pour certains exercices, n'être utilisé que pour les élèves en difficulté.

Pour les consignes 3 et 4 de la première partie de l'évaluation, photocopier la **fiche 2**.

## CODAGE DES RÉPONSES

| | |
|---|---|
| **Code 1** | Réponse correcte |
| **Code 3** | Réponse à 1 près |
| **Code 9** | Réponse erronée |
| **Code 0** | Pas de réponse |

## CODAGE DES PROCÉDURES

► **Problèmes d'augmentation ou de diminution > consignes 1 et 2**
– recours à un dessin : **DES**
– utilisation des doigts avec représentation des deux quantités : **DGT**
– recours au comptage « en avant » ou « en arrière », à partir du nombre donné : **COM**
– traitement purement mental : **MEN**

► **Reconnaitre de petites quantités (reconnaissance perceptive) > consignes 3 et 4**
– reconnaissance directe : **DIR**
– utilisation des doigts pour figurer la quantité, puis dénombrement par comptage un par un : **DGT**
– dénombrement direct par comptage un par un : **COM**

► **Réciter la suite orale des nombres > consignes 5 et 6**
– noter les éventuels oublis ou répétitions

► **Exprimer une quantité « importante » (objets déplaçables) > consigne 7**
– dénombrement avec déplacement des objets : **DEP**
– dénombrement avec pointage effectif des objets : **POI**
– dénombrement avec pointage uniquement visuel : **VIS**
– erreur dans le pointage des objets : **ERP**
– erreur dans la suite orale des nombres utilisée : **ERN**

► **Comparer et réaliser des quantités > exercices 8 et 9**
– correspondance terme à terme avec liens explicites : **TTL**
– correspondance terme à terme par simple pointage : **TTP**
– correspondance par paquets : **PAQ**
– dénombrement des quantités et conclusion à partir des nombres obtenus : **DEN**

► **Exprimer une quantité (objets non déplaçables) > exercice 10**
– dénombrement avec pointage effectif des objets : **POI**
– dénombrement avec pointage uniquement visuel : **VIS**
– erreur dans le pointage des objets : **ERP**
– erreur dans la suite orale des nombres utilisée : **ERN**
– erreur dans l'écriture du nombre (alors que le nombre dit est correct) : **ERE**

► **Reconnaitre les écritures chiffrées > exercice 11**
– reconnaissance directe : **DIR**
– parcours des nombres de la file à partir de 1 : **UN**

## UTILISATION DE L'ÉVALUATION

**Deux types de conséquences** peuvent être tirées de cette évaluation :
**1.** Certaines activités des unités 1 à 3 peuvent être adaptées, renforcées ou allégées en fonction des compétences des élèves.
**2.** Pour les élèves les plus en difficulté, des activités spécifiques, personnalisées, peuvent être organisées, notamment en ce qui concerne la maitrise de la comptine orale et du dénombrement : des activités proposées dans l'ouvrage *80 activités et jeux mathématiques CP* peuvent être utilisées à cet effet.

# UNITÉ 1

**13 ou 14 séances**
– 10 séances programmées (9 séances d'apprentissage + 1 bilan)
– 3 ou 4 séances pour la consolidation et la résolution de problèmes

| | CALCUL MENTAL (environ 30 min par séance) | RÉVISER | APPRENDRE (environ 45 min par séance) |
|---|---|---|---|
| **Séance 1**<br>Pas d'exercices dans le fichier | **Dénombrer vite**<br>Quantités jusqu'à 5 | **Ajouter 1**<br>Quantités jusqu'à 5 | **Décompositions de 5**<br>(chercher toutes les solutions)<br>RECHERCHE Deux dés pour faire 5 |
| **Séance 2**<br>FICHIER NOMBRES p. 8 | **Dénombrer vite**<br>Quantités jusqu'à 5 | **Soustraire 1**<br>Quantités jusqu'à 5 | **Décompositions de 2, 3 et 4**<br>RECHERCHE Faire 2, 3 ou 4 |
| **Séance 3**<br>Pas d'exercices dans le fichier | **Comptine orale jusqu'à 10** | **Dénombrer des quantités jusqu'à 10** | **Les nombres, mémoire des quantités**<br>RECHERCHE Le ziglotron (1) |
| **Séance 4**<br>FICHIER NOMBRES p. 9 | **Comptine orale jusqu'à 10** | **Dénombrer des quantités jusqu'à 10** | **Les nombres, mémoire des quantités**<br>RECHERCHE Le ziglotron (2) |
| **Séance 5**<br>FICHIER NOMBRES p. 10 | **Ajouter 1**<br>Quantités jusqu'à 10 | **Dénombrer des quantités jusqu'à 10** | **Les nombres, mémoire des quantités**<br>RECHERCHE Le ziglotron (3) |
| **Séance 6**<br>FICHIER NOMBRES p. 11 | **Soustraire 1**<br>Quantités jusqu'à 10 | **Dénombrer des quantités jusqu'à 10** | **Doubles des nombres jusqu'à 10**<br>RECHERCHE Autant pour Arthur que pour Zoé |
| **Séance 7**<br>CAHIER GÉOMÉTRIE p. 2 | **Ajouter ou soustraire 1**<br>Quantités jusqu'à 10 | **Tracés à la règle** | **Repérage d'objets dans un espace connu**<br>RECHERCHE La farce de Gribouille |
| **Séance 8**<br>CAHIER GÉOMÉTRIE p. 3 | **Doubles jusqu'à 10** | **Tracés à la règle** | **Repérage dans l'espace de la feuille**<br>RECHERCHE La carte cachée |
| **Séance 9**<br>Pas d'exercices dans le fichier | **Nombres en appui sur les doubles (jusqu'à 10)** | **Repérage dans l'espace de la feuille** | **Repérage d'objets dans un espace connu**<br>RECHERCHE Le jeu des boites (1) |

**Bilan**

**Je prépare le bilan** puis **Je fais le bilan**
FICHIER NOMBRES p. 12 et 13
CAHIER GÉOMÉTRIE p. 4

En plus des 10 séances décrites dans le guide, **3 à 4 séances** sont consacrées à des **activités de consolidation et de résolution de problèmes**.
Pour cela, l'enseignant peut utiliser les ressources suivantes :

**Consolidation Remédiation**

**Je consolide mes connaissances**
FICHIER NOMBRES p. 14-15
CAHIER GÉOMÉTRIE p. 5

**Banque de problèmes**

***Les photos de Gribouille***
FICHIER NOMBRES p. 16
– Utiliser une méthode de dénombrement pour des petites quantités (jusqu'à 10)
– Écrire des nombres en chiffres
– Résoudre un problème de partage équitable en deux

**L'essentiel à retenir de l'unité 1**

- **Calcul mental**
  - Dénombrer rapidement (quantités jusqu'à 5)
  - Comptine numérique orale jusqu'à 10
  - Ajouter ou soustraire 1 à une quantité jusqu'à 10
  - Doubles jusqu'à 10
- **Décompositions de 5, 2, 3 et 4**
- **Dénombrer des quantités jusqu'à 10**
- **Les nombres pour mémoriser des quantités**
- **Notion de quantité double (jusqu'à 10)**
- **Écriture des chiffres**
- **Repérage dans l'espace de la feuille**
- **Repérage dans un espace connu**

# Décompositions de 5

**SÉANCE 1**
Pas d'exercices dans le fichier

| | Tâche | Matériel | Connaissances travaillées |
|---|---|---|---|
| **NOMBRES ET QUANTITÉS** | **Dénombrer vite**<br>Quantités jusqu'à 5<br>– Exprimer avec les doigts, oralement et par écrit une quantité donnée | pour la classe :<br>– objets familiers : 5 crayons par exemple<br>– 6 cartons portant les figurations du dé de 0 à 5 › **fiche 3**<br>– les nombres **1**, **2**, **3**, **4** et **5** écrits dans le désordre au tableau | – **Reconnaitre immédiatement et exprimer de petites quantités**<br>– Subitizing<br>– Constellations du dé<br>– Représentation des petits nombres avec les doigts |
| **RÉVISER** Nombres | **Ajouter 1**<br>Quantités jusqu'à 5<br>– Trouver la quantité obtenue en ajoutant 1 élément à une collection d'objets | pour la classe :<br>– 1 boite opaque avec un couvercle<br>– une dizaine de jetons en vrac sur le bureau de l'enseignant<br>– 6 cartons portant les figurations du dé de 0 à 5 › **fiche 3** | – **Ajout de 1**<br>– Nombre constitué à partir du nombre qui le précède<br>– Relation entre « un de plus » et nombre suivant |
| **APPRENDRE** Problèmes/Calculs | **Décompositions de 5**<br>RECHERCHE **Deux dés pour faire 5**<br>– Trouver toutes les façons de réunir deux dés pour obtenir 5 points | pour la classe :<br>– 6 cartons portant les figurations du dé de 0 à 5 › **fiche 3**<br>par élève :<br>– 6 cartons portant les figurations du dé de 0 à 5 › **fiche 3**<br>– une fiche réponse › **fiche 4** | – **S'organiser pour chercher**<br>– **Exhaustivité des solutions**<br>– **Décompositions additives de 5**<br>– Connaissance des quantités organisées en constellations |

## NOMBRES ET QUANTITÉS

### Dénombrer vite • Quantités jusqu'à 5

– Exprimer avec les doigts, oralement et par écrit une quantité donnée.

COLLECTIF

• Faire commenter les cartons représentant une face d'un dé en faisant remarquer qu'il y a un carton sans point et pas de carton 6. Chaque question se déroule ensuite selon le même scénario.

• Montrer rapidement aux élèves une quantité d'objets jusqu'à 5, puis les cacher. Les quantités peuvent être représentées par :

– des crayons tenus dans une seule main,

ou dans les deux mains :

– les points d'un carton correspondant à une figuration du dé :

• Demander d'abord aux élèves de lever, sur une seule main, autant de doigts qu'il y a d'objets montrés. Demander ensuite à un élève de dire très vite combien il y a d'objets montrés, puis à un autre élève de montrer au tableau l'écriture du nombre correspondant.

**En Grande Section, les élèves ont appris à reconnaitre rapidement les très petites quantités** (jusqu'à 3 ou 4) quelle que soit l'organisation des objets (on parle de subitizing). Ils ont aussi appris **à reconnaitre rapidement des quantités jusqu'à 5 ou 6,** lorsque les objets sont organisés selon une disposition particulière (on parle de constellations du dé). Cette reconnaissance très rapide est fondamentale pour une bonne maitrise des petits nombres, indépendamment du comptage des objets de un en un.
**Cette activité conduite rapidement vise la maitrise de l'expression des nombres sous différentes formes : forme imagée** (constellations, doigts levés), **forme verbale** (mot-nombre), **forme symbolique** (écriture chiffrée). La capacité à circuler entre ces trois formes d'expression des nombres est également essentielle et, pour les petits nombres, doit être bien assurée en début de CP. **Ce sera, en particulier, un point d'appui important pour le développement du calcul mental.**

**À SUIVRE**
**En séance 2**, ce travail sur les nombres et quantités jusqu'à 5 sera repris.

## RÉVISER

### Ajouter 1 • Quantités jusqu'à 5

– Trouver la quantité obtenue en ajoutant 1 élément à une collection d'objets.

COLLECTIF

• Montrer la boite vide aux élèves. **Prendre 2 jetons,** les montrer aux élèves. Demander à un élève combien il y en a. Mettre les 2 jetons ensemble dans la boite, en précisant :

➡ *Il y a maintenant 2 jetons dans la boite.*

• **Prendre un nouveau jeton,** le mettre dans la boite puis placer le couvercle sur la boite. Indiquer aux élèves :

➡ *J'ai d'abord mis 2 jetons dans la boite, puis encore 1 jeton. Vous devez trouver combien il y a maintenant de jetons dans la boite.*

• Recenser oralement les réponses, en demandant d'expliciter les procédures utilisées (voir commentaire).

• Formuler verbalement : *deux jetons et un jeton, ça fait trois jetons*. Demander aux élèves de montrer cela :

– avec **les doigts** en levant deux doigts, puis un autre doigt : on a bien trois doigts ;

– avec **le carton constellation** « trois » : on peut y voir deux points et un point.

• Reprendre l'activité avec d'autres quantités de **1** à **4**.

**Les procédures utilisées par les élèves** peuvent être :
– réponse obtenue directement en disant le nombre qui vient juste après 2 ;
– utilisation des doigts ;
– simulation mentale du type : « j'ai vu deux et un dans ma tête, ça fait trois ».

**3 est formé de 2 et de 1 ; 3 est aussi le nombre qui vient juste après 2.** Cette activité a pour objectif de consolider la connaissance du fait qu'un nombre est formé à partir de celui qui le précède en ajoutant 1, sans que le vocabulaire et le symbolisme propres à l'addition soient déjà utilisés. Cette activité constitue cependant une première étape vers l'addition.

**À SUIVRE**

**En séance 2**, un travail similaire sera proposé en enlevant un élément d'une collection comportant entre 1 et 5 éléments.

## APPRENDRE

### Décompositions de 5

– Résoudre un problème de recherche, en s'assurant que toutes les solutions ont été trouvées.
– Reconnaitre les petites quantités (jusqu'à 5) organisées en constellations.
– Connaitre les décompositions additives de 5.

### RECHERCHE

**Deux dés pour faire 5 :** Les élèves doivent chercher quels dés Arthur doit mettre côte à côte pour obtenir un total de 5 points. Toutes les possibilités doivent être trouvées.

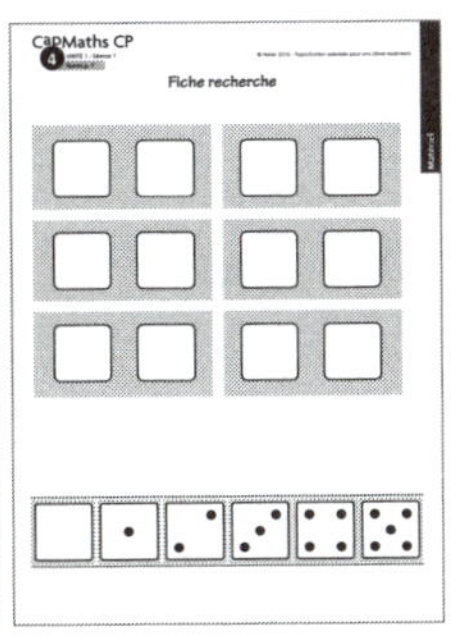

COLLECTIF

**PHASE 1 Combien de points avec 2 dés ?**

• Placer côte à côte au tableau deux configurations de dés, par exemple :

• Puis indiquer aux élèves :

➡ *Arthur a lancé ces 2 dés. Combien de points a-t-il marqués au total ?*

La réponse « 4 » est validée par les élèves, soit en prenant en compte le fait que « trois points et un point, c'est quatre points » (cf. activité de révision précédente), soit en comptant les points.

• Recommencer avec deux autres configurations mises côte à côte, par exemple :

• La réponse « 5 » est validée par les élèves en considérant le fait que « cinq points et zéro point, c'est toujours cinq points ». Si les élèves n'utilisent pas le mot « zéro », l'enseignant peut le solliciter (mais il est probable que celui-ci sera proposé par des élèves).

INDIVIDUEL OU ÉQUIPES DE 2

**PHASE 2 Comment faire pour avoir 5 points avec 2 dés ?**

• Remettre à chaque élève (ou équipe) un exemplaire de chaque face de dé (de 0 à 5) et la fiche réponse sur laquelle sont dessinées des faces de dé vides.

• Indiquer la tâche aux élèves et la faire reformuler :

➡ *Arthur lance toujours deux dés mais il doit maintenant marquer exactement 5 points au total, pas plus, pas moins. Vous devez dessiner des points sur les dés de votre fiche réponse pour avoir chaque fois au total 5 points. Vous pouvez vous aider des cartons que je vous ai donnés, ils représentent chacun une face d'un dé. Quand vous aurez trouvé une façon d'avoir 5 points, vous en cherchez une autre.*

• Dessiner au tableau une solution erronée (par exemple, un dé avec 4 points et un dé avec 2 points) et demander si cela convient. Conclure qu'il y a plus de 5 points alors qu'il en faut exactement 5.

**AIDE** Proposer aux élèves en difficulté plusieurs exemplaires de chaque constellation. Ils peuvent les utiliser pour trouver les assemblages « qui font 5 points » et les recopier ou les coller sur une feuille.

COLLECTIF

**PHASE 3** **Mise en commun, synthèse et trace écrite**

• Faire afficher au tableau (ou projeter) différentes réponses en demandant de déterminer celles qui sont erronées, celles qui sont correctes, celles qui sont identiques. Faire remarquer que des solutions en apparence différentes, parce que les points ne sont pas disposés de façon habituelle, peuvent cependant être identiques du point de vue des quantités de points.

• Retenir toutes les solutions différentes, les découper puis demander de les organiser au tableau les unes sous les autres, par exemple dans l'ordre (5 ; 0) ; (4 ; 1) ; (3 ; 2)… On peut admettre aussi bien qu'il y a **3 solutions différentes** que **6 solutions différentes** : dans ce dernier cas, des solutions comme (3 ; 2) et (2 ; 3) sont considérées comme différentes.

• Faire une synthèse sur les deux points importants à retenir à la suite de cette recherche.

**SYNTHÈSE**

Comment faire pour avoir 5 points avec deux dés

• **Il y a différentes façons d'obtenir 5 points avec 2 dés :**

– cinq, c'est quatre et un (ou un et quatre) ;

– c'est trois et deux (ou deux et trois) ;

– c'est cinq et zéro (ou zéro et cinq).

• **Pour être sûr d'avoir toutes les solutions, on peut les organiser.**

**TRACE ÉCRITE**

Une trace des solutions est conservée au tableau, soit en affichant des cartons, soit en les dessinant :

**Les compositions/décompositions de quantités et de nombres pour les petits nombres ont déjà été rencontrées en GS.** Il s'agit de les reprendre dans cette séance et la suivante pour les organiser et les stabiliser. Dans ces deux séances, les nombres ne sont utilisés qu'avec leurs désignations figurées (constellations du dé) et verbales (mots-nombres). Un peu plus tard (en unité 2, séance 3, puis plus spécifiquement en unité 3, séance 3) seront introduites les écritures symboliques correspondantes avec les nombres écrits en chiffres et le symbolisme arithmétique (+, =).

**Le nombre 5 joue un rôle important pour le calcul mental** comme point d'appui, notamment à travers la connaissance de ses différentes décompositions.

**À SUIVRE**

**En séance 2**, ce travail sera repris avec la recherche des décompositions des nombres de 2 à 4.

# Décompositions de 2, 3 et 4



| | Tâche | Matériel | Connaissances travaillées |
|---|---|---|---|
| **NOMBRES ET QUANTITÉS** | **Dénombrer vite**<br>Quantités jusqu'à 5<br>– Exprimer par une constellation un nombre exprimé avec les doigts, oralement et par écrit | pour la classe :<br>– 3 crayons<br>par élève :<br>FICHIER NOMBRES **p. 8** 1 | – **Reconnaitre immédiatement et exprimer de petites quantités**<br>– Subitizing<br>– Constellations du dé<br>– Représentation des petits nombres avec les doigts |
| **RÉVISER** Nombres | **Soustraire 1**<br>Quantités jusqu'à 5<br>– Trouver la quantité obtenue en enlevant 1 élément à une collection d'objets | pour la classe :<br>– 1 boite opaque avec un couvercle<br>– une dizaine de jetons en vrac sur le bureau de l'enseignant<br>– 6 cartons portant les figurations du dé de 0 à 5 › **fiche 3** | – **Retrait de 1**<br>– Nombre constitué à partir du nombre qui le suit<br>– Relation entre « un de moins » et nombre précédent |
| **APPRENDRE** Problèmes/Calculs | **Décompositions de 2, 3 et 4**<br>RECHERCHE **Faire 2, 3 ou 4**<br>– Trouver toutes les façons de réunir deux collections ou de compléter une collection pour obtenir 2, 3, ou 4 éléments | pour la classe :<br>– 6 cartons portant les figurations du dé de 0 à 5 › **fiche 3**<br>par élève :<br>FICHIER NOMBRES **p. 8** 2 3 **et** écriture des chiffres 1, 2 et 3 | – **S'organiser pour chercher**<br>– **Exhaustivité des solutions**<br>– **Décompositions additives des nombres 2, 3 et 4**<br>– Connaissance des quantités organisées en constellations |



## NOMBRES ET QUANTITÉS

**Dénombrer vite** • Quantités jusqu'à 5

– Exprimer par une constellation un nombre exprimé avec les doigts, oralement ou par écrit.

COLLECTIF

FICHIER NOMBRES ET CALCULS **p. 8**

**Exercice 1**

• Demander aux élèves d'ouvrir leur fichier, page 8. Faire observer les dessins du haut avec Arthur, Zoé, Gribouille et Nestor. Faire décrire l'image : personnages avec une case jaune. Préciser que pour chaque question posée, il faudra dessiner des points dans la case jaune qui correspond au personnage indiqué.

› Question « Zoé »

➡ *Pour cette question, il faut compléter la case de Zoé (s'assurer que tous les élèves ont bien repéré cette case). Regardez bien, je vais vous montrer très vite des crayons.*

Montrer rapidement **3 crayons**, puis les cacher dans le dos :

➡ *Dessinez dans la case de Zoé autant de points qu'il y a de crayons dans mon dos.*

• Procéder à une correction rapide auprès de chaque élève, puis collective. Faire exprimer la réponse avec les doigts, oralement et par écrit.

› Question « Arthur »

➡ *Pour cette question, il faut compléter la case d'Arthur. Regardez bien, je vais vous montrer très vite des doigts levés.*

• Montrer rapidement **5 doigts**, puis les cacher dans le dos :

➡ *Dessinez dans la case d'Arthur autant de points que j'ai levé de doigts.*

• Procéder à une correction rapide auprès de chaque élève, puis collective. Faire exprimer la réponse oralement et par écrit.

› Question « Gribouille »

➡ *Pour cette question, il faut compléter la case de Gribouille. Dessinez deux points dans la case de Gribouille.*

• Procéder à une correction rapide auprès de chaque élève, puis collective. Faire exprimer la réponse avec les doigts et par écrit.

› Question « Nestor »

➡ *Pour cette question, il faut compléter la case de Nestor. J'écris un nombre au tableau* (écrire 4). *Dessinez dans la case de Nestor ce nombre de points.*

• Procéder à une correction rapide auprès de chaque élève, puis collective. Faire exprimer la réponse avec les doigts et oralement.

**Cette activité reprend, sous une autre forme, celle qui a été proposée en séance 1.** Pour les quatre réponses, on admet que les points dessinés puissent ne pas l'être selon la configuration habituelle.

UTILISATION DU FICHIER Il convient de consacrer un temps suffisant à l'appropriation du fichier par les élèves, notamment en faisant reformuler les tâches demandées, en aidant à identifier les emplacements des réponses. L'autonomie dans son utilisation n'avancera que progressivement.

## RÉVISER

### Soustraire 1 • Quantités jusqu'à 5

– Trouver la quantité obtenue en enlevant 1 élément à une collection d'objets.

COLLECTIF

• Montrer la boite vide aux élèves. **Prendre 3 jetons**, les montrer aux élèves. Demander à un élève combien il y en a. Mettre les 3 jetons ensemble dans la boite, en précisant :

➡ *Il y a maintenant 3 jetons dans la boite.*

• **Sortir un jeton** de la boite, le montrer aux élèves en indiquant :

➡ *Il y avait 3 jetons dans la boite. J'ai enlevé 1 jeton. Vous devez trouver combien il y a maintenant de jetons dans la boite.*

• Recenser oralement les réponses, en demandant d'expliciter les procédures utilisées (voir commentaire).

• Formuler verbalement : *trois jetons moins un jeton, ça fait deux jetons.* Demander aux élèves de montrer cela :

– avec **les doigts** en levant trois doigts, puis en pliant l'un d'entre eux : on a alors deux doigts ;

– avec **le carton constellation** « trois » en barrant ou en cachant un point.

• Reprendre l'activité avec d'autres quantités de 1 à 5.

**Les procédures utilisées par les élèves** peuvent être :
– réponse obtenue directement en disant le nombre qui vient juste avant 3 ;
– utilisation des doigts ;
– simulation mentale du type : « *j'ai vu trois jetons dans ma tête, j'ai enlevé un jeton, il en reste deux* ».

**2 peut être obtenu en enlevant 1 de 3** comme 3 peut être obtenu en ajoutant 1 à 2. **2 est aussi le nombre qui vient avant 3** comme 3 est le nombre qui vient après 2. Cette activité a pour objectif de consolider la connaissance du fait qu'un nombre peut être obtenu à partir de celui qui le suit en soustrayant 1, sans que le vocabulaire et le symbolisme propres à la soustraction soient déjà utilisés. Cette activité constitue cependant une première étape vers la soustraction.

**Le cas particulier où la quantité de départ comporte un seul objet** peut conduire à diverses formulations, en particulier celle qui utilise **le nombre zéro.**

## APPRENDRE

### Décompositions de 2, 3 et 4

– Résoudre un problème de recherche, en s'assurant que toutes les solutions ont été trouvées.
– Reconnaitre les petites quantités (jusqu'à 5) organisées en constellations.
– Connaitre les décompositions additives de 2, 3 ou 4.

### RECHERCHE

**Faire 2, 3 ou 4 :** Les élèves doivent chercher quels dés Zoé doit mettre côte à côte pour obtenir un total de 2 points, puis compléter des collections pour qu'elles aient 3 ou 4 éléments. Cette activité peut être considérée comme un entrainement du travail conduit en séance 1.

COLLECTIF

**COMMENT FAIRE POUR AVOIR 2 POINTS AVEC 2 DÉS ?**

• Afficher au tableau un exemplaire de chaque face de dé (de 0 à 5). Puis indiquer la tâche aux élèves et la faire reformuler :

➡ *En lançant 2 dés, Zoé veut marquer exactement 2 points au total, pas plus, pas moins. Quels dés doit-elle utiliser ?*

• Recenser les propositions faites oralement par les élèves. Pour chacune d'elles, afficher les deux cartons et demander à la classe si la solution convient. Si c'est le cas, dessiner les dés correspondants.

• À la fin, faire exprimer qu'il y a **3 possibilités** dont deux utilisent les mêmes dés, mais pas dans le même ordre :

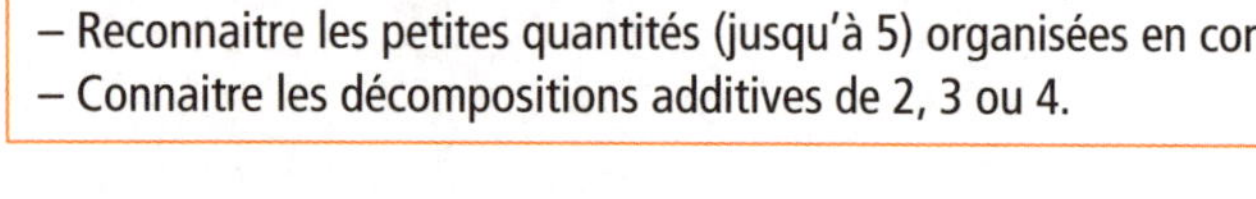

### ENTRAINEMENT

INDIVIDUEL

FICHIER NOMBRES ET CALCULS p. 8

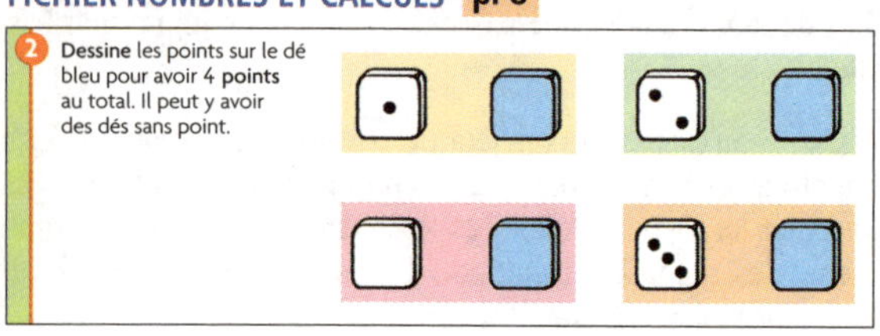


**Exercice 2**

• Insister sur le fait que le premier dé ne peut pas être modifié, qu'il faut dessiner des points sur le dé bleu seulement et que, sur chaque petite feuille, il doit y avoir 4 points au total.

RÉPONSE : 3 points ; 2 points ; 4 points ; 1 point.

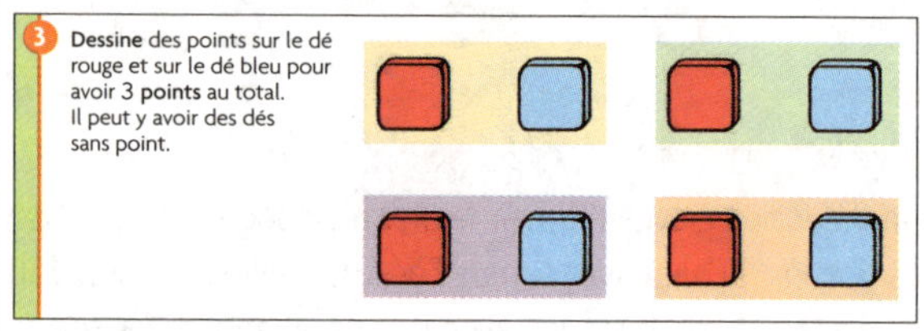


**Exercice 3**

• Pour les élèves en difficulté, on peut proposer d'utiliser les cartons portant les constellations avant de dessiner les points.

RÉPONSE : 0 point et 3 points ; 1 point et 2 points ; 2 points et 1 point ; 3 points et 0 point.

**Écriture des chiffres 1, 2 et 3**

• Entrainement à l'écriture des chiffres 1, 2 et 3.

**Différenciation** : Cet entrainement peut être repris avec certains élèves → **CD-Rom du guide ou Matériel photocopiable, fiches écriture**.

| | Tâche | Matériel | Connaissances travaillées |
|---|---|---|---|
| **COMPTINE ORALE** | **Le furet : compter jusqu'à 10**<br>– Dire les nombres de 1 en 1 | pour la classe :<br>– file numérique jusqu'à 19 | **– Suite orale des nombres jusqu'à 10** |
| **RÉVISER** Nombres | **Dénombrer des quantités jusqu'à 10**<br>– Dénombrer et réaliser des quantités jusqu'à 10 | pour la classe :<br>– file numérique jusqu'à 19<br>– cartes figurant les nombres de 1 à 10 à l'aide des doigts › **matériel prédécoupé du fichier, planche 1**<br>par élève :<br>– une douzaine d'objets du même type<br>– cartes portant les nombres de 1 à 10 en constellations organisées par rapport à 5 › **matériel prédécoupé du fichier, planche 2**<br>– file numérique › **sous-main du fichier** | **– Dénombrement jusqu'à 10**<br>– Désignations orales et écrites des nombres<br>– Subitizing (quantités jusqu'à 3 ou 4)<br>– Reconnaissance de quantités organisées (doigts, constellations)<br>– Dénombrement par comptage d'un en un |
| **APPRENDRE** Nombres/Problèmes | **Les nombres, mémoire des quantités**<br>RECHERCHE **Le ziglotron (1)**<br>– Compléter une collection en allant chercher les objets manquants (en 2 voyages au plus) | pour la classe :<br>– environ 300 gommettes de la taille des boutons du ziglotron, mises dans 3 boites<br>par élève :<br>– un des 3 ziglotrons sur lequel des boutons ont été noircis par l'enseignant (respectivement 3, 6, 8 boutons laissés blancs) › **fiche 5**<br>– une feuille de papier | **– Quantités équipotentes** (ayant la même quantité d'éléments)<br>**– Représentation d'une quantité** (collection témoin, mot-nombre, décomposition et mots-nombres…) |

## COMPTINE ORALE

### Le furet • Compter jusqu'à 10

– Connaitre la suite orale des nombres d'un en un, jusqu'à dix.

COLLECTIF

**PHASE 1 Avec une cible**

• Annoncer un nombre inférieur ou égal à *dix*, par exemple *six* ou *huit*. C'est la cible, qui peut être indiquée par une flèche sur la file numérique.

• Demander à un élève de réciter la suite des nombres, jusqu'au nombre choisi comme cible. Un suivi par un autre élève ou par l'enseignant peut être assuré en pointant les nombres dits sur la file numérique, ce qui permet d'enrichir l'association entre nombre dit et nombre écrit.

• Les autres élèves doivent repérer les erreurs.

COLLECTIF

**PHASE 2 Reprise sous forme du furet**

• Chaque élève désigné dit un nombre avant de passer le relai au nouvel élève désigné.

En arrivant de l'école maternelle, les élèves connaissent la comptine numérique plus ou moins loin (les programmes de l'école maternelle fixent *trente* comme objectif). Cette connaissance doit être stabilisée, et donc entretenue jusqu'à une maitrise complète. La suite orale jusqu'à *dix* devrait être bien maitrisée par la plupart des élèves. Cependant, certains peuvent encore avoir besoin de consolider cette partie de la comptine essentielle, puisqu'elle sera reprise pour dire d'autres nombres, par exemple *vingt-et-un*, *vingt-deux*…
L'interrogation doit, en priorité, être adressée aux élèves qui ne maitrisent pas parfaitement la comptine numérique. Les autres sont sollicités pour aider ou pour corriger.

## RÉVISER

### Dénombrer des quantités jusqu'à 10

– Dénombrer et réaliser des quantités jusqu'à 10.
– Associer diverses représentations des nombres de 1 à 10 : représentations orales, écrites en chiffres, collections organisées (doigts, constellations) ou non organisées.
– Utiliser le dénombrement, par comptage un par un ou par reconnaissance immédiate.

COLLECTIF

**PHASE 1 Associer une quantité à un nombre dit**

• Constituer trois groupes A, B, C.

• Dire oralement un nombre (de 1 à 10) :

➡ *Chaque élève du groupe A doit réaliser le nombre avec les doigts.*

➡ *Chaque élève du groupe B avec une carte constellation.*

➡ *Chaque élève du groupe C avec des objets.*

• Les élèves changent de « matériel » au bout d'un moment.

• Correction immédiate avec mise en relation des différentes réalisations, notamment par les doigts et à l'aide des cartes constellations. Faire remarquer que pour 8, par exemple, il faut une main (5 doigts) et 3 doigts de l'autre main, ou une carte organisée en 5 points et 3 points.

COLLECTIF

**PHASE 2 Associer une quantité à un nombre écrit en chiffres (montré sur la file numérique)**

• Même déroulement que précédemment (toujours avec les 3 groupes A, B et C), mais en montrant un nombre sur la file numérique.

• Lors de la correction, une carte constellation et une carte doigts sont accrochées sous le nombre correspondant de la file numérique.

**Pour les nombres jusqu'à 5, la reconnaissance des constellations et l'affichage avec les doigts** devraient devenir immédiats (voir séances 1 et 2). Pour y inciter les élèves, on peut leur demander de « préparer leurs doigts » dans leur dos (donc sans les regarder).
**Pour les nombres au-delà de 5**, l'expression des procédures permet de distinguer ceux qui comptent tout, de ceux qui s'appuient sur le repère 5 (doigts ou constellations) ou encore de ceux qui reconnaissent immédiatement les quantités représentées. **Ces deux dernières procédures sont encouragées**, notamment en formulant au moment de la correction que *huit c'est cinq et un et un et encore un* ou que c'est *cinq et trois*, ce qui est illustré avec les doigts ou avec les constellations.

## APPRENDRE

### Les nombres, mémoire des quantités (1)

– Élaborer une procédure pour résoudre un problème de réalisation d'une collection ayant autant d'objets qu'une collection donnée.
– Représenter une quantité (collection témoin, mot-nombre, décomposition et mots-nombres).

### RECHERCHE

**Le ziglotron (1) :** Les élèves doivent trouver un moyen pour ramener exactement la quantité de boutons qui manquent sur le ziglotron. Pour cela, ils doivent réussir en faisant au plus deux voyages vers la réserve de boutons où ils peuvent se servir eux-mêmes.

AVERTISSEMENT Les quantités de boutons manquants ont été choisies dans le domaine numérique de 1 à 10 pour être compatibles avec les attendus des nouveaux programmes de GS (notamment en matière d'écriture des nombres). En fonction des connaissances initiales des élèves, il est possible de choisir des quantités plus importantes.

COLLECTIF

**PHASE 1 Présentation du problème**

• Présenter les ziglotrons : ce sont des robots qui ne fonctionnent que si tous leurs boutons sont en place (éventuellement en montrer un qui marche : aucun bouton n'est absent).

• Montrer ensuite un ziglotron sur lequel il manque des boutons ainsi que la boite de gommettes, et demander aux élèves ce qu'il faut faire (ne pas prendre en compte les réponses du type « il faut compter »).

• Préciser la tâche :

➡ *Gribouille a joué avec les ziglotrons et il a arraché plusieurs boutons (ceux qui sont absents sur le dessin). Il faut donc réparer les ziglotrons. Heureusement, on dispose d'une boite de boutons (des gommettes). Je la place sur mon bureau (ou dans un autre coin éloigné des élèves). Il faut aller chercher dans la boite juste ce qu'il faut de gommettes pour réparer votre ziglotron, pas une de plus, pas une de moins. Il faut donc rapporter juste ce qu'il faut de gommettes. Attention, posez vos gommettes à côté du ziglotron. Vous ne les collerez que lorsque vous serez surs d'en avoir juste assez.*

• Demander à quelques élèves de reformuler la tâche.

Cette première séance a pour but l'**appropriation de la situation**. Les élèves ont droit à deux tentatives pour réussir : ils peuvent donc corriger ou recommencer leur première prise de gommettes. Ils peuvent réussir en utilisant le dénombrement, ou en utilisant une autre procédure (voir commentaire de la phase 2).
**Il est important que la consigne n'induise ni l'idée de comptage ni celle de nombre**, puisque c'est ce qu'il s'agit de faire découvrir par les élèves. Il faut donc éviter les consignes du type *« combien manque-t-il de gommettes ? »* ou *« compte les gommettes qui manquent »*.
Par la suite (séances 4 et 5), des contraintes seront apportées pour obliger les élèves à utiliser les nombres : réussir du premier coup, passer la commande oralement, puis par écrit.

INDIVIDUEL

## PHASE 2 Recherche d'une procédure

• Distribuer à chaque élève un des trois ziglotrons (3, 6 et 8 boutons absents).

• Inviter les élèves à réfléchir à ce qu'ils vont prendre dans la boite. Puis, par petits groupes (par rangées ou par tables, par exemple), ils vont chercher leurs gommettes. Ils se servent eux-mêmes, sous le contrôle de l'enseignant, puis retournent à leur place pour poser les gommettes à côté de leur ziglotron, sans les placer sur celui-ci.

• Lorsque tous les élèves ont été servis, préciser :

➡ *Si vous pensez avoir réussi, vous pouvez coller les gommettes. S'il y en a trop, collez celles qui sont en trop en bas de la feuille. Si vous pensez ne pas avoir assez de gommettes ou en avoir trop, vous pouvez revenir une fois et en remettre ou en reprendre dans la boite. À votre retour, vous les collez sur le ziglotron.*

**Procédures possibles :**
– représenter les boutons manquants par une quantité équivalente, par exemple par correspondance terme à terme : objets dessinés, doigts levés… ;
– rapporter une quantité aléatoire de boutons, puis corriger en en prenant de nouveaux ou en en rendant ;
– dénombrer (par reconnaissance immédiate ou par comptage d'un en un, selon les quantités) et garder le nombre en mémoire ;
– décomposer la quantité en quantités directement perceptibles et garder en mémoire les nombres associés (par exemple, 3 et 3 pour la quantité de 6 gommettes).

**Erreurs possibles :**
– se fier à une simple estimation ;
– oublier le nombre obtenu ;
– se tromper au cours du dénombrement.

COLLECTIF

## PHASE 3 Mise en commun et synthèse

• Recenser les réussites et les échecs, puis inviter les élèves à formuler les méthodes utilisées, par exemple en les reproduisant à partir d'un nouveau ziglotron devant les autres élèves.

**SYNTHÈSE**

• Reformuler le problème à résoudre, en insistant sur le fait qu'il faut avoir juste assez de gommettes, pas plus, pas moins.

• Rappeler les procédures correctes qui ont été effectivement utilisées, sans en valoriser aucune.

INDIVIDUEL

## PHASE 4 Reprise de l'activité

• L'activité est reprise, en particulier pour les élèves qui n'ont pas réussi (par exemple, en atelier différencié : résolution du problème avec l'appui de l'enseignant).

**À SUIVRE**

**En séances 4 et 5**, ce travail sera repris avec d'autres contraintes : réussir en un seul voyage, demander oralement la bonne quantité de gommettes, la demander par écrit.

# Les nombres, mémoire des quantités (2)



| | Tâche | Matériel | Connaissances travaillées |
|---|---|---|---|
| **COMPTINE ORALE** | **Le furet : compter jusqu'à 10**<br>– Dire les nombres de 1 en 1 | pour la classe :<br>– file numérique jusqu'à 19 | – **Suite orale des nombres jusqu'à 10** |
| **RÉVISER** Nombres | **Dénombrer des quantités jusqu'à 10**<br>– Dénombrer et réaliser des quantités jusqu'à 10 | pour la classe :<br>– file numérique jusqu'à 19<br>– jeu de cartes figurant les nombres de 1 à 10 à l'aide des doigts › **matériel prédécoupé du fichier, planche 1**<br>par élève :<br>– une douzaine d'objets du même type<br>– jeu de cartes portant les nombres de 1 à 10 en constellations organisées par rapport à 5 › **matériel prédécoupé du fichier, planche 2**<br>– file numérique › **sous-main du fichier**<br>FICHIER NOMBRES **p. 9 1 à 3 et** écriture des chiffres 4, 5, 6 | – **Dénombrement jusqu'à 10**<br>– Désignations orales et écrites des nombres<br>– Subitizing (quantités jusqu'à 3 ou 4)<br>– Reconnaissance de quantités organisées (doigts, constellations).<br>– Dénombrement par comptage d'un en un |
| **APPRENDRE** Nombres/Problèmes | **Les nombres, mémoire des quantités**<br>RECHERCHE **Le ziglotron (2)**<br>– Compléter une collection en allant chercher les objets manquants (en un seul voyage) | pour la classe :<br>– environ 300 gommettes de la taille approximative des boutons du ziglotron, mises dans 3 boites<br>par élève :<br>– un des 3 ziglotrons sur lequel des boutons ont été noircis par l'enseignant (respectivement 4, 7, 9 boutons laissés blancs) › **fiche 5**<br>– un des 3 ziglotrons sur lequel des boutons ont été noircis par l'enseignant (respectivement 5, 8, 10 boutons laissés blancs) › **fiche 5**<br>– une feuille de papier | – **Quantités équipotentes** (ayant la même quantité d'éléments)<br>– **Représentation d'une quantité** (collection témoin, mot-nombre, décomposition et mots-nombres…) |

## COMPTINE ORALE

**Le furet • Compter jusqu'à 10**

– Connaitre la suite orale des nombres d'un en un, jusqu'à dix.

COLLECTIF

**PHASE 1 Avec une cible**

Même activité qu'en séance 3, mais le nombre de départ peut être autre que 1.

• Annoncer un nombre inférieur ou égal à *dix*, par exemple *neuf*. C'est la cible, qui peut être indiquée par une flèche sur la file numérique.

• Demander à un élève de réciter la suite des nombres, à partir d'un nombre donné (par exemple, *quatre*), jusqu'au nombre choisi comme cible. Un suivi par un autre élève ou par l'enseignant peut être assuré en pointant les nombres dits sur la file numérique, ce qui permet d'enrichir l'association entre nombre dit et nombre écrit.

• Les autres élèves doivent repérer les erreurs.

COLLECTIF

**PHASE 2 Reprise sous forme du furet**

• Chaque élève désigné dit un nombre avant de passer le relai au nouvel élève désigné.

Les élèves doivent devenir capables de dire la suite des nombres en partant d'un nombre quelconque.

## RÉVISER

### Dénombrer des quantités jusqu'à 10

– Dénombrer et réaliser des quantités jusqu'à 10.
– Associer diverses représentations des nombres de 1 à 10 : représentations orales, écrites en chiffres, collections organisées (doigts, constellations) ou non organisées.
– Utiliser le dénombrement, par comptage un par un ou par reconnaissance immédiate.

UNITÉ 1

COLLECTIF

**PHASE 1** **Associer une quantité à un nombre dit ou écrit en chiffres**

• Reprendre les activités de la séance 3.

INDIVIDUEL

**PHASE 2**

**FICHIER NOMBRES ET CALCULS p. 9**

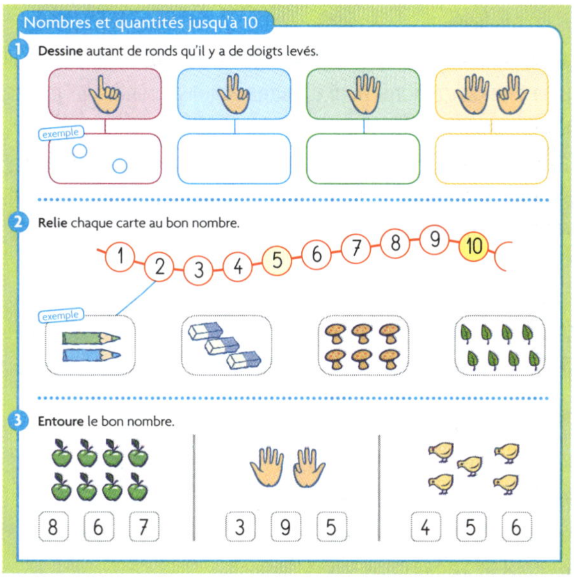


Pour chaque exercice, les élèves peuvent d'abord être invités à faire collectivement des hypothèses sur la tâche à réaliser, par exemple pour l'exercice 2, demander aux élèves :
– ce qu'ils voient (une boite avec 2 objets reliée au nombre 2 de la file numérique) ;
– ce qu'ils pensent qu'il faut faire.
Puis formuler la consigne (en indiquant que c'est ce qui est écrit) :
➡ *Il faut relier chaque boite au nombre de la file qui indique combien elle contient d'objets.*

**Exercice 1**

L'observation des élèves permet de repérer les procédures qu'ils utilisent :
– correspondance terme à terme entre les doigts et les ronds ;
– identification du nombre de doigts et dessin du même nombre de ronds ;
– appui sur 5 pour la dernière carte.

**Exercice 2**

**AIDE** Pour les élèves qui ont des difficultés à lire les nombres écrits en chiffres, on peut :
– soit leur demander à quel nombre ils souhaitent relier telle carte et leur indiquer le nombre sur la file ;
– soit leur indiquer comment retrouver le nom d'un nombre en parcourant les nombres de la file et en disant la comptine numérique « *un, deux…* ».

RÉPONSE : 3 ; 6 ; 8.

**Exercice 3**

**AIDE** Pour les élèves qui ont des difficultés à lire les nombres écrits en chiffres, on peut comme dans l'exercice 2 :
– soit leur demander de formuler oralement le nombre d'objets, puis leur indiquer le nombre à entourer ;
– soit leur indiquer comment retrouver le nom d'un nombre en parcourant les nombres de la file et en disant la comptine numérique « *un, deux…* ».

RÉPONSE : 8 ; 9 ; 5.

### Écriture des chiffres 4, 5 et 6

**Différenciation :** Cet entrainement peut être repris avec certains élèves → **CD-Rom du guide ou Matériel photocopiable, fiches écriture.**

APPRENDRE

## Les nombres, mémoire des quantités (2)

– Élaborer une procédure pour résoudre un problème de réalisation d'une collection ayant autant d'objets qu'une collection donnée.

### RECHERCHE

**Le ziglotron (2) :** Les élèves doivent trouver un moyen pour ramener exactement la quantité de boutons qui manquent sur le ziglotron. Pour cela, ils doivent réussir en faisant un seul voyage vers la réserve de boutons : dans une première phase, ils doivent se servir eux-mêmes et dans une deuxième phase, ils doivent demander le nombre de gommettes.

COLLECTIF

**PHASE 1** **Présentation du problème**

• Distribuer à chaque élève, selon ses compétences, un des trois ziglotrons du 1er lot (4, 7 et 9 boutons laissés vides).

• Préciser la tâche, en insistant sur la **nouvelle contrainte** :

➡ *Gribouille a encore joué avec les ziglotrons et il a arraché plusieurs boutons (ceux qui sont blancs sur le dessin). Il faut à nouveau réparer les ziglotrons. Il faut aller chercher dans la boite juste ce qu'il faut de gommettes pour réparer votre ziglotron, pas un de plus, pas un de moins. Attention,* ***vous n'avez le droit de faire qu'un seul voyage****. Il faut donc réussir du premier coup. Comme l'autre jour, posez vos gommettes à côté du ziglotron.*

• Demander à quelques élèves de reformuler la tâche.

La nouvelle contrainte imposée (un seul voyage) est destinée à inciter les élèves à dénombrer les boutons manquants, à garder le nombre en mémoire et à l'utiliser pour, ensuite, prendre la quantité nécessaire de gommettes.

INDIVIDUEL

**PHASE 2** **Recherche d'une procédure pour réussir en un seul voyage**

• Inviter les élèves à réfléchir à ce qu'ils vont prendre dans la boite.

• Par petits groupes (par rangées ou par tables, par exemple), ils vont chercher leurs gommettes. Ils se servent eux-mêmes, sous le contrôle de l'enseignant.

• Préciser :

➡ *Si vous pensez avoir réussi, vous pouvez coller les gommettes. S'il y en a trop, collez celles qui sont en trop en bas de la feuille.*

COLLECTIF

**PHASE 3** **Mise en commun et synthèse**

• Recenser les réussites et les échecs, puis inviter les élèves à formuler les méthodes utilisées, par exemple en les reproduisant à partir d'un nouveau ziglotron devant les autres élèves.

SYNTHÈSE

• **La stratégie efficace consiste à garder en mémoire la quantité de boutons manquants, par différents moyens.** Demander à un élève d'effectuer les 3 étapes de chaque procédure devant les autres élèves.

**Procédure 1 : Dénombrer les boutons manquants** ; garder le nombre « dans sa tête » sous forme de mot-nombre ; dénombrer la même quantité de gommettes.

**Procédure 2 : Décomposer la quantité de boutons manquants en sous-quantités ;** garder cette décomposition « dans sa tête » sous forme de mots-nombres (par exemple, *quatre* et *trois*) ; recomposer une quantité équivalente en dénombrant les mêmes sous-quantités de gommettes.

**Procédure 3 : Représenter la quantité de boutons manquants par une quantité équivalente**, par exemple par des doigts levés.

• **Valoriser auprès des élèves les procédures 1 et 2** qui laissent les doigts libres pour d'autres actions (prendre les jetons, par exemple).

• **Faire remarquer aux élèves les équivalences entre les résultats donnés par les 2 premières procédures** (par exemple, *quatre et trois* c'est pareil que *sept*).

TRACE ÉCRITE

Au tableau, un dessin rapide sous forme de bande dessinée permet de garder la trace des 3 étapes.

INDIVIDUEL

**PHASE 4** **Commande orale**

• Désigner 3 élèves compétents comme marchands. Chacun dispose d'une boite de gommettes.

• Distribuer à chacun des autres élèves un des trois ziglotrons du 2e lot (5, 8 et 10 boutons laissés vides).

• Indiquer la nouvelle contrainte :

➡ *Cette fois, vous ne pourrez pas vous servir vous-mêmes. Il faut demander au marchand ce que vous voulez comme gommettes. Il faut le lui dire. Il vous donnera exactement ce que vous lui demanderez. Il faut toujours réussir du premier coup.*

SYNTHÈSE

Faire à nouveau ressortir l'intérêt d'utiliser les nombres pour réussir, donc de « dire le nombre » aux vendeurs, sous forme d'un seul mot nombre (*neuf*, par exemple) ou d'un assemblage de mots-nombres (*trois et trois et encore trois*, par exemple).

La nouvelle contrainte a deux effets :
– elle interdit une représentation des gommettes comme procédure possible ;
– elle oblige à formuler la quantité à l'aide de nombres (et dévalorise donc l'utilisation d'une collection intermédiaire).

À SUIVRE

**En séance 5**, ce travail sera repris avec une contrainte différente : la commande doit être formulée par écrit.

| | Tâche | Matériel | Connaissances travaillées |
|---|---|---|---|
| **NOMBRES ET QUANTITÉS** | **Ajouter 1 : quantités jusqu'à 10**<br>– Trouver la quantité obtenue en ajoutant 1 élément à une collection d'objets | pour la classe :<br>– 1 boite opaque avec un couvercle<br>– une quinzaine de jetons en vrac sur le bureau de l'enseignant<br>– 2 jeux de cartes portant les figurations du dé jusqu'à 5 › **fiche 3** | – **Ajout de 1**<br>– Nombre constitué à partir du nombre qui le précède<br>– Relation entre « un de plus » et nombre suivant |
| **RÉVISER** Nombres | **Dénombrer des quantités jusqu'à 10**<br>– Dénombrer et réaliser des quantités jusqu'à 10<br>– Modifier une quantité pour qu'elle corresponde à un nombre donné | pour la classe :<br>– file numérique jusqu'à 19<br>– jeu de cartes figurant les nombres de 1 à 10 à l'aide des doigts › **matériel prédécoupé du fichier, planche 1**<br>par élève :<br>– une douzaine d'objets du même type<br>– jeu de cartes portant les nombres de 1 à 10 en constellations organisées par rapport à 5 › **matériel prédécoupé du fichier, planche 2**<br>– file numérique › **sous-main du fichier**<br>FICHIER NOMBRES **p. 10** ① ② **et** écriture des chiffres 7 et 8 | – **Dénombrement jusqu'à 10**<br>– Désignations orales et écrites des nombres<br>– Subitizing (quantités jusqu'à 3 ou 4)<br>– Reconnaissance de quantités organisées (doigts, constellations)<br>– Dénombrement par comptage d'un en un |
| **APPRENDRE** Nombres/Problèmes | **Les nombres, mémoire des quantités**<br>RECHERCHE **Le ziglotron (3)**<br>– Compléter une collection en allant chercher les objets manquants (en un seul voyage, commande écrite) | pour la classe :<br>– environ 300 gommettes de la taille des boutons du ziglotron, mises dans 3 boites<br>par élève :<br>– un des 3 ziglotrons sur lequel des boutons ont été noircis par l'enseignant (respectivement 4, 7, 10 boutons laissés blancs) › **fiche 5**<br>– un morceau de papier très petit (environ 3 cm sur 3 cm)<br>– file numérique › **sous-main du fichier**<br>FICHIER NOMBRES **p. 10** ③ | – **Quantités équipotentes** (ayant la même quantité d'éléments)<br>– **Représentation d'une quantité** (collection témoin, mot-nombre, nombres écrits en chiffres, décomposition et mots-nombres ou en nombres écrits en chiffres…) |

## NOMBRES ET QUANTITÉS

### Ajouter 1 • Quantités jusqu'à 10

– Trouver la quantité obtenue en ajoutant 1 élément à une collection d'objets.

COLLECTIF

• Montrer la boite vide aux élèves. Prendre 5 jetons dans le tas, les montrer aux élèves. Demander à un élève combien il y en a. Mettre les 5 jetons ensemble dans la boite, en précisant : ➡ *Il y a maintenant 5 jetons dans la boite.*

• Prendre un nouveau jeton, le mettre dans la boite puis placer le couvercle sur la boite. Indiquer aux élèves :

➡ *J'ai d'abord mis 5 jetons dans la boite, puis encore 1 jeton. Vous devez trouver combien il y a maintenant de jetons dans la boite.*

• Recenser oralement les réponses, en demandant d'expliciter les procédures utilisées, en particulier :

– réponse obtenue directement en disant le nombre qui vient juste après 5 ;

– utilisation des doigts ;

– simulation mentale du type : *j'ai vu cinq et un dans ma tête, ça fait six.*

• Formuler verbalement : *cinq jetons et un jeton, ça fait six jetons.* Demander aux élèves de montrer cela avec les doigts (lever cinq doigts, puis un autre doigt : on a bien six doigts) et avec les cartes constellations « cinq » et « un » : on peut y voir une représentation du nombre 6.

• Reprendre l'activité avec d'autres quantités de 5 à 9.

Cette activité reprend celle conduite en séance 1 (avec les nombres jusqu'à 5) en l'étendant aux nombres jusqu'à 10.
6 est formé de 5 et de 1. 6 est aussi le nombre qui vient juste après 5. Cette activité a pour objectif de consolider la connaissance du fait qu'un nombre est formé à partir de celui qui le précède en ajoutant 1, sans que le vocabulaire et le symbolisme propres à l'addition soient déjà utilisés.
Elle constitue cependant une première étape vers l'addition.

**À SUIVRE**

**En séance 6**, un travail similaire sera proposé en enlevant un élément d'une collection comportant entre 1 et 10 éléments.

## RÉVISER

### Dénombrer des quantités jusqu'à 10

– Dénombrer et réaliser des quantités jusqu'à 10.
– Modifier une quantité pour qu'elle corresponde à un nombre donné.

COLLECTIF

**PHASE 1 Modifier une quantité**

• Dessiner des objets au tableau (par exemple quatre), en vrac ou sous forme de constellation, ou montrer quatre doigts levés.

• Fixer un nombre oralement ou sur la file numérique collective (par exemple six).

• Demander aux élèves d'indiquer s'il faut dessiner d'autres objets (lever d'autres doigts) ou barrer des objets (enlever d'autres doigts) pour réaliser le nombre fixé, et de dire combien.

• **Deux situations doivent être privilégiées :**

– modifier une quantité qui diffère de un (en plus ou en moins) du nombre fixé (cf. activité précédente) ;

– modifier une collection de cinq pour réaliser un nombre plus petit ou plus grand que cinq.

INDIVIDUEL

**PHASE 2**

FICHIER NOMBRES ET CALCULS **p. 10**

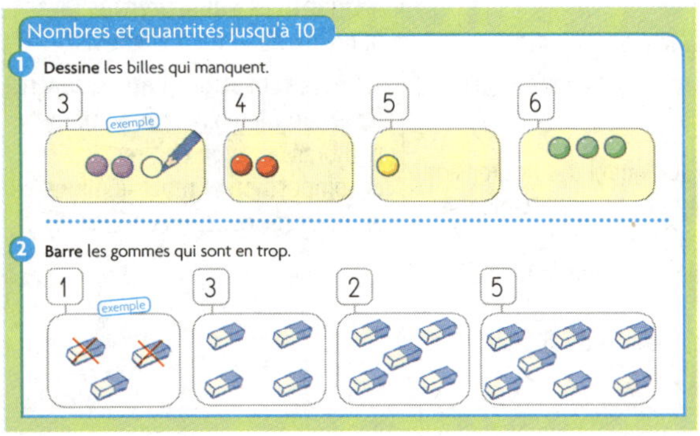


Pour chaque exercice, les élèves peuvent d'abord être invités à faire collectivement des hypothèses sur la tâche à réaliser, en lien avec l'activité collective, par exemple pour l'exercice 1 :

• Faire constater que le nombre relié à la boite ne correspond pas au nombre de billes dessinées.

• Demander ce qu'il faut faire. Certains peuvent proposer de corriger le lien, d'autres de compléter en dessinant les objets manquants.

• Conclure en indiquant qu'il faut dessiner les billes qui manquent.

**Exercice 1**

AIDE Pour les élèves qui ont des difficultés à lire les nombres écrits en chiffres, on peut leur indiquer comment retrouver le nom d'un nombre en parcourant les nombres de la file numérique et en disant la comptine numérique « *un, deux…* ».

RÉPONSE : 2 billes ; 4 billes ; 3 billes.

**Exercice 2**

AIDE Voir exercice 1.

RÉPONSE : Barrer : 1 gomme ; 3 gommes ; 2 gommes.

**Différenciation :** Cet entrainement peut être repris avec certains élèves → **CD-Rom du guide, fiche différenciation 1.**

**Écriture des chiffres 7 et 8**

**Différenciation :** Cet entrainement peut être repris avec certains élèves → **CD-Rom du guide ou Matériel photocopiable, fiches écriture.**

## APPRENDRE

### Les nombres, mémoire des quantités (3)

– Élaborer une procédure pour résoudre un problème de réalisation d'une collection ayant autant d'objets qu'une collection donnée.

**RECHERCHE**

**Le ziglotron (3) :** Les élèves doivent trouver un moyen pour ramener exactement la quantité de boutons qui manquent sur le ziglotron. Pour cela, ils doivent réussir en faisant un seul voyage vers la réserve de boutons où ils doivent commander par écrit le nombre de gommettes.

COLLECTIF

**PHASE 1 Présentation du problème**

• Distribuer à chaque élève, selon ses compétences, un des trois ziglotrons (4, 7 et 10 boutons laissés vides).

• Préciser la tâche, en insistant sur la **nouvelle contrainte** :

→ *Cette fois, vous écrirez sur le petit morceau de papier que je vous ai donné. Il faut que je puisse bien comprendre ce que vous voulez, car vous n'avez droit qu'à une seule commande. Vous ne pourrez pas parler. C'est moi qui donnerai les gommettes. Mettez-vous d'accord par deux sur ce qu'il faut écrire sur le papier. Au retour, vous pourrez vérifier en plaçant les gommettes sur le ziglotron.*

La nouvelle contrainte imposée (commande écrite) est destinée à inciter les élèves à utiliser les nombres écrits en chiffres pour exprimer une quantité.
**La taille réduite du morceau de papier** devrait inciter à écrire la quantité de gommettes à l'aide des nombres plutôt que de dessiner les gommettes manquantes ou même le ziglotron.

ÉQUIPES DE 2

**PHASE 2** **Recherche d'une commande écrite**

• Inviter les élèves à réfléchir à ce qu'ils vont écrire.

• Par petits groupes (par rangées ou par tables, par exemple), ils vont présenter leur commande et ne sont servis que si la commande est compréhensible.

Il est probable que tous les élèves n'auront pas recours à l'écriture d'un nombre. Certains essaieront peut-être de dessiner, malgré la taille du morceau de papier. Toutes les commandes compréhensibles sont acceptées, qu'elles comportent des nombres ou des dessins des gommettes manquantes.

**AIDE** Inciter les élèves en difficulté à utiliser la bande numérique pour retrouver l'écriture d'un nombre.

COLLECTIF

**PHASE 3** **Mise en commun et synthèse**

• Recenser les réussites et les échecs, puis inviter les élèves à formuler les méthodes utilisées.

• Classer les commandes par type : celles avec un dessin des gommettes manquantes, celles avec un nombre écrit en chiffres.

**SYNTHÈSE**

• Pour réussir, il faut connaitre le nombre de gommettes manquantes. Ce nombre peut être dit avec des mots (comme dans la séance précédente) ou écrit avec des chiffres.

• On peut aussi dire ou écrire qu'il faut, par exemple 5 et encore 5 gommettes ou écrire 5 / 5 (pour avoir 10 gommettes).

• Pour trouver l'écriture d'un nombre, on peut se servir de la file numérique.

**TRACE ÉCRITE**

Au tableau, dessin d'un ziglotron et du nombre de gommettes manquantes écrit en chiffres.

• Si nécessaire, reprendre l'activité avec d'autres quantités de gommettes manquantes.

Parmi les élèves qui utilisent une décomposition de la quantité (par exemple en cinq et cinq), certains peuvent déjà utiliser l'écriture additive (5 + 5) mais d'autres ne la connaissent pas. Provisoirement, il faut les inciter à utiliser un séparateur (comme 5 / 5) ou à mettre un grand espace entre les nombres pour éviter toute confusion entre 5 + 5 et 55.
Si l'enseignant le souhaite, il peut aussi faire utiliser le signe + comme séparateur (son étude sera reprise en unité 3).

INDIVIDUEL

## ENTRAINEMENT

**FICHIER NOMBRES ET CALCULS** **p. 10**

Mémoire des quantités : les ziglotrons

3 Écris combien il faut de gommettes pour compléter chaque ziglotron.

**Exercice 3**

• L'exercice vient en application directe de l'activité précédente.

**AIDE** Pour les élèves qui ont des difficultés à trouver l'écriture en chiffres d'un nombre, on peut leur indiquer comment la retrouver en parcourant les nombres de la file numérique et en disant la comptine numérique « *un, deux…* »

RÉPONSE : 5 ; 7 ; 4.

**Différenciation :** Cet exercice peut être repris avec certains élèves → **CD-Rom du guide, fiche différenciation 1.**

UNITÉ 1

# UNITÉ 1 Doubles des nombres jusqu'à 10

SÉANCE 6

FICHIER NOMBRES p. 11

| | Tâche | Matériel | Connaissances travaillées |
|---|---|---|---|
| **NOMBRES ET QUANTITÉS** | **Soustraire 1 : quantités jusqu'à 10**<br>– Trouver la quantité obtenue en enlevant 1 élément à une collection d'objets | pour la classe :<br>– 1 boite opaque avec un couvercle<br>– une quinzaine de jetons en vrac sur le bureau de l'enseignant<br>– 2 jeux de cartes portant les figurations du dé jusqu'à 5 › **fiche 3** | **– Retrait de 1**<br>– Nombre constitué à partir du nombre qui le suit<br>– Relation entre « un de moins » et nombre précédent |
| **RÉVISER** Nombres | **Dénombrer des quantités jusqu'à 10**<br>– Dénombrer et réaliser des quantités jusqu'à 10<br>– Modifier une quantité pour qu'elle corresponde à un nombre donné | pour la classe :<br>– file numérique jusqu'à 19<br>– jeu de cartes figurant les nombres de 1 à 10 à l'aide des doigts › **matériel prédécoupé du fichier, planche 1**<br>par élève :<br>– une douzaine d'objets du même type<br>– jeu de cartes portant les nombres de 1 à 10 en constellations organisées par rapport à 5 › **matériel prédécoupé du fichier, planche 2**<br>– file numérique › **sous-main du fichier**<br>FICHIER NOMBRES **p. 11 1 2 et** écriture des chiffres 9 et 0 | **– Dénombrement jusqu'à 10**<br>– Désignations orales et écrites des nombres<br>– Subitizing (quantités jusqu'à 3 ou 4)<br>– Reconnaissance de quantités organisées (doigts, constellations)<br>– Dénombrement par comptage d'un en un |
| **APPRENDRE** Nombres/Problèmes | **Doubles des nombres jusqu'à 10**<br>RECHERCHE **Autant pour Arthur que pour Zoé**<br>– Chercher quelles quantités, jusqu'à 10, peuvent être partagées en deux parts égales | pour la classe :<br>– 10 jetons identiques<br>par élève :<br>– les supports de répartition des jetons › **fiche 6**<br>– une dizaine de jetons (uniquement pour les élèves en difficulté)<br>FICHIER NOMBRES **p. 11 3** | **– Doubles des nombres (jusqu'à 10)**<br>– Répartition équitable<br>– Décomposition de quantités |

## NOMBRES ET QUANTITÉS

### Soustraire 1 • Quantités jusqu'à 10

– Trouver la quantité obtenue en enlevant 1 élément à une collection d'objets.

COLLECTIF

• Montrer la boite vide aux élèves. Prendre 7 jetons, les montrer aux élèves. Demander à un élève combien il y en a. Mettre les 7 jetons ensemble dans la boite, en précisant : ➡ *Il y a maintenant 7 jetons dans la boite.*

• Sortir un jeton de la boite, le montrer aux élèves en indiquant : ➡ *Il y avait 7 jetons dans la boite. J'ai enlevé 1 jeton de la boite. Vous devez trouver combien il y a maintenant de jetons dans la boite.*

• Recenser oralement les réponses, en demandant d'expliciter les procédures utilisées, en particulier :

– réponse obtenue directement en disant le nombre qui vient juste avant 7 ;

– utilisation des doigts.

• Formuler verbalement : sept jetons moins un jeton, ça fait six jetons. Demander aux élèves de montrer cela avec les doigts (lever sept doigts, plier l'un d'entre eux : on a alors six doigts) et avec les cartes constellations « cinq » et « deux » en barrant ou en cachant un point.

7 points 6 points

• Reprendre l'activité avec d'autres quantités de 5 à 10.

6 peut être obtenu en enlevant 1 de 7 (comme 7 peut être obtenu en ajoutant 1 à 6). 6 est aussi le nombre qui vient juste avant 7 (comme 7 est le nombre qui vient juste après 6). Cette activité a pour objectif de consolider la connaissance du fait qu'un nombre peut être obtenu à partir de celui qui le suit en soustrayant 1, sans que le vocabulaire et le symbolisme propres à la soustraction soient déjà utilisés.
Elle constitue cependant une première étape vers la soustraction.

# RÉVISER

## Dénombrer des quantités jusqu'à 10

– Dénombrer et réaliser des quantités jusqu'à 10.
– Modifier une quantité pour qu'elle corresponde à un nombre donné.

COLLECTIF

**PHASE 1** **Modifier une quantité**

• Reprendre l'activité de la séance 5.

INDIVIDUEL

**PHASE 2**

FICHIER NOMBRES ET CALCULS **p. 11**

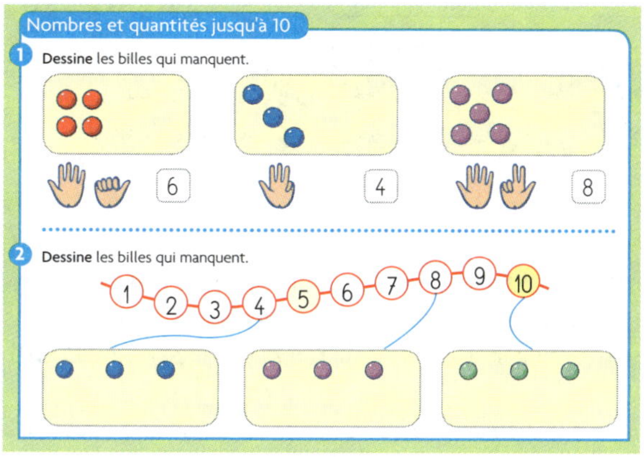
Nombres et quantités jusqu'à 10

1 Dessine les billes qui manquent.

6 4 8

2 Dessine les billes qui manquent.

1 2 3 4 5 6 7 8 9 10

• Comme en séance 5, pour chaque exercice, les élèves peuvent d'abord être invités à faire collectivement des hypothèses sur la tâche à réaliser.

**Exercice 1**

• Le fait que le nombre proposé est représenté sous forme chiffrée et à l'aide des doigts constitue une aide pour les élèves.

RÉPONSE : 2 billes ; 1 bille ; 3 billes.

**Exercice 2**

AIDE Les élèves peuvent utiliser la file numérique pour retrouver comment se dit un nombre.

RÉPONSE : 1 bille ; 5 billes ; 7 billes.

**Différenciation :** Ces exercices peuvent être repris avec certains élèves → **CD-Rom du guide, fiche différenciation 2.**

### Écriture des chiffres 9 et 0

**Différenciation :** Cet entrainement peut être repris avec certains élèves → **CD-Rom du guide ou Matériel photocopiable, fiches écriture.**

# APPRENDRE

## Doubles des nombres jusqu'à 10

– Chercher quelles quantités, jusqu'à 10, peuvent être partagées exactement en deux parts égales.
– Comprendre la notion de double.

### RECHERCHE

**Autant pour Arthur que pour Zoé :**
Une quantité de jetons étant donnée, les élèves doivent chercher s'il est possible de la répartir équitablement entre Arthur et Zoé (en utilisant un support de 2 fois 5 cases).

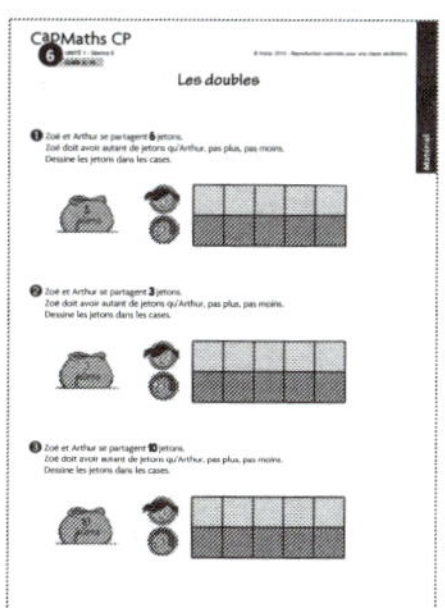


COLLECTIF

**PHASE 1** **Présentation du problème**

• Dessiner au tableau le support de distribution des jetons. Montrer une poignée de 4 jetons, puis les poser sur le bureau (hors de la vue des élèves).

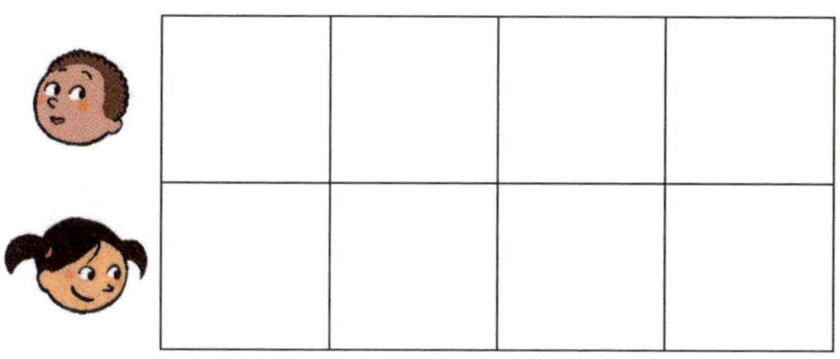

➡ *Je veux donner ces 4 jetons à Arthur et Zoé. Attention, Arthur doit en avoir autant que Zoé, pas plus, pas moins. Il faut mettre les jetons pour Arthur dans les cases d'Arthur (les montrer) et ceux de Zoé dans les cases de Zoé (les montrer). Dites-moi combien je dois mettre de jetons dans les cases d'Arthur et combien dans les cases de Zoé.*

• Interroger plusieurs élèves, et leur demander de dessiner les jetons au tableau.

• Examiner d'abord des propositions erronées, dessiner les jetons correspondants et demander pourquoi la réponse ne convient pas, par exemple :

– proposition de donner 4 jetons à Arthur et 4 jetons à Zoé ; il n'y a alors pas assez de jetons puisqu'il y en a 4 au total ;
– répartitions inégales.

• Examiner ensuite la répartition correcte qui peut être matérialisée par des placements différents, tous retenus comme corrects. Préciser que, par la suite, on placera les jetons à partir de la gauche, ainsi :

UNITÉ 1

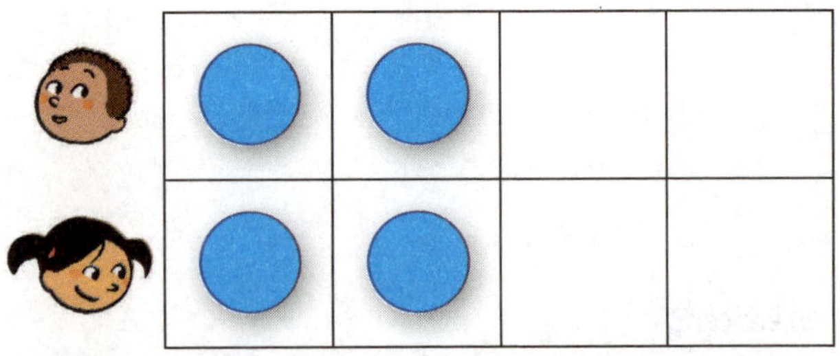

Ce dessin est conservé au tableau pour la suite de l'activité.

• Faire formuler par les élèves (ou formuler) que « *4 c'est 2 et encore 2* ».

Cette première question a pour but de faire comprendre aux élèves les contraintes de la tâche et la manière d'y répondre.

INDIVIDUEL OU ÉQUIPES DE 2

## PHASE 2 Est-il possible de partager une quantité de 6 jetons ?

• Distribuer la fiche aux élèves et dessiner au tableau le support de distribution des jetons.

• Faire commenter la question et faire formuler des hypothèses sur ce qui est demandé. Conclure :

➡ *Dans le sac, il y a 6 jetons (montrer aussi 6 jetons, placés ensuite sur le bureau). Il faut donner ces 6 jetons à Arthur et Zoé. Attention, Arthur doit en avoir autant que Zoé, pas plus, pas moins. Si c'est possible, vous devez dessiner les jetons pour Arthur dans les cases d'Arthur et ceux de Zoé dans les cases de Zoé.*

• Observer le travail des élèves et, éventuellement, donner 6 jetons aux élèves en difficulté.

• Dessiner au tableau (ou projeter) d'abord des propositions erronées, et demander pourquoi la réponse ne convient pas.

• Examiner ensuite la répartition correcte et la garder au tableau avec les jetons dessinés à partir de la gauche.

• Garder au tableau le dessin de la répartition et faire formuler (ou formuler) que « *6 c'est 3 et encore 3* ».

Le support (cases) choisi pour les réponses permet aux élèves de facilement s'assurer que la répartition est équitable.

**AIDE** L'enseignant peut mettre à disposition des jetons pour les élèves en difficulté. Il est noté qu'alors leur tâche est doublement facilitée : ils peuvent modifier un partage et donc multiplier les essais, et ils n'ont pas à contrôler le nombre total de jetons.

INDIVIDUEL OU ÉQUIPES DE 2

## PHASE 3 Est-il possible de partager une quantité de 3 jetons ?

• Reprendre le même déroulement pour la question 2.

• Conclure qu'un partage équitable n'est pas possible : on ne peut avoir que 2 jetons pour l'un et un jeton pour l'autre.

INDIVIDUEL OU ÉQUIPES DE 2

## PHASE 4 Est-il possible de partager une quantité de 10 jetons ?

• Reprendre le même déroulement pour la question 3.

• Remarquer à la fin que toutes les cases sont remplies.

• Faire formuler (ou formuler) que « *10 c'est 5 et encore 5* ».

COLLECTIF

## PHASE 5 Synthèse

**SYNTHÈSE**

À partir des 3 répartitions qui ont abouti, formuler les conclusions suivantes :

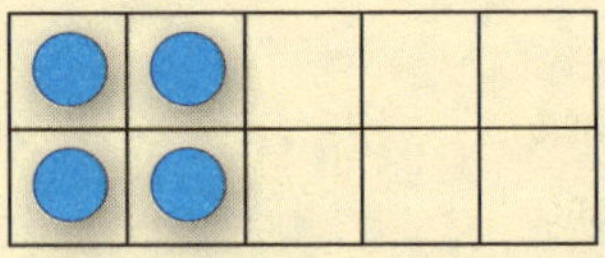

4 c'est 2 et encore 2.
4 c'est le double de 2.

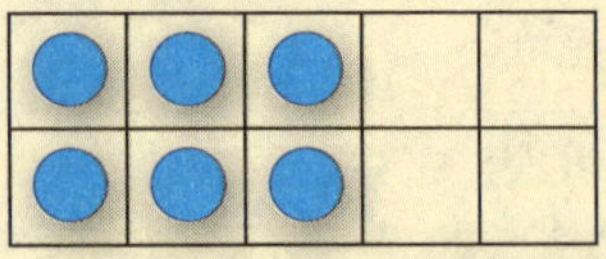

6 c'est 3 et encore 3.
6 c'est le double de 3.

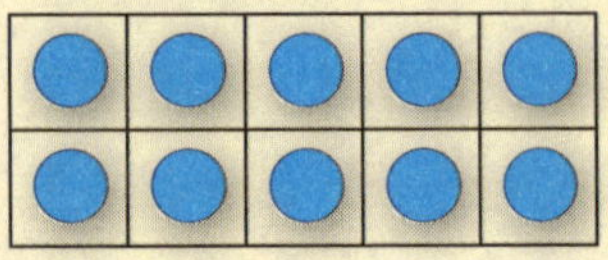

10 c'est 5 et encore 5.
10 c'est le double de 5.

**TRACE ÉCRITE**

Les dessins de tous les doubles jusqu'à 10 peuvent être conservés au tableau ou sur une affiche (le double de 4 est rencontré dans l'exercice 3 du fichier, et le double de 1 peut être ajouté à la liste).

Lorsque les écritures additives auront été introduites (unité 3), les doubles seront notés en utilisant le signe + (3 + 3 = 6). Voir le calcul mental de l'unité 4 (séances 1 et 2).
La connaissance des doubles constitue un point d'appui important pour le calcul mental et l'apprentissage du répertoire additif.

INDIVIDUEL

## ENTRAINEMENT

**FICHIER NOMBRES ET CALCULS p. 11**

### Exercice 3

• Cet exercice vient en application directe de la recherche précédente.

**AIDE** Mise à disposition de jetons pour les élèves en difficulté.

RÉPONSE : 4 jetons chacun.

# Repérage d'objets dans un espace connu

| | Tâche | Matériel | Connaissances travaillées |
|---|---|---|---|
| NOMBRES ET QUANTITÉS | **Ajouter ou soustraire 1 : quantités jusqu'à 10**<br>– Trouver la quantité obtenue en ajoutant ou en enlevant 1 élément à une collection d'objets | pour la classe :<br>– 1 boite opaque avec un couvercle<br>– une quinzaine de jetons en vrac sur le bureau de l'enseignant<br>– 2 jeux de cartes portant les figurations du dé jusqu'à 5 › **fiche 3** | – **Ajout ou retrait de 1**<br>– Nombre constitué à partir du nombre qui le précède ou qui le suit<br>– Relation entre « un de plus » ou « un de moins » et nombre suivant ou précédent |
| RÉVISER Géométrie | **Tracés à la règle**<br>– Tracer des traits en utilisant la règle | par élève :<br>– une règle, un crayon bien taillé, une gomme, une feuille blanche<br>CAHIER GÉOMÉTRIE p. 2 ① ② | – **Utilisation de la règle** pour effectuer un tracé rectiligne |
| APPRENDRE Espace | **Repérage d'objets dans un espace connu**<br>RECHERCHE **La farce de Gribouille**<br>– Retrouver un objet à partir d'un indice indiquant où il est caché (photo, message) | pour la classe :<br>– la carte nombre « 1 » cachée dans un endroit de l'école ou de la classe connu des élèves<br>– des cartes avec des nombres entre 2 et 9 (une carte par équipe) cachées dans des endroits de la cour peu connus des élèves › **matériel du fichier Nombres, planche 3**<br>– des photos (d'un détail) des lieux où sont cachées les cartes ou des messages décrivant ces lieux<br>– un tableau de correspondance numéro de carte/message | – **Identification et localisation d'un objet** à partir d'un message, d'une photo<br>– **Localisation d'un objet par rapport à un autre objet**<br>– **Utilisation d'un vocabulaire permettant de définir des positions** (devant, derrière, à gauche, à droite, en bas, en haut…) |

## NOMBRES ET QUANTITÉS

**Ajouter ou soustraire 1 • Quantités jusqu'à 10**

– Trouver la quantité obtenue en ajoutant ou en enlevant 1 élément à une collection d'objets.

COLLECTIF

• Reprendre les activités des séances 5 et 6.

## RÉVISER

**Tracés à la règle**

– Apprendre à utiliser la règle pour tracer des traits.

INDIVIDUEL

**PHASE 1 Tracés libres**

• Demander aux enfants de tracer librement des traits à l'aide de la règle sur une feuille blanche. Leur donner des conseils pratiques sur la façon de tenir la règle et de placer le crayon (cf. commentaire).

INDIVIDUEL

**PHASE 2**

CAHIER MESURES ET GÉOMÉTRIE p. 2

**Exercices ① et ②**

• L'exercice 1 peut être expliqué au tableau : dessiner quatre personnages, disposés différemment de ceux de l'exercice. Montrer qu'il faut obtenir un seul personnage par région et aucune région vide. Insister sur les moyens d'obtenir de bons tracés.

Cet entrainement technique nécessite la coordination de plusieurs gestes : placer la règle, la maintenir d'une main en ne faisant pas dépasser les doigts du côté où on trace, bien placer son crayon contre le bord de la règle. Les contraintes des exercices 1 et 2 imposent de changer souvent la direction de la règle.

## APPRENDRE

### Repérage d'objets dans un espace connu

– Prendre et utiliser des repères dans l'espace de l'école pour situer des objets.
– Comprendre et utiliser le vocabulaire spatial.

## RECHERCHE

**La farce de Gribouille :** Par équipes de 3 ou 4, les élèves doivent trouver une carte qui a été cachée dans un espace qu'ils connaissent, à l'aide d'une photo ou d'un message donnant des indications sur le lieu de la cachette.

COLLECTIF

**PHASE 1 Résolution collective d'un premier problème**

• Au préalable, cacher la carte nombre « 1 ».

• Préciser la tâche :

➡ *Gribouille a caché la carte nombre « 1 » et il a laissé un message. (Lire le message ou montrer la photo aux élèves). Il faut retrouver la carte, en se servant du message (ou de la photo).*

Le message est du type :
– « La carte est dans la classe, dans un tiroir en haut. »
– « La carte est près d'un poteau dans la cour. »
– « La carte est à gauche d'une porte toujours fermée. »
L'ambigüité du message engage les enfants à investir tout l'espace de l'école ou de la classe.
Il s'agit, dans le premier temps de la recherche, de **favoriser une exploration mentale de l'espace connu** de l'école ainsi que l'utilisation de repères spatiaux et d'un vocabulaire approprié.

• Engager d'abord une discussion collective au cours de laquelle les élèves émettent des hypothèses sur le lieu de la cachette.

• Demander à 2 ou 3 élèves de vérifier chaque hypothèse (le reste de la classe observe).

• Une fois la carte nombre trouvée, demander aux élèves de vérifier que le message de Gribouille correspond bien au lieu trouvé pour la cachette.

Les photos permettent de travailler l'identification d'une partie de l'espace représentée sur la photo à partir du repérage d'éléments caractéristiques.
Conduire l'activité avec des messages oraux met davantage l'accent sur la connaissance du langage spatial. Mais les élèves n'étant pas lecteurs à cette période de l'année, le message devra être répété plusieurs fois pour que les élèves le mémorisent bien.

COLLECTIF

**PHASE 2 Présentation des problèmes par équipes**

• Constituer des équipes de 3 ou 4 élèves et préciser la tâche :

➡ *Cette fois, Gribouille a caché plusieurs cartes nombres, une pour chaque équipe. Pour aider chaque équipe à retrouver sa carte nombre, il a aussi fabriqué des messages (ou pris des photos). Je vais donner à chaque équipe le message correspondant à la carte nombre qu'elle doit retrouver.*

• Lire le message ou donner la photo à chacune des équipes.

ÉQUIPES DE 3 OU 4

**PHASE 3 Résolution par équipes**

• Demander à chaque équipe de réfléchir d'abord à l'endroit possible de la cachette, puis de le dire à l'enseignant avant d'aller vérifier.

• Chaque équipe part à la recherche de sa carte. Elle a droit à plusieurs essais.

• Variante : Pour une meilleure surveillance des élèves, les équipes peuvent effectuer leur recherche chacune à leur tour, ou deux par deux. Les autres élèves, à qui l'enseignant a fait part du message, observent alors la recherche de leurs camarades.

Réfléchir d'abord, avant de chercher réellement, favorise une exploration mentale de l'espace déjà connu. Décrire la cachette à l'enseignant permet l'identification de repères spatiaux et l'utilisation d'un vocabulaire approprié : près de, à côté de, entre, sous…

COLLECTIF

**PHASE 4 Mise en commun et synthèse**

• La mise en commun porte d'abord sur les recherches qui n'ont pas abouti, puis sur une ou deux recherches fructueuses.

**SYNTHÈSE**

La synthèse permet d'**insister sur deux points**. Pour pouvoir retrouver l'objet caché, il faut :
– identifier et localiser les repères (objets ou lieux) évoqués dans les messages (textes ou photos) ;
– comprendre le vocabulaire spatial qui permet de situer un objet par rapport à ces repères.

# Repérage dans l'espace de la feuille

| | Tâche | Matériel | Connaissances travaillées |
|---|---|---|---|
| NOMBRES ET QUANTITÉS | **Doubles jusqu'à 10**<br>– Dessiner rapidement la quantité double d'une quantité | par élève :<br>– ardoise ou feuille de brouillon | **– Doubles des nombres (jusqu'à 10)** |
| RÉVISER Géométrie | **Tracés à la règle**<br>– Tracer des traits joignant deux points en utilisant la règle | par élève :<br>– une règle, un crayon bien taillé, une gomme<br>CAHIER GÉOMÉTRIE p. 3 1 2 | **– Utilisation de la règle** pour joindre deux points |
| APPRENDRE Espace | **Repérage dans l'espace de la feuille**<br>RECHERCHE **La carte cachée**<br>– Utiliser le vocabulaire spatial pour décrire oralement une carte comportant plusieurs formes connues | pour la classe :<br>– les 4 cartes agrandies, affichées verticalement au tableau<br>par équipe de 2 :<br>– les 4 cartes préalablement découpées<br>› **fiche 7** | **– Repérage conventionnel dans l'espace de la feuille de papier : en haut/en bas ; à gauche/à droite** |

## NOMBRES ET QUANTITÉS

### Doubles jusqu'à 10

– Dessiner rapidement la quantité double d'une quantité.

COLLECTIF

• Dessiner au tableau **3 jetons alignés**. Demander aux élèves de dessiner des jetons en indiquant qu'il en faut le double. Corriger immédiatement, en référence à l'activité d'apprentissage de la séance 6. Rappeler (ou faire rappeler) en conclusion que « *3 et encore 3, c'est 6* ».

• Reprendre l'activité, mais avec **4 jetons dessinés en vrac**.

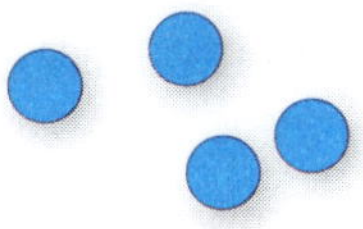

• Lors de la correction, indiquer que c'est la quantité de jetons qui importe et non leur disposition. Tout dessin de 8 objets, quelle que soit leur disposition, est donc correct.

• Continuer avec 2 jetons, 5 jetons puis 1 jeton.

Au cours de cette activité, on insiste sur le fait que la notion de quantité double ne dépend pas de la disposition des objets (ce qui aurait pu être induit par l'activité de recherche de la séance 6).

## RÉVISER

### Tracés à la règle

– Utiliser la règle pour tracer des traits qui joignent deux points.

INDIVIDUEL

**CAHIER MESURES ET GÉOMÉTRIE p. 3**

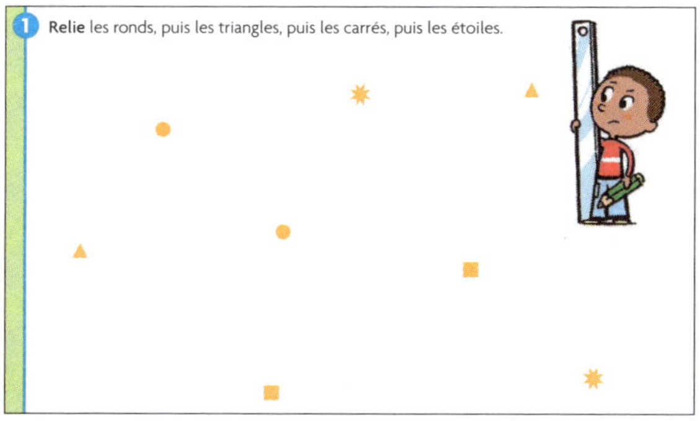


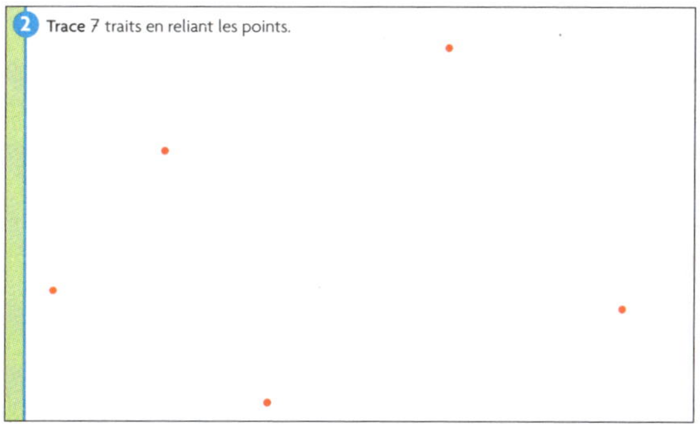


**Exercices 1 et 2**

• Engager les élèves à s'appliquer pour faire des tracés précis et soignés ; veiller à ce qu'ils placent convenablement la règle et qu'ils aient une technique de tracé correcte et efficace.

Il s'agit de la suite de l'activité proposée en séance 7, visant à la bonne utilisation de la règle, du crayon (et de la gomme !) pour effectuer des tracés. Les contraintes de l'exercice imposent de changer souvent la direction de la règle.

# APPRENDRE

## Repérage dans l'espace de la feuille

– Repérer des éléments sur une carte disposée verticalement ou horizontalement.
– Comprendre et utiliser le vocabulaire spatial : à gauche/à droite, en haut/en bas, au-dessus de/au-dessous de.

## RECHERCHE

**La carte cachée :** Les élèves décrivent chacune des 4 cartes, puis doivent trouver une des cartes qui a été cachée à partir d'un indice qui leur est donné par l'enseignant ou un autre élève.

COLLECTIF

### PHASE 1 Présentation des cartes

• Afficher les 4 cartes agrandies au tableau, alignées dans l'ordre a, b, c et d, bandes noires en bas.

• Engager les élèves à observer les cartes :

➡ *Qu'est-ce qui est dessiné sur chaque carte ? Les cartes a et b sont-elles identiques ?*

• Répondre à cette question amène les élèves à utiliser un vocabulaire de repérage adéquat : sur la carte a, le carré est en haut à gauche ou au-dessus du triangle, et sur la carte b, le carré est en haut à droite ou au-dessus de l'étoile.

• Demander à des élèves de décrire chaque carte a et b en précisant ce qui est en haut à gauche, en haut à droite, en bas à gauche, en bas à droite.

• Donner à chaque équipe de 2 les 4 cartes et demander aux élèves de les disposer devant eux sur leur table dans l'ordre a, b, c et d (comme au tableau) en prenant garde de placer la bande noire en bas. Vérifier auprès de chacun la disposition. Demander à certains de décrire les cartes c et d.

L'activité permet d'entrainer, outre la reconnaissance des formes simples, le repérage dans l'espace de la feuille (dans un plan vertical et un plan horizontal). Il s'agit d'un repérage absolu, obtenu conventionnellement par projection du repère propre (celui de chaque individu) sur le plan vertical ou sur le plan horizontal : il y a le haut, le bas, la gauche et la droite. L'orientation des cartes est importante, leur plus long côté étant ici pris verticalement, le trait noir étant mis en bas. L'activité permet également de revoir des positions relatives comme « au-dessus de » ou « au-dessous de », « à gauche de » ou « à droite de ».
Chaque carte peut être désignée par la lettre inscrite dessus.

#### PREMIÈRE SYNTHÈSE

**Distinguer la droite de la gauche**

Demander aux élèves de lever leur main droite, puis leur main gauche. Préciser que, si on n'est pas sûr, on peut utiliser la référence à la main qui écrit (l'élève doit savoir s'il est gaucher ou droitier) et ainsi distinguer la droite de la gauche.

COLLECTIF, RECHERCHE PAR ÉQUIPES DE 2

### PHASE 2 Deviner la carte cachée (l'enseignant est le meneur de jeu)

• Présenter le jeu de devinettes :

➡ *Je dispose du même lot de quatre cartes que vous (invisibles des élèves). Je vais maintenant en cacher une. Vous devrez deviner laquelle des quatre cartes j'ai cachée. Pour cela, je vous donnerai un indice. À mon signal, vous montrerez la carte qui, à votre avis, est la même que celle que j'ai cachée. Nous vérifierons ensuite si vous avez trouvé la bonne carte.*

• Choisir une carte et la cacher. Donner des éléments de description de cette carte, par exemple : « le carré est en haut à droite » (carte b). Demander aux élèves de deviner la carte choisie et de la montrer. Observer le choix de chaque équipe. Si besoin, confronter les réponses et demander des explications.

• Valider les réponses en montrant la carte cachée.

• Refaire le jeu avec deux autres cartes et d'autres indices portant toujours sur le carré : par exemple, « le carré est en haut à gauche » (carte a), « le carré est en bas à gauche » (carte d).

• Refaire ensuite le jeu avec d'autres cartes et d'autres indices portant sur une autre forme, par exemple : « le cercle est en bas à droite » (carte d), « le cercle est en haut à gauche » (carte b), « le triangle est en haut à droite » (carte d).

On privilégie ici le traitement d'un seul indice. Il est plus difficile de traiter la conjonction de deux indices, comme par exemple : « l'étoile est en bas à droite et le cercle est en haut à gauche » (carte b). Des exercices de ce type pourront être menés si le niveau de la classe le permet.

COLLECTIF, RECHERCHE PAR ÉQUIPES DE 2

### PHASE 3 Deviner la carte cachée (une équipe est meneuse de jeu)

• Cette fois, c'est une équipe de deux élèves qui, en secret, choisit une carte et donne un ou des indices pour faire deviner la carte choisie, en reprenant les mêmes modalités de jeu que précédemment. Les élèves qui cherchent peuvent demander des indices supplémentaires si nécessaire (par exemple, l'indice « le triangle est en bas à gauche » ne suffit pas pour déterminer une carte).

• Le jeu peut être repris 2 ou 3 fois en changeant d'équipe meneuse de jeu.

COLLECTIF

### PHASE 4 Synthèse

#### SYNTHÈSE

• Pour aider à trouver la carte cachée, il faut :
– orienter la carte (décider du haut et du bas) ;
– faire le choix d'une forme dessinée sur la carte ;
– décrire la position occupée par cette forme sur la carte en utilisant un vocabulaire précis : à gauche/à droite, en haut/en bas, au-dessus de/au-dessous de.

• La description de la position d'une forme sur la carte peut ne pas suffire pour trouver la carte. Il faut alors choisir une seconde forme et décrire sa position.

#### TRACE ÉCRITE

Afficher au tableau une carte agrandie et écrire autour le vocabulaire spatial (HAUT, BAS, DROITE, GAUCHE) par rapport aux positions relatives des différentes figures.

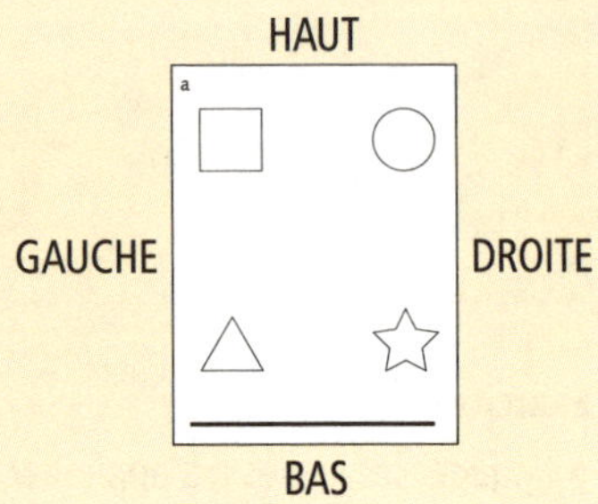

# Repérage d'objets dans un espace connu



| | Tâche | Matériel | Connaissances travaillées |
|---|---|---|---|
| NOMBRES ET QUANTITÉS | **Nombres en appui sur les doubles (jusqu'à 10)**<br>– Reconnaitre des quantités obtenues comme double d'une quantité à laquelle on a ajouté 1 élément | par élève :<br>– ardoise ou feuille de brouillon | **– Doubles des nombres (jusqu'à 10)**<br>– Nombre suivant d'un double |
| RÉVISER Espace | **Repérage dans l'espace de la feuille**<br>– Utiliser le vocabulaire spatial pour décrire oralement une carte comportant plusieurs formes connues | pour la classe :<br>– les 4 cartes agrandies, affichées verticalement au tableau<br>par élève :<br>– les 4 cartes préalablement découpées › **fiche 7** | **– Repérage conventionnel dans l'espace de la feuille de papier : en haut/en bas ; à gauche/à droite** |
| APPRENDRE Espace | **Repérage d'objets dans un espace connu**<br>RECHERCHE **Le jeu des boites (1)**<br>– Trouver, à l'aide d'un message oral élaboré par d'autres, dans quelle boite un objet a été caché | pour la classe :<br>– 8 boites identiques disposées ainsi :<br>• en phase 1, 4 boites placées chacune contre un mur différent de la classe<br>• en phase 2, une deuxième boite placée à côté de chacune des 4 boites de la phase 1<br>– 1 carte avec la photo de Gribouille<br>**› à choisir sur la fiche 8** | **– Utilisation d'un repère fixe pour localiser un objet**<br>**– Description de la position relative d'un objet par rapport à un autre**<br>**– Utilisation du vocabulaire et des expressions spatiales adaptés** |

## NOMBRES ET QUANTITÉS

### Nombres en appui sur les doubles (jusqu'à 10)

– Reconnaitre des quantités obtenues comme double d'une quantité à laquelle on a ajouté 1 élément.

COLLECTIF

• Dessiner au tableau **6 jetons sous cette forme.**

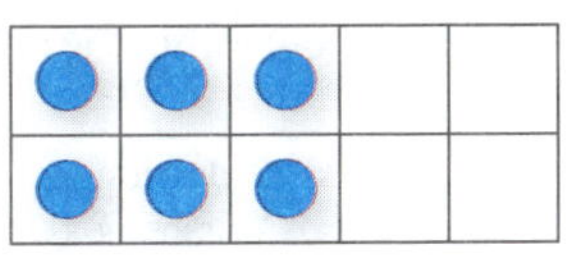

Demander aux élèves combien il y a de jetons.

• Ajouter ensuite un jeton dans une case.

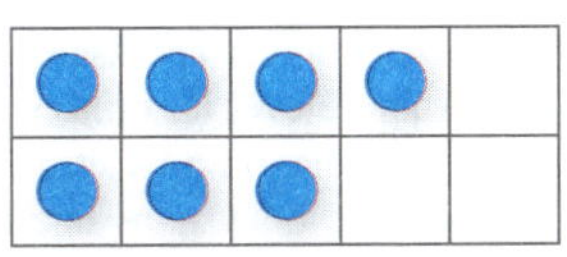

Demander aux élèves combien il y a maintenant de jetons. Lors de la correction, mettre en évidence qu'il est possible de répondre immédiatement « *il y a un jeton de plus, donc 7 jetons* », « *6 et encore 1, c'est 7* », « *7 c'est aussi 3 et encore 3 et encore 1* ».

• Reprendre l'activité, mais avec 4 jetons (double de 2) auxquels on ajoute 1 jeton. Pour que chaque élève puisse répondre, demander à chacun de lever autant de doigts qu'il y a de jetons avant d'en faire verbaliser le nombre.

• Reprendre l'activité, mais avec **2 jetons (double de 1), puis avec 8 jetons (double de 4) auxquels on ajoute 1 jeton.** Pour que chaque élève puisse répondre, demander à chacun de lever autant de doigts qu'il y a de jetons avant d'en faire verbaliser le nombre.

Cette activité constitue une synthèse des acquis sur les doubles et sur le fait que pour trouver le résultat d'un ajout de 1, il suffit de dire le nombre suivant.

## RÉVISER

### Repérage dans l'espace de la feuille

– Repérer des éléments sur une carte posée sur une table.
– Connaitre et utiliser le vocabulaire spatial : à gauche/à droite, en haut/en bas, au-dessus de/au-dessous de.

ÉQUIPES DE 2

Il s'agit d'une reprise individuelle de la phase 3 de la séance 8. L'émission du message est faite par une équipe de deux.

**PHASE 1 Préparation du message**

• Rappeler aux élèves qu'on regarde les cartes avec la bande noire en bas.

• Demander à chaque équipe de choisir en secret une carte et de se mettre d'accord sur le message à donner.

INDIVIDUEL

**PHASE 2 Deviner la carte cachée**

• Désigner une équipe qui donne un ou des indices pour faire deviner la carte choisie. La recherche est individuelle.

• Les élèves qui cherchent peuvent demander des indices supplémentaires. Lorsqu'un élève pense avoir trouvé, il retourne la carte dans son jeu.

• Quand la plupart des élèves pensent avoir trouvé, demander à chaque élève de prendre dans sa main la carte qu'il a retournée et de la comparer à la carte choisie par l'équipe qui mène le jeu.

• Revenir si besoin sur les incompréhensions et les erreurs.

• Solliciter ensuite une autre équipe qui devient meneuse de jeu.

## APPRENDRE

### Repérage d'objets dans un espace connu

– Repérer dans l'espace des objets par rapport à d'autres objets (repères fixes).
– Comprendre et utiliser le vocabulaire et les expressions spatiales adéquats.

### RECHERCHE

**Le jeu des boites* (1) :** Quatre boites sont disposées dans la classe, chacune contre un mur différent. Les élèves vont décrire oralement la position de la boite dans laquelle un objet a été caché pour que d'autres élèves le trouvent. L'activité est ensuite reprise avec deux boites placées côte à côte contre chaque mur.

* Cette activité s'inspire d'une situation proposée par René Berthelot et Marie-Hélène Salin dans leur thèse *L'Enseignement de l'espace et de la géométrie dans la scolarité obligatoire*, 1992.

COLLECTIF

**PHASE 1 Avec une seule boite contre chaque mur**

• Préciser la tâche :

➡ *Aujourd'hui, c'est l'un d'entre vous qui va faire une farce, comme l'a fait Gribouille l'autre jour* (rappel de l'activité de la séance 7). *Deux élèves vont sortir de la classe. Pendant ce temps, un autre élève* (le farceur) *va cacher une photo de Gribouille dans une des boites* (montrer les 4 boites). *Quand les deux élèves reviendront, le farceur devra leur dire un message qui leur permettra de trouver où est cachée la photo. Attention, il ne doit ni montrer la cachette, ni la regarder ! C'est uniquement ce qu'il dit qui doit permettre de trouver.*

• Choisir des élèves volontaires pour chercher et pour jouer le rôle du farceur. Les autres élèves sont chargés de veiller à ce que les règles soient bien respectées.

• Les deux élèves chercheurs sortent. À leur retour, ils écoutent le message du farceur et se mettent d'accord sur la localisation de la photo. Si le message leur semble insuffisant, un autre élève peut donner un indice.

• Le jeu peut être repris 2 ou 3 fois, en changeant les rôles.

**SYNTHÈSE**

• Il est important de préciser près de quel élément de la salle est localisée la boite qui sert de cachette.

• **Exemples de message :**
– « La photo est dans la boite qui est près de la porte d'entrée. »
– « La photo est dans la boite qui est sous le tableau. »

Cette situation constitue, d'une part, un réinvestissement de celle menée en séance 7 et vise, d'autre part, à favoriser l'appropriation du problème qui sera posé en unité 2 (production d'un message « dessiné »). Il s'agit, en particulier, de faire prendre conscience aux élèves qu'une boite est définie par sa position par rapport à un objet fixe de la classe.
La situation semble simple, mais les messages proposés par les élèves ne sont pas toujours complets : « La photo est dans une boite » ; « C'est dans la boite près du radiateur » (et il y a deux radiateurs avec pour chacun une boite disposée en dessous).

COLLECTIF

**PHASE 2 Avec deux boites côte à côte contre chaque mur**

• Reprise du jeu précédent, sans qu'aucune indication supplémentaire ne soit donnée aux élèves.

• Le farceur dit son message, même si celui-ci est incomplet. Comme à la phase précédente, les deux élèves peuvent demander le remplacement du farceur, s'ils jugent le message insuffisamment précis. En effet, il faut maintenant deux informations pour localiser la photo : une pour indiquer la localisation des boites et une pour dire de quelle boite il s'agit parmi les deux boites côte à côte. Tous les élèves ayant le même point de vue sur les deux boites, les termes « gauche » et « droite » peuvent être utilisés sans ambigüité.

• Le jeu est repris 3 ou 4 fois, pour que tous comprennent.

• Dégager avec l'aide des élèves les critères d'un bon message.

**SYNTHÈSE**

• Il est important de préciser deux informations :
– l'élément de la salle près duquel est localisée la boite qui sert de cachette ;
– l'indication « boite de droite » ou « boite de gauche ».

• **Exemples de message :**
– « La photo est dans la boite de droite sous le tableau. »
– « La photo est sous le radiateur, dans la boite de gauche. »

La nécessité de donner deux informations n'est pas évidente pour tous. Certains ne donnent au départ que la localisation de la boite. L'utilisation des termes « droite » et « gauche » apparait aux élèves comme nécessaire pour la poursuite du jeu. À noter que certains élèves les utilisent encore en les confondant.
Cette situation peut être reprise sous forme de rituel : un élève cache un objet dans une boite et prépare un message oral qu'il communiquera aux autres élèves de la classe pour que ceux-ci le retrouvent.

**À SUIVRE**

**En unité 2**, cette activité sera prolongée : le message ne sera plus oral, mais « dessiné ».

# BILAN et consolidation

FICHIER NOMBRES p. 12 à 15
CAHIER GÉOMÉTRIE p. 4 à 5



## BILAN de l'UNITÉ 1 / CONSOLIDATION

NOMBRES ET CALCULS

### Dénombrement de petites quantités, écritures chiffrées jusqu'à 10 (séances 1 à 9)

**Je fais le bilan** › FICHIER NOMBRES p. 13

**Exercice 1** **Associer des nombres et des quantités.**

RÉPONSE : 4 ; 6 ; 8.

**Je consolide mes connaissances** › FICHIER NOMBRES p. 14-15

**Exercices 1 à 5**

RÉPONSE : 2. 9 ; 6 ; 5. 3. 9 ; 10 ; 6. 4. 1 bille ; 1 bille ; 2 billes.
5. 2 billes ; 4 billes ; 3 billes.

**CD-Rom du guide**

› Fiches différenciation n° 1 (exercices 1 et 2) et n°2
› Fiches écriture

**Atelier**

- Prendre un nombre donné (jusqu'à 10) d'objets dans un tas.
- Montrer un nombre donné (jusqu'à 10) de doigts.
- Dire combien il y a d'objets dans une collection qui en comporte jusqu'à 10. *Varier la disposition des objets.*

**Autres ressources**

› 80 Activités et jeux mathématiques CP

**1.** Comptines numériques
**2.** Suite orale des nombres
**3.** Loto des quantités
**4.** Écriture des chiffres

› CD-Rom Jeux interactifs GS-CP-CE1

**Jeu 10.** Je calcule à la vitesse de l'éclair (niveau 1)

NOMBRES ET CALCULS

### Décompositions de quantités jusqu'à 5 (séances 1 et 2)

**Je prépare le bilan** › FICHIER NOMBRES p. 12 A

→ **Il existe différentes façons d'obtenir 5 points avec 2 dés.**

**Je fais le bilan** › FICHIER NOMBRES p. 13

**Exercice 2** **Compléter un dé (un autre étant donné) pour obtenir 5 points.**

RÉPONSE : 4 points ; 3 points ; 5 points.

**Exercice 3** **Compléter deux dés pour obtenir 4 points.**

RÉPONSE : « 0 et 4 » ou « 4 et 0 » ou « 1 et 3 » ou « 3 et 1 » ou « 2 et 2 ».

**Je consolide mes connaissances** › FICHIER NOMBRES p. 15

**Exercice 6**

RÉPONSE : 2 carrés ; 1 carré ; 4 carrés.

**Autres ressources**

› 80 Activités et jeux mathématiques CP

**37.** Cinq jetons dans la boite

## BILAN de l'UNITÉ 1

## CONSOLIDATION

NOMBRES ET CALCULS

### Les nombres, mémoire des quantités (séances 3, 4 et 5)

**Je prépare le bilan** › FICHIER NOMBRES p. 12 B

→ **Pour être sûr de rapporter juste ce qu'il faut d'objets en une seule fois,** il faut savoir combien il faut d'objets : il faut donc trouver le nombre d'objets. Ce nombre peut être dit avec des mots ou écrits avec des chiffres.

**Je fais le bilan** › FICHIER NOMBRES p. 13

**Exercice 4 Utiliser un nombre écrit en chiffres pour exprimer une quantité.**

RÉPONSE : 7.

**Je consolide mes connaissances** › FICHIER NOMBRES p. 15

**Exercices 7 et 8**

RÉPONSE : 7. Il faut barrer les commandes 7 et 5.

**CD-Rom du guide**

› Fiche différenciation n° 1

**Atelier**

Reprendre une situation du type ziglotron dans d'autres contextes (cuillers pour des assiettes, chapeaux pour des figurines…).

**Autres ressources**

› CD-Rom Jeux interactifs GS-CP-CE1

**Jeu 1.** Le ziglotron

NOMBRES ET CALCULS

### Doubles (séance 6)

**Je prépare le bilan** › FICHIER NOMBRES p. 12 C

→ **Un nombre est un double s'il peut être partagé exactement en deux.**

→ **6 est le double de 3.** ● ● ●
● ● ●

**Je fais le bilan** › FICHIER NOMBRES p. 13

**Exercice 5 Décomposer une quantité en deux parts égales.**

RÉPONSE : 3 jetons chacun.

Pas d'exercice de consolidation pour le moment.
La notion de double sera revue ultérieurement (voir unité 6).

MESURES ET GÉOMÉTRIE

### Tracés à la règle (séances 7 et 8)

Pas de bilan proposé. Le tracé à la règle est sollicité dans nombre de tâches et sera évalué à travers celles-ci.
Cette compétence essentielle à l'activité géométrique sera consolidée dans les unités suivantes, mais nous jugeons utile de proposer dès maintenant des exercices de consolidation pour les élèves qui seraient en grande difficulté.

**Je consolide mes connaissances** › CAHIER GÉOMÉTRIE p. 5

**Exercices 1 et 2**

**Autres ressources**

› 80 Activités et jeux mathématiques CP

**67.** Tracés à la règle (1) : joindre deux points

MESURES ET GÉOMÉTRIE

## Repérage d'objets dans un espace connu (séances 7 et 9)

**Je prépare le bilan** › CAHIER GÉOMÉTRIE p. 4 A

→ **Pour retrouver un objet à partir d'un message,** il faut connaitre certains termes comme à gauche de/à droite de, devant/derrière... et savoir combiner plusieurs informations.

**Je fais le bilan** › CAHIER GÉOMÉTRIE p. 4

**Exercice 1 Identifier et localiser un objet à partir d'un message, d'une photo.**

MATÉRIEL : des étiquettes portant le nom de chaque élève.

L'évaluation peut être conduite en classe ou dans la cour. L'enseignant cache les « étiquettes-noms » et prépare une indication pour chaque élève. Par exemple : ton « étiquette-nom » est derrière le banc qui est sous l'arbre près du préau. Plusieurs élèves ont la même indication, mais l'évaluation ne se fait pas au même moment pour tous les élèves.

**Atelier**

- Reprendre le jeu des boites dans un autre lieu.
  Dans la cour ou sous le préau, placer 4 fois 2 boites toutes identiques, chaque couple de boites étant placé près d'un objet repère (escalier, porte, banc…). Si le jeu n'est pas repris entièrement, chaque élève peut être récepteur d'un message dit par l'enseignant (par exemple : « La photo de Gribouille est cachée dans la boite de droite située à côté de la porte de la cantine ») ou décrire la position de la photo placée par l'enseignant.

MESURES ET GÉOMÉTRIE

## Repérage dans l'espace de la feuille (séances 8 et 9)

**Je prépare le bilan** › CAHIER GÉOMÉTRIE p. 4 B

→ **Pour décrire la position d'un objet sur une feuille de papier,** il faut connaitre et savoir utiliser certains mots comme haut/bas ; droite/gauche. Ces mots vont par deux et désignent des directions contraires.

**Je fais le bilan** › CAHIER GÉOMÉTRIE p. 4

**Exercice 2 Identifier une carte à partir de la description de la position d'un élément figurant sur cette carte.**

MATÉRIEL : pour chaque élève, les 4 cartes de la fiche 7.

Chaque élève a devant lui les 4 cartes avec la bande noire placée en bas. L'enseignant donne oralement un indice qui permet de retrouver la carte. L'élève note sa réponse sur le cahier de Géométrie.

**Je consolide mes connaissances** › CAHIER GÉOMÉTRIE p. 5

**Exercice 3**

Pour entrainer l'utilisation de haut/bas, les messages dits par l'enseignant peuvent être :

*Le carré est en haut (1)* *Le cercle est en bas (2)*
*Le triangle est en haut (2)* *L'étoile est en bas (1)*

Pour entrainer l'utilisation de gauche/droite :

*Le cercle est à gauche (1)* *Le triangle est à gauche (1)*
*L'étoile à droite (3)*

Les messages peuvent aussi contenir deux informations pour un même objet : *Le triangle est en bas à droite (3).*

Demander aux élèves de ne pas appuyer trop avec le crayon pour pouvoir effacer et reprendre le jeu avec un autre message.

**Atelier**

Décrire une page du cahier en y localisant un personnage ou trouver le numéro d'une page étant donnée la localisation d'un personnage, par exemple : une page où Gribouille est en bas à droite (page 14).

**Autres ressources**

› **80 Activités et jeux mathématiques CP**

**58.** Aux 4 coins (repérage dans le plan vertical)
**59.** Les cartes 4 formes

# Les photos de Gribouille

› FICHIER NOMBRES ET CALCUL p. 16

Les problèmes posés sur cette page sont destinés à familiariser les élèves avec la prise d'informations sur une image et avec la manière d'y répondre sur le fichier. Seul le problème 2 représente un véritable problème.

## Problème 1

1 Complète.

- Il y a ........ photos de Gribouille.
- Il y a ........ photos de Gribouille avec un os.
- Il y a ........ photos de Gribouille debout.
- Il y a ........ photos de Gribouille couché.

OBJECTIFS :

– Utiliser une méthode de dénombrement pour des petits nombres (jusqu'à 10).

– Écrire des nombres en chiffres.

TÂCHE : Exprimer une quantité d'images par un nombre écrit en chiffres.

RÉPONSE : • 10 • 5 • 3 • 2

## Problème 2

2 Arthur et Zoé veulent se partager les photos de Gribouille.
Arthur doit avoir autant de photos que Zoé, pas plus, pas moins.
**Entoure** en vert les photos pour Arthur et en bleu les photos pour Zoé.

Combien chacun aura-t-il de photos ?

- Arthur aura ........ photos.
- Zoé aura ........ photos.

OBJECTIFS :

– Résoudre un problème de partage équitable en deux.

– Utiliser une méthode de dénombrement pour des petits nombres (jusqu'à 10).

– Écrire des nombres en chiffres.

TÂCHE : Entourer des images pour effectuer un partage équitable en deux.

RÉPONSE : 5 images chacun.

## Mise en œuvre

La plupart des élèves ne sont pas encore en mesure de lire les textes proposés sur cette page. Un accompagnement de l'enseignant est donc nécessaire. Que le traitement des problèmes se fasse en atelier ou avec toute la classe, pour chaque question, l'enseignant lit la consigne et indique aux élèves l'endroit où il faut compléter la phrase-réponse.

La correction peut se faire question par question ou à l'issue de tout ou partie des questions traitées.

**Pour le problème 2**, après explicitation de l'image et de la situation, celui-ci peut être matérialisé en mettant 10 images de Gribouille sur le bureau de l'enseignant et 2 enveloppes marquées Arthur et Zoé, puis en demandant combien il faut mettre d'images dans chaque enveloppe. Cette matérialisation aide à la compréhension de la situation et, surtout, permet une validation expérimentale des réponses.

## Aides possibles

**Pour les élèves qui ne savent pas écrire les nombres en chiffres,** on peut :

– soit les écrire à leur place, le nombre étant dit par l'élève à l'enseignant ;

– soit proposer aux élèves d'utiliser la file numérique pour retrouver l'écriture d'un nombre.

**Pour le problème 2**, aider les élèves à effacer s'ils disent s'être trompés. Si nécessaire, fournir à certains élèves une copie des images découpées pour faciliter le partage.

## Procédures à observer particulièrement

**Pour les questions du problème 1,** ce sont les procédures de dénombrement : reconnaissance immédiate des quantités (subitizing), comptage de un en un, utilisation d'une décomposition, par exemple pour les photos de Gribouille debout (deux là et une là, ça fait trois images).

**Pour le problème 2,** simulation d'une distribution (une photo pour Arthur, une photo pour Zoé) ou tentative de partage direct de la collection en deux. Dans le premier cas, il est possible que les élèves entourent chaque photo soit en vert soit en bleu, ce qui est accepté, la consigne pouvant être interprétée de deux façons.

**Pour le problème 2,** le fait qu'il existe 5 photos d'une certaine catégorie peut être une aide à la résolution (5 étant la moitié de 10). Mais la diversité des photos peut être source de difficulté pour les élèves qui chercheraient à ce qu'Arthur et Zoé aient des lots de photos semblables.

# UNITÉ 2

**13 ou 14 séances**
– 10 séances programmées (9 séances d'apprentissage + 1 bilan)
– 3 ou 4 séances pour la consolidation et la résolution de problèmes

| | CALCUL MENTAL (environ 30 min par séance) | RÉVISER | APPRENDRE (environ 45 min par séance) |
|---|---|---|---|
| **Séance 1**<br>FICHIER NOMBRES p. 17 | **Ajouter, soustraire de petites quantités** | **Décomposer 5** (chercher toutes les solutions) | **Comparer des quantités** (jusqu'à 10)<br>RECHERCHE La bataille (1) |
| **Séance 2**<br>FICHIER NOMBRES p. 18 | **Ajouter, soustraire de petites quantités** | **Dénombrer des quantités jusqu'à 10** | **Comparer des quantités** (jusqu'à 10)<br>RECHERCHE La bataille (2) |
| **Séance 3**<br>FICHIER NOMBRES p. 19 | **Ajouter, soustraire de petites quantités pour avoir une quantité égale à 5** | **Dénombrer des quantités jusqu'à 10** | **Ajouts et compléments** (jusqu'à 10)<br>Signes + et =<br>RECHERCHE Dix dans la boite (1) |
| **Séance 4**<br>FICHIER NOMBRES p. 20 | **Compléter une quantité pour avoir une quantité égale à 10** | **Quantités à compléter** | **Ajouts et compléments** (jusqu'à 10)<br>Signes + et =<br>RECHERCHE Dix dans la boite (2) |
| **Séance 5**<br>FICHIER NOMBRES p. 21 | **Compléments à 5 et à 10** | **Compléments** | **Ajouts et compléments** (jusqu'à 10)<br>Signes + et =<br>RECHERCHE Dix dans la boite (3) |
| **Séance 6**<br>Pas d'exercices dans le fichier | **Comptine orale jusqu'à 16** | **Repérage dans l'espace de la feuille** | **Repérage d'objets dans un espace connu**<br>RECHERCHE Le jeu des boites (2) |
| **Séance 7**<br>CAHIER GÉOMÉTRIE p. 6 | **Comptine orale jusqu'à 16** | **Reproduction sur quadrillage** | **Repérage d'objets dans un espace connu**<br>RECHERCHE Le jeu des boites (3) |
| **Séance 8**<br>FICHIER NOMBRES p. 22 | **Comptine orale jusqu'à 16** | **Compléments** | **Décompositions de quantités (avec 1 et 2)**<br>RECHERCHE Les cerises (1) |
| **Séance 9**<br>FICHIER NOMBRES p. 23 | **Comptine orale jusqu'à 16** | **Compléments** | **Décompositions de quantités (avec 1, 2 et 5)**<br>RECHERCHE Les cerises (2) |

**Bilan**
**Je prépare le bilan** puis **Je fais le bilan**
FICHIER NOMBRES p. 24-25
CAHIER GÉOMÉTRIE p. 7

En plus des 10 séances décrites dans le guide, **3 à 4 séances** sont consacrées à des **activités de consolidation et de résolution de problèmes**.
Pour cela, l'enseignant peut utiliser les ressources suivantes :

**Consolidation Remédiation**
Je consolide mes connaissances
FICHIER NOMBRES p. 26-27
CAHIER GÉOMÉTRIE p. 7

**Banque de problèmes**
*Les bougies d'anniversaire*
FICHIER NOMBRES p. 28
– Utiliser une méthode de dénombrement
– Écrire des nombres en chiffres
– Déterminer le complément d'une quantité pour en atteindre une autre
– Comparer des quantités
– Trouver la quantité obtenue par réunion de deux quantités

### L'essentiel à retenir de l'unité 2

- **Calcul mental**
  – Comptine numérique orale jusqu'à 16
  – Ajouter ou soustraire une quantité à une quantité jusqu'à 10
- **Comparaison de quantités et de nombres (jusqu'à 10)**
- **Ajouts et compléments jusqu'à 10**
- **Signes + et =**
- **Décomposer des quantités avec des lots de 1, 2 et 5**
- **Repérage dans un espace connu**
- **Représentation plane d'un espace connu**

# UNITÉ 2 Comparer des quantités (1)

| | Tâche | Matériel | Connaissances travaillées |
|---|---|---|---|
| **CALCUL MENTAL** | **Ajouter, soustraire de petites quantités**<br>– Indiquer le nombre d'objets contenus dans une boite, à la suite d'un ajout ou d'un retrait (avec au plus 5 objets) | pour la classe :<br>– une boite avec un couvercle<br>– environ 15 jetons en tas<br>– file numérique affichée (jusqu'à 19)<br>par élève :<br>FICHIER NOMBRES p. 17 ①<br>– file numérique pour certains élèves › **sous-main du fichier** | **– Ajout, retrait de petits nombres**<br>– Préparation à l'addition et à la soustraction |
| **RÉVISER** Nombres | **Décomposer 5**<br>– Trouver comment obtenir 5 points avec 3 dés | pour la classe :<br>– 6 cartons portant les figurations du dé jusqu'à 5 › **fiche 3**<br>par élève :<br>FICHIER NOMBRES p. 17 ② | **– Décompositions additives de 5** |
| **APPRENDRE** Nombres | **Comparer des quantités**<br>RECHERCHE **La bataille (1)**<br>– Comparer des quantités jusqu'à 10 | pour la classe :<br>– un jeu de 20 cartes de 1 à 10 points à agrandir au format A3 :<br>• 10 cartes constellations › **matériel du fichier, planche 2**<br>• 10 cartes points › **fiche 9**<br>par équipe de 3 :<br>– le même jeu de 20 cartes (non agrandies)<br>par élève :<br>– file numérique › **sous-main du fichier**<br>FICHIER NOMBRES p. 17 ③ ④ | **– Comparaison des quantités (jusqu'à 10)**<br>– Connaissance des quantités organisées en constellations<br>– Décomposition de quantités |

## CALCUL MENTAL

**Ajouter, soustraire de petites quantités** • Combien de jetons dans la boite ?

– Anticiper le résultat d'un ajout ou d'un retrait d'un objet à une quantité inférieure à 5, ou d'un ajout d'une quantité inférieure à 5 à une quantité de 1.

– Préparer l'addition et la soustraction.

COLLECTIF

**PHASE 1** Réponses orales

• Montrer la boite vide aux élèves. Prendre 3 jetons dans le tas, les montrer en disant qu'il y en a trois et les mettre dans la boite. Prendre 1 nouveau jeton dans le tas, le montrer en disant qu'il y en a 1 et le mettre dans la boite. Placer le couvercle sur la boite.

• Indiquer aux élèves :

➡ *J'ai d'abord mis 3 jetons dans la boite, puis encore 1 jeton. Vous devez trouver combien il y a de jetons dans la boite.*

• Recensement oral des réponses, explication des procédures utilisées (pour les élèves qui en sont capables).

• Vérification par un élève appelé à dénombrer le contenu de la boite.

• Série de questions posées :

| Quantité mise au départ | 3 | 3 | 4 | 1 | 5 |
|---|---|---|---|---|---|
| Ajout ou retrait | Ajout de 1 | Retrait de 1 | Ajout de 1 | Ajout de 4 | Retrait de 1 |

COLLECTIF/INDIVIDUEL

**PHASE 2** Réponses écrites

FICHIER NOMBRES ET CALCULS p. 17

**Exercice ①**

• Reprise de l'activité. Les élèves répondent dans le fichier. Ils peuvent s'aider de la file numérique pour retrouver l'écriture d'un nombre en chiffres. Pour les élèves qui ont de grandes difficultés dans l'écriture des nombres, l'enseignant peut demander une réponse orale (soufflée dans son oreille) et écrire lui-même la réponse.

| Quantité mise au départ | 2 | 2 | 4 | 1 | 1 |
|---|---|---|---|---|---|
| Ajout ou retrait | Ajout de 1 | Retrait de 1 | Retrait de 1 | Ajout de 2 | Ajout de 3 |

Deux connaissances sont particulièrement visées à travers cette activité :

– **le résultat obtenu en ajoutant (ou en retirant) 1 élément à une quantité est donné par le nombre qui suit** (ou qui précède) celui qui exprimait la quantité initiale ;

– **le résultat obtenu en ajoutant une quantité *n* à la quantité 1 est le même que celui obtenu en ajoutant la quantité 1 à la quantité *n*.** On prépare ainsi la prise de conscience de la commutativité de l'addition. Cela peut être montré en changeant par exemple de place les quantités 4 et 1.

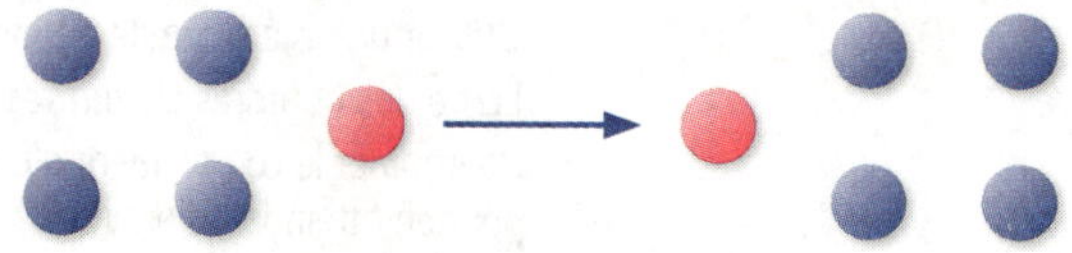

**À SUIVRE**

**En séances 2, 3 et 4**, ce travail sera repris.

## RÉVISER

### **Décomposer 5** • Trois dés pour faire 5

– Obtenir une quantité de 5 éléments en réunissant 3 quantités.
– Connaitre les décompositions additives du nombre 5.

COLLECTIF

**PHASE 1 Combien de points ?**

• Placer ou dessiner côte à côte au tableau trois configurations de dés, par exemple :

• Indiquer aux élèves : *Arthur a lancé ces 3 dés. Combien de points a-t-il marqués au total ?*

• La réponse « 5 » est validée par les élèves, soit en prenant en compte le fait que « quatre points et un point c'est cinq points » soit en comptant les points.

INDIVIDUEL

**PHASE 2 Cinq points avec 3 dés**

FICHIER NOMBRES ET CALCULS **p. 17**

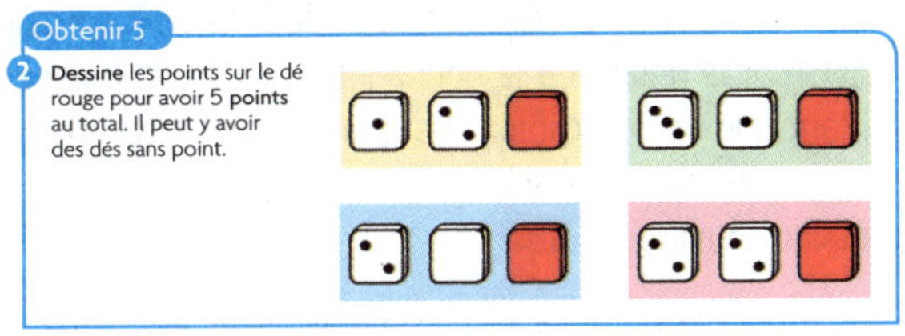


**Exercice 2**

• Préciser la consigne aux élèves :

➡ *Sur chaque plateau, il y a déjà 2 dés. Vous devez trouver le troisième. Au total, il doit y avoir exactement 5 points. Vous devez dessiner les points sur le troisième dé.*

• La correction peut être individualisée ou être faite collectivement si beaucoup d'erreurs ont été commises.

AIDE Proposer aux élèves en difficulté plusieurs exemplaires de chaque constellation. Ils peuvent les utiliser pour trouver les assemblages « qui font 5 points » et les recopier sur leur fichier.

RÉPONSE : 2 points ; 1 point ; 3 points ; 1 point.

## APPRENDRE

### Comparer des quantités (1)

– Comparer des quantités inférieures à 10.

**RECHERCHE**

**La bataille (1) :** Les élèves jouent au jeu traditionnel de la bataille avec des cartes portant des quantités d'éléments organisés en constellation ou en vrac. Progressivement, la comparaison des quantités peut se faire à partir des nombres qui les expriment.

COLLECTIF

**PHASE 1 Première partie avec 2 joueurs devant la classe**

• Empiler les cartes sur une table devant la classe, retournées faces non visibles.

• Appeler deux élèves pour jouer une partie (l'enseignant étant l'arbitre). Rappeler la règle du jeu, en faisant jouer les deux élèves à tour de rôle.

➡ *Le premier joueur prend la carte du dessus de la pile et la montre à la classe. Le deuxième joueur fait de même en prenant la carte du dessus de la pile des cartes restantes. Celui qui a le plus de points gagne les 2 cartes.*

• Demander aux 2 joueurs lequel gagne les cartes. Arbitrer en disant « D'accord » ou « Pas d'accord » et demander à la classe de justifier. Préciser que si les 2 cartes portent la même quantité de points, les cartes sont laissées sur la table. Elles seront prises par le prochain gagnant.

• À la fin du jeu, demander à chaque joueur de dire combien de cartes il a gagnées et qui est le vainqueur de la partie (avec contrôle d'autres élèves de la classe et de l'enseignant).

Dans cette séance, les conditions (cartes à comparer visibles simultanément, quantités assez petites) font que le recours aux nombres n'est pas indispensable (mais peut cependant être mobilisé). Il s'agit de préparer les étapes suivantes dans lesquelles les conditions imposées (les cartes à comparer ne sont plus visibles simultanément) rendent nécessaire le recours aux nombres. C'est pourquoi aucune synthèse n'est proposée à l'issue de cette séance, sauf éventuellement pour rappeler la règle du jeu, mais sans officialiser l'intérêt du recours aux nombres.

ÉQUIPES DE 3

**PHASE 2 Jeu en équipes**

• Former des équipes de 3 élèves (2 joueurs et 1 arbitre).

• Préciser que chaque équipe doit jouer trois parties successives, chaque élève assumant à tour de rôle la place de l'arbitre.

• Intervenir en cas de conflit entre joueurs et arbitre ou pour aider une équipe en difficulté, en posant à chaque tirage les questions :

➡ *Qui a le plus de points sur sa carte ?*

➡ *Qui gagne les cartes ?*

• Observer les procédures utilisées par les élèves pour comparer les cartes et, à la fin, pour décider du vainqueur. Noter, en particulier, si les élèves ont recours à la file numérique pour comparer les nombres (sans le suggérer).

COLLECTIF

**PHASE 3** **Synthèse**

• Organiser la synthèse des procédures mobilisées, en prenant appui sur des procédures observées dans la phase précédente et en faisant intervenir les élèves concernés.

**SYNTHÈSE**

Procédures possibles

• Correspondance terme à terme ou par petits paquets (par pointage effectif ou visuellement), éventuellement en utilisant la disposition des points qui suggère une décomposition des quantités en quantités plus petites facilement identifiables.

• Estimation, pour les quantités de tailles très différentes.

• Utilisation des nombres :
– reconnaissance perceptive des quantités ;
– dénombrement un par un (ce qui nécessite, à la fin, de savoir comparer les nombres) ;
– décomposition des quantités de points en utilisant des petits nombres : là il y en a trois et trois et là il y en a trois et quatre, donc moins là que là.

INDIVIDUEL

## ENTRAINEMENT

**FICHIER NOMBRES ET CALCULS** **p. 17**

**Exercices 3 et 4**

• Lors de la correction, mettre en évidence les procédures utilisées, notamment :
– reconnaissance et/ou comparaison perceptives des quantités (possible dans l'exercice 3) ;
– comparaison terme à terme (utilisation de liens ou association des objets par le regard ou le pointage) ou paquet par paquet, en utilisant une décomposition des quantités (par exemple par paquets de deux dans l'exercice 4) ;
– recours aux nombres.

D'autres procédures que le recours aux nombres sont possibles. La disposition des cartes et des objets sur les cartes varie d'un exercice à l'autre, ce qui peut conduire les élèves à adapter leurs procédures.

RÉPONSE : 3 Zoé. 4 Arthur.

**À SUIVRE**

**En séance 2**, le jeu est repris avec une contrainte qui incite à exprimer les quantités par des nombres qui sont ensuite comparés.

| | Tâche | Matériel | Connaissances travaillées |
|---|---|---|---|
| CALCUL MENTAL | **Ajouter, soustraire de petites quantités**<br>– Indiquer le nombre d'objets contenus dans une boite, à la suite d'un ajout ou d'un retrait (avec au plus 5 objets) | pour la classe :<br>– une boite avec un couvercle<br>– environ 15 jetons en tas<br>– file numérique affichée (jusqu'à 19)<br>par élève :<br>– file numérique pour certains élèves › **sous-main du fichier**<br>FICHIER NOMBRES p. 18 1 | – **Ajout, retrait de petits nombres**<br>– Préparation à l'addition et à la soustraction |
| RÉVISER Nombres | **Dénombrer des quantités jusqu'à 10**<br>– Dénombrer et réaliser des quantités jusqu'à 10 (quantités doubles) | par élève :<br>FICHIER NOMBRES p. 18 2 | – **Doubles des nombres (jusqu'à 10)** |
| APPRENDRE Nombres | **Comparer des quantités**<br>RECHERCHE **La bataille (2)**<br>– Comparer des quantités jusqu'à 10 | pour la classe :<br>– un jeu de 20 cartes de 1 à 10 points à agrandir au format A3 :<br>• 10 cartes constellations › **matériel du fichier, planche 2**<br>• 10 cartes points › **fiche 9**<br>par équipe de 3 :<br>– le même jeu de 20 cartes (non agrandies)<br>par élève :<br>– file numérique › **sous-main du fichier**<br>FICHIER NOMBRES p. 18 3 4 | – **Comparaison des quantités en utilisant la comparaison des nombres (jusqu'à 10)**<br>– Connaissance des quantités organisées en constellations<br>– Décomposition de quantités |

## CALCUL MENTAL

**Ajouter, soustraire de petites quantités** • Combien de jetons dans la boite ?

– Anticiper le résultat d'un ajout ou d'un retrait de 1 ou 2 objets à une quantité inférieure à 5, ou d'un ajout d'une quantité inférieure à 5 à une quantité de 1 ou de 2 objets.

– Préparer l'addition et la soustraction.

COLLECTIF

### PHASE 1 Réponses orales

• Reprendre l'activité de la séance 1.

Série de questions posées :

| Quantité mise au départ | 4 | 4 | 2 | 2 | 5 |
|---|---|---|---|---|---|
| Ajout ou retrait | Ajout de 1 | Retrait de 1 | Ajout de 2 | Ajout de 3 | Retrait de 2 |

COLLECTIF/INDIVIDUEL

### PHASE 2 Réponses écrites

FICHIER NOMBRES ET CALCULS p. 18

**Exercice 1**

• Reprise de l'activité. Les élèves répondent dans le fichier. Ils peuvent s'aider de la file numérique pour retrouver l'écriture d'un nombre en chiffres. Pour les élèves qui ont de grandes difficultés dans l'écriture des nombres, l'enseignant peut demander une réponse orale (soufflée dans son oreille) et écrire lui-même la réponse.

| Quantité mise au départ | 3 | 3 | 1 | 4 | 3 |
|---|---|---|---|---|---|
| Ajout ou retrait | Ajout de 1 | Retrait de 1 | Ajout de 2 | Retrait de 2 | Retrait de 3 |

Trois connaissances sont particulièrement visées à travers cette activité :

– **le résultat obtenu en ajoutant (ou en retirant) 1 élément ou 2 éléments à une quantité est donné par le nombre qui suit** – ou qui suit le suivant (ou qui précède – ou qui précède le précédent) celui qui exprimait la quantité initiale ;

– **certains résultats sont connus par cœur**, par exemple « 3 et 1, c'est 4 » ou « deux et deux, c'est quatre » ;

– **le résultat obtenu en ajoutant une quantité *n* à la quantité 1 ou 2 est le même que celui obtenu en ajoutant la quantité 1 ou la quantité 2 à la quantité *n*.** On prépare ainsi la prise de conscience de la commutativité de l'addition. Cela peut être montré en changeant par exemple de place les quantités 3 et 2.

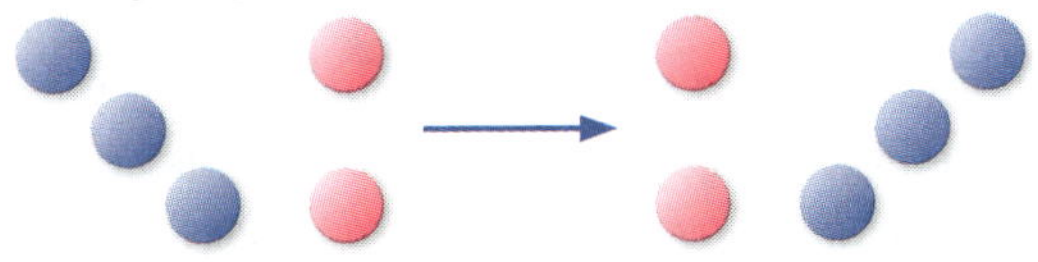

**À SUIVRE**

**En séances 3 et 4,** ce travail sera repris avec des nombres jusqu'à 10.

## RÉVISER

### Dénombrer des quantités jusqu'à 10 • Quantités doubles

– Dénombrer des quantités organisées à partir de groupements par deux.

COLLECTIF

**PHASE 1** **Activité collective**

• Dessiner au tableau un lot de 6 objets présentés ainsi :

• Demander combien d'objets sont dessinés.

• Lors de la correction, faire donner le nombre oralement, puis par écrit.

• Faire remarquer qu'il y a deux lignes de 3 objets et que 6 c'est donc 3 et encore 3, ou 2 fois 3.

Des élèves peuvent faire remarquer que 6 c'est aussi 2 et 2 et encore 2, ou 3 fois 2.

INDIVIDUEL

**PHASE 2**

**FICHIER NOMBRES ET CALCULS p. 18**

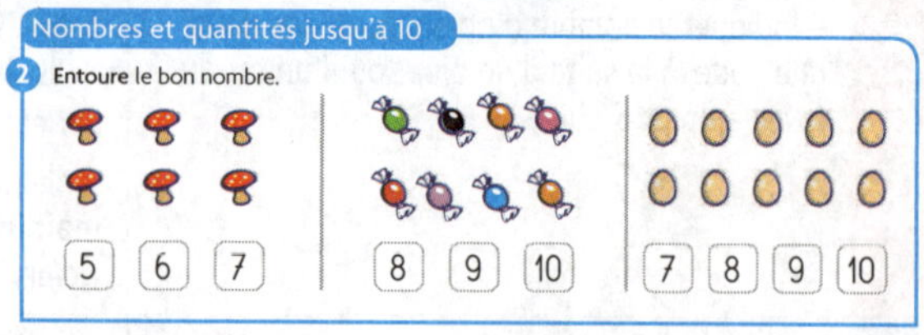


**Exercice 2**

• La première quantité est identique à celle qui a été traitée collectivement, avec des objets différents.

• Les mêmes remarques que ci-dessus (phase 1) peuvent être formulées lors de la correction.

**AIDE** Certains élèves peuvent s'aider de leur file numérique pour lire les nombres proposés.

RÉPONSE : 6 ; 8 ; 10.

## APPRENDRE

### Comparer des quantités

– Comparer des quantités en comparant les nombres qui leur sont associés.

### RECHERCHE

**La bataille (2) :** Les élèves jouent au jeu de la bataille entre équipes. Toutes les quantités n'étant pas visibles, leur comparaison nécessite le recours aux nombres qui les expriment.

COLLECTIF ET PAR ÉQUIPES

**PHASE 1** **Recherche d'une procédure de comparaison**

• Organiser la classe en plusieurs équipes (de 2 à 4 équipes) qui vont jouer les unes contre les autres.

• À tour de rôle, présenter le paquet de cartes à un élève de chaque équipe et lui demander de prendre une carte au hasard. Chaque équipe possède alors une seule carte qui n'est visible que par les élèves de l'équipe.

• Donner la règle du jeu de bataille, en énonçant la nouvelle contrainte :

➡ *L'équipe qui a tiré la carte portant le plus d'objets gagne toutes les cartes distribuées. Mais vous n'avez pas le droit de regarder les cartes des autres équipes. Il faut donc trouver un moyen de savoir quelle est l'équipe gagnante, celle qui a la carte avec le plus de points. Cherchez ce que chaque équipe doit dire aux autres équipes pour savoir qui gagne les cartes.*

• Laisser un petit temps d'échange aux élèves, dans chaque équipe, pour décider de ce qu'il faut dire aux autres équipes.

• Recenser les propositions et les mettre en discussion pour savoir si elles permettent de conclure (éventuellement essai de mise à l'épreuve pour certaines propositions). Si certains proposent de dessiner les cartes, refuser cette possibilité, insister sur le fait qu'il faut dire quelque chose aux autres équipes.

• Conclure en retenant la proposition : dire à la classe combien il y a d'objets dessinés sur sa carte, et écrire le nombre au tableau.

Par rapport à la séance précédente, le fait de ne pas voir toutes les cartes devrait conduire à l'idée qu'il faut utiliser les nombres pour indiquer les quantités d'objets figurant sur chaque carte.
D'autres stratégies sont cependant possibles, comme le fait de pointer en même temps un objet sur chaque carte (correspondance terme à terme téléphonée), mais devraient être reconnues comme moins efficaces.

COLLECTIF ET PAR ÉQUIPES

**PHASE 2** **Mise en œuvre de la procédure**

• Demander aux équipes de trouver combien il y a d'objets dessinés sur leur carte et, lorsqu'ils sont d'accord, de dire à la classe les nombres obtenus.

• Écrire les quatre nombres obtenus au tableau, en vrac, et demander qui a gagné (un temps est laissé aux élèves pour déterminer le gagnant). Les élèves peuvent utiliser leur file numérique.

• Recenser les réponses, les faire justifier et les mettre en débat (en cas de désaccord).

• Faire repérer les nombres sur la file numérique pour trancher entre les réponses (ou pour confirmer la réponse). Placer les cartes en face des nombres correspondants de la file numérique.

• Remettre les cartes à l'équipe gagnante, sauf s'il y a des gagnants ex aequo (dans ce cas, l'attribution ne se fera qu'au tour suivant).

• Poursuivre la partie jusqu'à épuisement des cartes. À l'issue de cette partie, demander quelle est l'équipe gagnante (celle qui a remporté le plus de cartes), ce qui pose un nouveau problème de comparaison.

La validation par recours à une correspondance effective entre les objets de chaque carte n'est mise en œuvre que si elle s'avère nécessaire.

COLLECTIF

## PHASE 3 Synthèse

### SYNTHÈSE

Reformuler la procédure utilisée et conclure

- **Pour savoir si une carte a plus ou moins ou autant d'objets qu'une autre carte,** il n'est pas nécessaire de voir les cartes. Il suffit de dire combien il y a d'objets sur chaque carte et de comparer les nombres, soit en donnant le nombre total d'objets sur chaque carte (il y en a cinq) soit en donnant l'indication sous forme de décomposition (il y en a trois et deux).
- **Un nombre est plus grand qu'un autre** s'il correspond à une quantité plus importante qu'une autre.
- **Pour savoir si un nombre est plus grand ou plus petit qu'un autre,** on peut regarder s'il est situé après ou avant l'autre sur la file numérique.
- **Sur la trace écrite suivante,** on voit que 3 est plus petit que 5 et que 9 ou encore que 9 est plus grand que 5 ou encore que 5 est plus grand que 3, mais plus petit que 9.
- Insister sur le fait que 5 n'est pourtant pas écrit en plus grand que 3, mais qu'il y a plus de points sur la carte « 5 » que sur la carte « 3 ».

### TRACE ÉCRITE

Le schéma suivant peut être conservé au tableau :

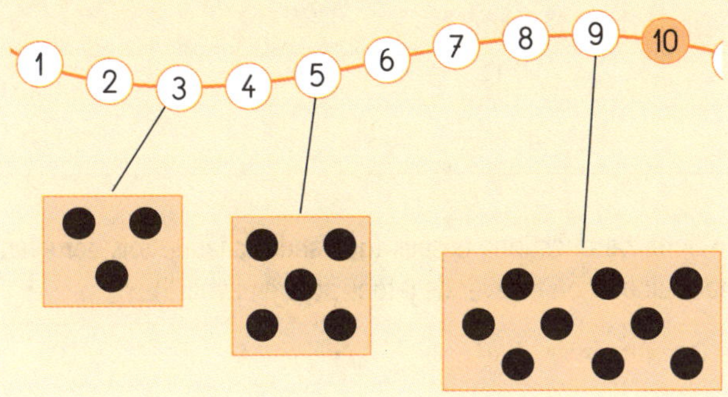


Au cours de cette synthèse, un premier pas est fait vers la notion de comparaison des nombres, sous deux aspects reliés entre eux :
– cette comparaison renvoie d'abord à la comparaison des quantités ;
– elle peut également être mise en relation avec la place des nombres dans la comptine numérique ou sur la file numérique.
Pour le moment, cette comparaison n'est pas codifiée par l'usage des symboles < et > qui seront introduits plus tard, lorsque cette notion de comparaison des nombres sera mieux ancrée. Ce choix évite de cumuler deux difficultés : celle liée à la comparaison des nombres et celle qui serait liée au codage de la comparaison.
L'enjeu prioritaire est évidemment que les élèves commencent à être capables de comparer deux ou plusieurs nombres.

COLLECTIF ET PAR ÉQUIPES

## PHASE 4 Reprise du jeu

- Une ou deux nouvelles parties sont effectuées dans les mêmes conditions, en utilisant les conclusions de la synthèse.

INDIVIDUEL

## ENTRAINEMENT

### FICHIER NOMBRES ET CALCULS p. 18

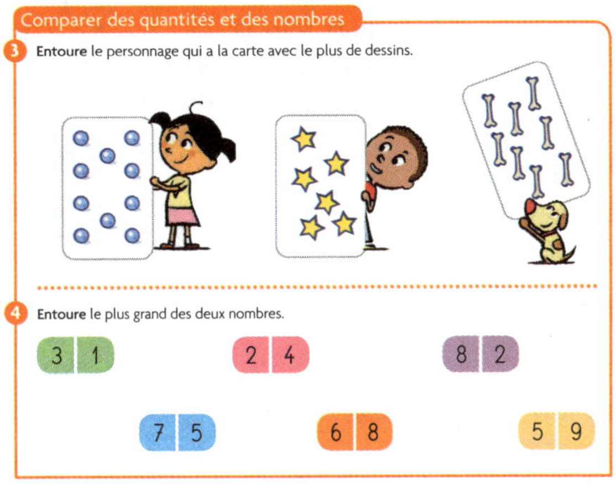


### Exercice 3

- D'autres procédures que le recours aux nombres sont possibles.
- Si la demande en est faite, indiquer aux élèves qu'ils peuvent écrire ou effectuer des tracés.

RÉPONSE : Zoé.

### Exercice 4

- Pour les élèves en difficulté, on peut proposer d'utiliser les cartons portant les constellations ou d'utiliser la file numérique.

RÉPONSE : 3 ; 4 ; 8 ; 7 ; 8 ; 9.

| | Tâche | Matériel | Connaissances travaillées |
|---|---|---|---|
| CALCUL MENTAL | **Ajouter, soustraire de petites quantités pour avoir une quantité égale à 5**<br>– Le contenu d'une boite étant connu, trouver le nombre d'objets qu'il faut ajouter ou retirer pour avoir le nombre souhaité d'objets (autour du nombre 5) | pour la classe :<br>– une boite avec un couvercle<br>– environ 15 jetons en tas<br>– file numérique affichée (jusqu'à 19)<br>par élève :<br>FICHIER NOMBRES p. 19 ①<br>– file numérique pour certains élèves<br>› **sous-main du fichier** | – **Ajout, retrait de petits nombres**<br>– Préparation à l'addition, à la soustraction et à la notion de complément |
| RÉVISER Nombres | **Dénombrer des quantités jusqu'à 10**<br>– Dénombrer et réaliser des quantités jusqu'à 10 (quantités doubles ou proches d'une quantité double) | par élève :<br>FICHIER NOMBRES p. 19 ② | – **Doubles des nombres (jusqu'à 10)**<br>– Nombres proches d'un double |
| APPRENDRE Nombres/Problèmes | **Ajouts et compléments**<br>RECHERCHE **Dix dans la boite (1)**<br>– Atteindre une quantité de 10 objets en ajoutant à chaque fois 1, 2 ou 3 objets | pour la classe :<br>– 20 jetons environ<br>– une boite avec un couvercle percé permettant d'introduire les jetons, mais sans avoir la possibilité de les voir et de les dénombrer dans la boite<br>par élève :<br>– une feuille et un stylo<br>FICHIER NOMBRES p. 19 ③ ④ | – **Ajout, retrait de petits nombres**<br>– **Signes + et =**<br>– Préparation à l'addition, à la soustraction et à la notion de complément<br>– Utilisation des nombres écrits en chiffres<br>– Anticipation du résultat d'une action sur des quantités |

## CALCUL MENTAL

**Ajouter, soustraire de petites quantités** • Combien de jetons dans la boite ?

– Anticiper ce qu'il faut ajouter ou retirer pour avoir 5 jetons.
– Connaitre le nombre 5 et ses relations avec les nombres proches.
– Préparer la notion de complément.

COLLECTIF

### PHASE 1 Réponses orales

• Montrer la boite vide aux élèves. Prendre 4 jetons dans le tas, les montrer en disant qu'il y en a quatre et les mettre dans la boite.

• Indiquer aux élèves :

➡ *J'ai déjà mis 4 jetons dans la boite. Je veux qu'il y ait 5 jetons dans la boite. Combien faut-il encore en mettre pour avoir 5 jetons dans la boite ?*

• Recensement oral des réponses, explication des procédures utilisées (pour les élèves qui en sont capables).

• Vérification par un élève, qui met le jeton dans la boite et dénombre le contenu de la boite pour vérifier qu'elle contient bien 5 jetons.

• Conclure : ➡ *Pour avoir 5 jetons, on peut d'abord mettre 4 jetons puis encore 1 jeton*. Illustrer avec les doigts : cinq doigts levés, c'est quatre doigts levés et il faut lever un autre doigt pour en avoir cinq. Illustrer également avec la file numérique, par exemple :

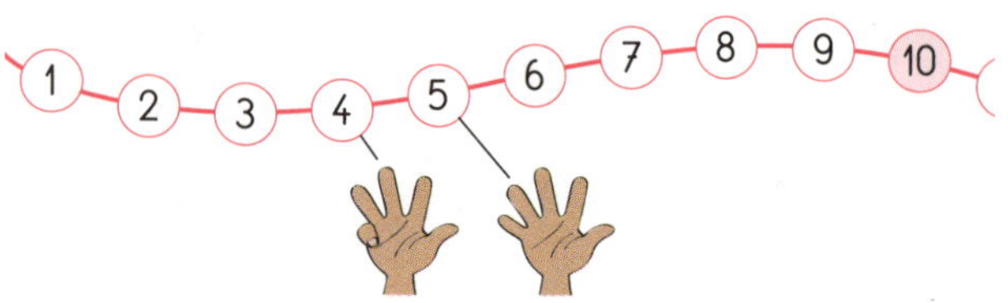


• Série de questions posées (demander chaque fois combien il faut ajouter ou enlever de jetons pour en avoir 5) :

| Quantité mise au départ | 6 | 3 |
|---|---|---|

COLLECTIF/INDIVIDUEL

### PHASE 2 Réponses écrites

FICHIER NOMBRES ET CALCULS p. 19

**Exercice 1**

• Reprise de l'activité. Les élèves répondent dans le fichier. Ils peuvent s'aider de la file numérique pour retrouver l'écriture d'un nombre en chiffres. Pour les élèves qui ont de grandes difficultés dans l'écriture des nombres, l'enseignant peut demander une réponse orale (soufflée dans son oreille) et écrire lui-même la réponse.

| Quantité mise au départ | 2 | 1 | 7 |
|---|---|---|---|

Dans l'apprentissage du calcul (notamment mental), les nombres 5 et 10 jouent un rôle particulier, notamment au travers des relations qu'ils entretiennent avec d'autres nombres.

**À SUIVRE**

**En séance 4**, ce travail sera poursuivi.

## RÉVISER

### Dénombrer des quantités jusqu'à 10 • Quantités doubles ou proches d'une quantité double

– Dénombrer des quantités organisées à partir de groupements par deux.

COLLECTIF

**PHASE 1 Activité collective**

• Dessiner au tableau un lot de 7 objets présentés ainsi :

• Demander combien d'objets sont dessinés.

• Lors de la correction, faire donner le nombre oralement, puis par écrit.

• Faire remarquer qu'il y a deux lignes de 3 objets (donc 6 objets) et encore un objet, donc 7 objets : 7, c'est 6 et 1.

INDIVIDUEL

**PHASE 2**

**FICHIER NOMBRES ET CALCULS p. 19**

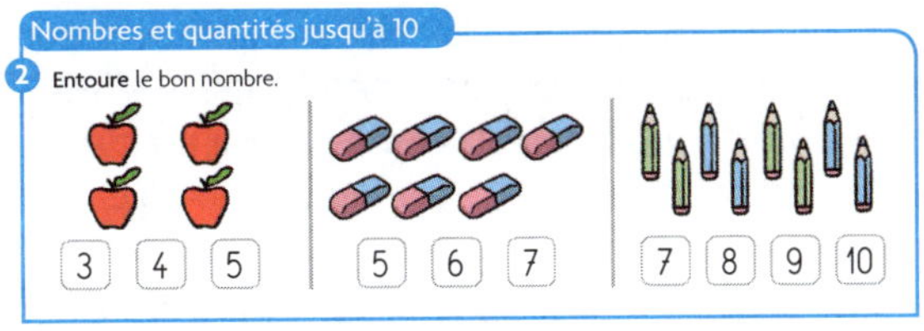


**Exercice 2**

• La deuxième quantité est identique à celle qui a été traitée collectivement, avec des objets différents.

• Les mêmes remarques que ci-dessus (phase 1) peuvent être formulées lors de la correction.

AIDE Certains élèves peuvent s'aider de leur file numérique pour lire les nombres proposés.

RÉPONSE : 4 ; 7 ; 8.

## APPRENDRE

### Ajouts et compléments (jusqu'à 10) (1)

– Anticiper le résultat d'un ajout de 1, 2 ou 3 objets.
– Déterminer le complément d'un nombre à 10.
– Utiliser le signe + pour noter une succession d'ajouts et le signe = pour exprimer le total.

**RECHERCHE**

**Dix dans la boite (1) :** Deux équipes jouent l'une contre l'autre. À chaque tour, chaque équipe peut ajouter 1, 2 ou 3 jetons au contenu d'une boite (vide au début du jeu). Le but du jeu est d'arriver le premier à ce qu'il y ait exactement 10 jetons dans la boite. Les élèves doivent trouver un moyen de garder la mémoire de ce qui est joué à chaque coup.

COLLECTIF

**PHASE 1 Présentation du jeu**

• Choisir un élève, afin d'expliquer le jeu :

➡ *Ce jeu se joue entre deux personnes ou deux équipes. Pour commencer, nous allons jouer à deux, votre camarade et moi.*
*Au début du jeu, la boite est vide. À tour de rôle chaque joueur met dans la boite 1, 2 ou 3 jetons. Avant de mettre les jetons, le joueur les montre et annonce à tous combien il décide d'en mettre. On joue plusieurs fois. Quand un des 2 joueurs pense qu'il y a 10 jetons dans la boite, il annonce « dix ». On vérifie s'il a raison en ouvrant la boite et en comptant les jetons. S'il a raison, il a gagné la partie ; sinon, il a perdu.*

• Expliquer à nouveau les modalités du jeu en même temps que se déroule la partie entre l'élève et l'enseignant. Rien n'est dit à chaque coup sur la détermination du contenu de la boite.

• Si l'enseignant peut atteindre 10, il le fait pour mieux faire comprendre le but du jeu.

Ce jeu présente trois aspects intéressants qui seront mis en évidence dans les phases suivantes :
– l'écriture des nombres est utile pour suivre l'évolution du jeu (noter ce qui est mis dans la boite) ;
– il faut déterminer le contenu de la boite, après chaque coup ;
– il faut déterminer le nombre de jetons qu'il faut mettre à la fin (détermination du complément à dix).
La stratégie générale gagnante ne peut pas être travaillée à ce niveau de classe.

COLLECTIF/ENTRE 2 ÉQUIPES

**PHASE 2 Jeu entre 2 équipes**

• Partager la classe en deux équipes qui vont jouer l'une contre l'autre ; chaque équipe sera représentée par un de ses membres choisi par l'équipe ou désigné par l'enseignant.

• Les autres élèves de l'équipe suivent l'évolution du jeu, sans intervenir. Ils notent sur leur feuille ce qu'ils veulent pour bien suivre comment le jeu se déroule. Ils devront ensuite donner des idées pour « bien jouer ».

• Faire jouer 2 ou 3 parties avec, à chaque fois, des représentants différents pour chaque équipe.

Le fait que des élèves soient « observateurs impliqués » permet la préparation de suggestions qui seront utilisées au moment de la mise en commun qui suit.

COLLECTIF

**PHASE 3** **Mise en commun et synthèse**

• Au cours de cette première mise en commun, faire formuler par les élèves des idées pour « bien jouer » et pour suivre l'évolution du jeu.

• À l'issue des propositions, **en synthèse**, retenir ou proposer l'idée suivante.

**SYNTHÈSE**

• **Attribuer une couleur de stylo à chacun des deux joueurs.** Au fur et à mesure des coups joués, chaque joueur note avec sa couleur le nombre de jetons qu'il met dans la boite, par exemple : 3 (noté en bleu), 2 (en rouge), 1 (en bleu), 2 (en rouge), 2 (en bleu).

• **Utiliser le signe + pour noter la succession des ajouts,** avec l'exemple ci-dessus :

3 + 2 + 1 + 2 + 2

À la fin du jeu, la vérification du total aboutit à l'écriture avec le signe = :

3 + 2 + 1 + 2 + 2 = 10

**Préciser que le signe +** indique qu'on ajoute un nombre aux précédents, et que cela correspond à l'ajout de la quantité correspondante de jetons dans la boite.

L'idée de dessiner les jetons est reconnue comme pertinente, mais aussi comme moins « pratique » que l'écriture des nombres. Conformément aux attentes du programme en vigueur, l'enseignant propose aux élèves d'utiliser le signe + pour noter la succession des ajouts. Un travail plus spécifique sur les signes +, – et = sera réalisé en unité 3.

INDIVIDUEL

## ENTRAINEMENT

**FICHIER NOMBRES ET CALCULS** **p. 19**

Ajouts et compléments

3 Arthur et Zoé commencent une partie du jeu « dix dans la boite ».
**Entoure** le nombre de jetons qu'il y aura dans la boite lorsque Zoé aura mis son jeton.

3 4 5

4 Arthur et Zoé commencent une nouvelle partie. **Écris sur l'ardoise** combien il y aura de jetons dans la boite lorsque Zoé aura mis ses jetons.

• Les élèves passent du jeu à une illustration du jeu ; cela permet de tester leur compréhension de celui-ci.

**Exercice 3**

• Les élèves doivent choisir parmi trois réponses proposées. La réalisation effective des actions permet de valider la réponse correcte.

**AIDE** Donner une boite et des jetons pour les élèves qui ont des difficultés à comprendre l'illustration.

RÉPONSE : 4.

**Exercice 4**

• Les élèves doivent maintenant écrire eux-mêmes le résultat. Ils peuvent s'aider de la file numérique.

RÉPONSE : 5.

**À SUIVRE**

**En séance 4,** le jeu sera repris par équipes ; les élèves devront mettre en forme les informations à traiter pour pouvoir gagner.
**En unité 5,** il sera repris en individuel (1 contre 1).

| | Tâche | Matériel | Connaissances travaillées |
|---|---|---|---|
| **CALCUL MENTAL** | **Compléter une quantité pour avoir une quantité égale à 10**<br>– Le contenu d'une boite étant connu, trouver le nombre d'objets qu'il faut ajouter ou retirer pour avoir le nombre souhaité d'objets (autour du nombre 5) | pour la classe :<br>– une boite avec un couvercle<br>– environ 15 jetons en tas<br>– file numérique affichée (jusqu'à 19)<br>par élève :<br>– file numérique pour certains élèves<br>› **sous-main du fichier**<br>FICHIER NOMBRES **p. 20** 1 | **– Ajout, retrait de petits nombres**<br>– Préparation à l'addition, à la soustraction et à la notion de complément |
| **RÉVISER** Nombres | **Quantités à compléter**<br>– Compléter une collection en choisissant le bon nombre d'objets | par élève :<br>FICHIER NOMBRES **p. 20** 2 3 | **– Compléments** |
| **APPRENDRE** Nombres/Problèmes | **Ajouts et compléments**<br>RECHERCHE **Dix dans la boite (2)**<br>– Atteindre une quantité de 10 objets en ajoutant à chaque fois 1, 2 ou 3 objets | pour la classe :<br>– 20 jetons environ<br>– une boite avec un couvercle percé permettant d'introduire les jetons, mais sans avoir la possibilité de les voir et de les dénombrer dans la boite<br>par élève :<br>– une feuille et deux stylos de couleurs différentes<br>FICHIER NOMBRES **p. 20** 4 | **– Ajout, retrait de petits nombres**<br>**– Signes + et =**<br>– Préparation à l'addition, à la soustraction et à la notion de complément<br>– Utilisation des nombres écrits en chiffres<br>– Anticipation du résultat d'une action sur des quantités |

## CALCUL MENTAL

**Compléter une quantité** • Combien de jetons dans la boite ?

– Anticiper ce qu'il faut ajouter pour avoir 10 jetons.
– Connaitre le nombre 10 et ses relations avec les nombres proches.
– Préparer la notion de complément.

COLLECTIF

### PHASE 1 Réponses orales

• Montrer la boite vide aux élèves. Prendre 9 jetons dans le tas, les montrer en disant qu'il y en a neuf et les mettre dans la boite.

• Indiquer aux élèves :

➡ *J'ai déjà mis 9 jetons dans la boite. Je veux qu'il y ait 10 jetons dans la boite. Combien faut-il encore en mettre pour avoir 10 jetons dans la boite ?*

• Recensement oral des réponses, explication des procédures utilisées (pour les élèves qui en sont capables).

• Vérification par un élève qui met le jeton dans la boite et dénombre le contenu de la boite pour vérifier qu'elle contient bien 10 jetons.

• Conclure : ➡ *Pour avoir 10 jetons, on peut d'abord mettre 9 jetons puis encore 1 jeton.* Illustrer avec les doigts : dix doigts levés, c'est neuf doigts levés et il faut lever un autre doigt pour en avoir dix. Illustrer également avec la file numérique, par exemple :

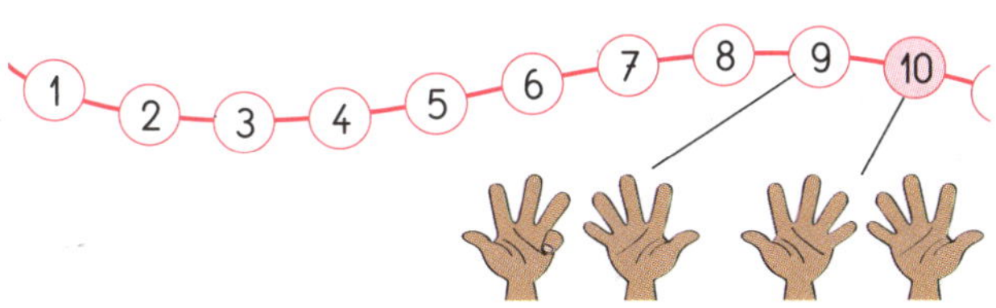


• Série de questions posées (en demandant chaque fois combien il faut ajouter de jetons pour en avoir 10) :

| Quantité mise au départ | 7 | 1 |
|---|---|---|

COLLECTIF/INDIVIDUEL

### PHASE 2 Réponses écrites

FICHIER NOMBRES ET CALCULS **p. 20**

**Exercice 1**

• Reprise de l'activité. Les élèves répondent dans le fichier. Ils peuvent s'aider de la file numérique pour retrouver l'écriture d'un nombre en chiffres. Pour les élèves qui ont de grandes difficultés dans l'écriture des nombres, l'enseignant peut demander une réponse orale (soufflée dans son oreille) et écrire lui-même la réponse.

| Quantité mise au départ | 8 | 5 | 2 |
|---|---|---|---|

Dans l'apprentissage du calcul (notamment mental), les nombres 5 et 10 jouent un rôle particulier, notamment au travers des relations qu'ils entretiennent avec d'autres nombres.
Cet épisode de calcul mental peut également être une aide au jeu « Dix dans la boite ».

## RÉVISER

### Quantités à compléter

– Trouver la bonne quantité d'objets pour compléter une collection.

INDIVIDUEL

**FICHIER NOMBRES ET CALCULS p. 20**

**Exercices 2 et 3**

• Pour chaque exercice, les élèves peuvent d'abord être invités à faire collectivement des hypothèses sur la tâche à réaliser. Par exemple pour l'exercice 3, demander aux élèves :
– ce qu'ils voient (un sac avec 5 jetons) ;
– ce qu'ils pensent qu'il faut faire.

• Puis, formuler la consigne (en indiquant que c'est ce qui est écrit) : ➡ *Il faut écrire le nombre de jetons à mettre dans le sac pour en avoir 5 (ou 7) au total.*

• Pour le dernier exercice de chaque série, le nombre d'objets présents dans le sac n'est pas donné par le dessin, mais il est énoncé par un personnage.

RÉPONSE : ❷ 2 ; 4 ; 3. ❸ 2 ; 6 ; 3.

## APPRENDRE

### Ajouts et compléments (jusqu'à 10) (2)

– Anticiper le résultat d'un ajout de 1, 2 ou 3 objets.
– Déterminer le complément d'un nombre à 10.

COLLECTIF/ENTRE 2 ÉQUIPES

### RECHERCHE

**Dix dans la boite (2) :** Deux équipes jouent l'une contre l'autre. À chaque tour, chaque équipe peut ajouter 1, 2 ou 3 jetons au contenu d'une boite (vide au début du jeu). Le but du jeu est d'arriver le premier à ce qu'il y ait exactement 10 jetons dans la boite. Les élèves doivent utiliser la technique adoptée à la fin de la séance précédente.

**PHASE 1 Présentation du jeu**

• Reprendre le jeu, comme en phase 2 de la séance précédente, mais avec des conditions supplémentaires :
– à chaque coup joué, un temps est laissé aux élèves pour noter les informations utiles sur une « feuille de jeu » (l'enseignant remplit aussi sa feuille de jeu en utilisant le signe +) ;
– les élèves qui pensent que leur joueur a gagné (parce qu'il y a 10 jetons dans la boite) ou que l'autre joueur a perdu (parce qu'il y a plus de 10 jetons) peuvent arrêter le jeu.

• Comparer, à l'issue du jeu, différentes feuilles de jeu avec celle de l'enseignant. Montrer à nouveau l'utilisation du signe + pour noter la succession des ajouts.

• Confronter ce qui peut être déduit des informations figurant sur ces feuilles avec le contenu de la boite.

• Reprendre le jeu si nécessaire pour assurer une bonne maitrise du codage.

COLLECTIF

**PHASE 2 Mise en commun et synthèse**

• En s'appuyant sur une ou plusieurs feuilles de jeu, faire décrire par les élèves les procédures utilisées pour savoir :
– combien la boite contient de jetons après chaque coup joué ;
– s'il est possible de gagner au coup suivant.

Aucune procédure n'est privilégiée.

### SYNTHÈSE

• **Rappeler l'utilisation du signe +** pour coder la succession des ajouts **et du signe =** pour écrire le total.

• **Insister sur le fait qu'il est possible de connaitre le contenu de la boite sans regarder à l'intérieur.** On peut notamment :
– utiliser le fait qu'ajouter 1 ou ajouter 2 revient à trouver le nombre suivant ou le suivant du suivant (car ajouter 2, c'est ajouter 1 et encore 1) ;
– ajouter 3, c'est ajouter 2 et encore 1 ou ajouter 1, encore 1 et encore 1 ;
– utiliser un résultat connu, par exemple : 2 et 2, c'est 4 ;
– utiliser une figuration des jetons (doigts, par exemple) ;
– utiliser le surcomptage.

INDIVIDUEL

### ENTRAINEMENT

**FICHIER NOMBRES ET CALCULS p. 20**

**Exercice 4**

Cet exercice a pour but de contrôler la bonne compréhension du codage et la mise en œuvre des procédures précisées au cours de la synthèse.

**AIDE** Donner une boite et des jetons pour les élèves qui ont des difficultés à comprendre le codage.

RÉPONSE : non ; oui.

**À SUIVRE**
**En séance 5,** le jeu sera repris entre élèves.

# Ajouts et compléments (3)



| | Tâche | Matériel | Connaissances travaillées |
|---|---|---|---|
| CALCUL MENTAL | **Compléments à 5 et à 10**<br>– Trouver la quantité d'objets cachés | pour la classe :<br>– 2 grands cartons portant 5 ou 10 jetons dessinés › **fiche 9**<br>– 1 carton de couleur permettant de cacher des points des premiers cartons<br>FICHIER NOMBRES **p. 21** ❶ | – **Complément à 5 et à 10** |
| RÉVISER Problèmes écrits | **Compléments**<br>– Trouver la quantité d'objets cachés | par élève :<br>FICHIER NOMBRES **p. 21** ❷ | – **Complément**<br>– Résolution de problèmes, avec information dans le texte et sur une image |
| APPRENDRE Nombres/Problèmes | **Ajouts et compléments**<br>RECHERCHE **Dix dans la boite (3)**<br>– Atteindre une quantité de 10 objets en ajoutant à chaque fois 1, 2 ou 3 objets | par équipes de 2 :<br>– 20 jetons environ<br>– une boite avec un couvercle percé permettant d'introduire les jetons, mais sans avoir la possibilité de les voir et de les dénombrer dans la boite<br>par élève :<br>– une feuille et deux stylos de couleurs différentes<br>FICHIER NOMBRES **p. 21** ❸ ❹ | – **Ajout, retrait de petits nombres**<br>– **Signes + et =**<br>– Préparation à l'addition, à la soustraction et à la notion de complément<br>– Utilisation des nombres écrits en chiffres<br>– Anticipation du résultat d'une action sur des quantités |

## CALCUL MENTAL

### Compléments à 5 et à 10

– Trouver combien il manque d'objets pour en avoir 5 ou 10.
– Connaitre les nombres 5 et 10 et leurs relations avec les nombres proches.

COLLECTIF

**PHASE 1 Réponses orales**

• Montrer le carton 5 aux élèves. Cacher 2 jetons, et montrer à nouveau la carte.

• Indiquer aux élèves :

➡ *Sur le carton, il y a 5 jetons. Combien en voyez-vous ? On n'en voit plus que 3. Trouvez combien il y a de jetons cachés.*

• Recensement oral des réponses, explication des procédures utilisées (pour les élèves qui en sont capables).

• Vérification en dévoilant les jetons cachés.

• Conclure : ➡ *Quand on voit 3 jetons, il en manque 2 pour voir les 5. Illustration possible avec les doigts d'une main.*

Série de questions posées, en demandant chaque fois combien de jetons sont cachés :

| **Quantité visible** | 1 | 2 |
|---|---|---|
| **Quantité cachée** | 4 | 3 |

COLLECTIF/INDIVIDUEL

**PHASE 2 Réponses écrites**

FICHIER NOMBRES ET CALCULS **p. 21**

**Exercice ❶**

• Reprise de l'activité avec le carton « 10 jetons ». Les élèves répondent dans le fichier. Ils peuvent s'aider de la file numérique pour retrouver l'écriture d'un nombre en chiffres. Pour les élèves qui ont de grandes difficultés dans l'écriture des nombres, l'enseignant peut demander une réponse orale (soufflée dans son oreille) et écrire lui-même la réponse.

| **Quantité visible** | 9 | 7 | 2 |
|---|---|---|---|
| **Quantité cachée** | 1 | 3 | 8 |

Dans l'apprentissage du calcul (notamment mental), les nombres 5 et 10 jouent un rôle particulier, notamment au travers des relations qu'ils entretiennent avec d'autres nombres.

## RÉVISER

### Compléments

– Trouver le complément d'une quantité.
– Prendre des informations dans un texte et un dessin.

**FICHIER NOMBRES ET CALCULS p. 21**

Compléter une quantité

2 Gribouille avait caché 8 os. Il en a déjà retrouvé 5.
**Écris combien d'os sont encore cachés.**

### Exercice 2

COLLECTIF

**PHASE 1 Appropriation de la situation**

• Demander aux élèves de commenter l'image : Gribouille fouille le sol pour retrouver ses os. Il en a déjà retrouvé quelques-uns. Il en reste dans le sol.

• Lire la première partie du texte : « Gribouille avait caché 8 os. Il en a déjà retrouvé 5. » Faire formuler la suite de l'histoire : il en reste dans le sol, il faut trouver combien.

• Rappeler le problème :

➡ *Gribouille avait caché 8 os. Il n'en a retrouvé que 5. Il faut écrire sur la petite ardoise combien il y en a encore dans le sol.*

INDIVIDUEL

**PHASE 2 Réponse des élèves**

• Apporter une aide individuelle aux élèves : que faut-il faire ? que sait-on ? où faut-il répondre ?

**AIDE** Pour les élèves qui ont des difficultés à lire et écrire les nombres écrits en chiffres, on peut leur indiquer comment retrouver le nom ou l'écriture d'un nombre en parcourant les nombres de la file numérique et en disant la comptine numérique « *un, deux…* ».

RÉPONSE : 3.

**Différenciation** → CD-Rom du guide, fiche 3.

## APPRENDRE

### Ajouts et compléments (jusqu'à 10) (3)

– Anticiper le résultat d'un ajout de 1, 2 ou 3 objets.
– Déterminer le complément d'un nombre à 10.

### RECHERCHE

**Dix dans la boite (3) :** Deux élèves jouent l'un contre l'autre. À chaque tour, chaque élève peut ajouter 1, 2 ou 3 jetons au contenu d'une boite (vide au début du jeu). Le but du jeu est d'arriver le premier à ce qu'il y ait exactement 10 jetons dans la boite. Les élèves doivent utiliser la technique utilisée à la séance précédente.

GROUPES DE 2

**PHASE 1 Reprise du jeu « un élève contre un élève »**

➡ *Vous allez cette fois-ci jouer par 2, un élève jouant contre un autre élève. Vous disposez d'une feuille et d'une couleur par joueur pour noter le nombre de jetons placés dans la boite. Il faut utiliser le signe +.*

• Faire jouer une première partie par 2 élèves devant la classe, en notant au fur et à mesure le déroulement au tableau.

COLLECTIF

**PHASE 2 Mise en commun et synthèse**

• Sélectionner des feuilles de jeu caractéristiques et les discuter :
– lorsqu'elles contiennent des erreurs de calcul ;
– lorsque la fin de la partie fait apparaitre une erreur de stratégie (par exemple dans le cas de 2 + 3 + 2 + 2 + 1, le joueur qui s'est trouvé face à 7 jetons dans la boite aurait pu conclure).

• Reproduire une feuille au tableau. Chaque élève est invité à se prononcer :
– sur l'exactitude des calculs (dans ce cas, les moyens de calcul utilisés sont mis en évidence) ;
– sur les choix faits par les joueurs (ce qui permet de mettre à nouveau l'accent sur la détermination des compléments à 10 de nombres comme 7, 8 ou 9).

### SYNTHÈSE

• Reprendre les éléments de la synthèse de la séance précédente.

**Compléments à 10 :** Le recours aux doigts ou à la file numérique est utile pour montrer que 1, 2 ou 3 sont les compléments à 10 de 9, 8 ou 7.

INDIVIDUEL

## ENTRAINEMENT

### FICHIER NOMBRES ET CALCULS p. 21

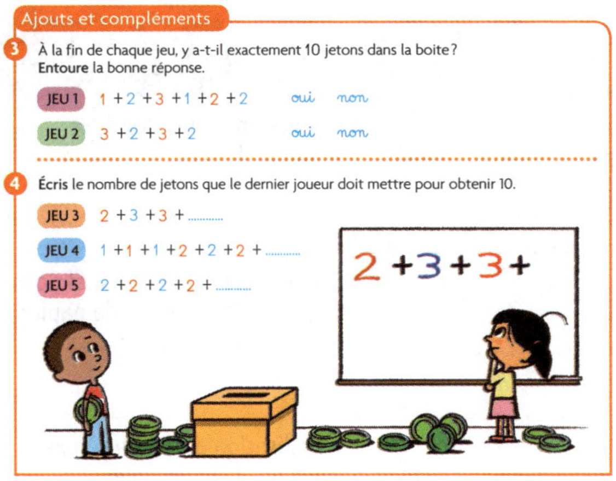

Ajouts et compléments

3 À la fin de chaque jeu, y a-t-il exactement 10 jetons dans la boite ?
**Entoure** la bonne réponse.

JEU 1 1 +2 +3 +1 +2 +2 oui non

JEU 2 3 +2 +3 +2 oui non

4 **Écris** le nombre de jetons que le dernier joueur doit mettre pour obtenir 10.

JEU 3 2 +3 +3 + ..........

JEU 4 1 +1 +1 +2 +2 +2 + ..........

JEU 5 2 +2 +2 +2 + ..........



### Exercice 3

• Cet exercice permet à nouveau de contrôler la bonne compréhension du codage et la mise en œuvre des procédures précisées au cours de la synthèse.

**AIDE** Donner une boite et des jetons pour les élèves qui ont des difficultés à comprendre le codage.

RÉPONSE : non ; oui.

### Exercice 4

• Il faut ici compléter les nombres donnés pour atteindre 10. Le codage doit être compris de tous les élèves avant de commencer la résolution. Un exemple différent peut, pour cela, être traité collectivement.

**AIDE** Donner une boite et des jetons pour les élèves qui ont des difficultés à comprendre le codage.

RÉPONSE : 2 ; 1 ; 2.

**Différenciation** → CD-Rom du guide, fiche 3.

UNITÉ 2

# UNITÉ 2 Repérage d'objets dans un espace connu

SÉANCE 6
Pas d'exercices dans le fichier

| | Tâche | Matériel | Connaissances travaillées |
|---|---|---|---|
| NOMBRES | **Le furet : comptine orale jusqu'à 16**<br>– Dire les nombres de 1 en 1 | pour la classe :<br>– file numérique jusqu'à 19 | **– Suite orale des nombres jusqu'à 16** |
| RÉVISER Espace | **Repérage dans l'espace de la feuille**<br>– Repérer ou placer des objets dans l'espace de la feuille | par élève :<br>– un crayon<br>– une feuille blanche A4 ou A5<br>FICHIER NOMBRES **p. 8** | **– Repérage conventionnel dans l'espace de la feuille de papier : en haut/en bas ; à droite/à gauche** |
| APPRENDRE Espace | **Repérage d'objets dans un espace connu**<br>RECHERCHE **Le jeu des boites (2)**<br>– Trouver dans quelle boite un objet a été caché à l'aide d'un message « dessiné » élaboré par d'autres | pour la classe :<br>– 4 boites identiques placées chacune contre un mur de la classe (même position que lors de la phase 1 de l'unité 1, séance 9)<br>– 1 carte avec la photo de Gribouille **› à choisir sur la fiche 8**<br>par élève :<br>– une feuille blanche (A4)<br>– un feutre | **– Utilisation d'un repère fixe pour localiser un objet**<br>**– Construction et utilisation d'une représentation plane d'un espace** |

## COMPTINE ORALE

### Le furet • Comptine orale jusqu'à 16

– Connaitre la suite orale des nombres de un en un, jusqu'à seize.

COLLECTIF

**PHASE 1 Avec une cible**

• Annoncer un nombre inférieur ou égal à *seize*, par exemple *douze* ou *quinze*. C'est la cible qui peut être indiquée par une flèche sur la file numérique.

• Demander à un élève de réciter la suite des nombres, jusqu'au nombre choisi comme cible. Un suivi par un autre élève ou par l'enseignant peut être assuré en suivant les nombres dits sur la file numérique, ce qui permet d'enrichir l'association entre nombre dit et nombre écrit.

• Les autres élèves doivent repérer les erreurs.

• Faire remarquer aux élèves que *onze* est vocalement voisin de *un*, *douze* de *deux*, *treize* de *trois*, *quatorze* de *quatre*, *quinze* de *cinq*, *seize* de *six*, ce qui peut aider certains élèves (mais un apprentissage par cœur reste indispensable) et préparer la connaissance des nombres suivants : *dix-sept*, *dix-huit*, *dix-neuf*.

COLLECTIF

**PHASE 2 Reprise sous forme du furet**

• Chaque élève désigné dit un nombre avant de passer le relai au nouvel élève désigné.

En unité 1, la comptine orale a été stabilisée jusqu'à dix. Certains élèves la connaissent au-delà de cette limite, mais parfois avec des lacunes, la zone de onze à seize étant difficile à assimiler pour certains élèves. Dans d'autres langues cette assimilation est plus facile du fait que, au-delà de dix, on retrouve un principe qui, chez nous, se traduirait par dix-un, dix-deux, dix-trois…
L'interrogation doit donc, en priorité, être adressée aux élèves qui ne maitrisent pas parfaitement la comptine numérique. Les autres sont sollicités pour aider ou pour corriger.

## RÉVISER

### Repérage dans l'espace de la feuille

– Se repérer dans l'espace de la feuille, comprendre et utiliser le vocabulaire spatial adéquat.

COLLECTIF

**PHASE 1 Repérage sur une page du fichier**

• Exemples de questions posées sur la page 8 du fichier (si besoin, cacher la page de droite avec une feuille blanche pour certains élèves) :

➡ *Les têtes des personnages sont en haut de la page. Quel personnage se trouve en haut à gauche ? en haut à droite ?*

➡ *Quel objet est dessiné au milieu de la page à droite ?*

➡ *Où est écrit le chiffre 8 ?*

• Les réponses des élèves interrogés sont validées par d'autres élèves.

Cette activité qui pourra être reprise pendant quelques jours permet aux élèves de se familiariser avec le vocabulaire spatial lié à l'espace de la feuille.

RÉPONSE : Zoé se trouve en haut à gauche et Nestor en haut à droite. Au milieu à droite se trouve un dé bleu. Le chiffre 8 est écrit en bas à gauche.

INDIVIDUEL

**PHASE 2** **Dessiner sur une page**

• Demander aux élèves de répondre aux consignes suivantes sur la feuille blanche qui leur a été remise et placée devant eux en orientation « portrait » :

➡ *Dessine un carré en bas à droite de la page.*

➡ *Dessine un rond en haut à gauche de la page.*

➡ *Dessine un triangle en bas à gauche de la page.*

➡ *Écris le chiffre 1 en haut à droite de la page.*

• La correction est immédiate, en insistant sur les moyens de reconnaitre la droite et la gauche de la feuille, par rapport à soi-même.

L'activité permet d'évaluer, outre les relations spatiales (gauche/droite, haut/bas…), la connaissance des formes évoquées.

## APPRENDRE

### Repérage d'objets dans un espace connu

– Repérer, dans l'espace, des objets par rapport à d'autres objets (repères fixes).
– Produire et utiliser une représentation graphique de l'espace.

### RECHERCHE

**Le jeu des boites* (2) :** Quatre boites sont disposées dans la classe, chacune contre un mur différent. Les élèves vont faire un dessin qui doit permettre à une autre personne de trouver la boite dans laquelle un objet a été caché. Ces messages seront ensuite mis à l'épreuve.

* Cette activité s'inspire d'une situation proposée par René Berthelot et Marie-Hélène Salin dans leur thèse *L'Enseignement de l'espace et de la géométrie dans la scolarité obligatoire*, 1992.

COLLECTIF

**PHASE 1** **Présentation du problème**

• Préciser la nouvelle règle du jeu :

➡ *Aujourd'hui, 3 élèves vont sortir. Les autres élèves vont jouer le rôle du farceur et se mettre d'accord sur la boite où sera cachée la photo de Gribouille. Les farceurs n'ont le droit ni de montrer la boite, ni de la regarder, ni même de parler. Chacun aura une feuille et un crayon et devra faire un dessin qui permette de trouver où est cachée la photo. Quand un élève reviendra, je choisirai un de vos dessins que je lui donnerai. À l'aide de ce dessin, il devra retrouver la photo.*

• Trois élèves sortent. La carte est cachée dans une des 4 boites. Aucune indication supplémentaire n'est donnée aux élèves.

L'objectif de l'activité est que les élèves construisent les caractéristiques d'une représentation plane d'un espace, notamment la conservation des positions relatives des objets et la nécessité de repérer par rapport à des objets fixes.

INDIVIDUEL

**PHASE 2** **Production des dessins**

• Pendant la réalisation des dessins, observer les productions et choisir celles qui seront exploitées :

– un dessin qui ne donne pas d'information pertinente : par exemple, dessin d'une boite, ou dessin d'objets non reconnaissables ;

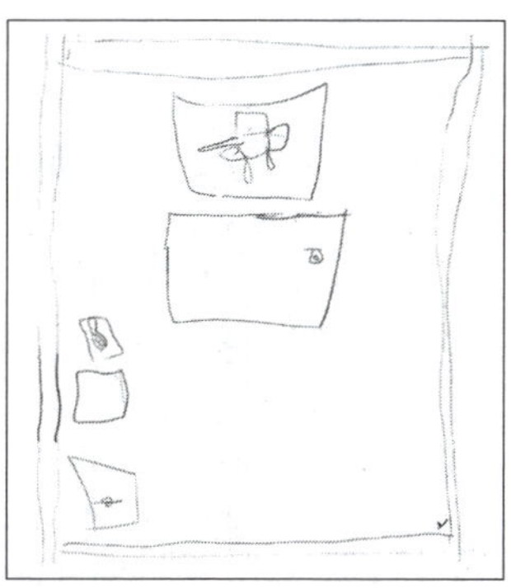

– un dessin qui donne des informations insuffisantes : par exemple, dessin d'un objet reconnaissable mais qui n'est pas significatif de la position d'une boite ;

– un ou deux dessins donnant a priori des informations suffisantes : dessin d'une boite et d'un ou plusieurs objets proches de la boite qui servent de repères, par exemple le tableau et une armoire comme dans le dessin ci-dessous.

Productions possibles :
– dessin d'une boite ou de la photo dans la boite ;
– dessin des 4 boites (signe sur l'une d'elles) ;
– dessin d'une boite et d'un élément voisin de la classe ;
– dessin des 4 boites et d'éléments voisins de la classe, avec signe ou non sur une boite ;
– sorte de plan figurant des éléments de la classe et les boites, avec signe sur une boite ;
– schéma du trajet pour aller vers la boite.

COLLECTIF

**PHASE 3** **Exploitation des messages**

• Faire entrer le premier des 3 élèves et lui remettre un dessin qui n'est pas pertinent. Lui demander s'il peut trouver la photo, et sinon de dire pourquoi il ne peut pas réussir.

• Faire entrer le deuxième élève, lui remettre le deuxième dessin en veillant à ne pas le présenter suivant une orientation correspondant à son point de vue. Le questionner comme le premier élève.

• Faire entrer le troisième élève, lui remettre le troisième dessin.

Le fait de ne pas présenter le dessin suivant une orientation correspondant au point de vue de l'élève conduit à comprendre la nécessité de repérer par rapport à un objet fixe et non par rapport à soi.

COLLECTIF

**PHASE 4** **Synthèse**

• Les dessins choisis sont affichés : commentaires sur ceux qui n'ont pas permis de réussir, sur ceux qui ont permis de réussir, s'il y en a.

• D'autres dessins que ceux retenus auparavant peuvent être commentés : dessins comportant ou non des repères fixes ; dessins représentant un trajet.

• Conclure sur ce qu'il faut faire pour réussir.

**SYNTHÈSE**

• Un **bon message** montre l'objet ou les objets qui sont proches de la boite. Ils sont bien dessinés pour qu'on puisse les reconnaitre. La boite est bien positionnée par rapport à ces objets.

# Repérage d'objets dans un espace connu



| | Tâche | Matériel | Connaissances travaillées |
|---|---|---|---|
| NOMBRES | **Le furet : comptine orale jusqu'à 16**<br>– Dire les nombres de 1 en 1 | pour la classe :<br>– file numérique jusqu'à 19 | **– Suite orale des nombres jusqu'à 16** |
| RÉVISER Espace | **Reproduction sur quadrillage**<br>– Reproduire une disposition d'objets dans un quadrillage | par élève :<br>CAHIER GÉOMÉTRIE p. 6 ① ② | **– Repérage de cases dans un quadrillage** |
| APPRENDRE Espace | **Repérage d'objets dans un espace connu**<br>RECHERCHE **Le jeu des boites (3)**<br>– Trouver dans quelle boite un objet a été caché à l'aide d'un message « dessiné » élaboré par d'autres<br>– Faire un dessin de la classe | pour la classe :<br>– 8 boites identiques placées par paire contre un mur de la classe (même position que lors de la séance 6)<br>– 1 carte avec la photo de Gribouille<br>**› à choisir sur la fiche 8**<br>par élève :<br>– une feuille blanche (A4)<br>– un feutre | **– Utilisation d'un repère fixe pour localiser un objet**<br>**– Construction et utilisation d'une représentation plane d'un espace** |

## COMPTINE ORALE

**Le furet • Comptine orale jusqu'à 16**

– Connaitre la suite orale des nombres de un en un, jusqu'à seize.

COLLECTIF

**PHASE 1 Avec une cible**

• Même activité qu'en séance 6, mais le nombre de départ peut être autre que 1. On fixe donc un nombre de départ (par exemple *quatre*) et un nombre cible (par exemple *quinze*).

• Annoncer un nombre inférieur ou égal à seize, par exemple douze ou quinze. C'est la cible qui peut être indiquée par une flèche sur la file numérique.

• Demander à un élève de réciter la suite des nombres, à partir du nombre donné et jusqu'au nombre choisi comme cible. Un suivi par un autre élève ou par l'enseignant peut être assuré en suivant les nombres dits sur la file numérique, ce qui permet d'enrichir l'association entre nombre dit et nombre écrit.

• Les autres élèves doivent repérer les erreurs.

COLLECTIF

**PHASE 2 Reprise sous forme du furet**

• Même activité qu'en séance 6, mais avec un nombre de départ autre que 1.

Les élèves doivent devenir capables de dire la suite des nombres en partant d'un nombre quelconque.

## RÉVISER

**Reproduction sur quadrillage**

– Repérer une case d'un quadrillage par rapport à une autre, par rapport à un bord ou un « coin » du quadrillage.

INDIVIDUEL

CAHIER MESURES ET GÉOMÉTRIE p. 6

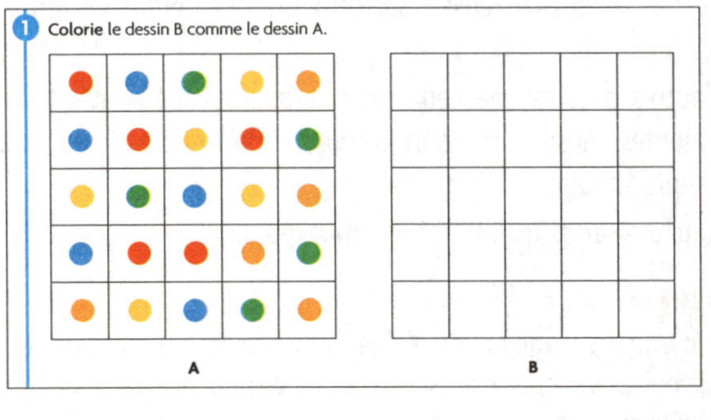


**Exercice 1**

• Demander aux élèves de formuler la tâche à réaliser et la confirmer. Préciser que ce qui est important ici est de placer un rond de couleur dans chaque case, qui soit de la même couleur que sur le modèle : que le rond ne soit pas très rond est sans importance.

• La correction (immédiate ou différée) est une nouvelle occasion d'utiliser le vocabulaire spatial, en s'appuyant sur des erreurs qui sont discutées par les élèves. La validation peut se faire en utilisant un calque du modèle (en couleur) que l'on superpose à la production de l'élève.

Les explications attendues amènent à utiliser des expressions comme : en haut, en bas, à droite, à gauche, mais aussi entre, au-dessus de, au-dessous de, à droite de, à gauche de…
Les termes ligne et colonne peuvent être aussi utilisés.

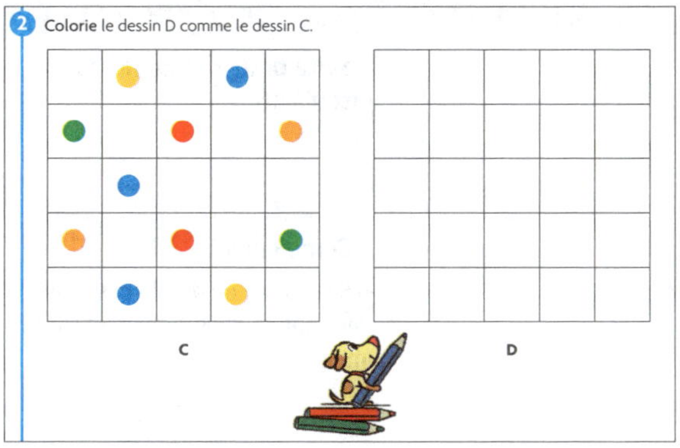


**Exercice 2**

• Si le temps fait défaut, cet exercice pourra être proposé à un autre moment, notamment dans les 3 séances de l'unité dont le contenu est laissé à l'initiative de l'enseignant.

• Faire commenter le dessin avant que les élèves ne commencent la reproduction : il y a des cases blanches (ou « vides »).

• La correction se fait de la même manière que pour l'exercice précédent. Elle permet de mettre en lumière les différentes procédures qui ont permis de réussir.

La présence de cases vides rend la tâche plus délicate, car la reproduction des cases de proche en proche n'est plus possible. Les élèves peuvent procéder de plusieurs manières :
– la reproduction peut se faire à vue, en essayant de conserver l'allure générale de la configuration ;
– en repérant la position d'une case par rapport à une autre case (case qu'elle touche par un coin, ou case d'une même ligne ou colonne, en comptant les cases vides entre les deux cases) ;
– en repérant une case par rapport aux bords du quadrillage ;
– en repérant une case par sa ligne et sa colonne (par exemple, dans la 1re ligne, la 3e case ou dans la 3e colonne, la case du haut).

**Différenciation** → CD-Rom du guide, fiche 4.

UNITÉ 2

## APPRENDRE

### Repérage d'objets dans un espace connu

– Repérer, dans l'espace, des objets par rapport à d'autres objets (repères fixes).
– Produire et utiliser une représentation graphique de l'espace.

### RECHERCHE

**Le jeu des boites (3) :** Huit boites sont maintenant disposées par paires contre les murs de la classe. Les élèves vont faire un dessin qui doit permettre à une autre personne de trouver la boite dans laquelle un objet a été caché. Dans une dernière phase, ils vont dessiner la classe et ce qu'il y a dedans.

COLLECTIF

#### PHASE 1 Reprise du jeu des boites

• Rappel du jeu, identique à celui de la séance 6, mais avec 8 cachettes possibles (même position que lors de l'unité 1, séance 9, phase 2). Les 3 élèves qui sortent sont différents de ceux de la séance précédente.

• Élaboration individuelle des dessins permettant de trouver la boite où est cachée la photo.

• Exploitation des dessins comme en séance 6, puis synthèse. L'analyse des dessins permet de mettre en évidence ce qui caractérise un « bon » dessin. Les différents points de vue choisis pour les représentations (vue de face ou vue de dessus) peuvent être exploités, mais il n'est pas nécessaire d'insister sur cet aspect.

Cette fois, il faut prendre en compte la position des boites les unes par rapport aux autres : la représentation de l'espace doit conserver l'orientation.
Productions possibles :
– dessin de 2 boites (signe sur l'une d'elles) ;
– dessin des 8 boites (signe sur l'une d'elles) avec des positions relatives justes ou non ;
– dessin de 2 boites (signe sur l'une d'elles) et éléments voisins de la classe (voir exemple ci-contre) ;

– dessin des 8 boites (signe sur l'une d'elles) et éléments voisins de la classe ;
– sorte de plan avec signe sur une boite ;
– schéma du trajet pour aller vers la boite, par exemple à partir de la porte.

**SYNTHÈSE**

• La boite peut être identifiée grâce à la représentation d'objets de la classe situés à côté d'elle (par exemple, la boite est entre le banc et le tableau).

• Sa position par rapport à l'autre boite doit être bien repérée (par une croix ou un signe désignant la boite).

• Pour lire le dessin, on peut tourner la feuille pour voir les objets positionnés comme « en vrai ».

INDIVIDUEL ET COLLECTIF

#### PHASE 2 Dessin de la classe

• Présenter le problème :

➡ *Maintenant, vous allez dessiner la salle de classe et ce qu'il y a dedans. On doit comprendre sur le dessin comment sont placés les meubles (le bureau, les tables...), comme dans le jeu des boites.*

• Chaque élève produit un dessin.

• Afficher certains dessins et demander aux élèves de les commenter sur les aspects suivants :

➡ *Tous les éléments importants de la classe ont-ils été dessinés ?*

➡ *Les meubles et objets sont-ils correctement placés ?*

Les élèves ne vont pas produire des plans : certains éléments seront représentés de face, d'autres de dessus.
On s'intéresse surtout à l'organisation des positions relatives.

**À SUIVRE**
Le travail sur le plan sera repris en unité 3.

# Décompositions de quantités avec 1 et 2



| | Tâche | Matériel | Connaissances travaillées |
|---|---|---|---|
| NOMBRES | **Le furet : comptine orale jusqu'à 16**<br>– Dire les nombres de 1 en 1 | pour la classe :<br>– file numérique jusqu'à 19 | **– Suite orale des nombres jusqu'à 16** |
| RÉVISER Problèmes écrits | **Compléments**<br>– Trouver la quantité d'objets cachés | par élève :<br>FICHIER NOMBRES p. 22 1 | **– Complément**<br>– Résolution de problèmes, avec information dans le texte et sur une image |
| APPRENDRE Nombres/Calculs | **Décompositions de quantités avec 1 et 2**<br>RECHERCHE **Les cerises (1)**<br>– Réaliser une quantité en ajoutant des quantités de 1 ou 2 objets | pour la classe :<br>– 50 cartes avec 2 cerises<br>– 30 cartes avec 1 cerise<br>› **fiche 10**<br>par élève :<br>FICHIER NOMBRES p. 22 2 3 | **– Décomposition d'une quantité**<br>– Préparation à l'addition<br>– Notion de double |

## COMPTINE ORALE

**Le furet** • Comptine orale jusqu'à 16

– Connaitre la suite orale des nombres de un en un, jusqu'à seize.

COLLECTIF

**PHASE 1 Nombres en reculant**

• Fixer un nombre de départ (par exemple onze, repéré sur la file numérique) et demander à un élève de réciter en reculant à partir de onze jusqu'à zéro ou jusqu'à un autre nombre fixé à l'avance.

COLLECTIF

**PHASE 2 Reprise sous forme du furet**

• Même activité, mais chaque élève désigné dit un nombre avant de passer le relai au nouvel élève désigné.

> La récitation de la suite des nombres en reculant nécessite souvent une réflexion car elle doit être reconstruite (à partir de la suite en avançant) quand elle n'est pas encore mémorisée.
> Le furet oblige à une attention plus soutenue de tous les élèves.

## RÉVISER

**Compléments**

– Trouver le complément d'une quantité.

– Prendre des informations dans un texte et un dessin.

FICHIER NOMBRES ET CALCULS p. 22

Compléter une quantité

1 Pour chaque fleur, **écris** combien de pétales sont cachés par la serviette en papier.

Exercice 1

COLLECTIF

**PHASE 1 Appropriation de la situation**

• Demander aux élèves de commenter les images : des fleurs dont des pétales sont cachés.

• Lire la phrase en bleu (« Cette fleur a 6 pétales »). Faire formuler l'histoire : on voit des pétales, certains sont cachés, il faut trouver combien.

• Rappeler le problème, par exemple pour la première fleur :

➡ *Cette fleur possède 6 pétales. On n'en voit que 3. Il faut écrire sur la petite ardoise combien il y en a qui sont cachés par la serviette.*

INDIVIDUEL

**PHASE 2 Réponse des élèves**

• Apporter une aide individuelle aux élèves : que faut-il faire ? que sait-on ? où faut-il répondre ?

> **AIDE** Pour les élèves qui ont des difficultés à lire et écrire les nombres écrits en chiffres, on peut leur indiquer comment retrouver le nom ou l'écriture d'un nombre en parcourant les nombres de la file numérique et en disant la comptine numérique « *un, deux…* ».

RÉPONSE : 3 ; 4.

## APPRENDRE

### Décompositions de quantités avec 1 ou 2

– Décomposer une quantité additivement.
– Préparer à l'addition.
– Approfondir la notion de double.

## RECHERCHE

**Les cerises (1) :** Les élèves doivent trouver combien il faut utiliser de cartes « 1 cerise » ou « 2 cerises » pour obtenir une quantité fixée de cerises.

COLLECTIF

### PHASE 1 Obtenir 5 cerises

• Présenter aux élèves le matériel en montrant les deux types de cartes : certaines portent 2 cerises et d'autres 1 seule cerise.

• Présenter le problème aux élèves :

➡ *Arthur voudrait offrir 5 cerises à Zoé. Il faut m'aider à choisir les cartes. Vous allez me dire ce que je dois prendre sur le bureau.*

• Solliciter un premier élève. Écrire sa solution au tableau, par exemple sous la forme :

| 2 cerises | 1 cerise | 1 cerise | 1 cerise |
|---|---|---|---|

• Avant de prendre les cartes et de les afficher au tableau, demander aux autres élèves s'ils sont d'accord avec sa proposition. Puis afficher les cartes au tableau sous les écritures précédentes pour vérification.

• Solliciter un nouvel élève pour une autre solution possible.

• Conclure en disant qu'il existe plusieurs façons d'avoir 5 cerises et remarquer que la solution « 2 cartes de 2 cerises et 1 carte de 1 cerise » est celle qui a le plus de cartes avec 2 cerises.

Cette première situation, travaillée collectivement, a pour but de permettre aux élèves de s'approprier le problème et de préciser la tâche : on va maintenant chercher la solution qui utilise le plus possible de cartes avec 2 cerises.

ÉQUIPES DE 2

### PHASE 2 Obtenir 8 cerises

• Préciser le nouveau problème :

➡ *Maintenant Arthur veut offrir 8 cerises à Zoé* (écrire 8 au tableau). *Il veut lui donner le plus possible de cartes avec 2 cerises. Que doit-il prendre ? Vous cherchez par deux, vous pouvez écrire ou dessiner. Lorsque vous avez trouvé, l'un de vous vient me demander les cartes avec les cerises. Puis ensemble, vous vérifierez qu'il y en a bien 8.*

• S'ils se sont trompés, les élèves peuvent rendre les cerises demandées et chercher à nouveau.

• Après le temps de recherche, recenser les propositions (correctes ou non) au tableau, par exemple sous la forme :

| 2 cerises | 2 cerises | 2 cerises | 2 cerises |
|---|---|---|---|

| 2 cerises | 2 cerises | 1 cerise | 1 cerise | 1 cerise | 1 cerise |
|---|---|---|---|---|---|

• Avant de vérifier avec le matériel, demander aux élèves s'ils sont d'accord ou non avec chaque solution proposée.

• Faire remarquer que, pour certaines solutions, il y a bien 8 cerises mais qu'il n'y a pas le plus possible de cartes de 2 cerises.

La décomposition de quantités à l'aide de paquets de 2 et d'objets isolés prépare le travail sur la décomposition des nombres (le signe + introduit précédemment peut être utilisé ici) et reprend la notion de double qui recouvre deux idées complémentaires : un double peut se « partager » en 2 nombres égaux (ce qui a déjà été vu) et un double peut se décomposer uniquement avec des 2 (8 c'est 4 + 4 et 8 c'est 2 + 2 + 2 + 2). On retrouve là deux aspects complémentaires de la division (combien par paquets après un partage équitable de 8 en 2 ? combien de paquets de 2 sont possibles avec 8 ?).

COLLECTIF

### PHASE 3 Synthèse

**SYNTHÈSE**

Mettre en évidence les points suivants :

• Certaines quantités peuvent être réalisées en utilisant seulement des paquets de 2 (comme 8) et, pour d'autres, ce n'est pas possible (comme 5).

• Pour faire 8, il faut 4 paquets de 2 (*huit c'est deux et deux et deux et encore deux ou deux plus deux plus deux et encore plus deux ; c'est aussi quatre fois deux*) et pour faire 5, il faut 2 paquets de 2 et encore un paquet de 1 (*cinq c'est deux et deux et un ; c'est deux fois deux et encore un*).

• On peut écrire : 8 = 2 + 2 + 2 + 2 et 5 = 2 + 2 + 1.

Le langage verbal utilisé (huit c'est deux et deux et deux et encore deux) accompagne l'utilisation du signe + qui sera repris dans l'unité suivante.

INDIVIDUEL

## ENTRAINEMENT

**FICHIER NOMBRES ET CALCULS p. 22**

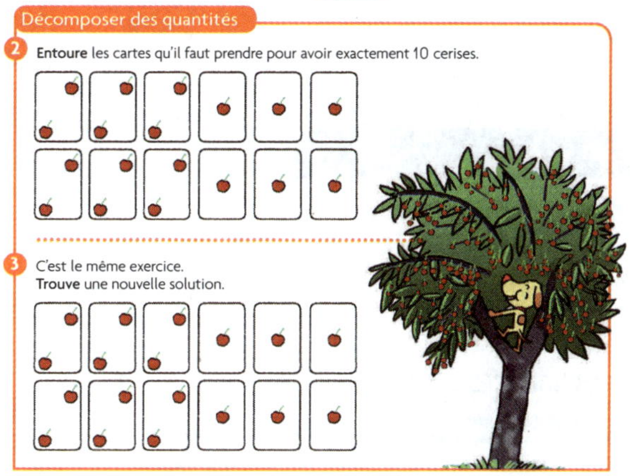


**Exercices 2 et 3**

• Inciter les élèves à vérifier qu'ils ont bien obtenu 10 cerises.

• Les aider à vérifier que leur deuxième réponse est bien différente de la première.

**AIDE** Donner des cartes « cerises » pour les élèves qui ont des difficultés.

RÉPONSE : 5 cartes « 2 cerises ».
4 cartes « 2 cerises » et 2 cartes « 1 cerise ».
3 cartes « 2 cerises » et 4 cartes « 1 cerise ».
2 cartes « 2 cerises » et 6 cartes « 1 cerise ».

**Différenciation** → CD-Rom du guide, fiche 5.

UNITÉ 2

# UNITÉ 2 Décompositions de quantités avec 1, 2 et 5

SÉANCE 9

FICHIER NOMBRES p. 23

| | Tâche | Matériel | Connaissances travaillées |
|---|---|---|---|
| NOMBRES | **Le furet : comptine orale jusqu'à 16**<br>– Dire les nombres de 1 en 1 | pour la classe :<br>– file numérique jusqu'à 19 | – Suite orale des nombres jusqu'à 16 |
| RÉVISER Problèmes écrits | **Compléments**<br>– Trouver la quantité d'objets cachés | par élève :<br>FICHIER NOMBRES p. 23 1 | – Complément<br>– Résolution de problèmes, avec information dans le texte et sur une image |
| APPRENDRE Nombres/Calculs | **Décompositions de quantités avec 1, 2 et 5**<br>RECHERCHE **Les cerises (2)**<br>– Réaliser une quantité en ajoutant des quantités de 1 ou 2 ou 5 objets | pour la classe :<br>– 25 cartes avec 2 cerises<br>– 50 cartes avec 2 cerises<br>– 30 cartes avec 1 cerise<br>› fiche 10<br>par élève :<br>FICHIER NOMBRES p. 23 2 3 | – Décomposition d'une quantité<br>– Préparation à l'addition<br>– Notion de double |

## COMPTINE ORALE

**Le furet • Comptine orale jusqu'à 16**

– Connaitre la suite orale des nombres de un en un, jusqu'à seize.

COLLECTIF

**PHASE 1 Nombres en reculant**

• Reprise de l'activité de la séance 8.

COLLECTIF

**PHASE 2 Reprise sous forme du furet**

• Reprise de l'activité de la séance 8.

## RÉVISER

**Compléments**

– Trouver le complément d'une quantité.

– Prendre des informations dans un texte et un dessin.

**FICHIER NOMBRES ET CALCULS p. 23**

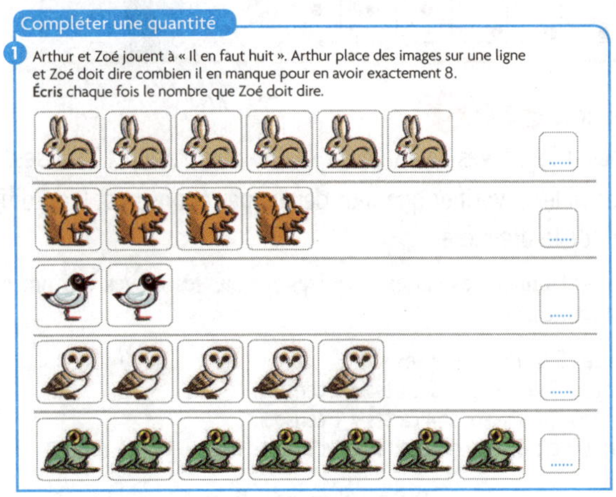
Compléter une quantité

1 Arthur et Zoé jouent à « Il en faut huit ». Arthur place des images sur une ligne et Zoé doit dire combien il en manque pour en avoir exactement 8.
Écris chaque fois le nombre que Zoé doit dire.

**Exercice 1**

COLLECTIF

**PHASE 1 Appropriation de la situation**

• Demander aux élèves de commenter ce qu'ils voient : des images sont alignées.

• Lire le texte initial. Faire reformuler la tâche : on voit des images, il faut trouver combien il en manque pour en avoir 8.

INDIVIDUEL

**PHASE 2 Réponse des élèves**

• Apporter une aide individuelle aux élèves : que faut-il faire ? que sait-on ? où faut-il répondre ?

AIDE Pour les élèves qui ont des difficultés à lire et écrire les nombres écrits en chiffres, on peut leur indiquer comment retrouver le nom ou l'écriture d'un nombre en parcourant les nombres de la file numérique et en disant la comptine numérique « *un, deux…* »

RÉPONSE : 2 ; 4 ; 6 ; 3 ; 1.

## APPRENDRE

### Décompositions de quantités avec 1, 2 et 5

– Décomposer une quantité additivement.
– Préparer à l'addition.
– Approfondir la notion de double.

## RECHERCHE

**Les cerises (2) :** Les élèves doivent trouver combien il faut utiliser de cartes portant 1 cerise ou 2 cerises ou 5 cerises pour obtenir une quantité fixée de cerises.

COLLECTIF

### PHASE 1 Obtenir 7 cerises

• Présenter aux élèves le matériel en montrant les deux types de cartes : certaines portent 5 cerises, d'autres 2 cerises et d'autres 1 seule cerise.

• Présenter le problème aux élèves :

➡ *Arthur voudrait offrir 7 cerises à Zoé. Il faut m'aider à choisir les cartes. Vous allez me dire ce que je dois prendre sur le bureau.*

• Solliciter un premier élève. Écrire sa solution au tableau, par exemple sous la forme :

| 5 cerises | 1 cerise | 1 cerise |
|---|---|---|

• Avant de prendre les cartes et de les afficher au tableau, demander aux autres élèves s'ils sont d'accord avec sa proposition. Puis afficher les cartes au tableau sous les écritures précédentes pour vérification.

• Solliciter un nouvel élève pour une autre solution possible.

• Conclure en disant qu'il existe plusieurs façons d'avoir 7 cerises et remarquer que la solution « 1 carte de 5 cerises et 1 carte de 2 cerises » est celle qui utilise le moins de cartes.

Cette première situation, travaillée collectivement, a pour but de permettre aux élèves de s'approprier le problème et de préciser la tâche : on va maintenant chercher la solution qui utilise le moins de cartes possible.

ÉQUIPES DE 2

### PHASE 2 Obtenir 9 cerises

• Préciser le nouveau problème :

➡ *Maintenant Arthur veut offrir 9 cerises à Zoé* (écrire 9 au tableau). *Il veut lui donner le moins de cartes possible. Que doit-il prendre ? Vous cherchez par deux, vous pouvez écrire ou dessiner. Lorsque vous avez trouvé, l'un de vous vient me demander les cartes avec les cerises. Puis ensemble, vous vérifierez qu'il y en a bien 9.*

• S'ils se sont trompés, les élèves peuvent rendre les cerises demandées et chercher à nouveau.

• Après le temps de recherche, recenser les propositions (correctes ou non) au tableau, par exemple sous la forme :

| 2 cerises | 2 cerises | 2 cerises | 2 cerises | 1 cerise |
|---|---|---|---|---|
| 5 cerises | 2 cerises | 2 cerises | | |

...

• Avant de vérifier avec le matériel, demander aux élèves s'ils sont d'accord ou non avec chaque solution proposée.

• Faire remarquer que, pour certaines solutions, il y a bien 9 cerises mais qu'il n'y a pas le moins de cartes possible.

La décomposition de quantités à l'aide de paquets de 5, de 2 et d'objets isolés prépare le travail sur la monnaie, avec les billets et pièces de 5 €, 2 € et 1 €.

COLLECTIF

### PHASE 3 Synthèse

**SYNTHÈSE**

• Mettre en évidence la stratégie qui permet d'avoir le moins de cartes possible :
– prendre d'abord une ou plusieurs cartes « 5 cerises » (si le nombre est supérieur à 5), puis compléter avec des cartes « 2 cerises » et éventuellement avec des cartes « 1 cerise » ;
– formuler que, par exemple, *sept c'est cinq et deux ou cinq plus deux* et écrire 7 = 5 + 2.

## ENTRAINEMENT

**FICHIER NOMBRES ET CALCULS p. 23**

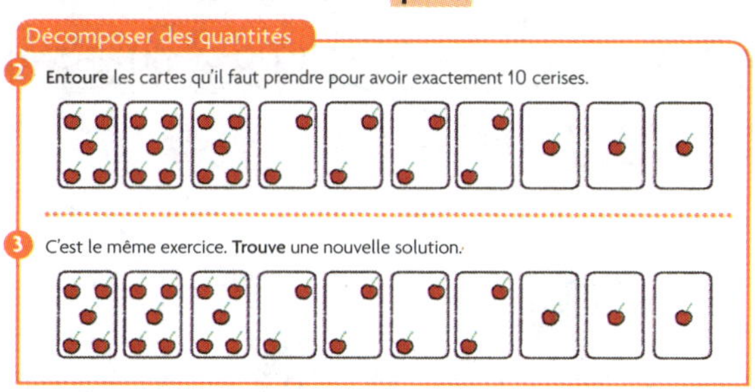


**Exercices 2 et 3**

• Inciter les élèves à vérifier qu'ils ont bien obtenu 10 cerises.

• Les aider à vérifier que leur deuxième réponse est bien différente de la première.

• Mettre en évidence qu'on peut réussir avec 2 cartes seulement, en prenant 2 cartes de 5 cerises.

**AIDE** Donner des cartes « cerises » aux élèves qui ont des difficultés.

RÉPONSE : 2 cartes « 5 cerises ».
1 carte « 5 cerises », 2 cartes « 2 cerises » et 1 carte « 1 cerise ».
1 carte « 5 cerises », 1 carte « 2 cerises » et 3 cartes « 1 cerise ».
4 cartes « 2 cerises » et 2 cartes « 1 cerise ».

**Différenciation** → CD-Rom du guide, fiche 6.

UNITÉ 2

## BILAN de l'UNITÉ 2

## CONSOLIDATION

NOMBRES ET CALCULS

### Calcul mental : ajouts et retraits, compléments à 5 (séances 1 à 9)

**Je fais le bilan** › FICHIER NOMBRES p. 25

**Exercice 1 Calculs dictés (avec une boite et des jetons).**
Réaliser l'action devant les élèves.

● Je mets 3 jetons dans cette boite. Je mets encore 3 jetons dans la boite. Écris combien il y a maintenant de jetons dans la boite.

■ Je mets 5 jetons dans cette boite. J'enlève 4 jetons de la boite. Écris combien il y a maintenant de jetons dans la boite.

★ Je mets 2 jetons dans cette boite. Je voudrais qu'il y ait 5 jetons dans la boite. Écris combien je dois encore mettre de jetons.

☽ Je mets 4 jetons dans cette boite. Je voudrais qu'il y ait 5 jetons dans la boite. Écris combien je dois encore mettre de jetons.

♥ Je mets 2 jetons dans cette boite. Je voudrais qu'il y ait 5 jetons dans la boite. Écris combien je dois encore mettre de jetons.

RÉPONSE : ● 6 ■ 1 ★ 3 ☽ 1 ♥ 3

**Je consolide mes connaissances** › FICHIER NOMBRES p. 26

**Exercice 1**
RÉPONSE : 5 ; 7 ; 10 ; 7.

**Atelier**
Reprendre le jeu « Combien de jetons dans la boite ? ».

**Autres ressources**

› 80 Activités et jeux mathématiques CP
**37.** Cinq jetons dans la boite
Pour les élèves qui ont des difficultés dans le dénombrement un par un :
**5.** Collections à dénombrer

› CD-Rom Jeux interactifs GS-CP-CE1
**Jeu 8.** Combien de jetons dans la boite ?

NOMBRES ET CALCULS

### Comparer des quantités et des nombres (séances 1 et 2)

**Je prépare le bilan** › FICHIER NOMBRES p. 24 A

→ **Pour comparer deux quantités d'objets,** il existe plusieurs méthodes.
Une méthode très pratique consiste à d'abord trouver les nombres d'objets puis à comparer les nombres associés à chaque quantité.

→ **Comparer deux nombres,** c'est chercher celui qui est le plus petit et celui qui est le plus grand. Le plus petit est celui qui correspond à une collection (d'objets, de doigts…) qui comporte moins d'objets que l'autre. C'est aussi celui qui est situé avant l'autre sur la file des nombres ou encore celui qu'on dit avant l'autre lorsqu'on récite la suite des nombres.

**Je fais le bilan** › FICHIER NOMBRES p. 25

**Exercices 2 et 3 Comparer des quantités et des nombres.**
RÉPONSE : 2. 1re fleur. 3. 2 ; 6 ; 5 ; 6.

**Je consolide mes connaissances** › FICHIER NOMBRES p. 26

**Exercice 4**
RÉPONSE : 2. Zoé. 3. 6 ; 9 ; 9 ; 10. 4. 1 ; 3 ; 7 ; 9 ; 10.

**Autres ressources**

› 80 Activités et jeux mathématiques CP
**6.** Jeu de bataille

# BILAN de l'UNITÉ 2

# CONSOLIDATION

NOMBRES ET CALCULS

## Ajouts et compléments (séances 3, 4 et 5)

**Je prépare le bilan** › FICHIER NOMBRES p. 24 B

→ **Pour déterminer le résultat d'un ajout ou pour chercher un complément,** plusieurs procédures sont possibles : surcomptage, dessins, doigts, utilisation de résultats connus (2 et 2, c'est 4).

**Je fais le bilan** › FICHIER NOMBRES p. 25

**Exercices 4 et 5 Calculer des sommes et des compléments à 10.**

RÉPONSE : 4. non ; oui. 5. 1 ; 3.

**Je consolide mes connaissances** › FICHIER NOMBRES p. 27

**Exercices 5 et 7**

RÉPONSE : 5. oui ; non. 6. 3 ; 2. 7. 5 ; 5.

**CD-Rom du guide**

› Fiche différenciation n° 3

**Autres ressources**

› 80 Activités et jeux mathématiques CP

**28.** Compléments

› CD-Rom Jeux interactifs GS-CP-CE1

**Jeu 9.** Des jetons dans la boite

UNITÉ 2

NOMBRES ET CALCULS

## Compositions/décompositions de quantités avec 1, 2 et 5 (séances 8 et 9)

**Je prépare le bilan** › FICHIER NOMBRES p. 24 C

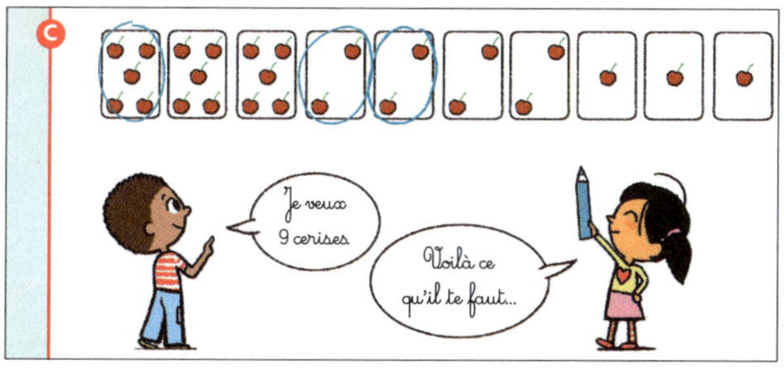


→ **Il existe souvent plusieurs décompositions possibles.** Pour les quantités plus grandes que 5, on peut commencer par choisir un paquet de 5 objets, puis compléter avec des paquets de 1 ou 2 objets.

**Je fais le bilan** › FICHIER NOMBRES p. 25

**Exercice 6 Réaliser une quantité de 8 cerises avec des cartes de 5, 2 ou 1 cerise.**

RÉPONSE : 5 + 2 + 1 ou 5 + 1 + 1 + 1 ou 2 + 2 + 2 + 2 ou 2 + 2 + 2 + 1 + 1

**Je consolide mes connaissances** › FICHIER NOMBRES p. 27

**Exercices 8 et 9**

RÉPONSE : 8. 3 dés 1 point et 1 dé 2 points
1 dé 1 point et 2 dés 2 points
9. 3 dés 1 point et 3 dés 2 points
2 dés 1 point et 1 dé 2 points et 1 dé 5 points
2 dés 2 points et 1 dé 5 points

**CD-Rom du guide**

› Fiches différenciation n° 5 et n° 6

**Atelier**

Reprendre l'activité « Les cerises » avec des cartes de 1, 2 et 5 cerises, en cherchant à obtenir plusieurs solutions pour chaque quantité.

# BILAN de l'UNITÉ 2

# CONSOLIDATION

MESURES ET GÉOMÉTRIE

## Reproduction sur quadrillage (séance 6)

Pas de bilan proposé.
Repérer une case dans un quadrillage par rapport à une autre case, par rapport à un bord ou un « coin » du quadrillage a été travaillé en Grande Section de maternelle. Il est important que cette compétence soit consolidée dans des situations simples, où les élèves peuvent procéder de proche en proche.
Le repérage des cases dans un quadrillage sera à nouveau mis en œuvre en unité 6 dans des situations plus complexes.

**Je consolide mes connaissances** › CAHIER GÉOMÉTRIE p. 7

**Exercice 1** Reproduire à la bonne place des objets situés dans les cases d'un quadrillage.

**CD-Rom du guide**

› Fiche différenciation n° 4

**Autres ressources**

› 80 Activités et jeux mathématiques CP

**60.** Disposition sur quadrillage

MESURES ET GÉOMÉTRIE

## Repérage d'objets dans un espace connu (séance 7)

**Je prépare le bilan** › CAHIER GÉOMÉTRIE p. 7 A

→ **Pour retrouver un objet à partir d'un dessin,** il faut dessiner un élément fixe de la classe situé à côté de lui, qu'on ne peut pas confondre avec un autre.

→ **Si l'objet est placé à côté d'un autre objet identique,** il faut placer un signe distinctif sur l'objet à retrouver.

**Je fais le bilan** › CAHIER GÉOMÉTRIE p. 7

**Exercice 1 Trouver dans quelle boite un objet a été caché, à l'aide d'un message « dessiné » fourni par l'enseignant.**
L'enseignant dispose 8 boites comme en séance 8 et répartit les étiquettes-noms des élèves dans ces boites. Il réalise à l'intention de chaque élève un dessin qui doit lui permettre de repérer la boite où est cachée son étiquette-nom.
MATÉRIEL pour la classe :
– autant d'étiquettes que d'élèves, chaque étiquette portant le nom d'un élève.
MATÉRIEL par élève :
– un dessin indiquant la boite cachette de l'étiquette portant son nom.

**Atelier**

Reprendre l'activité des séances 6 et 7 sous forme de rituel
• Un élève cache la photo dans une boite en dehors de la présence des autres et fait un dessin pour que les autres la trouvent.
• Le dessin est proposé à la classe (ou à un groupe d'élèves) qui émet des hypothèses sur le lieu de la cachette.
• Une fois les hypothèses émises, un élève vérifie en allant ouvrir la boite désignée.

# Les bougies d'anniversaire

› FICHIER NOMBRES p. 28

Les questions posées sur cette page sont destinées à familiariser les élèves avec la prise d'informations sur une image et avec la manière d'y répondre sur le fichier. Leur résolution nécessite de faire appel à diverses connaissances travaillées depuis le début de l'année.

## Problème 1

1 Quel est l'âge de Lola ? *Lola a ...... ans.*

OBJECTIFS :

– Utiliser une méthode de dénombrement pour des petits nombres (jusqu'à 10).

– Écrire des nombres en chiffres.

TÂCHE : Exprimer une quantité par un nombre écrit en chiffres.

RÉPONSE : 7.

## Problème 2

2 Combien faut-il encore mettre de bougies sur le gâteau ? *Il faut encore ...... bougies.*

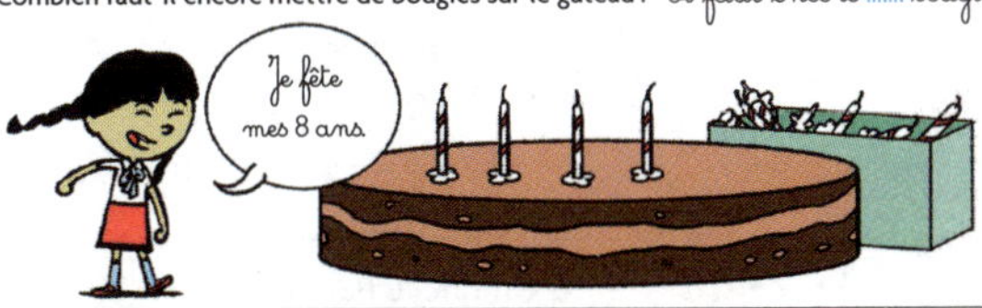


OBJECTIFS :

– Déterminer le complément d'une quantité pour en atteindre une autre.

– Écrire des nombres en chiffres.

TÂCHE : Élaborer une procédure de détermination du complément.

RÉPONSE : 4.

## Problème 3

3 Entoure l'enfant le plus âgé.

OBJECTIF : Comparer trois quantités.

TÂCHE : Entourer la quantité la plus importante.

RÉPONSE : 2^e^ enfant.

## Problème 4

4 Y a-t-il assez de bougies dans la boite pour les deux enfants ?
Entoure la bonne réponse. *oui non*

OBJECTIFS :

– Trouver la quantité obtenue par réunion de deux quantités.

– Comparer deux quantités ou deux nombres.

TÂCHE : Trouver le nombre associé à la réunion de 2 quantités, puis comparer le résultat à un nombre donné.

RÉPONSE : non car 12 est plus grand que 10.

## Mise en œuvre

- Une feuille de brouillon est remise à chaque élève : c'est leur espace de recherche, utile notamment pour les problèmes 2, 3 et 4.
- Beaucoup d'élèves ne sont toujours pas en mesure de lire les textes proposés sur cette page et ne sont pas familiarisés avec un espace de recherche en dehors du fichier. Un accompagnement de l'enseignant est donc nécessaire. Que le traitement des questions se fasse en atelier ou avec toute la classe, pour chaque question, l'enseignant lit la consigne, indique l'endroit où il faut compléter la phrase réponse et rappelle aux élèves qu'ils peuvent chercher sur leur feuille brouillon avant de répondre sur le fichier.
- La correction peut se faire question par question ou à l'issue de tout ou partie des questions traitées.

## Aides possibles

**Pour les élèves qui ne savent pas écrire les nombres en chiffres,** on peut :

– soit les écrire à leur place, le nombre étant dit par l'élève à l'enseignant ;

– soit proposer aux élèves d'utiliser la file numérique pour retrouver l'écriture d'un nombre.

Préciser que le nombre de bougies donne l'âge de chaque enfant.

## Procédures à observer particulièrement

**Pour le problème 2,** les procédures sont-elles mentales, font-elles appel au calcul (je sais que quatre et quatre, c'est huit, par exemple) ou le dessin est-il complété ?

**Pour le problème 3,** l'élève compte-t-il les bougies ou fait-il appel à une correspondance terme à terme ?

**Pour le problème 4,** l'élève dessine-t-il les bougies pour les compter ensuite, fait-il appel à une procédure figurative (avec les doigts, par exemple) ou à un calcul ?
Cette question conduit à se situer au-delà de 10, ce que beaucoup d'enfants sont capables de faire à ce moment de l'année. En cas de difficultés trop importantes, ce problème pourra être repris un peu plus tard.

UNITÉ 2

# UNITÉ 3

**13 ou 14 séances**
– 10 séances programmées (9 séances d'apprentissage + 1 bilan)
– 3 ou 4 séances pour la consolidation et la résolution de problèmes

| | CALCUL MENTAL (environ 30 min par séance) | RÉVISER (environ 30 min par séance) | APPRENDRE (environ 45 min par séance) |
|---|---|---|---|
| **Séance 1**<br>Pas d'exercices dans le fichier | **Ajout, retrait de petits nombres** | **Décomposition de quantités et de nombres (avec 1 et 2)** | **Nombres et rangs**<br>RECHERCHE Où est Gribouille ? (1) |
| **Séance 2**<br>FICHIER NOMBRES p. 29 | **Ajout, retrait de petits nombres** | **Décomposition de quantités et de nombres (avec 1, 2 et 5)** | **Nombres et rangs**<br>RECHERCHE Où est Gribouille ? (2) |
| **Séance 3**<br>FICHIER NOMBRES p. 30 | **Dictée de nombres jusqu'à 10** | **Comparaison et rangement des nombres jusqu'à 16** | **Signes +, –, =**<br>RECHERCHE Premier répertoire additif (1) |
| **Séance 4**<br>FICHIER NOMBRES p. 31 | **Dictée de nombres jusqu'à 16** | **Comparaison et rangement des nombres jusqu'à 16** | **Signes +, –, =**<br>RECHERCHE Premier répertoire additif (2) |
| **Séance 5**<br>FICHIER NOMBRES p. 32 | **Comptine orale jusqu'à 19** | **Suite écrite des nombres jusqu'à 19** | **Vers la dizaine**<br>RECHERCHE Les nombres de 11 à 19 en fonction de 10 (1) |
| **Séance 6**<br>FICHIER NOMBRES p. 33 | **Comptine orale jusqu'à 19** | **Suite écrite des nombres jusqu'à 19** | **Vers la dizaine**<br>RECHERCHE Les nombres de 11 à 19 en fonction de 10 (2) |
| **Séance 7**<br>CAHIER GÉOMÉTRIE p. 8 | **Dictée de nombres jusqu'à 19** | **Tracés à la règle** | **Comparaison de longueurs**<br>RECHERCHE C'est quelle bande ? (1) |
| **Séance 8**<br>CAHIER GÉOMÉTRIE p. 9 | **Dictée de nombres jusqu'à 19** | **Tracés à la règle** | **Comparaison de longueurs**<br>RECHERCHE C'est quelle bande ? (2) |
| **Séance 9**<br>CAHIER GÉOMÉTRIE p. 10 | **Ajout et retrait autour de 5 et autour de 10** | **Comparaison de longueurs** | **Utilisation d'un plan**<br>RECHERCHE Le plan de la classe |

| | |
|---|---|
| **Bilan** | Je prépare le bilan puis Je fais le bilan<br>FICHIER NOMBRES p. 34-35<br>CAHIER GÉOMÉTRIE p. 11 |

En plus des 10 séances décrites dans le guide, **3 à 4 séances** sont consacrées à des **activités de consolidation et de résolution de problèmes.**
Pour cela, l'enseignant peut utiliser les ressources suivantes :

| | |
|---|---|
| **Consolidation**<br>**Remédiation** | Je consolide mes connaissances<br>FICHIER NOMBRES p. 36-37<br>CAHIER GÉOMÉTRIE p. 12 |
| **Banque de problèmes** | *Jeux de couleurs*<br>CAHIER GÉOMÉTRIE p. 13<br>– Analyser et prolonger un algorithme<br>– Respecter des contraintes et explorer différentes possibilités |

### L'essentiel à retenir de l'unité 3

- **Calcul mental**
  – Ajouter ou soustraire de petits nombres
  – Dictée de nombres jusqu'à 19
  – Comptine orale jusqu'à 19
- **Les nombres pour désigner un rang**
- **Signes +, – et =**
- **Vers la dizaine (nombres jusqu'à 19)**
- **Comparaison de longueurs**
- **Utilisation d'un plan d'un espace connu**

# Nombres et rangs (1)



| | Tâche | Matériel | Connaissances travaillées |
|---|---|---|---|
| **CALCUL MENTAL** | **Ajout, retrait de petits nombres**<br>– Additionner et soustraire des petits nombres (domaine numérique jusqu'à 10)<br>– Comprendre les termes *plus* et *moins* | pour la classe :<br>– une boite avec un couvercle et 15 jetons<br>– la file numérique collective affichée<br>– les cartes constellations<br>› **matériel du fichier, planche 2**<br>par élève :<br>– ardoise ou feuille de papier<br>– file numérique individuelle<br>› **sous-main du fichier** | – **Addition, soustraction mentales**<br>– Langage *plus, moins* |
| **RÉVISER** Nombres/Calculs | **Décompositions de quantités et de nombres (avec 1 et 2)**<br>– Former une quantité en ajoutant des quantités de 1 ou 2 objets | pour la classe :<br>– cartes portant au recto 1 ou 2 points et au verso, les nombres 1 ou 2 › **fiche 11** | – **Calcul avec 1 et 2**<br>– Décomposition de nombres<br>– Langage *plus* |
| **APPRENDRE** Problèmes/Nombres | **Nombres et rangs**<br>RECHERCHE **Où est Gribouille ? (1)**<br>– Indiquer, sans la montrer, une position dans une suite d'objets identiques | pour la classe :<br>– environ 20 enveloppes ou feuilles opaques toutes identiques<br>– une photo de Gribouille › **fiche 8**<br>par équipe de 2 :<br>– un quart de feuille A4 pour le message | – **Utilisation des nombres pour indiquer un rang dans une liste** |

## CALCUL MENTAL

### Ajout, retrait de petits nombres • Plus, moins

– Additionner ou soustraire mentalement des petits nombres (nombres et résultats jusqu'à 10).

COLLECTIF

**PHASE 1 Combien de jetons dans la boite ?**

• Reprendre l'activité conduite en unité 2 (« Combien de jetons dans la boite ? »), mais cette fois-ci la situation est seulement évoquée : la boite et les jetons ne sont effectivement utilisés que si cela apparait nécessaire. Les élèves répondent sur l'ardoise ou sur le cahier de brouillon.

• Annoncer :

➡ *Je mets 4 jetons et encore 2 jetons. J'en ai mis 4 plus 2. Combien y en a-t-il ?*

➡ *Je mets 6 jetons et encore 1 jeton. J'en ai mis 6 plus 1. Combien y en a-t-il ?*

➡ *Je mets 8 jetons et ensuite j'enlève 1 jeton. J'en ai mis 8 moins 1. Combien y en a-t-il ?*

➡ *Je mets 10 jetons et ensuite j'enlève 5 jetons. J'en ai mis 10 moins 5. Combien y en a-t-il ?*

• Correction immédiate, en référence aux jetons, aux cartes constellations ou aux doigts.

Cette première phase a pour but de préparer la phase suivante où sont utilisés seulement les mots « plus » et « moins ».

COLLECTIF

**PHASE 2 Avec *plus* et *moins* ?**

• Poser maintenant les questions sous la forme *deux plus deux* ou *trois moins un*. Les élèves répondent en écrivant le résultat sur leur ardoise ou en le pointant, avec un objet, sur leur file numérique.

• Exemples de questions (formulées oralement) :

| | | | |
|---|---|---|---|
| 2 plus 2 | 5 plus 1 | 4 plus 2 | 9 plus 1 |
| 3 moins 1 | 6 moins 2 | 5 moins 2 | 3 moins 3 |

• Faire valider les réponses en utilisant les jetons, les cartes constellations ou les doigts.

• Procéder à une synthèse.

**SYNTHÈSE**

• *3 plus 2* correspond au fait de chercher la quantité obtenue en mettant 2 jetons avec 3 jetons, et *6 moins 2* au fait de chercher la quantité obtenue en enlevant 2 jetons d'une collection qui en contient 6.

• Pour trouver la réponse, il n'est pas toujours nécessaire d'utiliser des objets : on peut savoir « par cœur » que *deux plus deux, ça fait quatre* ou que *plus un* (ou ajouter un) revient à dire le nombre suivant et que *moins un* (ou enlever un) revient à dire le nombre précédent.

• Lorsqu'on calcule *3 moins 3*, il ne reste aucun objet : la réponse est alors le nombre 0 (sans doute déjà connu des élèves).

Jusque-là, les calculs proposés l'étaient à propos de quantités. Ils concernent maintenant des nombres exprimés par des mots. Bientôt, ils seront codés et utilisés en langage symbolique (apprentissage des séances 3 et 4). Quatre objectifs sont visés :

**1.** Relier le sens des mots *plus* et *moins* aux idées d'ajout ou de retrait de quantités (simulables avec des objets ou avec les doigts) et, plus tard, à des questions liées à des déplacements sur la file des nombres.

**2.** Commencer à penser l'addition et la soustraction en termes de relations entre des nombres.

**3.** Stabiliser certaines procédures s'appuyant sur :
– des résultats connus (2 plus 2, c'est 4) ;
– le fait qu'ajouter 1 ou soustraire 1 revient à dire le suivant ou le précédent.

**4.** Mettre en relation nombres dits et nombres écrits.

**À SUIVRE**

**En séance 2**, ce travail sera repris.
**En séances 3 et 4**, il débouchera sur une mise en forme utilisant les signes + et –, avec établissement d'un premier répertoire de résultats.

## RÉVISER

### Décompositions de quantités et de nombres • Avec 1 et 2

– Décomposer un nombre (jusqu'à 10) de plusieurs manières en utilisant les nombres 1 ou 2.
– Utiliser le terme *plus* pour l'addition.

COLLECTIF

• Afficher au tableau 5 cartes portant 2 points et 5 cartes portant 1 point.
• Écrire un nombre au tableau, par exemple 4, et demander aux élèves quelles cartes il faut prendre pour avoir 4 points. Faire formuler les réponses en utilisant le langage des objets (*pour avoir 4 points, on peut mettre 2 points et encore 1 point et encore 1 point*) et avec le langage introduit dans l'activité de calcul mental (*2 plus 1 plus 1, c'est 4*).
• Demander à un élève de venir au tableau pour choisir les cartes, puis aux autres de vérifier. Solliciter d'autres réponses possibles.
• Recommencer avec d'autres nombres à réaliser (par exemple : 6 et 9).

Cette situation, travaillée collectivement, reprend celle qui a été vue en unité 2, séance 8.
Faire remarquer que chaque nombre peut être réalisé de plusieurs manières.

**À SUIVRE**

**En séance 2**, un travail similaire sera proposé en utilisant les nombres 1, 2 et 5.

## APPRENDRE

### Nombres et rangs (1)

– Indiquer une position dans une liste, en utilisant les nombres.

**RECHERCHE**

**Où est Gribouille ? (1)** : Une série d'enveloppes identiques alignées étant donnée, les élèves doivent trouver un moyen d'indiquer dans quelle enveloppe a été placée la photo de Gribouille (il est interdit de montrer cette enveloppe).

COLLECTIF ET ÉQUIPES DE 2

**PHASE 1 Rédiger un message**

• Aligner devant la classe les 20 enveloppes ou feuilles opaques côte à côte.
• Inviter deux élèves à sortir dans le couloir (ou à s'éloigner du tableau). Les autres élèves font équipe par deux.
• Placer la photo de Gribouille dans la septième enveloppe en partant de la gauche.
• Présenter la tâche :
➡ *Vous devez écrire quelque chose sur votre feuille qui permettra à vos deux camarades de trouver dans quelle enveloppe est cachée la photo. Vous ne pourrez rien leur dire ni leur montrer.*
• Après production des messages, les regrouper et les classer en fonction de leur pertinence.

Le fait d'avoir choisi de cacher la photo dans la 7e enveloppe permet l'apparition de plusieurs types de messages efficaces, la 7e position étant assez éloignée des 2 extrémités, mais plus facilement située par rapport à l'extrémité gauche. Les messages utilisant les nombres ne sont pas privilégiés au cours de cette séance.

COLLECTIF

**PHASE 2 Recherche de la photo**

• Indiquer aux deux élèves chargés de trouver la photo qu'ils peuvent refuser certains messages à condition de justifier leur refus.

• Proposer successivement quelques messages, en commençant par des messages non pertinents ou ambigus, puis en continuant par d'autres plus efficaces, jusqu'à ce que les deux élèves trouvent l'emplacement de la photo.

Si les messages non pertinents (dessin d'un seul objet, erreur de repérage…) sont présentés trop tard (après découverte de la photo), l'intérêt de les discuter diminue.
Messages efficaces possibles :
– dessin des enveloppes et repérage de la cachette par un signe ;
– dessin des enveloppes en s'arrêtant à celle qui sert de cachette ;
– dessin et numérotation des enveloppes en entourant ou en écrivant le nombre correspondant à la cachette ;
– écriture de la suite des nombres, le nombre associé à la cachette étant par exemple entouré ;
– écriture du seul nombre qui correspond à la cachette ;
– indication du nombre d'enveloppes situées avant celle de Gribouille.

COLLECTIF

**PHASE 3 Mise en commun, synthèse et trace écrite collective**

• Afficher d'abord les messages présentés aux deux élèves et engager une discussion sur leur pertinence :

➡ *Pourquoi permettent-ils ou pas de trouver l'emplacement de la photo ?*

• Afficher tous les messages produits en les répartissant avec les élèves en deux catégories : ceux qui permettent de réussir, ceux qui ne le permettent pas (en expliquant pourquoi).

**SYNTHÈSE**

Décrire, avec les élèves, tous les messages qui permettent de réussir, sans privilégier une méthode particulière (ce sera l'objet de la séance suivante).

**TRACE ÉCRITE**

Les messages efficaces peuvent être conservés au tableau en vue de la séance suivante.

S'il reste du temps, l'activité peut être reprise avec une image cachée, par exemple, dans la dixième enveloppe.

**À SUIVRE**

**En séance 2**, ce travail sera repris avec une contrainte supplémentaire : on ne peut plus dessiner les enveloppes. Cette contrainte devrait être une incitation à utiliser les nombres.

| | Tâche | Matériel | Connaissances travaillées |
|---|---|---|---|
| CALCUL MENTAL | **Ajout, retrait de petits nombres**<br>– Additionner et soustraire des petits nombres (domaine numérique jusqu'à 10)<br>– Comprendre les termes *plus* et *moins* | pour la classe :<br>– une boite avec un couvercle et 15 jetons<br>– la file numérique collective affichée<br>– les cartes constellations<br>› **matériel du fichier, planche 2**<br>par élève :<br>– ardoise ou feuille de papier<br>– file numérique individuelle<br>› **sous-main du fichier** | – **Addition, soustraction mentales**<br>– Langage *plus, moins* |
| RÉVISER Nombres/Calculs | **Décompositions de quantités et de nombres (avec 1, 2 et 5)**<br>– Former une quantité en ajoutant des quantités de 1, 2 ou 5 objets | pour la classe :<br>– cartes portant au recto 1, 2 ou 5 points et au verso, les nombres 1, 2 et 5<br>› **fiche 11**<br>par élève :<br>FICHIER NOMBRES p. 29 1 2 | – **Calcul avec 1, 2 et 5**<br>– Décomposition de nombres<br>– Langage *plus* |
| APPRENDRE Problèmes/Nombres | **Nombres et rangs**<br>RECHERCHE **Où est Gribouille ? (2)**<br>– Indiquer, sans la montrer, une position dans une suite d'objets identiques | pour la classe :<br>– environ 20 enveloppes ou feuilles opaques toutes identiques<br>– une photo de Gribouille › **fiche 8**<br>par équipe de 2 :<br>– un quart de feuille A4 pour le message<br>par élève :<br>FICHIER NOMBRES p. 29 3 4 | – **Utilisation des nombres pour indiquer un rang dans une liste** |

## CALCUL MENTAL

### Ajout, retrait de petits nombres • Plus, moins

– Additionner ou soustraire mentalement des petits nombres (nombres et résultats jusqu'à 10).

COLLECTIF

• Poser les questions oralement sous la forme *trois plus trois* ou *quatre moins deux*. Les élèves répondent en écrivant le résultat sur leur ardoise ou en le pointant, avec un objet, sur leur file numérique.

• Exemples de questions (formulées oralement) :

| | | | |
|---|---|---|---|
| 3 plus 3 | 5 plus 5 | 3 plus 2 | 6 plus 1 |
| 5 moins 1 | 4 moins 2 | 2 moins 2 | 8 moins 1 |

• Faire valider les réponses en utilisant les jetons, les cartes constellations ou les doigts.

• Faire expliciter des procédures utilisées, ce qui permet de revenir sur certains éléments de la synthèse de la séance précédente.

Cette séance permet de revenir sur :
– la signification donnée aux mots *plus* et *moins* ;
– les procédures utilisées : résultats connus, ajouter ou retrancher 1 revient à dire le nombre suivant ou précédent… ;
– le nombre 0.

**À SUIVRE**

**En séances 3 et 4** est proposée une mise en forme utilisant les signes + et –, avec établissement d'un premier répertoire de résultats.

## RÉVISER

### Décompositions de quantités et de nombres • Avec 1, 2 et 5

– Décomposer un nombre (jusqu'à 10) de plusieurs manières en utilisant les nombres 1, 2 et 5.
– Utiliser le terme *plus* pour l'addition.

COLLECTIF

**PHASE 1** **Avec des nombres**

• Écrire un nombre au tableau, par exemple 6, et demander aux élèves d'écrire sur l'ardoise ou le cahier de brouillon quelles cartes il faut prendre pour avoir 6 points.

• Demander à un élève de venir au tableau pour choisir les cartes, puis aux autres de vérifier (les cartes peuvent, si nécessaire, être retournées côté points). Solliciter d'autres réponses possibles. Faire formuler les réponses en utilisant le langage des nombres (*5 plus 1, c'est 6* ou *2 plus 2 plus 2, c'est 6...*) mis en relation avec celui des objets (*pour avoir 6 points, on peut mettre 5 points et encore 1 point* ou *2 points et encore 2 points et encore 2 points*).

Faire remarquer que le nombre cible peut être réalisé de plusieurs manières.

INDIVIDUEL

**PHASE 2**

**FICHIER NOMBRES ET CALCULS** **p. 29**

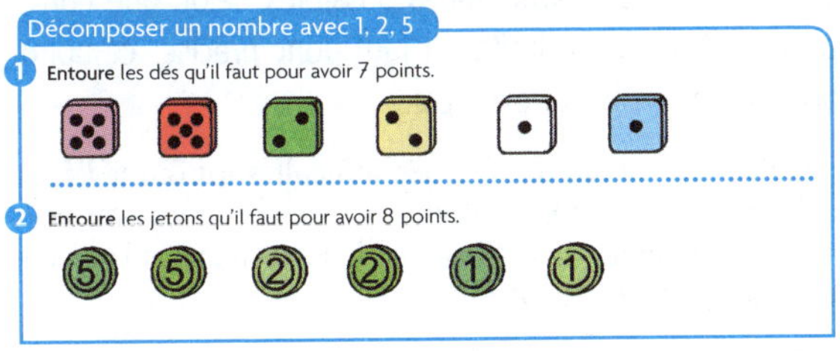


**Exercice 1**

• Il se situe dans le registre des objets.

**AIDE** Pour les élèves qui ont des difficultés, mettre des cartes points à leur disposition.

RÉPONSE : 5 et 2 ou 5 et 1 et 1.

**Exercice 2**

• Il se situe dans le registre des nombres.

**AIDE** Pour les élèves qui ont des difficultés, mettre des cartes nombres et points à leur disposition.

RÉPONSE : 5 et 2 et 1.

**Différenciation** → CD-Rom du guide, fiche 7.

UNITÉ 3

## APPRENDRE

### Nombres et rangs (2)

– Indiquer une position dans une liste, en utilisant les nombres.

COLLECTIF ET ÉQUIPES DE 2

**RECHERCHE**

**Où est Gribouille ? (2) :** Une série d'enveloppes identiques alignées étant donnée, les élèves doivent trouver un moyen d'indiquer dans quelle enveloppe a été placée la photo de Gribouille (il est interdit de montrer ou dessiner les enveloppes).

**PHASE 1** **Rédiger un message**

• Aligner devant la classe les 20 enveloppes ou feuilles opaques côte à côte.

• Inviter deux élèves à sortir dans le couloir (ou à s'éloigner du tableau). Les autres élèves font équipe par deux.

• Placer la photo de Gribouille dans la sixième enveloppe en partant de la gauche.

• Présenter la tâche :

➡ *Vous devez écrire quelque chose sur votre feuille qui permettra à vos deux camarades de trouver dans quelle enveloppe est cachée la photo. Attention, vous ne pourrez rien leur dire, rien leur montrer et en plus il est interdit de dessiner les enveloppes.*

• Après production des messages, les regrouper et les classer en fonction de leur pertinence.

Cette nouvelle contrainte a pour but d'inciter les élèves à utiliser les nombres. Le fait de placer la photo dans la sixième enveloppe facilite le recours aux nombres pour tous les élèves.

COLLECTIF

**PHASE 2** **Recherche de la photo**

• Avant le retour des élèves chargés de retrouver la photo, les messages qui ne respectent pas la contrainte imposée sont éliminés collectivement (sans se soucier de leur pertinence).

• Au retour des deux élèves chargés de trouver la photo, leur indiquer qu'ils peuvent refuser certains messages à condition de justifier leur refus.

• Proposer successivement quelques messages, en commençant par des messages non pertinents ou ambigus, puis en continuant par ceux qui sont efficaces, jusqu'à ce que les deux élèves trouvent l'emplacement de la photo.

COLLECTIF

## PHASE 3 Mise en commun, synthèse et trace écrite collective

• Afficher tous les messages produits en les répartissant avec les élèves en deux catégories : ceux qui utilisent des nombres, ceux qui n'en utilisent pas.

### SYNTHÈSE

• **Les messages qui utilisent les nombres peuvent être de deux formes :**
– ceux qui utilisent la suite des nombres et pointent le nombre associé à la position à indiquer ;
– ceux qui se limitent à fournir un seul nombre indiquant la position de la cachette.

• **Mais une condition doit être respectée :** dans les deux cas, il faut décider du point de départ (à gauche ou à droite), en précisant que le plus souvent on numérote à partir de la gauche, mais que ce n'est pas obligatoire. Le point de départ peut être simplement mémorisé, ou marqué par un objet, une croix ou une flèche.

• **Le vocabulaire** à utiliser est du type « enveloppe numéro 6 » ou « sixième enveloppe ».

• **Faire remarquer la relation entre le numéro de l'enveloppe réponse et le nombre d'enveloppes situées avant celle-ci :** si la photo se trouve dans la sixième enveloppe (ou l'enveloppe n° 6), il y a avant celle-ci 5 enveloppes vides.

### TRACE ÉCRITE

Placer un message efficace du type 6 (écrit sur un carton) au-dessus de la 6e case en partant de la gauche. Laisser cette trace écrite au tableau pendant le temps des exercices individuels.

INDIVIDUEL

## ENTRAINEMENT

### FICHIER NOMBRES ET CALCULS p. 29

Nombres et rangs

**3** **Écris** un nombre qui permet de dire sur quelle niche est Gribouille.

**4** **Colorie** la niche où se cache Gribouille.

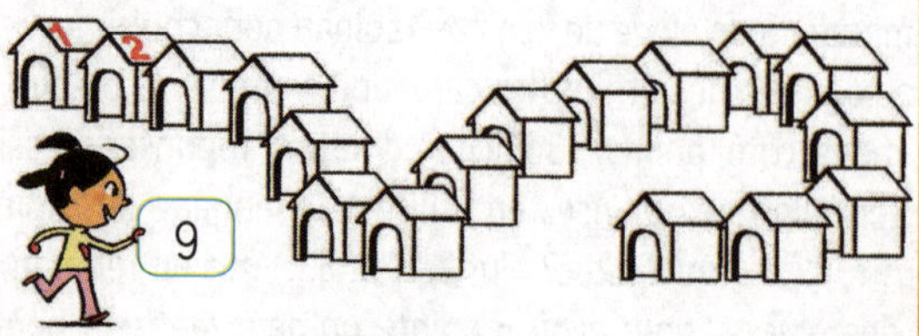


**Combien** y a-t-il de niches avant celle de Gribouille ? ..............

• Ces exercices viennent en application directe des acquis précédents.

**Exercice 3**

• Pour trouver le nombre associé à la position de Gribouille, il existe deux réponses numériques possibles, selon que l'on part de la gauche ou de la droite ; il faut donc préciser ce point de départ, par une croix par exemple.

**AIDE** Pour les élèves qui ont des difficultés à trouver l'écriture en chiffres d'un nombre, montrer comment la retrouver en parcourant les nombres de la file numérique et en disant la comptine numérique « *un, deux…* »

**RÉPONSE :** 5 (en partant de la gauche) ou 13 (en partant de la droite).

**Exercice 4**

La présence des nombres 1 et 2 associés aux niches de gauche signifie qu'on numérote à partir de la gauche.

**RÉPONSE :** Il y a 8 niches avant celle de Gribouille.

**Différenciation** → CD-Rom du guide, fiche 7.

| | Tâche | Matériel | Connaissances travaillées |
|---|---|---|---|
| **NOMBRES DICTÉS** | **Dictée de nombres jusqu'à 10**<br>– Reconnaitre les écritures chiffrées de nombres donnés oralement | pour la classe :<br>– file numérique jusqu'à 19<br>par élève :<br>FICHIER NOMBRES p. 30 ❶ | – **Désignation orale et écrite des nombres** |
| **RÉVISER** Nombres | **Comparaison et rangement des nombres jusqu'à 16**<br>– Dénombrer et réaliser des quantités jusqu'à 10. | pour la classe<br>– file numérique jusqu'à 19<br>par élève (pour certains) :<br>– file numérique › **sous-main du fichier**<br>FICHIER NOMBRES p. 30 ❷ ❸ | – **Comparaison de nombres écrits en chiffres**<br>– Rangement de nombres |
| **APPRENDRE** Calculs | **Signes +, –, =**<br>RECHERCHE **Premier répertoire additif (1)**<br>– Inventorier les résultats connus « par cœur » par les élèves<br>– Les exprimer à l'aide d'un langage symbolique | pour la classe :<br>– une grande affiche<br>par élève :<br>– ardoise ou cahier de brouillon<br>– une calculatrice (ou une pour 2 élèves)<br>FICHIER NOMBRES p. 30 ❹ | – **Signes +, –, =**<br>– **Premier répertoire de résultats**<br>– Utilisation de la calculatrice |



## DICTÉE DE NOMBRES

### Écriture chiffrée des nombres jusqu'à 10

– Associer les écritures orales et chiffrées des nombres.

INDIVIDUEL

FICHIER NOMBRES ET CALCULS p. 30

**Exercice ❶**

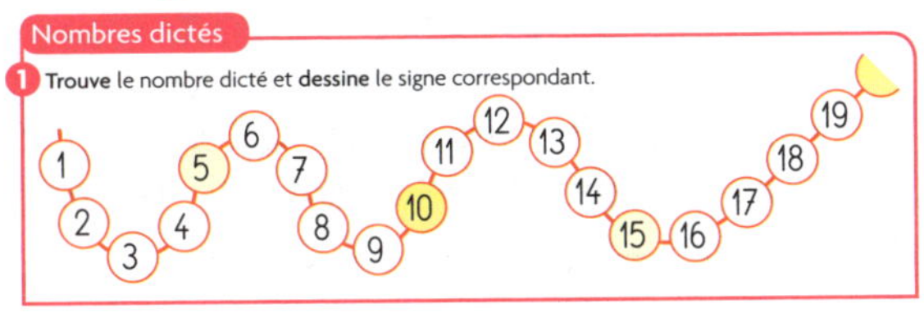


- Il faut dessiner :
  - ➡ *une croix sous sept*
  - ➡ *un rond sous trois*
  - ➡ *une flèche sous huit*
  - ➡ *un carré sous dix*
  - ➡ *un triangle sous neuf*
  - ➡ *un trait sous quatre*

Cet exercice permet de tester la capacité des élèves à associer désignation orale et écriture chiffrée, sans que les élèves aient à écrire eux-mêmes les nombres. La file numérique est dessinée jusqu'à 19 pour détecter les confusions du type 4/14 ou 8/18…

## RÉVISER

### Comparaison et rangement des nombres écrits en chiffres jusqu'à 16

– Comparer et ranger des nombres.

COLLECTIF

**PHASE 1 Annoncer des nombres plus petits ou plus grands qu'un nombre donné**

- Écrire un nombre en chiffres au tableau, par exemple 9.
- Écrire dans un encadré, en vrac, d'autres nombres, par exemple :

9

| 3 | | 10 | |
|---|---|---|---|
| | 5 | | 7 |
| 12 | | 13 | |

- Solliciter à tour de rôle des élèves pour entourer un nombre plus grand que 9 ou pour en souligner un plus petit que 9.
- Solliciter l'avis des autres élèves.
- Valider en référence à des quantités (objets, doigts…) et au placement sur la file numérique.

La référence aux quantités et à la file numérique incite à faire la relation entre « plus petit » (pour les nombres), « moins que » (pour les quantités) et « situé avant » (pour la file numérique) ; et entre « plus grand » (pour les nombres), « plus que » (pour les quantités) et « situé après » (pour la file numérique).

INDIVIDUEL

**PHASE 2**

**FICHIER NOMBRES ET CALCULS** **p. 30**

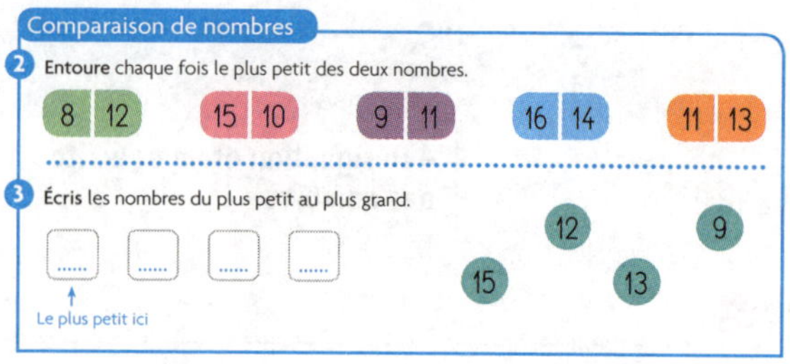


### Exercice 2

- Il s'agit de comparer les nombres deux par deux.

**Aide** Pour les élèves qui ont des difficultés, mettre des objets ou la file numérique à leur disposition.

**Réponse** : 8 ; 10 ; 9 ; 14 ; 11.

### Exercice 3

- Il s'agit de ranger des nombres par ordre croissant.

**Aide** Pour les élèves qui ont des difficultés, mettre des objets ou la file numérique à leur disposition.
Les élèves peuvent aussi écrire les nombres sur de petites cartes pour tester le rangement avant de le traduire par écrit.

**Réponse** : 9 ; 12 ; 13 ; 15.

## APPRENDRE

### Signes +, –, = (1)

– Élaborer un premier répertoire de résultats additifs.
– Exprimer les résultats en utilisant le langage symbolique (introduction des signes +, – et =).

### RECHERCHE

**Premier répertoire additif (1) :** Les élèves doivent repérer, parmi les calculs proposés, ceux dont ils connaissent les résultats « par cœur ». Ceux-ci sont consignés sur une affiche et constituent un premier répertoire de résultats utilisables.

COLLECTIF

#### PHASE 1 Calcul mental

- Reprendre l'activité de calcul mental proposée en séances 1 et 2, avec par exemple :

| 2 plus 2 | 2 plus 1 | 3 plus 3 |
|---|---|---|
| 3 moins 1 | 2 moins 2 | 5 plus 3 |

- Faire le bilan des réponses et des procédures utilisées. Relever les remarques du type « C'est facile », « Je le sais » qui seront sans doute formulées.
- Insister sur la distinction entre ce qu'on sait dire tout de suite (on le sait « par cœur » ou on le retrouve tout de suite) et ce qu'on doit « fabriquer ».

L'enjeu est d'abord de faire prendre conscience aux élèves qu'ils connaissent certains résultats sans avoir à les fabriquer ou bien qu'ils sont capables de les produire très vite, alors que d'autres résultats nécessitent un travail important.
La vérification peut se faire par recours à des objets (doigts, constellations).

COLLECTIF

#### PHASE 2 Introduction d'un codage : signes +, – et = Premier répertoire collectif

- Proposer de noter sur une grande affiche ce que certains élèves savent « par cœur », comme par exemple *deux plus deux, ça fait quatre*.
- Demander si certains élèves ont des propositions à faire pour noter ces résultats : il est probable que l'écriture « avec des mots » sera le plus souvent proposée.
- Introduire alors la manière de noter ces résultats « en mathématiques » :

  2 + 2 = 4 qui se lit *deux plus deux égale quatre* et qui correspond à l'ajout de 2 jetons à 2 jetons dans la boite.

  4 = 2 + 2 qui se lit *quatre égale deux plus deux* et qui correspond à la décomposition d'une quantité de 4 objets en 2 quantités de 2 objets chacune.

  3 – 1 = 2 qui se lit *trois moins un égale deux* et qui correspond au retrait de 1 jeton dans la boite qui en contenait 3.

  2 = 3 – 1 qui se lit *deux égale trois moins un* et qui correspond au fait qu'une quantité de 2 objets peut être obtenue en enlevant 1 objet à une quantité de 3 objets.

- Reporter les différentes écritures correspondant aux calculs connus sur la grande affiche, dans deux rubriques différentes : une pour les calculs additifs et l'autre pour les calculs soustractifs.

Le symbolisme écrit est ici fonctionnel : il permet un codage « social » de résultats qui peuvent alors être mis en commun et conservés.
Les signes + et – sont introduits simultanément, dans la mesure où les calculs correspondants ont été travaillés auparavant. On peut aussi penser que le fait d'avoir à utiliser deux symboles incite à la vigilance et facilite donc la compréhension.

COLLECTIF

#### PHASE 3 Ce que chacun pense savoir : suite du répertoire collectif

- Demander à chaque élève d'écrire, avec le nouveau langage introduit, au moins deux ou trois autres résultats qu'il connait.
- Inventorier au tableau tous les calculs différents proposés : 3 + 1 = 4 et 1 + 3 = 4 sont écrits tous les deux, mais en notant que le résultat est le même.

• Signaler aux élèves qu'on peut aussi écrire 3 + 1 = 1 + 3 pour noter que ces deux écritures correspondent à une même quantité totale d'objets.

• Vérification des résultats proposés ; ceux qui sont corrects sont reportés sur la grande affiche.

Ce travail permet à l'enseignant d'avoir une première idée de ce que les élèves savent déjà (ou de ce qu'ils pensent savoir). C'est aussi l'occasion d'organiser une mémoire collective écrite de ce qui est ainsi mémorisé par certains : ce répertoire sera ensuite progressivement complété.
Pour l'instant, le répertoire est établi, sans être organisé. Lorsqu'il comportera suffisamment de résultats, son utilisation devenant peu commode, il apparaitra nécessaire de les organiser, ce qui donnera lieu à un travail en unité 4.

COLLECTIF

## PHASE 4 La calculatrice permet de vérifier les résultats

• Distribuer des calculatrices, une par élève ou une pour deux élèves.

• Proposer une exploration collective de ce qu'on y voit : les touches chiffres, les signes +, – et =.

• Demander de mettre en route, puis de vérifier certains résultats figurant sur l'affiche.

• Remarques à propos de la calculatrice :
– la touche « = » provoque l'affichage du résultat ;
– certaines calculatrices n'affichent que les nombres (pas les signes), d'autres affichent le calcul et le résultat (par exemple la TI-Primaire Plus) ;
– sur les calculatrices qui n'affichent que les nombres (et non le calcul), on ne voit que le résultat : il ne faut donc pas se tromper en tapant ;
– la calculatrice ne permet pas d'écrire :
4 = 2 + 2 ou 3 + 1 = 1 + 3.

Il s'agit simplement de montrer que le langage apporté par l'enseignant est compatible avec celui de la calculatrice.
Le signe « = » comme annonce du résultat ne correspond pas à celui utilisé en mathématiques, où il n'annonce pas toujours un résultat, mais signale une égalité comme 4 + 5 = 10 – 1. Un premier travail sur ce signe est débuté ici, il devra être poursuivi tout au long de la scolarité.

COLLECTIF

## PHASE 5 Synthèse

**SYNTHÈSE**

• Les calculs sur les nombres peuvent se dire avec des mots (plus, moins, égal) ou s'écrire avec des signes (+, –, =).

• Quand on calcule avec *plus*, on fait l'addition des nombres.

• Quand on calcule avec *moins*, on fait la soustraction des nombres.

• Quand on connait un résultat par cœur ou qu'on peut le retrouver très vite, on gagne du temps.

• À l'aide de la calculatrice, on peut vérifier des résultats connus, mais on peut aussi obtenir de nouveaux résultats.

INDIVIDUEL

## ENTRAINEMENT

**FICHIER NOMBRES ET CALCULS** p. 30

Signes +, – et =

4 **Complète** les additions et les soustractions.
**Entoure** les résultats que tu connais par cœur.

| | |
|---|---|
| 1 + 1 = ...... | 1 – 1 = ...... |
| 2 + 0 = ...... | 5 – 2 = ...... |
| 3 – 1 = ...... | 3 + 1 = ...... |
| 3 – 2 = ...... | 2 + 3 = ...... |
| 1 + 2 = ...... | 4 – 1 = ...... |
| 4 + 1 = ...... | 4 – 4 = ...... |

### Exercice 4

• Les élèves complètent les égalités en utilisant ce qu'ils savent, en se reportant au répertoire collectif ou en reconstruisant les résultats.

• Les calculs avec + et – sont volontairement mélangés pour attirer l'attention des élèves sur le fait qu'il faut les distinguer.

**AIDE** Un soutien individuel peut être nécessaire pour aider certains à distinguer les signes + et –. Si nécessaire, du matériel (jetons) peut être mis à disposition de certains élèves pour trouver un résultat ou pour le vérifier.

**RÉPONSE** : 2 ; 2 ; 2 ; 1 ; 3 ; 5 ; 0 ; 3 ; 4 ; 5 ; 3 ; 0.

**À SUIVRE**
**En séance 4**, le travail sur les signes + et – et sur le répertoire additif sera repris, en cherchant des décompositions additives et soustractives du nombre 5 (puis des nombres 2 et 4, dans les exercices).

# Signes +, –, = (2)



| | Tâche | Matériel | Connaissances travaillées |
|---|---|---|---|
| NOMBRES DICTÉS | **Dictée de nombres jusqu'à 16**<br>– Reconnaitre les écritures chiffrées de nombres donnés oralement | pour la classe :<br>– file numérique jusqu'à 19<br>par élève :<br>FICHIER NOMBRES p. 31 1 | **– Désignation orale et écrite des nombres** |
| RÉVISER Nombres | **Comparaison et rangement des nombres jusqu'à 16**<br>– Dénombrer et réaliser des quantités jusqu'à 16. | pour la classe :<br>– file numérique jusqu'à 19<br>par élève (pour certains) :<br>– file numérique › **sous-main du fichier**<br>FICHIER NOMBRES p. 31 2 3 | **– Comparaison de nombres écrits en chiffres**<br>– Rangement de nombres |
| APPRENDRE Calculs | **Signes +, –, =**<br>RECHERCHE **Premier répertoire additif (2)**<br>– Inventorier les résultats connus « par cœur » par les élèves<br>– Les exprimer à l'aide d'un langage symbolique | pour la classe :<br>– une grande affiche<br>par élève :<br>– ardoise ou cahier de brouillon<br>– une calculatrice (ou une pour 2 élèves)<br>FICHIER NOMBRES p. 31 4 | **– Signes +, –, =**<br>**– Premier répertoire de résultats** |

## DICTÉE DE NOMBRES

### Écriture chiffrée des nombres jusqu'à 16

– Associer les écritures orales et chiffrées des nombres.

COLLECTIF

FICHIER NOMBRES ET CALCULS p. 31

**Exercice 1**

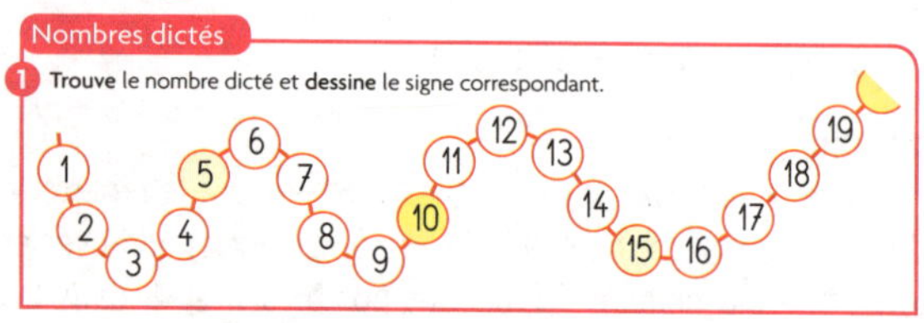


Il faut dessiner :

➡ *une croix sous cinq*
➡ *un rond sous onze*
➡ *une flèche sous neuf*
➡ *un carré sous treize*
➡ *un triangle sous douze*
➡ *un trait sous quinze*

## RÉVISER

### Comparaison et rangement des nombres écrits en chiffres jusqu'à 16

– Comparer et ranger des nombres.

COLLECTIF

**PHASE 1 Annoncer des nombres plus petits ou plus grands qu'un nombre donné**

• Écrire un nombre en chiffres au tableau, par exemple 12.

• Écrire en vrac, dans un encadré, d'autres nombres, par exemple :

12

| 13 | | |
|---|---|---|
| | 11 | |
| | 10 | 14 |
| 8 | | 16 |

• Solliciter à tour de rôle des élèves pour entourer un nombre plus grand que 12 ou pour en souligner un plus petit que 12.

• Solliciter l'avis des autres élèves.

• Valider en référence à des quantités (objets, doigts…) et au placement sur la file numérique.

La référence aux quantités et à la file numérique incite à faire la relation entre « plus petit » (pour les nombres), « moins que » (pour les quantités) et « situé avant » (pour la file numérique) ; et entre « plus grand » (pour les nombres), « plus que » (pour les quantités) et « situé après » (pour la file numérique).

INDIVIDUEL

**PHASE 2**

**FICHIER NOMBRES ET CALCULS p. 31**

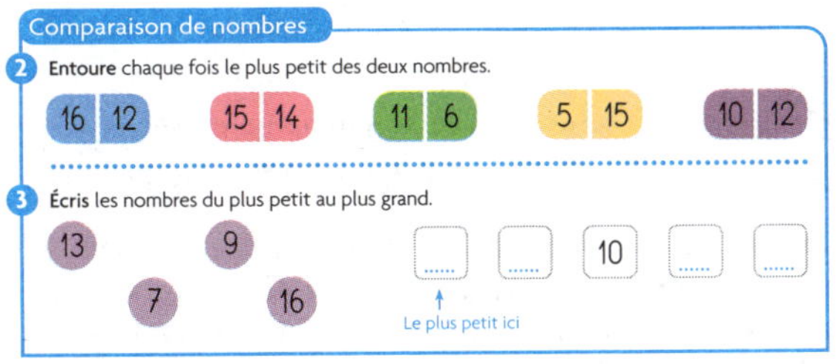
Comparaison de nombres

**2** **Entoure** chaque fois le plus petit des deux nombres.

16 12 — 15 14 — 11 6 — 5 15 — 10 12

**3** **Écris** les nombres du plus petit au plus grand.

13 9 7 16

...... ...... 10 ...... ......

Le plus petit ici

### Exercice 2

- Il s'agit de comparer les nombres deux par deux.

**AIDE** Pour les élèves qui ont des difficultés, mettre des objets ou la file numérique à leur disposition.

RÉPONSE : 12 ; 14 ; 6 ; 5 ; 10.

### Exercice 3

- Il s'agit de ranger des nombres par ordre croissant.

**AIDE** Pour les élèves qui ont des difficultés, mettre des objets ou la file numérique à leur disposition.
Les élèves peuvent aussi écrire les nombres sur des petites cartes pour tester le rangement avant de le traduire par écrit.

RÉPONSE : 7 ; 9 ; 10 ; 13 ; 16

## APPRENDRE

### Signes +, –, = (2)

– Élaborer un premier répertoire de résultats additifs.
– Exprimer des résultats en utilisant le langage symbolique (signes +, – et =).
– Calculer des sommes et des différences.
– Écrire des nombres sous forme de sommes et de différences.

UNITÉ 3

### RECHERCHE

**Premier répertoire additif (2) :** Les élèves doivent à nouveau repérer, parmi les calculs proposés, ceux dont ils connaissent les résultats « par cœur ». Ceux-ci sont ajoutés sur l'affiche et sur le répertoire commencé en séance 3. Ils doivent ensuite produire des sommes et des différences égales à 5.

COLLECTIF

**PHASE 1** **Calcul mental**

- Proposer quelques calculs à traiter mentalement, par exemple :

2 + 2    3 – 1    3 + 2
2 – 2    1 + 4    2 + 4

- Faire le bilan des réponses et des procédures utilisées.
- Noter sur une grande affiche ce que certains élèves savent « par cœur » (comme par exemple *deux moins deux, ça fait zéro*) à l'aide des signes + et – (2 – 2 = 0).

Il s'agit de revenir sur la compréhension des écritures symboliques introduites en séance 3 et de repérer les procédures utilisées par les élèves :
– appel à des résultats connus ;
– appui sur un résultat connu, par exemple : 3 + 2, c'est 1 de plus que 2 + 2 ;
– surcomptage ou décomptage ;
– représentation du calcul à l'aide d'objets (dessin, doigts…).

COLLECTIF / INDIVIDUEL

**PHASE 2** **Des sommes égales à 5**

- Proposer de compléter 3 + 2 = …
- Exploiter les réponses et les procédures mobilisées : lecture du résultat dans le répertoire, résultat connu par cœur, reconstruction du résultat…
- Écrire au tableau : 5 = • + • et proposer une nouvelle tâche :

➡ *Vous devez mettre d'autres nombres à la place des points pour obtenir 5 comme résultat.*

- Demander aux élèves de répondre sur l'ardoise ou le cahier de brouillon.
- Recenser les réponses, les faire discuter, demander de repérer les erreurs et faire exprimer les procédures utilisées pour trouver les réponses.
- Faire valider les réponses en faisant observer comment 5 peut être décomposé avec des quantités :

doigts :    dé :

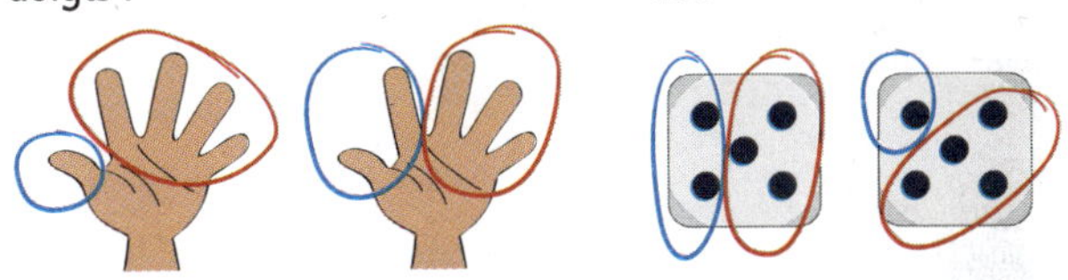

- Noter les résultats nouveaux dans le répertoire collectif (affiche).

Cette activité permet de conforter la compréhension des égalités du type a + b = c ou c = a + b.
Erreurs possibles :
– sommes dont un des termes est 5 (et l'autre n'est pas 0 !) ;
– écriture aléatoire de nombres, sans contrôler que leur somme est égale à 5.
Procédures attendues :
– appel à des résultats connus ;
– essais aléatoires vérifiés ;
– utilisation d'objets (doigts par exemple).
Plus tard (en unité 4), les élèves seront amenés à élaborer une première partie du répertoire additif en cherchant toutes les décompositions additives (en sommes de 2 termes) des nombres de 1 à 10.
Pour le moment, on ne cherche pas un inventaire exhaustif des décompositions de 5, mais la question est envisagée si des élèves le proposent.

COLLECTIF / INDIVIDUEL

**PHASE 3** **Des différences égales à 5**

- Proposer de compléter 7 – 2 = …
- Exploiter les réponses et les procédures mobilisées : lecture du résultat dans le répertoire, résultat connu par cœur, reconstruction du résultat…

• Écrire au tableau : 5 = • – • et proposer une nouvelle tâche :

➡ *Vous devez mettre d'autres nombres à la place des points pour obtenir 5 comme résultat.*

• Même exploitation qu'en phase 2.

• Faire valider les réponses en faisant observer comment 5 peut être obtenu avec des quantités dont on cache ou enlève une partie pour obtenir 5 éléments.

La plupart des élèves proposeront sans doute des solutions avec des nombres inférieurs à 10, mais il est possible que certains aillent bien au-delà. La vérification peut alors nécessiter le recours à la calculatrice.

INDIVIDUEL

## ENTRAINEMENT

### FICHIER NOMBRES ET CALCULS p. 31

Signes +, – et =

**4** **Complète** les additions et les soustractions.
**Entoure** les résultats que tu connais par cœur.

| | | |
|---|---|---|
| 2 + 1 = ...... | 2 + 2 = ...... | 1 + 3 = ...... |
| 5 + 5 = ...... | 4 – 2 = ...... | 2 + 5 = ...... |
| 2 – 1 = ...... | 3 + 3 = ...... | 5 – 3 = ...... |

**5** **Complète** de différentes façons.

| | |
|---|---|
| 4 = ...... + ...... | 2 = ...... – ...... |
| 4 = ...... + ...... | 2 = ...... – ...... |

**Exercice 4**

• Les élèves complètent les égalités en utilisant ce qu'ils savent, en se reportant au répertoire collectif ou en reconstruisant les résultats.

• Les calculs avec + et – sont volontairement mélangés pour attirer l'attention des élèves sur le fait qu'il faut les distinguer.

**Aide** Un soutien individuel peut être nécessaire pour aider certains à distinguer les signes + et –. Si nécessaire, du matériel (jetons) peut être mis à disposition de certains élèves pour trouver un résultat ou pour le vérifier.

**Réponse** : 3 ; 10 ; 1 ; 4 ; 2 ; 6 ; 4 ; 7 ; 2.

**Exercice 5**

**Réponse** : Pour 4 : 0 + 4 ; 1 + 3 ; 2 + 2 ; 3 + 1 ; 4 + 0
Pour 2 (exemples) : 2 – 0 ; 3 – 1 ; 4 – 2 ; 5 – 3 ; 6 – 4...

• Au moment de la correction, le répertoire collectif peut être enrichi des résultats nouveaux trouvés dans ces exercices.

Le travail sur des nombres très simples devrait permettre aux élèves d'utiliser des résultats connus ou de trouver facilement les solutions possibles.
La prise de conscience du fait que certains résultats peuvent être mémorisés (connus par cœur) ou retrouvés rapidement doit être constamment entretenue pour attirer l'attention des élèves sur cet objectif important.

**Différenciation** → CD-Rom du guide, fiche 8.

| | Tâche | Matériel | Connaissances travaillées |
|---|---|---|---|
| NOMBRES | **Le furet : compter jusqu'à 19**<br>– Dire les nombres de 1 en 1 | pour la classe :<br>– file numérique jusqu'à 19 | **– Suite orale des nombres jusqu'à 19** |
| RÉVISER Nombres | **Suite écrite des nombres jusqu'à 19**<br>– Trouver les nombres manquants sur la file numérique | pour la classe :<br>– file numérique collective : de 1 à 19<br>par élève :<br>FICHIER NOMBRES p. 32 ① | **– Suite écrite des nombres jusqu'à 19**<br>– Régularités de cette suite |
| APPRENDRE Nombres | **Vers la dizaine**<br>RECHERCHE **Les nombres de 11 à 19 en fonction de 10 (1)**<br>– Réaliser ou reconnaitre une quantité de doigts réalisée sous forme d'un groupement de 10 et d'unités | pour la classe :<br>– la file numérique collective affichée<br>par élève :<br>– une feuille de papier et un crayon<br>FICHIER NOMBRES p. 32 ② ③ | **– Dizaine**<br>– Décomposition de quantités (de 11 à 19) en appui sur la quantité 10<br>– Signification des chiffres en fonction de leur rang<br>– Lecture des nombres jusqu'à 19 |

## COMPTINE ORALE

**Le furet** • Comptine orale jusqu'à 19

– Connaitre la suite orale des nombres jusqu'à 19.

### PHASE 1 Atteindre le nombre cible

COLLECTIF

- Annoncer un nombre inférieur ou égal à 19, par exemple *seize*. C'est le nombre cible qui est marqué par une flèche sur la file collective.
- Demander à un élève de réciter la suite des nombres, à partir de *un* (ou d'un autre nombre fixé : par exemple *cinq*, *huit* ou *dix*), jusqu'au nombre choisi comme cible.
- Les autres élèves doivent repérer les erreurs.

### PHASE 2 Le furet

COLLECTIF

- Marquer un nombre de départ et un nombre cible par une flèche sur la file collective.
- Demander à chaque élève désigné de dire le nombre suivant avant de passer le relai au nouvel élève désigné.

Une bonne maitrise de la suite orale des nombres, récitée en avant et en arrière, à partir de *un* ou d'un autre nombre, est importante.
On peut faire remarquer le voisinage, au niveau de la prononciation, entre *un* et *onze*, *deux* et *douze*…, *six* et *seize*, et surtout *sept* et *dix-sept*, *huit* et *dix-huit*, *neuf* et *dix-neuf*. Cette proximité est exploitée dans la situation d'apprentissage de cette séance, qui vise une première compréhension des écritures des nombres à deux chiffres. Cependant, cette référence n'est pas suffisante pour tous les élèves et un apprentissage par entrainement, visant une bonne mémorisation de la suite orale, reste nécessaire.
Le fait de signaler les nombres de départ et cible sur la file collective permet d'en faciliter la mémorisation. Cette commodité peut être utilisée ou non.

## RÉVISER

### Suite écrite des nombres jusqu'à 19

– Connaitre la suite écrite des nombres jusqu'à 19.

COLLECTIF

**PHASE 1 Les nombres cachés**

• Poser un cache sur cinq nombres de la file numérique collective, par exemple : 2 ; 6 ; 9 ; 12 ; 13.

• Demander aux élèves de retrouver ces nombres cachés, en commençant par le plus petit. Enlever le cache pour valider les réponses.

INDIVIDUEL

**PHASE 2**

**FICHIER NOMBRES ET CALCULS p. 32**

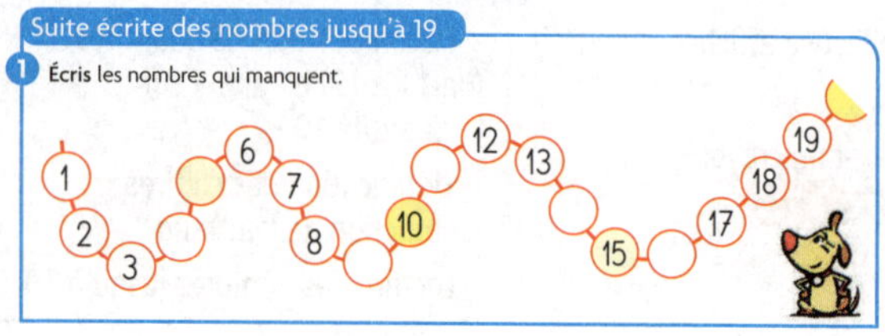


**Exercice 1**

• Les élèves écrivent les nombres absents sur la file numérique.

• La correction immédiate ou différée se fait :

– en confrontant d'abord entre élèves les réponses proposées et les procédures utilisées ;

– en validant ensuite à l'aide de la file collective.

**AIDE** Les élèves les plus en difficulté peuvent utiliser leur file individuelle (sous-main).

**Procédures possibles :**
– utilisation de la règle de succession des nombres écrits en chiffres ;
– comptage de 1 en 1, à partir de 1 ou d'un nombre reconnu.

RÉPONSE : 4 ; 5 ; 9 ; 11 ; 14 ; 16.

## APPRENDRE

### Vers la dizaine (1)

– Reconnaitre que, par exemple, 12 correspond à un groupement de dix objets et deux objets isolés.

**RECHERCHE**

**Les nombres de 11 à 19 en fonction de 10 (1) :** Les élèves doivent trouver un moyen de montrer un nombre donné de doigts.

COLLECTIF

**PHASE 1 Sept doigts et dix-sept doigts**

• Appeler un élève au tableau et lui demander de montrer *sept* doigts levés (repérer le nombre 7 sur la file numérique).

• Demander aux autres élèves de vérifier la réponse (les 7 doigts peuvent être formés par 5 doigts sur une main et 2 doigts sur l'autre ou par 4 doigts sur une main et 3 doigts sur l'autre).

• Demander ensuite si l'élève au tableau peut montrer, à lui seul, *dix-sept* doigts levés. Faire reconnaitre que c'est impossible car un enfant n'a que dix doigts.

• Demander à un deuxième élève de rejoindre le premier au tableau et préciser la tâche :

➡ *Vos deux camarades devront lever, ensemble, dix-sept doigts. Chacun d'eux lèvera le nombre de doigts que vous lui demanderez pour que, au total, cela fasse dix-sept doigts (repérer le nombre 17 sur la file numérique collective, par une flèche). Vous avez une feuille de papier pour chercher. Vos deux camarades peuvent aussi essayer, dans leur coin, avec leurs doigts.*

• Inventorier ensuite les réponses collectivement, chacune d'elles étant vérifiée en demandant aux élèves appelés au tableau de la réaliser avec leurs doigts. Formuler avec les élèves les solutions trouvées, par exemple :

– un élève lève *dix* doigts et l'autre lève *sept* doigts (faire remarquer que le 1$^{er}$ élève avait déjà levé *sept* doigts et qu'il a suffi au 2$^{e}$ élève de lever ses *dix* doigts, donc ses deux mains) ;

– un élève lève *neuf* doigts et l'autre lève *huit* doigts (ou l'inverse).

**SYNTHÈSE**

Conclure en remarquant que :
– la première solution (*dix* doigts et *sept* doigts) est plus rapide et qu'elle correspond bien au nom du nombre : *dix-sept* ;
– cette solution peut aussi s'écrire 10 + 7 = 17 ;
– le 7 se retrouve dans l'écriture de 17.

Il s'agit d'une toute première approche de la numération décimale et de la notion de dizaine (le terme n'est pas utilisé avec les élèves), où est mise en évidence la facilité qu'offre le nombre dix pour représenter d'autres nombres. Aucune formalisation n'est attendue à ce moment. Toutes les réponses correctes sont acceptées.
L'analyse des erreurs peut être réalisée en s'appuyant sur les productions écrites : dessins de doigts, de points ou (plus rarement sans doute) écriture de nombres.
Le choix du nombre *dix-sept* permet de mettre l'accent sur le rôle que peut jouer le nombre *dix* pour résoudre plus rapidement le problème posé. En phase 2, le nombre choisi (*douze*) permet de constater que tous les nombres n'offrent pas cette facilité.

COLLECTIF

**PHASE 2 Douze doigts**

• Appeler deux nouveaux élèves au tableau et préciser la tâche :

➡ *Il faut trouver maintenant une solution pour que vos deux camarades lèvent ensemble douze doigts (repérer le nombre 12 sur la file numérique collective, par une flèche). Vous avez toujours une feuille pour chercher.*

• Inventorier ensuite les réponses collectivement, chacune d'elles étant vérifiée en demandant aux élèves appelés au tableau de la réaliser avec leurs doigts. Formuler avec les élèves les solutions trouvées, par exemple :

– un élève lève *dix* doigts et l'autre lève *deux* doigts (faire remarquer qu'on a alors procédé comme pour *dix-sept* et que *douze* c'est donc *dix* et encore *deux*) ;

– un élève lève *six* doigts et l'autre lève *six* doigts ;

– un élève lève *huit* doigts et l'autre lève *quatre* doigts ;

– …

**SYNTHÈSE**

Conclure en remarquant que :

– la première solution (*dix* doigts et *deux* doigts) est plus rapide et qu'elle correspond un peu au nom du nombre : *douze* (avec *douze* on entend un peu le *deux*) ;

– cette solution peut aussi s'écrire 10 + 2 = 12 ;

– le 2 se retrouve dans l'écriture de 12.

Un premier pas est fait vers la compréhension de l'écriture décimale. Il en faudra d'autres pour parvenir à mettre en évidence que la valeur d'un chiffre dépend de sa position dans l'écriture d'un nombre. Pour beaucoup d'élèves, 17 et 12 sont, pour le moment, des écritures globales des nombres *dix-sept* et *douze*. En unité 5, un travail sera conduit pour que les élèves donnent à chaque chiffre sa signification particulière.

INDIVIDUEL

## ENTRAINEMENT

**FICHIER NOMBRES ET CALCULS p. 32**

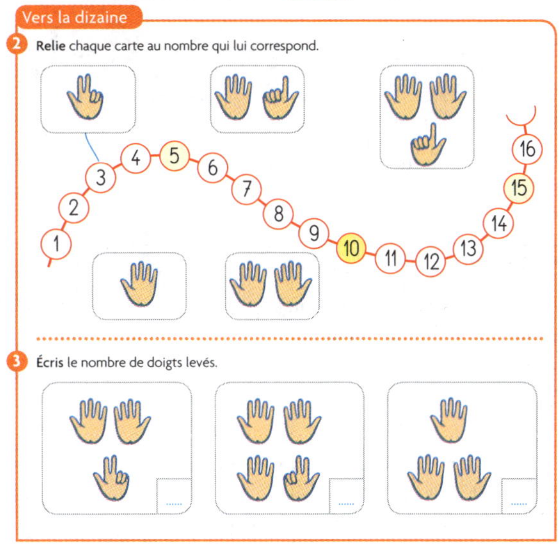


• Ces exercices viennent en application directe des acquis précédents.

**Exercice 2**

• Il s'agit de relier chaque représentation par des doigts à la représentation chiffrée correspondante sur la file numérique.

• Au moment de la correction :

– inviter les élèves à expliquer comment ils ont procédé, en particulier observer s'ils ont tiré parti de la phase d'apprentissage ;

– faire lire les nombres concernés ;

– mettre l'accent sur le fait que « une main complète » correspond à 5 et « deux mains complètes » à 10, et qu'on retrouve le nombre 12 étudié pendant la phase d'apprentissage (« 12 doigts » formé de « 10 doigts » et de « 2 doigts »).

RÉPONSE : en haut : 7 ; 12 ; en bas : 5 ; 10.

**Exercice 3**

• Écrire en chiffres les nombres de doigts.

• Au moment de la correction : mêmes commentaires que pour l'exercice 3.

AIDE Les élèves peuvent se référer à la file numérique.

RÉPONSE : 13 ; 18 ; 15.

**À SUIVRE**

Le même travail est repris **en séance 6**, avec des quantités organisées en constellations.

UNITÉ 3

# Vers la dizaine (2)



| | Tâche | Matériel | Connaissances travaillées |
|---|---|---|---|
| NOMBRES | **Le furet : compter jusqu'à 19**<br>– Dire les nombres de 1 en 1 | pour la classe :<br>– file numérique jusqu'à 19 | **– Suite orale des nombres jusqu'à 19** |
| RÉVISER Nombres | **Suite écrite des nombres jusqu'à 19**<br>– Trouver les nombres manquants sur la file numérique | pour la classe :<br>– file numérique collective : de 1 à 19<br>par élève :<br>FICHIER NOMBRES p. 33 1 2 | **– Suite écrite des nombres jusqu'à 19**<br>– Régularités de cette suite |
| APPRENDRE Nombres | **Vers la dizaine**<br>RECHERCHE **Les nombres de 11 à 19 en fonction de 10 (2)**<br>– Réaliser ou reconnaitre une quantité de points réalisée sous forme d'un groupement de 10 et d'unités | pour la classe :<br>– la file numérique collective affichée<br>par élève :<br>– 10 cartes portant les points de 1 à 10 en constellations › **matériel du fichier, planche 2**<br>– une feuille de papier et un crayon<br>FICHIER NOMBRES p. 33 3 4 | **– Dizaine**<br>– Décomposition de quantités (de 11 à 19) en appui sur la quantité 10<br>– Signification des chiffres en fonction de leur rang<br>– Lecture des nombres jusqu'à 19 |

## COMPTINE ORALE

**Le furet** • Comptine orale jusqu'à 19

– Connaitre la suite orale des nombres jusqu'à 19, en avant et en arrière.

COLLECTIF

• Marquer un nombre de départ et un nombre cible par une flèche sur la file collective, le nombre de départ pouvant être plus grand que le nombre cible.

• Demander à chaque élève désigné de dire le nombre suivant ou précédent avant de passer le relai au nouvel élève désigné.

La maitrise de la suite des nombres en reculant est beaucoup plus difficile qu'en avançant. Il faut donc commencer par un domaine bien maitrisé (celui des nombres inférieurs à 10 par exemple). Laisser aux élèves un peu plus de temps et inciter à l'appui sur la file numérique.

## RÉVISER

**Suite écrite des nombres jusqu'à 19**

– Connaitre la suite écrite des nombres jusqu'à 19.

COLLECTIF

**PHASE 1 Les nombres cachés**

• Poser un cache sur cinq nombres de la file numérique collective, par exemple : 8 ; 10 ; 11 ; 14 ; 18.

• Demander aux élèves de retrouver ces nombres cachés, en commençant par le plus petit. Enlever les caches pour valider les réponses.

INDIVIDUEL

**PHASE 2**

FICHIER NOMBRES ET CALCULS p. 33

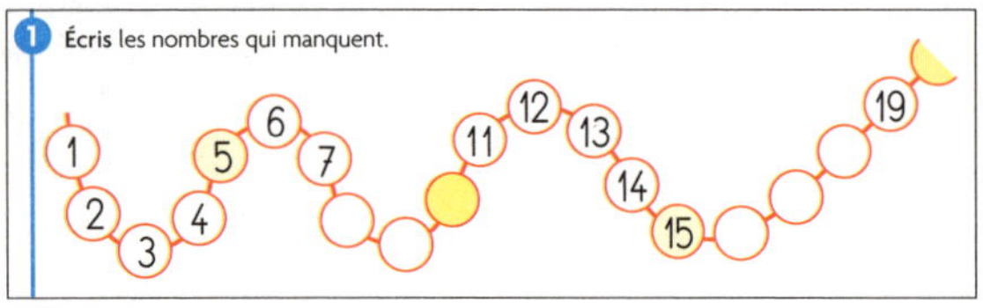


**Exercice 1**

• Les élèves écrivent les nombres absents sur la file numérique.

• La correction, immédiate ou différée, se fait :
– en confrontant d'abord entre élèves les réponses proposées et les procédures utilisées ;
– en validant ensuite à l'aide de la file collective.

AIDE Les élèves les plus en difficulté peuvent utiliser leur file individuelle (sous-main).

**Procédures possibles :**
– utilisation de la règle de succession des nombres écrits en chiffres ;
– comptage de 1 en 1, à partir de 1 ou d'un nombre reconnu.

RÉPONSE : 8 ; 9 ; 10 ; 16 ; 17 ; 18.

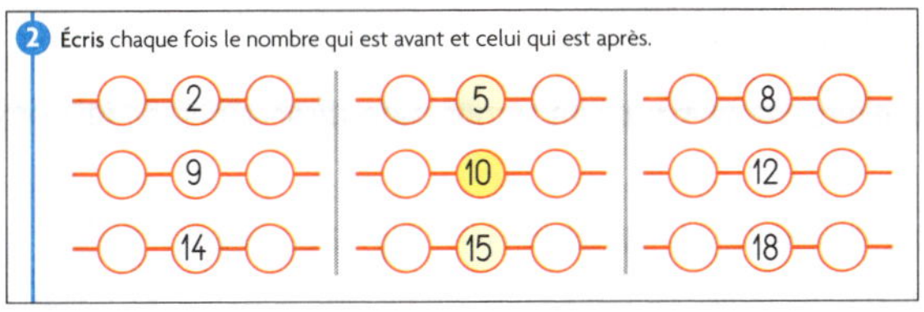


**Exercice 2**

• Indiquer aux élèves que, dans cet exercice, on a des petits morceaux de la file numérique et que, chaque fois, il faut écrire le nombre qui vient juste avant et le nombre qui vient juste après celui qui est déjà écrit.

RÉPONSE : 1 et 3 ; 4 et 6 ; 7 et 9 ; 8 et 10 ; 9 et 11 ; 11 et 13 ; 13 et 15 ; 14 et 16 ; 17 et 19.

**Différenciation** → CD-Rom du guide, fiche 9.

## APPRENDRE

### Vers la dizaine (2)

– Reconnaitre que, par exemple, 18 correspond à un groupement de dix objets et huit objets isolés.

#### RECHERCHE

**Les nombres de 11 à 19 en fonction de 10 (2) :** Les élèves doivent trouver un moyen de montrer un nombre donné de points, à partir de cartes portant des constellations.

COLLECTIF / INDIVIDUEL

**PHASE 1 Huit points et dix-huit points**

• Distribuer un lot de cartes constellations à chaque élève.

• Demander de montrer la carte qui comporte *huit* points (repérer le nombre 8 sur la file numérique). Faire une correction rapide.

• Demander ensuite :

➡ *Avec deux cartes vous devez maintenant avoir dix-huit points* (repérer le nombre 18 sur la file numérique).

• Inventorier et vérifier ensuite les réponses collectivement. Formuler avec les élèves la solution trouvée : une carte de 10 points et une carte de 8 points.

**SYNTHÈSE**

• Conclure en remarquant que :
– la solution (*dix* points et *huit* points) correspond au nom du nombre : *dix-huit* ;
– cette solution peut aussi s'écrire 10 + 8 = 18 ;
– le 8 se retrouve dans l'écriture de 18.

• Montrer que la même solution peut être réalisée avec les doigts.

Le choix du nombre *dix-huit* permet de mettre l'accent sur le rôle que joue le nombre *dix* pour résoudre le problème posé. Compte tenu des cartes disponibles, la seule façon d'avoir 18 points est d'utiliser une carte de 10 points et une carte de 8 points.

COLLECTIF / INDIVIDUEL

**PHASE 2 Quinze points**

• Préciser la nouvelle tâche :

➡ *Avec deux cartes vous devez maintenant avoir quinze points* (repérer le nombre 15 sur la file numérique).

• Inventorier et vérifier ensuite les réponses collectivement. Formuler avec les élèves les solutions trouvées, par exemple :
– une carte de 10 points et une carte de 5 points ;
– une carte de 8 points et une carte de 7 points ;
– …

**SYNTHÈSE**

• Conclure en remarquant que :
– la première solution (*dix* points et *cinq* points) est plus rapide et qu'elle correspond un peu au nom du nombre : *quinze* (dans *quinze*, on entend quelque chose de *cinq*) ;
– cette solution peut aussi s'écrire 10 + 5 = 15 ;
– le 5 se retrouve dans l'écriture de 15.

• Montrer que la même solution peut être réalisée avec les doigts.

Le travail commencé à la séance précédente est ici poursuivi avec 18 et 15. En unité 5, un travail sera conduit pour renforcer la signification particulière de chaque chiffre. Il ne s'agit donc ici que d'une première approche.

COLLECTIF

**PHASE 3 Synthèse générale**

**SYNTHÈSE**

• Souligner la relation entre ce qui est entendu dans *dix-huit* (ou dans *dix-sept*) et ce qui est réalisé avec les points (ou les doigts) : pour *dix-huit*, *dix* points et *huit* points).

• Souligner également que le 8 se retrouve dans l'écriture 18 (nombre repéré sur la file numérique collective). Le chiffre 8 de 18 indique ce qu'il faut ajouter à 10 pour avoir 18. On peut faire remarquer aussi, sans y insister pour l'instant, que le 1 de 18 indique un groupement de dix.

• Faire remarquer que *quinze* correspond à *dix* points et *cinq* points, mais ne se dit pas *dix-cinq*. Cependant dans *quinze*, le « in » est une référence au *cinq*. Le chiffre 5 de 15 indique ce qu'il faut ajouter à 10 pour avoir 15.

**TRACE ÉCRITE**

Conserver au tableau pour quelques séances les représentations de 18 et de 15 avec les doigts, avec les points, sous forme de mots-nombres et sous forme d'écritures chiffrées. Par exemple, pour 18 :

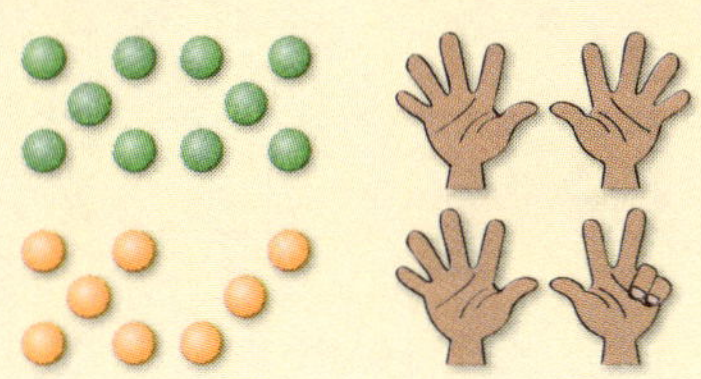

**dix-huit** **18**

INDIVIDUEL

## ENTRAINEMENT

### FICHIER NOMBRES ET CALCULS p. 33

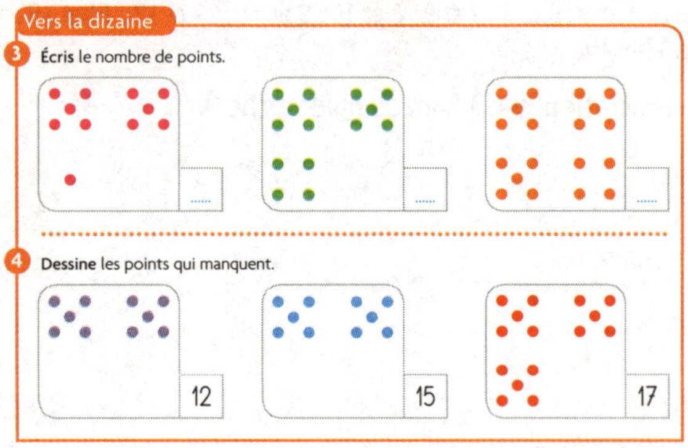


**Exercices 3 et 4**

- Ces exercices viennent en application directe des acquis précédents.
- Au moment de la correction, mettre l'accent sur l'intérêt de s'appuyer sur 10 pour reconnaitre ou obtenir le nombre de points.

Trois procédures pour trouver ou obtenir le nombre de points :
– compter un par un ;
– s'appuyer sur la reconnaissance de 10, puis surcompter de 1 en 1 (11, 12, 13, 14) ;
– s'appuyer sur 10 et sur l'identification du nombre de points restants (par exemple 4) et écrire directement 14.

RÉPONSE : 3 11 ; 14 ; 19. 4 2 points ; 5 points ; 2 points.

# Comparaison de longueurs (1)



| | Tâche | Matériel | Connaissances travaillées |
|---|---|---|---|
| NOMBRES DICTÉS | **Dictée de nombres jusqu'à 19**<br>– Reconnaitre les écritures chiffrées de nombres donnés oralement | pour la classe :<br>– file numérique jusqu'à 19<br>par élève :<br>– file numérique jusqu'à 19 (pour certains)<br>– ardoise ou cahier de brouillon (pour d'autres) | **– Désignation orale et écrite des nombres** |
| RÉVISER Géométrie | **Tracés à la règle**<br>– Réaliser des tracés en utilisant la règle | par élève :<br>– une règle, une gomme et un crayon bien taillé<br>CAHIER GÉOMÉTRIE **p. 8** ① | **– Utilisation de la règle pour tracer un trait en suivant une ligne déjà tracée** |
| APPRENDRE Mesures | **Comparaison de longueurs**<br>RECHERCHE **C'est quelle bande ? (1)**<br>– Utiliser une comparaison intermédiaire pour comparer des longueurs | pour la classe :<br>– les 9 bandes découpées en plusieurs exemplaires › **fiche 12**<br>– une feuille avec, au recto, les 9 bandes et au verso, la bande 1 › **fiches 12 et 13**<br>– une feuille avec, au recto, les 9 bandes et au verso, la bande 2 › **fiches 12 et 13**<br>par élève :<br>– 1 bande rose › **matériel du cahier, planche 3**<br>**• pour les phases 1 et 2 :**<br>– une feuille avec, au recto, les 9 bandes et, au verso, soit la bande 1, soit la bande 2<br>› **fiches 12 et 13**<br>**• pour l'entrainement :**<br>– une feuille avec, au recto, les 9 bandes et, au verso, soit la bande 3, soit la bande 4<br>› **fiches 12 et 14** | **– Comparaison indirecte de longueurs** |

## DICTÉE DE NOMBRES

### Écriture chiffrée des nombres jusqu'à 19

– Associer les écritures orales et chiffrées des nombres.

COLLECTIF

L'activité peut être conduite sous deux formes (différencier selon les possibilités des élèves) :
– l'élève écrit en chiffres chaque nombre dicté sur l'ardoise ou le cahier de brouillon ;
– l'élève place un pion sur la case de la file numérique qui correspond au nombre dicté.

➡ *huit*
➡ *dix-huit*
➡ *trois*
➡ *treize*
➡ *douze*
➡ *deux*

## RÉVISER

### **Tracés à la règle** • Tracer sur des pointillés

– Effectuer des tracés à l'aide de la règle en s'appuyant sur des lignes déjà tracées.

INDIVIDUEL

**CAHIER MESURES ET GÉOMÉTRIE p. 8**

Tracés à la règle

**1** **Trace** les traits sur les pointillés.

**Exercice 1**

• Demander aux élèves de compléter le dessin à l'aide de la règle en repassant les traits en pointillés. Préciser qu'ils doivent poser la règle contre les traits en pointillés, tracer sur les pointillés, arrêter le trait aux extrémités des traits en pointillés, ne pas dépasser. Engager les élèves à un maximum de soin.

• Photocopier, afficher et commenter certains dessins pour discuter du respect des contraintes : il faut poser la règle de façon à bien aligner son bord et le trait, en prenant en compte l'épaisseur de la mine de crayon.

## APPRENDRE

### Comparaison de longueurs (1)

– Comparer deux longueurs à l'aide d'une comparaison intermédiaire.

### RECHERCHE

**C'est quelle bande ? (1) :** 9 bandes de longueurs différentes sont dessinées au recto d'une feuille. Une de ces bandes est reproduite au verso. Les élèves disposent d'une « bande outil » qu'ils vont devoir utiliser pour déterminer quelle est la bande qui figure au verso.

INDIVIDUEL

**PHASE 1 Quelle bande Gribouille a-t-il dessinée ?**

• Afficher au tableau la suite des 9 bandes rangées de **a** à **i**.

• Présenter la fiche avec la bande 1 à la classe et expliquer l'activité :

➡ *Sur un côté de la feuille, les 9 bandes présentées au tableau sont dessinées et sont marquées par une lettre* (montrer le recto, avec les bandes de **a** à **i**). Demander aux élèves de montrer la bande **a**, son « début » et sa « fin ». Prendre la bande **a** du tableau et la superposer à celle de la feuille. Faire de même avec une seconde bande et si besoin avec une troisième.

➡ *Sur l'autre côté de la feuille* (montrer le verso avec la bande 1), *Gribouille a reproduit une des 9 bandes qui sont au dos de la feuille. Il faut trouver laquelle de ces bandes Gribouille a dessinée. Quand vous aurez trouvé quelle bande Gribouille a dessinée, je vous donnerai cette bande et vous pourrez alors vérifier.*

• Mimer la commande :

➡ *Si un élève pense que c'est la bande **d** que Gribouille a dessinée, je lui donne la bande **d**. Il vérifie si c'est la même bande* (poser la bande **d** sur la bande 1 affichée au tableau). *Ce n'est pas la bande **d**. Pour chercher, vous pouvez utiliser la bande rose* (la faire détacher dans le matériel du cahier). *Chacun doit chercher tout seul. Je ne vous donnerai pas d'indication supplémentaire.*

• Indiquer que la moitié de la classe va chercher quelle est la bande qui correspond à la bande 1. L'autre moitié va chercher quelle est la bande qui correspond à la bande 2 dessinée elle aussi par Gribouille (montrer le recto et le verso de la 2e fiche avec la bande 2).

• Interdire tout échange de fiches qui rendrait possible une comparaison directe.

• Observer les procédures mises en œuvre par les élèves pour trouver la bande de même longueur.

• Lorsqu'un élève pense savoir de quelle bande il s'agit, il le note sur sa feuille et demande cette bande à l'enseignant pour vérification. Si ce n'est pas la bonne bande, il peut recommencer sa recherche.

L'objectif est ici la comparaison de longueurs par utilisation d'un outil et d'une comparaison intermédiaire.
Il s'agit d'amener les élèves à se convaincre que l'estimation visuelle n'est pas efficace et qu'une méthode de comparaison indirecte est nécessaire : le report de la longueur d'une des bandes à comparer sur la bande de papier rose.

COLLECTIF

### PHASE 2 Mise en commun et synthèse

• Commencer par se mettre d'accord sur les bandes que Gribouille a dessinées : **d** et **g**. Deux élèves viennent vérifier au tableau que ce sont bien les bonnes bandes, en les superposant aux bandes 1 et 2. Insister sur le fait qu'il faut que ce soit exactement pareil.

• Engager une discussion sur les méthodes utilisées, celles qui sont efficaces :
– certains ont procédé par essais successifs, en choisissant visuellement une des bandes ;
– certains ont utilisé l'écartement de leurs doigts, et l'ont comparé à une ou plusieurs bandes, mais la méthode n'est pas très fiable ;
– certains ont utilisé un objet de référence, un crayon par exemple et ont marqué sur cet objet la longueur de la bande 1 ou 2 et l'ont comparée à l'une des bandes du recto ;
– certains ont peut-être utilisé la règle graduée, mais cette méthode n'est pas exploitée au cours de cette séance ;
– d'autres ont utilisé la bande rose, par exemple en marquant avec le doigt ou en cochant au crayon un repère de longueur sur la bande, et en la comparant à une autre bande.

• Montrer la méthode au tableau et engager chaque élève à utiliser la bande rose pour vérifier que les bandes 1 et **g** ou que les bandes 2 et **d** ont la même longueur.

**SYNTHÈSE**

Pour comparer par exemple les longueurs des bandes 1 et **g**, il faut :
– ajuster la bande rose à une extrémité de la bande 1 ;
– faire une marque sur la bande rose à l'autre extrémité de la bande 1 (on peut aussi plier la bande rose) ;
– comparer cette longueur repérée sur la bande rose à la longueur de la bande **g**.

INDIVIDUEL

## ENTRAINEMENT

• Relever les fiches du travail précédent et distribuer celles comportant la bande 3 ou la bande 4.

➡ *Il faut trouver laquelle des bandes* (bandes **a** à **i** au recto) *est la bande 3 ou la bande 4* (au verso).

• Engager les élèves à utiliser la bande rose et la méthode montrée précédemment.

• Recensez les réponses ; au besoin, un élève vient montrer la méthode au tableau.

RÉPONSE : La bande 3 est la bande **e**. La bande 4 est la bande **a**.

Certains élèves montrent encore des difficultés dans l'utilisation d'une méthode de comparaison indirecte. Ces méthodes seront entrainées à la séance suivante.

UNITÉ 3

# Comparaison de longueurs (2)



| | Tâche | Matériel | Connaissances travaillées |
|---|---|---|---|
| NOMBRES DICTÉS | **Dictée de nombres jusqu'à 19**<br>– Reconnaitre les écritures chiffrées de nombres donnés oralement | pour la classe :<br>– file numérique jusqu'à 19<br>par élève :<br>– file numérique jusqu'à 19 (pour certains)<br>– ardoise ou cahier de brouillon (pour d'autres) | **– Désignation orale et écrite des nombres** |
| RÉVISER Géométrie | **Tracés à la règle**<br>– Réaliser des tracés en utilisant la règle | par élève :<br>– une règle, une gomme et des crayons de couleur<br>CAHIER GÉOMÉTRIE p. 9 ❶ | **– Utilisation de la règle pour prolonger un segment** |
| APPRENDRE Mesures | **Comparaison de longueurs**<br>RECHERCHE **C'est quelle bande ? (2)**<br>– Utiliser une comparaison intermédiaire pour comparer des longueurs | pour la classe :<br>– les 9 bandes découpées en séance 7, en plusieurs exemplaires › **fiche 12**<br>– une feuille avec les 9 bandes › **fiche 12**<br>par élève :<br>– 1 bande rose › **matériel du cahier, planche 3**<br>– une feuille avec les 9 bandes › **fiche 12**<br>CAHIER GÉOMÉTRIE p. 9 ❷ | **– Comparaison indirecte de longueurs** |

## DICTÉE DE NOMBRES

### Écriture chiffrée des nombres jusqu'à 19

– Associer les écritures orales et chiffrées des nombres.

COLLECTIF

• L'activité peut être conduite sous deux formes (différencier selon les possibilités des élèves) :

– l'élève écrit en chiffres chaque nombre dicté sur l'ardoise ou le cahier de brouillon ;

– l'élève place un pion sur la case de la file numérique qui correspond au nombre dicté.

• Nombres dictés : *dix*, *six*, *seize*, *quatre*, *quatorze* et *onze*.

## RÉVISER

### Tracés à la règle • Prolonger des traits

– Effectuer des tracés à l'aide de la règle en s'appuyant sur des lignes déjà tracées.

– Prolonger un trait.

INDIVIDUEL

CAHIER MESURES ET GÉOMÉTRIE p. 9

Tracés à la règle

❶ **Complète** chaque trait avec un crayon de la même couleur.

**Exercice ❶**

• Demander aux élèves de compléter le dessin à l'aide de la règle en joignant les traits de même couleur. Préciser qu'ils doivent poser la règle contre les traits, arrêter le trait aux extrémités des traits déjà tracés, ne pas dépasser. Engager les élèves à un maximum de soin.

• Photocopier, afficher et commenter certains dessins pour discuter de la rectitude des traits de couleur : il faut poser la règle de façon à bien aligner son bord et le trait en prenant en compte l'épaisseur de la mine de crayon. Si besoin, faire refaire le dessin sur la fiche différenciation.

Veiller à ce que les élèves posent convenablement la règle : certains posent son extrémité au bout du segment de couleur (en visant l'alignement) et non contre.

**Différenciation** → CD-Rom du guide, fiche 10.

APPRENDRE

# Comparaison de longueurs (2)

– Comparer deux longueurs à l'aide d'une comparaison intermédiaire.

## RECHERCHE

**C'est quelle bande ? (2) :** Les élèves ont à décider quelle est la bande la plus longue (ou la plus courte) parmi deux ou plusieurs bandes. Ils disposent pour cela d'une « bande outil » qui va leur permettre de comparer les longueurs des bandes.

### PHASE 1 Quelle bande est la plus longue ?

• Distribuer la fiche avec les neuf bandes. Les élèves se munissent d'une bande rose.

• Poser le nouveau problème :

➡ *Des bandes **a** et **c**, quelle est la plus longue ?*

• Engager les élèves à trouver un moyen sûr, en interdisant d'utiliser la fiche de son voisin, ce qui rendrait possible une comparaison directe.

• Observer les procédures mises en œuvre par les élèves.

• Lorsqu'un élève pense savoir de quelle bande il s'agit, il le note sur sa feuille.

Les premières procédures peuvent relever de l'estimation visuelle. Certains pensent que la disposition spatiale est importante et que la plus longue est celle « qui va le plus loin sur la droite ». La méthode de comparaison indirecte expliquée à la séance précédente est réinvestie par d'autres.

### PHASE 2 Mise en commun

• Recenser les réponses : ceux qui pensent que **a** est plus longue, ceux qui pensent que **c** est plus longue.

• Engager une discussion sur les méthodes utilisées. Un élève vient montrer au tableau comment il a utilisé la bande rose, par exemple en cochant au crayon un repère de longueur sur la bandelette pour **a** et un autre pour **c**, ou seulement pour la bande **a** en comparant cette longueur repérée à la bande **c**.

• Faire procéder à la vérification : un élève vient comparer les longueurs des bandes **a** et **c** découpées.

RÉPONSE : **a**.

Il s'agit d'amener les élèves à se convaincre que l'estimation visuelle n'est pas efficace et qu'une méthode de comparaison indirecte est nécessaire : le report de la longueur d'une des bandes sur la bandelette de papier.

### PHASE 3 D'autres problèmes de comparaison

• Engager chaque élève à utiliser une des méthodes précédemment expliquées pour résoudre les problèmes de comparaison suivants :

➡ *Des bandes **c** et **d**, quelle est la plus longue ?*

RÉPONSE : **c**.

➡ *Des bandes **b** et **e**, quelle est la plus courte ?*

RÉPONSE : **b**.

➡ *Quelle est la plus longue de toutes les bandes ?*

RÉPONSE : **a**.

➡ *Quelle est la plus courte de toutes les bandes ?*

RÉPONSE : **b**.

• Observer auprès de chacun l'application d'une méthode correcte de comparaison. Lors de la correction, faire procéder, si besoin, à la vérification des résultats trouvés par comparaison directe des bandes découpées.

### SYNTHÈSE

• Pour savoir quelle est la bande la plus longue parmi plusieurs bandes :
– on peut éliminer certaines bandes à l'œil quand il ne fait aucun doute qu'elles sont moins longues que les autres ;
– pour les bandes qui restent, on utilise une bande intermédiaire (la bande rose).

• Pour chaque bande à comparer :
– on fait coïncider une extrémité de la bande à une extrémité de la bande rose, toujours la même ;
– on marque un repère de longueur sur la bande rose en face de la seconde extrémité de la bande ;
– la plus longue des bandes est celle qui correspond au repère qui est le plus éloigné de l'extrémité de la bande rose.

## ENTRAINEMENT

**CAHIER MESURES ET GÉOMÉTRIE p. 9**

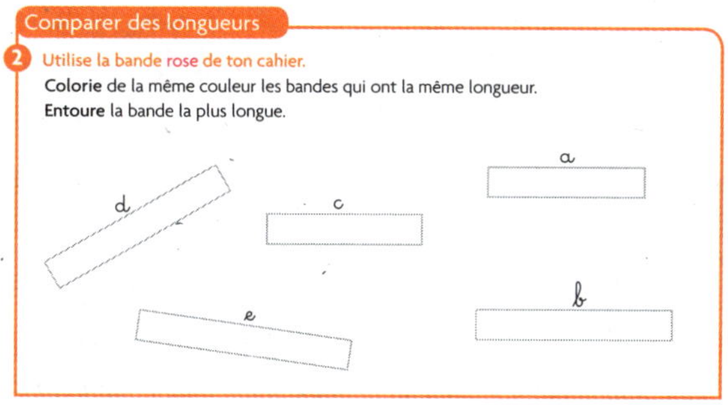


### Exercice 2

• Il s'agit d'une application de ce qui a été travaillé. Il faut d'abord trouver, en utilisant la bande rose, les bandes de même longueur, puis trouver la bande la plus longue. Les dessins étant petits, engager les élèves à être précis.

RÉPONSE : **a** = **c** ; **b** = **d** ; **e** est la bande la plus longue.

| | Tâche | Matériel | Connaissances travaillées |
|---|---|---|---|
| CALCUL MENTAL | **Ajouts et retraits autour de 5**<br>– Additionner, soustraire, chercher des compléments autour du nombre 5 | par élève :<br>– ardoise ou feuille de brouillon | **– Addition, soustraction mentales**<br>– Relations entre 5 et les nombres jusqu'à 10 |
| RÉVISER Mesures | **Comparaison de longueurs**<br>– Utiliser une comparaison intermédiaire pour comparer des longueurs | pour la classe :<br>– une grande bande de papier longue d'environ 50 cm<br>par élève :<br>– un crayon<br>– une bande rose › **matériel du cahier, planche 3**<br>CAHIER GÉOMÉTRIE p. 10 1 2 | **– Comparaison indirecte de longueurs**<br>**– Classement de longueurs** |
| APPRENDRE Géométrie | **Utilisation d'un plan**<br>RECHERCHE **Le plan de la classe**<br>– Situer sur un plan un objet de l'espace réel<br>– Retrouver dans l'espace réel un objet dont l'emplacement est indiqué sur le plan | pour la classe :<br>– un plan agrandi de la classe<br>– une enveloppe<br>– 1 carte avec la photo de Gribouille<br>› **à choisir sur la fiche 8**<br>par élève :<br>– un plan de la classe à réaliser par l'enseignant<br>– un crayon à papier, une gomme | **– Utilisation d'un plan d'un espace connu** pour situer un objet de cet espace sur le plan ou situer dans cet espace un objet placé sur le plan |

## CALCUL MENTAL

### Ajout, retrait de petits nombres • Autour de 5

– Additionner ou soustraire mentalement des petits nombres au nombre 5 (nombres et résultats inférieurs à 10).

COLLECTIF

• Poser les questions oralement sous la forme *cinq plus un*, *cinq moins un* ou *J'ai déjà trois, je voudrais cinq : combien faut-il ajouter à trois pour avoir cinq ?* Les élèves répondent en écrivant le résultat sur leur ardoise.

• Exemples de questions (formulées oralement) :

5 plus 1 — 5 plus 3 — 5 moins 1 — 5 moins 2

J'ai 3, je voudrais 5 — J'ai 1, je voudrais 5

• Faire valider les réponses en utilisant les jetons, les cartes constellations ou les doigts.

• Faire expliciter des procédures utilisées.

La référence à « Combien de jetons dans la boite ? » (situation familière aux élèves) permet, si c'est nécessaire, de donner du sens aux questions posées.
De même, la référence aux doigts (ou aux constellations) est génératrice d'images mentales, à condition que les élèves soient incités à ne pas compter leurs doigts (ou les points) un par un. Par exemple, pour la question « J'ai trois, je voudrais cinq », l'affichage instantané de 3 doigts levés et l'image des 2 doigts restés « fermés » suffisent pour donner la réponse.
Ces évocations sont également utilisées pour valider les réponses données.

## RÉVISER

### Comparaison de longueurs

– Comparer deux longueurs à l'aide d'une comparaison intermédiaire.

INDIVIDUEL

**PHASE 1 Comparer les longueurs de deux segments**

• Tracer au tableau deux segments de longueurs voisines, mesurant moins de 50 cm, et repérés chacun respectivement par les lettres m et p, par exemple.

• Demander :

➡ *À votre avis, de ces deux traits, quel est le plus court ?*

• Recenser les réponses et après avoir fait le constat qu'il est difficile de savoir uniquement en regardant les deux traits, prendre la bande et demander :

➡ *Comment faire, en utilisant cette bande, pour savoir qui a raison, quel est le trait le plus court ?*

• Inviter un élève à venir effectuer la comparaison au tableau.

• Commenter les différentes étapes :
– placer la bande le long d'un des traits en faisant coïncider une extrémité de la bande avec une extrémité du trait ;
– marquer un repère sur la bande en face de l'autre extrémité du trait ;
– placer de la même façon la bande le long du second trait en faisant coïncider la même extrémité de la bande avec une extrémité du trait, etc.

• Conclure que l'on compare les longueurs des traits comme on compare les longueurs des bandes.

Il s'agit de transférer à des traits les connaissances relatives aux longueurs travaillées dans la séance 8, transfert qui ne se fait pas spontanément pour tous les élèves.

• Dans la suite de l'activité, l'enseignant fera le choix de l'exercice qu'il donnera en premier. L'autre exercice sera donné aux plus rapides, et pourra être proposé en consolidation aux autres élèves.

INDIVIDUEL

### PHASE 2 Comparer des segments selon leur longueur

CAHIER MESURES ET GÉOMÉTRIE **p. 10**

**Exercice 1**

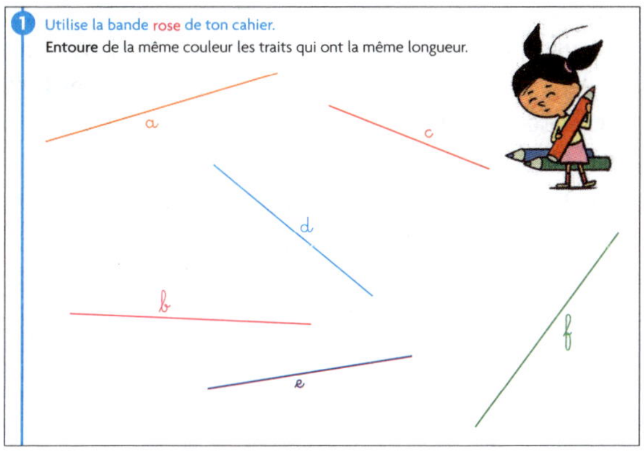


• Rappeler aux élèves qu'ils doivent s'appliquer pour placer correctement la bande rose le long de chaque trait et marquer les repères sur la bande bien en face de la seconde extrémité du trait.

• Si besoin, demander comment faire pour savoir à quel trait correspond chaque repère marqué sur la bande. Il est par exemple possible de noter en dessous de chaque repère la lettre qui permet de repérer le trait correspondant.

RÉPONSE : a = b = f et d = e.

INDIVIDUEL

### PHASE 3 Trouver le segment le plus court

CAHIER MESURES ET GÉOMÉTRIE **p. 10**

**Exercice 2**

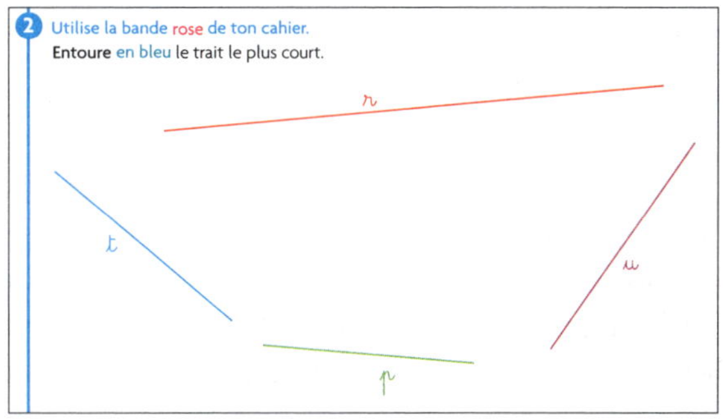


• Si besoin, rappeler comment utiliser la bande rose, et la nécessité de s'appliquer.

RÉPONSE : le trait le plus court est p.

UNITÉ 3

## APPRENDRE

## Utilisation d'un plan

– Interpréter les éléments d'un plan d'un espace familier et les mettre en relation avec cet espace.
– Utiliser un plan pour situer sur le plan un objet de l'espace réel.
– Utiliser un plan pour situer dans l'espace réel un objet placé sur le plan.

## RECHERCHE

**Le plan de la classe :** Après une exploration collective du plan, les élèves doivent dans un premier temps repérer leur table sur le plan, puis dans un second temps indiquer l'emplacement où une photographie de Gribouille a été cachée.

COLLECTIF

### PHASE 1 Exploration du plan

• Afficher au tableau un agrandissement du plan de la classe de façon à ce que l'orientation du plan corresponde à celle de la salle : le tableau est donc situé en haut.

• Demander aux élèves ce dont il s'agit, ce qu'ils reconnaissent.

• Si des éléments de la classe n'ont pas été identifiés, demander de retrouver ces éléments sur le plan pour conclure que :
– tous les éléments de la classe ne sont pas représentés, mais seulement les plus importants ;
– ces éléments sont placés les uns par rapport aux autres sur le plan comme ils le sont dans la classe.

INDIVIDUEL ET COLLECTIF

### PHASE 2 Localisation de sa propre table sur le plan

• Distribuer un plan de classe à chaque élève. Leur demander d'indiquer par un signe la table qu'ils occupent dans la classe. Préciser qu'ils doivent utiliser leur crayon à papier car ce signe sera ensuite effacé.

• Reproduire une première réponse exacte sur le plan affiché au tableau. Demander si le placement est exact. La discussion qui suit conduit à utiliser le vocabulaire spatial et le repérage relatif, et à préciser les positions, une seule information ne suffisant pas. Par exemple :
– la table de Licia est dans la première rangée, du côté des fenêtres ; c'est la 2e à partir du fond de la classe ;
– la table de Nabil est la 5e à partir du tableau ; elle est dans la rangée la plus éloignée quand on rentre dans la classe.

• Si le cas se présente, faire remarquer qu'un argument comme « la table de Licia est derrière celle de Paul et à gauche de celle de Saïda » nécessite qu'on ait localisé auparavant sans ambigüité les tables de Paul et Saïda, et qu'on ait tous orienté le plan de la même façon.

• Poursuivre avec une ou deux autres réponses où le placement est erroné.

Exemples de difficultés probables :
– non-reconnaissance de la représentation de certains éléments ;
– erreur dans les positions relatives ;
– erreur dans l'orientation du plan.

Prendre garde à privilégier pour les descriptions de localisation les expressions liées au repérage dans l'espace réel représenté, et non celles liées au repérage dans la feuille de papier ou dans le plan vertical : dire « la table de Jules est derrière celle de Noa » plutôt que « la table de Jules est au-dessus de celle de Noa ».

INDIVIDUEL

**PHASE 3 Localisation d'un objet sur le plan**

• Faire effacer le signe marqué sur le plan.

• Présenter un nouveau jeu du farceur :

➡ *Aujourd'hui, 3 élèves vont sortir. Tous les autres élèves vont se mettre d'accord pour cacher une enveloppe qui contient une photo de Gribouille. Chaque élève devra indiquer sur son plan où aller pour trouver la photo. Quand un élève reviendra, je choisirai un de vos plans que je lui donnerai. À l'aide de ce plan, il devra retrouver la photo.*

• Préciser aux élèves qu'ils doivent utiliser leur crayon à papier car ils devront ensuite effacer pour pouvoir réutiliser le plan.

• Trois élèves sortent. L'enveloppe contenant la carte est cachée en un lieu qui figure sur le plan. Les élèves complètent leur plan.

• Pendant que les élèves portent l'information sur leurs plans, observer les productions et faire un choix de celles qui seront exploitées. Par exemple :
– une comportant une erreur de localisation ou de trajet ;
– une où la localisation est ambigüe ;
– une où la localisation est exacte ;
– une avec un schéma exact du trajet pour aller de la porte d'entrée à la cachette.

Productions possibles :
– indication sur le plan de l'élément où est cachée la photo par un signe distinctif (une croix, une flèche ou le dessin de l'enveloppe) ;
– schéma du trajet pour aller de la porte vers le lieu de la cachette.

COLLECTIF

**PHASE 4 Exploitation des messages**

• Faire entrer le premier des 3 élèves et lui remettre un plan qui ne permet pas de réussir (localisation ambigüe ou erreur de localisation), en veillant à le présenter suivant une orientation correspondant à son point de vue. Si l'élève ne trouve pas la photo, lui demander pourquoi il n'a pas réussi.

• Faire entrer le deuxième élève, lui remettre un second plan avec une localisation exacte de la photo en veillant à le présenter suivant une orientation correspondant à son point de vue. Le questionner comme le premier élève.

• Faire entrer le troisième élève, lui remettre un troisième plan avec un schéma du trajet à suivre pour aller à la cachette. Le questionner également.

Le fait de présenter le dessin suivant une orientation correspondant au point de vue de l'élève est une aide. La question de l'orientation adéquate du plan par rapport à l'espace environnant sera abordée en unité 7 et travaillée en CE2.

Le problème peut être posé aux élèves les plus experts en leur présentant le plan dans une orientation qui ne correspond pas à l'espace qui les entoure. Cela conduit à comprendre la nécessité de repérer par rapport à un objet fixe et non par rapport à soi.

COLLECTIF

**PHASE 5 Synthèse**

• Les plans choisis sont affichés : commentaires sur ceux qui n'ont pas permis de réussir, sur ceux qui ont permis de réussir.

• Conclure sur ce qu'il faut faire pour réussir.

**SYNTHÈSE**

• Pour pouvoir trouver la photo, il est nécessaire de bien repérer sur le plan le lieu où elle a été cachée. Pour cela on peut se servir des éléments placés à proximité et qui sont facilement reconnaissables sur le plan.

• Pour indiquer où est la photo, on peut :
– marquer un signe sur le plan (croix, flèche…) ;
– dessiner le trajet à suivre de la porte jusqu'à l'emplacement de la photo.

INDIVIDUEL

## ENTRAINEMENT

• Chaque élève dispose d'un plan de la classe.

• Placer l'enveloppe avec la photo de Gribouille, visible de tous, en un lieu de la classe.

• Demander à chaque élève de marquer ce lieu sur son plan et de tracer un trajet qui part de sa place et va vers ce lieu.

• Remettre un des trajets dessinés à un élève qui l'effectue. Reproduire le trajet dessiné sur le plan affiché au tableau, pour que les autres élèves puissent juger de la pertinence du trajet suivi par l'élève.

# BILAN et consolidation

FICHIER NOMBRES p. 34 à 37
CAHIER GÉOMÉTRIE p. 11 et 12

## BILAN de l'UNITÉ 3 — CONSOLIDATION

NOMBRES ET CALCULS

### Calculs sur les petits nombres, suite des nombres jusqu'à 19 (séances 1 à 9)

**Je fais le bilan** › FICHIER NOMBRES p. 34

**Exercice 1 Ajouter, soustraire de petits nombres.**

Dicter les calculs suivants.

● 4 + 1 ■ 5 + 2 ★ 6 + 2
☽ 7 − 1 ♥ 5 − 2 ▲ 10 − 2

RÉPONSE : 5 ; 7 ; 8 ; 6 ; 3 ; 8.

**Je consolide mes connaissances** › FICHIER NOMBRES p. 36

**Exercices 1 et 2**

RÉPONSE : 2. 3 ; 6 ; 9 ; 12 ; 16 ; 18.

**CD-Rom du guide**

› Fiche différenciation n° 9

**Atelier**

- Montrer un nombre sur la file numérique (jusqu'à 19) et demander de l'exprimer oralement.
- Dire un nombre (jusqu'à 19) et demander de le montrer sur la file numérique.
- Exprimer oralement une somme ou une différence de petits nombres et demander de donner la réponse oralement ou de la montrer sur la file numérique.

**Autres ressources**

› CD-Rom Jeux interactifs GS-CP-CE1

**Jeu 10.** Je calcule à la vitesse de l'éclair (niveau 1)

NOMBRES ET CALCULS

### Nombres et rangs (séances 1 et 2)

**Je prépare le bilan** › FICHIER NOMBRES p. 34 A

→ **Les nombres permettent de dire combien il y a d'objets** dans un panier, de points sur une carte, de doigts levés d'élèves dans la classe.

→ **Ils peuvent aussi servir à savoir où se trouve un objet parmi plusieurs objets alignés** : c'est le 3e objet, c'est la maison avec le numéro 12…

**Je fais le bilan** › FICHIER NOMBRES p. 35

**Exercices 2 et 3 Repérer l'emplacement d'un objet par son numéro, dans une suite ordonnée.**

RÉPONSES : 3. 7 coureurs sont devant lui.

**Je consolide mes connaissances** › FICHIER NOMBRES p. 36

**Exercice 5** Préciser aux élèves que la locomotive ne compte pas.

RÉPONSE : Gribouille est dans le wagon numéro 3.

**CD-Rom du guide**

› Fiche différenciation n° 7, exercices 3 et 4

**Autres ressources**

› 80 Activités et jeux mathématiques CP

**7.** Suites de cartes (1)
**8.** Réussite
**9.** La bonne page (1)

# BILAN de l'UNITÉ 3

# CONSOLIDATION

NOMBRES ET CALCULS

## Signes + et – (séances 3 et 4)

**Je prépare le bilan** › FICHIER NOMBRES p. 34 B

→ **Les signes +, – et = sont utilisés pour indiquer des calculs et leurs résultats :** 2 + 2 = 4 (2 et 2, ça fait 4) ou 5 – 1 = 4 (5 moins 1, ça fait 4).

→ **Ces calculs correspondent à des actions sur les objets :** ce qu'on obtient en mettant 2 objets et encore 2 objets, ou en enlevant 1 objet d'une collection de 5 objets.

→ **Les résultats sont rassemblés dans un répertoire** qui sera complété et qui peut être consulté (référence à l'affiche collective).

→ **Petit à petit, il faudra pouvoir dire très rapidement ces résultats. Il faut aussi être capable de fabriquer ceux qu'on ne connait pas.**

**Je fais le bilan** › FICHIER NOMBRES p. 35

**Exercices 4 et 5 Compléter des écritures additives et soustractives.**

RÉPONSES : 4. 2 ; 6 ; 5 ; 10 ; 2 ; 0 ; 3 ; 1.
5. Pour 5 : 0 + 5 ou 1 + 4 ou 2 + 3 ou 3 + 2 ou 4 + 1 ou 5 + 0. Pour 1 : 3 – 2 ou 1 – 0 ou 5 – 4 ; etc.

**Je consolide mes connaissances** › FICHIER NOMBRES p. 27

**Exercices 4 et 5**

RÉPONSE : 4. 4 ; 6 ; 6 ; 6 ; 7 ; 10 ; 4 ; 8 ; 7 ; 10.
5. 2 ; 0 ; 4 ; 2 ; 3 ; 0 ; 0 ; 0 ; 5 ; 8.

**CD-Rom du guide**

› Fiche différenciation n° 8

NOMBRES ET CALCULS

## Vers la dizaine (nombres jusqu'à 19) (séances 5 et 6)

**Je prépare le bilan** › FICHIER NOMBRES p. 34 C

→ **Il est facile de figurer par les doigts ou par des objets une quantité comme 14, en s'appuyant sur une quantité qui a 10 objets : il faut lui adjoindre 4 objets.** Le chiffre de droite indique combien il faut adjoindre d'objets aux 10 objets déjà présents. Pour les nombres à partir de 17, cela correspond à leur lecture.

**Je fais le bilan** › FICHIER NOMBRES p. 35

**Exercice 6 Dénombrer des points dans une collection où la dizaine est apparente.**

RÉPONSE : 10 points ; 12 points ; 14 points.

**Exercice 7 Compléter une collection de 5, 10 ou 15 objets pour qu'elle comporte un nombre d'objets compris entre 10 et 19.**

RÉPONSE : 5 points ; 3 points ; 3 points.

**Je consolide mes connaissances** › FICHIER NOMBRES p. 37

**Exercices 6 à 9**

RÉPONSE : 6. En haut : 4 doigts ; 8 doigts ; 15 doigts ; 16 doigts.
En bas : 12 doigts.
7. 10 ; 13 ; 16.
8. Ajouter : 1 point ; 6 points ; 4 points.
9. Barrer 2 points partout.

**Atelier**

- Faire représenter des nombres de 1 à 19 par des doigts levés.
- Montrer des doigts levés (jusqu'à 19) et les faire dénombrer.

# BILAN de l'UNITÉ 3

# CONSOLIDATION

MESURES ET GÉOMÉTRIE

## Tracés à la règle (séances 7 et 8)

Pas de bilan proposé. Le tracé à la règle est sollicité dans nombre de tâches et sera évalué à travers celles-ci.
Cette compétence essentielle à l'activité géométrique sera consolidée dans les unités suivantes, mais nous jugeons utile de proposer dès maintenant des exercices de consolidation pour les élèves qui seraient en grande difficulté.

**Je consolide mes connaissances** › CAHIER GÉOMÉTRIE p. 12

**Exercice 1**

**CD-Rom du guide**

› Fiche différenciation n° 10

**Autres ressources**

› 80 Activités et jeux mathématiques CP

**68.** Tracés à la règle (2) : tracer sur une ligne pointillée
**69.** Tracés à la règle (3) : prolonger des traits

MESURES ET GÉOMÉTRIE

## Comparaison de longueurs (séances 7 et 8)

**Je prépare le bilan** › CAHIER GÉOMÉTRIE p. 11 A

→ **Pour comparer la longueur de deux bandes ou de deux traits qu'on ne peut pas placer l'un sur l'autre,** on peut utiliser une bande plus longue et reporter dessus la longueur de chaque bande ou trait. On marque un repère en face de l'extrémité de chaque bande ou trait.

**Je fais le bilan** › CAHIER GÉOMÉTRIE p. 11

**Exercices 1 et 2 Comparer des longueurs de bandes ou de traits en utilisant une comparaison intermédiaire.**

RÉPONSE : 1. La bande horizontale.
2. c est le trait le plus long.

**Je consolide mes connaissances** › CAHIER GÉOMÉTRIE p. 12

**Exercices 2 et 3**

RÉPONSE : 2. a = b = c. 3. j est le plus court.

**Autres ressources**

› 80 Activités et jeux mathématiques CP

**46.** Le jeu des bandes
(comparaison directe de longueurs)

UNITÉ 3

MESURES ET GÉOMÉTRIE

## Utilisation d'un plan (séance 9)

**Je prépare le bilan** › CAHIER GÉOMÉTRIE p. 11 B

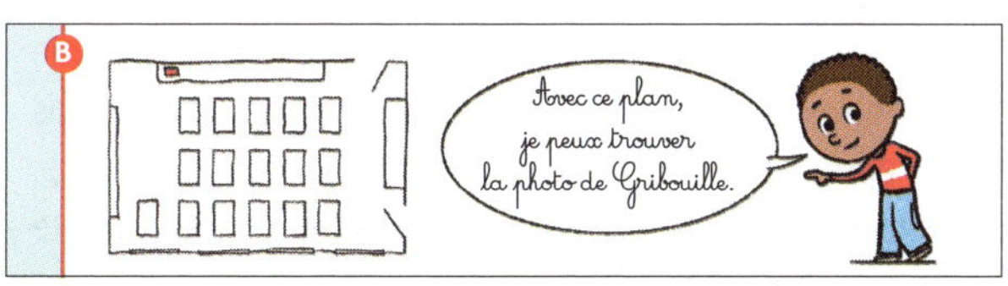


→ **Pour utiliser correctement un plan, il faut :**
– reconnaitre les éléments qui sont dessinés ;
– orienter le plan de façon à voir les éléments dans la même disposition qu'« en vrai » (uniquement si cet aspect a été travaillé).

**Je fais le bilan** › CAHIER GÉOMÉTRIE p. 11

**Exercice 3 Situer sur le plan de la classe l'emplacement d'un objet.**

MATÉRIEL : pour chaque élève, un plan de la classe.
L'enseignant nomme un à un 5 éléments de la classe et indique la couleur correspondante. Les élèves les colorient sur le plan de la classe au fur et à mesure.
Exemples : le tableau, en bleu ; la porte donnant sur le couloir, en rouge ; l'étagère de la bibliothèque, en vert…

**Atelier**

Une activité similaire à celle de la séance 9 peut être proposée dans un autre lieu familier des élèves, la cour par exemple.
Un plan de la cour de l'école est présenté : les éléments sont représentés vus de dessus, avec si possible certains éléments identiques (arbres par exemple) ; l'endroit où est cachée la photo est indiqué par une croix sur le plan.

**Autres ressources**

› 80 Activités et jeux mathématiques CP

**54.** Le parcours de gym (1)
**55.** Le parcours de gym (2)

# Jeux de couleurs

› CAHIER GÉOMÉTRIE p. 13

Sous une dénomination commune, les questions et problèmes posés sur cette page abordent deux thèmes : algorithmes de formes et de couleurs d'une part, et combinaison de couleurs sur un quadrillage avec contraintes d'autre part.

## Problème 1

1 **Continue** chaque frise en respectant la règle.

OBJECTIF : Analyser et prolonger un algorithme.

TÂCHE : Analyser un algorithme (formes et couleurs) et le prolonger.

RÉPONSE : Les motifs de base sont les suivants : 

## Problème 2

2 Ces quadrillages sont coloriés avec seulement deux couleurs. Ils sont différents.

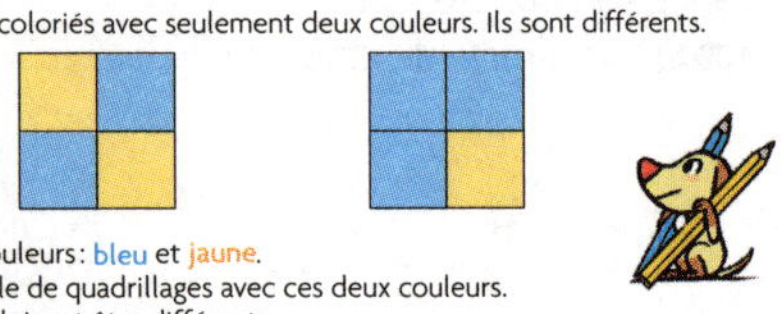

Tu vas utiliser deux couleurs : bleu et jaune.
**Colorie** le plus possible de quadrillages avec ces deux couleurs.
Tous les quadrillages doivent être différents.

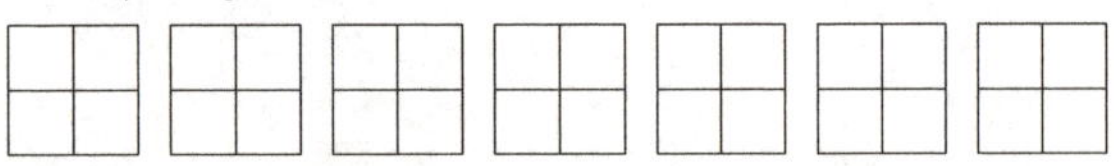

OBJECTIF : Respecter une contrainte et explorer différentes possibilités.

TÂCHE : Colorier plusieurs quadrillages 2 x 2 de façons différentes, mais en respectant toujours la même contrainte : utiliser exactement 2 couleurs.

RÉPONSE : Sans tenir compte de l'orientation de la figure coloriée sur la page, il y a 4 solutions :

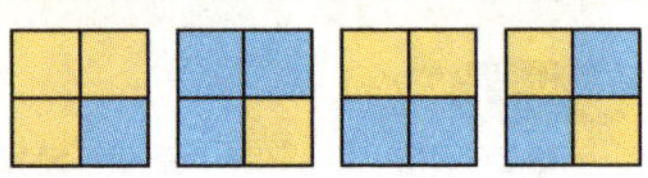

– En considérant la même figure coloriée mais tournée différemment sur la page comme deux figures différentes, il y a alors 14 solutions.

## Problème 3

3* **Colorie** ce quadrillage.

- Tu dois utiliser trois couleurs différentes : rouge, bleu, jaune.
- Dans une même ligne, il ne doit pas y avoir deux fois la même couleur.
- Dans une même colonne, il ne doit pas y avoir deux fois la même couleur.

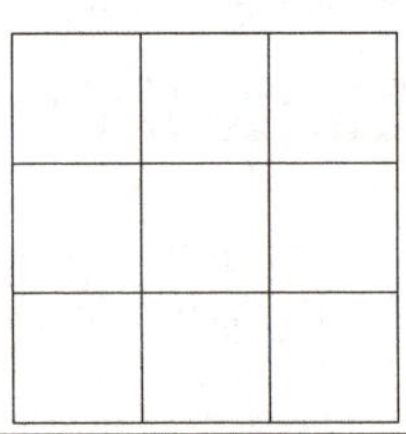

OBJECTIF : Respecter deux contraintes et explorer les possibles.

TÂCHE : Colorier un quadrillage avec trois couleurs en tenant compte de deux contraintes.

RÉPONSE : Plusieurs combinaisons sont possibles, mais toutes ont une diagonale d'une même couleur.

Exemple de solution :

## Mise en œuvre

**Pour le problème 2,** à ce niveau de classe, deux coloriages identiques mais orientés différemment seront considérés comme deux solutions différentes. On n'attend pas des élèves qu'ils trouvent toutes les solutions.

**Pour le problème 3,** prévoir d'autres quadrillages identiques pour permettre aux élèves de recommencer.

Pour chaque question, l'enseignant lit la consigne et s'assure de la compréhension des contraintes.

L'exploitation peut se faire question par question ou à l'issue de tout ou partie des questions traitées.

## Aides possibles

**Pour le problème 1,** on peut construire un algorithme au tableau (formes et couleurs) et en faire l'analyse avec toute la classe, avant que les élèves traitent la question.

**Pour le problème 2,** reproduire au tableau les deux exemples figurant dans le cahier et proposer deux autres exemples : l'un ne comportant qu'une seule couleur et l'autre trois couleurs, ceci afin d'expliquer les contraintes.

**Pour le problème 3,** faire l'analyse collective d'un quadrillage 3 x 3 comportant deux couleurs dans une ligne et d'un autre comportant deux couleurs dans une colonne.

## Procédures à observer particulièrement

**Pour le problème 1,** observer si les élèves repèrent le motif qui se répète (couleurs ou formes seulement, ou couleurs et formes) et s'ils tiennent compte du motif en partie reproduit pour poursuivre l'algorithme.

**Pour le problème 2,** s'intéresser aux contrôles mis en place ou non par les élèves pour s'assurer qu'ils ne colorient pas deux fois un quadrillage de la même manière.

**Pour le problème 3,** observer si les élèves :
– procèdent par essais plus ou moins organisés (ils colorient le quadrillage et ne contrôlent qu'après coup que les contraintes sont respectées) ;
– prennent en compte une seule contrainte (par exemple, une même couleur n'apparait qu'une fois dans chaque colonne) puis s'assurent après coup que la seconde contrainte est respectée ;
– anticipent sur la façon de colorier une case, en tenant compte des cases déjà coloriées dans la ligne et la colonne.

## Erreurs à exploiter particulièrement

Afficher des productions erronées et les analyser.

**Pour le problème 1,** il faut tenir compte à la fois du rythme des couleurs (par exemple pour la seconde frise : 2 bleus, 1 rouge) et du rythme des formes (2 triangles, 1 rond) alors que certains élèves ne prennent en compte qu'un des deux rythmes.

**Pour le problème 2,** faire expliciter les façons que les élèves ont de contrôler que deux coloriages ne sont pas identiques, mais aussi d'en produire un différent des précédents.

**Pour le problème 3,** l'accent sera mis sur les stratégies utilisées pour respecter les contraintes.

# UNITÉ 4

**13 ou 14 séances**
– 10 séances programmées (9 séances d'apprentissage + 1 bilan)
– 3 ou 4 séances pour la consolidation et la résolution de problèmes

| | CALCUL MENTAL (environ 30 min par séance) | RÉVISER | APPRENDRE (environ 45 min par séance) |
|---|---|---|---|
| **Séance 1** FICHIER NOMBRES p. 39 | **Doubles et moitiés (jusqu'à 10)** | **Doubles et moitiés (jusqu'à 10)** | **Répertoire additif et décompositions de nombres** (jusqu'à 10)<br>RECHERCHE Toutes les décompositions (1) |
| **Séance 2** FICHIER NOMBRES p. 40 | **Doubles et moitiés (jusqu'à 10)** | **Suite écrite des nombres (jusqu'à 19)** | **Répertoire additif et décompositions de nombres** (jusqu'à 10)<br>RECHERCHE Toutes les décompositions (2) |
| **Séance 3** Pas d'exercices dans le fichier | **Compléter pour obtenir 5** | **La dizaine : les nombres jusqu'à 19 en fonction de 10** | **Répertoire additif et décompositions de nombres** (jusqu'à 10)<br>RECHERCHE Compléter le répertoire |
| **Séance 4** Pas d'exercices dans le fichier | **Compléter 5 pour obtenir un nombre jusqu'à 10** | **Vers la dizaine : les nombres jusqu'à 19 en fonction de 10** | **Suite écrite des nombres (jusqu'à 39)**<br>RECHERCHE Nombres manquants (1) |
| **Séance 5** FICHIER NOMBRES p. 41 | **Compléter pour obtenir 10** | **Écriture en lettres des nombres de 1 à 5** | **Suite écrite des nombres (jusqu'à 39)**<br>RECHERCHE Nombres manquants (2) |
| **Séance 6** CAHIER GÉOMÉTRIE p. 14 | **Compléter pour obtenir 10** | **Tracés à la règle** | **Carré, rectangle, triangle : reconnaissance perceptive**<br>RECHERCHE Carré, rectangle, triangle |
| **Séance 7** CAHIER GÉOMÉTRIE p. 15 | **Compléter pour obtenir 10** | **Tracés à la règle** | **Opérations sur les longueurs**<br>RECHERCHE Les chemins de couleur |
| **Séance 8** FICHIER NOMBRES p. 42 | **Compléter pour obtenir 39** | **Suite écrite des nombres (jusqu'à 39)** | **Vers les dizaines**<br>RECHERCHE Les nombres de 11 à 39 en fonction de 10, 20 et 30 (1) |
| **Séance 9** FICHIER NOMBRES p. 43 | **Compléter pour obtenir 39** | **Suite écrite des nombres (jusqu'à 39)** | **Vers les dizaines**<br>RECHERCHE Les nombres de 11 à 39 en fonction de 10, 20 et 30 (2) |

**Bilan**

**Je prépare le bilan** puis **Je fais le bilan**
FICHIER NOMBRES p. 44-45
CAHIER GÉOMÉTRIE p. 16

En plus des 10 séances décrites dans le guide, **3 à 4 séances** sont consacrées à des **activités de consolidation et de résolution de problèmes**.
Pour cela, l'enseignant peut utiliser les ressources suivantes :

**Consolidation Remédiation**

Je consolide mes connaissances
FICHIER NOMBRES p. 46-47
CAHIER GÉOMÉTRIE p. 17

**Banque de problèmes**

*Les bons partages*
FICHIER NOMBRES p. 48
– Comparer deux quantités
– Effectuer un partage équitable en deux
– Effectuer un partage équitable en trois

**L'essentiel à retenir de l'unité 4**

- **Calcul mental**
  – Doubles et moitiés (jusqu'à 10)
  – Compléments à 5 et à 10
  – Suite orale des nombres jusqu'à 39
- **Répertoire additif (jusqu'à 10)**
- **Suite écrite des nombres jusqu'à 39**
- **Vers les dizaines (nombres de 11 à 39)**
- **Carré, rectangle, triangle** : reconnaissance perceptive
- **Comparaison et addition de longueurs**

# Répertoire additif et décompositions de nombres (jusqu'à 10) (1)



| | Tâche | Matériel | Connaissances travaillées |
|---|---|---|---|
| CALCUL MENTAL | **Doubles et moitiés (jusqu'à 10)**<br>– Reconnaitre des quantités doubles (partageables exactement en 2) et en prendre la moitié | pour la classe :<br>– une dizaine de jetons<br>– une boite | – **Doubles et moitiés (nombres jusqu'à 10)**<br>– Utilisation de l'écriture additive |
| RÉVISER Nombres/Calculs | **Doubles et moitiés (jusqu'à 10)**<br>– Reconnaitre des quantités doubles (partageables exactement en 2) et en prendre la moitié | par élève :<br>FICHIER NOMBRES p. 39 1 2 | – **Doubles et moitiés (nombres jusqu'à 10)** |
| APPRENDRE Calculs | **Répertoire additif et décompositions de nombres (jusqu'à 10)**<br>RECHERCHE **Toutes les décompositions (1)**<br>– Trouver toutes les décompositions d'un nombre (jusqu'à 10) en sommes de 2 nombres | pour la classe :<br>– répertoire collectif des résultats recensés depuis le début de l'année<br>– 20 demi-feuilles A4<br>– file numérique collective<br>par équipe de 2 :<br>– cahier de brouillon<br>– jetons comme aide à certains élèves (pour vérifier des décompositions)<br>FICHIER NOMBRES p. 39 3 4 | – **Répertoire additif (jusqu'à 10)**<br>– Décomposition des nombres en sommes de 2 nombres<br>– Utilisation de l'écriture additive |

## CALCUL MENTAL

### Doubles et moitiés (jusqu'à 10)

– Reconnaitre des quantités doubles (partageables exactement en 2) et en prendre la moitié.

COLLECTIF

• Montrer aux élèves une collection de 6 jetons. Les mettre dans la boite (ils ne sont plus visibles des élèves) et écrire 6 au tableau. Appeler deux élèves (nommés ici A et B). Poser le problème aux autres élèves :

➡ *Est-il possible de donner tous les jetons de la boite et que chaque élève en ait autant, le même nombre ? Si vous pensez que c'est possible, combien chacun en aura-t-il, combien en aura A et combien en aura B ? Écrivez la réponse sur votre ardoise.*

• Recenser les réponses et valider en demandant à un élève de faire le partage entre A et B.

• Formuler avec les élèves par écrit que 6 = 3 + 3 et que 3 + 3 = 6 (écrire cette égalité dans le répertoire collectif). Formuler oralement que *6, c'est deux fois 3.*

• Indiquer qu'on dit aussi que *6 c'est le double de 3* (c'est une autre façon de dire que *6 c'est deux fois 3*) ou encore que *3 c'est la moitié de 6* (c'est une autre façon de dire que *3 c'est 6 partagé exactement en deux*).

• Reprendre l'illustration utilisée en unité 1, séance 6, chaque ligne correspondant à l'avoir de chaque élève à l'issue de la distribution.

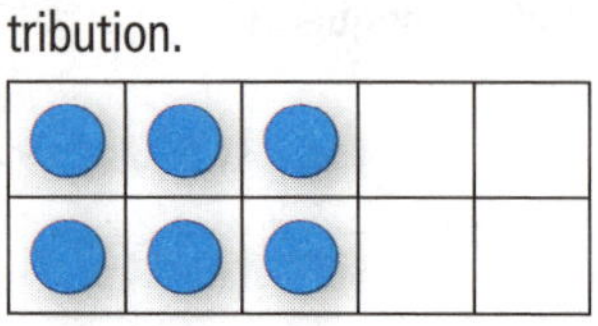

6 c'est 3 et encore 3.
6 c'est le double de 3.

• Reprendre l'activité avec 5 jetons.

• Conclure à l'impossibilité de répartir 5 jetons en deux parts égales : *5 n'est pas le double d'un autre nombre.* Il n'est pas possible de répartir les 5 jetons sur la grille précédente en ayant le même nombre de jetons sur chaque ligne.

• Reprendre l'activité avec 8 jetons.

• Conclure à la possibilité de répartir 8 jetons en deux parts égales. Formuler par écrit avec les élèves que 8 = 4 + 4 et que 4 + 4 = 8 (écrire cette égalité dans le répertoire collectif). Formuler oralement que *8, c'est deux fois 4.*

• Faire formuler par les élèves que *8 c'est le double de 4* (c'est une autre façon de dire que *8 c'est deux fois 4*) ou encore que *4 c'est la moitié de 8* (c'est une autre façon de dire que *4 c'est 8 partagé exactement en deux*).

• Reprendre l'illustration utilisée en unité 1, séance 6, chaque ligne correspondant à l'avoir de chaque élève à l'issue de la distribution.

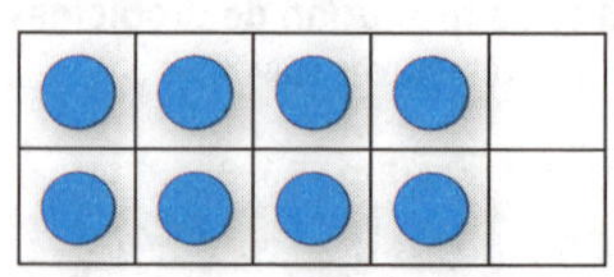

8 c'est 4 et encore 4.
8 c'est le double de 4.

Le calcul mental de cette séance et des deux suivantes permet de revenir sur la notion de double introduite en unité 1, et de préciser celle de moitié. Les questions posées sont également à mettre en lien avec la recherche des différentes décompositions des nombres jusqu'à 10 pour élaborer un premier répertoire additif et le compléter (apprentissage de cette séance et des deux suivantes). Cette activité est aussi l'occasion d'utiliser les égalités 6 = 3 + 3 et 3 + 3 = 6, et de souligner que cela signifie que de part et d'autre du signe = on a deux expressions de la même quantité.

## RÉVISER

### Doubles et moitiés (jusqu'à 10) • Partager entre Arthur et Zoé

– Reconnaitre des quantités doubles (partageables exactement en 2) et en prendre la moitié.

INDIVIDUEL

**FICHIER NOMBRES ET CALCULS p. 39**

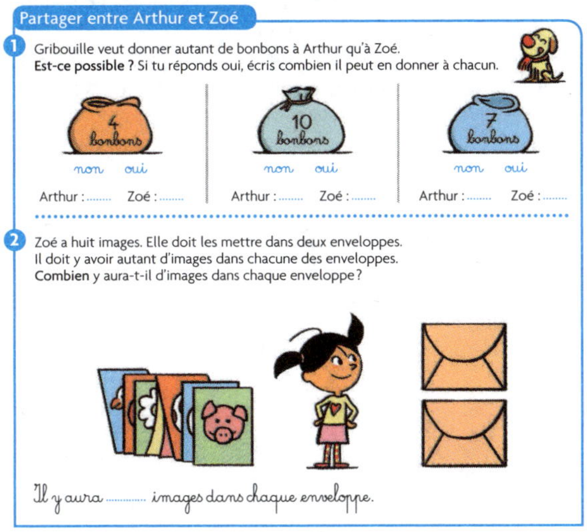
Partager entre Arthur et Zoé

1 Gribouille veut donner autant de bonbons à Arthur qu'à Zoé.
**Est-ce possible ?** Si tu réponds oui, écris combien il peut en donner à chacun.



2 Zoé a huit images. Elle doit les mettre dans deux enveloppes.
Il doit y avoir autant d'images dans chacune des enveloppes.
**Combien** y aura-t-il d'images dans chaque enveloppe ?



**Exercice 1**

• Préciser la consigne aux élèves :

➡ *Pour chaque sachet de bonbons, il faut trouver si Gribouille peut en donner autant, le même nombre, pareil à Arthur et Zoé. Attention, il ne doit pas rester de bonbons dans le sac. Il faut tous les donner.*

• La correction peut être individualisée ou être faite collectivement si beaucoup d'erreurs ont été commises. Elle est l'occasion de formuler :

– que 4 = 2 + 2 et 2 + 2 = 4 (donc que 4 est le double de 2 ou que c'est 2 fois 2 ; et que 2 est la moitié de 4) ;

– et que 10 = 5 + 5 et 5 + 5 = 10 (donc que 10 est le double de 5 ou que c'est 2 fois 5 ; et que 5 est la moitié de 10).

• Les égalités sont écrites dans le répertoire collectif si elles n'y figurent pas déjà.

**AIDE** Proposer des jetons représentant les bonbons aux élèves qui ont des difficultés à travailler directement avec les nombres.

RÉPONSE : ❷ 2 ; 4 ; 3. ❸ 2 ; 6 ; 3.

**Exercice 2**

• Même déroulement que pour l'exercice 1, en précisant la signification du mot chaque : autant d'images dans cette enveloppe que dans celle-ci.

RÉPONSE : 4 images.

UNITÉ 4

## APPRENDRE

### Répertoire additif et décompositions de nombres (jusqu'à 10) (1)

– Compléter et organiser le répertoire additif.
– Décomposer les nombres (jusqu'à 10) en sommes de 2 nombres.
– S'assurer de l'exhaustivité des décompositions.

### RECHERCHE

**Toutes les décompositions (1) :** Les élèves doivent d'abord trouver, dans le répertoire collectif, différentes façons de décomposer 6 en sommes de 2 nombres, puis chercher toutes celles qui n'y figurent pas.

COLLECTIF

**PHASE 1 Trouver dans le répertoire collectif des décompositions additives de 6**

• Sur le répertoire collectif, mettre en évidence (par exemple, en l'encadrant) une somme égale à 6 (comme 3 + 3 = 6 ou 6 = 3 + 3 vue dans l'activité de calcul mental).

• Demander si on peut trouver sur ce répertoire d'autres façons d'avoir 6 pour résultat d'une addition.

• Encadrer sur le répertoire chaque somme trouvée et la recopier sur une demi-feuille A4. Afficher les feuilles au tableau, sans les organiser.

ÉQUIPES DE 2

**PHASE 2 Recherche de nouvelles décompositions additives de 6**

• Demander aux élèves de trouver, par équipes, d'autres sommes égales à 6 (écrire au tableau : 6 = .... + ....) : ➡ *Y a-t-il d'autres manières d'obtenir 6 avec deux nombres et le signe + ? Trouvez-en le plus possible et écrivez-les sur votre cahier de brouillon.*

• Observer les procédures utilisées par les élèves pour trouver de nouvelles sommes (voir commentaire de la phase 3).

**AIDE** Proposer 6 jetons aux élèves qui ont des difficultés à travailler directement avec les nombres (mais en les incitant à écrire d'abord des décompositions puis à les vérifier avec les jetons).

Les élèves ont déjà décomposé des quantités (notamment de 2 à 5, en unité 1). Il s'agit maintenant de faire un travail identique en posant le problème avec des nombres et non en travaillant sur des quantités d'objets.
Le choix du nombre 6 pour commencer est guidé par deux préoccupations :
– permettre que toutes les décompositions puissent être explorées (elles ne sont pas trop nombreuses) ;
– permettre de poser la question de l'exhaustivité des décompositions (elles sont quand même suffisamment nombreuses pour que la question se pose).
Le mot somme peut être utilisé par l'enseignant, sans être exigé des élèves (son usage n'est pas un objectif à ce moment de l'année).

COLLECTIF

**PHASE 3 Recensement et validation des propositions**

• Après un temps de recherche, recenser les propositions au tableau.

• Pour chacune d'elles, demander aux élèves de dire s'ils sont d'accord ou non, et d'expliquer pourquoi. Faire utiliser des jetons ou des dessins de jetons pour valider ou invalider les décompositions qui donnent lieu à contestations.

• Inscrire chaque égalité reconnue correcte sur une nouvelle demi-feuille A4 et l'afficher à côté des précédentes (toujours sans rechercher une organisation).

• Faire formuler quelques procédures utilisées pour trouver de nouvelles sommes.

• Exploiter, si elle apparait, une réponse du type 6 = 6 + 0 ou 6 + 0 = 6 pour mettre en évidence l'utilisation du nombre 0. Sinon, la suggérer en demandant de compléter 6 = 6 + ….

Procédures pour trouver de nouvelles sommes et les valider :
– utiliser un matériel et une signification de l'addition : réunion d'objets ou de doigts, déplacement sur la file numérique ;
– surcompter à partir d'un nombre inférieur à 6 : de 4 à 6, il y a 2 ;
– utiliser un résultat connu : je sais que 5 et 1, c'est 6 ;
– s'appuyer sur un résultat connu : 3 et 2, c'est 5, donc 4 et 2, c'est 6 ;
– utiliser implicitement la commutativité : il y a déjà 4 + 2 = 6 (ou 6 = 4 + 2), donc il y a aussi 2 + 4 = 6 (ou 6 = 2 + 4).

ÉQUIPES DE 2

## PHASE 4 Recherche de nouvelles décompositions additives de 6

• Regrouper les différentes demi-feuilles A4 dans une seule colonne (non organisée, sauf si un élève le suggère) et poser la question de l'exhaustivité :

➡ *Est-on sûr d'avoir obtenu toutes les sommes possibles ? Si vous pensez qu'il en manque, trouvez lesquelles.*

• Recenser les réponses des équipes et les inscrire sur de nouvelles demi-feuilles A4.

• Demander comment les nouvelles sommes ont été trouvées et comment on peut être sûr de toutes les avoir (un rangement en fonction du 1er terme permet de s'en assurer).

• Amener les élèves à formuler le fait que certaines écritures se déduisent facilement d'autres écritures (principe de la commutativité, terme qui n'est pas utilisé) : si on a 4 + 2 = 6, on a aussi 2 + 4 = 6.

Il convient d'insister sur l'intérêt de la commutativité (pour les élèves, cela se formule par le fait qu'une égalité en entraine une autre : 2 + 4 = 6 entraine 4 + 2 = 6). Ici, cela permet de trouver facilement de nouvelles décompositions. Au moment de la mémorisation du répertoire, cela permet une économie importante, d'autant plus si on considère que 2 + 4 = 6 est plus difficile à mémoriser ou à retrouver que 4 + 2 = 6. Savoir passer de la question 2 + 4 = ? à la question 4 + 2 = ? sera donc très intéressant.

COLLECTIF

## PHASE 5 Synthèse

SYNTHÈSE

• **Pour être sûr d'avoir toutes les décompositions de 6,** on peut organiser les solutions sous la forme d'une liste en augmentant à chaque fois de 1 le premier terme de la somme. On aboutit alors à ce tableau (qui peut rester à disposition des élèves pour la suite des activités).

| 6 |
|---|
| 0 + 6 |
| 1 + 5 |
| 2 + 4 |
| 3 + 3 |
| 4 + 2 |
| 5 + 1 |
| 6 + 0 |

• Faire remarquer que :
– **lorsque le premier terme de la somme augmente de 1, le deuxième diminue de 1 ;**
– **0 a un rôle particulier** (0 + 6 = 6 et 6 + 0 = 6) ;
– **on a 2 décompositions avec les mêmes nombres** (2 + 4 = 6 et 4 + 2 = 6), sauf pour 3 + 3 = 6 ;
– **on a une égalité en échangeant les 2 termes d'une somme :** 2 + 4 = 4 + 2.

Les remarques sur le 1er terme de la somme ont pu être utilisées par les élèves pour le rangement des sommes sur les demi-feuilles de 0 + 6 (ou 1 + 5) à 6 + 0 (ou 5 + 1).
L'utilisation de 0 peut à nouveau être traitée à partir de cette organisation : l'ajout de 0 à un autre nombre donne toujours ce nombre comme résultat.

INDIVIDUEL

## ENTRAINEMENT

### FICHIER NOMBRES ET CALCULS p. 39

Décomposer 2 et 5

3 **Complète.** Toutes les additions doivent être différentes.
2 = ……… + ………
2 = ……… + ………
2 = ……… + ………

4 **Complète.** Toutes les additions doivent être différentes.
5 = ……… + ………
5 = ……… + ………
5 = ……… + ………
5 = ……… + ………
5 = ……… + ………
5 = ……… + ………

### Exercices 3 et 4

• Préciser aux élèves qu'ils doivent compléter toutes les additions de façons différentes.

• Lors de la correction des exercices, classer les résultats obtenus dans différentes colonnes sur une affiche conservée dans la classe.

| 2 |
|---|
| 0 + 2 |
| 1 + 1 |
| 2 + 0 |

**AIDE** Les égalités à compléter peuvent être difficiles à comprendre pour certains élèves. Deux types d'aides peuvent être envisagés :
– fournir des petits cartons de 6 mm par 6 mm (de la taille des espaces à compléter) portant les nombres jusqu'à 6 et demander aux élèves d'en placer 2, de vérifier si le total est bien 6, puis si c'est le cas de recopier les nombres au-dessus des pointillés ;
– proposer des jetons aux élèves qui ont des difficultés à travailler directement avec les nombres (mais en les incitant à écrire d'abord des décompositions puis à les vérifier avec les jetons).

Le nombre d'égalités à trous correspond au nombre de décompositions possibles. Ce choix est destiné à encourager les élèves à trouver toutes les solutions possibles.
On peut observer si les élèves utilisent l'organisation mise en place et affichée pour les décompositions du nombre 6.

RÉPONSE : 3 0 + 2 ; 1 + 1 ; 2 + 0.
4 0 + 5 ; 1 + 4 ; 2 + 3 ; 3 + 2 ; 4 + 1 ; 5 + 0.

**À SUIVRE**
**En séance 2,** l'activité est reprise pour chercher les décompositions de 10 (activité dirigée), puis de 3 et 4 (exercices). **En séance 3,** le répertoire des décompositions des nombres jusqu'à 10 sera complété.

# Répertoire additif et décompositions de nombres (jusqu'à 10) (2)



| | Tâche | Matériel | Connaissances travaillées |
|---|---|---|---|
| CALCUL MENTAL | **Doubles et moitiés (jusqu'à 10)**<br>– Trouver le double ou la moitié (nombres inférieurs à 10) | par élève :<br>FICHIER NOMBRES p. 40 ❶ | – **Doubles et moitiés (nombres jusqu'à 10)**<br>– Utilisation de l'écriture additive |
| RÉVISER Nombres | **Suite écrite des nombres (jusqu'à 19)**<br>– Connaitre la suite des nombres de un en un jusqu'à 19 | par élève :<br>FICHIER NOMBRES p. 40 ❷ ❸ | – **Suite écrite des nombres jusqu'à 19 : régularités**<br>– Écriture des nombres en chiffres |
| APPRENDRE Calculs | **Comparer des quantités**<br>RECHERCHE **La bataille (2)**<br>– Comparer des quantités jusqu'à 10 | pour la classe :<br>– répertoire collectif des résultats recensés depuis le début de l'année<br>– 20 demi-feuilles A4<br>– file numérique collective<br>par élève :<br>– cahier de brouillon<br>FICHIER NOMBRES p. 40 ❹ ❺ | – **Répertoire additif (jusqu'à 10)**<br>– Décomposition des nombres en sommes de 2 nombres<br>– Utilisation de l'écriture additive |

## CALCUL MENTAL

### Doubles et moitiés (jusqu'à 10)

– Trouver le double ou la moitié (nombres inférieurs à 10)

COLLECTIF

FICHIER NOMBRES ET CALCULS p. 40

**Exercice ❶**

• Formuler chaque question oralement sous deux formes (réponse dans le fichier) :
– Double de … et 2 fois … .
– Moitié de … et … partagé en 2.

• Série de questions :

double de 2 double de 3 double de 5
moitié de 2 moitié de 8

• Lors de la correction, un recours peut être fait à une matérialisation des écritures additives comme 5 + 5 = 10 par des objets réels ou dessinés (voir illustration utilisée en séance 1) ou encore par les doigts.

La connaissance des doubles est utile en calcul mental, car elle constitue un point d'appui important pour les calculs additifs simples. D'où la nécessité de ne pas se limiter aux formulations avec les mots « double » ou « moitié », mais de leur associer notamment les formulations additives (3 plus 3) ou multiplicatives (2 fois 3). Cette dernière formulation prépare également la mémorisation de la table de multiplication par 2.

RÉPONSE : 4 ; 6 ; 10 ; 1 ; 4.

## RÉVISER

### Suite écrite des nombres jusqu'à 19 • Des nombres à mettre en suite

– Connaitre la suite des nombres de un en un jusqu'à 19.
– Écrire les nombres en chiffres.

INDIVIDUEL

FICHIER NOMBRES ET CALCULS p. 40

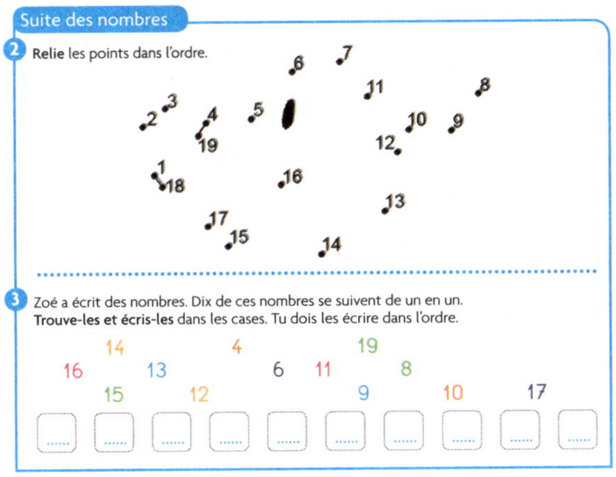


**Exercice ❷**

• Il s'agit d'un exercice classique. Pour relier les points, inciter les élèves à utiliser la règle.

**Exercice ❸**

• L'exercice est plus difficile, dans la mesure où il faut d'abord déterminer les dix nombres qui se suivent.

AIDE Pour les élèves qui rencontrent des difficultés importantes, il est possible :
– de les aider à barrer les nombres isolés ;
– de leur donner la possibilité de se référer à la file numérique ;
– de leur fournir des petits cartons portant les nombres de l'exercice, qu'ils peuvent placer dans les cases avant d'écrire.

RÉPONSE : nombres de 8 à 17.

APPRENDRE

## Répertoire additif et décompositions de nombres (jusqu'à 10) (2)

– Compléter et organiser le répertoire additif.
– Décomposer les nombres (jusqu'à 10) en sommes de 2 nombres.
– S'assurer de l'exhaustivité des décompositions.

### RECHERCHE

**Toutes les décompositions (2) :** Les élèves doivent d'abord trouver, dans le répertoire collectif, différentes façons de décomposer 10 en sommes de 2 nombres, puis chercher toutes celles qui n'y figurent pas.

COLLECTIF

#### PHASE 1 Trouver dans le répertoire collectif des décompositions additives de 10

• Mettre en évidence sur le répertoire collectif (par exemple, en encadrant) une somme égale à 10 (comme 5 + 5 = 10 vue dans l'activité de calcul mental).

• Demander si on peut trouver sur ce répertoire d'autres façons d'avoir 10 pour résultat d'une addition.

• Encadrer sur le répertoire chaque somme trouvée et la recopier sur une demi-feuille A4. Afficher les demi-feuilles au tableau, sans les organiser.

INDIVIDUEL

#### PHASE 2 Recherche de nouvelles décompositions additives de 10

• Demander aux élèves de trouver, individuellement, d'autres sommes égales à 10 (écrire au tableau : 10 = … + …) : ➡ *Y a-t-il d'autres manières d'obtenir 10 avec deux nombres et le signe + ? Trouvez-en le plus possible et écrivez-les sur votre cahier de brouillon.*

• Observer les procédures utilisées par les élèves pour trouver de nouvelles sommes (voir commentaire en séance 1, phase 3).

**Aide** Trois types d'aides peuvent à nouveau être envisagés :
– fournir quelques égalités à compléter qui peuvent ou non figurer dans le répertoire élaboré depuis le début de l'année, comme 7 + ... = 10 ou ... + 9 = 10 ;
– fournir des petits cartons portant les nombres jusqu'à 10 et demander aux élèves d'en placer deux pour compléter … + … , de vérifier si le total est bien 10, puis, si c'est le cas, de recopier les nombres au-dessus des pointillés ;
– proposer des jetons aux élèves qui ont des difficultés à travailler directement avec les nombres (mais en les incitant à écrire d'abord des décompositions puis à les vérifier avec les jetons).

Le choix du nombre 10, nettement plus grand que les précédents, devrait amener les élèves à s'organiser dans leur travail pour trouver toutes les possibilités de solutions. Certains élèves peuvent s'inspirer de l'organisation retenue lors de la séance précédente et figurant sur l'affiche qui a été réalisée et conservée au tableau. La première rencontre avec des égalités « à trous » suggérée en aide est facilitée du fait qu'elle se situe dans le contexte de la recherche de décompositions. Des erreurs classiques sont cependant à prévoir et à analyser avec les élèves, du type : 7 + **17** = 10. Le calcul effectif de 7 + 17 montre que la réponse est fausse et la question 7 + … = 10 peut être matérialisée sous la forme « Dans cette boite, j'ai mis 7 jetons. Combien faut-il encore en mettre pour en avoir 10 ? »

ÉQUIPES DE 2

#### PHASE 3 Confrontation des solutions par équipes de 2

• Après un temps de recherche, inviter les élèves, par équipes de 2, à élaborer une liste commune sur laquelle ils doivent être d'accord.

• Si des désaccords persistent entre eux, ils peuvent les noter pour les soumettre à discussion.

Cette demande de se mettre d'accord par équipes oblige à analyser et, éventuellement, à organiser les réponses trouvées par chacun.

COLLECTIF

#### PHASE 4 Recensement et validation des propositions

• Après un temps de recherche, recenser les propositions au tableau.

• Pour chacune d'elles, demander aux élèves de dire s'ils sont d'accord ou non et d'expliquer pourquoi. Faire utiliser des jetons ou des dessins de jetons pour valider ou invalider les décompositions qui donnent lieu à contestations.

• Inscrire chaque égalité reconnue correcte sur une nouvelle demi-feuille A4 et l'afficher à côté des précédentes (toujours sans rechercher une organisation).

• Faire formuler quelques procédures utilisées pour trouver de nouvelles sommes et pour s'assurer que toutes ont été trouvées.

• Exploiter, si elle apparait, une réponse du type 10 + 0 = 10 pour mettre en évidence l'utilisation du nombre 0. Sinon, la suggérer en demandant de compléter 10 + … = 10.

COLLECTIF

#### PHASE 5 Synthèse

SYNTHÈSE

• **Pour être sûr d'avoir toutes les façons d'obtenir 10,** on peut organiser les solutions sous la forme d'une liste à partir du premier terme de chaque somme en l'augmentant de 1 à chaque fois. On aboutit alors à ce tableau (qui peut rester à disposition des élèves pour la suite des activités).

| 10 |
|---|
| 0 + 10 |
| 1 + 9 |
| 2 + 8 |
| 3 + 7 |
| 4 + 6 |
| 5 + 5 |
| 6 + 4 |
| 7 + 3 |
| 8 + 2 |
| 9 + 1 |
| 10 + 0 |

• **Quand le 1er terme augmente de 1, le 2e terme diminue de 1.** On peut le concrétiser avec les doigts, en remarquant que 10 est le total des doigts levés (1er terme de la somme, par exemple) et des doigts pliés (2e terme de la somme). La même remarque peut être faite avec une collection de 10 objets partagée en deux collections.

• **Quand on connait une somme, on en connait une deuxième** (si les termes sont différents), par exemple : 7 + 3 = 10 et 3 + 7 = 10, ce qui permet aussi d'écrire 7 + 3 = 3 + 7.

• **Revenir sur le rôle de 0 :** on a rencontré 0 + 6 = 6, 6 + 0 = 6 ; 0 + 5 = 5 ; 5 + 0 = 5 ; 0 + 10 = 10 ; 10 + 0 = 10...

INDIVIDUEL

## ENTRAINEMENT

### FICHIER NOMBRES ET CALCULS p. 40

**Décomposer 3 et 7**

**4** **Complète.** Toutes les additions doivent être différentes.

3 = ........ + ........
3 = ........ + ........
3 = ........ + ........
3 = ........ + ........

**5** **Complète.** Toutes les additions doivent être différentes.

| | |
|---|---|
| 7 = ........ + ........ | 7 = ........ + ........ |
| 7 = ........ + ........ | 7 = ........ + ........ |
| 7 = ........ + ........ | 7 = ........ + ........ |
| 7 = ........ + ........ | 7 = ........ + ........ |

**Exercices 4 et 5**

- Préciser aux élèves qu'ils doivent compléter toutes les additions de façons différentes.
- Lors de la correction des exercices, classer les résultats obtenus dans différentes colonnes sur une affiche conservée dans la classe.

**AIDE** Les égalités à compléter peuvent être difficiles à comprendre pour certains élèves. Deux types d'aides peuvent être envisagés :
– fournir des petits cartons de 6 mm par 6 mm (de la taille des espaces à compléter) portant les nombres jusqu'à 6 et demander aux élèves d'en placer 2, de vérifier si le total est bien 6, puis si c'est le cas de recopier les nombres au-dessus des pointillés ;
– proposer des jetons aux élèves qui ont des difficultés à travailler directement avec les nombres (mais en les incitant à écrire d'abord des décompositions puis à les vérifier avec les jetons).

RÉPONSE : **4** 0 + 3 ; 1 + 2 ; 2 + 1 ; 3 + 0.
**5** 0 + 7 ; 1 + 6 ; 2 + 5 ; 3 + 4 ; 4 + 3 ; 5 + 2 ; 6 + 1 ; 7 + 0.

**À SUIVRE**
**En séance 3,** le répertoire des décompositions des nombres jusqu'à 10 sera complété.

# Répertoire additif et décompositions de nombres (jusqu'à 10) (3)



| | Tâche | Matériel | Connaissances travaillées |
|---|---|---|---|
| **CALCUL MENTAL** | **Compléments à 5**<br>– Trouver le nombre qu'il faut ajouter à un nombre donné pour obtenir 5 | par élève :<br>– ardoise ou cahier de brouillon<br>– jetons<br>– cartes constellations › **matériel du fichier, planche 2** | – **Ajout de petits nombres**<br>– Complément à 5 |
| **RÉVISER** Nombres | **La dizaine**<br>– Compléter 10 pour obtenir un nombre jusqu'à 19 | pour la classe :<br>– un sachet ou une enveloppe<br>– 10 jetons d'une couleur (rouge, par exemple)<br>– 10 jetons d'une autre couleur (bleue, par exemple)<br>– file numérique collective<br>par élève :<br>– ardoise ou cahier de brouillon ou file numérique (avec un objet à placer) | – **Dizaine**<br>– Décomposition des nombres du type 13 = 10 + 3 |
| **APPRENDRE** Calculs | **Répertoire additif et décompositions de nombres (jusqu'à 10)**<br>RECHERCHE **Le répertoire complet**<br>– Compléter et organiser le répertoire additif (jusqu'à 10) | pour la classe :<br>– répertoire additif agrandi avec les colonnes 2, 3, 5, 6, 7 et 10 complétées › **fiche 15**<br>– répertoire entièrement complété qui, agrandi, sera affiché à l'issue de la séance › **fiche 16**<br>par élève :<br>– feuille comportant 1 ou 2 colonnes à compléter : 1 et 4 ; 0 et 8 ; 9 › **fiche 17**<br>– un répertoire entièrement complété qui sera remis à l'issue de la séance › **fiche 16** | – **Ajout, retrait de petits nombres**<br>– **Signes + et =**<br>– Préparation à l'addition, à la soustraction et à la notion de complément<br>– Utilisation des nombres écrits en chiffres<br>– Anticipation du résultat d'une action sur des quantités |

## CALCUL MENTAL

### Compléments à 5

– Trouver le nombre qu'il faut ajouter à un nombre donné pour obtenir 5.

COLLECTIF

• Poser les questions oralement sous la forme : ➡ *J'ai déjà quatre. Je voudrais cinq. Combien faut-il ajouter à quatre pour avoir cinq ?*
Les élèves répondent en écrivant le résultat sur leur ardoise ou en le pointant avec un objet, sur leur file numérique.
J'ai 4, je voudrais 5. J'ai 1, je voudrais 5. J'ai 0, je voudrais 5.
J'ai 3, je voudrais 5. J'ai 2, je voudrais 5.

• Faire valider les réponses en utilisant les jetons, les cartes constellations ou les doigts.

• Faire expliciter des procédures utilisées.

Il s'agit d'une reprise de questions posées en unité 3 (séance 9) visant à assurer une bonne connaissance des compléments à 5.
La référence à « Combien de jetons dans la boite ? » (situation familière aux élèves) permet, si c'est nécessaire, de donner du sens aux questions posées.
De même, la référence aux doigts (ou aux constellations) est génératrice d'images mentales, mais les élèves doivent être incités à ne pas compter leurs doigts (ou les points) un par un. Par exemple, pour la question « J'ai trois, je voudrais cinq », l'affichage instantané de 3 doigts levés et l'image des 2 doigts restés pliés doit suffire pour donner la réponse.

## RÉVISER

### La dizaine • Exprimer un nombre en fonction de 10

– Compléter 10 pour obtenir un nombre jusqu'à 19.

COLLECTIF

**PHASE 1 Combien de jetons dans le sachet ?**

• Désigner les élèves qui devront répondre en plaçant un objet sur leur file numérique et ceux qui devront écrire la réponse sur l'ardoise ou le cahier de brouillon.

• Demander à un élève de placer les 10 jetons rouges dans le sachet, en les dénombrant. Indiquer aux élèves :

➡ *Dans ce sachet, il y a dix jetons.*

• Faire reformuler ce que contient le sachet.

• Prendre 2 jetons bleus et les ajouter dans le sachet. Poser la question :

➡ *Dans le sachet, il y avait dix jetons. J'ai ajouté deux autres jetons. Il faut trouver combien il y a maintenant de jetons dans le sachet. Vous répondez en plaçant un objet sur votre file numérique ou en écrivant la réponse sur votre ardoise (ou votre cahier de brouillon).*

• Recenser les réponses et vérifier la bonne réponse en faisant dénombrer les jetons contenus dans le sachet (inciter à compter à partir de 10).

• Faire exprimer les procédures utilisées, notamment :

– réponse immédiate car 1 groupe de dix jetons et encore 2 jetons, c'est 12 jetons (en référence à ce qui a été travaillé en unité 3, séances 5 et 6) ;

– réponse en avançant de 2 au-delà de 10 dans la suite orale des nombres ou sur la file numérique ;

– recomptage de tous les jetons (après les avoir dessinés par exemple).

• Conclure en représentant le problème posé avec les doigts (10 doigts et encore 2 doigts) ou avec les cartes constellations utilisées en unité 3, séance 6, puis en écrivant l'égalité 10 + 2 = 12.

• Reprendre l'activité, toujours en partant de 10 jetons rouges dans le sachet et en ajoutant soit 5 jetons bleus, soit 7 jetons bleus (dans ce dernier cas, faire remarquer qu'on entend la réponse dans dix-sept rapproché de 10 + 7 = 17).

Cette activité de révision vise à consolider ce qui a été travaillé en unité 3 (séances 5 et 6) relativement à la représentation des nombres de 11 à 19 en fonction de 10, en associant ici représentation par des objets (jetons, doigts, cartes constellations), représentation verbale (douze, dix-sept), représentation avec des chiffres (12, 17) et écriture additive (10 + 2 = 12, 10 + 7 = 17).
Il s'agit également de préparer le travail d'apprentissage sur la représentation des nombres jusqu'à 39 en appui sur vingt et trente (séances 8 et 9).

COLLECTIF

**PHASE 2 Combien faut-il ajouter de jetons bleus ?**

• Reprendre le même déroulement, en posant des questions du type :

➡ *Dans le sachet, il y a déjà dix jetons. J'en voudrais onze (écrire 11 au tableau). Il faut trouver combien je dois encore mettre de jetons dans le sachet. Vous répondez tous en écrivant la réponse sur votre ardoise (ou votre cahier de brouillon).*

• Faire exprimer les procédures utilisées, notamment :

– réponse immédiate car 11 jetons, c'est 1 groupe de dix jetons et encore 1 jeton (en référence à ce qui a été travaillé en unité 3, séances 5 et 6) ;

– réponse en avançant de 1 au-delà de 10 dans la suite orale des nombres ou sur la file numérique ;

– comptage des jetons (après les avoir dessinés par exemple).

• Conclure en représentant le problème posé avec les doigts (10 doigts et encore 1 doigt) ou avec les cartes constellations utilisées en unité 3, séance 6, puis en écrivant l'égalité 10 + 1 = 11.

• Reprendre l'activité, toujours en partant de 10 jetons rouges dans le sachet, en demandant combien en ajouter pour en avoir 14 ou 18.

UNITÉ 4

## APPRENDRE

### Répertoire additif et décompositions de nombres (jusqu'à 10) (3)

– Compléter et organiser le répertoire additif.
– Décomposer les nombres (jusqu'à 10) en sommes de 2 nombres.
– S'assurer de l'exhaustivité des décompositions.

### RECHERCHE

**Le répertoire complet :** Les élèves doivent trouver les sommes manquantes dans le répertoire affiché.

COLLECTIF

**PHASE 1 Un nouveau répertoire**

• Afficher le répertoire additif agrandi avec les colonnes 2, 3, 5, 6, 7 et 10 complétées.

• Demander ce qu'on peut lire dans ce tableau et conclure que :

– ce sont les mêmes calculs que ceux déjà trouvés lors des séances précédentes ; ils sont organisés de la même manière, mais sans le signe = ; il faut donc savoir lire le tableau pour retrouver par exemple 6 + 4 = 10 ;

– les sommes du type 0 + 7 = 7 ou 7 + 0 = 7 correspondent au fait qu'on n'ajoute aucun objet.

Jusque-là, les résultats étaient consignés sur des étiquettes sous la forme 2 + 4 = 6. Dans ce nouveau répertoire, ce résultat est retrouvé en associant une somme à l'entête de la colonne dans laquelle elle est située.
Cette organisation plus simple des résultats additifs est une préparation à la table de Pythagore qui ne sera introduite qu'au CE1.

INDIVIDUEL

## PHASE 2 Recherche des calculs manquants

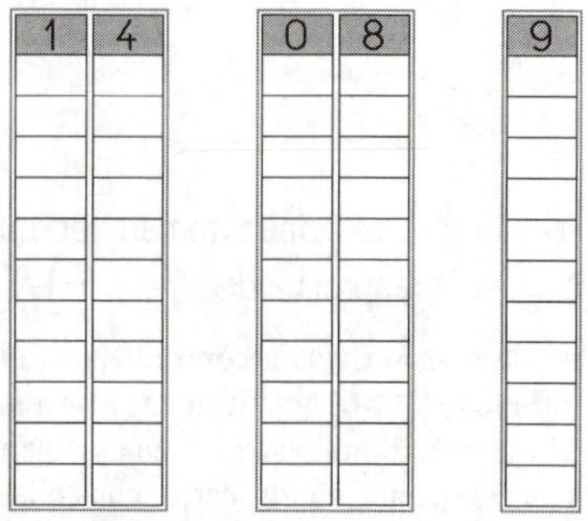

• Remettre à chaque élève une des 3 feuilles de la fiche 17 à compléter : soit la feuille avec les entêtes 1 et 4, soit avec les entêtes 0 et 8, soit avec l'entête 9.

• Préciser ensuite la consigne : ➡ *Chacun doit compléter la feuille qui lui a été remise, en écrivant tous les calculs possibles, comme dans le répertoire affiché au tableau.*

• À l'issue de ce travail individuel, une confrontation par deux peut être organisée avant la mise en commun.

COLLECTIF

## PHASE 3 Mise en commun et synthèse

• Recenser les résultats pour chaque colonne.

• Valider chaque calcul par concrétisation (doigts, objets, file numérique) ou par justification arithmétique et le transcrire dans le nouveau répertoire.

• La mise en commun est suivie d'une synthèse : présenter aux élèves le répertoire entièrement complété (fiche 16).

### SYNTHÈSE

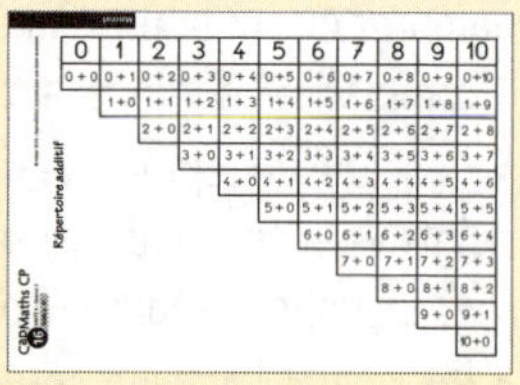

• **Ce répertoire contient toutes les façons d'obtenir un nombre jusqu'à 10** en ajoutant deux nombres : il sera affiché dans la classe, mais il sera parfois caché.

• **On peut l'utiliser pour retrouver un résultat, mais il faudra connaitre ces résultats « par cœur », « sans réfléchir », ou les retrouver « très très vite ».**

• Chacun d'entre vous aura à sa disposition un répertoire complet et devra colorier les sommes qu'il connait par cœur. Vous garderez ce répertoire et chaque fois que vous connaitrez par cœur une nouvelle somme, vous la colorierez (l'enseignant se réservant la possibilité de faire des contrôles).

### TRACE ÉCRITE

Le répertoire collectif est affiché dans la classe. Par la suite, les élèves pourront s'y référer ou non, selon les choix de l'enseignant. Les élèves sont invités à retrouver ce répertoire dans le dico-maths, rubriques 1 et 2.

INDIVIDUEL

## ENTRAINEMENT

• Poser des questions des quatre types suivants, par écrit au tableau. Après un temps de recherche, les élèves interrogés répondent oralement. Ils doivent indiquer comment ils se servent du nouveau répertoire pour :

– compléter une égalité du type : 5 + 4 = ...
– compléter une égalité du type : 5 + ... = 8 ou 8 = 5 + …
– compléter une égalité du type : ... + 6 = 9 ou 9 = … + 6
– compléter une égalité du type : ... + ... = 5 (il y a alors plusieurs possibilités).

Cet entrainement est aussi une occasion de travailler le sens des différents types de questions, en insistant sur le fait que, pour les trois derniers types, il est souhaitable de contrôler l'égalité obtenue.

**AIDE** Pour aider à la compréhension des opérations à trous, on peut, par exemple, les présenter sous la forme :
[5 + ...] = [8]
ce qui permet de mieux mettre en évidence les deux membres de l'égalité.

# Suite écrite des nombres jusqu'à 39 (1)



| | Tâche | Matériel | Connaissances travaillées |
|---|---|---|---|
| CALCUL MENTAL | **Ajouter un nombre à 5 pour obtenir un nombre donné (jusqu'à 10)**<br>– Trouver le nombre qu'il faut ajouter à 5 pour obtenir un nombre donné | par élève :<br>– ardoise ou cahier de brouillon | – **Ajout de petits nombres**<br>– Complément de 5 à 6, 7,… 10 |
| RÉVISER Nombres | **La dizaine**<br>– Compléter 10 pour obtenir un nombre jusqu'à 19 | pour la classe :<br>– un sachet ou une enveloppe<br>– 10 jetons d'une couleur (rouge, par exemple)<br>– 10 jetons d'une autre couleur (bleue, par exemple)<br>– file numérique collective<br>par élève :<br>– ardoise ou cahier de brouillon ou file numérique (avec un objet à placer) | – **Dizaine**<br>– Décomposition des nombres du type 13 = 10 + 3 |
| APPRENDRE Nombres | **Suite écrite des nombres (jusqu'à 39)**<br>RECHERCHE **Nombres manquants (1)**<br>– Retrouver des nombres manquants parmi les nombres de 1 à 39, écrits avec des chiffres | pour la classe :<br>– une file numérique prolongée jusqu'à 39<br>– un mètre de couturière<br>par élève :<br>– 32 cartes nombres comprises entre 1 et 39 › **fiche 18**<br>– une feuille et un stylo<br>pour certains élèves :<br>– file numérique individuelle | – **Suite écrite des nombres jusqu'à 39**<br>– Régularités de cette suite |

## CALCUL MENTAL

### Compléments de 5 à un nombre supérieur (jusqu'à 10)

– Trouver le nombre qu'il faut ajouter à 5 pour obtenir un nombre donné (jusqu'à 10).

COLLECTIF

• Poser les questions oralement sous la forme : ➡ *J'ai déjà cinq. Je voudrais sept. Combien faut-il ajouter à cinq pour avoir sept ?* Les élèves répondent en écrivant le résultat sur leur ardoise ou en le pointant avec un objet, sur leur file numérique.

J'ai 5, je voudrais 7. J'ai 5, je voudrais 6. J'ai 5, je voudrais 10.
J'ai 5, je voudrais 8. J'ai 5, je voudrais 9.

• Faire valider les réponses en utilisant les jetons, les cartes constellations ou les doigts.

• Faire expliciter des procédures utilisées.

La référence à « Combien de jetons dans la boite ? » (situation familière aux élèves) permet, si c'est nécessaire, de donner du sens aux questions posées.
De même, la référence aux doigts (ou aux constellations) est génératrice d'images mentales, mais les élèves ne doivent pas compter leurs doigts (ou les points) un par un. Par exemple, pour la question « J'ai cinq, je voudrais sept », on souhaite l'affichage instantané des 5 doigts levés d'une main et de 2 doigts sur l'autre main.

## RÉVISER

### La dizaine • Exprimer un nombre en fonction de 10

– Compléter 10 pour obtenir un nombre jusqu'à 19.

COLLECTIF

**PHASE 1 Combien de jetons dans le sachet ?**

• Reprendre l'activité de révision de la séance précédente, toujours en partant de 10 jetons rouges dans le sachet et en ajoutant soit 3 jetons bleus, soit 5 jetons bleus, soit 9 jetons bleus (dans ce dernier cas, faire remarquer qu'on entend la réponse dans dix-neuf rapproché de 10 + 9 = 19).

COLLECTIF

**PHASE 2 Combien faut-il ajouter de jetons bleus ?**

• Reprendre l'activité de révision de la séance précédente, toujours en partant de 10 jetons rouges dans le sachet et en demandant combien en ajouter pour en avoir 13, 16 ou 17.

## APPRENDRE

### Ajouts et compléments (jusqu'à 10)

– Anticiper le résultat d'un ajout de 1, 2 ou 3 objets.
– Déterminer le complément d'un nombre à 10.

## RECHERCHE

**Nombres manquants (1) :** Les élèves doivent trouver les nombres manquants dans une série de nombres compris entre 1 et 39 donnée en désordre.

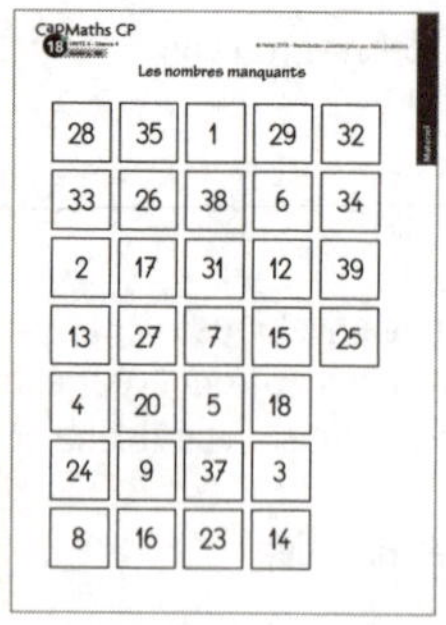


| 28 | 35 | 1 | 29 | 32 |
|---|---|---|---|---|
| 33 | 26 | 38 | 6 | 34 |
| 2 | 17 | 31 | 12 | 39 |
| 13 | 27 | 7 | 15 | 25 |
| 4 | 20 | 5 | 18 | |
| 24 | 9 | 37 | 3 | |
| 8 | 16 | 23 | 14 | |

INDIVIDUEL (OU ÉQUIPES DE 2)

### PHASE 1 Recherche des nombres manquants

• Afficher la file numérique collective jusqu'à 39.

• Distribuer à chaque élève la fiche de travail.

• Susciter des remarques sur la relation entre ces cartes nombres comprises entre 1 et 39 et la file numérique : « Ce sont les mêmes nombres que sur la file numérique, mais en désordre… ».

• Préciser que non seulement ces nombres sont en désordre, mais qu'il manque certains nombres :

➡ *Vous devez trouver tous les nombres de la file qui ne sont pas écrits sur les cartes. Je vais cacher la file numérique, il faudra donc vous organiser. Écrivez sur votre feuille de brouillon tous les nombres qui manquent. Pour vous aider, vous pouvez découper les cartes, mais ce n'est pas une obligation. Vous pouvez aussi écrire sur la fiche que je vous ai donnée.*

• Cacher la file numérique pendant tout le temps de la recherche.

• Si certains élèves ont du mal à démarrer, leur conseiller de découper les cartes (et même les aider à le faire). Si la difficulté persiste, les autoriser à utiliser leur file numérique personnelle (mais cela doit rester l'exception).

L'activité est conçue pour inciter les élèves à utiliser et mettre en évidence l'organisation de la suite des nombres (succession des chiffres des unités et changement du chiffre des dizaines au passage des unités à 0). C'est effectivement cela qui est utile pour résoudre le problème posé.

COLLECTIF

### PHASE 2 Mise en commun

• À tour de rôle, demander à des élèves d'écrire au tableau un nombre qui leur parait manquant. Demander aux autres élèves s'ils sont d'accord ou non avec la proposition. Demander également comment se lit ce nombre et l'indiquer si aucun élève ne peut le lire.

• À la fin, pour vérification, les nombres trouvés sont repérés sur la file numérique collective (par exemple par une flèche).

• Demander aux élèves de faire part de la stratégie qu'ils ont utilisée pour découvrir les nombres manquants (voir commentaire ci-après).

**Les nombres peuvent être énoncés d'au moins deux façons par les élèves (exemple avec 32) :**
– par leur désignation orale usuelle (trente-deux) ;
– par leurs deux chiffres, en se mettant d'accord sur un ordre d'énonciation (il y a un trois puis un deux).
Sans viser un apprentissage systématique, la désignation orale usuelle est systématiquement énoncée.
**Stratégies que les élèves ont pu utiliser pour trouver les nombres manquants :**
– regroupement des nombres en familles-dizaines (ou en familles-unités) ;
– confection d'une suite reproduisant la file numérique (en découpant ou en recopiant) ;
– repérage de cette suite sur les cartes par pointage (sans découpage).

COLLECTIF

### PHASE 3 Synthèse

• Demander aux élèves comment est organisée la suite des nombres (ce qui leur a permis de trouver les nombres manquants). Il est probable qu'ils fassent des remarques comme : il y a d'abord les nombres à un chiffre, puis tous les nombres avec « à gauche » un 1, puis ceux avec un 2, puis avec un 3 ; les chiffres « de droite » sont dans l'ordre : 0, 1, 2, 3…

**SYNTHÈSE**

Reformuler les caractéristiques de la suite des nombres écrits en chiffres :
– pour le chiffre de droite, on retrouve toujours la suite (0, 1, 2… 9) ;
– pour le chiffre de gauche, il n'y a pas de chiffre pour les 9 premiers nombres, puis on trouve 1 jusqu'à 19, puis 2 jusqu'à 29, puis 3 jusqu'à 39 ;
– le chiffre de gauche change lorsque celui de droite passe de 9 à 0.

Les mots unités et dizaines n'ont pas à être utilisés dans cette séance, la valeur des chiffres n'étant pas mise en évidence (c'est ce qui sera établi progressivement en séances 8 et 9 et fera l'objet d'une activité fondamentale en unité 5).

COLLECTIF

### PHASE 4 Prolongements

S'il reste du temps, deux types de questions peuvent être posés :

• Cacher des nombres sur la file et demander de les retrouver, par leur écriture chiffrée.

• Demander les nombres qui viennent après 39. Le mètre de couturière permet de valider les réponses et de confirmer les remarques sur l'organisation.

Bien que la file numérique soit ici limitée à 39, il est intéressant de sensibiliser les élèves au fait que l'organisation repérée permet d'écrire des nombres bien au-delà de 39.

**À SUIVRE**

**En séance 5,** exercices d'entrainement sur la file numérique jusqu'à 39.
**En séances 8 et 9,** travail sur l'expression des nombres de 11 à 39 en fonction de dix, de vingt et de trente (approche de la notion de dizaine).

# Suite écrite des nombres jusqu'à 39 (2)



| | Tâche | Matériel | Connaissances travaillées |
|---|---|---|---|
| CALCUL MENTAL | **Compléments à 10**<br>– Trouver le nombre qu'il faut ajouter à un nombre donné pour obtenir 10 | par élève :<br>– ardoise ou feuille de papier | – **Ajout de petits nombres**<br>– Complément à 10 |
| RÉVISER Nombres | **Écriture en lettres des nombres de 1 à 5**<br>– Associer les écritures en chiffres et en lettres des nombres de 1 à 5 | par élève :<br>FICHIER NOMBRES p. 41 ① | – **Désignation littérale des nombres** |
| APPRENDRE Nombres | **Suite écrite des nombres jusqu'à 39**<br>RECHERCHE **Nombres manquants (2)**<br>– Retrouver des nombres cachés sur la file numérique de 1 à 39 | pour la classe :<br>– une file numérique prolongée jusqu'à 39, avec des nombres cachés (voir l'activité)<br>par élève :<br>– ardoise ou feuille de brouillon<br>FICHIER NOMBRES p. 41 ② ③ | – **Suite écrite des nombres jusqu'à 39**<br>– Régularités de cette suite |

## CALCUL MENTAL

### Compléments à 10

– Trouver le complément à 10 d'un nombre représenté par une quantité.

COLLECTIF

• Faire rappeler que pour voir 10 doigts, il faut lever tous les doigts des deux mains, puis présenter l'activité :

➡ *Vous allez devoir trouver combien de doigts des deux mains ne sont pas levés. Voici 8 doigts levés (les montrer : 5 sur une main, 3 sur l'autre main). Combien de doigts ne sont pas levés ? (réponse immédiate : 2). Maintenant, je vais lever les doigts dans mon dos. Je vous dirai combien. Vous devez trouver combien de doigts je n'ai pas levés. Vous répondez sur l'ardoise. On vérifiera ensuite.*

• Commencer par des nombres de doigts levés « faciles », par exemple 5, 9, 7 et 10, et poursuivre avec des nombres « plus difficiles », par exemple 2, 4, 6 et 1.

• Faire exprimer quelques méthodes utilisées et vérifier les réponses en montrant les mains.

La connaissance des compléments à 10 ou la capacité à les trouver rapidement constitue un point d'appui essentiel pour le calcul mental sur les petits nombres, « en passant par dix » ou, plus tard, sur des nombres plus grands « en passant par la dizaine supérieure ».
Le recours aux doigts (dans cette séance) ou aux constellations (dans la séance suivante) favorise la construction d'images mentales où le repère 5 joue également un rôle important.
Procédures possibles :
– reproduction du problème sur ses propres doigts ;
– surcomptage à partir du nombre donné ;
– appui sur 5 ;
– utilisation d'un résultat connu, par exemple : « Je sais que de neuf à dix, il y a un ».

## RÉVISER

### Écriture en lettres des nombres de 1 à 5

– Connaitre les écritures en lettres des nombres de 1 à 5.

INDIVIDUEL

FICHIER NOMBRES ET CALCULS p. 41

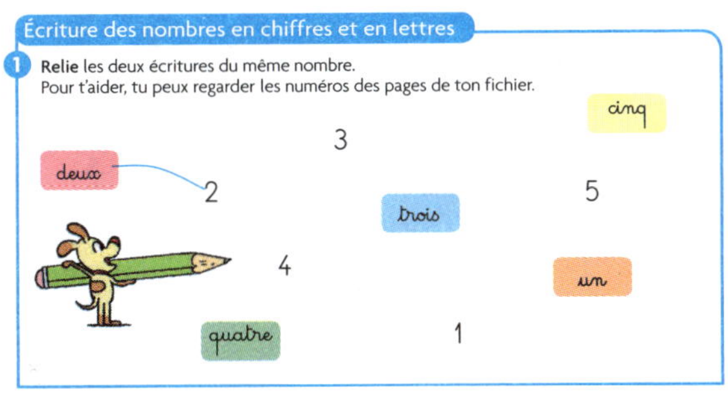


**Exercice 1**

• Reproduire au tableau l'exemple donné dans le fichier (deux relié à 2). Indiquer aux élèves qu'ils doivent relier les écritures en chiffres des autres nombres à leurs écritures avec des lettres.

• Leur indiquer qu'ils peuvent soit répondre directement, soit utiliser les numéros des pages qui figurent en bas de chaque page de leur fichier : les nombres y sont écrits en chiffres et en lettres (ils disposent ainsi d'une sorte de dictionnaire qui permet de savoir comment s'écrit chaque nombre avec des mots).

Il s'agit également de sensibiliser les élèves au fait que les nombres peuvent être exprimés de 3 façons : écriture chiffrée ; formulation orale ; écriture avec des mots.

## APPRENDRE

### Suite écrite des nombres jusqu'à 39

– Repérer et utiliser les régularités de la suite écrite des nombres de 1 à 39.

## RECHERCHE

**Nombres manquants (2) :** Les élèves doivent retrouver des nombres qui ont été cachés sur la file numérique.

COLLECTIF

**PHASE 1** **Trouver les nombres cachés**

• Afficher la file numérique collective avec certains nombres cachés.

Exemple : 7, 8, 15, 20, 21, 22, 29, 30, 31, 32, 37, 38.

• Demander de retrouver les trois premiers nombres cachés (7, 8 et 15). Les réponses sont données oralement et les méthodes utilisées pour les retrouver sont explicitées.

• Demander ensuite de retrouver tous les autres nombres cachés et de les écrire, dans l'ordre, sur une feuille ou sur l'ardoise.

• Faire l'inventaire des réponses en demandant aux élèves de lire les nombres et d'expliquer les méthodes utilisées.

COLLECTIF

**PHASE 2** **Synthèse**

SYNTHÈSE

• Reprendre les éléments de la synthèse de la séance précédente :
– succession des chiffres de droite ;
– permanence et changement des chiffres de gauche.

INDIVIDUEL

## ENTRAINEMENT

**FICHIER NOMBRES ET CALCULS p. 41**

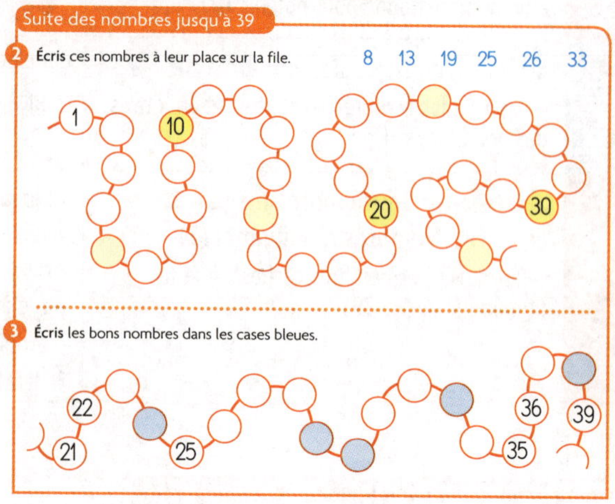


**Exercice 2**

• Insister sur le fait qu'il ne faut placer que les nombres donnés et ne pas compléter toute la file.

• Inciter les élèves à s'appuyer sur les repères 10, 20 et 30.

**Exercice 3**

• Insister sur le fait qu'il ne faut compléter que les cases coloriées et non pas toute la file.

RÉPONSE : 24 ; 29 ; 30 ; 33 ; 38.

AIDE Pour les élèves qui rencontrent des difficultés, on peut :
– écrire des nombres supplémentaires sur la file numérique ;
– mettre à disposition la file numérique individuelle.

Centrer l'exploitation sur l'utilisation de la structure de la suite des nombres écrits en chiffres (cf. synthèse de la séance 4) et sur la lecture des nombres à placer ou à trouver, notamment en relation avec la lecture de 20 et de 30 : lorsque le chiffre des dizaines (celui de gauche) est 2 (ou 3), le nom du nombre commence par vingt (ou par trente).

**Différenciation** → CD-Rom du guide, fiche 11.

# Carré, rectangle, triangle : reconnaissance perceptive



| | Tâche | Matériel | Connaissances travaillées |
|---|---|---|---|
| NOMBRES | **Compléments à 10**<br>– Trouver le nombre qu'il faut ajouter à un nombre donné pour obtenir 10 | pour la classe :<br>– la carte constellation « dix » agrandie<br>› **matériel du fichier, planche 2**<br>– une feuille opaque servant de cache<br>par élève :<br>– ardoise ou feuille de papier | – **Ajout de petits nombres**<br>– Complément à 10 |
| RÉVISER Géométrie | **Tracés à la règle**<br>– Réaliser des tracés en utilisant la règle | par élève :<br>– une règle, une gomme et un crayon bien taillé<br>CAHIER GÉOMÉTRIE **p. 14** 1 | – **Utilisation de la règle pour tracer** |
| APPRENDRE Géométrie | **Carré, rectangle, triangle : reconnaissance perceptive**<br>RECHERCHE **Carré, rectangle, triangle**<br>– Reconnaitre et nommer des figures géométriques planes | par équipe de 2 :<br>– un lot de 24 formes › **matériel du cahier, planches 1 et 2** (un lot pour 2 suffit ici) ; ce matériel est aussi présent dans le matériel photocopiable › **fiches 20 et 21**<br>– une feuille A3 partagée en 4 avec les titres : carrés, rectangles, triangles, autres (à réaliser par l'enseignant)<br>– pâte à fixer<br>– une pochette pour ranger les formes<br>par élève :<br>› **fiche 19**<br>– ciseaux et colle<br>CAHIER GÉOMÉTRIE **p. 14** 2 | – **Reconnaissance et désignation de figures planes** |



## CALCUL MENTAL

### Compléments à 10

– Trouver le complément à 10 d'un nombre représenté par une quantité.

COLLECTIF

• Reprendre l'activité de calcul mental de la séance 5, avec la carte constellation « dix », selon les modalités suivantes.

• Montrer la carte constellation « dix ».

• Cacher, avec la main ou une feuille opaque, un certain nombre de points. Montrer le carton et demander aux élèves combien de points sont cachés.

Exemple :

• Faire exprimer quelques méthodes utilisées et vérifier les réponses en retirant le cache.

• Progressivement, transformer les questions en « Combien manque-t-il à 4 pour faire 10 ? »

## RÉVISER

### **Tracés à la règle** • Dessin à compléter

– Effectuer des tracés à l'aide de la règle en s'appuyant sur des lignes déjà tracées.

INDIVIDUEL

**CAHIER MESURES ET GÉOMÉTRIE p. 14**

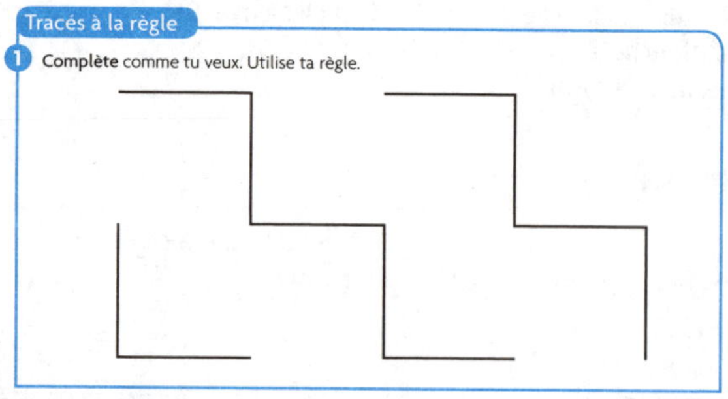


**Exercice 1**

• Demander aux élèves de compléter le dessin en traçant des traits à la règle. Préciser qu'ils doivent utiliser les traits déjà dessinés, en posant la règle contre les traits ou contre les extrémités des traits.

• Photocopier, afficher et commenter certains dessins : des élèves ont prolongé les traits déjà tracés et ont dessiné des créneaux ou un quadrillage, d'autres ont fermé les figures et obtenu des triangles, etc. La diversité des productions doit montrer différents tracés possibles. Préciser à nouveau qu'il faut utiliser les traits déjà tracés, bien tenir sa règle et apporter un maximum de soin au tracé.

• Demander si besoin de refaire un autre dessin sur la fiche différenciation.

**Différenciation** → CD-Rom du guide, fiche 12.

## APPRENDRE

### Carré, rectangle, triangle : reconnaissance perceptive

– Reconnaitre et nommer quelques formes géométriques : carrés, rectangles, triangles.
– Prendre conscience qu'un nom correspond à une classe de formes.

### RECHERCHE

**Carré, rectangle, triangle :** Les élèves classent des formes librement avant d'effectuer un classement « géométrique » en 4 catégories : carrés, rectangles, triangles et autres.

**Avant l'activité :**

• Demander aux élèves de détacher les 24 formes notées de *a* à *z* dans le matériel de leur cahier. Elles seront mises dans une pochette pour la suite de l'activité.

ÉQUIPES DE 2 OU 3

**PHASE 1 Classement libre des formes**

• Distribuer à chaque équipe de 2 ou 3 élèves une pochette contenant les 24 formes.

• Donner la consigne :

➡ *Essayez de classer les formes en quatre paquets. Vous devrez ensuite expliquer aux autres l'idée de votre classement. Les lettres qui sont dessus permettent de les nommer, vous ne devez pas en tenir compte pour votre classement.*

• Laisser les équipes faire des essais pendant une dizaine de minutes, les observer.

• Recenser les propositions, sans les valider, et conclure :

➡ *De toutes les idées que vous avez émises, je garde celles qui concernent les mots « carrés », « rectangles » et « triangles ». Je vais vous demander de faire un nouveau classement (voir phase 2).*

Les critères que vont retenir les élèves peuvent être très divers, voire inattendus :
– malgré la consigne, certains s'attachent aux lettres (lettres de leur prénom…) ;
– certains privilégient l'analogie avec les formes connues : les portes, les toits… (on peut leur demander s'ils connaissent le nom de la forme) ;
– d'autres choisissent des propriétés perceptives : les pointus, les piquants, les carrés… ;
– d'autres encore choisissent des propriétés liées aux grandeurs : les gros, les grands, les petits, les longs… ;
– quelques-uns enfin connaissent le nom de certaines formes (carré, rectangle, voire triangle) et l'utilisent à bon ou mauvais escient.

ÉQUIPES DE 2 OU 3

**PHASE 2 Classement « géométrique » des formes**

• Distribuer la feuille A3 portant les intitulés « carré, rectangle… » en précisant la consigne :

➡ *Vous allez maintenant classer les formes dans les quatre paquets suivants : carrés, rectangles, triangles, autres. Les places de chaque paquet sont dessinées sur la feuille (montrer les parties sur la feuille, les noms des formes qui y figurent). Quand vous serez d'accord dans chaque équipe de 2, vous collerez les formes au bon endroit avec de la pâte à fixer.*

COLLECTIF

**PHASE 3 Mise en commun**

• Afficher les différentes productions au tableau.

• Commencer par une production où toutes les formes ont été bien placées. Faire argumenter les élèves. Dire que la production est correcte.

• Faire trouver les erreurs dans les autres productions en comparant à la production précédente et faire expliciter pourquoi il y a erreur.

Il est difficile au CP de définir les formes géométriques.
Elles sont reconnues de façon essentiellement perceptive. Il est cependant nécessaire de préciser quelques critères de reconnaissance, par exemple :
– « un triangle a 3 pointes » ou « un carré a 4 pointes » ;
– « celui-là n'est pas un carré, car ses côtés ne sont pas de même longueur » ... ;
– « celui-là n'est pas un rectangle, car on ne peut pas placer exactement ce coin dans le coin d'une feuille de papier ».

COLLECTIF

## PHASE 4 Synthèse

**SYNTHÈSE**

• **Montrer les formes, les nommer et commenter :**
– **les carrés :** ils ont des tailles différentes ;
– **les rectangles :** ils n'ont pas tous la même forme, certains sont longs et étroits...
– **les carrés et les rectangles :** ils ont quatre côtés ;
– **les triangles :** ils n'ont pas tous la même forme, mais on les reconnait car ils ont trois pointes.

• **Pour savoir si une forme est un carré, un triangle, un rectangle,** on peut tourner la forme découpée.

• Il existe d'autres formes, dont on connait le nom ou pas ; nommer le losange si des élèves le reconnaissent. **Certaines de ces formes ont aussi 4 côtés, mais ce ne sont pas des carrés ou des rectangles.**

Les arguments autres que ceux portant sur le nombre de côtés ou de pointes sont purement perceptifs, ce qui peut rendre la discussion difficile. On se contentera pour le moment des formulations des élèves : « Le carré est bien droit, pareil tout autour, il a quatre coins ». Certains élèves distinguent les angles aigus des angles droits et les nomment différemment, « pointes » et « coins ».

• À la fin de l'activité, faire décoller par chaque équipe les 24 formes de sa feuille A3 et lui demander de les replacer dans la pochette. Elles seront utilisées en séance 7.

**À SUIVRE**
Un travail plus précis sera mené :
– **en unité 5,** sur les triangles et rectangles, et sur les notions de côté et de sommet ;
– **en unités 7 et 8,** sur la reconnaissance des carrés, rectangles et triangles dans une figure complexe.

INDIVIDUEL

## ENTRAINEMENT

**CAHIER MESURES ET GÉOMÉTRIE p. 14**

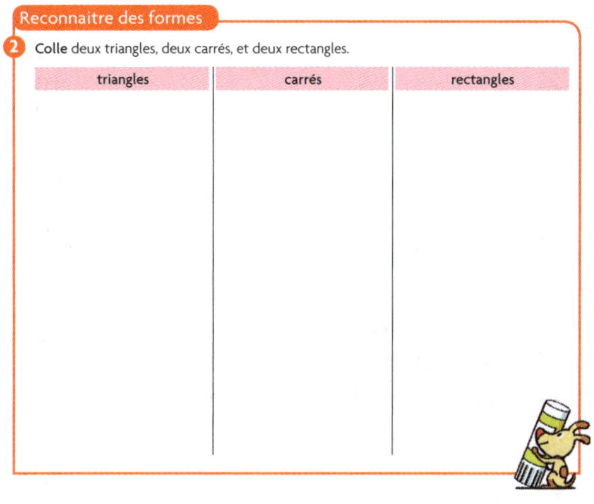


**Exercice 2**
• Donner à chaque élève la fiche 19.
• Demander à chacun de découper 2 triangles, 2 carrés et 2 rectangles, et de les coller dans le cahier.

UNITÉ 4

| | Tâche | Matériel | Connaissances travaillées |
|---|---|---|---|
| NOMBRES | **Compléments à 10**<br>– Trouver le nombre qu'il faut ajouter à un nombre donné pour obtenir 10 | pour la classe :<br>– une boite<br>– environ 15 jetons<br>par élève :<br>– ardoise ou feuille de papier | **– Ajout de petits nombres**<br>– Complément à 10 |
| RÉVISER Géométrie | **Tracés à la règle**<br>– Utiliser un gabarit de forme pour tracer un carré, un rectangle, un triangle | pour la classe :<br>– un gabarit de forme découpé dans un carton épais (à réaliser par l'enseignant)<br>par élève :<br>– une demi-feuille A4 unie<br>– un lot de 24 formes › **matériel du cahier, planches 1 et 2**<br>– un crayon à papier<br>CAHIER GÉOMÉTRIE p. 15 ① | **– Utilisation d'un gabarit pour tracer une forme géométrique** |
| APPRENDRE Mesures | **Opérations sur les longueurs**<br>RECHERCHE **Les chemins de couleur**<br>– Comparer des longueurs de « chemins » constitués de bandes mises bout à bout<br>– Constituer des chemins de longueur donnée<br>– Trouver le complément d'une longueur | pour la classe :<br>– 3 bandes rouges (16 cm) ; 4 bandes vertes (12 cm) ; 4 bandes bleues (8 cm) ; toutes les bandes ont pour largeur 3 cm › **à fabriquer par l'enseignant**<br>– de la pâte à fixer<br>par équipe de 2 :<br>– 4 bandes rouges (8 cm) ; 4 bandes vertes (6 cm) ; 4 bandes bleues (4 cm) ; une bande jaune › **matériel du cahier, planche 4**<br>par élève :<br>CAHIER GÉOMÉTRIE p. 15 ② ③ | **– Addition de longueurs, complément, double et moitié** |

## CALCUL MENTAL

### Compléments à 10

– Trouver le complément à 10 d'un nombre représenté par une quantité.

COLLECTIF

- Mettre, de façon visible pour les élèves, 8 jetons dans la boite (ou tout autre nombre de jetons inférieur ou égal à 10).
- Indiquer ce nombre aux élèves et leur demander combien il faut encore mettre de jetons dans la boite pour qu'il y en ait exactement 10.
- Recenser les réponses oralement pour favoriser l'appropriation du problème et l'échange sur les procédures.
- Valider immédiatement la réponse en complétant effectivement le contenu de la boite.
- Recommencer avec par exemple 9 jetons, puis 1 jeton, 5 jetons, 7 jetons, 2 jetons…

Les procédures possibles sont de même nature que celles évoquées dans la séance 5.

## RÉVISER

### Tracés à la règle • Tracés avec un gabarit

– Tracer un carré, un rectangle, un triangle en s'aidant d'un gabarit.

COLLECTIF ET INDIVIDUEL

**PHASE 1 Tracé libre d'une forme**

• Présenter la forme en carton, dire qu'on l'appelle un gabarit, qu'on peut dessiner son contour sur le tableau ou une feuille de papier.

• Réaliser le tracé de son contour au tableau en expliquant comment utiliser le gabarit : bien le tenir, suivre son contour avec le crayon.

• Inviter ensuite les élèves à choisir une forme parmi toutes celles qui sont dans leur enveloppe et à tracer son contour sur leur feuille blanche. Leur demander de tracer plusieurs fois la même forme avec ce gabarit.

INDIVIDUEL

**PHASE 2**

**CAHIER MESURES ET GÉOMÉTRIE** **p. 15**

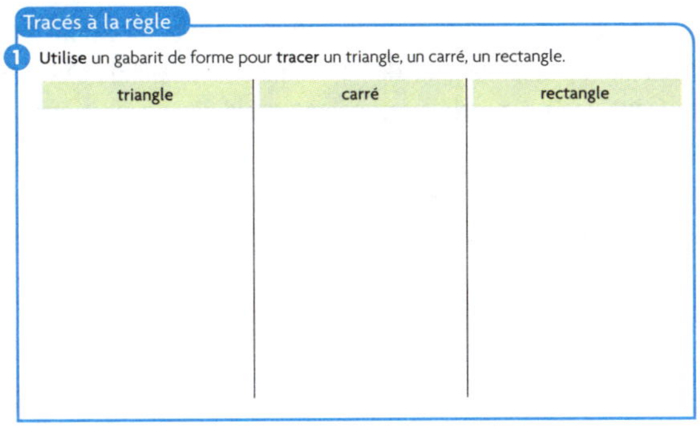
Tracés à la règle

1 Utilise un gabarit de forme pour tracer un triangle, un carré, un rectangle.

| triangle | carré | rectangle |
|---|---|---|
| | | |

**Exercice 1**

• Demander à chaque élève de choisir un triangle, de s'en servir comme gabarit sur leur cahier et de recommencer en choisissant un carré puis un rectangle.

• Les inviter au plus grand soin.

## APPRENDRE

### Opérations sur les longueurs

– Comparer directement des longueurs.
– Comprendre que la longueur d'une suite d'objets mis bout à bout est la somme des longueurs des objets.
– Comprendre longueur double et moitié.

ÉQUIPES DE 2 ET COLLECTIF

**RECHERCHE**

**Les chemins de couleur :** Les élèves réalisent des « chemins » en mettant bout à bout des bandes de couleur. Ils comparent les longueurs de chemins, réalisent des chemins de longueur donnée, complètent un chemin pour qu'il ait une longueur donnée.

**PHASE 1 Comparaison de longueurs de chemins**

• Donner à chaque équipe 4 bandes de chaque couleur. Faire décrire le matériel : il y a 4 bandes rouges, 4 bandes vertes et 4 bandes bleues. Faire remarquer que les bandes de la même couleur ont toutes la même longueur, que les bandes rouges sont les plus longues, que les bleues sont les plus courtes.

➡ *Arthur et Zoé se sont amusés à faire des chemins en mettant des bandes bout à bout.*

• Montrer en mettant bout à bout au tableau une bande rouge et une bande verte, en les collant avec de la pâte à fixer (vérifier que les élèves comprennent l'expression « bout à bout ») :

➡ *Voici un chemin obtenu avec une bande rouge et une bande verte. Construisez le même sur votre table.*

➡ *Construisez maintenant un chemin avec 3 bandes bleues. Quel est le plus long, le chemin bleu ou le chemin rouge et vert ?*

• Recensez les réponses. Repérez les méthodes de comparaison des élèves. Certains pensent que plus il y a de morceaux, plus le chemin est long. Revenir sur une méthode correcte de comparaison directe, la faire expliquer par un élève : il faut bien aligner deux extrémités des chemins pour déduire correctement que le chemin qui dépasse à l'autre extrémité est le plus long.

➡ *Le chemin rouge et vert est le plus long.*

• Proposer ainsi quelques questions de comparaison de longueurs de chemins réalisés avec 2 ou 3 bandes mises bout à bout, en procédant toujours de la même manière :
– dire la question ;
– laisser les élèves faire les manipulations par équipe ;
– recenser les réponses à la question ;
– valider les réponses en faisant réaliser la manipulation au tableau par un élève ; faire discuter du résultat (voir commentaire ci-après).

• Les questions posées sont les suivantes :

➡ *Quel est le plus long : le chemin fait avec 2 bandes rouges ou le chemin fait avec une bande verte et une bande bleue mises bout à bout ?*

➡ *Quel est le plus long : le chemin fait avec 2 bandes vertes mises bout à bout ou le chemin fait avec une bande rouge et une bande bleue ?*

➡ *Quel est le plus long : le chemin fait avec 2 bandes rouges mises bout à bout ou le chemin fait avec 2 bandes vertes et une bande bleue ?*

**SYNTHÈSE**

- La longueur d'un chemin obtenu en mettant bout à bout des bandes de couleur dépend de la longueur des bandes et pas seulement de leur nombre, par exemple : le chemin fait avec 3 bandes bleues est plus court que celui fait avec une bande rouge et une bande verte (ou 2 bandes rouges).
- Pour comparer les longueurs des chemins, on utilise la même méthode que pour comparer des longueurs de bandes : il faut bien aligner deux extrémités de chaque chemin.

Pour la première question, c'est le chemin fait avec 2 bandes rouges qui est le plus long ; certains élèves peuvent le déduire sans manipulation du fait que la bande rouge est plus longue que la bande bleue et que la bande verte.
Pour les deux dernières questions, il y a égalité des longueurs entre les deux chemins proposés.
Dans ces problèmes de comparaison, les élèves utilisent implicitement l'addition des longueurs. La longueur du chemin rouge et vert est la somme des longueurs de la bande rouge et de la bande verte.

ÉQUIPES DE 2 ET COLLECTIF

## PHASE 2 Réalisation de chemins de longueur donnée

➡ *Arthur veut faire un chemin bleu en mettant bout à bout des bandes bleues. Combien de bandes bleues doit-il mettre pour avoir un chemin aussi long que la bande rouge ?*

- Engager les élèves à réaliser par équipes de deux les manipulations et à se mettre d'accord sur le résultat.
- Recenser les réponses. Les valider en faisant réaliser la manipulation par un élève au tableau.

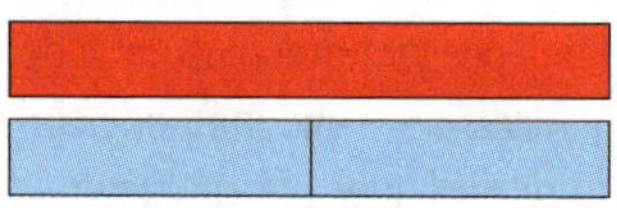

**SYNTHÈSE**

- La bande rouge a la même longueur que 2 bandes bleues mises bout à bout. On dit que la longueur de la bande rouge est le **double** de celle de la bande bleue ou que la longueur de la bande bleue est la **moitié** de la longueur de la bande rouge. La longueur de la bande rouge est deux fois plus longue que celle de la bande bleue.

- Poser un deuxième problème :

➡ *Arthur veut faire un chemin qui a pour longueur le double de celui de la bande rouge. Aide Arthur à faire son chemin.*

- Observer les réponses des équipes. Les recenser et les faire présenter au tableau. La plupart des élèves proposeront surement deux bandes rouges mises bout à bout.

Certaines équipes peuvent proposer d'autres chemins : chemin fait de 4 bandes bleues ou chemin fait d'une bande rouge et de 2 bandes bleues avec plusieurs organisations possibles. Accepter alors ces propositions en montrant que tous ces chemins ont bien la même longueur.

- Poser un troisième problème :

➡ *Arthur veut faire un chemin bleu en mettant bout à bout des bandes bleues. Combien de bandes bleues doit-il mettre pour avoir un chemin aussi long qu'un chemin fait de 2 bandes vertes ?*

- Engager les élèves à réaliser par équipes de deux les manipulations et à se mettre d'accord sur le résultat.
- Recenser les réponses. Les valider en faisant réaliser la manipulation par un élève au tableau : il faut 3 bandes bleues pour avoir un chemin aussi long que celui fait avec 2 bandes vertes.

Dans ces problèmes de réalisation de chemins, les élèves utilisent implicitement l'addition des longueurs et la multiplication d'une longueur par un entier : la longueur de la bande rouge est deux fois plus grande que celle de la bande bleue.

ÉQUIPES DE 2 ET COLLECTIF

## PHASE 3 Création d'une bande jaune

- Afficher une bande rouge et dessous une bande verte :

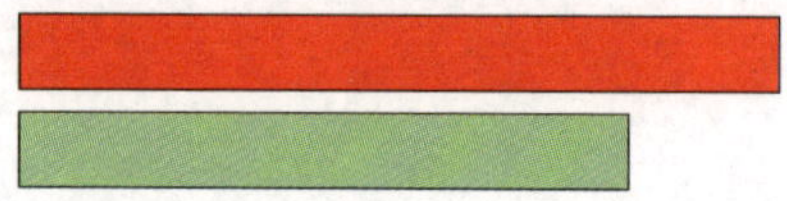

➡ *Zoé veut construire un chemin aussi long que la bande rouge. Pour cela, il lui faut une bande jaune qui sera mise au bout de la bande verte, comme ceci :*

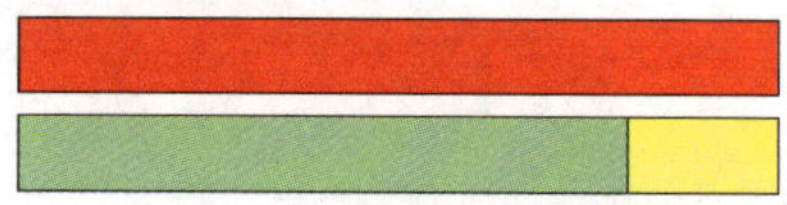

➡ *À vous de construire la bande jaune. Vous pouvez la découper dans cette longue bande jaune que je vous donne.*

- Donner une bande jaune à chaque équipe.
- Observer la démarche de chaque équipe. Valider sa production.
- Quand toutes les équipes ont construit leur bande jaune, en faire venir une ou deux au tableau qui expliquent leur méthode : essais de bandes jaunes découpées (avec ajustements éventuels), détermination de la longueur à découper (voir synthèse ci-dessous).

**SYNTHÈSE**

Mettre en évidence deux méthodes qui permettent de réussir du premier coup :
– placer les bandes rouge et verte comme au tableau, placer la bande jaune au bout de la bande verte et marquer sur la bande jaune l'extrémité de la bande rouge (puis découper) ;

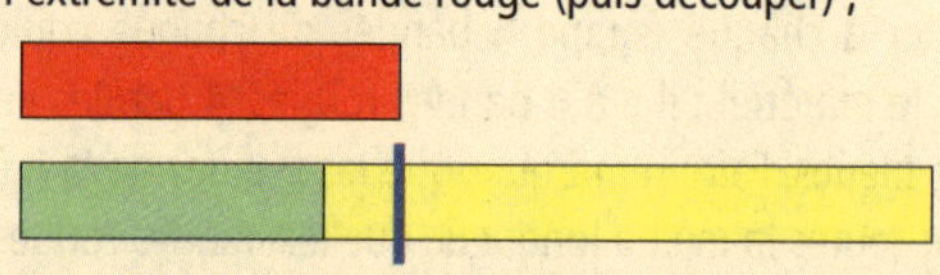

– placer la bande verte sur la bande rouge de façon à ce que deux extrémités coïncident, placer la bande jaune au bout de la bande verte (à son autre extrémité) et couper la partie de la bande jaune qui dépasse de la bande rouge.

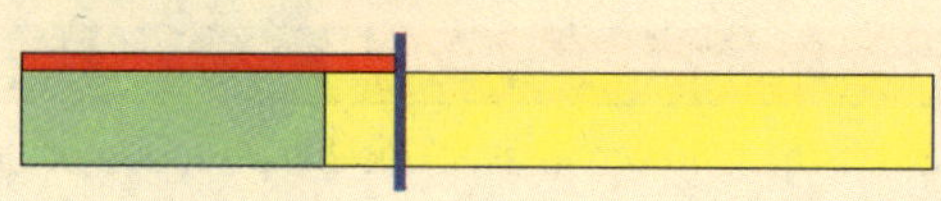

INDIVIDUEL

## ENTRAINEMENT

### CAHIER MESURES ET GÉOMÉTRIE p. 15

**Opérations sur les longueurs**

Pour les exercices 2 et 3, utilise les bandes de couleur de ton cahier.

2 **Colle** des bandes vertes pour faire un chemin qui a la même longueur que le chemin de Zoé.

3 Zoé a commencé un chemin avec une bande rouge. Elle veut le compléter par une bande jaune. Son chemin doit avoir la même longueur que celui de Gribouille.
**Découpe** la bande jaune et **colle-la**.

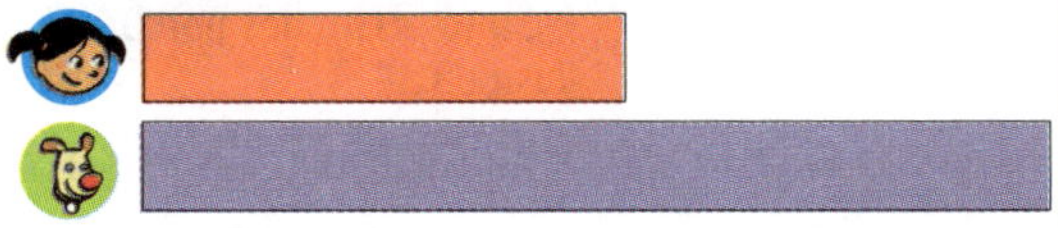

### Exercice 2

• Il s'agit de réaliser en collant des bandes vertes un chemin qui a la même longueur qu'un chemin donné. L'alignement des extrémités des chemins permet d'effectuer une comparaison directe. Observer si les élèves font ainsi ou non.

RÉPONSE : Le chemin est composé de 2 bandes vertes.

### Exercice 3

• Il s'agit de construire une bande complément en réinvestissant ce qui a été vu en phase 3. Les bandes mauve et rouge étant fixes, les élèves doivent prendre des repères de longueur sur le cahier en utilisant la première méthode décrite précédemment.

# Vers les dizaines (1)



| | Tâche | Matériel | Connaissances travaillées |
|---|---|---|---|
| NOMBRES | **Le furet : compter jusqu'à 39**<br>– Dire les nombres de 1 en 1 en sautant les nombres cachés | pour la classe :<br>– file numérique jusqu'à 39, avec des nombres cachés (voir activité)<br>par élève :<br>– une feuille de papier et un crayon | – **Suite orale des nombres jusqu'à 39** |
| RÉVISER Nombres | **Suite écrite des nombres jusqu'à 39**<br>– Trouver la quantité d'objets cachés | par élève :<br>FICHIER NOMBRES p. 42 1 | – **Suite écrite des nombres jusqu'à 39**<br>– Régularités de cette suite |
| APPRENDRE Nombres | **Vers les dizaines**<br>RECHERCHE **Les nombres de 11 à 39 en fonction de 10, 20 et 30 (1)**<br>– Réaliser ou reconnaitre une quantité de doigts réalisée sous forme d'un, deux ou trois groupements de 10 et d'unités | pour la classe :<br>– la file numérique collective affichée<br>par élève :<br>– une feuille de papier et un crayon<br>FICHIER NOMBRES p. 42 2 3 | – **Dizaine**<br>– Décomposition de quantités (de 11 à 39) en appui sur les quantités 10, 20 et 30<br>– Signification des chiffres en fonction de leur rang<br>– Lecture des nombres jusqu'à 39 |

## COMPTINE ORALE

**Le furet attentif** • Suite orale des nombres jusqu'à 39

– Connaitre la suite orale des nombres de un en un, jusqu'à trente-neuf.
– Associer désignations orales et écrites des nombres jusqu'à 39.

COLLECTIF

### PHASE 1 Trouver les nombres cachés

• Afficher la file numérique collective avec neuf nombres cachés. Par exemple : 5, 6, 12, 13, 22, 23, 24, 34, 35.

• Montrer les emplacements cachés un par un et demander de retrouver les nombres cachés. Les réponses sont données oralement et les méthodes utilisées pour les retrouver sont explicitées.

• Demander ensuite d'écrire, dans l'ordre, les nombres cachés sur une feuille ou sur l'ardoise.

• À la fin, ils sont à nouveau cachés pour la phase 2.

Cet exercice reprend une activité proposée lors de la séance 5 : utiliser les régularités de la suite écrite pour retrouver les nombres cachés.

COLLECTIF

### PHASE 2 Dire la suite des nombres en sautant les nombres cachés

• Afficher la file numérique collective, avec les neuf nombres cachés en phase 1.

• Rappeler, avec les élèves, comment se disent les nombres repères (*dix*, *vingt*, *trente*). Écrire en dessous les mots correspondants : dix, vingt, trente.

• Donner la règle du jeu du « furet attentif » :

➡ *Les nombres cachés sont des pièges pour le furet : ils ne doivent pas être dits ; il faut les « sauter » et ne dire que ceux qui ne sont pas cachés.*

• Ce furet peut se jouer sous trois formes différentes :
– chaque élève de la classe est sollicité à tour de rôle pour dire le nombre qui vient après celui qui vient d'être dit et qui n'est pas caché ;
– un élève récite seul ; les autres sont attentifs aux erreurs éventuelles et peuvent suivre avec un pion sur leur file numérique personnelle ;
– les quatre élèves d'un groupe, désignés par l'enseignant, disent un nombre à tour de rôle.

COLLECTIF

### PHASE 3 Synthèse

SYNTHÈSE

• **Souligner la double régularité des nombres de 20 à 39 :**
– celle des écritures chiffrées (valable également pour les nombres plus petits) ;
– celle de leurs désignations orales : il suffit de se souvenir des mots *vingt* et *trente* (ce qui n'est pas vrai pour les nombres plus petits que vingt).

## RÉVISER

### Suite écrite des nombres jusqu'à 39

– Connaitre et utiliser les régularités de la suite écrite des nombres.

INDIVIDUEL

**FICHIER NOMBRES ET CALCULS p. 42**

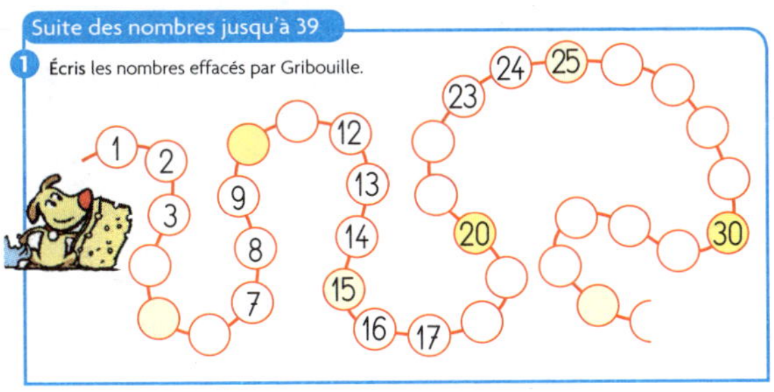


**Exercice 1**

• Il faut placer tous les nombres qui manquent.

Les élèves disposent de nombreux repères pour les trouver.

RÉPONSE : 4 ; 5 ; 6 ; 10 ; 11 ; 18 ; 19 ; 21 ; 22 ; 26 ; 27 ; 28 ; 29 ; 31 ; 32 ; 33 ; 34 ; 35.

## APPRENDRE

### Vers les dizaines (1)

– Reconnaitre que, par exemple, 32 correspond à 3 groupements de dix objets et 2 objets isolés.

### RECHERCHE

**Les nombres de 11 à 39 en fonction de 10, 20 et 30 (1) :**
Les élèves doivent trouver un moyen rapide de dénombrer une quantité donnée de doigts.

COLLECTIF

**PHASE 1 Vingt doigts, trente doigts**

• Appeler d'abord deux élèves au tableau et leur demander de lever tous leurs doigts et demander aux élèves :

➡ *Chacun de vos camarades a levé ses dix doigts, dix ici et dix là. Au total, combien cela fait-il de doigts ?*

• Demander des réponses orales et faire formuler les procédures de dénombrement utilisées :
– comptage de un en un ;
– comptage de dix en dix : dix, vingt ;
– comptage de cinq en cinq : cinq, dix, quinze, vingt ;
– réponse immédiate : je sais que c'est vingt.

• Insister sur le fait que, en dehors de la réponse immédiate, le comptage de dix en dix est plus rapide.

• Faire trouver la case « 20 » sur la file numérique et écrire en lettres « vingt » en dessous.

• Reprendre la même activité avec trois élèves (et donc trente doigts levés).

Il s'agit à nouveau de préparer l'apprentissage de la numération décimale et de la notion de dizaine (le terme n'est pas utilisé avec les élèves) en mettant en évidence la facilité qu'offre le comptage de dix en dix pour dénombrer une collection importante.

COLLECTIF

**PHASE 2 Vingt-quatre doigts et trente-quatre doigts**

• Reprendre la même activité d'abord avec trois élèves en demandant à deux d'entre eux de lever leurs dix doigts et au troisième de lever quatre doigts.

• Inventorier ensuite les réponses collectivement ainsi que les procédures utilisées.

• Insister sur le fait que, en dehors de la réponse immédiate, trois procédures sont plus rapides que les autres :
– compter d'abord de dix en dix jusqu'à vingt, puis de un en un jusqu'à 24 ;
– ou mieux, compter d'abord de dix en dix jusqu'à vingt, puis dire directement vingt-quatre (vingt et quatre, c'est vingt-quatre) : associer à cette procédure l'écriture 10 + 10 + 4 = 24 ;
– partir directement de vingt (connu comme correspondant à tous les doigts levés par 2 élèves) et arriver à vingt-quatre directement ou en comptant de un en un au-delà de vingt : associer à cette procédure l'écriture 20 + 4 = 24.

• Faire trouver la case 24 sur la file numérique (4 après 20) et écrire en lettres « vingt-quatre » en dessous.

• Reprendre la même activité avec quatre élèves en demandant à trois d'entre eux de lever leurs dix doigts et au troisième de lever quatre doigts.

• Faire remarquer que 24 et 34 ont 4 comme chiffre commun (il représente les doigts levés en plus des groupements de dix doigts).

• Reprendre la même activité avec les nombres 27 et 37.

Cette séance ne se termine pas par une synthèse. Celle-ci aura lieu lors de la séance suivante.

INDIVIDUEL

## ENTRAINEMENT

### FICHIER NOMBRES ET CALCULS p. 42

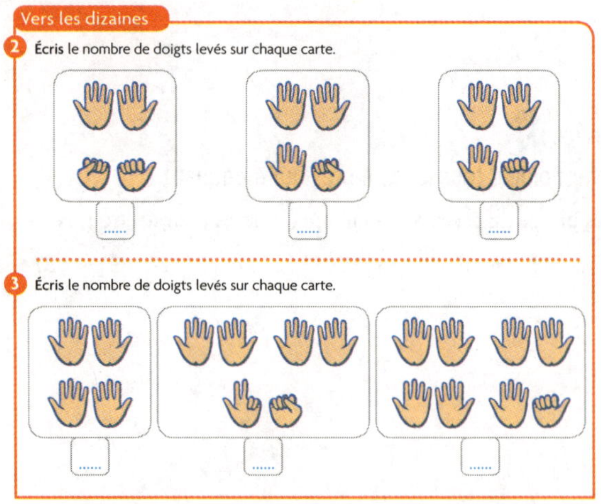


**Exercices 2 et 3**

• Ces exercices viennent en application directe des acquis précédents.

• Observer les procédures utilisées par les élèves pour dénombrer et exprimer les nombres de doigts levés.

• Lors de la correction, reprendre les procédures efficaces vues dans la phase d'apprentissage.

**AIDE** Les élèves peuvent se référer à la file numérique pour écrire les nombres.

RÉPONSE : 2 11 ; 15 ; 16. 3 20 ; 23 ; 36.

**À SUIVRE**

Le même travail est repris en **séance 9**, avec des quantités organisées en constellations.

# Vers les dizaines (2)



| | Tâche | Matériel | Connaissances travaillées |
|---|---|---|---|
| NOMBRES | **Le furet : compter jusqu'à 39**<br>– Dire les nombres de 1 en 1 en sautant les nombres cachés | pour la classe :<br>– file numérique jusqu'à 39, avec des nombres cachés (voir activité)<br>par élève :<br>– une feuille de papier et un crayon | – **Suite orale des nombres jusqu'à 39** |
| RÉVISER Nombres | **Suite écrite des nombres jusqu'à 39**<br>– Trouver la quantité d'objets cachés | par élève :<br>FICHIER NOMBRES **p. 43** 1 2 | – **Suite écrite des nombres jusqu'à 39**<br>– Régularités de cette suite |
| APPRENDRE Nombres | **Vers les dizaines**<br>RECHERCHE **Les nombres de 11 à 39 en fonction de 10, 20 et 30 (2)**<br>– Réaliser ou reconnaitre une quantité de doigts réalisée sous forme d'un, deux ou trois groupements de 10 et d'unités | pour la classe :<br>› **fiche 22** agrandie ou reproduite au tableau<br>par élève :<br>› **fiche 22**<br>FICHIER NOMBRES **p. 43** 3 4 | – **Dizaine**<br>– Décomposition de quantités (de 11 à 39) en appui sur les quantités 10, 20 et 30<br>– Signification des chiffres en fonction de leur rang<br>– Lecture des nombres jusqu'à 39 |

## COMPTINE ORALE

**Le furet attentif** • Suite orale des nombres jusqu'à 39

– Connaitre la suite orale des nombres de un en un, jusqu'à trente-neuf.
– Associer désignations orales et écrites des nombres jusqu'à 39.

COLLECTIF

### PHASE 1 Trouver les nombres cachés

• Afficher la file numérique collective avec neuf nombres cachés. Par exemple : 9, 10, 16, 17, 28, 29, 31, 32, 33.

• Montrer les emplacements cachés un par un et demander de retrouver les nombres cachés. Les réponses sont données oralement et les méthodes utilisées pour les retrouver sont explicitées.

• Demander ensuite d'écrire, dans l'ordre, les nombres cachés sur une feuille ou sur l'ardoise.

• À la fin, ils sont à nouveau cachés pour la phase 2.

COLLECTIF

### PHASE 2 Dire la suite des nombres en sautant les nombres cachés

• Afficher la file numérique collective, avec les neuf nombres cachés en phase 1.

• Donner la règle du jeu du « furet attentif » :

➡ *Les nombres cachés sont des pièges pour le furet : ils ne doivent pas être dits ; il faut les « sauter » et ne dire que ceux qui ne sont pas cachés.*

• Ce furet peut se jouer sous trois formes différentes :
– chaque élève de la classe est sollicité à tour de rôle pour dire le nombre qui vient après celui qui vient d'être dit et qui n'est pas caché ;
– un élève récite seul ; les autres sont attentifs aux erreurs éventuelles et peuvent suivre avec un pion sur leur file numérique personnelle ;
– les quatre élèves d'un groupe, désignés par l'enseignant, disent un nombre à tour de rôle.

• Le jeu peut ensuite être repris en disant les nombres « en reculant » à partir d'un nombre donné.

Dire les nombres « en reculant » est beaucoup plus difficile qu'en avançant. La maitrise de la suite en reculant à partir de 9 est essentielle, car généralisable à différentes tranches de nombres.
Il faut y ajouter celle de la suite des nombres « en reculant » de 19 à 10.

# RÉVISER

## Suite écrite des nombres jusqu'à 39

– Connaitre et utiliser les régularités de la suite écrite des nombres.

INDIVIDUEL

**FICHIER NOMBRES ET CALCULS** p. 43

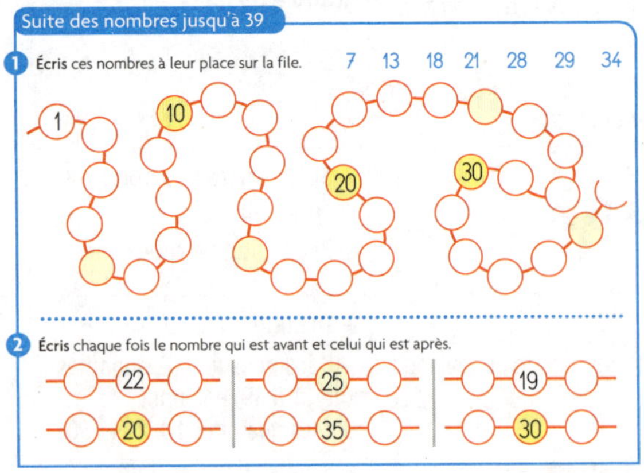


**Exercice 1**

• Il faut écrire tous les nombres proposés à leur place.

Les élèves disposent de peu de repères (10, 20, 30) pour placer les nombres donnés. Mais une bonne connaissance de la suite écrite montre que ceux-ci sont amplement suffisants.

**Exercice 2**

• Indiquer aux élèves que, dans cet exercice, on a des petits morceaux découpés de la file numérique et que, chaque fois, il faut écrire le nombre qui vient juste avant et le nombre qui vient juste après celui qui est déjà écrit.

RÉPONSE : 21 et 23 ; 24 et 26 ; 18 et 20 ; 19 et 21 ; 34 et 36 ; 29 et 31.

# APPRENDRE

## Vers les dizaines (2)

– Décomposer une quantité additivement.
– Préparer à l'addition.
– Approfondir la notion de double.

INDIVIDUEL, PUIS COLLECTIF

### RECHERCHE

**Les nombres de 11 à 39 en fonction de 10, 20 et 30 (2) :**
Les élèves doivent trouver un moyen de dénombrer une quantité de points sur des cartes constellations.

**PHASE 1 Les cartes *dix*, *vingt* et *trente* (cartes grises)**

• Après distribution de la fiche à chaque élève, préciser la première consigne :

➡ *Vous devez chercher combien il y a de points dessinés sur chacune des cartes grises. Vous écrivez la réponse en chiffres dans la petite case en bas puis, si vous le pouvez, avec des mots dans la grande case en bas. Vous devrez ensuite expliquer comment vous avez trouvé la réponse.*

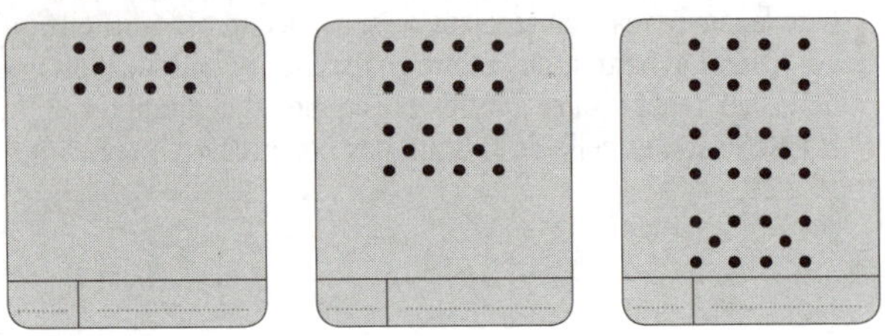

• La mise en commun peut être conduite après chaque carte ou pour l'ensemble des trois cartes :
– recenser les différentes réponses ;
– demander aux élèves de les justifier en explicitant les procédures utilisées (voir commentaire).

• À l'issue de ce travail, les écritures chiffrées et littérales correctes sont reportées au tableau par l'enseignant et par chaque élève sur sa fiche.

**PREMIÈRE SYNTHÈSE**

• Faire la relation avec le travail conduit en séance précédente avec les doigts (2 groupements de cinq points en relation avec les doigts d'une main).

• Mettre en évidence le comptage de dix en dix comme plus rapide et plus sûr.

Il s'agit de mettre en place des figurations associées aux nombres repères (10, 20 et 30), avec les doigts dans la séance précédente, avec les cartes constellations ici.
**Procédures possibles :**
– dénombrement un par un ;
– dénombrement dix par dix (après avoir reconnu ou dénombré la quantité dix) ;
– dénombrement cinq par cinq (après avoir reconnu ou dénombré la quantité cinq) ;
– réponse immédiate (c'est vingt), par exemple en référence aux doigts (séance précédente).
La procédure qui consiste à compter un par un est reconnue comme peu rapide et source d'erreurs.

INDIVIDUEL, PUIS COLLECTIF

## PHASE 2 D'autres quantités de points (cartes blanches)

• Formuler la nouvelle tâche :

➡ *Il faut trouver le nombre de points figurant sur chaque carte blanche, l'écrire en chiffres dans la petite case et, si vous pouvez, avec des mots dans la grande case.*

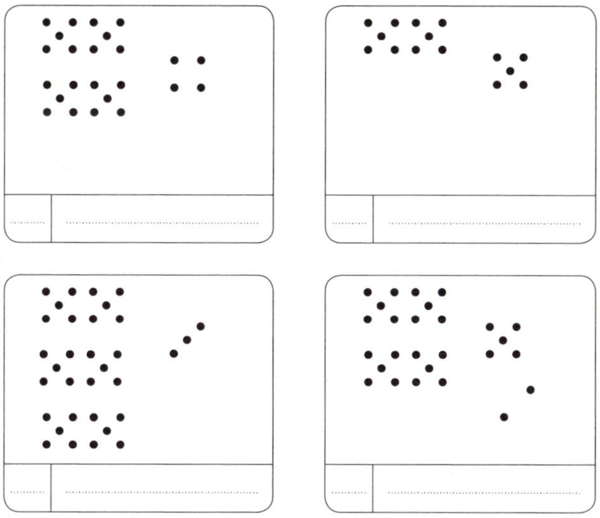

• La mise en commun peut être conduite après chaque carte ou pour l'ensemble des trois cartes :
– recenser les réponses ;
– les faire discuter pour chaque carte ;
– faire expliciter les procédures utilisées pour obtenir le nombre total de points, en mettant notamment en évidence l'appui sur les configurations dix, vingt et trente (voir commentaire ci-dessous) ;
– relever les erreurs les plus fréquentes, notamment celles liées à des difficultés dans le comptage de un en un ;
– demander de lire chaque nombre obtenu, en soulignant la parenté entre cette lecture et la procédure utilisée (mais ce qui est vrai pour dix-sept par exemple ne l'est pas pour un nombre comme quinze).

• Demander (ou suggérer) une écriture additive pour chaque nombre : 20 + 4 = 24 ; 10 + 5 = 15 ; 30 + 3 = 33 ; 20 + 7 = 27. Des élèves peuvent aussi proposer, par exemple : 20 + 5 + 2 = 27. Ces écritures sont introduites, soit sur proposition de certains élèves, soit sur incitation de l'enseignant, notamment en relation avec la reconnaissance du fait que, par exemple, 24 points est formé avec 20 points et 4 points.

L'objectif de cette séance (comme de la précédente) est de préparer un apprentissage du principe des groupements lié à la numération décimale (en unité 5). Il s'agit ici d'une première sensibilisation, qui s'appuie sur les nombres repères (dix, vingt, trente) utilisés pour lire les nombres.

**Procédures possibles :**
– dénombrement un par un (reconnue peu rapide et peu sure) ;
– dénombrement à partir d'un nombre repère (partie gauche) : par exemple, vingt-et-un, vingt-deux, vingt-trois, vingt-quatre pour 24) ;
– dénombrement du type dix, vingt, vingt-et-un ... ;
– reconnaissance directe : 20 et 4, c'est vingt-quatre, pour les élèves qui ont déjà fait le lien avec la désignation orale.
L'enseignant peut observer si les élèves réinvestissent le travail conduit avec les doigts (séance 8).

COLLECTIF

## PHASE 3 Synthèse

**SYNTHÈSE**

• Elle porte sur l'efficacité et la rapidité des différentes procédures de dénombrement (voir phase 2).

• Elle met également en évidence la relation entre l'organisation, le dénombrement des collections, les désignations orales, les désignations écrites et les décompositions. Par exemple :

| organisation et dénombrement | désignation orale | désignation écrite | décomposition |
|---|---|---|---|
| *vingt plus quatre* | *vingt-quatre* | 24 | 20 + 4 |
| *trente plus trois* | *trente-trois* | 33 | 30 + 3 |
| cas particulier : *dix plus cinq* | *quinze* | 15 | 10 + 5 |

**TRACE ÉCRITE**

Au tableau, conserver, par exemple, la représentation de 24 par des points avec les écritures 24 et vingt-quatre associées.

INDIVIDUEL

## ENTRAINEMENT

**FICHIER NOMBRES ET CALCULS p. 43**

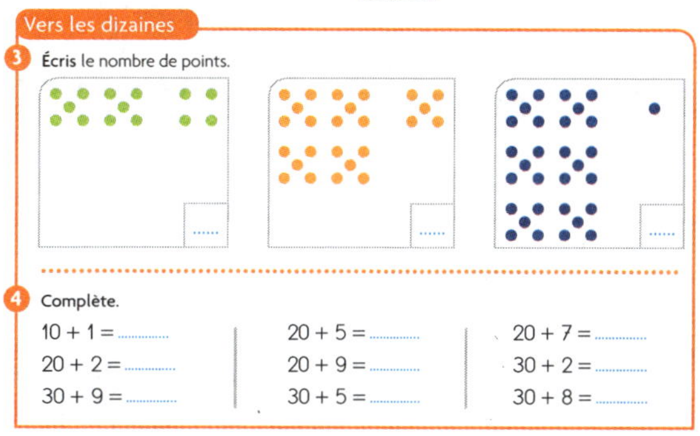


### Exercice 3

• Application directe du travail précédent. Pour l'écriture en chiffres (qui est la seule demandée), les élèves peuvent s'appuyer sur les écrits restés au tableau.

RÉPONSE : 14 ; 25 ; 31.

### Exercice 4

• Cet exercice fait intervenir la relation avec les calculs additifs.

**AIDE** Des cartes constellations peuvent être données à certains élèves pour figurer les calculs proposés.

RÉPONSE : 11 ; 22 ; 39 ; 25 ; 29 ; 35 ; 27 ; 32 ; 38.

UNITÉ 4

# BILAN et consolidation

FICHIER NOMBRES p. 44 à 47
CAHIER GÉOMÉTRIE p. 16-17

## BILAN de l'UNITÉ 4

## CONSOLIDATION

NOMBRES ET CALCULS

### Calcul mental : divers calculs (séances 1 à 9)

**Je fais le bilan** › FICHIER NOMBRES p. 44

Dicter les calculs suivants (pour les trois dernières questions, évoquer la boite et les jetons si nécessaire, en reformulant ; par exemple : je mets 3 jetons dans la boite, je veux qu'il y en ait 5, combien faut-il en ajouter ?).

● Quel est le double de 3 ?

■ Quelle est la moitié de 10 ?

★ J'ai 3, je voudrais 5. Combien faut-il ajouter à 3 pour avoir 5 ?

☽ J'ai 5, je voudrais 8. Combien faut-il ajouter à 5 pour avoir 8 ?

♥ J'ai 8, je voudrais 10. Combien faut-il ajouter à 8 pour avoir 10 ?

RÉPONSES : ● 6 ■ 5 ★ 2 ☽ 3 ♥ 2

**Je consolide mes connaissances** › FICHIER NOMBRES p. 46

**Exercice 1**

RÉPONSE : 5 + 5 ; 1 + 9 ; 7 + 3 ; 6 + 4 ; 8 + 2 ; 3 + 7.

**Autres ressources**

› CD-Rom Jeux interactifs GS-CP-CE1

**Jeu 10.** Je calcule à la vitesse de l'éclair (niveau 1)

NOMBRES ET CALCULS

### Répertoire additif, décompositions des nombres (séances 1 à 3)

**Je prépare le bilan** › FICHIER NOMBRES p. 44 A

A

4 + 5 = ?

| 2 | 6 | 7 | 8 | 9 |
|---|---|---|---|---|
| 0 + 2 | 0 + 6 | 0 + 7 | 0 + 8 | 0 + 9 |
| 1 + 1 | 1 + 5 | 1 + 6 | 1 + 7 | 1 + 8 |
| 2 + 0 | 2 + 4 | 2 + 5 | 2 + 6 | 2 + 7 |
| | 3 + 3 | 3 + 4 | 3 + 5 | 3 + 6 |
| | 4 + 2 | 4 + 3 | 4 + 4 | 4 + 5 |
| | 5 + 1 | 5 + 2 | 5 + 3 | 5 + 4 |
| | 6 + 0 | 6 + 1 | 6 + 2 | 6 + 3 |
| | | 7 + 0 | 7 + 1 | 7 + 2 |
| | | | 8 + 0 | 8 + 1 |
| | | | | 9 + 0 |

→ **Le répertoire additif est organisé :** dans une colonne, le premier nombre diminue de 1 alors que le deuxième augmente de 1 ;

→ **Quand on a trouvé un calcul, on peut facilement en trouver un autre :** 9 c'est 4 + 5 et c'est aussi 5 + 4.

→ **Avec le répertoire, on peut :**
– lire des résultats d'additions : 4 + 5 = 9 ;
– trouver comment compléter une addition à trou, par exemple 4 + … = 9 ;
– trouver plusieurs décompositions d'un nombre (pour 9, il y a dix décompositions).

**Je fais le bilan** › FICHIER NOMBRES p. 45

**Exercice 2 Utiliser le répertoire additif pour compléter des égalités.**

RÉPONSE : 8 ; 9 ; 10 ; 5 ; 6 ; 5 ; 3 ; 7 ; 3.

**Je consolide mes connaissances** › FICHIER NOMBRES p. 46

**Exercices 2 à 5**

RÉPONSE :

2. 1 + 2 ; 3 + 2 ; 0 + 6 ; 3 + 3 ; 6 + 0 ; 7 + 0 ; 1 + 7 ; 4 + 4 ; 6 + 2 ; 3 + 6 ; 4 + 5.

3. Rose : 2 + 2 ; 8 – 4 ; 10 – 6 ; 0 + 4 ; 9 – 5 ; 14 – 10 ; 6 – 2.
Vert : 8 – 1 ; 3 + 4 ; 2 + 5 ; 1 + 6 ; 9 – 2 ; 14 – 7 ; 7 + 0 ; 5 + 2.

4. 6 ; 5 ; 10 ; 5 ; 2.

5. 1 ; 2 ; 2 ; 3 ; 0.

**Autres ressources**

› 80 Activités et jeux mathématiques CP

**28.** Compléments
**29.** Recto verso
**30.** Coloriage numérique

› CD-Rom Jeux interactifs GS-CP-CE1

**Jeu 10.** Je calcule à la vitesse de l'éclair (niveau 1)

# BILAN de l'UNITÉ 4

# CONSOLIDATION



NOMBRES ET CALCULS

## Suite écrite des nombres jusqu'à 39 (séances 4 et 5)

**Je prépare le bilan** › FICHIER NOMBRES p. 44 B

→ **Pour retrouver un nombre sur la file numérique,** il faut comprendre comment elle est faite : il y a d'abord tous les nombres qui s'écrivent avec un seul chiffre, puis les nombres dont le chiffre de gauche est 1, puis les nombres dont le chiffre de gauche est 2… et, pour les chiffres de droite, on retrouve toujours la suite 0, 1, 2, 3… (jusqu'à 9).

→ **Pour lire ces nombres, à partir de 20,** il faut utiliser les nombres clés : *vingt, trente*.

**Je fais le bilan** › FICHIER NOMBRES p. 45

**Exercice 3 Compléter la file numérique.**

RÉPONSE : 15 ; 21 ; 22 ; 23 ; 29 ; 30 ; 31.

**Je consolide mes connaissances** › FICHIER NOMBRES p. 46

**Exercices 6 et 7**

RÉPONSE :
6. 27 ; 28 ; 31 ; 34 ; 37.
7. 17 ; 18 ; 19.
9 ; 10 ; 11 ; 12.
28 ; 29 ; 30 ; 31 ; 32.

**CD-Rom du guide**

› Fiche différenciation n° 11

**Atelier**

Reprendre l'activité des nombres cachés (voir unité 4, séance 8) en jouant sur la quantité de nombres visibles, ou l'activité des nombres à trouver parmi des manquants (unité 4, séance 4).

**Autres ressources**

› 80 Activités et jeux mathématiques CP

**10.** Suites de cartes (2)
**11.** Les intrus dans la suite (1)
**12.** La bonne page (2)

› CD-Rom Jeux interactifs GS-CP-CE1

**Jeu 5.** Des nombres sans suite

NOMBRES ET CALCULS

## Vers les dizaines, dénombrement de quantités en appui sur 10, 20 et 30 (séances 8 et 9)

**Je prépare le bilan** › FICHIER NOMBRES p. 44 C

→ **Pour dénombrer une quantité,** il est commode de s'appuyer sur des nombres repères comme 10, 20 et 30. Par exemple, 28 c'est 8 de plus que 20. On l'entend quand on dit *vingt-huit*. On peut aussi l'écrire avec l'addition : 28 = 20 + 8.

**Je fais le bilan** › FICHIER NOMBRES p. 45

**Exercice 4 Dénombrer une quantité en s'appuyant sur des quantités repères (10, 20, 30).**

RÉPONSE : 23 ; 21.

**Exercice 5 Calculer des sommes du type 20 + 5.**

RÉPONSE : 11 ; 29 ; 17 ; 35 ; 21 ; 33 ; 22 ; 37 ; 19 ; 25 ; 36 ; 39.

**Je consolide mes connaissances** › FICHIER NOMBRES p. 47

**Exercice 8**

RÉPONSE : 12 ; 27 ; 26 ; 16.

**Atelier**

Utiliser les cartes doigts ou les cartes constellations pour demander aux élèves, soit de dénombrer des quantités, soit de réaliser une quantité associée à un nombre écrit en chiffres.

# BILAN de l'UNITÉ 4

# CONSOLIDATION

MESURES ET GÉOMÉTRIE

## Carré, rectangle, triangle (séance 6)

**Je prépare le bilan** › CAHIER GÉOMÉTRIE p. 16 **A**

→ **Pour savoir si une forme est un carré, un triangle, un rectangle** parmi d'autres figures, on peut tourner la forme si elle est découpée ou tourner la feuille sur laquelle elle est dessinée.

→ **Tous les carrés** n'ont pas la même taille. **Les rectangles** n'ont pas tous la même forme, certains sont longs et étroits.

→ **Les triangles** n'ont pas tous la même forme, mais ils ont tous trois pointes.

**Je fais le bilan** › CAHIER GÉOMÉTRIE p. 16

**Exercice 1 Utiliser un gabarit de forme pour tracer un rectangle, un triangle.**

MATÉRIEL par élève : les 24 formes découpées dans les planches 1 et 2 du cahier placées dans une enveloppe.

**Je consolide mes connaissances** › CAHIER GÉOMÉTRIE p. 17

**Exercice 1**

RÉPONSE :

**Autres ressources**

› 80 Activités et jeux mathématiques CP

**72.** Bonne pioche

MESURES ET GÉOMÉTRIE

## Opérations sur les longueurs (séance 7)

**Je prépare le bilan** › CAHIER GÉOMÉTRIE p. 16 **B**

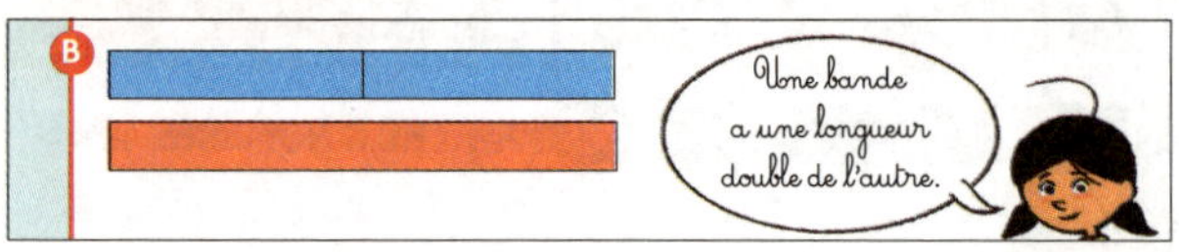


→ **En mettant bout à bout des bandes,** on obtient un chemin plus long. Sa longueur dépend de la longueur de chacune des bandes et pas nécessairement de leur nombre.

→ **Une bande de longueur double** de celle d'une bande bleue est obtenue en mettant bout à bout 2 bandes bleues.

**Je fais le bilan** › CAHIER GÉOMÉTRIE p. 16

**Exercice 2 Construire un chemin plus long qu'un chemin donné en collant des bandes.**

RÉPONSE : 2 vertes, ou 2 rouges, ou 1 rouge et 1 verte, ou 1 bleue et 1 rouge.

**Exercice 3 Trouver une bande qui a pour longueur la moitié de celle d'une bande donnée.**

RÉPONSE : Coller une bande bleue.

**Je consolide mes connaissances** › CAHIER GÉOMÉTRIE p. 17

**Exercices 2 et 3**

RÉPONSE :

2. 2 bandes vertes, ou 1 bande rouge et une bande bleue, ou 3 bandes bleues.
3. 2 bandes vertes, ou 1 bande rouge et une bande bleue, ou 3 bandes bleues.

**Atelier**

Avec le même matériel qu'en séance 7.

- **Comparaison de longueurs de chemins**

Comparer les longueurs de :
– un chemin fait avec 1 bande rouge et un chemin fait en mettant bout à bout 1 bande verte et 1 bande bleue ;
– un chemin fait avec 1 bande rouge et 1 bande verte et un chemin fait avec 4 bandes bleues ;
– un chemin fait avec 3 bandes vertes et un chemin fait 4 bandes bleues.

- **Réalisation de chemins de longueur donnée**

Réaliser avec des bandes vertes un chemin qui a la même longueur qu'un chemin fait avec 3 bandes rouges.

**Autres ressources**

› 80 Activités et jeux mathématiques CP

**46.** Le jeu des bandes

# Les bons partages

› FICHIER NOMBRES p. 48

**Les questions posées sur cette page se rapportent toutes à des partages équitables en deux ou en trois, soit pour vérifier l'équité d'un partage, soit pour réaliser et représenter un tel partage. Pour la résolution de ces problèmes, les élèves peuvent utiliser des connaissances relatives au dénombrement ou au calcul. Les connaissances relatives au calcul étant plus récentes, donc moins assurées, il est probable qu'elles seront moins utilisées.**

## Problèmes 1 et 2

1 Arthur et Zoé se sont partagé des images d'animaux.

Arthur a-t-il autant d'images que Zoé ? Entoure la bonne réponse. oui non

2 Arthur et Zoé se sont partagé des cerises.

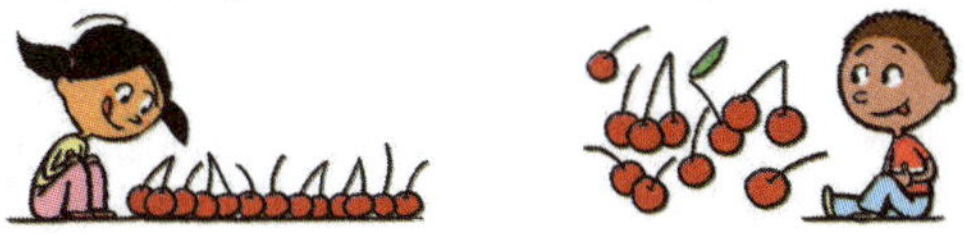

Arthur a-t-il autant de cerises que Zoé ? Entoure la bonne réponse. oui non

OBJECTIF : Comparer deux quantités.

TÂCHE : Dire si deux quantités d'objets de même nature sont égales ou non.

RÉPONSE : 1 Oui. 2 Non, Zoé a plus de cerises (13) qu'Arthur (11).

## Problèmes 3 et 4

3 Arthur et Zoé veulent se partager ces noisettes. Arthur doit avoir autant de noisettes que Zoé.

Entoure la part de chacun.

4 Arthur et Zoé veulent se partager ces papillotes. Arthur doit avoir autant de papillotes que Zoé.

Entoure la part de chacun.

OBJECTIF : Effectuer un partage équitable en deux.

TÂCHE : Entourer la part de chacun en s'assurant de l'équité du partage.

RÉPONSE : 3 4 noisettes chacun. 4 7 papillotes chacun.

## Problèmes 5 et 6

5 Arthur, Zoé et Gribouille veulent se partager ces balles. Chacun doit avoir autant de balles.

Entoure la part de chacun.

6 Arthur, Zoé et Gribouille veulent se partager les billes qui sont dans ce sac. Chacun doit avoir autant de billes.

Combien chacun aura-t-il de billes ?

- Arthur aura ...... billes
- Zoé aura ........ billes
- Gribouille aura ....... billes

OBJECTIF : Effectuer un partage équitable en trois.

TÂCHES :

– Entourer la part de chacun en s'assurant de l'équité du partage (problème 5).

– Écrire le nombre d'objets que chacun aura à l'issue du partage (problème 6).

RÉPONSE : 5 2 balles chacun. 6 4 billes chacun.

## Mise en œuvre

Une feuille de brouillon est remise à chaque élève : c'est leur espace de recherche utile notamment pour les problèmes 3, 4, 5 et 6.

Comme pour les séries de problèmes précédentes, tous les élèves ne sont pas en mesure de lire les textes proposés sur cette page. Un accompagnement de l'enseignant est donc nécessaire. Que le traitement des questions se fasse en atelier ou avec toute la classe, pour chaque question, l'enseignant lit la consigne et indique aux élèves l'endroit où il faut répondre.

La correction peut se faire question par question ou à l'issue de tout ou partie des questions traitées.

**Pour les problèmes 3 à 6,** après explicitation des images et des questions posées, matérialiser la situation avec des objets ou des images représentant les objets à partager et deux (ou trois) enveloppes marquées Arthur et Zoé (et Gribouille) ; demander combien il faut mettre d'objets dans chaque enveloppe pour répondre à la question posée. Cette matérialisation aide à la compréhension de la situation et, surtout, permet une validation expérimentale des réponses.

## Aides possibles

**Pour le problème 6,** on peut :
– inciter les élèves à dessiner les billes ;
– proposer aux élèves d'utiliser la file numérique pour retrouver l'écriture ou la signification d'un nombre.

## Procédures à observer particulièrement

**Pour les problèmes 1 et 2,** les élèves utilisent-ils une correspondance entre les images (ou les cerises) d'Arthur et de Zoé ou ont-ils recours au dénombrement et à la comparaison des nombres ? Pour le savoir, on peut observer ce qu'ils font ou, au moment de la correction, leur demander d'expliquer comment ils ont trouvé leur réponse.
Pour ceux qui dénombrent, observer la stratégie utilisée afin de s'assurer que tous les objets ont été dénombrés.
En cas d'inégalité, on peut aussi demander de préciser lequel des 2 enfants a le plus d'objets.

**Pour les problèmes 3 et 4,** l'élève procède-t-il par essais ? en pointant successivement un objet (ou deux) pour chacun ? en dénombrant la totalité et en essayant ensuite de « partager » le nombre obtenu en deux ? À la fin, vérifie-t-il l'équité du partage ?

**Pour le problème 5,** le partage en 3 est plus délicat que le partage en 2, mais la quantité d'objets étant petite, la réponse est facile à établir par pointage.
Des élèves peuvent être gênés par le fait que les balles ne sont pas toutes de même taille. Insister auprès d'eux pour souligner que c'est le nombre de balles de chacun qui importe, pas leur taille.

**Pour le problème 6,** la réponse est plus difficile à élaborer. On peut observer les élèves qui dessinent les billes et opèrent un partage en simulant une distribution ou en procédant par essais, et ceux qui utilisent directement les nombres en essayant d'additionner un nombre trois fois pour obtenir 12.

UNITÉ 4

# **Évaluation de fin de période 1** (unités 1 à 4)

**Cette évaluation concerne les acquis des élèves relatifs aux apprentissages des unités 1 à 4.**
**Les supports élèves sont fournis sous forme de fiches photocopiables (› matériel photocopiable et CD-Rom).**

## EXERCICES DICTÉS ORALEMENT PAR L'ENSEIGNANT

Chaque nombre ou chaque calcul est dicté deux fois.

### Exercice 1 Dictée de nombres

**Attendus de fin de cycle :** Nommer, lire, écrire, représenter des nombres entiers.

**Compétence spécifique :** Écrire en chiffres des nombres inférieurs à 20 donnés oralement.

**Commentaire :** Cette compétence devrait être bien assurée pour tous les élèves. Si des hésitations persistent pour les nombres supérieurs à 10, prévoir une remédiation.

**Nombres dictés :**
● 7 ■ 14 ★ 9 ☽ 15 ♥ 10 ▲ 18

### Exercice 2 Ajouts, retraits de petites quantités ou de petits nombres

**Attendus de fin de cycle :** Résoudre des problèmes en utilisant des nombres entiers et le calcul. Calculer avec des nombres entiers.

**Compétence spécifique :** Augmentation ou diminution de 1, 2 ou 3 (quantités et nombres)

**Commentaire :** Ces questions constituent un premier point d'appui pour le calcul, notamment à travers la reconnaissance du fait qu'ajouter ou soustraire 1 revient à dire le nombre précédent ou le nombre suivant.

**Questions** (pour les trois premières questions, disposer d'une boite et de jetons et réaliser les actions en même temps que les questions sont posées) :
● Je mets 7 jetons et encore 1 jeton. Combien y a-t-il de jetons dans la boite ?
■ Je mets 5 jetons et encore 2 jetons. Combien y a-t-il de jetons dans la boite ?
★ Je mets 6 jetons, puis j'enlève 1 jeton. Combien y a-t-il de jetons dans la boite ?
☽ quatre plus deux égale…
♥ six plus trois égale…
▲ huit moins un égale…

RÉPONSE : ● 8 ■ 7 ★ 5 ☽ 6 ♥ 9 ▲ 7

### Exercice 3 Problèmes

**Attendus de fin de cycle :** Résoudre des problèmes en utilisant des nombres entiers et le calcul.

**Compétence spécifique :** Résoudre des problèmes faisant intervenir des augmentations ou diminutions de quantités.

**Commentaire :** Lire chaque énoncé deux fois de suite. Si nécessaire, simuler les actions avec du matériel.

**Premier problème :** Arthur a reçu 5 images. Il les met dans une enveloppe. Sa maman lui donne encore 2 images qu'il met aussi dans l'enveloppe. Combien y a-t-il d'images dans l'enveloppe maintenant ? Écris la réponse sur l'ardoise d'Arthur.

**Deuxième problème :** Zoé a reçu une enveloppe avec 8 images. Elle en sort 2 pour les donner à une amie. Combien y a-t-il maintenant d'images dans l'enveloppe ? Écris la réponse sur l'ardoise de Zoé.

RÉPONSE : Arthur : 7. Zoé : 6.

## EXERCICES À ÉNONCES ÉCRITS

Pour certains élèves, les consignes peuvent être lues par l'enseignant.

### Exercice 4 File numérique jusqu'à 39

**Attendus de fin de cycle :** Nommer, lire, écrire, représenter des nombres entiers.

**Compétence spécifique :** Connaitre la suite écrite des nombres de 1 à 39.

**Commentaire :** Il s'agit de vérifier si les élèves ont compris l'organisation de la suite des nombres écrits en chiffres. On peut observer s'ils répondent directement en analysant les écritures chiffrées ou s'ils passent par une verbalisation des nombres.

RÉPONSE : 12 ; 15 ; 18 ; 19 ; 20 ; 22 ; 23 ; 25 ; 30 ; 31 ; 36 ; 37 ; 38 ; 39.

### Exercice 5 Approche de la dizaine (valeur positionnelle des chiffres)

**Attendus de fin de cycle :** Nommer, lire, écrire, représenter des nombres entiers.

**Compétence spécifique :** Faire le lien entre l'écriture chiffrée d'un nombre et l'organisation d'une quantité en groupements de dix.

**Commentaire :** Il s'agit d'une première étape. Un apprentissage structuré est organisé en période suivante. Des difficultés sur cet exercice n'impliquent donc pas la mise en place d'une remédiation immédiate.

RÉPONSE : 14 ; 27 ; 30.

### Exercice 6 Complément à dix (pour des quantités)

**Attendus de fin de cycle :** Comprendre et utiliser des nombres entiers pour dénombrer, ordonner, repérer, comparer.

**Compétence spécifique :** Compléter une collection pour qu'elle possède 10 objets.

**Commentaire :** Cette compétence devrait être bien assurée pour tous les élèves. Si des hésitations persistent, prévoir une remédiation (avec du matériel pour commencer).

RÉPONSE : Dessiner 6 ronds.

### Exercice 7 Nombres et mémoire des quantités

**Attendus de fin de cycle :** Comprendre et utiliser des nombres entiers pour dénombrer, ordonner, repérer, comparer.

**Compétence spécifique :** Choisir une quantité égale à une quantité donnée.

**Commentaire :** Cette compétence est fondamentale pour fonder le sens des nombres. Reprendre les activités d'apprentissage (type ziglotron) pour les élèves encore en difficulté sur ce type de question.

RÉPONSE : Entourer le plateau avec 12 gommettes (en haut à droite).

## Exercices 8 et 9 Comparaison et rangement des nombres

**Attendus de fin de cycle :** Comprendre et utiliser des nombres entiers pour dénombrer, ordonner, repérer, comparer.

**Compétence spécifique :** Comparer et ranger des nombres par ordre croissant.

**Commentaire :** L'exercice 8 peut être complété par un autre où on demande d'utiliser les symboles < et >, mais la compétence fondamentale porte bien sur la comparaison des nombres.

RÉPONSE : 8 Entourer : 12 ; 16 ; 12 ; 11 ; 15. 9 5 ; 7 ; 10 ; 11 ; 16.

## Exercice 10 Répertoire additif (jusqu'à 10)

**Attendus de fin de cycle :** Calculer avec des nombres entiers.

**Compétence spécifique :** Écrire en chiffres le résultat de sommes ou de différences de petits nombres données par écrit.

**Commentaire :** On observera si les élèves tiennent bien compte des symboles opératoires (certains peuvent traiter tous les calculs comme des sommes). Les réponses peuvent être trouvées en recourant à des résultats mémorisés ou reconstruits par un calcul réfléchi.

RÉPONSE : 5 ; 7 ; 10 ; 8 ; 10 ; 3 ; 7 ; 3 ; 1.

## Exercice 11 Problème

**Attendus de fin de cycle :** Résoudre des problèmes en utilisant des nombres entiers et le calcul.

**Compétence spécifique :** Résoudre un problème de partage équitable en deux.

**Commentaire :** On observera les procédures utilisées par les élèves : dessin et partage des images, distribution représentée, essais de sommes de 2 nombres égaux, reconnaissance du fait que le problème revient à chercher la moitié de 8 (connue ou retrouvée).

RÉPONSE : Il y aura 4 images dans chaque enveloppe.

## Exercice 12 Tracés à la règle

**Attendus de fin de cycle :** Utiliser la règle comme instrument de tracé.

**Compétence spécifique :** Relier des points à l'aide de la règle. Tracer un trait sur une ligne déjà tracée.

**Commentaire :** Cet exercice permet d'évaluer la maitrise de l'utilisation de la règle pour tracer avec des contraintes : placement de la règle entre deux points ou le long d'une ligne déjà tracée, maintien de la règle durant le tracé, appui du crayon contre le bord de la règle.

## Exercice 13 Repérage de cases sur quadrillage

**Attendus de fin de cycle :** Repérer des objets les uns par rapport aux autres ou par rapport à d'autres objets.

**Compétence spécifique :** Repérer une case d'un quadrillage par rapport à une autre, par rapport à un bord ou un « coin » du quadrillage. Reproduire une disposition sur quadrillage.

**Commentaire :** L'observation des élèves est importante pour savoir comment ils procèdent :
– à vue, en essayant de conserver l'allure générale de la configuration ;
– en repérant une case par rapport à une autre case ;
– en repérant une case par rapport aux bords du quadrillage ;
– en repérant une case par la ligne et la colonne dans lesquelles elle se trouve.
Pour la validation, il est possible d'utiliser un calque du modèle.

## Exercice 14 Comparaison de longueurs

**Attendus de fin de cycle :** Comparer des longueurs en utilisant un objet intermédiaire.

**Compétence spécifique :** Comparer deux longueurs à l'aide d'une comparaison intermédiaire.

**Commentaire :** Les erreurs peuvent être dues à un mauvais alignement de la bande avec une extrémité du trait, à un placement trop approximatif d'un repère sur la bande en face de l'autre extrémité du trait, à la non-mémorisation de la correspondance des repères sur la bande avec les traits.

RÉPONSE : Entourer le trait c.

# EXERCICE DICTÉ ORALEMENT PAR L'ENSEIGNANT

## Exercice 15 Repérage sur un plan d'un espace connu

**Attendus de fin de cycle :** Situer des objets par rapport à d'autres repères (sur une représentation d'un espace familier).

**Compétence spécifique :** Situer sur le plan de la classe l'emplacement d'un objet.

**Commentaire :** Observer comment les élèves posent le plan sur leur table, s'ils l'orientent de façon à voir les objets sur le plan comme ils les voient de leur place.

**Matériel par élève :** un plan de la classe (celui utilisé en séance 9 de l'unité 3).

**Exercice :** Nommer un à un 3 éléments de la classe visibles de tous les élèves et indiquer la couleur correspondante. Demander aux élèves de colorier les emplacements sur leur plan de la classe au fur et à mesure. Exemples : le tableau en bleu ; la porte donnant sur le couloir en rouge, l'étagère de la bibliothèque en vert…

# UNITÉ 5

**13 ou 14 séances**
– 10 séances programmées (9 séances d'apprentissage + 1 bilan)
– 3 ou 4 séances pour la consolidation et la résolution de problèmes

| | CALCUL MENTAL (environ 30 min par séance) | RÉVISER | APPRENDRE (environ 45 min par séance) |
|---|---|---|---|
| **Séance 1** FICHIER NOMBRES p. 49 | **Suite orale et écriture des nombres jusqu'à 39** | **Décompositions additives et soustractives de 5 et de 10** | **Répertoire additif (jusqu'à 10) : mémorisation, utilisation** RECHERCHE La punta (1) |
| **Séance 2** FICHIER NOMBRES p. 50 | **Suite orale des nombres jusqu'à 39** | **Suite écrite des nombres jusqu'à 39** | **Répertoire additif (jusqu'à 10) : mémorisation, utilisation** RECHERCHE La punta (2) |
| **Séance 3** FICHIER NOMBRES p. 51 | **Ajout d'unités à 10 :** 10 + 3, 10 + 7… | **Écriture en lettres des nombres de 6 à 10** | **Écriture additive : somme de plusieurs nombres** RECHERCHE La punta (3) |
| **Séance 4** FICHIER NOMBRES p. 52 | **Ajout d'unités à 10 :** 10 + 3, 10 + 7… | **Répertoire additif :** sommes et différences (jusqu'à 10) | **Dizaines et unités : valeur positionnelle des chiffres** RECHERCHE Le grand ziglotron (1) |
| **Séance 5** Pas d'exercices dans le fichier | **Complément de 10 à un nombre jusqu'à 19 :** de 10 à 13, de 10 à 17… | **Répertoire additif :** décompositions additives (jusqu'à 10) | **Dizaines et unités : valeur positionnelle des chiffres** RECHERCHE Le grand ziglotron (2) |
| **Séance 6** FICHIER NOMBRES p. 53 | **Complément de 10 à un nombre jusqu'à 19 :** de 10 à 13, de 10 à 17… | **Ajout d'unités à 10 :** compléments | **Dizaines et unités : valeur positionnelle des chiffres** RECHERCHE Le grand ziglotron (3) |
| **Séance 7** CAHIER GÉOMÉTRIE p. 18 | **Retrait de 10 à un nombre jusqu'à 19 :** 13 – 10 ; 17 – 10 | **Reconnaissance de rectangles** | **Déplacement sur quadrillage** RECHERCHE Gribouille cherche son os (1) |
| **Séance 8** CAHIER GÉOMÉTRIE p. 19 | **Dictée de nombres** jusqu'à 39 | **Reconnaissance de triangles** | **Déplacement sur quadrillage** RECHERCHE Gribouille cherche son os (2) |
| **Séance 9** CAHIER GÉOMÉTRIE p. 20 | **Dictée de nombres** jusqu'à 39 | **Tracés à la règle** | **Dates et durées** RECHERCHE Le calendrier |

**Bilan**

Je prépare le bilan puis Je fais le bilan
FICHIER NOMBRES p. 54-55
CAHIER GÉOMÉTRIE p. 21

En plus des 10 séances décrites dans le guide, **3 à 4 séances** sont consacrées à des **activités de consolidation et de résolution de problèmes**.
Pour cela, l'enseignant peut utiliser les ressources suivantes :

**Consolidation Remédiation**

Je consolide mes connaissances
FICHIER NOMBRES p. 56-57
CAHIER GÉOMÉTRIE p. 22

**Banque de problèmes**

*Les boites de crayons*
FICHIER NOMBRES p. 58
- Comparer des quantités obtenues en ajoutant plusieurs quantités.
- Décomposer 9 sous forme de sommes de 3 nombres en utilisant 1, 2 et 5.
- Décomposer 13 sous forme de sommes de 3 nombres en utilisant 1, 2 et 5.

## L'essentiel à retenir de l'unité 5

- **Calcul mental**
  - Comptine orale jusqu'à 39
  - Relations entre 10 et les nombres de 11 à 19 (sommes, compléments, différences)
  - Dictée de nombres jusqu'à 39
- **Répertoire additif (jusqu'à 10) : mémorisation, utilisation**
- **Dizaines et unités : valeur positionnelle des chiffres**
- **Déplacement sur quadrillage en suivant les lignes**
- **Dates et durées : utilisation d'un calendrier**

# Répertoire additif : mémorisation, utilisation (1)



| | Tâche | Matériel | Connaissances travaillées |
|---|---|---|---|
| NOMBRES | **Suite orale et écriture des nombres jusqu'à 39 : le furet attentif en reculant**<br>– Écrire des nombres cachés sur la file numérique<br>– Réciter la suite des nombres en reculant et en « sautant » les nombres cachés | pour la classe :<br>– la file numérique collective, avec des nombres cachés (voir activité)<br>par élève :<br>FICHIER NOMBRES p. 49 (1) | – **Suite orale des nombres jusqu'à 39** (régularités à partir de 20)<br>– Écriture des nombres en chiffres jusqu'à 39 |
| RÉVISER Calculs | **Décompositions additives et soustractives de 5 et de 10**<br>– Reconnaitre des sommes et des différences égales à 5 ou à 10<br>– Compléter des sommes et des différences pour qu'elles soient égales à 5 ou à 10 | par élève :<br>FICHIER NOMBRES p. 49 (2) à (4) | – **Décomposition des nombres 5 et 10**<br>– Utilisation des symboles +, –, =<br>– Additions et soustractions « à trous » |
| APPRENDRE Calculs | **Répertoire additif : mémorisation, utilisation**<br>RECHERCHE **La punta (1)**<br>– Atteindre un nombre cible en utilisant des nombres choisis parmi 6 nombres disponibles | pour la classe :<br>– 54 cartes avec au recto les nombres de 1 à 6 et au verso leur figuration à l'aide de points (chaque nombre en 9 exemplaires) › **fiche 23 et 24**<br>– 8 cartes cibles portant les nombres de 5 à 12 à agrandir › **fiche 25**<br>– une calculatrice utilisée pour le contrôle des réponses<br>par équipe de 4 ou 5 :<br>– répertoire additif › **fiche 16**<br>– une boite pour les cartes gagnées | – **Répertoire additif jusqu'à 10**<br>– **Sommes de plusieurs nombres : composition/décomposition**<br>– Utilisation du répertoire<br>– Mémorisation des résultats<br>– Décomposition des nombres |

## NOMBRES

**Le furet attentif en reculant** • Suite orale et écriture des nombres jusqu'à 39

– Repérer et utiliser les régularités de la suite écrite des nombres de 1 à 39.
– Écrire des nombres en chiffres jusqu'à 39.
– Réciter la suite des nombres jusqu'à 39, en reculant.

COLLECTIF/INDIVIDUEL

### PHASE 1 Écrire les nombres cachés

FICHIER NOMBRES ET CALCULS p. 49

**Exercice 1**

• Afficher la file numérique collective avec 6 nombres cachés, par exemple : 4, 13, 14, 22, 25, 31.

• Montrer un par un les nombres cachés et demander de les retrouver, **en commençant par le plus grand nombre** et en continuant par ordre décroissant. Demander d'écrire chaque réponse dans le fichier.

• Lors de la correction, les nombres sont lus. À la fin, ils sont à nouveau cachés pour la phase 2.

Ce premier exercice reprend une activité déjà proposée et visant à utiliser les régularités de la suite écrite pour retrouver les nombres cachés.
La difficulté supplémentaire vient de ce que les nombres sont montrés dans l'ordre décroissant (ce qui n'interdit cependant pas de s'appuyer sur des nombres inférieurs pour répondre).

COLLECTIF/INDIVIDUEL

### PHASE 2 Dire la suite des nombres en reculant et en évitant les nombres cachés

• Afficher à nouveau la file numérique collective avec 6 nombres cachés, par exemple : 4, 13, 14, 22, 25, 31 (les mêmes qu'en phase 1).

• Rappeler, avec les élèves, comment se disent les nombres repères visibles (dix, vingt, trente). Écrire en dessous les mots correspondants (écriture littérale) : dix, vingt, trente.

• Donner la règle du jeu du « furet attentif en reculant » :

➡ *Maintenant, il faut dire les nombres en reculant, à partir du nombre que je vous montre (par exemple 28 dans un premier temps, puis 35 lors d'une reprise). Les nombres cachés sont des pièges pour le furet : ils ne doivent pas être dits ; il faut les « sauter », et ne dire que ceux qui ne sont pas cachés.*

• Le jeu peut prendre trois formes différentes :
– chaque élève de la classe est sollicité à tour de rôle pour dire le nombre qui vient avant celui qui vient d'être dit et qui n'est pas caché ;
– un élève seul récite ; les autres sont attentifs aux erreurs éventuelles et peuvent suivre avec un pion sur leur file numérique personnelle ;
– les 4 élèves d'un groupe, désignés par l'enseignant, disent un nombre à tour de rôle.

**SYNTHÈSE**

• Pour les nombres de 10 à 39, souligner :
– qu'il faut bien connaitre « la suite à l'envers » de *neuf* à *un* (et aussi de *seize* à *dix*) ;
– qu'il faut se souvenir que les nombres de deux chiffres de la forme 2• se disent avec le mot *vingt*, et ceux de la forme 3• se disent avec le mot *trente*.

## RÉVISER

### Décomposer les nombres 5 et 10 sous forme de sommes et de différences

– Connaitre des sommes et des différences égales à 5 ou à 10.
– Connaitre les compléments à 5 et à 10.

INDIVIDUEL

**FICHIER NOMBRES ET CALCULS p. 49**

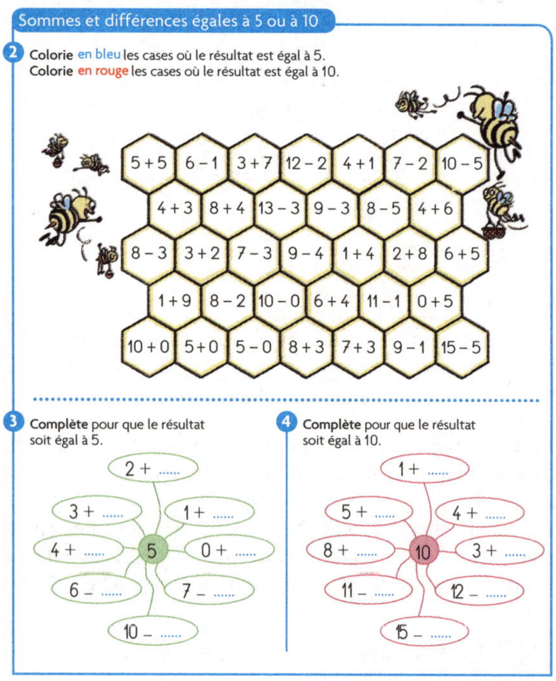


**Exercice 2**

• Inviter les élèves à être attentifs au fait que ne doivent être coloriées que les cases pour lesquelles le résultat est 5 ou 10.

RÉPONSE : En bleu : 6 − 1 ; 4 + 1 ; 7 − 2 ; 10 − 5 ; 8 − 3 ; 3 + 2 ; 9 − 4 ; 1 + 4 ; 0 + 5 ; 5 + 0 ; 5 − 0.
En rouge : 5 + 5 ; 3 + 7 ; 12 − 2 ; 13 − 3 ; 4 + 6 ; 2 + 8 ; 1 + 9 ; 10 − 0 ; 6 + 4 ; 11 − 1 ; 10 + 0 ; 7 + 3 ; 15 − 5.

**Exercices 3 et 4**

• Les élèves étant encore peu familiers avec les écritures lacunaires, deux sommes et une différence relatives au nombre 5 peuvent être d'abord traitées collectivement.

• Insister sur l'intérêt qu'il y a à vérifier après avoir proposé une réponse.

Les nombres 5 et 10 jouant un rôle important en calcul mental, il s'agit de renforcer la connaissance des sommes et des différences égales à chacun de ces nombres. Les moyens utilisés par les élèves pour répondre peuvent être variés : résultats mémorisés ou résultats reconstruits. Progressivement, le recours à des résultats mémorisés doit s'accroitre.
Pour ces exercices, le fait que les écritures n'utilisent pas le signe égal peut faciliter le travail des élèves.

RÉPONSE : 3 2 + 3 ; 1 + 4 ; 0 + 5 ; 7 − 2 ; 10 − 5 ; 6 − 1 ; 4 + 1 ; 3 + 2.
4 1 + 9 ; 4 + 6 ; 3 + 7 ; 12 − 2 ; 15 − 5 ; 11 − 1 ; 8 + 2 ; 5 + 5.

**Différenciation** → CD-Rom du guide, fiche 13.

## APPRENDRE

### Répertoire additif : mémorisation, utilisation

– Utiliser et mémoriser le répertoire additif (résultats inférieurs à 10).
– Décomposer un nombre en sommes de plusieurs nombres.

## RECHERCHE

**La punta (1)*** : Un nombre cible étant donné, il s'agit de l'atteindre en utilisant une carte ou plusieurs, en additionnant des nombres (deux ou plus) choisis parmi 5 nombres disponibles.

* Ce jeu est inspiré d'une activité proposée dans les moyens d'enseignement de nos amis de Suisse romande.

COLLECTIF ET ÉQUIPES DE 4 OU 5

### PHASE 1 Présentation du jeu

• Répartir la classe en équipes de 4 ou 5 élèves qui jouent les unes contre les autres. Si l'effectif de la classe est réduit, les équipes peuvent ne comporter que 2 ou 3 élèves.

• Distribuer au hasard 5 des cartes du jeu de 54 cartes à chaque équipe. Les autres cartes restent dans la pioche sur le bureau de l'enseignant.

Exemple de lot de 5 cartes : 2 3 5 3 1

• Tirer une carte cible et l'afficher au tableau.

• Préciser la règle du jeu :

➡ *Dans chaque équipe, il faut essayer de réaliser le nombre affiché avec les cartes distribuées. Vous pouvez utiliser une seule carte (si elle porte le nombre cible) ou plusieurs cartes, en additionnant les nombres qui sont écrits dessus. Pour répondre, posez les cartes utilisées côté « nombre » visible. Les points dessinés de l'autre côté seront utilisés pour vérifier les réponses.*
*Pour jouer, vous pouvez utiliser votre répertoire additif, mais ce n'est pas une obligation… et il faut même essayer de vous en passer.*

• Demander à chaque équipe de faire une proposition, si elle le peut, en alignant les cartes choisies sur sa table.

• Organiser un contrôle :
– reproduire chaque alignement proposé au tableau en l'écrivant sous forme de somme de plusieurs nombres, par exemple : 3 + 3 + 1 ;
– demander aux autres élèves de contrôler chaque proposition écrite au tableau.

• En cas de litige ou à la demande de l'enseignant, les cartes peuvent être retournées pour effectuer un dénombrement des points figurant au verso des cartes.

• Si le nombre cible est bien atteint, les cartes sont gagnées par le groupe qui les a jouées et mises dans sa boite « gain ».

COLLECTIF ET ÉQUIPES DE 4 OU 5

### PHASE 2 Suite du jeu

• Préciser la suite du jeu (qui se déroule avec le même nombre cible) :
– lorsqu'une équipe a réussi, elle place les cartes gagnées dans la boite « gain » et les remplace par autant de cartes prises à la pioche ;
– si une équipe a proposé un alignement erroné, elle conserve ses cartes pour le tour suivant ;
– si une équipe n'a pas pu proposer de solution, elle peut choisir de conserver ses cartes ou de toutes les échanger.

• La partie s'arrête lorsqu'un groupe a épuisé ses cartes et que la pioche est épuisée ou insuffisante pour que chaque équipe ait ses 5 cartes. L'équipe gagnante est celle qui a le plus de cartes dans sa boite « gain ».

Cette activité-jeu vise à entrainer les élèves à utiliser des résultats additifs disponibles, soit parce qu'ils sont déjà mémorisés, soit parce qu'on les trouve dans le répertoire.
Les cartes cibles « 11 » et « 12 » permettent d'envisager des résultats un peu au-delà du répertoire additif disponible et obligent les élèves à ne pas se limiter à son utilisation.
L'écriture additive (avec le signe +) n'est pas nécessaire pour jouer dans cette séance et dans la suivante. Elle est cependant introduite par l'enseignant dans les moments collectifs et sera utilisée par les élèves en séance 3.

AIDE Portant sur les nombres, l'activité peut présenter un niveau d'abstraction important pour certains élèves. L'utilisation des points figurant au verso des cartes peut alors être permise temporairement pour ces élèves.

COLLECTIF

### PHASE 3 Mise en commun et synthèse

• À l'issue du jeu, faire expliciter les procédures mobilisées pour vérifier les propositions, puis les stratégies utilisées pour atteindre le nombre cible. De premières explicitations peuvent avoir eu lieu en cours de partie, après chaque tour du jeu.

• En synthèse, reformuler les procédures et stratégies les plus importantes.

**SYNTHÈSE**

• **Procédures de contrôle :**
– addition « mentale » (résultats mémorisés, surcomptage) : *je sais que 5 + 2 = 7, j'ai retrouvé 5 + 2 dans ma tête…* ;
– utilisation du répertoire additif ;
– utilisation d'objets (doigts, points dessinés au verso des cartes) ;
– utilisation de la calculatrice (mise à disposition à ce moment par l'enseignant, elle permet de s'assurer d'un résultat contesté).
La réorganisation de l'ordre des cartes ou de l'écriture additive peut faciliter le calcul. Par exemple, 3 + 1 + 3 peut être réorganisé en 3 + 3 + 1 estimé plus facile à calculer (en utilisant le double de 3). L'égalité 3 + 1 + 3 = 3 + 3 + 1 rend compte de cette réorganisation.

• **Stratégies de recherche,** utilisables pour trouver les « bonnes cartes » :
– décomposer le nombre cible ;
– additionner 2 ou 3 nombres et chercher le complément au nombre cible ;
– faire des essais d'addition des nombres disponibles…

Les procédures de contrôle sont explicitées avant les stratégies de recherche, car elles sont plus faciles à mutualiser et peuvent influer, par la suite, sur les stratégies de recherche.
Une nouvelle partie collective peut être jouée s'il reste du temps.

**À SUIVRE**

**En séance 2,** ce travail sera repris, chaque équipe jouant sa propre partie, avec un meneur de jeu désigné dans l'équipe.
**En séance 3,** il sera repris dans les mêmes conditions qu'en séance 2, mais en demandant aux élèves de garder une trace écrite de leurs propositions.

UNITÉ 5

# UNITÉ 5 Répertoire additif : mémorisation, utilisation (2)

SÉANCE 2

FICHIER NOMBRES p. 50

| | Tâche | Matériel | Connaissances travaillées |
|---|---|---|---|
| NOMBRES | **Suite orale et écriture des nombres jusqu'à 39 : le furet attentif en reculant**<br>– Écrire des nombres cachés sur la file numérique<br>– Réciter la suite des nombres en reculant et en « sautant » les nombres cachés | pour la classe :<br>– la file numérique collective, avec des nombres cachés (voir activité)<br>par élève :<br>FICHIER NOMBRES p. 50 ① | – **Suite orale des nombres jusqu'à 39** (régularités à partir de 20)<br>– Écriture des nombres en chiffres jusqu'à 39 |
| RÉVISER Nombres | **Suite écrite des nombres jusqu'à 39**<br>– Trouver des nombres manquants sur la file numérique<br>– Trouver le nombre qui suit et le nombre qui précède | par élève :<br>FICHIER NOMBRES p. 50 ② ③ | – **Suite écrite des nombres jusqu'à 39**<br>– Régularités de cette suite<br>– Nombre suivant et nombre précédent |
| APPRENDRE Calculs | **Répertoire additif : mémorisation, utilisation**<br>RECHERCHE **La punta (2)**<br>– Atteindre un nombre cible en utilisant des nombres choisis parmi 6 nombres disponibles | par équipe de 4 ou 5 :<br>– 54 cartes avec au recto les nombres de 1 à 6 et au verso leur figuration à l'aide de points (chaque nombre en 9 exemplaires) › **fiche 26**<br>– 8 cartes cibles portant les nombres de 5 à 12 à agrandir › **fiche 25**<br>– une calculatrice utilisée pour le contrôle des réponses<br>par élève :<br>– répertoire additif › **fiche 16**<br>– une boite pour les cartes gagnées<br>FICHIER NOMBRES p. 50 ④ | – **Répertoire additif jusqu'à 10**<br>– **Sommes de plusieurs nombres : composition/décomposition**<br>– Utilisation du répertoire<br>– Mémorisation des résultats<br>– Décomposition des nombres |

## NOMBRES

**Le furet attentif en reculant** • Suite orale et écriture des nombres jusqu'à 39

– Repérer et utiliser les régularités de la suite écrite des nombres de 1 à 39.
– Écrire des nombres en chiffres jusqu'à 39.
– Réciter la suite des nombres jusqu'à 39, en reculant.

COLLECTIF/INDIVIDUEL

### PHASE 1 Écrire les nombres cachés

FICHIER NOMBRES ET CALCULS p. 50

**Exercice 1**

• Afficher la file numérique collective avec 9 nombres cachés, par exemple : 9, 10, 19, 20, 23, 29, 30, 35, 38.

• Montrer un par un les nombres cachés et demander de les retrouver, **en commençant par le plus grand nombre** et en continuant par ordre décroissant. Demander d'écrire chaque réponse dans le fichier.

• Lors de la correction, les nombres sont lus. À la fin, ils sont à nouveau cachés pour la phase 2.

Même activité que précédemment, avec une difficulté supplémentaire : les nombres cachés consécutifs sont plus nombreux et les nombres repères 10, 20 et 30 sont tous cachés. Il faut donc les retrouver.

COLLECTIF/INDIVIDUEL

### PHASE 2 Dire la suite des nombres en reculant et en évitant les nombres cachés

• Afficher à nouveau la file numérique collective avec 9 nombres cachés, par exemple : 9, 10, 19, 20, 23, 29, 30, 35, 38 (les mêmes qu'en phase 1).

• Même déroulement qu'en séance 1.

## RÉVISER

### Suite écrite des nombres jusqu'à 39

– Repérer et utiliser les régularités de la suite écrite des nombres de 1 à 39.

INDIVIDUEL

**FICHIER NOMBRES ET CALCULS** p. 50

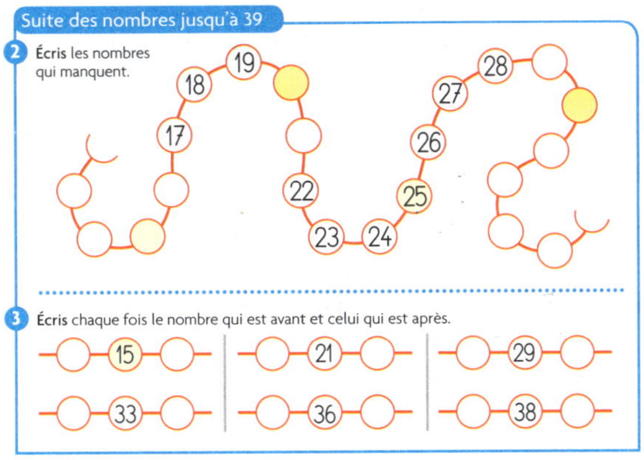


**Exercice 2**

- Les élèves doivent écrire tous les nombres qui manquent, en portant une attention particulière aux nombres 20 et 30.

RÉPONSE : 13 ; 14 ; 15 ; 16 ; 20 ; 21 ; 29 ; 30 ; 31 ; 32 ; 33 ; 34.

**Exercice 3**

- Indiquer aux élèves que, dans cet exercice, on a de petits morceaux découpés dans la file numérique et que, chaque fois, il faut écrire le nombre qui vient juste avant et le nombre qui vient juste après celui qui est déjà écrit.

RÉPONSE : 14 et 16 ; 20 et 22 ; 28 et 30 ; 32 et 34 ; 35 et 37 ; 37 et 39.

## APPRENDRE

### Répertoire additif : mémorisation, utilisation

– Utiliser et mémoriser le répertoire additif (résultats inférieurs à 10).

ÉQUIPES DE 4 OU 5

### RECHERCHE

**La punta (2) :** Un nombre cible étant donné, il s'agit de l'atteindre en utilisant une carte ou plusieurs, en additionnant des nombres (deux ou plus) choisis parmi 5 nombres disponibles.

- Répartir la classe en équipes de 4 ou 5 élèves. Si l'effectif de la classe est réduit, les équipes peuvent ne comporter que 3 élèves. Désigner un meneur de jeu dans chaque équipe.
- Préciser aux élèves que cette fois le jeu va se dérouler à l'intérieur des équipes :

➡ *Dans chaque équipe, les élèves (autres que le meneur de jeu) vont jouer les uns contre les autres. Le meneur de jeu doit distribuer au hasard 5 cartes du jeu de 54 cartes à chaque joueur. Les autres cartes restent dans la pioche conservée par le meneur de jeu. Le meneur de jeu tire une carte cible et la présente sur la table. Le jeu se déroule ensuite comme dans la séance précédente.*

- Veiller au bon déroulement du jeu et observer les procédures utilisées par les élèves.
- Proposer de jouer une ou plusieurs nouvelles parties aux équipes plus rapides.

**AIDE** Le jeu peut être aménagé dans une optique différenciée pour certaines équipes :
– en enlevant les cartes 6 ;
– en limitant les nombres des cartes cibles à des nombres au plus égaux à 10 par exemple.

Dans ce cas, le jeu peut se dérouler en équipes plus homogènes du point de vue des compétences numériques. Il faut toutefois s'assurer que le meneur de jeu peut remplir sa tâche.
Certains élèves, plus fragiles, peuvent se sentir plus assurés dans le rôle de meneur de jeu. La calculatrice peut également être utilisée comme moyen de validation. Mais si plusieurs parties sont jouées, le meneur de jeu doit changer d'une partie à l'autre.

INDIVIDUEL

### ENTRAINEMENT

**FICHIER NOMBRES ET CALCULS** p. 50

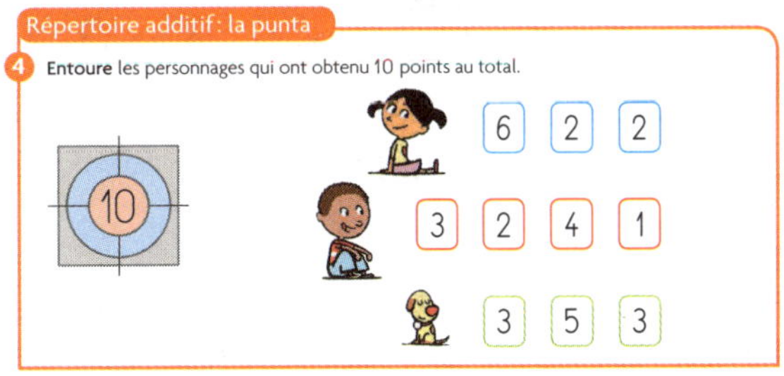


**Exercice 4**

- Application directe du jeu (pour la phase de vérification).

RÉPONSE : Entourer Arthur et Zoé.

**Différenciation** → CD-Rom du guide, fiche 14.

**À SUIVRE**
**En séance 3**, le jeu est repris dans les mêmes conditions, mais en demandant aux élèves de garder une trace écrite de leurs propositions.

UNITÉ 5

# Écriture additive : somme de plusieurs nombres



| | Tâche | Matériel | Connaissances travaillées |
|---|---|---|---|
| **CALCUL MENTAL** | **Ajout d'unités à 10 : sommes**<br>– Trouver le résultat de l'ajout d'une quantité inférieure à 10 à une quantité égale à 10 | pour la classe :<br>– un exemplaire (si possible agrandi) de chaque carte constellation de 1 à 10 › **matériel du fichier, planche 2**<br>– un cache permettant de masquer 2 cartes mises côte à côte<br>par élève :<br>FICHIER NOMBRES p. 51 1 | – **Calculs du type 10 + 3, 10 + 7…**<br>– Numération décimale |
| **RÉVISER** Nombres | **Suite écrite des nombres jusqu'à 39**<br>– Trouver des nombres manquants sur la file numérique<br>– Trouver le nombre qui suit et le nombre qui précède | par élève :<br>FICHIER NOMBRES p. 51 2 | – **Désignation littérale des nombres** |
| **APPRENDRE** Nombres/Problèmes | **Écriture additive : somme de plusieurs nombres**<br>RECHERCHE **La punta (3)**<br>– Atteindre un nombre cible en utilisant des nombres choisis parmi 5 nombres disponibles<br>– Écrire les sommes utilisées avec le signe + | par équipe de 4 ou 5 :<br>– 54 cartes avec au recto les nombres de 1 à 6 et au verso leur figuration à l'aide de points (chaque nombre en 9 exemplaires) › **fiche 26**<br>– 8 cartes cibles portant les nombres de 5 à 12 à agrandir › **fiche 25**<br>– une calculatrice utilisée pour le contrôle des réponses<br>par élève :<br>– répertoire additif › **fiche 16**<br>– une boite pour les cartes gagnées<br>– une feuille pour noter les réponses<br>FICHIER NOMBRES p. 51 3 à 5 | – **Répertoire additif jusqu'à 10**<br>– **Écriture et calcul de sommes de plusieurs nombres (avec le signe +)**<br>– Utilisation du répertoire<br>– Mémorisation des résultats<br>– Comparaison de sommes |

## CALCUL MENTAL

### Ajout d'unités à 10 : sommes

– Répondre rapidement à des calculs du type 10 + 3, 10 + 7…

COLLECTIF

FICHIER NOMBRES ET CALCULS p. 51

**Exercice 1**

• Afficher au tableau la carte constellation « 10 ». Faire formuler par les élèves le nombre de points de cette carte.

• Afficher la carte constellation « 1 » à côté de cette carte. Faire formuler par les élèves qu'il s'agit de la carte « 1 ». Écrire 10 + 1 au-dessous des 2 cartes, puis cacher les 2 cartes (en laissant l'écriture 10 + 1 visible).

• Poser la question : ➡ *Combien y a-t-il de points au total sur les deux cartes cachées ?* Demander une réponse écrite sur le fichier (case marquée d'un ●).

• Vérifier les réponses et faire formuler la réponse exacte verbalement : dix plus un égale onze ; et sous forme écrite : 10 + 1 = 11 (complété au tableau).

• Reprendre l'activité en adjoignant à la carte constellation « 10 » les cartes : 3 ; 7 ; 2 ; 8 ; 5.

Le calcul rapide de sommes du type 10 + 1, 10 + 3… est essentiel pour le calcul réfléchi de sommes et pour l'élaboration du répertoire additif au-delà de 10. En effet, un calcul du type 8 + 4 peut être effectué en « passant par 10 », ce qui suppose la coordination de plusieurs connaissances : celle du complément de 8 à 10, celle de la décomposition de 4 sous la forme 2 + 2, celle du calcul de 10 + 2. Les deux premiers types de connaissances ont été mis en place depuis le début de l'année, le troisième type de connaissances a déjà été étudié dans des séances d'apprentissage des unités 3 et 4 ; il est entrainé ici en calcul mental durant 5 séances.

RÉPONSE : 11 ; 13 ; 17 ; 12 ; 18 ; 15.

## RÉVISER

### Écriture en lettres des nombres de 6 à 10

– Connaitre les écritures en lettres des nombres de 6 à 10.

INDIVIDUEL

**FICHIER NOMBRES ET CALCULS p. 51**

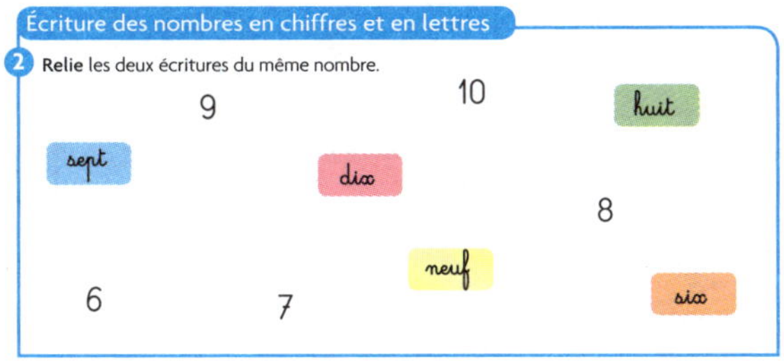


**Exercice 2**

• Indiquer aux élèves qu'ils doivent relier les écritures en chiffres des nombres à leurs écritures avec des lettres.

• Leur indiquer qu'ils peuvent soit répondre directement, soit utiliser les numéros de page qui figurent en bas de chaque page de leur fichier (ils disposent ainsi d'une sorte de dictionnaire qui permet de savoir comment s'écrit avec des mots chaque nombre écrit en chiffres).

Il s'agit également de sensibiliser les élèves au fait que les nombres peuvent être exprimés de 3 façons : écriture chiffrée ; formulation orale ; écriture avec des mots.

## APPRENDRE

### Sommes de plusieurs nombres
### Répertoire additif : mémorisation, utilisation

– Utiliser et mémoriser le répertoire additif (résultats inférieurs à 10).
– Écrire et calculer des sommes de plusieurs nombres.

## RECHERCHE

**La punta (3) :** Un nombre cible étant donné, il s'agit de l'atteindre en utilisant une carte ou plusieurs, en additionnant des nombres (deux ou plus) choisis parmi 5 nombres disponibles. Les élèves doivent également écrire les sommes calculées à l'aide du signe +.

ÉQUIPES DE 4 OU 5

**PHASE 1 Garder une trace écrite des sommes calculées**

• Reprendre l'organisation en équipes de la séance 2.

• Préciser aux élèves que le jeu va toujours se dérouler à l'intérieur des équipes, mais avec une demande supplémentaire :

➡ *À la fin du jeu, nous regarderons ensemble des suites de cartes que vous avez proposées pour atteindre le nombre cible. Pour cela, chaque joueur doit conserver une trace écrite des « coups essayés », c'est-à-dire des suites de cartes qu'il a proposées.*

• Dès qu'une partie est terminée, choisir des écritures diverses et les noter au tableau.

• Engager une discussion autour de différents critères : lisibilité, possibilité de vérification (par exemple, a-t-on en même temps les nombres joués et le nombre à atteindre ?).

• À la fin, si l'utilisation du signe + n'est pas proposée, demander aux élèves comment écrire leurs propositions à l'aide de ce signe, comme l'enseignant l'a fait en séance 1.

Des notations du type 4 + 2 = 6 + 3 = 9 + 2 = 11 peuvent apparaitre, influencées par l'usage de la calculatrice et par le recours au répertoire écrit. En utilisant l'argument qu'on peut y lire 4 + 2 = 11, elles sont remplacées par 4 + 2 + 3 + 2 = 11. Les résultats intermédiaires peuvent être codés ainsi :

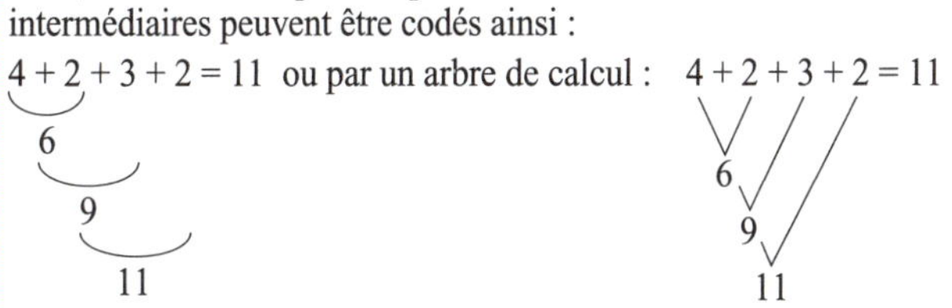


COLLECTIF

**PHASE 2 Comparer des sommes sans les calculer ou en les calculant**

Exemple avec les cartes :

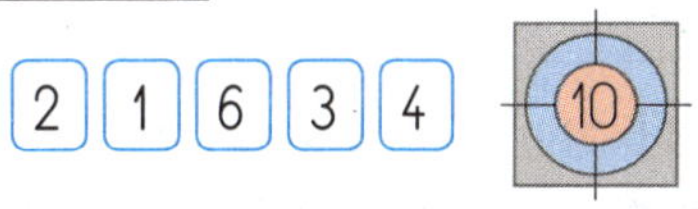


• Écrire au tableau les sommes proposées par quelques équipes ou par des équipes fictives (dont les réponses sont rapportées par l'enseignant), par exemple :

Équipe A : 4 + 2 + 3 + 2 (seule somme dont le résultat égal à 11 a été vérifié)

Équipe B : 5 + 4 + 2

Équipe C : 5 + 3 + 2 + 2

• Demander aux élèves si en comparant les sommes des équipes B et C à celle de l'équipe A, on peut savoir très vite si elles donnent ou non le même résultat.

• Faire formuler et discuter les arguments pour arriver, en s'appuyant éventuellement sur le verso des cartes (points), à la conclusion que :

– pour B, on retrouve des nombres identiques à ceux de A (4 et 2) ; comme 5 = 3 + 2, on sait que les deux sommes sont égales ;

– pour C, on retrouve des nombres identiques à ceux de A (3, 2 et 2) ; comme l'autre nombre est différent (5 pour C et 4 pour A), on est sûr que les deux sommes sont inégales (on sait même que la somme de C vaut 1 de plus que celle de A).

• On peut donc écrire que : $4 + 2 + 3 + 2 = 5 + 4 + 2$ et $4 + 2 + 3 + 2 \neq 5 + 3 + 2 + 2$.

COLLECTIF

## PHASE 3 Synthèse

**SYNTHÈSE**

- **Avec le signe +, on peut écrire des additions avec deux nombres** ou avec plusieurs nombres comme 6 + 5 = 11 ou 4 + 2 + 3 + 2 = 11.
- **Pour calculer ces sommes,** on peut se servir de résultats connus ou du répertoire additif.
- **Pour calculer une somme, il est parfois utile de l'organiser autrement,** par exemple en faisant apparaitre des doubles : 4 + 2 + 3 + 2 = 4 + 2 + 2 + 3 = 4 + 4 + 3 = 8 + 3
- **Pour comparer deux sommes,** on n'est pas toujours obligé de les calculer.
- **Les signes = et ≠** peuvent être utilisés pour indiquer que deux sommes correspondent ou non au même résultat.

Des sommes de plus de deux nombres ont déjà pu être rencontrées. Leur usage est ici systématisé. Concernant le calcul de telles sommes, on peut, selon les réactions des élèves, se limiter à un calcul de proche en proche qui peut, par exemple être noté sous la forme :

4 + 2 + 3 + 2 = 11
6
9
11

En effet, organiser les termes d'une somme différemment peut être difficile pour certains élèves, même s'ils l'ont fait avec les cartes. Cette possibilité est soulignée en synthèse, mais il ne faut pas s'attendre à ce que tous les élèves l'exploitent dès le CP.
Le signe = est installé pour affirmer que deux écritures correspondent au même nombre : c'est le cas de 3 + 2 = 5 et c'est aussi le cas de 3 + 2 = 2 + 2 + 1.

ÉQUIPES DE 4 OU 5

## PHASE 4 Utilisation de l'écriture additive

- Reprise du jeu, en équipes, avec la contrainte de noter les « coups essayés » en utilisant la notation additive.
- Récupérer tout ou partie des productions pour une évaluation et exploitation éventuelle avec les élèves (cf. phase 2).

Le jeu de la punta peut être repris en atelier libre ou dans le cadre d'activités différenciées.
Les élèves qui pensent avoir mémorisé de nouveaux résultats peuvent les colorier dans leur répertoire personnel.

INDIVIDUEL

## ENTRAINEMENT

**FICHIER NOMBRES ET CALCULS p. 51**

Répertoire additif

3 Complète.

2 + 1 + 3 = ........ | 2 + 3 + 4 = ........ | 5 + 1 + 3 = ........
5 + 1 + 4 = ........ | 5 + 5 + 2 = ........ | 5 + 1 + 5 = ........

4 **Entoure** les égalités qui sont justes.
**Barre** celles qui sont fausses.

3 + 2 + 3 = 8 — 2 + 3 + 4 = 5 + 4 — 4 + 4 = 8 — 5 + 1 + 4 = 9 — 2 + 2 + 2 = 3 + 4 — 2 + 2 + 5 = 9

5 **Écris** deux sommes en utilisant ces nombres.
Le résultat doit être égal à 10.

2 1 6 3 4

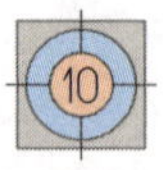

.................................... = 10
.................................... = 10

**Exercices 3 et 4**

- Ces exercices proposent un entrainement sur des calculs additifs à plusieurs termes (production ou vérification).

RÉPONSE : 3 6 ; 10 ; 9 ; 12 ; 9 ; 11.
4 Entourer : 4 + 4 = 8 ; 2 + 2 + 5 = 9 ; 3 + 2 + 3 = 8 ; 2 + 3 + 4 = 5 + 4.
Barrer : 5 + 1 + 4 = 9 ; 2 + 2 + 2 = 3 + 4.

**Exercice 5**

- Cet exercice évoque le jeu de la punta, les élèves devant donner leurs réponses sous forme d'écritures additives. Il peut être réservé aux élèves les plus rapides.

AIDE Des cartes du jeu peuvent être remises à certains élèves. Certains peuvent être autorisés à utiliser leur répertoire additif.

RÉPONSE : 2 + 1 + 3 + 4 = 10 ; 1 + 6 + 3 = 10 ; 6 + 4 = 10.

**Différenciation** → CD-Rom du guide, fiche 15.

# Dizaines et unités : valeur positionnelle des chiffres (1)



| | Tâche | Matériel | Connaissances travaillées |
|---|---|---|---|
| CALCUL MENTAL | **Ajout d'unités à 10 : sommes**<br>– Trouver le résultat de l'ajout d'une quantité inférieure à 10 à une quantité égale à 10 | pour la classe :<br>– un exemplaire (si possible agrandi) de chaque carte constellation de 1 à 10 › **matériel du fichier, planche 2**<br>FICHIER NOMBRES p. 52 1 | – **Calculs du type 10 + 3, 10 + 7…**<br>– Numération décimale |
| RÉVISER Calculs | **Répertoire additif : sommes et différences (jusqu'à 10)**<br>– Calculer des sommes et des différences données par écrit | par élève :<br>FICHIER NOMBRES p. 52 2 3 | – **Répertoire additif (jusqu'à 10)**<br>– Mémorisation<br>– Signes +, –, = |
| APPRENDRE Nombres | **Dizaines et unités : valeur positionnelle des chiffres**<br>RECHERCHE **Le grand ziglotron (1)**<br>– Commander des boutons vendus à l'unité ou groupés par dix (pour recouvrir un ensemble de places vides) | par équipe de 2 :<br>– un des 3 ziglotrons (23, 20 ou 37 boutons) › **fiches 27, 28 et 29**<br>– une feuille blanche et des ciseaux<br>par élève :<br>– 1 boite avec 150 boutons isolés et 1 boite avec 100 plaques de 10 boutons › **fiche 30** | – **Dizaines et unités**<br>– **Valeur des chiffres en fonction de leur rang dans l'écriture d'un nombre**<br>– Lecture des nombres jusqu'à 39 |

## CALCUL MENTAL

### Ajout d'unités à 10 : sommes

– Répondre rapidement à des calculs du type 10 + 3, 10 + 7…

COLLECTIF

FICHIER NOMBRES ET CALCULS p. 52

**Exercice 1**

• Poser les questions oralement sous la forme dix plus quatre.

• Vérifier les réponses au fur et à mesure et les reformuler sous forme écrite : 10 + 4 = 14. Si nécessaire, recourir aux cartes constellations au moment de la vérification.

• Suite des questions : 10 + 4 ; 10 + 7 ; 10 + 6 ; 10 + 3 ; 10 + 9 ; 10 + 5.

Il s'agit d'une reprise de l'activité de la séance 3, mais les questions sont formulées maintenant directement avec les nombres.

RÉPONSE : 14 ; 17 ; 16 ; 13 ; 19 ; 15.

## RÉVISER

### Répertoire additif : sommes et différences (jusqu'à 10)

– Calculer des sommes et des différences dont les résultats sont inférieurs à 10.

INDIVIDUEL

FICHIER NOMBRES ET CALCULS p. 52

2 Complète.

| | | |
|---|---|---|
| 4 + 2 = ........ | 6 + 2 = ........ | 1 + 5 = ........ |
| 5 + 5 = ........ | 5 + 4 = ........ | 1 + 9 = ........ |
| 4 – 2 = ........ | 10 – 1 = ........ | 6 – 2 = ........ |
| 3 – 3 = ........ | 7 – 6 = ........ | 8 – 6 = ........ |
| 10 – 4 = ........ | 10 – 2 = ........ | 10 – 8 = ........ |

**Exercice 2**

• Il s'agit d'un exercice classique où la principale difficulté tient à la distinction entre le signe + et le signe –.

• À l'issue de la correction, les élèves peuvent être invités à colorier sur leur répertoire additif personnel les résultats qu'ils connaissent par cœur ou qu'ils peuvent exprimer instantanément.

RÉPONSE : 6 ; 10 ; 2 ; 0 ; 6 ; 8 ; 9 ; 9 ; 1 ; 8 ; 6 ; 10 ; 4 ; 2 ; 2.

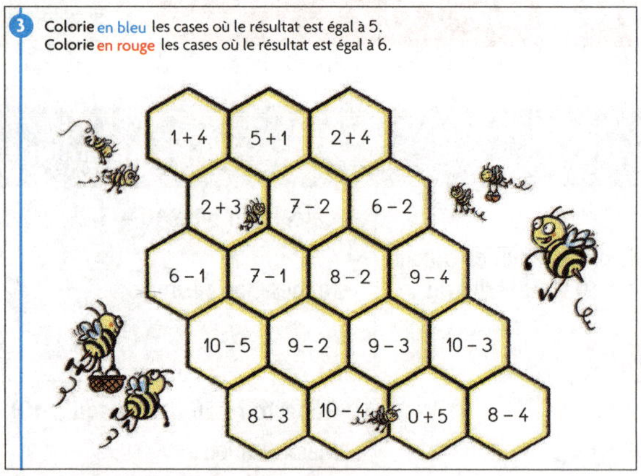


**Exercice 3**

• La consigne est précisée oralement, en s'appuyant sur le coloriage collectif de deux cases.

Le répertoire n'est pas disponible pendant la phase de résolution. La vérification de la validité des réponses se fait d'abord par l'explicitation des procédures ou le recours à un matériel, puis avec le répertoire additif.

RÉPONSE : En bleu : 1 + 4 ; 2 + 3 ; 7 − 2 ; 6 − 1 ; 9 − 4 ; 10 − 5 ; 8 − 3 ; 0 + 5.
En rouge : 5 + 1 ; 2 + 4 ; 7 − 1 ; 8 − 2 ; 9 − 3 ; 10 − 4.

## APPRENDRE

### Dizaines et unités : valeur positionnelle des chiffres (1)

– Utiliser les groupements par dix pour réaliser une quantité.
– Comprendre et utiliser la valeur positionnelle des chiffres dans l'écriture d'un nombre.

### RECHERCHE

COLLECTIF ET ÉQUIPES DE 2

**Le grand ziglotron (1)** : Les élèves reçoivent un ziglotron auquel il manque tous ses boutons. Des boutons sont disponibles chez un marchand, vendus à l'unité ou groupés par dix. Les élèves doivent demander « juste ce qu'il faut de boutons » pour réparer celui qui leur a été remis.

**PHASE 1 Présentation de la situation**

• Organiser les équipes de 2 et distribuer les différentes fiches avec les ziglotrons (un ziglotron par équipe).

• Désigner les élèves qui joueront les marchands (2 ou 3 selon le nombre d'élèves de la classe).

• Montrer un ziglotron et présenter la tâche :

➡ *Gribouille a joué avec les nouveaux ziglotrons. Ils sont plus grands que les premiers. Comme ils ont aussi beaucoup plus de boutons, les marchands de boutons se sont organisés : ils ont des boutons seuls et des plaques qui contiennent dix boutons* (montrer les deux catégories de « produits »). *Il suffit de leur demander ce que l'on veut. Mais attention, ils donnent exactement ce qu'on leur demande. Il faut donc bien préciser si on veut des plaques de dix boutons ou des boutons seuls. Les boutons vendus en plaques devront être découpés avant d'être placés sur le ziglotron.*
*Dans chaque groupe, un seul élève ira vers un des marchands, et il ne pourra y aller qu'une seule fois. Il faut ramener juste ce qu'il faut de boutons, ni plus ni moins.*

• Insister sur les deux contraintes principales :
– il y a dix boutons pour chaque plaque ;
– les marchands doivent donner exactement ce qu'on leur demande : on peut leur demander par exemple « 12 boutons », ou « 15 plaques », ou encore « 8 plaques et 11 boutons ».

Les contraintes apportées à la situation pour les deux premières séances (4 et 5) autorisent un assez grand nombre de procédures, alors que dans la 3e séance (6) le recours à la signification de chaque chiffre de l'écriture des nombres est favorisé.
Cette séance préparatoire ne vise pas à mettre en évidence de façon explicite la décomposition du nombre en groupements de dix et en unités. Cependant, le travail conduit en unités 3 et 4 sur le dénombrement en appui sur dix, vingt et trente peut inciter des élèves à utiliser cette décomposition.
Cette séance est destinée à permettre :
– l'appropriation de la situation par tous les élèves ;
– l'observation par l'enseignant des procédures utilisées.

COLLECTIF

**PHASE 2 Résolution du problème**

• Demander aux élèves d'une même équipe de se mettre d'accord sur ce qu'ils vont demander au marchand. Puis un seul se déplace.

• À son retour, demander aux élèves de valider leur réponse en plaçant les boutons sur le ziglotron.

Deux moments sont importants à observer pour prendre connaissance de ce qu'ont fait les élèves :
**1)** L'information prise sur le ziglotron :
– ils ne prennent pas d'information et vont directement demander un nombre quelconque de boutons ;
– ils comptent les boutons un par un ;
– ils groupent les boutons par dix, puis comptent les paquets et les boutons isolés.
**2)** La commande demandée au marchand :
– un certain nombre de boutons isolés ;
– un nombre de plaques et un nombre de boutons isolés.

**SYNTHÈSE**

Au cours de la synthèse, faire essentiellement apparaitre les éléments suivants, en fonction de ce qu'on fait les élèves.
• Il faut bien préparer ce qui sera demandé.
• Pour cela, il faut s'organiser, comme l'ont fait certaines équipes :
– en cherchant avec précision le nombre de boutons nécessaires ;
– en faisant déjà des groupements de dix boutons sur le ziglotron (à ne mentionner que si cela a été utilisé).

Il est possible que certains groupes aient d'abord dénombré un à un les boutons manquants sur le ziglotron, puis demandé des plaques de dix et des boutons isolés. Ces élèves ont déjà la capacité à décomposer le nombre en groupements de dix et en unités ! Leur proposition est acceptée, sans être valorisée pour le moment. Les erreurs peuvent notamment provenir de difficultés de comptage du nombre total de places disponibles sur le ziglotron, ou du regroupement de ces places par dix.

# Dizaines et unités : valeur positionnelle des chiffres (2)



| | Tâche | Matériel | Connaissances travaillées |
|---|---|---|---|
| CALCUL MENTAL | **Ajout d'unités à 10 : compléments**<br>– Trouver la quantité à ajouter à une quantité égale à 10 pour obtenir une quantité de 11 à 19 | pour la classe :<br>– un exemplaire (si possible agrandi) de chaque carte constellation de 1 à 10 › **matériel du fichier, planche 2**<br>par élève :<br>– ardoise ou cahier de brouillon | – **Calculs de compléments du type 10 à 13, 10 à 17...**<br>– Numération décimale |
| RÉVISER Calculs | **Répertoire additif : décompositions de nombres jusqu'à 10**<br>– Trouver des décompositions additives pour les nombres jusqu'à 10 | par élève :<br>– ardoise ou cahier de brouillon | – **Répertoire additif (jusqu'à 10)**<br>– Mémorisation<br>– Décompositions additives<br>– Signes +, = |
| APPRENDRE Nombres | **Dizaines et unités : valeur positionnelle des chiffres**<br>RECHERCHE **Le grand ziglotron (2)**<br>– Commander des boutons vendus à l'unité ou groupés par dix (pour recouvrir un ensemble de places vides) | par équipe de 2 :<br>– un des 3 ziglotrons (23, 20 ou 37 boutons) › **fiches 31, 32 et 33**<br>– un bon de commande › **fiche 34**<br>– une feuille blanche et des ciseaux<br>pour un marchand :<br>– 1 boite avec 50 boutons isolés et 1 boite avec 100 plaques de dix boutons › **fiche 30** | – **Dizaines et unités**<br>– **Valeur des chiffres en fonction de leur rang dans l'écriture d'un nombre**<br>– Lecture des nombres jusqu'à 39 |

## CALCUL MENTAL

### Ajout d'unités à 10 : compléments

– Répondre rapidement à des calculs du type *Combien faut-il ajouter à 10 pour obtenir 13 ?...*

COLLECTIF

• Afficher au tableau la carte constellation « 10 ». Faire formuler par les élèves le nombre de points de cette carte.

• Poser la question : ➡ *Combien faut-il ajouter de points pour en avoir 13 au total ?* Demander une réponse écrite sur l'ardoise ou le cahier de brouillon.

• Faire vérifier les réponses en adjoignant à la carte « 10 » les cartes correspondant aux nombres proposés. Faire formuler la réponse exacte verbalement : *c'est trois parce que dix plus trois égale treize* ; et sous forme écrite : 10 + 3 = 13 (écrit au tableau).

• Reprendre l'activité en demandant d'atteindre les quantités : 17, 11 et 15.

Cette activité renforce les acquis des deux séances précédentes. Elle sera prolongée dans les deux séances suivantes.

## RÉVISER

### Répertoire additif : décompositions de nombres jusqu'à 10

– Connaitre le répertoire additif.
– L'utiliser pour trouver différentes décompositions des nombres jusqu'à 10.

COLLECTIF / INDIVIDUEL

**PHASE 1 Décompositions de 7**

• Écrire au tableau □ + □ = 7.

• Demander aux élèves de trouver le plus de façons possibles de compléter cette égalité pour que le résultat soit égal à 7. Réponses sur l'ardoise ou le cahier de brouillon.

• Si nécessaire, faire d'abord trouver une réponse collectivement et, en cas de difficultés, afficher 2 cartes vides côte à côte en indiquant que le total des nombres à y inscrire doit être égal à 7.

• Faire procéder à une vérification en utilisant le répertoire additif.

COLLECTIF / INDIVIDUEL

**PHASE 2 Décompositions de 10**

• Reprendre la même activité avec □ + □ = 10.

Ce type de questions reprend, sous une forme un peu différente, les questions posées en unité 4 pour établir le répertoire additif. On peut observer les stratégies utilisées par les élèves pour obtenir le plus possible de réponses : essais au hasard, écriture d'un premier nombre et recherche du complément, production organisée des réponses en partant par exemple d'un premier terme égal à 0 ou à 1.

## Dizaines et unités : valeur positionnelle des chiffres (2)

– Utiliser les groupements par dix pour réaliser une quantité.
– Comprendre et utiliser la valeur positionnelle des chiffres dans l'écriture d'un nombre.

### RECHERCHE

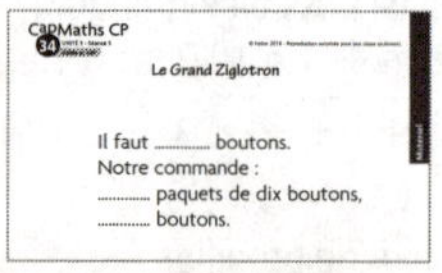
CapMaths CP
34
Le Grand Ziglotron
Il faut .......... boutons.
Notre commande :
.......... paquets de dix boutons,
.......... boutons.

**Le grand ziglotron (2) :** Les élèves reçoivent un ziglotron auquel il manque tous ses boutons. Des boutons sont disponibles chez un marchand, vendus à l'unité ou groupés par dix. Les élèves doivent compléter un bon de commande afin d'obtenir « juste ce qu'il faut de boutons » pour réparer celui qui leur a été remis, sans la possibilité de commander plus de 9 boutons isolés.

COLLECTIF ET ÉQUIPES DE 2

**PHASE 1 Présentation des nouvelles conditions**

• Organiser les équipes de 2 et distribuer les différentes fiches avec les ziglotrons (un ziglotron par équipe).

• Désigner les élèves qui joueront les marchands (2 ou 3 selon le nombre d'élèves de la classe).

• Montrer un ziglotron et un bon de commande et présenter la tâche :

➡ *Il faut à nouveau commander juste ce qu'il faut de boutons, mais cette fois :*
*– il faut écrire sur le bon de commande le nombre total de boutons nécessaires et, en dessous, le nombre de plaques et le nombre de boutons isolés que vous demandez ;*
*– les marchands ayant été dévalisés, ils ne peuvent pas donner plus de neuf boutons isolés ;*
*– vous ne devez pas parler aux marchands ; pour vous servir, ils doivent se débrouiller avec le bon de commande ;*
*– vous ne devez pas découper les plaques ni coller tout de suite les boutons, mais vous devez garder ce que le marchand vous a donné. Nous discuterons ensemble pour savoir si vous avez réussi.*

Ces contraintes supplémentaires sont destinées à obliger les élèves à prendre en considération les groupements de dix boutons :
– soit au moment du dénombrement en faisant des paquets de dix (le nombre total de boutons peut alors être trouvé en comptant de dix en dix) ;
– soit après dénombrement un par un et écriture du nombre de boutons, en interprétant les chiffres de l'écriture obtenue, ou encore en décomposant le nombre en somme d'un certain nombre de « dix » et d'un nombre inférieur à dix.
Le fait de faire figurer sur le bon de commande le nombre total de boutons et les nombres de plaques de 10 boutons et de boutons isolés est destiné à préparer le décodage des chiffres en fonction de leur rang (officialisé en séance suivante et qui peut déjà être utilisé ici par certains élèves).
L'enseignant est particulièrement attentif à observer les différentes procédures utilisées.

ÉQUIPES DE 2

**PHASE 2 Résolution du problème**

• Demander aux élèves d'une même équipe de se mettre d'accord sur ce qu'ils vont écrire sur le bon de commande. Puis un seul se déplace.

• Être attentif au respect des contraintes, notamment par les marchands.

• Ne pas faire de validation expérimentale avant la mise en commun. Demander aux élèves de conserver leur bon de commande complété avec ce que le marchand leur a remis.

COLLECTIF

**PHASE 3 Mise en commun et synthèse**

• Faire vérifier en premier la conformité de quelques commandes :
➡ *Sont-elles lisibles ?*
➡ *Sont-elles conformes aux contraintes (en particulier, pas plus de 9 boutons isolés) ?*

• Faire discuter ensuite leur pertinence (voir commentaire) :
➡ *Permettent-elles d'aboutir ?*
➡ *Permettent-elles d'obtenir le nombre voulu de boutons ?*

• En cas d'erreur, rechercher son origine :
➡ *Se situe-t-elle au moment de la prise d'information sur le ziglotron ?*
➡ *Se situe-t-elle au moment de la commande ?*
➡ *Se situe-t-elle au moment de la remise par le marchand de ce qui est demandé ?*

• Si nécessaire, faire procéder à la fin à une vérification en plaçant les boutons sur le ziglotron.

**SYNTHÈSE**

Au cours de la synthèse, faire essentiellement apparaitre les éléments suivants, en fonction de ce qu'ont fait les élèves.

• Il faut que sur le bon de commande on ait bien le nombre total de boutons souhaité, et ensuite le nombre de plaques de 10 boutons (les dizaines de boutons) et le nombre de boutons tout seuls.

• Pour trouver ce qu'il faut commander, il existe plusieurs possibilités (mentionner celles qui ont été utilisées : voir commentaire ci-dessous).

Les élèves peuvent faire plusieurs propositions pour vérifier une commande :
– revenir aux plaques et aux boutons, et compter un par un les boutons pour savoir si on arrive bien au nombre voulu ;
– dire que, par exemple, « 3 plaques ça fait 30 boutons » (en le justifiant de diverses manières) « et encore 9 boutons, ça fait bien 39 » ;
– dire que « c'est juste, ça se voit, parce que dans 39, on voit le 3 et le 9 ; le 3 ce sont les plaques de dix et le 9 les boutons tout seuls ».
La dernière explication est acceptée, mais sans insister pour l'instant. Ce sera l'objet de la séance suivante.

# Dizaines et unités : valeur positionnelle des chiffres (3)



| | Tâche | Matériel | Connaissances travaillées |
|---|---|---|---|
| CALCUL MENTAL | **Ajout d'unités à 10 : compléments**<br>– Trouver la quantité à ajouter à une quantité égale à 10 pour obtenir une quantité de 11 à 19 | pour la classe :<br>– un exemplaire (si possible agrandi) de chaque carte constellation de 1 à 10 › **matériel du fichier, planche 2**<br>FICHIER NOMBRES **p. 53** 1 | – **Calculs de compléments du type 10 à 13, 10 à 17…**<br>– Numération décimale |
| RÉVISER Calculs | **Ajout d'unités à 10 : sommes, compléments**<br>– Trouver le nombre à ajouter à 10 pour obtenir un nombre de 11 à 19 | par élève :<br>FICHIER NOMBRES **p. 53** 2 3 | – **Calculs de sommes du type 10 + 3 et de compléments du type 10 à 13…**<br>– Numération décimale |
| APPRENDRE Nombres | **Dizaines et unités : valeur positionnelle des chiffres**<br>RECHERCHE **Le grand ziglotron (3)**<br>– Commander des boutons vendus à l'unité ou groupés par dix (pour recouvrir un ensemble de places vides) | pour la classe :<br>– un ziglotron (36 boutons) › **fiche 35**<br>– 1 boite avec 50 boutons isolés et 1 boite avec 100 plaques de dix boutons › **fiche 30**<br>par élève :<br>– un bon de commande complété avec l'indication « 36 boutons » › **fiche 34**<br>– une feuille blanche et des ciseaux<br>FICHIER NOMBRES **p. 53** 4 5 | – **Dizaines et unités**<br>– **Valeur des chiffres en fonction de leur rang dans l'écriture d'un nombre**<br>– Lecture des nombres jusqu'à 39 |

## CALCUL MENTAL

### Ajout d'unités à 10 : compléments

– Répondre rapidement à des calculs du type *Combien faut-il ajouter à 10 pour obtenir 12 ?…*

COLLECTIF

FICHIER NOMBRES ET CALCULS **p. 53**

**Exercice 1**

• Poser les questions sous la forme *Combien faut-il ajouter à 10 pour obtenir 12 ?*

• Vérifier les réponses au fur et à mesure et les reformuler sous forme écrite : 10 + 2 = 12. Si nécessaire, recourir aux cartes constellations au moment de la vérification.

• Suite des questions : ➡ *Combien faut-il ajouter à 10 pour obtenir :* 12 ? 14 ? 16 ? 19 ? 13 ? 18 ?

Il s'agit d'une reprise de l'activité de la séance 5, mais les questions sont formulées maintenant directement avec les nombres.

RÉPONSE : 2 ; 4 ; 6 ; 9 ; 3 ; 8.

## RÉVISER

### Ajout d'unités à 10 : sommes, compléments

– Répondre rapidement à des calculs du type 10 + 3, 10 + … = 13.

INDIVIDUEL

FICHIER NOMBRES ET CALCULS **p. 53**

Ajouts d'unités à 10

2 Complète.

| | | |
|---|---|---|
| 10 + 3 = ……… | 10 + 7 = ……… | 10 + 1 = ……… |
| 10 + 9 = ……… | 10 + 6 = ……… | 10 + 4 = ……… |

3 Complète.

| | | |
|---|---|---|
| 10 + ……… = 11 | 10 + ……… = 12 | 10 + ……… = 15 |
| 10 + ……… = 16 | 10 + ……… = 19 | 10 + ……… = 10 |

**Exercices 2 et 3**

• Ces exercices viennent en appui des questions de calcul mental posées en séances 3, 4, 5 et 6.

• Des cartes constellations (« 10 » et inférieures à 10) peuvent être proposées à certains élèves ou être utilisées au moment de la correction.

RÉPONSE : 2 13 ; 19 ; 17 ; 16 ; 11 ; 14.
3 1 ; 6 ; 2 ; 9 ; 5 ; 0.

APPRENDRE

## Dizaines et unités : valeur positionnelle des chiffres (3)

– Utiliser les groupements par dix pour réaliser une quantité.
– Comprendre et utiliser la valeur positionnelle des chiffres dans l'écriture d'un nombre.

## RECHERCHE

**Le grand ziglotron (3) :** Un ziglotron est montré aux élèves et le nombre de boutons manquants (36) leur est communiqué par écrit. Ils doivent compléter un bon de commande afin d'obtenir « juste ce qu'il faut de boutons » pour le réparer, sans la possibilité de commander plus de 9 boutons isolés.

INDIVIDUEL

### PHASE 1 Combien de plaques de 10 boutons et de boutons isolés pour avoir 36 boutons ?

Le problème est identique à celui de la séance 2, mais cette fois-ci seul l'enseignant possède le ziglotron.

• Montrer le ziglotron et préciser la tâche :

➡ *J'ai compté le nombre de boutons manquants. Ce nombre est indiqué sur le bon de commande que je vous distribue (distribuer le bon de commande à chaque élève). Vous devez compléter le bon de commande pour qu'on puisse réparer le ziglotron. Attention, les marchands ayant été dévalisés, ils ne peuvent pas donner plus de neuf boutons isolés.*

*Lorsque vous aurez terminé, nous comparerons vos bons de commande et vous devrez dire comment vous avez fait pour les compléter.*

• Après une résolution individuelle, proposer éventuellement un échange par deux au cours duquel les élèves doivent se mettre d'accord sur la commande à passer.

Il s'agit de la séance clé pour cet apprentissage. En effet, le matériel n'étant plus à disposition des élèves, ceux-ci se trouvent incités à lire directement les groupements de dix et les unités dans l'écriture du nombre. D'autres procédures sont cependant possibles (voir phase 2).

COLLECTIF

### PHASE 2 Mise en commun et synthèse

• Recenser d'abord les réponses et demander aux élèves d'éliminer celles qui sont manifestement fausses, en expliquant pourquoi.

• Faire expliciter les procédures mises en œuvre. Par exemple :
– dessin de tous les boutons et réalisation de groupements de dix ;
– décomposition du type : 10 / 10 / 10 / 6 ou 10 + 10 + 10 + 6 = 36, avec comptage de dix en dix pour vérifier ;
– réponse directe, en expliquant que « dans 36, 3 ce sont les plaques de dix et 6 ce sont les boutons tout seuls ».

#### SYNTHÈSE

• Reprendre, en synthèse, ces deux dernières procédures : dans 36, il y a 3 groupements de dix (3 dizaines ou encore trente) et 6 « tout seuls » (ou unités).

• On peut le traduire en écrivant :
– 36 = 3 dizaines et 6 unités (préciser qu'une unité est un objet isolé et qu'une dizaine est un groupement de dix unités) ;
– 36 = 10 + 10 + 10 + 6 (on trouve bien trente-six en comptant alors dix, vingt, trente, trente-six) ;
– 36 = 30 + 6.

• Généraliser en montrant que cela est valable pour d'autres nombres de 2 chiffres.

#### TRACE ÉCRITE

3 6 *trente-six*

3 paquets de 10 **(3 dizaines)** — 6 « tout seuls » **(6 unités)**

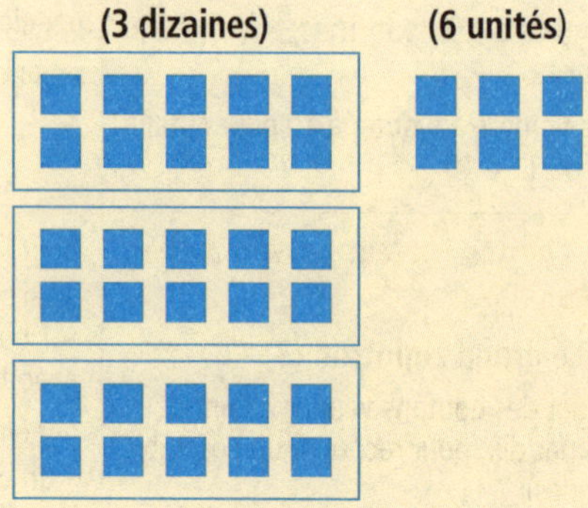

10 + 10 + 10 + 6 = 36

L'analyse des différentes procédures est un moment important, au terme duquel devrait apparaitre le fait qu'il est possible de répondre sans recourir au dessin et au dénombrement direct.
L'accent est mis sur l'intérêt de cette procédure qui est la plus rapide. Les mots « dizaine » et « unité » sont introduits, mais ils ne sont pas indispensables. Le vocabulaire utilisé peut être soit lié au contexte (comme « plaques de dix boutons »), soit décontextualisé (comme « paquets de dix », « groupements de dix » ou « dizaines »).
La connaissance travaillée ici est essentielle dans la mesure où elle permet de « décoder » tous les nombres écrits avec deux chiffres, qu'ils aient été déjà rencontrés ou non, que les élèves sachent ou non les exprimer oralement. Elle permet, par exemple, de comprendre que 95 représente neuf groupements de dix et 5 « tout seuls », alors que la lecture quatre-vingt-quinze sera maitrisée beaucoup plus tard.

INDIVIDUEL

## ENTRAINEMENT

**FICHIER NOMBRES ET CALCULS** **p. 53**

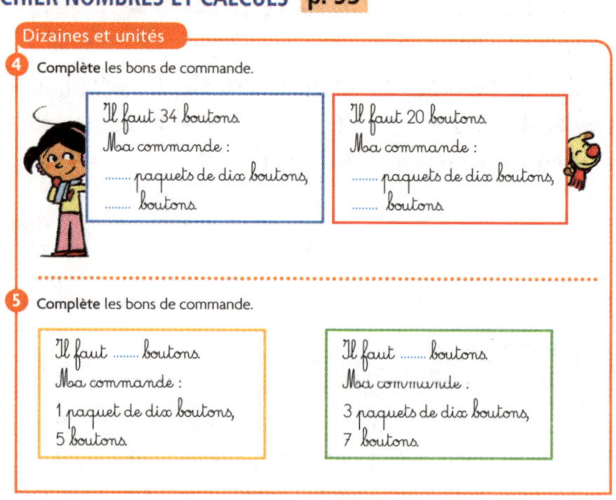


**Exercices 4 et 5**

• Ces exercices proposent un entrainement sur la signification de la place des chiffres en fonction de leur rang.

• Si nécessaire, le matériel boutons et plaques peut être proposé à des élèves.

RÉPONSE : 4 3 paquets de dix et 4 boutons ; 2 paquets de dix et 0 bouton.
5 15 boutons ; 37 boutons.

**Différenciation** → CD-Rom du guide, fiche 16.

# Déplacement sur quadrillage (1)



| | Tâche | Matériel | Connaissances travaillées |
|---|---|---|---|
| CALCUL MENTAL | **Soustractions du type 17 – 10**<br>– Calculer des différences du type 17 – 10 | pour la classe :<br>– ardoise ou cahier de brouillon<br>– un exemplaire (si possible agrandi) de chaque carte constellation de 1 à 10 › **matériel du fichier, planche 2** | – **Calculs de compléments du type 10 – 17…**<br>– Numération décimale |
| RÉVISER Géométrie | **Reconnaissance de rectangles**<br>– Reconnaitre des rectangles dans un lot de figures dessinées | par élève :<br>CAHIER GÉOMÉTRIE **p. 18** 1 | – **Reconnaissance perceptive d'un rectangle** |
| APPRENDRE Géométrie | **Déplacement sur quadrillage**<br>RECHERCHE **Gribouille cherche son os (1)**<br>– Effectuer un déplacement en suivant les lignes d'un quadrillage et en respectant les consignes de direction | pour la classe :<br>– un quadrillage de 8 x 8 cases de 10 cm x 10 cm (bords haut et bas jaunes et les 2 autres bleus), recouvert de plastique transparent permettant l'écriture avec des feutres effaçables<br>› **à fabriquer par l'enseignant**<br>– vignettes Gribouille et Os › **fiche 36**<br>– pâte à fixer<br>– 2 feutres de couleurs différentes<br>– un dé avec 2 gommettes jaunes, 2 bleues, 1 verte et 1 rouge<br>par équipe de 2 :<br>– quadrillage 1 › **fiche 37**<br>– 2 crayons : un jaune et un bleu<br>– un feutre de couleur<br>par élève :<br>CAHIER GÉOMÉTRIE **p. 18** 2 | – **Décodage d'un déplacement sur quadrillage** |

## CALCUL MENTAL

### Soustractions du type 17 – 10

– Répondre rapidement à des calculs du type 17 – 10.

COLLECTIF

• Poser les questions sous la forme *dix-sept moins dix*.

• Vérifier les réponses au fur et à mesure et les reformuler sous forme écrite : 17 – 10 = 7. Si nécessaire, recourir aux cartes constellations au moment de la vérification.

• Suite des questions :

17 – 10 13 – 10 11 – 10 18 – 10 15 – 10 14 – 10

Les élèves remarqueront sans doute rapidement que le résultat est toujours donné par le chiffre des unités.

## RÉVISER

### Reconnaissance de rectangles

– Appréhender certaines propriétés caractéristiques du rectangle relatives aux côtés et aux angles et l'exprimer dans un langage naturel, par exemple : le rectangle a quatre pointes, il est « droit » et les côtés qui sont en face ont même longueur.

INDIVIDUEL ET COLLECTIF

**CAHIER MESURES ET GÉOMÉTRIE p. 18**

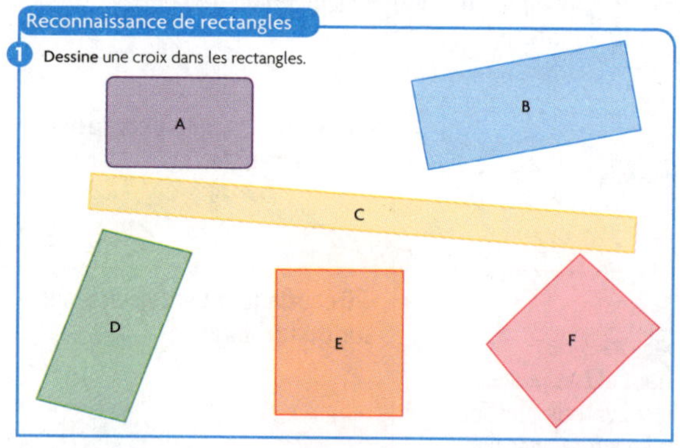


**Exercice 1**

• Les élèves sont amenés à reconnaitre des rectangles qui ne ressemblent pas au rectangle type (dimensions et positions non standards).

• Recenser les réponses des élèves et les écrire au tableau.

• Valider les réponses qui font l'unanimité.

• Engager la discussion sur les figures qui font l'objet de réponses différentes. S'appuyer sur les formulations spontanées des élèves pour exprimer les propriétés et conclure sur le fait que certaines figures sont des rectangles et d'autres pas :

– A n'est pas un rectangle car il n'a pas de pointes, ses coins sont arrondis ;

– B est un rectangle et pourtant il est penché ; mais quand on tourne la feuille on peut voir que c'est un rectangle ;

– C est allongé et étroit, mais c'est un rectangle ;

– D n'est pas un rectangle ; quand on tourne la page pour placer un côté de la figure comme le bord de la table, la figure est penchée ; elle a des pointes et pas des coins (contrairement à la feuille de papier ou à la table) ;

– E est bien un rectangle ; quand on tourne la feuille (de façon à ce que le plus long des côtés soit horizontal) on peut voir que c'est un rectangle ; ce n'est pas un carré, car ses 4 côtés n'ont pas la même longueur ;

– F n'est pas un rectangle ; il a deux côtés qui se font face qui n'ont pas la même longueur.

RÉPONSE : B, C et E sont des rectangles.

**SYNTHÈSE**

Conclure en reprenant les formulations des élèves.

• On reconnait un rectangle parce que :
– il a quatre 4 coins ;
– il est « droit » ou « les côtés sont en face » ou « les coins ne sont pas pointus » ;
– les côtés qui se font face ont la même longueur.

• Tous les rectangles n'ont pas la même forme.

Un des objectifs est de distinguer les rectangles d'objets qui jusque-là étaient assimilés à des rectangles : un téléphone portable, par exemple, a des coins arrondis alors qu'un rectangle a des coins vifs.
Un autre objectif est de reconnaitre des rectangles de différentes formes (ils peuvent être longs et étroits) et dans différentes orientations.
Si la reconnaissance est avant tout perceptive, l'égalité des longueurs des côtés opposés peut donner lieu à un contrôle avec une bande de papier.

## APPRENDRE

### Déplacement sur quadrillage (1)

– Se repérer sur un quadrillage par rapport aux traits et aux nœuds.
– Comprendre que les réseaux de traits ont des directions différentes dans la feuille de papier : verticale et horizontale.
– Réaliser un déplacement en suivant des contraintes.
– Coder les directions d'un déplacement sur quadrillage.

COLLECTIF

**RECHERCHE**

**Gribouille cherche son os (1) :** Les élèves tracent un chemin sur quadrillage pour permettre à Gribouille d'aller chercher son os en respectant des contraintes de déplacement données par le lancer d'un dé.

**PHASE 1 Se déplacer librement sur un quadrillage**

• Afficher au tableau le quadrillage destiné à la classe.

• Montrer ce qu'on appelle les traits et les nœuds. Présenter le mode de déplacement sur le quadrillage :

➡ *Gribouille cherche son os* (placer en position (2,5) la vignette de Gribouille et (6,4) celle de l'os). *Gribouille ne peut se déplacer que sur les traits du quadrillage.*

• Inviter 2 élèves à tracer à main levée des chemins possibles sur le quadrillage du tableau.

L'activité est conçue pour entrainer les élèves à « voir » les traits et les nœuds du quadrillage, à se repérer par rapport aux nœuds. Nous utilisons ici le terme de trait plutôt que ligne, pour éviter les confusions avec les termes lignes/colonnes propres au repérage dans un tableau et que l'on utilisera plus loin pour repérer les cases.
S'il existe dans la cour de l'école un grand quadrillage ou une marelle peinte par terre, on peut faire expérimenter aux élèves des façons de se déplacer sur le quadrillage en sautant dans les cases ou en marchant sur les traits.

INDIVIDUEL ET COLLECTIF

## PHASE 2 Se déplacer en respectant des contraintes

• Présenter la règle du jeu :

➡ *Pour se déplacer, on va jouer avec un dé de couleur. À chaque lancer de dé, Gribouille avance sur un des nœuds qui se trouvent à côté* (montrer le dé aux élèves, leur faire nommer les couleurs des faces, leur faire deviner la règle du jeu).

*Si la face du dé est « jaune », Gribouille peut se déplacer vers les bords jaunes, donc sur les traits verticaux.* (Montrer les 2 sens contraires de déplacement et mimer les 2 déplacements possibles).

*Si la face du dé est « bleue », Gribouille peut se déplacer vers les bords bleus, donc sur les traits horizontaux.* (Montrer les 2 sens contraires de déplacement et mimer les 2 déplacements possibles).

*Si la face du dé est « verte », il peut choisir la direction qu'il veut, vers le jaune ou vers le bleu.*

*Si la face est « rouge », il ne bouge pas.*

• Faire un jeu collectif avec un élève au tableau, qui trace le trajet de Gribouille au fur et à mesure des lancers de dé. Noter au fur et à mesure au tableau la suite des lancers du dé.

Exemple : B B V J

• Solliciter les commentaires des autres élèves : respect des règles, choix possibles, choix les plus judicieux pour arriver le plus vite à l'os.

Les bordures de couleur aident les élèves à prendre conscience des 2 directions des traits du quadrillage et des 2 sens de déplacement sur ces directions.
Le jeu oblige les élèves à créer un déplacement en respectant des contraintes : suivre les lignes, s'arrêter sur des nœuds, s'approcher ou atteindre l'os.

ÉQUIPES DE 2

## PHASE 3 Jeu collectif par équipes de 2

• Former des équipes de 2, les 2 élèves étant côte à côte pour avoir le même point de vue. Distribuer à chaque équipe le quadrillage 1. Faire colorier 2 bords en jaune (en haut et en bas) et 2 en bleu (à gauche et à droite) comme sur le quadrillage du tableau.

• Expliquer le jeu collectif :

➡ *Vous allez former des équipes qui vont jouer les unes contre les autres. Je vais lancer le dé et je noterai au tableau la couleur du dé. Vous vous mettrez d'accord à deux et tracerez alors sur votre quadrillage le déplacement de Gribouille. Vous pouvez faire des choix différents des équipes voisines, l'important est de respecter les règles. L'équipe qui arrivera la première à l'os aura gagné.*

• À chaque lancer de dé : nommer la couleur, la noter au tableau, prendre garde à ce que toutes les équipes jouent, surveiller le respect des règles.

• Jouer jusqu'à ce que 3 ou 4 équipes (non ex aequo) atteignent l'os. Refaire un autre jeu si nécessaire.

Ce jeu collectif constitue un entrainement. La compétition entre équipes amène à créer le chemin le plus court entre la position initiale de Gribouille et la position de l'os. Les productions des équipes peuvent être bien sûr différentes.
Plusieurs parties sont peut-être nécessaires pour que tous intègrent les règles du jeu.

COLLECTIF

## PHASE 4 Mise en commun et synthèse

• Faire venir au tableau l'équipe arrivée en premier. Lui demander de tracer sur le quadrillage avec un feutre de couleur le déplacement de Gribouille en fonction des lancers de dé déjà notés.

• Faire de même avec une autre équipe qui a réalisé un autre chemin. Son tracé sur le quadrillage est réalisé avec un feutre d'une autre couleur.

• Faire commenter ces tracés par les autres élèves : recherche des erreurs, commentaires sur les choix faits. Il est important d'aller toujours dans la direction de l'os.

**SYNTHÈSE**

En synthèse, reprendre le vocabulaire lié à l'orientation des traits tracés dans la feuille de papier.

• Un trait qui va du haut vers le bas (ou du bas vers le haut) est dit vertical.

• Un trait qui va de la gauche vers la droite (ou de la droite vers la gauche) est dit horizontal.

INDIVIDUEL

## ENTRAINEMENT

### CAHIER MESURES ET GÉOMÉTRIE p. 18

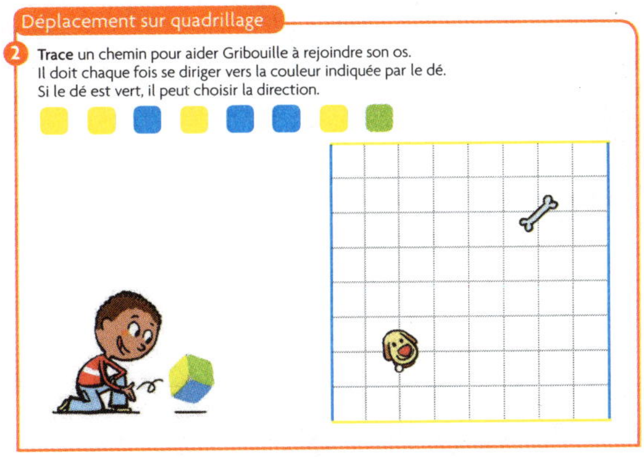


**Exercice 2**

• Rappeler les contraintes aux élèves.

• Les tracés sont faits à main levée.

• Si besoin, la correction se fait au tableau sur le grand quadrillage. Les différentes propositions des élèves sont recensées et discutées.

Seules les directions étant données par le dé, il se peut que les élèves aient des avis divergents.
La discussion de la validité des différentes réponses proposées est un moment important de l'apprentissage.

**Différenciation** → CD-Rom du guide, fiche 17.

**À SUIVRE**

**En séance 8**, les élèves sont confrontés à la réalisation de chemins sur quadrillage avec la contrainte d'éviter certains nœuds.

UNITÉ 5

| | Tâche | Matériel | Connaissances travaillées |
|---|---|---|---|
| NOMBRES DICTÉS | **Dictée de nombres jusqu'à 39**<br>– Reconnaitre les écritures chiffrées de nombres donnés oralement | pour la classe :<br>– file numérique jusqu'à 19<br>par élève :<br>– file numérique jusqu'à 39 (pour certains)<br>– ardoise ou cahier de brouillon (pour d'autres) | **– Désignation orale et écrite des nombres** |
| RÉVISER Géométrie | **Reconnaissance de triangles**<br>– Reconnaitre des triangles dans un lot de figures dessinées | par élève :<br>CAHIER GÉOMÉTRIE **p. 19** 1 | **– Reconnaissance perceptive d'un triangle** |
| APPRENDRE Géométrie | **Déplacement sur quadrillage**<br>RECHERCHE **Gribouille cherche son os (2)**<br>– Effectuer un déplacement en suivant les lignes d'un quadrillage et en respectant les consignes de direction | pour la classe :<br>– le même quadrillage et le même dé qu'en séance 7<br>– vignettes Gribouille et Os › **fiche 36**<br>– 3 vignettes Nestor › **fiche 36**<br>– 2 feutres de couleurs différentes<br>par équipe de 2 :<br>– quadrillage 2 › **fiche 37**<br>– 2 crayons : un jaune et un bleu<br>– un feutre de couleur<br>– une feuille de papier<br>par élève :<br>CAHIER GÉOMÉTRIE **p. 19** 2 | **– Décodage d'un déplacement sur quadrillage** |

## DICTÉE DE NOMBRES

### Écriture chiffrée des nombres jusqu'à 39

– Associer les écritures orales et chiffrées des nombres.

COLLECTIF

• L'activité peut être conduite sous deux formes (avec différenciation possible selon les possibilités des élèves) :
– l'élève écrit chaque nombre dicté sur l'ardoise ou le cahier de brouillon ;
– l'élève place un pion sur la case de la file numérique qui correspond au nombre dicté.

• Nombres dictés :
➡ *trente*
➡ *vingt-quatre*
➡ *dix-sept*
➡ *trente-neuf*
➡ *vingt-neuf*
➡ *vingt-et-un*

## RÉVISER

### Reconnaissance de triangles

– Savoir qu'un triangle a trois pointes et trois côtés rectilignes.

INDIVIDUEL ET COLLECTIF

**CAHIER MESURES ET GÉOMÉTRIE** **p. 19**

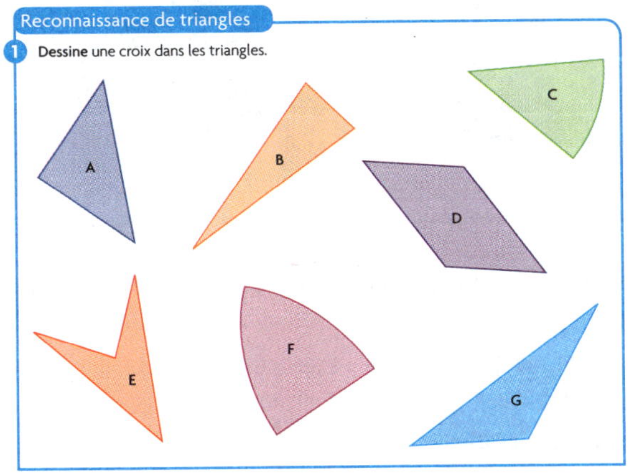


**Exercice 1**

• Recenser les réponses des élèves et les écrire au tableau.

• Valider les réponses qui font l'unanimité.

• Engager la discussion sur les figures qui font l'objet de réponses différentes. S'appuyer sur les formulations spontanées des élèves pour exprimer les propriétés des figures, et conclure sur le fait que certaines figures sont des triangles et d'autres pas :

– D n'est pas un triangle car il a 4 pointes ;
– E est pointu et a 3 pointes en dehors, mais il a 4 côtés : ce n'est pas un triangle ;
– F a trois pointes mais deux côtés arrondis : ce n'est pas un triangle ;
– C a trois pointes mais un de ses côtés est arrondi : ce n'est pas un triangle.

A, B et G sont des triangles car ils ont 3 pointes et 3 côtés droits (tracés à la règle), même si les figures sont « penchées » ou « retournées ».

• Procéder à la synthèse suivante.

**SYNTHÈSE**

• On reconnait un triangle à ce qu'il a :
– 3 pointes ou 3 sommets ;
– 3 côtés, qui sont tous droits.

• Tous les triangles n'ont pas la même forme.

L'objectif est de mettre en évidence que l'allure générale (être pointu) ou le nombre de pointes (trois) ne suffit pas à caractériser un triangle. Tous les côtés doivent être « droits ».

RÉPONSE : A, B et G sont des triangles.

## APPRENDRE

### Déplacement sur quadrillage (2)

– Se repérer dans un quadrillage par rapport aux traits et aux nœuds.
– Comprendre que les réseaux de traits ont des directions différentes : horizontale et verticale.
– Réaliser un déplacement en suivant des contraintes.

UNITÉ 5

### RECHERCHE

**Gribouille cherche son os (2) :** Les élèves tracent un chemin sur quadrillage pour permettre à Gribouille d'aller chercher son os en contournant des obstacles et en respectant des contraintes de déplacement données par le lancer d'un dé.

COLLECTIF

**PHASE 1 La nouvelle contrainte : Nestor**

• Le jeu de la séance précédente est repris avec l'ajout d'une contrainte.

• Expliquer la nouvelle règle :

➡ *Gribouille veut retrouver son os. Voici la place de Gribouille au départ* (placer en (2,2) sa vignette) *et la place de l'os* (placer en (6,6) sa vignette). *Gribouille ne peut se déplacer que sur les traits du quadrillage. Mais certains nœuds sont interdits à cause du vilain Nestor* (placer en (2,6), (5,4) et (6,4) les 3 vignettes de Nestor). *Gribouille ne peut donc pas passer par ces nœuds.*

• Mimer le cas où Gribouille risque de se déplacer sur un nœud occupé par Nestor :

➡ *Si un nœud est occupé par Nestor, on ne peut pas s'y rendre ; on est donc obligé de se déplacer de l'autre côté.*

Les objectifs poursuivis sont les mêmes qu'à la séance précédente. Les élèves vont ici réinvestir ce qu'ils ont compris.
Une contrainte est ajoutée, celle d'éviter certains nœuds (Nestor), ce qui va obliger les élèves à changer de sens de déplacement et ainsi à essayer ensuite de neutraliser l'effet d'un détour non voulu.

ÉQUIPES DE 2

**PHASE 2 Jeu collectif par équipes de 2**

• Former des équipes de 2, les 2 élèves étant côte à côte pour avoir le même point de vue. Distribuer à chaque équipe le quadrillage 2.

• Faire colorier deux bords en jaune (en haut et en bas) et deux en bleu (à gauche et à droite), comme sur le quadrillage du tableau.

• Expliquer le jeu collectif :

➡ *Vous allez former des équipes qui vont jouer les unes contre les autres. Je vais lancer le dé et je noterai au tableau la couleur du dé. Vous vous mettrez d'accord à deux et tracerez alors sur votre quadrillage le déplacement de Gribouille. Vous pouvez faire des choix différents des équipes voisines, l'important est de respecter les règles. L'équipe qui arrivera la première à l'os aura gagné.*

COLLECTIF ET ÉQUIPES DE 2

• À chaque lancer de dé : nommer la couleur, la noter au tableau, prendre garde à ce que toutes les équipes jouent, surveiller le respect des règles.

• Jouer jusqu'à ce que 3 ou 4 équipes (non ex aequo) atteignent l'os. Refaire un autre jeu si nécessaire.

• La mise en commun est menée comme lors de la séance précédente.

### PHASE 3 Coder un déplacement

• Sur le quadrillage du tableau, tracer un chemin qui va de la vignette Gribouille à la vignette Os en respectant les contraintes du jeu.

➡ *Arthur et Zoé ont joué à ce jeu. Voici le chemin qu'ils ont tracé pour Gribouille. À vous de retrouver les couleurs successives du dé.*

• Tracer au tableau une suite de carrés prêts à être colorier :

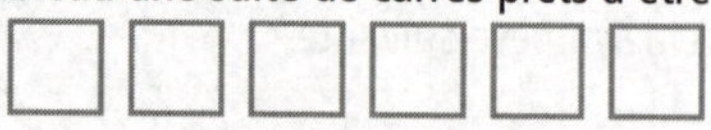

• Demander aux équipes de se mettre d'accord sur la suite des couleurs et de les dessiner sur leur feuille de papier.

• Recenser, pour le premier dé (à gauche), les propositions des équipes, valider et noter la bonne couleur au tableau : jaune, si Gribouille se déplace sur un trait vertical, ou bleu, si Gribouille se déplace sur un trait horizontal. Continuer ainsi pour les autres dés.

Il se peut que certains élèves trouvent la succession des couleurs, mais qu'ils la dessinent de droite à gauche, ou de manière non linéaire. Repérer ainsi les élèves pour lesquels il faudra retravailler l'ordre conventionnel de l'écriture : de gauche à droite sur une ligne horizontale.

INDIVIDUEL

## ENTRAINEMENT

### CAHIER MESURES ET GÉOMÉTRIE p. 19

**Exercice 2**

• Rappeler les contraintes aux élèves. Les tracés sont faits à main levée.

• Si besoin, la correction de l'exercice se fait au tableau sur le grand quadrillage. Les différentes propositions des élèves sont recensées et discutées.

| | Tâche | Matériel | Connaissances travaillées |
|---|---|---|---|
| NOMBRES DICTÉS | **Dictée de nombres jusqu'à 39**<br>– Reconnaitre les écritures chiffrées de nombres donnés oralement | pour la classe :<br>– file numérique jusqu'à 19<br>par élève :<br>– file numérique jusqu'à 39 (pour certains)<br>– ardoise ou cahier de brouillon (pour d'autres) | **– Désignation orale et écrite des nombres** |
| RÉVISER Géométrie | **Tracés à la règle**<br>– Utiliser la règle et le crayon pour joindre des points en suivant un modèle | pour la classe :<br>– exercices 1 et 2 agrandis<br>par élève :<br>CAHIER GÉOMÉTRIE p. 20 1 2 | **– Tracé à la règle d'un trait joignant deux points**<br>**– Compléter une figure en respectant des contraintes** |
| APPRENDRE Mesures | **Dates et durées en jours**<br>RECHERCHE **Le calendrier**<br>– Lire des informations sur un calendrier | pour la classe :<br>– divers calendriers de l'année collectés auprès des élèves (un par équipe de 2)<br>par équipe de 2 :<br>– la photocopie (d'une partie) d'un calendrier simple, où les jours des mois sont en liste, sans les noms des saints › **site Cap Maths**<br>– une ardoise<br>par élève :<br>CAHIER GÉOMÉTRIE p. 20 3 | **– Utilisation d'un calendrier** pour lire des dates et déterminer des durées en jours |

## DICTÉE DE NOMBRES

### Écriture chiffrée des nombres jusqu'à 39

– Associer les écritures orales et chiffrées des nombres.

COLLECTIF

• L'activité peut être conduite sous deux formes (avec différenciation possible selon les possibilités des élèves) :
– l'élève écrit chaque nombre dicté sur l'ardoise ou le cahier de brouillon ;
– l'élève place un pion sur la case de la file numérique qui correspond au nombre dicté.

• Nombres dictés : *seize, vingt-six, trente-six, trente-deux, vingt-cinq, vingt-sept.*

## RÉVISER

### Tracés à la règle • Une frise à compléter

– Utiliser la règle pour joindre des points.
– Analyser un modèle pour le reproduire.

COLLECTIF ET INDIVIDUEL

CAHIER MESURES ET GÉOMÉTRIE p. 20

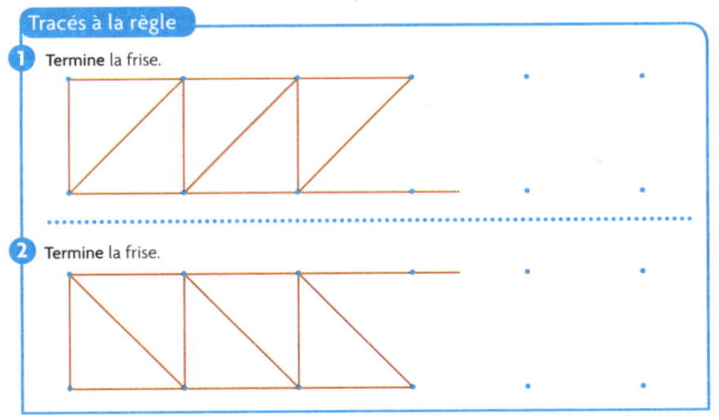


**Exercices 1 et 2**

• Faire analyser la frise sur un début de frise agrandi représenté au tableau.

• Demander de poursuivre la réalisation de la frise sur le cahier.

• L'exploitation collective peut se faire en invitant un élève à compléter la frise du tableau. Elle porte principalement sur le repérage des erreurs en distinguant les erreurs de tracés (position et tenue de la règle, tenue du crayon) et les erreurs dans l'organisation de la frise.

L'analyse préalable de la frise permet de prendre conscience de son organisation et d'éviter certaines erreurs.
L'attention des élèves peut ainsi être portée sur l'exécution des tracés.

**Différenciation** → CD-Rom du guide, fiche 18.

# APPRENDRE

## Dates et durées en jours

– Lire des dates sur un calendrier.
– Utiliser un calendrier pour déterminer des durées en jours.

### RECHERCHE

**Le calendrier :** Les élèves découvrent différents calendriers, qu'ils utilisent pour repérer les mois, les semaines, les jours, des dates et déterminer une durée séparant deux dates.

ÉQUIPES DE 2

#### PHASE 1 Présentation du calendrier

• Donner un calendrier à chaque équipe. Les calendriers peuvent être différents. Au cours de l'activité, les équipes pourront les échanger.

• Faire repérer les mois et compter le nombre de mois.

• Faire repérer ou compter le nombre de jours de deux mois différents.

• Faire repérer les semaines, les désignations des jours de la semaine.

• Montrer les différents types de calendrier : présentation par mois, par semestre, diverses présentations en tableau avec jour de la semaine en entrée, etc.

**SYNTHÈSE**

• Un calendrier donne la liste ordonnée des jours de l'année ; cette liste est organisée par mois.

• Pour chaque jour sont donnés le nom du jour de la semaine et le numéro du jour dans le mois.

• Il peut y avoir une page par mois, ou bien plusieurs mois sur la même page.

• La date permet de repérer précisément un jour : par le jour de la semaine, le numéro dans le mois, le mois et le numéro de l'année.

L'activité est menée en lien avec le domaine « Questionner le monde ». Elle est aussi à mettre en lien avec l'écriture rituelle de la date. Un des calendriers étudiés restera en référence dans la classe.

ÉQUIPES DE 2

#### PHASE 2 Dates

• Poser des questions auxquelles les élèves répondent sur leur ardoise. Les questions sont du type :

➡ *Quel jour de la semaine est le 31 janvier ? le 1er mai ? le 15 avril ? le premier jour du mois de juin ? le dernier ?*

➡ *Quelle est la date du premier lundi de janvier ? de février ? de mai ? du deuxième dimanche du mois de mai ?*

• Les dates anniversaires de certains élèves peuvent également être cherchées :

➡ *Alice est née un 3 mai. Quel jour fêtera-t-on son anniversaire cette année ?*

• Passer auprès de chaque équipe afin de vérifier le repérage correct de l'information.

ÉQUIPES DE 2

#### PHASE 3 Approche des durées

• Noter la date de la rentrée des vacances précédentes au tableau. Faire repérer ce jour dans le calendrier, puis demander :

➡ *Combien de jours se sont écoulés depuis la rentrée des dernières vacances ? Aidez-vous du calendrier pour trouver la réponse. Notez-la sur votre ardoise.*

• Observer les démarches, aider les élèves à repérer le jour de la rentrée et le jour d'aujourd'hui.

• Recenser les réponses.

• Faire expliquer les démarches et remarquer les erreurs dues au comptage, ainsi que les variations de réponses dues à la prise en compte ou non des jours extrémités : pour répondre à la question posée, il ne faut pas compter le jour de la rentrée, mais compter le jour actuel.

• Poser un autre problème de durée lié à la vie de la classe.

Les questions liées à la durée restent abstraites pour la plupart des élèves de cet âge. Cette notion sera travaillée au CE1. Néanmoins, à plusieurs reprises dans l'année, pour des évènements liés à la vie de la classe (anniversaire, sortie, rencontre sportive, vacances) un travail de calcul de durée similaire pourra être mené.

INDIVIDUEL

### ENTRAINEMENT

**CAHIER MESURES ET GÉOMÉTRIE** p. 20

**Dates et durées**

**3** **Réponds** aux questions que le maitre ou la maitresse pose.

a. Le 1er février est un .................. .

b. Le 15 janvier est un .................. .

c. Le premier jour du mois de mars est un .................. .

d. Le premier dimanche du mois de février est le ........ .

e. Écris la date du lendemain du mardi 23 janvier.

..................................

f. Dans le mois de janvier, il y a ........ jours.

| JANVIER | | FÉVRIER | | MARS | |
|---|---|---|---|---|---|
| 1 | LU | 1 | JE | 1 | JE |
| 2 | MA | 2 | VE | 2 | VE |
| 3 | ME | 3 | SA | 3 | SA |
| 4 | JE | 4 | DI | 4 | DI |
| 5 | VE | 5 | LU | 5 | LU |
| 6 | SA | 6 | MA | 6 | MA |
| 7 | DI | 7 | ME | 7 | ME |
| 8 | LU | 8 | JE | 8 | JE |
| 9 | MA | 9 | VE | 9 | VE |
| 10 | ME | 10 | SA | 10 | SA |
| 11 | JE | 11 | DI | 11 | DI |
| 12 | VE | 12 | LU | 12 | LU |
| 13 | SA | 13 | MA | 13 | MA |
| 14 | DI | 14 | ME | 14 | ME |
| 15 | LU | 15 | JE | 15 | JE |
| 16 | MA | 16 | VE | 16 | VE |
| 17 | ME | 17 | SA | 17 | SA |
| 18 | JE | 18 | DI | 18 | DI |
| 19 | VE | 19 | LU | 19 | LU |
| 20 | SA | 20 | MA | 20 | MA |
| 21 | DI | 21 | ME | 21 | ME |
| 22 | LU | 22 | JE | 22 | JE |
| 23 | MA | 23 | VE | 23 | VE |
| 24 | ME | 24 | SA | 24 | SA |
| 25 | JE | 25 | DI | 25 | DI |
| 26 | VE | 26 | LU | 26 | LU |
| 27 | SA | 27 | MA | 27 | MA |
| 28 | DI | 28 | ME | 28 | ME |
| 29 | LU | | | 29 | JE |
| 30 | MA | | | 30 | VE |
| 31 | ME | | | 31 | SA |

#### Exercice 3

• Poser collectivement une ou deux questions portant sur des dates afin que chaque élève puisse repérer les données sur l'extrait du calendrier.

• Poser oralement une série de questions auxquelles les élèves répondent dans le cahier Mesures et géométrie.

➡ *Question a : Quel jour de la semaine est le 1er février ?*

➡ *Question b : Quel jour de la semaine est le 15 janvier ?*

➡ *Question c : Quel jour de la semaine est le premier jour du mois de mars ?*

➡ *Question d : Quelle est la date du premier dimanche du mois de février ?*

➡ *Question e : Écris la date du lendemain du mardi 23 janvier.*

➡ *Question f : Combien y a-t-il de jours dans le mois de janvier ?*

• Aider les élèves en difficulté, puis procéder à une correction rapide.

RÉPONSE : a. jeudi. b. lundi. c. jeudi. d. 4. e. mercredi 24 janvier. f. 31.

**Différenciation** → CD-Rom du guide, fiche 19.

FICHIER NOMBRES p. 54 à 57
CAHIER GÉOMÉTRIE p. 21-22

# BILAN de l'UNITÉ 5 — CONSOLIDATION

NOMBRES ET CALCULS

## Nombres jusqu'à 39 et calcul mental (calculs jusqu'à 10) (séances 1 à 9)

**Je fais le bilan** › FICHIER NOMBRES p. 55

**Exercice 1 Écriture en chiffres des nombres jusqu'à 39.**

Dicter les nombres suivants.

● vingt ■ dix-sept
★ vingt-et-un ☽ vingt-huit
♥ trente-sept ▲ trente-deux

RÉPONSE : 20 ; 17 ; 21 ; 28 ; 37 ; 32.

**Exercice 2 Calculs autour de 10 et des nombres de 11 à 19.**

Dicter les calculs suivants.

● 10 + 2 ■ 10 + 7
★ Combien faut-il ajouter à 10 pour obtenir 14 ?
☽ Combien faut-il ajouter à 10 pour obtenir 18 ?
♥ 15 – 5 ▲ 19 – 9

RÉPONSE : 12 ; 17 ; 4 ; 8 ; 10 ; 10.

**Je consolide mes connaissances** › FICHIER NOMBRES p. 56

**Exercices 1 à 4**

RÉPONSE : 1. 20 ; 23 ; 26 ; 29 ; 33 ; 35.
2. 24 ; 27 ; 30 ; 31 ; 33 ; 34 ; 36.
3. 4 points ; 7 points.
4. 13 ; 16 ; 18 ; 10 ; 5 ; 1 ; 7 ; 2.

**Atelier**

- Montrer un nombre sur la file numérique (jusqu'à 39) et demander de l'exprimer oralement.
- Dire un nombre (jusqu'à 39) et demander de le montrer sur la file numérique.
- Poser des questions oralement du type 10 + 5, 15 – 10, combien ajouter à 10 pour avoir 15, et faire vérifier les réponses avec les cartes doigts ou constellations.

NOMBRES ET CALCULS

## Répertoire additif jusqu'à 10 : mémorisation, utilisation (sommes, différences, compléments, décompositions) (séances 1, 2 et 3)

**Je prépare le bilan** › FICHIER NOMBRES p. 54 A

→ **Pour calculer avec les petits nombres,** il faut apprendre par cœur les résultats ou pouvoir les retrouver très vite dans sa tête.

→ **Sur votre répertoire,** vous avez colorié tout ce que vous savez par cœur ; ce qui n'est pas colorié, il faut s'entrainer pour le savoir aussi par cœur.

→ **Si on ne connait pas un résultat ou si on l'a oublié,** on peut le trouver dans le répertoire ou dans sa tête, par différents moyens : pour 5 + 5, on peut penser à 5 doigts et 5 doigts…

**Je fais le bilan** › FICHIER NOMBRES p. 55

**Exercice 3 Calculer des sommes de plusieurs nombres.**

RÉPONSE : 10 ; 8 ; 8 ; 11.

**Exercice 4 Décomposer un nombre sous forme de sommes ou de différences.**

RÉPONSE : 6 + 2 ; 5 + 3 ; 8 + 0 ; 9 – 1 ; 2 + 6 ; 4 + 4.

**Je consolide mes connaissances** › FICHIER NOMBRES p. 56-57

**Exercices 5 à 7**

RÉPONSE : 5. 1 + 5 ; 0 + 6 ; 4 + 2 ; 9 – 3 ; 10 – 4 ; 6 – 0 ; 2 + 4 ; 3 + 3.
6. 2 + 7 ; 4 + 5 ; 3 + 6 ; 9 – 0 ; 12 – 3 ; 10 – 1 ; 8 + 1 ; 5 + 4.
7. Zoé : 5 + 5. Arthur : 2 + 4 + 4 ou 2 + 3 + 5.
Gribouille : 1 + 3 + 6 ou 1 + 1 + 2 + 6.

**Atelier**

Reprise du jeu « La punta ».

**Autres ressources**

› 80 Activités et jeux mathématiques CP
**31.** La calculatrice-cible (addition)
**32.** La calculatrice-cible (soustraction)
**33.** Objectif 10 sur la calculatrice

› CD-Rom Jeux interactifs GS-CP-CE1
**Jeu 10.** Je calcule à la vitesse de l'éclair (niveau 1)
**Jeu 14.** La punta

# BILAN de l'UNITÉ 5

# CONSOLIDATION

NOMBRES ET CALCULS

## Dizaines et unités (séances 4, 5 et 6)

**Je prépare le bilan** › FICHIER NOMBRES p. 54 B

→ **Dans l'écriture d'un nombre avec deux chiffres,** ceux-ci ne représentent pas la même valeur. Dans 36 par exemple, 3 représente 3 groupements de dix (ou *trente*) et 6 représente 6 unités (ou *six*).
36 = 10 + 10 + 10 + 6 et se lit *trente-six*.

**Je fais le bilan** › FICHIER NOMBRES p. 55

**Exercices 5 et 6 Comprendre et utiliser la valeur positionnelle des chiffres.**

RÉPONSE : 5. Zoé : 2e paquet ; Arthur : 1er paquet ; Gribouille : 3e paquet.
6. 2 paquets de dix, 9 boutons ; 38 boutons.

**Je consolide mes connaissances** › FICHIER NOMBRES p. 57

**Exercices 8 à 10**

RÉPONSE : 8. Oui.
9. 27 chocolats.
10. Entourer 3 boites et 4 chocolats.

**Autres ressources**

› 80 Activités et jeux mathématiques CP
**21.** Le loto des photos

› CD-Rom Jeux interactifs GS-CP-CE1
**Jeu 2.** Le grand ziglotron

MESURES ET GÉOMÉTRIE

## Déplacement dans un quadrillage (séances 7 et 8)

**Je prépare le bilan** › CAHIER GÉOMÉTRIE p. 21 A

→ **Dans un quadrillage,** on peut se déplacer sur les traits et tourner quand il y a un nœud.

→ **Les traits ont deux directions différentes.** Lorsque le quadrillage est affiché au tableau ou posé sur la table, on dit que les traits du quadrillage sont horizontaux ou verticaux.

**Je fais le bilan** › CAHIER GÉOMÉTRIE p. 21

**Exercice 1 Réaliser un déplacement dans un quadrillage en suivant les traits, en s'arrêtant aux nœuds, et en respectant des contraintes de direction.**

**Je consolide mes connaissances** › CAHIER GÉOMÉTRIE p. 22

**Exercices 1 et 2**

Pour l'exercice 1, les couleurs choisies par l'élève doivent être cohérentes avec son choix de déplacement.

**CD-Rom du guide**

› Fiche différenciation n° 17

**Atelier**

- Tracé d'un déplacement (par équipes de 2, reprise de la phase 3 de la séance 7).
- Codage de déplacement : tracer un déplacement pour Gribouille sur le quadrillage du tableau, demander aux élèves de trouver les couleurs successives du dé (reprise de la phase 3 de la séance 8).

**Autres ressources**

› 80 Activités et jeux mathématiques CP
**62.** Gribouille cherche son os (variantes du jeu)

# BILAN de l'UNITÉ 5

# CONSOLIDATION

MESURES ET GÉOMÉTRIE

## Dates et durées – Calendrier (séance 9)

**Je prépare le bilan** › CAHIER GÉOMÉTRIE p. 21 **B**

→ **Le calendrier donne la liste des jours** de chaque mois dans l'année. Il permet de retrouver la date d'un jour.

→ **On peut aussi s'en servir pour compter le nombre de jours** qui séparent deux dates.

**Je fais le bilan** › CAHIER GÉOMÉTRIE p. 21

**Exercice 2 Compléter des dates en prenant des informations dans un extrait de calendrier.**

RÉPONSE : Vendredi 12 janvier. Dimanche 14 janvier.

**Rituel**

Quotidiennement, l'écriture de la date est faite par un élève en référence au calendrier affiché dans la classe. Il peut avoir à dire la date du jour précédent (hier) et la date du jour suivant (demain) ou la date du prochain jour de classe.

Les jours passés sont cochés sur le calendrier, et les mois révolus restent présents à l'affichage. Les élèves peuvent ainsi visualiser la suite des mois et prendre conscience de la durée écoulée depuis la rentrée de septembre ou de janvier. Les dates importantes pour la vie de la classe sont notées dans le calendrier (rencontre sportive, visite, etc.) ; à certains moments, l'enseignant peut demander aux élèves dans combien de jours aura lieu tel évènement

**CD-Rom du guide**

› Fiche différenciation n° 19

**Autres ressources**

› 80 Activités et jeux mathématiques CP

**50.** C'est quand les vacances ?

MESURES ET GÉOMÉTRIE

## Tracés à la règle (séance 9)

Pas de bilan proposé.
Le travail d'analyse d'une figure en vue d'en poursuivre le tracé avec la règle a besoin d'être consolidé avant de faire l'objet d'un bilan.

**Je consolide mes connaissances** › CAHIER GÉOMÉTRIE p. 22

**Exercice 3**

Cet exercice vise à consolider la capacité à utiliser la règle pour tracer un segment joignant deux points.

**CD-Rom du guide**

› Fiche différenciation n° 18

**Autres ressources**

› 80 Activités et jeux mathématiques CP

**70.** Tracés de frises

UNITÉ 5

BANQUE DE PROBLÈMES

# Les boites de crayons

› FICHIER NOMBRES p. 58

**Les questions posées sur cette page se rapportent toutes à des décompositions additives avec les nombres 1, 2 et 5. Elles sont aussi destinées à préparer le travail sur la monnaie (avec les billets et pièces de 1 €, 2 € et 5 €). Elles peuvent également être mises en relation avec le jeu « La punta » utilisé au début de cette unité.**

## Problème 1

OBJECTIF : Comparer des quantités obtenues en ajoutant plusieurs quantités.

TÂCHE : Dire si deux quantités sont égales ou non.

RÉPONSE : Arthur a autant de crayons que Zoé : 8 crayons.

## Problème 2

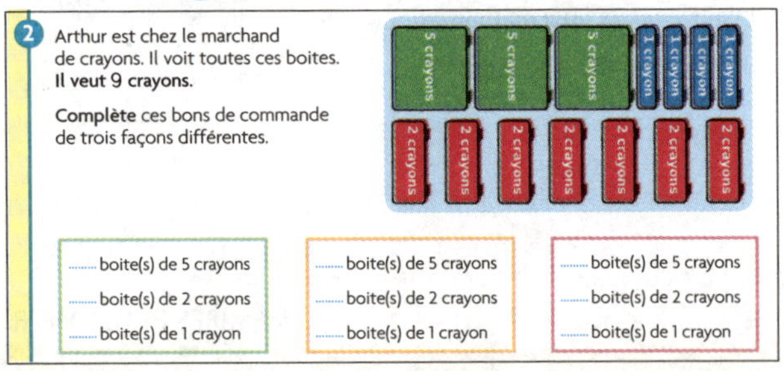


OBJECTIF : Décomposer 9 sous forme de sommes de 3 nombres.

TÂCHE : Trouver 3 façons différentes (parmi 5) d'obtenir 9 crayons.

RÉPONSE :

| 5 crayons | 2 crayons | 1 crayon |
|---|---|---|
| 1 | 2 | 0 |
| 1 | 1 | 2 |
| 1 | 0 | 4 |
| 0 | 4 | 1 |
| 0 | 3 | 3 |

## Problème 3

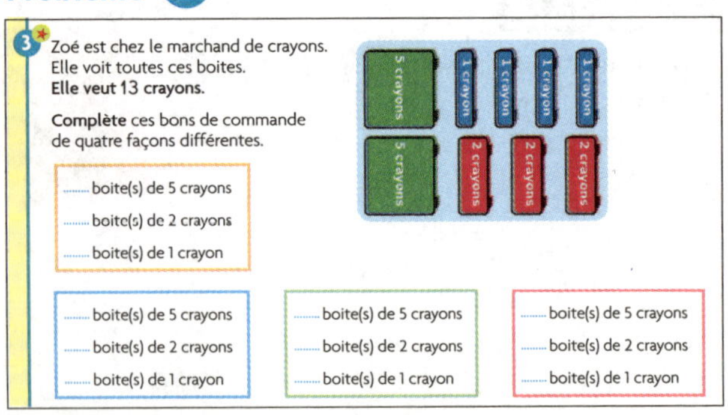


OBJECTIF : Décomposer 13 sous forme de sommes de 3 nombres.

TÂCHE : Trouver 4 façons différentes (donc toutes) d'obtenir 13 crayons en achetant des boites de 1, 2 ou 5 crayons.

RÉPONSE :

| 5 crayons | 2 crayons | 1 crayon |
|---|---|---|
| 2 | 1 | 1 |
| 2 | 0 | 3 |
| 1 | 3 | 2 |
| 1 | 2 | 4 |

## Mise en œuvre

Une feuille de brouillon est remise à chaque élève : c'est leur espace de recherche, utile notamment pour les problèmes 2 et 3.

Comme pour les séries de problèmes précédentes, tous les élèves ne sont pas en mesure de lire les textes proposés sur cette page. Un accompagnement de l'enseignant est donc nécessaire.

Tout ou partie des questions peut être traité en situation collective avec les boites disponibles sur le bureau de l'enseignant. Les élèves viennent avec leur bon de commande pour obtenir livraison de celle-ci, puis vérifient si elle convient ou non.

Insister sur le fait qu'on n'est pas obligé de commander toutes les sortes de boites de crayons : on peut alors écrire par exemple 0 boite(s) de 5 crayons.

L'exploitation peut porter sur l'utilisation de l'écriture additive qui doit ensuite être interprétée pour remplir les bons de commande : 5 + 5 + 2 + 1 doit être interprété comme 2 boites de 5 crayons, 1 boite de 2 crayons, 1 boite de 1 crayon.

**Pour les problèmes 2 et 3,** l'exploitation peut porter sur la vérification des propositions et sur les procédures utilisées.

## Aides possibles

**Pour les problèmes 2 et 3,** un matériel représentant les boites de crayons peut être mis à disposition des élèves (mais pas les crayons eux-mêmes) › **fiche 38**.
Cette matérialisation aide à la compréhension de la situation et, surtout, favorise les essais des élèves pour réaliser des quantités de 9 ou 13 crayons.

## Procédures à observer particulièrement

**Pour le problème 1,** les élèves ont-ils recours au calcul et si oui, de quelle façon (calcul purement mental, utilisation de l'écriture additive…) ? Utilisent-ils une représentation des objets ? Si c'est le cas, on peut les inciter à représenter un crayon par un trait simple, sans nécessité de dessiner les détails du crayon.

**Pour les problèmes 2 et 3,** comment l'élève gère-t-il sa recherche :
– essais au hasard de boites de crayons en vérifiant que le total est bien 9 ou 13 ;
– démarche plus systématique en choisissant une ou deux boites et en essayant de compléter à 9 ;
– démarche systématique en cherchant toutes les solutions avec 1 boite de 5 crayons (pour atteindre 9) ou 2 boites de 5 crayons (pour atteindre 13).

## Erreurs à exploiter particulièrement

Ce sont celles qui concernent la confusion entre crayons et boites. Par exemple, dans le problème 1, certains élèves répondent qu'Arthur a plus de crayons que Zoé (parce qu'il a plus de boites). Un recours à la matérialisation de la situation (enveloppes contenant 5, 2 ou 1 crayon) peut alors être utile pour aider à lever cette ambigüité.

# UNITÉ 6

**13 ou 14 séances**
– 10 séances programmées (9 séances d'apprentissage + 1 bilan)
– 3 ou 4 séances pour la consolidation et la résolution de problèmes

| | CALCUL MENTAL (environ 30 min par séance) | RÉVISER (environ 30 min par séance) | APPRENDRE (environ 45 min par séance) |
|---|---|---|---|
| **Séance 1** FICHIER NOMBRES p. 59 | **Problèmes dictés** Doubles et moitiés (jusqu'à 10) | **Problèmes écrits** Doubles et moitiés (jusqu'à 10) | **Doubles et moitiés (jusqu'à 20)** RECHERCHE Double ou pas double ? |
| **Séance 2** FICHIER NOMBRES p. 60 | **Répertoire additif (jusqu'à 10)** | **Compléments à 10** | **Calcul réfléchi : appui sur les doubles (de 10 à 20)** RECHERCHE En appui sur les doubles |
| **Séance 3** FICHIER NOMBRES p. 61 | **Répertoire additif (jusqu'à 10)** | **Calcul réfléchi : appui sur les doubles (de 10 à 20)** | **Calcul réfléchi : appui sur 5 ou sur 10** (sommes jusqu'à 14) RECHERCHE En appui sur 5 et 10 |
| **Séance 4** FICHIER NOMBRES p. 62 | **Répertoire additif (jusqu'à 10)** | **Répertoire additif** | **Dizaines et unités** (jusqu'à 99) RECHERCHE Le plus grand trésor |
| **Séance 5** FICHIER NOMBRES p. 63 | **Problèmes dictés** Addition, soustraction (jusqu'à 10) | **Problèmes écrits** Addition, soustraction (jusqu'à 10) | **Dizaines et unités** (jusqu'à 99) RECHERCHE Vite, le trésor ! |
| **Séance 6** CAHIER GÉOMÉTRIE p. 23 | **Répertoire additif (jusqu'à 10)** | **Repérage dans un quadrillage** | **Mesure de longueurs par report de l'unité** RECHERCHE Les bandes colorées (1) |
| **Séance 7** CAHIER GÉOMÉTRIE p. 24 | **Répertoire additif (jusqu'à 10)** | **Tracés à la règle** | **Mesure de longueurs par report de l'unité** RECHERCHE Les bandes colorées (2) |
| **Séance 8** FICHIER NOMBRES p. 64 | **Calcul réfléchi en appui sur les doubles (de 10 à 20)** | **Comparaison des nombres (jusqu'à 39)** | **Lecture des nombres** (jusqu'à 59) RECHERCHE Le furet attentif |
| **Séance 9** FICHIER NOMBRES p. 65 | **Calcul réfléchi en appui sur 5 ou sur 10 (sommes jusqu'à 14)** | **Comparaison des nombres (jusqu'à 39)** | **Comparaison des nombres** (jusqu'à 99) RECHERCHE Qui a le plus ? |

**Bilan**

**Je prépare le bilan** puis **Je fais le bilan**
FICHIER NOMBRES p. 66-67
CAHIER GÉOMÉTRIE p. 25

En plus des 10 séances décrites dans le guide, **3 à 4 séances** sont consacrées à des **activités de consolidation et de résolution de problèmes**.
Pour cela, l'enseignant peut utiliser les ressources suivantes :

**Consolidation Remédiation**

Je consolide mes connaissances
FICHIER NOMBRES p. 68-69
CAHIER GÉOMÉTRIE p. 25-26

**Banque de problèmes**

***Les carrés bicolores***
CAHIER GÉOMÉTRIE p. 27
– Reproduire un assemblage de carrés
– Analyser une figure
– Reconnaitre une figure dans différentes orientations
– Mettre en place des contrôles

## L'essentiel à retenir de l'unité 6

- **Calcul mental**
  – Problèmes dictés : doubles et moitiés, addition, soustraction
  – Répertoire additif (jusqu'à 10)
  – Calcul réfléchi en appui sur des doubles, sur 5 et sur 10
- **Calcul réfléchi** en appui sur des doubles (jusqu'à 20) ou sur 5 ou sur 10 (sommes jusqu'à 14)
- **Dizaines et unités jusqu'à 99 :** grouper par 10 pour dénombrer
- **Comparaison des nombres** jusqu'à 99
- **Nombres jusqu'à 59 :** suite des nombres et lecture
- **Mesure de longueurs** par report de l'unité

# Doubles et moitiés (jusqu'à 20)



| | Tâche | Matériel | Connaissances travaillées |
|---|---|---|---|
| CALCUL MENTAL | **Problèmes dictés (doubles et moitiés, jusqu'à 10)**<br>– Résoudre deux problèmes dont l'énoncé est donné oralement | pour la classe :<br>– une dizaine de jetons ou de petits cubes<br>– une boite<br>par élève :<br>FICHIER NOMBRES p. 59 ① | – **Doubles et moitiés (nombres jusqu'à 10)** |
| RÉVISER Problèmes | **Problèmes écrits (doubles et moitiés, jusqu'à 10)**<br>– Résoudre deux problèmes dont l'énoncé est donné par écrit | par élève :<br>FICHIER NOMBRES p. 59 ② ③ | – **Doubles et moitiés (nombres jusqu'à 10)**<br>– Utilisation de l'écriture additive |
| APPRENDRE Calculs | **Doubles et moitiés (jusqu'à 20)**<br>RECHERCHE **Double ou pas double ?**<br>– Trouver la moitié d'une quantité ou d'un nombre | pour la classe :<br>– deux boites et 20 cubes<br>par élève :<br>– ardoise ou cahier de brouillon<br>FICHIER NOMBRES p. 59 ④ ⑤ | – **Doubles et moitiés (nombres jusqu'à 10)**<br>– Utilisation de l'écriture additive |

## CALCUL MENTAL

**Problèmes dictés** • Doubles et moitiés (jusqu'à 10)

– Résoudre des problèmes donnés oralement (relevant des notions de double et de moitié).

COLLECTIF

**FICHIER NOMBRES ET CALCULS p. 59**

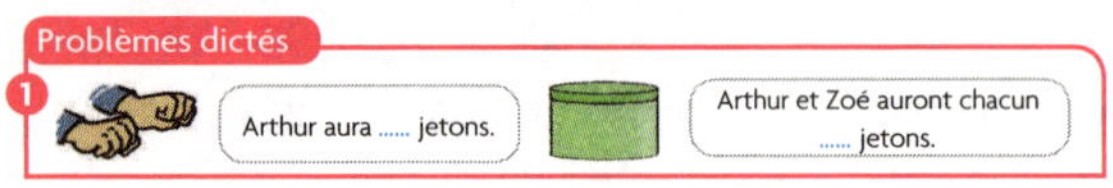


**Exercice 1**

• Proposer deux petits problèmes formulés oralement, avec une histoire très courte comportant des nombres (éventuellement appuyée sur du matériel).

• La mise en œuvre est toujours identique :
– raconter l'histoire et poser la question ;
– laisser aux élèves 2 à 3 minutes pour élaborer une réponse écrite sur le fichier (ou dans un premier temps sur l'ardoise ou le cahier de brouillon) ;
– recenser les réponses et les écrire au tableau : demander si certaines peuvent être reconnues très vite comme fausses, en référence à la situation, par exemple ;
– faire expliciter quelques procédures ; si nécessaire, procéder à une validation avec le matériel.

**1er problème**

• Prendre 4 jetons dans une main et 4 dans l'autre. Les montrer distinctement, puis refermer les mains, en disant :

➡ *J'ai 4 jetons dans cette main et 4 jetons aussi dans l'autre. Je vais tous les donner à Arthur. Combien de jetons Arthur aura-t-il ? Cherchez et écrivez la réponse sur votre fichier (ou votre ardoise ou cahier de brouillon).*

RÉPONSE : Arthur aura 8 jetons.

**2e problème**

• Mettre 6 jetons dans une boite, puis la fermer en disant :

➡ *Sur mon bureau, dans cette boite, il y a 6 jetons. Je vais les donner à Arthur et à Zoé, en donnant autant, le même nombre, à chacun. Combien de jetons chacun aura-t-il ? Cherchez et écrivez la réponse sur votre fichier (ou votre ardoise ou cahier de brouillon).*

RÉPONSE : Arthur et Zoé auront chacun 3 jetons.

À partir de ce moment de l'année, des petits problèmes dictés seront proposés régulièrement aux élèves (une ou deux fois par unité de travail). Ils devront être résolus très rapidement. Au début, un temps plus important est consacré à l'activité pour en faire comprendre le principe.
Si les problèmes relèvent souvent de l'addition et de la soustraction, il n'est pas exigé cependant que les élèves utilisent des procédures qui mettent en jeu ces opérations. Il est primordial que chaque élève puisse élaborer sa réponse avec la procédure qui correspond à sa compréhension de la situation et à la maitrise qu'il a, à ce moment-là, des concepts étudiés antérieurement.
Le choix d'un matériel simple (jetons) aide les élèves qui recourent au dessin à ne pas s'encombrer de détails inutiles.

## RÉVISER

**Problèmes écrits** • Doubles et moitiés (jusqu'à 10)

– Résoudre des problèmes donnés par écrit (relevant des notions de double et de moitié).

INDIVIDUEL

### FICHIER NOMBRES ET CALCULS p. 59

**Problèmes écrits**

**2** Arthur a mis 5 biscuits dans sa main droite, et 5 autres biscuits dans sa main gauche. Il les donne tous à Gribouille.

Combien de biscuits va recevoir Gribouille ?

*Gribouille va recevoir ........ biscuits.*

**3** Dans cette boite, il y a 8 billes. Arthur et Zoé se partagent toutes ces billes. Chacun en prend le même nombre.

Combien chacun aura-t-il de billes ?

*Arthur aura ........ billes.*

*Zoé aura ........ billes.*

### Exercice 2

• Reformuler la situation avec les élèves, en s'aidant du texte et du dessin.

• La recherche peut d'abord se faire sur le cahier de brouillon, avant que les élèves ne soient incités à reproduire ce qui leur a permis de trouver dans le cadre de recherche du fichier.

• La correction peut être individualisée ou être faite collectivement si beaucoup d'élèves n'ont pas réussi. Elle est l'occasion de formuler que 5 + 5 = 10 ou encore que *10 est le double de 5*, que *c'est deux fois 5*.

RÉPONSE : Gribouille va recevoir 10 biscuits.

### Exercice 3

• Même déroulement que pour l'exercice 2, en précisant la signification du mot chacun : autant de billes pour Arthur que pour Zoé.

Des élèves peuvent utiliser les éléments du premier exercice de calcul dicté. D'autres faire des essais de sommes de 2 nombres égaux, d'autres procéder par dessin et distribution représentée. À la fin, on écrira 4 + 4 = 8, et on redira que *8 est le double de 4* ou que *c'est deux fois 4*.

RÉPONSE : Arthur aura 4 billes. Zoé aura 4 billes.

## APPRENDRE

**Doubles et moitiés (jusqu'à 20)**

– Reconnaitre si une quantité ou un nombre sont ou non des doubles.

– Utiliser le vocabulaire « double » et « moitié ».

### RECHERCHE

**Double ou pas double :** Les élèves doivent chercher d'abord si des quantités, puis des nombres, sont des doubles ou non.

INDIVIDUEL

#### PHASE 1 Avec des quantités

• Montrer aux élèves un paquet de 12 cubes, et 2 boites (celle d'Arthur et celle de Zoé).

• Poser ensuite le problème :

➡ *Je veux répartir ces 12 cubes entre Arthur et Zoé, autant pour Arthur que pour Zoé. Est-ce possible ? Si oui, combien faut-il en mettre dans chaque boite ? Cherchez la réponse sur votre ardoise ou sur votre cahier de brouillon.*

• Recenser les réponses et écarter, avec les élèves, celles qui sont fausses à coup sûr (notamment celles où le nombre de cubes attribué à chacun est supérieur à 12, ou celles où Arthur et Zoé n'ont pas le même nombre de cubes).

• Faire formuler les principales procédures utilisées :

– dessin de 12 cubes et tentative de partage en deux ;

– dessin de 12 cubes et simulation d'une distribution cube par cube (ou par petits paquets de cubes) ;

– essais de nombres égaux ajoutés ;

– utilisation d'un résultat connu (6 + 6 = 12).

• Vérifier par un partage effectif.

L'égalité 6 + 6 = 12 peut être illustrée à l'aide de cartes constellations, en faisant apparaitre que 6 c'est 5 + 1 et donc que 6 + 6 c'est 10 (5 + 5) auquel il faut ajouter 2 (1 + 1). Cela sera repris en séance suivante.

• Reprendre le même problème avec 14 cubes, puis avec 11 cubes.

Ce type de problème a déjà été proposé aux élèves, et a été repris en calcul mental et en révision au début de cette séance. Il s'agit d'étendre ce qui a été appris, en utilisant des nombres compris entre 10 et 20. Par la suite, les résultats seront utilisés pour le calcul réfléchi de sommes. Il est plus important de savoir quels nombres peuvent être « partagés » exactement en deux et de connaitre le résultat de l'addition d'un nombre avec lui-même que de maitriser le vocabulaire « double » et « moitié » qui pourra être acquis ultérieurement s'il fait difficulté pour certains élèves.

COLLECTIF

## PHASE 2 Synthèse

**SYNTHÈSE**

Reprendre les 3 problèmes précédents et conclure sur les 5 points suivants.

- Chaque problème peut être résolu en utilisant un dessin ou en utilisant le calcul.
- Lorsque le partage en deux parts égales est possible, on peut le traduire par une égalité comme 12 = 6 + 6 ou 14 = 7 + 7.
- On peut aussi dire que *12 c'est deux fois 6*.
- On peut aussi utiliser les mots « double » et « moitié » : *14 c'est le double de 7, et 7 c'est la moitié de 14.*
- Pour 11 cubes, il n'y a pas de solution : 11 n'est pas un double, il n'a pas de moitié.

INDIVIDUEL

## PHASE 3 Avec des nombres

- Poser le problème directement sur les nombres :

➡ *16 peut-il être partagé exactement en 2 ? Est-il un double ? Si oui, quelle est sa moitié ?*

- Exploiter les réponses comme dans la phase 1, et en utilisant les notations et le vocabulaire vus dans la synthèse précédente : 8 + 8 = 16, 16 c'est 2 fois 8, 16 est le double de 8, 8 c'est la moitié de 16.
- Vérifier si nécessaire avec des cubes.
- Reprendre le même problème avec 15, puis avec 12.

COLLECTIF

## PHASE 4 Recensement des doubles de 1 à 20

- Rappeler que dans le calcul mental, en révision et dans ce qui précède, on a trouvé que (écrire la liste au tableau) :

| | |
|---|---|
| 6 est le double de 3 | 3 + 3 = 6 |
| 8 est le double de 4 | 4 + 4 = 8 |
| 10 est le double de 5 | 5 + 5 = 10 |
| 12 est le double de 6 | 6 + 6 = 12 |
| 14 est le double de 7 | 7 + 7 = 14 |
| 16 est le double de 8 | 8 + 8 = 16 |

- Demander s'il manque des doubles en s'arrêtant à 20.
- Conclure avec les élèves qu'il en manque (et compléter la liste) :

| | |
|---|---|
| 2 est le double de 1 | 1 + 1 = 2 |
| 4 est le double de 2 | 2 + 2 = 4 |
| 18 est le double de 9 | 9 + 9 = 18 |
| 20 est le double de 10 | 10 + 10 = 20 |

- Faire remarquer que les doubles vont de 2 en 2.
- Indiquer aux élèves qu'ils devront connaitre ces résultats par cœur car ce sera utile en calcul mental.

**TRACE ÉCRITE**

Garder cette liste ordonnée au tableau et indiquer qu'on peut la retrouver dans le dico-maths (rubriques 1 à 3) : ce sont les résultats colorés.

INDIVIDUEL

## ENTRAINEMENT

### FICHIER NOMBRES ET CALCULS p. 59

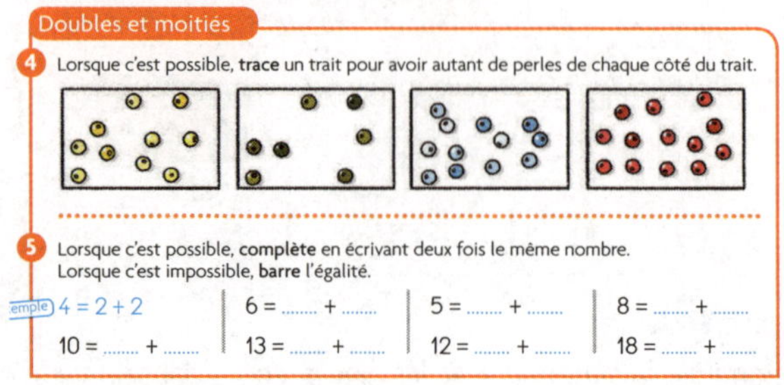
Doubles et moitiés

4 Lorsque c'est possible, **trace** un trait pour avoir autant de perles de chaque côté du trait.

5 Lorsque c'est possible, **complète** en écrivant deux fois le même nombre. Lorsque c'est impossible, **barre** l'égalité.

exemple 4 = 2 + 2 | 6 = ........ + ........ | 5 = ........ + ........ | 8 = ........ + ........
10 = ........ + ........ | 13 = ........ + ........ | 12 = ........ + ........ | 18 = ........ + ........

### Exercice 4

- La consigne peut être reformulée par l'enseignant, en s'appuyant sur le problème de la phase 1.

RÉPONSE : 5 billes de chaque côté du trait ; pas possible ; 6 billes de chaque côté du trait ; pas possible.

### Exercice 5

- Rappeler qu'il n'y a peut-être pas de solution pour certains nombres. Dans ce cas, laisser les cases réponses vides.

RÉPONSE : 10 = 5 + 5 ; 6 = 3 + 3 ; 12 = 6 + 6 ; 8 = 4 + 4 ; 18 = 9 + 9. Barrer 13 = … ; 5 = … .

**À SUIVRE**

**En séance 2,** on apprend à s'appuyer sur les doubles connus pour retrouver des résultats voisins.

# UNITÉ 6 Calcul réfléchi : appui sur les doubles

SÉANCE 2

FICHIER NOMBRES p. 60

| | Tâche | Matériel | Connaissances travaillées |
|---|---|---|---|
| CALCUL MENTAL | **Répertoire additif (jusqu'à 10)**<br>– Calculer des sommes, des différences, des compléments | par élève :<br>FICHIER NOMBRES p. 60 ① | – **Répertoire additif**<br>– Mémorisation |
| RÉVISER Calculs | **Compléments à 10**<br>– Compléter une quantité ou un nombre pour obtenir 10 | par élève :<br>FICHIER NOMBRES p. 60 ② ③ | – **Compléments à 10** |
| APPRENDRE Calculs | **Calcul réfléchi : appui sur les doubles**<br>RECHERCHE **En appui sur les doubles**<br>– Calculer des sommes voisines de doubles | pour la classe :<br>– cartes constellations pour les nombres de 1 à 10 (en 2 exemplaires) › **matériel du fichier, planche 2**<br>par élève :<br>– ardoise ou cahier de brouillon<br>FICHIER NOMBRES p. 60 ④ ⑤ | – **Calcul réfléchi de sommes** (jusqu'à 20)<br>– Appui sur des résultats connus (doubles) |

## CALCUL MENTAL

### Répertoire additif (jusqu'à 10)

– Mémoriser des sommes, des différences, des compléments.

COLLECTIF

FICHIER NOMBRES ET CALCULS p. 60

**Exercice ①**

• Formuler chaque question oralement sous la forme : *5 plus 3, 8 moins 5, que faut-il ajouter à 4 pour avoir 6 ?* (reformulé aussi sous la forme : *combien pour aller de 4 à 6 ?*). Les élèves répondent dans le fichier.

a. 5 + 3 b. 2 + 5 c. 8 – 2
d. 8 – 5 e. 4 → 6 f. 1 → 6

• En cas de difficulté, les réponses peuvent être validées en ayant recours aux doigts, mais les élèves sont incités à ne pas les utiliser pour répondre.

RÉPONSE : 8 ; 7 ; 6 ; 3 ; 2 ; 5.

## RÉVISER

### Compléments à 10

– Mémoriser les compléments à 10.

INDIVIDUEL

FICHIER NOMBRES ET CALCULS p. 60

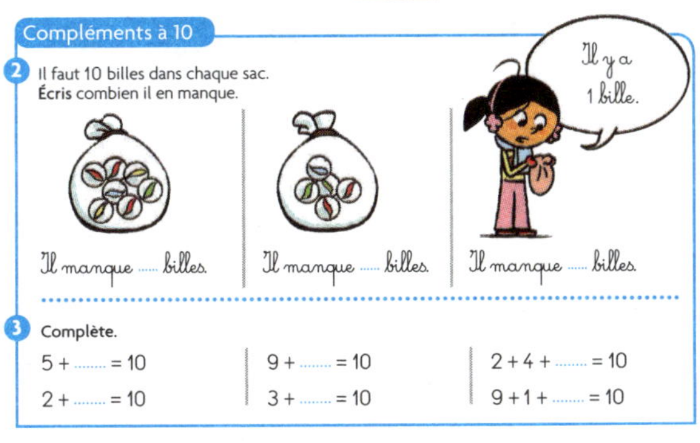


**Exercices ② et ③**

• Les élèves doivent compléter des quantités (exercice 2), des nombres et des sommes (exercice 3) pour atteindre 10.

• Seul l'exercice 3 fait intervenir le codage additif.

• Il est intéressant d'observer les procédures utilisées : résultats mémorisés, comptage de 7 à 10 par exemple, dessin…

La maitrise des compléments à 10 est indispensable à l'élaboration de procédures de calcul mental réfléchi (cf. activité d'apprentissage en séance 3).

RÉPONSE : ② 3 billes ; 5 billes ; 9 billes.
③ 5 + 5 = 10 ; 2 + 8 = 10 ; 9 + 1 = 10 ; 3 + 7 = 10 ; 2 + 4 + 4 = 10 ; 9 + 1 + 0 = 10.

**Différenciation** → CD-Rom du guide, fiche 20.

## APPRENDRE

### Calcul réfléchi : appui sur les doubles

– Calculer une somme de 2 nombres en s'appuyant sur un résultat connu (double).

## RECHERCHE

**En appui sur les doubles :** Un double étant connu, les élèves doivent calculer un résultat voisin, un des termes de la somme ou les 2 termes de la somme étant augmentés de 1 ou de 2. Pour certains calculs, ils peuvent utiliser d'autres procédures aussi efficaces.

COLLECTIF

### PHASE 1 Calcul à partir de 5 + 5 = 10

- Demander aux élèves de calculer mentalement : 5 + 5.
- Noter et conserver le résultat au tableau sous la forme : 5 + 5 = 10.
- Afficher la « double constellation » en dessous de l'égalité :

5 + 5 = 10

- Proposer plusieurs calculs à traiter mentalement : 5 + 6 ; 5 + 7 ; 6 + 5.
- Pour chaque calcul, faire expliciter les procédures utilisées.
- Mettre en évidence la procédure qui s'appuie sur 5 + 5, en utilisant les doubles constellations et la formuler oralement : *5 + 6, c'est 1 de plus que 5 + 5.*

5 + 6 = 5 + 5 <u>+1</u>

- Élaborer, avec les élèves, un arbre de calcul qui illustre cette procédure de calcul, par exemple sous la forme :

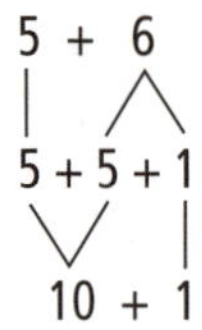

5 + 6<br>
5 + 5 + 1<br>
10 + 1

- Insister sur l'importance de la commutativité : si on connait 5 + 6, on connait 6 + 5.

Pour chaque calcul, les procédures utilisées peuvent être très diverses :
– réponse directe (le résultat est déjà connu par cœur) ;
– appui sur des résultats connus (ici principalement sur les doubles) ;
– surcomptage ;
– recours à une matérialisation du calcul.
L'objectif est de mettre en évidence la possibilité de s'appuyer sur un résultat connu, mais les autres procédures ne sont pas rejetées.
Exemple pour le calcul de 6 + 5 :
– résultat mémorisé ;
– appui sur 5 + 5 = 10, en ajoutant 1, ce qui peut être illustré avec les doigts, avec les constellations ou avec des objets ;
– utilisation de 6 + 6 = 12 en enlevant 1 ;
– surcomptage de 5 à partir de 6 ou de 6 à partir de 5 ;
– figuration des deux quantités et dénombrement du tout…

COLLECTIF

### PHASE 2 Calcul à partir de 6 + 6 = 12

- Reprendre le même déroulement qu'en phase 1, en s'appuyant cette fois sur 6 + 6 = 12, et proposer des calculs comme : 6 + 7 ; 7 + 6 ; 6 + 8.

COLLECTIF

### PHASE 3 Calcul à partir de 7 + 7 = 14 et 8 + 8 = 16

- Reprendre le même déroulement, en s'appuyant cette fois sur 7 + 7 = 14 et 8 + 8 = 16. Proposer des calculs comme : 7 + 8 ; 7 + 9 ; 9 + 7 ; 7 + 9 ; 8 + 9 ; 9 + 8. Laisser aux élèves le soin de préciser sur quel résultat connu ils se sont appuyés.

COLLECTIF

### PHASE 4 Synthèse

**SYNTHÈSE**

- Bien connaitre les doubles permet de trouver d'autres résultats.
- Exemple : à partir de 6 + 6 = 12, on peut trouver facilement 6 + 7 (c'est 1 de plus, donc 13) ou 6 + 8 (c'est 2 de plus, donc 14).

INDIVIDUEL

## ENTRAINEMENT

**FICHIER NOMBRES ET CALCULS** p. 60

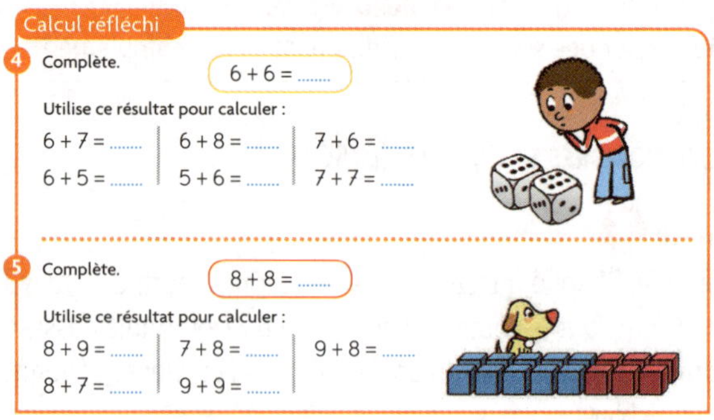

Calcul réfléchi

4 Complète. 6 + 6 = ……
Utilise ce résultat pour calculer :
6 + 7 = …… | 6 + 8 = …… | 7 + 6 = ……
6 + 5 = …… | 5 + 6 = …… | 7 + 7 = ……

5 Complète. 8 + 8 = ……
Utilise ce résultat pour calculer :
8 + 9 = …… | 7 + 8 = …… | 9 + 8 = ……
8 + 7 = …… | 9 + 9 = ……

**Exercices 4 et 5**

- Les élèves doivent compléter des égalités dans lesquelles l'appui sur les doubles peut être utilisé.

**AIDE** Un répertoire des doubles peut être fourni à certains élèves.

RÉPONSE : 4 6 + 6 = 12 ; 6 + 7 = 13 ; 6 + 5 = 11 ; 6 + 8 = 14 ; 5 + 6 = 11 ; 7 + 6 = 13 ; 7 + 7 = 14.
5 8 + 8 = 16 ; 8 + 9 = 17 ; 8 + 7 = 15 ; 7 + 8 = 15 ; 9 + 9 = 18 ; 9 + 8 = 17.

**À SUIVRE**

**En séance 3,** le calcul réfléchi à partir de résultats connus est étendu à d'autres points d'appui que les doubles.

# Calcul réfléchi : appui sur 5 et 10

| | Tâche | Matériel | Connaissances travaillées |
|---|---|---|---|
| CALCUL MENTAL | **Répertoire additif (jusqu'à 10)**<br>– Calculer des sommes, des différences, des compléments | par élève :<br>FICHIER NOMBRES p. 61 1 | – **Répertoire additif**<br>– Mémorisation |
| RÉVISER Calculs | **Calcul réfléchi : appui sur les doubles**<br>– Calculer des sommes voisines de doubles | par élève :<br>FICHIER NOMBRES p. 61 2 3 | – **Compléments à 10** (jusqu'à 20)<br>– Appui sur des résultats connus (doubles) |
| APPRENDRE Calculs | **Calcul réfléchi : appui sur 5 ou 10**<br>RECHERCHE **En appui sur 5 ou 10**<br>– Calculer des sommes en appui sur 5 ou sur le passage par 10 (résultat jusqu'à 14) | pour la classe :<br>– cartes constellations pour les nombres de 1 à 10 (en 2 exemplaires) › **matériel du fichier, planche 2**<br>par élève :<br>– ardoise ou cahier de brouillon<br>FICHIER NOMBRES p. 61 4 5 | – **Calcul réfléchi de sommes** (jusqu'à 20)<br>– Appui sur 5<br>– Passage par 10<br>– Appui sur des doubles |

## CALCUL MENTAL

**Répertoire additif (jusqu'à 10)**

– Mémoriser des sommes, des différences, des compléments.

COLLECTIF

FICHIER NOMBRES ET CALCULS p. 61

**Exercice 1**

• Formuler chaque question oralement sous la forme : *6 plus 3, 5 moins 4, que faut-il ajouter à 2 pour avoir 6 ?* (reformulé aussi sous la forme : *combien pour aller de 2 à 6 ?*). Les élèves répondent dans le fichier.

a. 6 + 3 b. 3 + 7 c. 5 – 4
d. 9 – 8 e. 2 → 6 f. 5 → 8

• En cas de difficulté, les réponses peuvent être validées en ayant recours aux doigts, mais les élèves sont incités à ne pas les utiliser pour répondre.

RÉPONSE : 9 ; 10 ; 1 ; 1 ; 4 ; 3.

## RÉVISER

**Calcul réfléchi • Appui sur les doubles**

– Calculer une somme de 2 nombres en s'appuyant sur un résultat connu (double).

INDIVIDUEL

FICHIER NOMBRES ET CALCULS p. 61

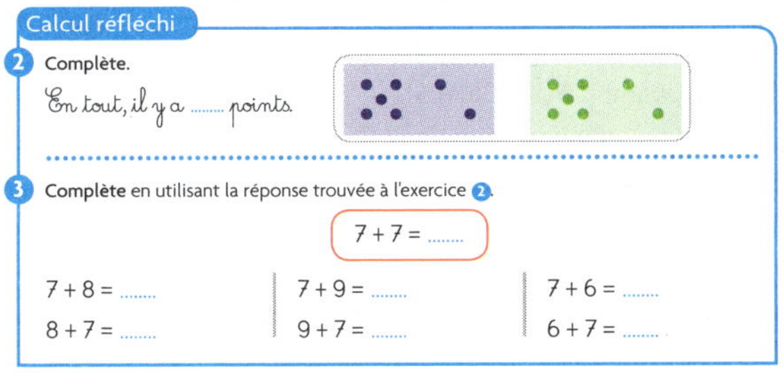
Calcul réfléchi

2 Complète.

En tout, il y a ........ points.

3 Complète en utilisant la réponse trouvée à l'exercice 2.

7 + 7 = ........

| | | |
|---|---|---|
| 7 + 8 = ........ | 7 + 9 = ........ | 7 + 6 = ........ |
| 8 + 7 = ........ | 9 + 7 = ........ | 6 + 7 = ........ |

**Exercice 2**

• Il reprend l'activité de la séance précédente, à partir d'une illustration qui permet d'établir que 7 + 7 = 14, par exemple en s'appuyant sur le fait que 7 = 5 + 2 et que 5 + 5 = 10 et 2 + 2 = 4. Ce qui peut être montré par exemple par :

RÉPONSE : En tout, il y a 14 points.

**Exercice 3**

• Les calculs proposés peuvent être traités en s'appuyant sur l'égalité 7 + 7 = 14, en remarquant que l'on doit ajouter 1 ou 2 au résultat 14, ou que l'on doit lui soustraire 1 (pour 7 + 6). Dans ce dernier cas, les élèves peuvent aussi s'appuyer sur 6 + 6 = 12.

• Faire remarquer que les calculs vont « par deux » et que si on a trouvé 7 + 8 = 15, on a aussi trouvé 8 + 7 = 15.

RÉPONSE : 7 + 7 = 14 ; 7 + 8 = 15 ; 8 + 7 = 15 ; 7 + 9 = 16 ; 9 + 7 = 16 ; 7 + 6 = 13 ; 6 + 7 = 13.

## APPRENDRE

### Calcul réfléchi : calcul de sommes en appui sur 5 et sur 10 (jusqu'à 14)

– Calculer une somme de 2 nombres en s'appuyant sur 5 ou sur 10.
– S'approprier le répertoire additif avec des résultats supérieurs à 10.

## RECHERCHE

**En appui sur 5 et 10 :** Les élèves ont travaillé les décompositions de nombres inférieurs à 10 à l'aide du nombre 5 et les compléments de ces nombres à 10. Ils peuvent ici exploiter ces connaissances pour calculer des sommes de deux nombres (le résultat restant inférieur ou égal à 14).

COLLECTIF

### PHASE 1 En appui sur 5

• Informer les élèves du but de cette 1re phase :

➡ *Nous allons calculer des additions de deux nombres. Vous devrez chaque fois trouver une méthode et l'expliquer aux autres. Si c'est un résultat que vous connaissez par cœur, vous n'avez pas à chercher une méthode.*

• Poser plusieurs questions successivement à l'oral, sous la forme *cinq plus sept* :

5 + 7     8 + 5     4 + 7

• Après chaque question, faire expliquer les procédures utilisées. Pour ces premiers exemples, il est probable qu'apparaissent :
– le fait que le résultat est mémorisé ;
– le surcomptage ;
– le recours aux doigts ;
– la transformation du calcul : « 7 + 5 c'est plus facile que 5 + 7 et c'est pareil » ;
– l'appui sur un double, par exemple sur 5 + 5 pour calculer 5 + 7 (c'est 2 de plus que 10) ;
– le passage par 5 expliqué de plusieurs manières (voir ci-après).

• Valider toutes les procédures qui permettent d'aboutir et détailler celle qui consiste à prendre appui sur 5 (même si celle-ci n'est pas apparue) :

**Avec les doigts**

**Avec les constellations**

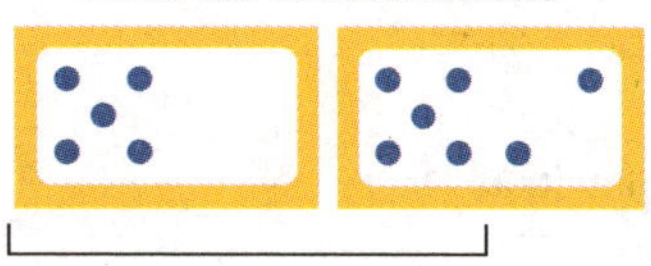

• **Illustration à l'aide d'un arbre de calcul :**

```
5 + 7
|  /\
5 + 5 + 2
 \/    |
 10 + 2
```

Le nombre cinq est important comme point d'appui pour le calcul mental et pour la construction de résultats qui seront par la suite mémorisés (ceux qui correspondent à des sommes supérieures à 10). Ce travail est donc destiné à mettre en place l'une des bases de ce type de calcul. Par exemple, 5 + 7 peut être calculé comme 5 + 5 + 2, donc 10 + 2 = 12.
Ce type de séance comporte toutefois un danger. Les élèves peuvent croire que le « passage par 5 » est désormais obligatoire. Le contrat avec les élèves doit donc être clair : « Aujourd'hui, on cherche à apprendre ce procédé ; ensuite, chacun reste libre de choisir le procédé le plus sûr pour lui. »

COLLECTIF

### PHASE 2 En appui sur 10

• Informer les élèves du but de la 2e phase :

➡ *Comme dans la phase précédente, nous allons calculer des additions de deux nombres, en utilisant le procédé avec 5 ou en cherchant un autre procédé. Vous devrez chaque fois trouver une méthode et l'expliquer aux autres. Si c'est un résultat que vous connaissez par cœur, vous n'avez pas à chercher une méthode.*

• Poser plusieurs questions successivement à l'oral, sous la forme *neuf plus trois* :

9 + 3     9 + 5     8 + 4

• Après chaque question, faire expliquer les procédures utilisées. Certains élèves ont pu mémoriser des résultats, mais le plus fréquemment ils devraient avoir recours :
– au surcomptage mental ;
– au comptage ou au surcomptage aidé par les doigts ;
– au passage par 10, à expliquer par un dessin et à l'aide d'un arbre. Par exemple, pour 9 + 3 :

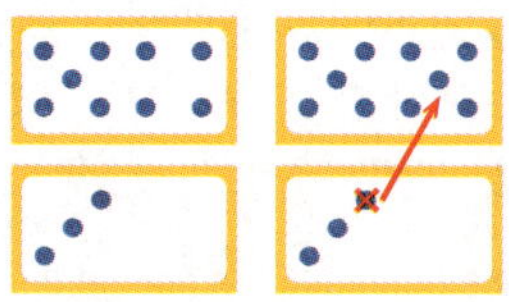

```
9 + 3
|  /\
9 + 1 + 2
 \/    |
 10 + 2
   \/
   12
```

9 plus 3, c'est 9 plus 1, puis plus 2

– à l'appui sur 5, à expliquer par un dessin et à l'aide d'un arbre. Par exemple, pour 9 + 5 :

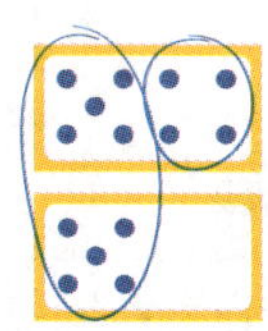

```
9 + 5
|  /\
4 + 5 + 5
 \/    |
 4 + 10
   \/
   14
```

– à un résultat précédemment établi : « 9 + 5 c'est 2 de plus que 9 + 3 »…

• Valider toutes les procédures qui permettent d'aboutir et détailler celle qui consiste à « passer par 10 » (même si elle n'a pas été proposée par les élèves).

Le choix des nombres 8 et 9 comme un des termes des sommes proposées est destiné à faciliter le passage par 10, les compléments à 10 étant ici faciles à trouver.

COLLECTIF

### PHASE 3 Synthèse

**SYNTHÈSE**

Pour calculer certaines additions de deux petits nombres, on peut prendre appui sur 5 ou essayer de passer par 10.

**TRACE ÉCRITE**

Conserver au tableau les illustrations (constellations et arbres de calcul) de 5 + 7 et 9 + 3.

INDIVIDUEL

## ENTRAINEMENT

### FICHIER NOMBRES ET CALCULS p. 61

Calcul réfléchi

**4** **Trouve** le nombre total de points avec la méthode de ton choix.

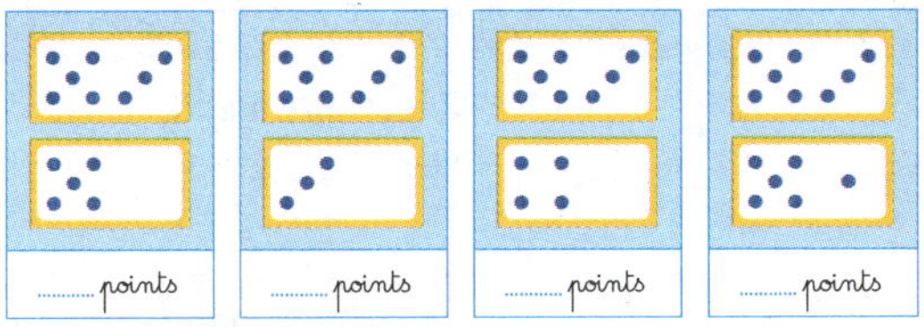


**5** Complète.

| | | | |
|---|---|---|---|
| 9 + 5 = ........ | 5 + 6 = ........ | 7 + 5 = ........ | 8 + 5 = ........ |
| 4 + 8 = ........ | 3 + 9 = ........ | 5 + 7 = ........ | 6 + 8 = ........ |
| 2 + 9 = ........ | 4 + 7 = ........ | 8 + 6 = ........ | 6 + 7 = ........ |

### Exercice 4

• Les élèves peuvent répondre en regroupant les points par 10 comme dans la situation d'apprentissage ou utiliser d'autres procédures.

• La procédure de regroupement par 10 est mise en évidence au cours de la correction.

RÉPONSE : 13 points ; 11 points ; 12 points ; 14 points.

### Exercice 5

• Les élèves peuvent répondre en « passant par 10 » comme dans la situation d'apprentissage ou utiliser d'autres procédures (décomposition avec 5, notamment).

• Les procédures de regroupement par 10 et d'appui sur 5 sont mises en évidence au cours de la correction, ainsi que l'utilisation possible de la commutativité de l'addition.

RÉPONSE : 14 ; 12 ; 11 ; 11 ; 12 ; 11 ; 12 ; 12 ; 14 ; 13 ; 14 ; 13.

# Dizaines et unités (jusqu'à 99) : grouper par 10 pour dénombrer (1)



| | Tâche | Matériel | Connaissances travaillées |
|---|---|---|---|
| CALCUL MENTAL | **Répertoire additif (jusqu'à 10)**<br>– Calculer des sommes, des différences, des compléments | par élève :<br>FICHIER NOMBRES p. 62 ❶ | – **Répertoire additif**<br>– Mémorisation |
| RÉVISER Calculs | **Répertoire additif**<br>– Compléter des décompositions additives et soustractives de nombres inférieurs à 10 | par élève :<br>– ardoise ou cahier de brouillon<br>FICHIER NOMBRES p. 62 ❷ ❸ | – **Répertoire additif**<br>– Calculer des sommes, des différences, des compléments<br>– Addition à trou |
| APPRENDRE Nombres | **Dizaines et unités (jusqu'à 99) : grouper par 10 pour dénombrer**<br>RECHERCHE **Le plus grand trésor (1)**<br>– Dénombrer des quantités importantes en groupant par dix<br>– Comparer des nombres | pour la classe :<br>– une file numérique jusqu'à 99<br>par équipe de 4 ou 5 :<br>– un lot de 46, 62 ou 64 objets identiques : petits cubes, jetons, petites images…<br>– une dizaine d'enveloppes<br>– un quart de feuille A4<br>par élève :<br>FICHIER NOMBRES p. 62 ❹ ❺ | – **Dizaines et unités**<br>– **Valeur positionnelle des chiffres**<br>– Groupements par dix<br>– Comparaison de nombres |

## CALCUL MENTAL

### Répertoire additif (jusqu'à 10)

– Mémoriser des sommes, des différences, des compléments.

COLLECTIF

FICHIER NOMBRES ET CALCULS p. 62

**Exercice ❶**

• Formuler chaque question oralement sous la forme : *6 plus 4, 9 moins 4, que faut-il ajouter à 5 pour avoir 9 ?* (reformulé aussi sous la forme : *combien pour aller de 5 à 9 ?*). Les élèves répondent dans le fichier.

a. 6 + 4  b. 2 + 7  c. 9 – 4
d. 8 – 4  e. 5 → 9  f. 3 → 8

• En cas de difficulté, les réponses peuvent être validées en ayant recours aux doigts, mais les élèves sont incités à ne pas les utiliser pour répondre.

RÉPONSE : 10 ; 9 ; 5 ; 4 ; 4 ; 5.

## RÉVISER

### Répertoire additif • Compléter des décompositions additives et soustractives de 7 et de 8

– Mémoriser des sommes, des différences, des compléments.

INDIVIDUEL

FICHIER NOMBRES ET CALCULS p. 62

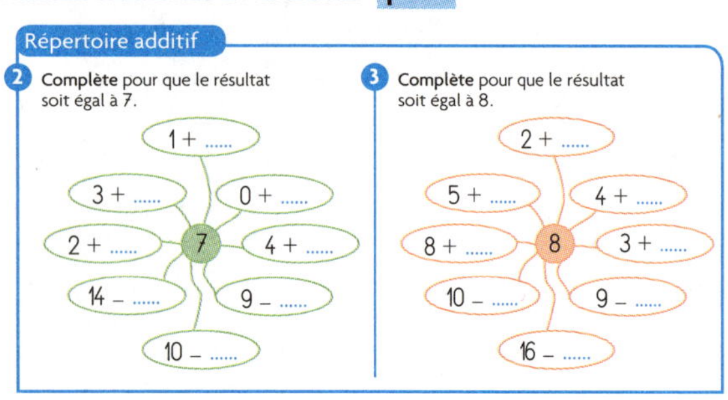


**Exercices ❷ et ❸**

• Ce type d'exercice est maintenant familier pour les élèves.

• Insister sur l'intérêt qu'il y a à vérifier après avoir proposé une réponse.

RÉPONSE : ❷ 1 + 6 ; 0 + 7 ; 4 + 3 ; 9 – 2 ; 10 – 3 ; 14 – 7 ; 2 + 5 ; 3 + 4.
❸ 2 + 6 ; 4 + 4 ; 3 + 5 ; 9 – 1 ; 16 – 8 ; 10 – 2 ; 8 + 0 ; 5 + 3.

APPRENDRE

## Dizaines et unités : grouper par dix pour dénombrer (1)

– Comprendre l'écriture chiffrée des nombres (valeur positionnelle des chiffres).
– Comparer des nombres écrits en chiffres.

### RECHERCHE

**Le plus grand trésor :** Les élèves, en équipes, disposent de 3 trésors constitués respectivement de 46, 62 et 64 objets tous identiques (deux équipes peuvent avoir la même quantité d'objets). Ils doivent les dénombrer pour savoir qui a le trésor le plus important et qui a le moins important.
Remarque : Il est important d'avoir des objets tous identiques pour ne pas induire une organisation dans le dénombrement et ne pas influencer les procédures de comparaison des quantités.

COLLECTIF ET ÉQUIPES DE 4 OU 5

**PHASE 1 Mettre au point une méthode pour dénombrer chaque trésor (grouper par dix)**

• Diviser la classe en équipes de 4 ou 5 élèves (de façon à avoir si possible 6 équipes).

• Remettre les enveloppes, le quart de feuille A4 et les objets à chaque équipe (2 équipes reçoivent 46 objets, 2 équipes en reçoivent 62 et 2 équipes en reçoivent 64). Puis, préciser la tâche :

➡ *Chaque équipe a reçu un trésor avec beaucoup d'objets. On veut savoir qui a le plus gros trésor et qui a le plus petit. Pour cela, chaque équipe doit écrire sur une petite feuille combien il y a d'objets dans son trésor. Ensuite, on rangera les feuilles selon la taille des trésors : du plus gros trésor au plus petit. Attention, il faut aller vite et ne pas se tromper. Il faut aussi pouvoir vérifier facilement si les équipes ne se sont pas trompées.*
*Ne commencez pas tout de suite. Chaque équipe va d'abord réfléchir à une méthode pour trouver combien il y a d'objets et pour le vérifier facilement. Puis nous nous mettrons d'accord tous ensemble sur une méthode. Vous avez des enveloppes pour vous aider.*

• Recenser et faire discuter les différentes propositions.

• Se mettre d'accord sur l'utilisation de groupements de dix objets, en mettant dix objets par enveloppe. Si l'idée n'est pas proposée par les élèves, la suggérer en évoquant par exemple le jeu du grand ziglotron.

Les nombres retenus (46, 62 et 64) sont supérieurs à ceux déjà rencontrés par les élèves (jusqu'à 39), pour mettre l'accent sur le fait qu'on peut comprendre et utiliser une écriture chiffrée sans pour autant être capable de l'oraliser. En effet, en unité 5, les élèves ont été amenés à comprendre que la valeur d'un chiffre dépend de sa position : 36 évoque 3 groupements de 10 et 6 unités. Cette connaissance est immédiatement généralisable à tout nombre écrit avec deux chiffres : 62 évoque 6 groupements de 10 et 2 unités. C'est ce que proposent de mettre en place cette activité et celle de la séance suivante.
Le regroupement par dix n'est pas naturel. Tous les élèves n'y ont pas recours spontanément. C'est pourquoi nous suggérons cette discussion préalable débouchant sur une méthode de dénombrement.
Il est également possible de laisser chaque groupe commencer le dénombrement comme il le veut, et de ne mettre en place la discussion collective qu'après que les élèves ont pris conscience de la difficulté à dénombrer de un en un.
Les nombres 46, 62 et 64 ont également été choisis pour commencer à travailler la comparaison des nombres écrits en chiffres (mêmes chiffres pour 46 et 64, même chiffre des dizaines pour 62 et 64).

ÉQUIPES DE 4 OU 5

**PHASE 2 Dénombrer chaque trésor**

• Lancer le dénombrement et rappeler que chaque équipe doit écrire son résultat sur sa feuille.

• Observer le travail des élèves. Rappeler si nécessaire la méthode retenue et l'aide apportée par les enveloppes pour faire les regroupements de 10 objets.

COLLECTIF

**PHASE 3 Synthèse sur le dénombrement**

• Rassembler les feuilles et les afficher au tableau, en désordre.

• Faire d'abord analyser la forme des messages :
– nombres en écriture chiffrée : 62 ;
– écritures du type : 10 / 10 / 10 / 10 / 10 / 10 / 2 ou 10 + 10 + 10 + 10 + 10 + 10 + 2 ;
– écritures du type : 6 paquets de 10 et 2 objets ou 6 dizaines et 2 unités.

• Si tous les messages n'ont pas la forme de l'écriture chiffrée du nombre, demander aux élèves comment l'obtenir :
– soit à partir du message, si c'est possible ;
– soit en revenant aux objets répartis dans les enveloppes.

COLLECTIF

**PHASE 4 Synthèse sur le dénombrement**

• Elle porte sur la façon de dénombrer une collection importante.

**SYNTHÈSE**

• Faire le plus possible de groupements de dix objets (de dizaines d'objets) permet d'obtenir facilement l'écriture du nombre.

• S'il y a 6 groupements de dix objets (6 dizaines d'objets) et 2 objets isolés, le nombre d'objets s'écrit directement 62.

• Le chiffre de gauche (ici, 6) indique combien il y a de groupements de dix objets (de dizaines d'objets) ; le chiffre de droite (ici, 2) indique combien il y a d'objets non groupés (cf. trace écrite ci-dessous).

**TRACE ÉCRITE**

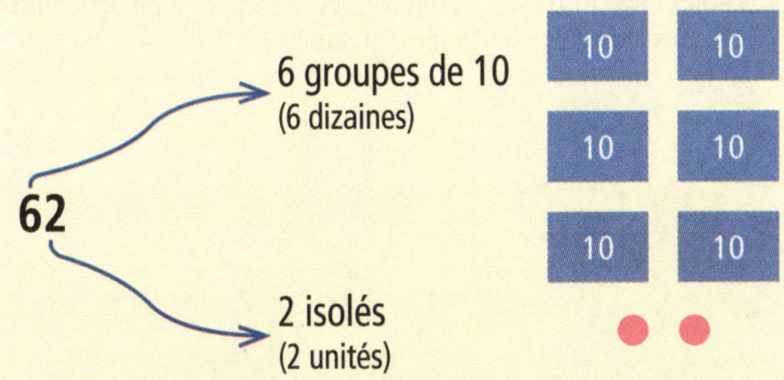


62 = 10 + 10 + 10 + 10 + 10 + 10 + 2 ou 62 = 6 dizaines et 2 unités

ÉQUIPES DE 4 OU 5

**PHASE 5 Comparer les trésors**

• Demander aux équipes de ranger les trésors du plus petit au plus grand, à partir des 3 nombres écrits au tableau en désordre :

62

46 64

UNITÉ 6

COLLECTIF

**PHASE 6** **Mise en commun et synthèse**

• La mise en commun porte essentiellement sur les réponses et les arguments erronés, puis sur les arguments corrects, par exemple :

– argument erroné et réponse fausse :

« 46 et 64, c'est pareil »

L'argument est d'abord discuté verbalement en référence à la valeur des chiffres, puis en utilisant les enveloppes et les écritures additives : comme il y a plus de groupements de 10 dans 64 que dans 46, le nombre est plus grand.

– argument erroné (malgré une réponse juste !) :

« 64 c'est plus que 62 parce que 10 (égal à 6 + 4) c'est plus grand que 8 (égal à 6 + 2) »

L'argument est discuté comme le précédent, d'abord verbalement, en référence à la valeur des chiffres, puis en utilisant les enveloppes et les écritures additives : comme il y a autant de groupements de 10 dans 64 que dans 62, il faut comparer les objets restés isolés.

• Faire repérer les 3 nombres sur la file numérique collective et faire remarquer qu'ils apparaissent dans un ordre compatible avec la comparaison qui vient d'être faite (46 avant 62 avant 64). Faire exprimer ou signaler comment se disent les nombres 40 (quarante), 50 (cinquante) et 60 (soixante) et les 3 nombres utilisés dans l'activité (quarante-six, soixante-deux, soixante-quatre).

**SYNTHÈSE**

En synthèse, proposer une première formulation de la comparaison des nombres.

• **Il faut d'abord comparer les dizaines** (les groupes de 10) ; si elles sont en nombres différents, on peut conclure.

• **S'il y a autant de dizaines** (de groupements de 10) dans chaque nombre, **il faut comparer les unités** (les nombres d'objets restés isolés).

Dans cette séance, on commence à aborder la comparaison des nombres en chiffres, mais cette connaissance sera reprise en séance 9. La procédure évoquée ici vise principalement à conforter la valeur à accorder à chaque chiffre en fonction de son rang. De même la lecture des nombres utilisés n'est que signalée. Celle des nombres jusqu'à 59 est travaillée en séance 8 de cette unité et celle des nombres plus grands en unités 9 et 10.

INDIVIDUEL

## ENTRAINEMENT

**FICHIER NOMBRES ET CALCULS** **p. 62**

Dénombrement

4 **Écris** le nombre de timbres d'Arthur.

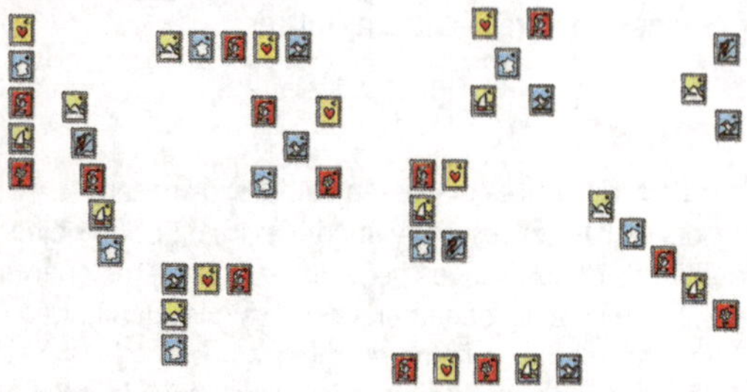

Arthur a .......... timbres.

**Exercice 4**

• Les objets à dénombrer sont organisés par cinq, afin d'inciter les élèves à faire rapidement des groupements par dix.

• Observer les procédures utilisées, sans donner d'indication aux élèves.

RÉPONSE : 48 timbres.

**À SUIVRE**

**En séance 5,** l'activité inverse de la précédente est proposée. Il s'agit de produire des quantités d'objets le plus vite possible en utilisant des groupements par dix constitués au préalable par les élèves.

**En séance 8,** les élèves apprennent à lire les nombres jusqu'à 59.

**En séance 9,** ils approfondissent la comparaison des nombres de deux chiffres déjà amorcée dans cette séance.

# Dizaines et unités (jusqu'à 99) : grouper par 10 pour dénombrer (2)



| | Tâche | Matériel | Connaissances travaillées |
|---|---|---|---|
| CALCUL MENTAL | **Problèmes dictés : addition, soustraction (jusqu'à 10)**<br>– Résoudre deux problèmes dont l'énoncé est donné oralement | pour la classe :<br>– une dizaine de crayons<br>– une boite<br>par élève :<br>FICHIER NOMBRES p. 63 1 | – **Calcul mental**<br>– Addition, soustraction |
| RÉVISER Problèmes | **Problèmes écrits : addition, soustraction (jusqu'à 10)**<br>– Résoudre deux problèmes dont l'énoncé est donné par écrit | par élève :<br>FICHIER NOMBRES p. 63 2 3 | – **Calcul mental**<br>– Addition, soustraction<br>– Utilisation des écritures additive et soustractive |
| APPRENDRE Nombres | **Dizaines et unités (jusqu'à 90) : grouper par 10 pour dénombrer (2)**<br>RECHERCHE **Vite, le trésor !**<br>– Réaliser des quantités importantes en utilisant des groupements par dix<br>– Comparer des nombres | pour la classe :<br>– une file numérique jusqu'à 99<br>par équipe de 4 ou 5 :<br>– un lot de 80 objets identiques : petits cubes, jetons, petites images…<br>– une dizaine d'enveloppes<br>par élève :<br>FICHIER NOMBRES p. 63 4 5 | – **Dizaines et unités**<br>– **Valeur positionnelle des chiffres**<br>– Groupements par dix<br>– Comparaison de nombres |

## CALCUL MENTAL

**Problèmes dictés** • Addition, soustraction (jusqu'à 10)

– Résoudre des problèmes donnés oralement (relevant de l'addition et de la soustraction).

COLLECTIF

FICHIER NOMBRES ET CALCULS p. 63

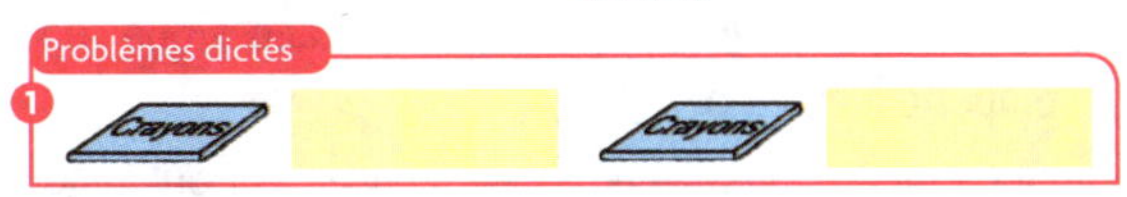


**Exercice 1**

• Même mise en œuvre qu'en séance 1 (recherche sur l'ardoise ou le cahier de brouillon, réponse dans le fichier). En particulier, pour chaque problème :

– inventorier les réponses et les procédures ;

– faire débattre de leur validité ;

– procéder à une vérification expérimentale.

**1[er] problème**

• Prendre 5 crayons dans une main et 3 dans l'autre. Les montrer distinctement, puis les mettre dans la boite, en disant :

➡ *J'ai 5 crayons dans cette main et 3 crayons dans l'autre. Je mets tous ces crayons dans cette boite. Combien de crayons y a-t-il dans la boite ? Cherchez et écrivez la réponse sur votre fichier (ou votre ardoise ou cahier de brouillon).*

RÉPONSE : 8 jetons.

**2[e] problème**

• Mettre 5 crayons dans une boite, puis en sortir 2 et les garder visibles en disant :

➡ *Je mets 5 crayons dans la boite. J'en sors 2.*
*Combien de crayons y a-t-il maintenant dans la boite ? Cherchez et écrivez la réponse sur votre fichier (ou votre ardoise ou cahier de brouillon).*

RÉPONSE : 3 crayons.

## RÉVISER

### **Problèmes écrits** • Addition, soustraction (jusqu'à 10)

– Résoudre des problèmes donnés par écrit (relevant de l'addition et de la soustraction).

INDIVIDUEL

**FICHIER NOMBRES ET CALCULS p. 63**

Problèmes écrits

**2** Arthur a mis 3 biscuits dans sa main droite, et 6 autres biscuits dans sa main gauche. Il les donne tous à Gribouille.

Combien de biscuits va recevoir Gribouille ?

*Gribouille va recevoir ........ biscuits.*

**3** Dans cette boite, il y avait 10 billes. Zoé a sorti 4 billes de la boite.

Combien reste-t-il de billes dans la boite ?

*Il reste .......... billes dans la boite.*

**Exercice 2**

• Reformuler la situation avec les élèves, en s'aidant du texte et du dessin.

• La recherche peut d'abord se faire sur le cahier de brouillon, avant que les élèves ne soient incités à reproduire ce qui leur a permis de trouver dans le cadre de recherche du fichier.

• La correction peut être individualisée ou être faite collectivement si beaucoup d'élèves n'ont pas réussi. Elle est l'occasion de formuler que $3 + 6 = 9$.

RÉPONSE : Gribouille va recevoir 9 biscuits.

**Exercice 3**

• Même déroulement que pour l'exercice 2.

• À la fin, on écrira l'égalité $10 - 4 = 6$.

RÉPONSE : Il reste 6 billes dans la boite.

## APPRENDRE

### **Dizaines et unités : grouper par dix pour dénombrer (2)**

– Comprendre l'écriture chiffrée des nombres (valeur positionnelle des chiffres).

COLLECTIF ET ÉQUIPES DE 4 OU 5

### RECHERCHE

**Vite, le trésor :** Les élèves, en équipes, disposent d'objets pour constituer des trésors. Ils doivent s'organiser pour constituer le plus rapidement possible des trésors de valeur donnée.

Remarques

– Comme en séance précédente, il est important d'avoir des objets tous identiques.

– La lecture des nombres utilisés pour la plupart des questions de cette séance n'est pas encore en place. Ce choix est volontaire. D'une part, la lecture des nombres n'est pas nécessaire puisqu'il s'agit de décoder des écritures chiffrées comme 58 en groupements de dix et en unités. D'autre part, le fait que la lecture ne soit pas en place incite les élèves à ne pas utiliser le comptage de un en un, mais à s'appuyer sur le décodage de l'écriture chiffrée.

### PHASE 1 Trouver les nombres cachés

• Diviser la classe en équipes de 4 ou 5 élèves.

• Remettre les objets et les enveloppes à chaque équipe, puis préciser la tâche :

➡ *Cette fois-ci, c'est à vous de réaliser les trésors que je vais vous demander. Je dirai combien le trésor doit avoir d'objets, et vous devrez vous organiser pour le construire le plus vite possible. Avant de commencer, vous pouvez réfléchir un moment pour trouver comment vous organiser pour répondre très vite. Ceux qui répondront très vite gagneront 2 points, ceux qui répondront un peu moins vite ne gagneront qu'un point, et ceux qui se tromperont ne marqueront aucun point.*

• Laisser un temps aux élèves pour s'organiser, sans indiquer de méthode.

• Poser la première question : ➡ *Je veux un trésor de 26 objets* (écrire 26 au tableau). *À vous…*

• Prendre les trésors dans l'ordre de leur réalisation par les équipes (en notant le nom de l'équipe à côté du trésor). Quand tous ont terminé, faire vérifier par d'autres équipes que chaque trésor comporte bien 26 objets.

• Attribuer 2 points aux 3 premières équipes qui ont répondu correctement et 1 point aux suivantes.

Cette première phase a pour but de faire comprendre ce qui est demandé. Le nombre 26 n'oblige pas à réaliser au préalable des groupements de 10 objets pour répondre rapidement. Le dénombrement par comptage de un en un peut ici être efficace, aussi bien pour construire le trésor que pour contrôler le nombre d'objets. Si des élèves ont utilisé des groupements par dix, cela est signalé sans être valorisé. C'est dans les phases suivantes que l'intérêt de préparer des groupements de 10 objets va apparaitre.

COLLECTIF ET ÉQUIPES DE 4 OU 5

### PHASE 2 S'organiser pour constituer un trésor de 58 objets

• Redonner à chaque équipe les objets utilisés en phase 1, les enveloppes et le quart de feuille A4 à chaque équipe, puis préciser la tâche :

➡ *Attention, le trésor demandé va être beaucoup plus important. Il faut trouver un moyen pour le construire le plus vite possible. Je vous laisse réfléchir un moment pour vous organiser. Vous pouvez déjà préparer ce qu'il faut pour répondre vite avec les enveloppes.*

• Laisser un temps aux élèves pour s'organiser, sans indiquer de méthode.

• Poser la deuxième question : ➡ *Je veux un trésor de 58 objets.* (écrire 58 au tableau) *À vous…*

• Prendre à nouveau les trésors dans l'ordre de leur réalisation par les équipes (en notant le nom de l'équipe à côté du trésor). Quand tous ont terminé, faire vérifier par d'autres équipes que chaque trésor comporte bien 58 objets.

• Attribuer 2 points aux 3 premières équipes qui ont répondu correctement et 1 point aux suivantes.

• Faire formuler les méthodes utilisées pour pouvoir répondre très vite, notamment, à partir des acquis de la séance précédente, mettre en évidence que l'utilisation de groupements par dix est un moyen très efficace de réussir rapidement.

• Pour cela, revenir sur la signification de l'écriture 58 :

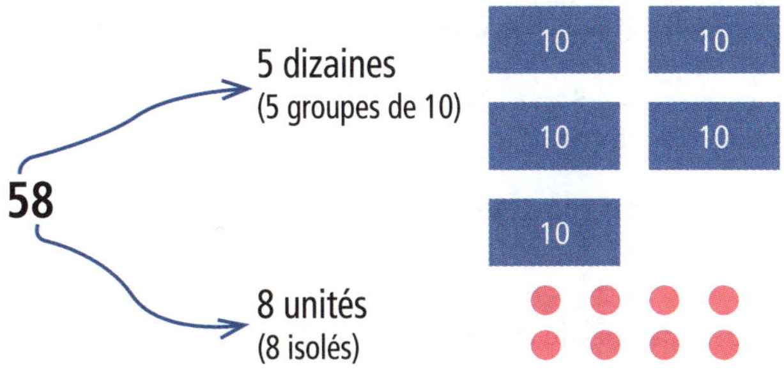


58 = 10 + 10 + 10 + 10 + 10 + 8

58 = 5 dizaines et 8 unités

Le fait que le nombre soit plus grand que celui proposé en phase 1 et que le matériel soit le même qu'en séance 4 devrait inciter les élèves à utiliser les groupements par dix. Si ce n'est pas le cas, l'enseignant les propose.

COLLECTIF ET ÉQUIPES DE 4 OU 5

## PHASE 3 S'organiser pour constituer d'autres trésors

• Reprendre l'activité de la phase 2 avec des trésors de 70 objets, 49 objets, 66 objets. Il s'agit maintenant de s'entrainer à utiliser les groupements par dix.

• À la fin, comparer les scores totaux obtenus par chaque équipe.

INDIVIDUEL

## ENTRAINEMENT

**FICHIER NOMBRES ET CALCULS p. 63**

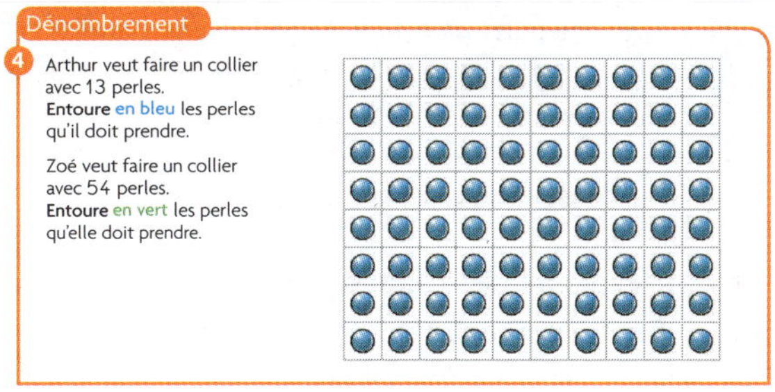
Dénombrement

4 Arthur veut faire un collier avec 13 perles.
**Entoure** en bleu les perles qu'il doit prendre.

Zoé veut faire un collier avec 54 perles.
**Entoure** en vert les perles qu'elle doit prendre.

### Exercice 4

• Les élèves peuvent repérer que, en lignes, les objets sont organisés par dix. Ils peuvent aussi créer leurs propres groupements par dix.

Pour isoler 13 perles, le dénombrement par comptage de un en un est possible. Pour en isoler 54, sans risque de se tromper, l'appui sur des groupements par dix est beaucoup plus efficace.

**À SUIVRE**

**En séance 8,** les élèves apprennent à lire les nombres jusqu'à 59.
**En séance 9,** ils approfondissent la comparaison des nombres de deux chiffres déjà envisagée dans cette séance et la précédente.

# UNITÉ 6 Mesure de longueurs par report de l'unité (1)



| | Tâche | Matériel | Connaissances travaillées |
|---|---|---|---|
| CALCUL MENTAL | **Répertoire additif (jusqu'à 10)**<br>– Calculer des sommes, des différences, des compléments | par élève :<br>– ardoise ou cahier de brouillon | – **Répertoire additif**<br>– Mémorisation |
| RÉVISER Espace | **Repérage dans un quadrillage**<br>– Reproduire une disposition de points sur quadrillage | par élève :<br>CAHIER GÉOMÉTRIE **p. 23** 1 2 | – **Repérage relatif de cases dans un quadrillage** |
| APPRENDRE Mesures | **Mesure de longueurs par report de l'unité**<br>RECHERCHE **Bandes colorées (1)**<br>– Commander ce qu'il faut de bandes grises pour recouvrir une bande donnée | pour la classe :<br>– boite avec 160 bandes grises de 1,5 cm x 3 cm (une autre couleur peut être choisie, mais pas orange) › **fiche 39**<br>– une fiche avec une bande de 1,5 cm x 12 cm dessinée au feutre › **à réaliser par l'enseignant**<br>– fiches A et B affichées au tableau › **fiche 40**<br>par équipe de 2 :<br>phase **1** :<br>– bande unité orange › **matériel du cahier, planche 3**<br>– colle<br>phase **2** :<br>– fiche A ou B › **fiche 40**<br>phase **3** :<br>– fiche C ou D › **fiche 41**<br>phase **4** :<br>– fiches A, B, C et D › **fiches 40 et 41** | – **Mesure de longueurs par report de l'unité** |

## CALCUL MENTAL

### Répertoire additif (jusqu'à 14)

– Mémoriser des sommes, des différences, des compléments.

COLLECTIF

• Formuler chaque question oralement sous la forme : *8 plus 2, 8 moins 5, que faut-il ajouter à 2 pour avoir 9 ?* (reformulé aussi sous la forme : *combien pour aller de 2 à 9 ?*). Les élèves répondent sur l'ardoise ou dans leur cahier de brouillon.

a. 8 + 2 b. 3 + 6 c. 8 – 5
d. 9 – 6 e. 2 → 9 f. 1 → 8

• En cas de difficulté, les réponses peuvent être validées en ayant recours aux doigts, mais les élèves sont incités à ne pas les utiliser pour répondre.

RÉPONSE : 10 ; 9 ; 3 ; 3 ; 7 ; 7.

## RÉVISER

### Repérage dans un quadrillage • Des points bien placés

– Reproduire une disposition sur quadrillage en se repérant par rapport aux cases.

INDIVIDUEL

**CAHIER MESURES ET GÉOMÉTRIE** p. 23

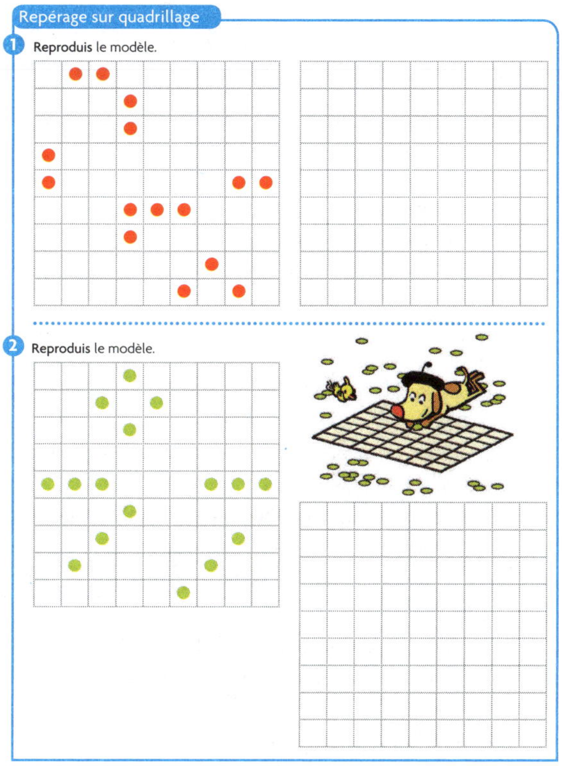


**Exercices 1 et 2**

• Préciser la consigne :

➡ *Il faut placer les ronds exactement comme sur le modèle, aux mêmes emplacements.*

• Une aide peut être apportée aux élèves qui sont le plus en difficulté, en leur faisant expliciter une stratégie de reproduction, ou en suscitant un contrôle sur le repérage relatif des cases (soit par rapport à une autre case, soit par rapport au bord du quadrillage).

• Une vérification à deux peut être organisée.

L'objectif ici est l'entrainement au repérage relatif des cases, nécessaire à la reproduction.
En différenciation, on peut proposer à certains élèves d'autres reproductions sur des quadrillages 6 × 6 ou 7 × 7.

**Différenciation** → CD-Rom du guide, fiche 21.

UNITÉ 6

## APPRENDRE

### Mesure de longueurs par report de l'unité (1)

– Exprimer une longueur par un nombre, une unité étant choisie.
– Effectuer une mesure de longueur par report de l'unité.
– Utiliser la mesure pour garder la mémoire d'une longueur ou pour la communiquer.

### RECHERCHE

**Bandes colorées (1) :** Les élèves doivent construire un chemin de même longueur qu'une bande donnée avec des bandes grises mises bout à bout, toutes de même longueur. Pour anticiper le nombre de bandes grises nécessaires, ils disposent d'une bande orange de même longueur que les bandes grises. Dans un premier temps, ils vont chercher en un seul voyage les bandes grises nécessaires. Dans un second temps, ils passent commande du nombre de bandes grises nécessaires.

COLLECTIF

**PHASE 1 Présentation du problème**

• Rappeler ce qui a été travaillé en unité 4, avec les bandes de couleur. Montrer les bandes grises. Faire constater qu'elles sont toutes de la même longueur.

➡ *On va cette fois construire des chemins uniquement avec des bandes grises mises bout à bout. Elles ne doivent pas se chevaucher.*

• Afficher au tableau la fiche avec une bande de 12 cm. Demander à un élève de venir au tableau réaliser avec les bandes grises mises bout à bout un chemin qui a exactement la même longueur que la bande affichée.

➡ *Comment savoir que le chemin est bien à la bonne longueur ?*

• Faire rappeler ce qui a été revu en unité 4. Expliquer deux dispositions possibles :

– le chemin avec les bandes grises est réalisé au-dessous de la bande dessinée au tableau, et les extrémités de la bande blanche et du chemin gris sont alignées ;

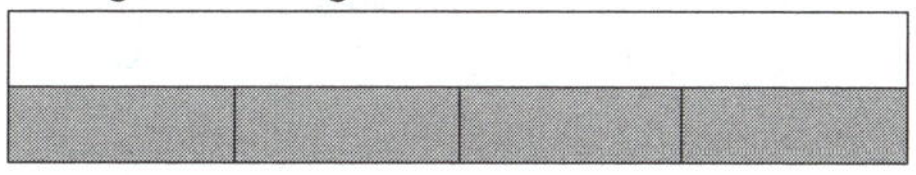

– le chemin avec les bandes grises est réalisé sur la bande dessinée au tableau, la recouvre et ne dépasse pas.

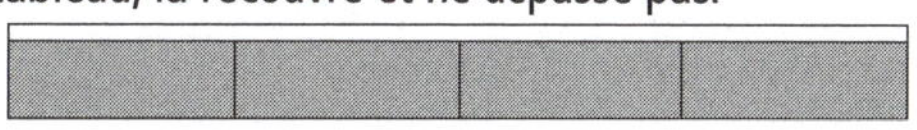

➡ *Les bandes grises sont dans cette boite, que je mets plus loin* (la montrer). *Je vous donnerai une fiche avec une bande blanche et vous devrez, comme on vient de le faire ensemble, réaliser un chemin avec les bandes grises ; ce chemin devra avoir exactement la même longueur que la bande blanche.*

ÉQUIPES DE 2

## PHASE 2 Aller chercher les bandes grises

• Distribuer à chaque équipe une bande orange et une **fiche A** ou une **fiche B**.

• Montrer une fiche A ou B aux élèves et préciser la tâche :

➡ *Chaque équipe a reçu une petite bande orange et une feuille sur laquelle Gribouille a dessiné une grande bande blanche. La petite bande orange a exactement la même longueur que les bandes grises.* (Le montrer en superposant une bande grise et une bande orange.)

*Vous devez réaliser avec des bandes grises un chemin qui a exactement la même longueur que la grande bande dessinée par Gribouille. Mais les bandes grises sont placées plus loin.*

*Vous vous mettrez d'accord sur le nombre de bandes grises qu'il vous faut. Puis, un élève de l'équipe ira les chercher dans la boite.*

*Vous pourrez ensuite vérifier en collant ces bandes grises sur ou au-dessous de la grande bande de Gribouille. S'il manque des bandes grises, tant pis ! et s'il y en a en trop, vous les collerez sur la fiche.*

• Lorsque toutes les équipes ont terminé, recenser les erreurs : bandes grises en quantité insuffisante ou trop importante.

• Engager une discussion sur les méthodes qui permettent d'anticiper le nombre de bandes grises nécessaires.

Certains groupes peuvent se contenter dans cette première phase d'une estimation peu précise, ce qui doit les amener à un échec. D'autres effectuent des reports en faisant glisser la bande orange, en prenant des repères avec le doigt ou le crayon. D'autres enfin, peut-être, utilisent les graduations de leur règle, cette procédure s'avérant peu efficace pour résoudre le problème posé.

• Les méthodes qui permettent de déterminer le nombre de bandes grises nécessaires sont validées.

L'objectif de cette phase est de mettre en évidence et d'expliciter la méthode de report d'une unité pour « quantifier » une longueur (méthode décrite en synthèse).

RÉPONSE : Pour la bande **A**, il faut 6 bandes grises. Pour la bande **B**, il faut 5 bandes grises.

ÉQUIPES DE 2

## PHASE 3 Commande des bandes grises

• Distribuer à chaque équipe la **fiche C** ou la **fiche D**.

Les équipes disposent toujours de la bande orange.

• Préciser la nouvelle contrainte :

➡ *Il s'agit du même problème que celui que vous venez de résoudre, mais avec d'autres bandes dessinées par Gribouille. Cette fois-ci, au lieu de vous servir directement dans la boite, vous devez écrire une commande. Vous écrirez sur la fiche le nombre de bandes grises qu'il vous faut pour réaliser un chemin qui a exactement la même longueur que votre bande.*

• Les élèves écrivent leur commande sur la fiche.

• Donner à chaque équipe le nombre de bandes grises commandées. Les élèves les collent ensuite en dessous ou sur leur bande blanche. Les morceaux en trop sont collés au bas de la fiche.

• Recenser les erreurs.

• Engager une discussion sur la méthode qui permet d'anticiper le nombre de bandes grises nécessaires : c'est le report de la bande orange.

La nouvelle contrainte conduit à privilégier le report de l'unité et l'usage des nombres.

RÉPONSE : Pour la bande **C**, il faut 7 bandes grises. Pour la bande **D**, il faut 8 bandes grises.

COLLECTIF

## PHASE 4 Une méthode efficace : le report de la bande orange

**SYNTHÈSE**

La synthèse porte sur 3 points.

• **La méthode**

Pour connaitre le nombre de bandes grises nécessaires, on reporte la bande orange sur la bande blanche :
– on place l'extrémité gauche de la bande orange contre l'extrémité gauche de la bande blanche ;
– on marque au crayon sur la bande blanche l'extrémité droite de la bande orange ;
– on déplace la bande orange de façon à ce que son extrémité gauche soit contre la marque effectuée ;
– on répète cette opération jusqu'à ce que l'extrémité droite de la bande orange coïncide avec la deuxième extrémité de la bande à recouvrir.

• **L'introduction du mot « unité »**

La bande orange qu'on reporte et qui a même longueur que les bandes grises est appelée « unité de longueur ».

• **L'expression de la mesure**

On dit : « la bande C mesure 7 unités », « la bande D mesure 8 unités ».

Le terme « unité de longueur » peut être rapproché du mot « unité » déjà utilisé en numération décimale : « L'unité c'est ce qui vaut 1, ce qui mesure 1… ».

INDIVIDUEL

## ENTRAINEMENT

• S'il reste du temps, les élèves sont invités à vérifier individuellement les longueurs des bandes sur lesquelles ils n'ont pas travaillé durant la séance.

**À SUIVRE**

**En séance 7,** les élèves devront mesurer une bande avec une unité donnée pour pouvoir construire une bande de longueur égale.

# Mesure de longueurs par report de l'unité (2)



| | Tâche | Matériel | Connaissances travaillées |
|---|---|---|---|
| CALCUL MENTAL | **Répertoire additif (jusqu'à 10)**<br>– Calculer des sommes, des différences, des compléments | pour la classe :<br>– ardoise ou cahier de brouillon | **– Répertoire additif**<br>– Mémorisation |
| RÉVISER Géométrie | **Tracés à la règle**<br>– Terminer la reproduction d'un dessin à l'aide de la règle | pour la classe :<br>– exercice 1 agrandi<br>– un calque avec le dessin modèle<br>par élève :<br>– une règle et un crayon<br>CAHIER GÉOMÉTRIE p. 24 1 | **– Analyser une figure pour la reproduire**<br>– Tracer avec la règle avec contraintes |
| APPRENDRE Mesures | **Mesure de longueurs par report de l'unité**<br>RECHERCHE **Bandes colorées (2)**<br>– Trouver combien de fois il faut reporter une bande unité pour recouvrir une bande donnée | pour la classe :<br>– fiche avec bande de 18 cm › **fiche 42**<br>par équipe de 2 :<br>– bande unité orange › **matériel du cahier, planche 3**<br>– bande de 18 cm › **fiche 42**<br>– bande jaune (ou autre couleur qui ne soit ni orange, ni grise) › **fiche 43**<br>– bande de 21 cm › **fiche 44**<br>– un quart de feuille A4<br>– ciseaux, colle<br>par élève :<br>CAHIER GÉOMÉTRIE p. 24 2 3 | **– Mesure de longueurs par report de l'unité** |

## CALCUL MENTAL

**Répertoire additif (jusqu'à 14)**
– Mémoriser des sommes, des différences, des compléments.

COLLECTIF

• Formuler chaque question oralement sous la forme : *1 plus 7, 9 moins 7, que faut-il ajouter à 4 pour avoir 10 ?* (reformulé aussi sous la forme : *combien pour aller de 4 à 10 ?*). Les élèves répondent sur l'ardoise ou dans leur cahier de brouillon.

a. 1 + 7 b. 3 + 7 c. 9 – 7
d. 10 – 8 e. 4 → 10 f. 3 → 8

• En cas de difficulté, les réponses peuvent être validées en ayant recours aux doigts, mais les élèves sont incités à ne pas les utiliser pour répondre.

RÉPONSE : 8 ; 10 ; 2 ; 2 ; 6 ; 5.

# RÉVISER

## **Tracés à la règle** • Dans un carré (1)

– Effectuer des tracés à la règle en respectant des contraintes.
– Analyser et reproduire un modèle

COLLECTIF PUIS INDIVIDUEL

**CAHIER MESURES ET GÉOMÉTRIE p. 24**

Tracés à la règle

1 **Trace** avec la règle les traits qui manquent pour obtenir le même dessin que le modèle.

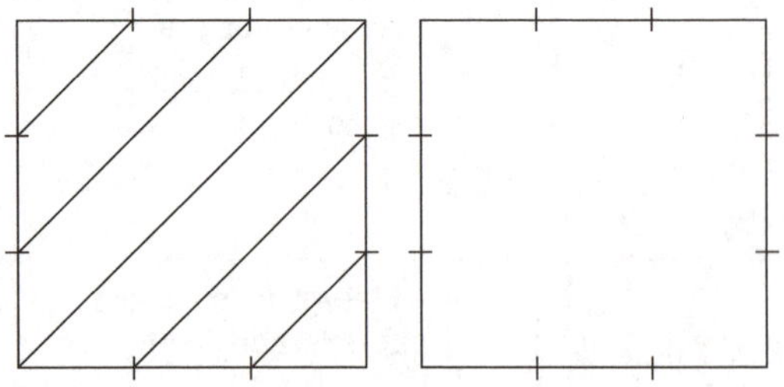

### Exercice 1

• Faire observer et décrire le modèle :

➡ *Le dessin est obtenu en reliant certains repères marqués sur les côtés du carré.*

• Commenter la consigne :

➡ *Il s'agit de refaire exactement le même dessin que le modèle ; si l'on place le calque du modèle dessus* (le montrer), *le modèle et la reproduction devront se superposer.*

• Aider chaque élève à la réalisation de la tâche.

• Si besoin, conclure collectivement :
– les traits doivent être tracés à la règle ;
– les extrémités des traits sont des repères marqués ;
– pour reproduire un trait, il faut bien repérer ses extrémités.

D'autres reproductions de ce type sont proposées en consolidation dans cette unité, dans les unités 9 et 10 et dans le jeu 23 du CD-Rom.

**Différenciation** → CD-Rom du guide, fiche 22.

# APPRENDRE

## Mesure de longueurs par report de l'unité (2)

– Exprimer une longueur par un nombre, une unité étant choisie.
– Effectuer une mesure de longueur par report de l'unité.
– Utiliser la mesure pour garder la mémoire d'une longueur ou pour la communiquer.

### RECHERCHE

**Bandes colorées (2) :** Les élèves doivent découper dans une bande jaune une bande qui recouvre exactement une bande donnée. Dans un premier temps, ils disposent de la bande à recouvrir et d'une bande unité, le temps de prendre les informations nécessaires. Dans un deuxième temps, ils disposent de la bande unité et de la bande jaune à découper, mais plus de la bande à recouvrir.

ÉQUIPES DE 2

### PHASE 1 Réaliser une bande de même longueur qu'une bande donnée

• Constituer des équipes de 2.

• Distribuer aux équipes la fiche avec la bande de 18 cm, la bande unité orange et un quart de feuille A4. La règle graduée est interdite.

• Préciser la tâche :

➡ *Sur la feuille que voici* (montrer la fiche avec la bande de 18 cm), *Gribouille a dessiné une nouvelle bande. Vous devez réaliser une bande jaune qui doit avoir exactement la même longueur* (superposer la bande jaune sur la bande de Gribouille). *Mais il y a une difficulté ! C'est qu'au moment de découper la bande jaune, vous n'aurez plus la feuille avec la bande de Gribouille. Je l'aurai reprise. Vous devez donc écrire des informations concernant la bande de Gribouille sur ce bout de feuille* (montrer le quart de feuille A4). *Ces informations devront vous permettre de découper une bande jaune qui doit avoir la même longueur que la bande de Gribouille.*

• Inviter les élèves à se mettre d'accord pour noter des informations sur le quart de feuille A4.

• Récupérer ensuite les fiches avec la bande dessinée par Gribouille, donner aux équipes une bande de papier de couleur jaune et répéter la consigne :

➡ *Il s'agit de découper une bande jaune qui a exactement la même longueur que la bande de Gribouille.*

• Quand la bande jaune est découpée, redonner la fiche initiale pour validation. Les élèves la collent sur la fiche de manière à montrer qu'elle a la même longueur que la bande de Gribouille (en dessous, avec les extrémités alignées).

L'objectif est l'appropriation de la méthode de report d'une unité pour mesurer une bande et construire une bande de même longueur. La taille réduite de la feuille de papier donnée pour noter les informations bloque la procédure utilisée en unité 3, séance 7 (dessin d'une bande de même longueur que la bande de Gribouille ou repérage de sa longueur sur le bord de la feuille). On peut penser que les élèves vont réinvestir ce qui a été vu dans la séance 6. Cependant, certaines équipes peuvent ne pas avoir encore perçu l'intérêt de prendre et noter des mesures pour résoudre ce type de problème. C'est alors l'impossibilité de produire une bande de longueur correcte qui doit leur faire prendre conscience de la nécessité d'utiliser ici les mesures.

COLLECTIF

**PHASE 2** **Mise en commun et synthèse**

• Faire le bilan des erreurs : certaines informations notées ne permettent pas de réaliser une bande colorée de la bonne longueur.

• Faire exprimer la procédure utilisée pour réussir :
– reporter avec précision la bande unité orange sur la bande de Gribouille ;
– noter le nombre de fois où la bande orange est contenue dans la bande de Gribouille : 6 fois ;
– reporter 6 fois la bande orange sur la bande jaune à partir d'une extrémité ;
– découper la bande jaune le long du dernier repère marqué.

• Engager les équipes qui n'ont pas réussi à recommencer avec une nouvelle bande jaune. Pour les équipes qui ont réussi, reprendre l'activité avec la bande de la fiche 44 (bande de 7 unités).

Les élèves ont du mal à faire le report de l'unité avec précision. Si la méthode est valide, une erreur de quelques millimètres est acceptable pour la longueur de la bande colorée.
Les erreurs dues à une méthode non valide (par estimation par exemple) sont distinguées de celles dues à une exécution imprécise.

**SYNTHÈSE**

• La bande unité orange est contenue exactement 6 fois dans la bande de Gribouille, en la reportant bout à bout.

• On dit que **la bande de Gribouille mesure 6 unités** ou que **la mesure de la bande de Gribouille est 6 unités**.

• La bande jaune qui a exactement la même longueur que la bande de Gribouille a aussi pour mesure 6 unités.

• La mesure d'une bande est utile pour construire une autre bande de même longueur.

INDIVIDUEL

## ENTRAINEMENT

**CAHIER MESURES ET GÉOMÉTRIE p. 24**

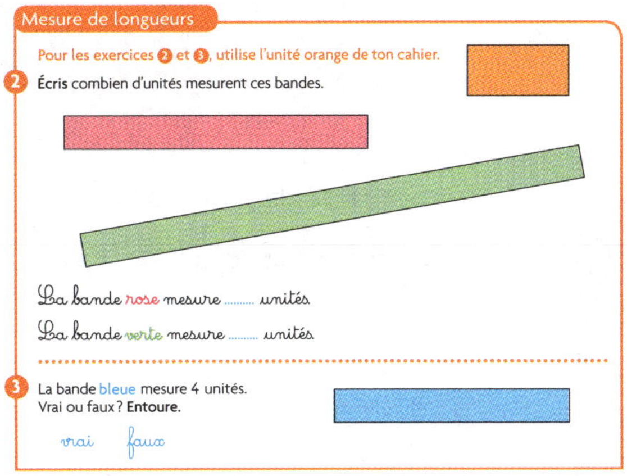
Mesure de longueurs

Pour les exercices 2 et 3, utilise l'unité orange de ton cahier.

2 Écris combien d'unités mesurent ces bandes.

La bande rose mesure ........ unités.

La bande verte mesure ........ unités.

3 La bande bleue mesure 4 unités.
Vrai ou faux ? Entoure.

vrai faux

**Exercices 2 et 3**

• Les élèves s'entrainent au report de l'unité pour mesurer la longueur de bandes. Dans l'exercice 2, ils écrivent la longueur de chaque bande.

RÉPONSE : 2 La bande rose mesure 3 unités. La bande verte mesure 5 unités.
3 Faux (entre 2 et 3 unités).

**Différenciation** → CD-Rom du guide, fiche 23.

**À SUIVRE**

**En unité 7,** la mesure de longueur de segments par report de l'unité sera entrainée, et les élèves vont apprendre à mesurer des longueurs à l'aide d'une règle graduée.

UNITÉ 6

# Lecture des nombres jusqu'à 59



| | Tâche | Matériel | Connaissances travaillées |
|---|---|---|---|
| CALCUL MENTAL | **Calcul réfléchi de sommes en appui sur les doubles**<br>– Calculer des sommes (résultat inférieur à 20) | par élève :<br>FICHIER NOMBRES p. 64 1 | – **Calcul réfléchi**<br>– Doubles<br>– Appui sur un résultat connu |
| RÉVISER Nombres | **Comparaison des nombres jusqu'à 39**<br>– Comparer et ranger des nombres | pour la classe :<br>– 12 demi-feuilles A4 portant les nombres 1, 4, 8, 9, 10, 12, 15, 19, 20, 25, 32, 37<br>– matériel permettant d'afficher ces feuilles (scotch, support…)<br>– file numérique collective disponible seulement à la fin<br>par élève :<br>FICHIER NOMBRES p. 64 2 | – **Nombres jusqu'à 39**<br>– **Comparaison, rangement**<br>– Lecture |
| APPRENDRE Nombres | **Lecture des nombres jusqu'à 59**<br>RECHERCHE **Le furet attentif**<br>– Dire la suite des nombres soit en évitant certains nombres, soit en ne disant que les nombres désignés | pour la classe :<br>– la file numérique collective de 1 à 59 affichée<br>par élève :<br>– une feuille de papier et un crayon<br>FICHIER NOMBRES p. 64 3 4 | – **Dizaine**<br>– Décomposition de quantités (de 11 à 39) en appui sur les quantités 10, 20 et 30<br>– Signification des chiffres en fonction de leur rang<br>– Lecture des nombres jusqu'à 39 |

## CALCUL MENTAL

### Calcul réfléchi de sommes en appui sur les doubles

– Calculer mentalement des sommes proches des doubles.

COLLECTIF

FICHIER NOMBRES ET CALCULS p. 64

**Exercice 1**

• Formuler chaque question oralement sous la forme *6 plus 6*. Les élèves répondent dans leur fichier.

a. 6 + 6 b. 7 + 6 c. 6 + 8
d. 7 + 7 e. 7 + 8 f. 8 + 7

• En cas de difficulté, les réponses peuvent être validées en ayant recours aux cartes constellations, pour montrer, par exemple, que l'on passe de 6 + 6 à 7 + 6 en ajoutant 1 au premier résultat établi.

RÉPONSE : 12 ; 13 ; 14 ; 14 ; 15 ; 15.

## RÉVISER

### Comparaison des nombres jusqu'à 39

– Comparer et ranger des nombres.

ÉQUIPES DE 2 OU 3

**PHASE 1 Le petit train des nombres**

• Répartir entre les équipes (équipes de 2 ou 3 élèves), une douzaine de demi-feuilles A4 portant des nombres écrits en chiffres, par exemple : 1, 4, 8, 9, 10, 12, 15, 19, 20, 25, 32, 37.

• Dire oralement un des nombres (par exemple douze). Demander à l'équipe qui le possède de l'afficher au tableau.

• Dire oralement un autre nombre (par exemple huit). Demander à l'équipe qui le possède de venir le placer avant le précédent s'il est plus petit, ou après s'il est plus grand, mais avec un espace puisqu'il ne vient ni juste avant ni juste après. Demander aux élèves de justifier leur placement en utilisant le vocabulaire plus petit que ou plus grand que. Solliciter les autres élèves pour approuver ou contester le placement, et les faire argumenter.

• Procéder ainsi jusqu'au dernier nombre à placer. Chaque nombre peut, selon le cas, être posé avant ou après tous ceux qui sont placés, ou entre des nombres déjà placés ; seuls les nombres consécutifs (comme 8 et 9 par exemple) sont mis côte à côte. Si nécessaire, des feuilles déjà placées peuvent être écartées pour faire place à de nouveaux nombres.

Pour comparer 2 nombres ou pour situer un nombre par rapport à des nombres déjà rangés, les élèves peuvent se référer :
– soit aux quantités : huit c'est moins que douze (matérialisation éventuelle par des objets ou par les doigts) ;
– soit à la file numérique : je sais que 12 vient après 8 ;
– soit à une connaissance sur les nombres déjà construite : le nombre 8 est plus petit que le nombre 12.
Il est important que ces différents types d'arguments et de formulations soient mis en relation, avec l'aide de l'enseignant.
La comparaison des nombres à deux chiffres, déjà envisagée ici ainsi que dans les séances d'apprentissage 4 et 5 sera systématisée en séance 9.

INDIVIDUEL

**PHASE 2**

**FICHIER NOMBRES ET CALCULS p. 64**

Comparer des nombres

2 Entoure le plus grand des deux nombres.

7 12    7 5    7 27    19 30

23 32    15 12    15 25    14 15

**Exercice 2**

• La file numérique n'est pas disponible, sauf pour les élèves les plus en difficulté ; il est souhaitable alors qu'elle ne le soit que pour une partie des comparaisons à effectuer.

• Une exploitation collective peut être organisée à l'issue du traitement de l'exercice, selon les difficultés rencontrées par les élèves.

• La référence à la file numérique permet de renforcer le lien établi entre « avant » et « plus petit », et entre « après » et « plus grand ».

RÉPONSE : 12 ; 7 ; 27 ; 30 ; 32 ; 15 ; 25 ; 15.

La non-utilisation des symboles < et > reste ici volontaire. L'enjeu prioritaire est que les élèves soient capables de comparer deux ou plusieurs nombres.

**Différenciation** → CD-Rom du guide, fiche 24.

UNITÉ 6

## APPRENDRE

### Lecture des nombres jusqu'à 59

– Lire les nombres jusqu'à 59 en s'appuyant sur les mots-clés : *vingt, trente, quarante* et *cinquante*.
– Maitriser la suite écrite jusqu'à 59 et ses régularités.

### RECHERCHE

**Le furet attentif :** Des nombres étant cachés sur la file numérique, les élèves doivent dire la suite des nombres en sautant les nombres cachés, ou au contraire ne dire que les nombres cachés.

COLLECTIF

**PHASE 1 Comment se lisent les nombres de la file ?**

• Faire rappeler les mots-clés *vingt* et *trente*, mis en relation avec 20 et 30 (les écrire en lettres sous les cases correspondantes de la file numérique). Faire lire quelques nombres inférieurs à 39.

• Indiquer (avec l'aide des élèves) deux autres mots-clés : *quarante* et *cinquante*. Les mettre en relation avec 40 et 50 sur la file collective (et les écrire en lettres sous les cases correspondantes).

• Demander aux élèves de lire des nombres et, inversement, de trouver les écritures de nombres dits oralement, entre 1 et 59, en s'appuyant sur ces mots-clés.

La limitation, dans cette séance, de la lecture des nombres à 59 est due au fait que, au-delà, les principes de lecture changent : soixante peut être associé aussi bien à 6 qu'à 7 comme chiffres « de gauche ».

COLLECTIF

**PHASE 2 Synthèse**

**SYNTHÈSE**

• Pour lire les nombres de deux chiffres, il faut connaitre la suite vingt, trente, quarante, cinquante.
• Ensuite, il faut savoir à quelle famille appartient le nombre qu'on veut lire :
– s'il commence par 2, c'est la famille des vingt : 20, 21, 22…
– s'il commence par 3, c'est la famille des trente : 30, 31, 32…
– s'il commence par 4, c'est la famille des quarante : 40, 41, 42…
– s'il commence par 5, c'est la famille des cinquante : 50, 51, 52…

COLLECTIF

**PHASE 3 Ne pas dire les nombres cachés**

• Donner la règle du jeu, après avoir caché 5 nombres entre 20 et 59 sur la file collective :
➡ *4 ou 5 nombres sont cachés, ce sont des pièges pour le furet, des nombres qu'il ne faut pas dire.*
• Le jeu peut prendre plusieurs formes :
– un élève récite seul à partir d'un nombre indiqué, les autres sont attentifs aux erreurs éventuelles et peuvent suivre avec un pion sur leur file numérique personnelle ;
– les quatre élèves d'un groupe disent un nombre (ou 2 nombres consécutifs) à tour de rôle ;
– chaque élève de la classe est sollicité à tour de rôle pour dire un nombre (ou 2 nombres consécutifs).

COLLECTIF

**PHASE 4** **Ne dire que les nombres cachés**

• Donner la règle du jeu, après avoir caché une vingtaine de nombres entre 1 et 59 sur la file collective :

➡ *Il faut maintenant dire tous les nombres cachés pour indiquer au furet où sont les pièges.*

• Donner un exemple : l'enseignant et un élève disent un nombre caché à tour de rôle à partir de un.

• Le jeu peut prendre les mêmes formes qu'en phase 3.

Dans un premier temps, il est important de favoriser la connaissance des mots-clés, et donc de la comptine : « dix, vingt, trente, quarante, cinquante ». Pour cela, dans le 1er jeu, on peut commencer par cacher tous les nombres ayant 0 pour chiffre des unités : on remarque alors qu'il faut éviter les mots-clés (trente pour 30), mais qu'ils sont utilisés pour les nombres suivants (31, 32, 33…). Dans le 2e jeu, on peut commencer par cacher tous les nombres ayant le même chiffre des unités (par exemple 15, 25, 35, 45, 55) : on remarque alors que, sauf pour quinze, la suite vingt, trente, quarante, cinquante est utilisée avec le mot cinq.
La connaissance de la comptine de dix en dix est une aide importante pour le dénombrement de collections par dizaines, et donc pour la compréhension de la numération décimale.

INDIVIDUEL

## ENTRAINEMENT

**FICHIER NOMBRES ET CALCULS** **p. 64**

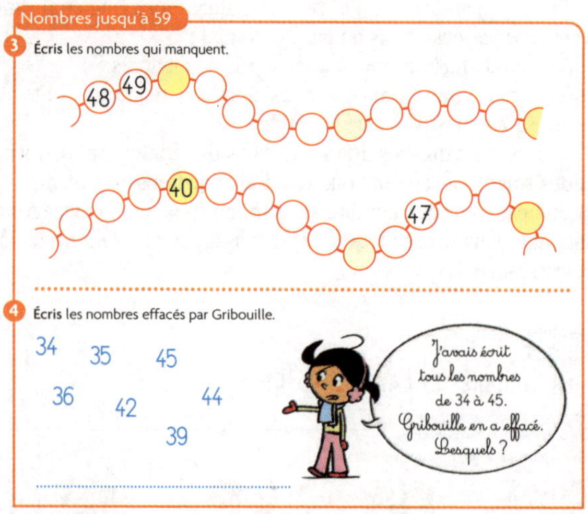


**Exercice 3**

• Cet exercice vient en application directe du travail sur la file numérique.

RÉPONSE : Nombres de 50 à 59. Nombres de 37 à 39, de 41 à 46 et de 48 à 50.

**Exercice 4**

• Cet exercice est plus difficile.

**AIDE** Les élèves peuvent être incités à écrire sur de petites feuilles les nombres fournis, puis à écrire sur d'autres feuilles, d'une autre couleur, les nombres manquants.

RÉPONSE : 37 ; 38 ; 40 ; 41 ; 43.

**Différenciation** → CD-Rom du guide, fiche 24.

**À SUIVRE**
L'écriture de ces nombres en lettres est travaillée **en unité 9, séance 1**.

| | Tâche | Matériel | Connaissances travaillées |
|---|---|---|---|
| CALCUL MENTAL | **Calcul réfléchi de sommes en appui sur les doubles**<br>– Calculer des sommes (résultat inférieur à 20) | par élève :<br>FICHIER NOMBRES p. 65 1 | – **Calcul réfléchi**<br>– Passage par 10<br>– Appui sur un résultat connu |
| RÉVISER Nombres | **Comparaison des nombres jusqu'à 39**<br>– Comparer et ranger des nombres | par élève :<br>FICHIER NOMBRES p. 65 2 3 | – **Nombres jusqu'à 39**<br>– **Comparaison, rangement** |
| APPRENDRE Nombres | **Comparaison des nombres**<br>RECHERCHE **Qui a le plus ?**<br>– Comparer des nombres jusqu'à 99 | pour la classe :<br>– 4 enveloppes contenant chacune une carte constellation parmi celles représentant les nombres 35, 51, 53 et 70 (chaque nombre est écrit en chiffres sur son enveloppe)<br>› **fiche 45**<br>– file numérique collective<br>par équipe :<br>– une ardoise<br>par élève :<br>FICHIER NOMBRES p. 65 4 5 | – **Comparaison et rangement des nombres**<br>– Signification des chiffres en fonction de leur rang |

## CALCUL MENTAL

### Calcul réfléchi de sommes en appui sur 5 ou sur 10

– Calculer mentalement des sommes en prenant appui sur 5 ou sur 10.

COLLECTIF

FICHIER NOMBRES ET CALCULS p. 65

**Exercice 1**

• Formuler chaque question oralement sous la forme : *9 plus 3*. Les élèves répondent dans leur fichier.

a. 9 + 3 b. 9 + 5 c. 9 + 4
d. 8 + 3 e. 8 + 6 f. 8 + 5

• En cas de difficulté, les réponses peuvent être validées en ayant recours aux cartes constellations, pour montrer qu'on peut calculer, par exemple, 8 + 6 comme 8 + 2 + 4 ou comme 5 + 3 + 5 + 1 (en regroupant ensuite les 5).

RÉPONSE : 12 ; 14 ; 13 ; 11 ; 14 ; 13.

## RÉVISER

### Comparaison des nombres jusqu'à 39
– Comparer et ranger des nombres.

INDIVIDUEL

**FICHIER NOMBRES ET CALCULS p. 65**

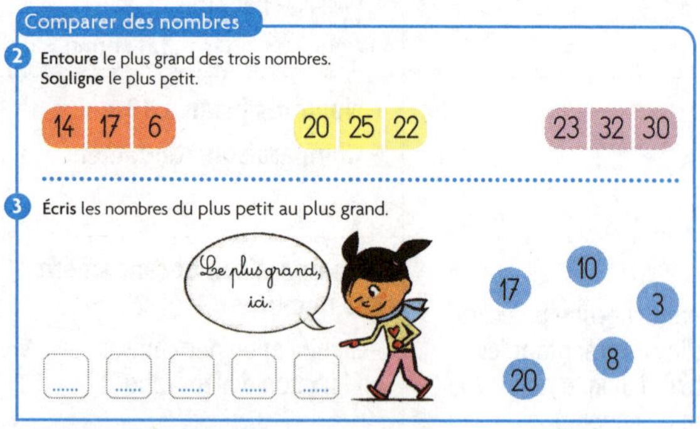
Comparer des nombres

2 **Entoure** le plus grand des trois nombres.
**Souligne** le plus petit.

14 17 6 | 20 25 22 | 23 32 30

3 **Écris** les nombres du plus petit au plus grand.



**Exercices 2 et 3**

• La file numérique n'est pas disponible, sauf pour les élèves les plus en difficulté ; il est souhaitable alors qu'elle ne le soit que pour une partie des exercices.

• Une exploitation collective peut être organisée à l'issue du traitement de l'exercice 3, selon les difficultés rencontrées par les élèves.

• La référence à la file numérique permet de renforcer le lien établi entre « avant » et « plus petit », et entre « après » et « plus grand ».

La non-utilisation des symboles < et > reste volontaire. L'enjeu prioritaire est que les élèves soient capables de comparer deux ou plusieurs nombres. Ces symboles seront introduits dans l'activité d'apprentissage suivante, qui porte sur la comparaison des nombres jusqu'à 99.

RÉPONSE : 2 Entourer : 17 ; 25 ; 32. Souligner : 6 ; 20 ; 23.
3 3 ; 8 ; 10 ; 17 ; 20.

**Différenciation** → CD-Rom du guide, fiche 25.

## APPRENDRE

### Comparaison des nombres
– Comparer des nombres jusqu'à 99.

ÉQUIPES DE 2

### RECHERCHE

**Qui a le plus :** Les élèves doivent comparer des quantités exprimées par des nombres, une vérification pouvant se faire par un retour aux quantités illustrées par des cartes constellations.
Remarque : Tous les nombres utilisés dans cette activité ne peuvent pas être lus par les élèves. L'important est que les élèves travaillent sur la signification des écritures chiffrées.

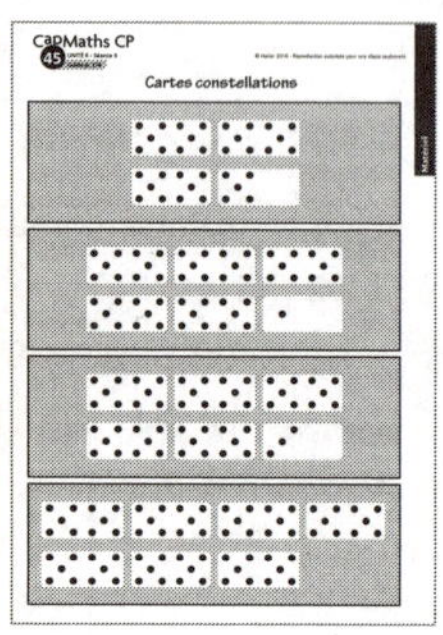


**PHASE 1 Comparaison de 35 et de 53**

• Montrer les enveloppes « 35 » et « 53 », sans les ouvrir (seuls les nombres écrits sur les enveloppes sont visibles). Indiquer aux élèves qu'elles contiennent l'une 35 points, l'autre 53 points. Écrire les deux nombres au tableau. Remettre les deux enveloppes à une équipe de 2 élèves et préciser la tâche :

➡ *Vous devez dire dans quelle enveloppe il y a le plus de points. Il faudra écrire votre réponse sur l'ardoise. Les deux camarades qui ont les enveloppes pourront les ouvrir pour répondre.*

• Lorsque chaque équipe a répondu, recenser les avis sans se prononcer.

• Faire expliciter les arguments en faveur de telle ou telle conclusion. Les reformuler pour qu'ils soient compris de tous.

• Valider la bonne réponse, en utilisant le contenu des 2 enveloppes affichées au tableau.

Les élèves ont déjà comparé des nombres et utilisé diverses procédures. Il s'agit ici de faire le point à ce sujet, de généraliser les procédures de comparaison aux nombres jusqu'à 99 et de préciser un codage pour rendre compte du résultat de la comparaison.
Deux types d'arguments peuvent être utilisés :
– dans 35 il y a 3 dizaines (3 groupements de dix) alors que dans 53 il y en a 5, donc il y a moins de points dans 35 que dans 53 (aspect cardinal) ;
– dans la file des nombres, 35 est avant 53, donc il est plus petit (aspect ordinal).
Le premier argument qui s'appuie sur la valeur positionnelle des chiffres doit prévaloir sur le second. Le choix de 35 et 53, constitués des mêmes chiffres, permet d'ailleurs à nouveau de mettre en évidence l'importance du rang occupé par les chiffres.

COLLECTIF

**PHASE 2 Synthèse et codage mathématique**

### SYNTHÈSE

• Mettre en évidence le rôle joué par les dizaines dans les deux procédures de comparaison de nombres :
**Procédure 1 :** s'appuyer sur les quantités (points et constellations) et montrer le rôle joué par chaque chiffre ; par exemple, 35 points c'est moins que 53 points, car il y a 3 dizaines (3 groupements de 10) dans un cas et 5 dans l'autre.
**Procédure 2 :** se servir de la place des nombres sur la file numérique ; par exemple, tous les nombres à 2 chiffres qui commencent par 3 sont situés avant ceux qui commencent par 5.

• **Proposer le codage mathématique** 35 < 53 ou 53 > 35, et le vocabulaire « 35 est plus petit que 53, 53 est plus grand que 35 », en indiquant qu'il faut se souvenir que le plus petit est « du côté de la pointe » et le plus grand « du côté de l'ouverture ».

**TRACE ÉCRITE**

Conserver le codage 35 < 53 avec en dessous les cartes constellations correspondant à chaque nombre.

ÉQUIPES DE 2

## PHASE 3 Comparaison de 51 avec 35 et 53, puis de 70 avec ces mêmes nombres

• Afficher l'enveloppe marquée 51 et demander si 51 est plus ou moins grand que 35 d'une part et que 53 d'autre part, en précisant :

➡ *Vous devez écrire les réponses en utilisant les signes < et >.*

• Exploiter les réponses comme ci-dessus, en insistant sur les arguments qui justifient les réponses. Comparer les codages utilisés et conclure par : 51 > 35 ; 35 < 51 ; 51 < 53 ; 53 > 51.

• Reprendre le même scénario, en demandant de comparer 70 aux nombres déjà étudiés.

COLLECTIF

## PHASE 4 Synthèse

**SYNTHÈSE**

Reprendre la 2e synthèse de la séance 4.

• **Il faut d'abord comparer les dizaines** (les groupes de 10) ; si elles sont en nombres différents, on peut conclure : le plus grand nombre est celui qui a le plus de dizaines.

• **S'il y a autant de dizaines** (de groupements de 10) dans chaque nombre, **il faut comparer les unités** (les nombres d'objets restés isolés) : le plus grand nombre est celui qui a le plus d'unités.

L'utilisation des signes < et > est un objectif secondaire. La priorité est à donner aux procédures de comparaison. Si l'usage des symboles pose trop de difficultés, on peut demander aux élèves de coder le résultat de la comparaison en entourant le plus grand nombre et en soulignant le plus petit.

INDIVIDUEL

## ENTRAINEMENT

**FICHIER NOMBRES ET CALCULS p. 65**

Comparer des nombres

4 Entoure le plus petit des deux nombres.

28 34 — 64 46 — 51 47

19 90 — 40 32 — 77 68

5 Complète avec < ou >.

| | | | |
|---|---|---|---|
| 24 ........ 52 | 68 ........ 66 | 50 ........ 49 | 20 ........ 8 |
| 74 ........ 47 | 39 ........ 40 | 35 ........ 53 | 17 ........ 71 |
| 8 ........ 48 | 54 ........ 18 | 9 ........ 35 | 40 ........ 38 |

### Exercice 4

• Application directe du travail précédent.

• En cas de difficultés, le matériel « points » peut être utilisé avec certains élèves, comme au cours de l'apprentissage.

RÉPONSE : 28 ; 46 ; 47 ; 19 ; 32 ; 68.

### Exercice 5

• Dans cet exercice, il convient de distinguer (en interrogeant les élèves concernés) les erreurs qui sont dues à une difficulté pour comparer les nombres (lequel de 24 et de 52 est le plus petit) et celles qui sont dues à une mauvaise maitrise des symboles < et >.

RÉPONSE : 24 < 52 ; 74 > 47 ; 8 < 48 ; 68 > 66 ; 39 < 40 ; 54 > 18 ; 50 > 49 ; 35 < 53 ; 9 < 35 ; 20 > 8 ; 17 < 71 ; 40 > 38.

# UNITÉ 6 BILAN et consolidation

## BILAN de l'UNITÉ 6

## CONSOLIDATION

NOMBRES ET CALCULS

### Lecture des nombres jusqu'à 59
### Calcul mental : répertoire additif, calcul réfléchi (séances 1 à 9)

**Je fais le bilan** › FICHIER NOMBRES p. 67

**Exercice 1 Nombres dictés (jusqu'à 59).**

Dicter les nombres suivants.

a. 12 b. 18 c. 35
d. 40 e. 46 f. 54

**Exercice 2 Calculs dictés (jusqu'à 59).**

Dicter les calculs suivants.

a. 3 + 5 b. 6 + 7 c. 9 + 5
d. 9 – 6 e. 10 – 4 f. Combien ajouter à 2 pour avoir 7 ?

RÉPONSES : 8 ; 13 ; 14 ; 3 ; 6 ; 5.

**Je consolide mes connaissances** › FICHIER NOMBRES p. 68

**Exercice 1**

RÉPONSE : Zoé : 3 + 5 + 2 ou 2 + 8.
Arthur : 5 + 5 ou 1 + 5 + 4.
Gribouille : 4 + 2 + 4.

**Autres ressources**

› 80 Activités et jeux mathématiques CP
**34.** Le loto calcul
**35.** Le nombre de Gribouille (1)

› CD-Rom Jeux interactifs GS-CP-CE1
**Jeu 10.** Je calcule à la vitesse de l'éclair (niveau 1)

NOMBRES ET CALCULS

### Addition : calcul réfléchi (appui sur des doubles, sur 5, sur 10) (séances 1 à 3)

**Je prépare le bilan** › FICHIER NOMBRES p. 66 A

→ **Pour trouver le résultat d'un calcul, on peut :**
– répondre directement, si on connait le résultat par cœur ;
– le retrouver en utilisant des résultats que l'on connait (par exemple les doubles) ou essayer de fabriquer 10. Détailler l'exemple de 6 + 7 et en déduire 6 + 8.
On peut aussi utiliser des objets, ses doigts ou la file numérique si on ne peut pas faire autrement, mais il faudra petit à petit arriver à s'en passer.

**Je fais le bilan** › FICHIER NOMBRES p. 67

**Exercice 3 Calculer des sommes en appui sur des doubles connus.**

RÉPONSE : 11 ; 9 ; 16 ; 12 ; 13 ; 15 ; 14 ; 12 ; 13.

**Je consolide mes connaissances** › FICHIER NOMBRES p. 68

**Exercices 2 et 3**

RÉPONSE : 2. 10 ; 11 ; 11 ; 12 ; 12 ; 13.
3. 12 ; 13 ; 13 ; 12 ; 14 ; 14.

**Autres ressources**

› CD-Rom Jeux interactifs GS-CP-CE1
**Jeu 10.** Je calcule à la vitesse de l'éclair (niveau 1)

NOMBRES ET CALCULS

## Dizaines et unités : dénombrer en groupant par dix (séances 4 et 5)

**Je prépare le bilan** › FICHIER NOMBRES p. 66 B

→ **Pour trouver combien il y a d'objets dans une collection,** il est utile de faire des groupements de dix objets.

→ **Le nombre d'objets s'écrit ensuite facilement** en indiquant combien il y a de groupes de dix et combien il reste d'objets isolés (donner un exemple).

**Je fais le bilan** › FICHIER NOMBRES p. 67

**Exercices 4 et 5 Dénombrer une collection en utilisant des groupements par dix.**

RÉPONSE : 4. 37 points. 5. 5 groupes de 10.

**Je consolide mes connaissances** › FICHIER NOMBRES p. 68-69

**Exercices 4 à 7**

RÉPONSE : 4. 40. 5. 45. 6. 52. 7. 69.

**Atelier**

Faire dénombrer ou demander de réaliser de grandes quantités d'objets (jusqu'à 99) en donnant aux élèves la possibilité de les regrouper par dix (boites pour des cubes, enveloppes pour des images, fil à collier pour des perles…).

**Autres ressources**

› 80 Activités et jeux mathématiques CP

**21.** Le loto des photos

NOMBRES ET CALCULS

## Comparaison des nombres (séance 9)

**Je prépare le bilan** › FICHIER NOMBRES p. 66 C

→ **Pour comparer deux nombres écrits avec 2 chiffres,** on peut :
– penser aux groupements par dix (les dizaines) : celui qui a le plus de dizaines est le plus grand ; et, s'il y a le même nombre de dizaines, comparer les unités ;
– penser à la file numérique (le plus petit nombre est avant le plus grand).

**Je fais le bilan** › FICHIER NOMBRES p. 67

**Exercice 6 Ranger des nombres.**

RÉPONSE : 19 ; 24 ; 37 ; 41 ; 51 ; 60.

**Exercice 7 Vérifier des comparaisons exprimées avec < et >.**

RÉPONSE : Barrer : 43 > 52 et 79 < 70.

**Je consolide mes connaissances** › FICHIER NOMBRES p. 69

**Exercices 8 à 10**

L'exercice 8 porte sur la maitrise de la suite des nombres.

RÉPONSE : 8. 40 ; 41 ; 44 ; 47 ; 50 ; 55.
9. 30 > 19 ; 54 > 48 ; 50 > 10 ; 81 < 90 ; 38 < 50 ; 70 > 7 ; 70 > 60 ; 36 < 63.
10. 32 ; 37 ; 44 ; 47 ; 50 ; 53 ; 61 ; 76 ; 92.

**CD-Rom du guide**

› Fiches différenciation n° 24 et n°25

**Autres ressources**

› 80 Activités et jeux mathématiques CP

**13.** Des intrus dans la suite (2)
**14.** Circuits
**15.** Bloqué

# BILAN de l'UNITÉ 6

# CONSOLIDATION

MESURES ET GÉOMÉTRIE

## Tracés à la règle (séance 7)

Pas de bilan proposé.
Le travail d'analyse d'une figure en vue de la reproduire a besoin d'être consolidé. Le tracé à la règle doit être régulièrement sollicité pour en améliorer la maitrise.

**Je consolide mes connaissances** › CAHIER GÉOMÉTRIE p. 25

**Exercice 1**

Cet exercice vise à consolider la capacité à utiliser la règle pour tracer des segments.

**CD-Rom du guide**

› Fiche différenciation n° 22

MESURES ET GÉOMÉTRIE

## Mesure de longueurs par report de l'unité (séances 6 et 7)

**Je prépare le bilan** › CAHIER GÉOMÉTRIE p. 25 A

→ **Une bande unité étant donnée, on peut mesurer une bande en reportant la bande unité.** Il faut alors être très précis dans les reports.

→ **Le nombre de reports est la mesure de la bande :** par exemple, si on peut placer 3 fois la bande unité, la bande mesure 3 unités.

**Je fais le bilan** › CAHIER GÉOMÉTRIE p. 25

**Exercice 1 Mesurer une longueur, par report d'une unité.**
MATÉRIEL par élève : bande unité orange › **matériel du cahier, planche 3.**
RÉPONSE : La bande a mesure 2 unités. La bande b mesure 4 unités.

**Je consolide mes connaissances** › CAHIER GÉOMÉTRIE p. 26

**Exercices 2 à 4**

RÉPONSE : 2. La bande verte mesure 6 unités.
La bande jaune mesure 3 unités.

**CD-Rom du guide**

› Fiche différenciation n° 23

**Atelier**

L'activité de la séance 7 peut être reprise avec des bandes blanches de longueurs différentes.

# Les carrés bicolores*

› CAHIER GÉOMÉTRIE p. 27



**Les problèmes consistent tous à agencer plusieurs exemplaires d'une même pièce de base pour produire ou reproduire une composition qui soit esthétique.**

MATÉRIEL POUR CHAQUE ÉLÈVE :
- carrés bicolores à découper › **fiche 46**
- plusieurs quadrillages 2 × 2 et 2 × 4 › **fiche 47**
- une paire de ciseaux
- colle

## Problème 1

Tu vas réaliser des motifs en utilisant plusieurs carrés noir et blanc, comme celui-ci.

Découpe les carrés dans la fiche que te donne le maitre ou la maitresse.

1 Prends 8 carrés.
**Dispose-les** sur une feuille blanche pour faire une belle composition.
Lorsque tu es satisfait de ta composition, **colle-la** sur ta feuille.

OBJECTIF : Découvrir différentes façons d'assembler des pièces.
TÂCHE : Réaliser une composition libre à partir de carrés bicolores.

## Problème 2

Pour les exercices 2 à 4, utilise les quadrillages que te donne le maitre ou la maitresse.

2 Prends 8 carrés.
**Dispose-les** sur les cases du quadrillage.
Lorsque tu es satisfait de ta composition, **colle-la** sur ta feuille.

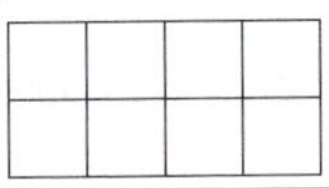

OBJECTIF : Réaliser un assemblage avec contraintes.
TÂCHE : Réaliser une composition sur un rectangle 2 × 4.

## Problème 3

3 **Réalise** ces 4 compositions en utilisant chaque fois 4 carrés noir et blanc.

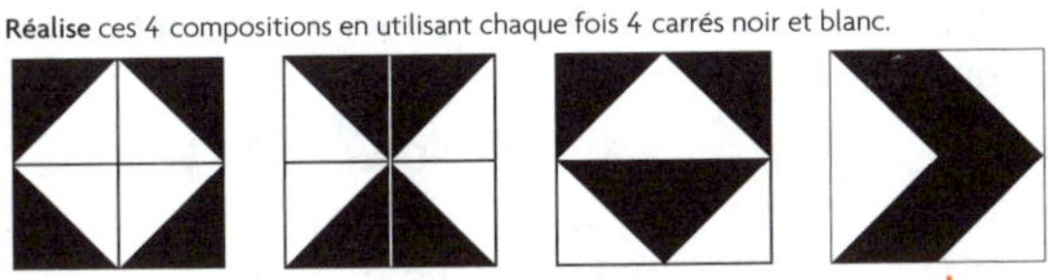

a b c d

OBJECTIFS :
- Analyser une figure complexe pour la reproduire.
- Reconnaitre une figure dans différentes orientations.
- Mettre en place une procédure de contrôle.

TÂCHE : Reproduire des compositions faites chacune de 4 carrés.

## Problème 4

4* **Réalise** ces 4 compositions en utilisant chaque fois 8 carrés noir et blanc.

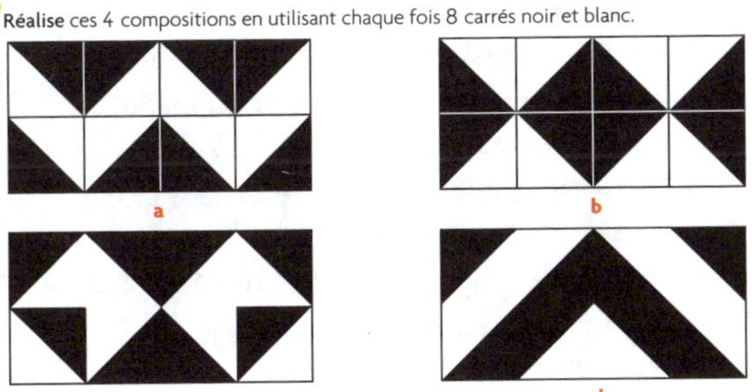

a b c d

OBJECTIFS :
- Analyser une figure complexe pour la reproduire.
- Reconnaitre une figure dans différentes orientations.
- Mettre en place une procédure de contrôle.

TÂCHE : Reproduire des compositions faites chacune de 8 carrés.

## Mise en œuvre

Lors du découpage des pièces, préciser aux élèves qu'ils doivent veiller à n'avoir que des carrés, tous à moitié blanc et à moitié noir.

**Problème 2 :** distribuer un quadrillage 2 × 4 à chaque élève.

**Problème 3 :** pour chaque modèle à reproduire, distribuer un quadrillage 2 × 2 à chaque élève.

**Problème 4 :** pour chaque modèle à reproduire, distribuer un quadrillage 2 × 4 à chaque élève.

Possibilité d'indiquer aux élèves le modèle qu'ils vont reproduire : le même pour tous ou différent selon les élèves. Possibilité de laisser le choix du modèle à chaque élève.

**Le problème 1** permet l'appropriation du matériel.

L'exploitation se fait après la recherche de chaque problème.

## Aides possibles

**Pour le découpage des carrés,** mettre en évidence la stratégie économique utilisée par certains élèves : découper d'abord des bandes, puis les carrés, plutôt que carré par carré.

**Pour le problème 2**, faire remarquer qu'un carré bicolore se superpose exactement à une case du quadrillage.

**Pour les problèmes 3 et 4**, analyse des modèles (collective, en petit groupe ou avec les élèves en difficulté) : aider à repérer les carrés bicolores qui composent le modèle et leur orientation.

## Procédures à observer particulièrement

**Pour le problème 1,** les carrés sont-ils disjoints, se chevauchent-ils ou se touchent-ils et dans ce cas comment ? Faire préciser les différentes possibilités pour deux carrés de se toucher.

**Pour le problème 2**, recherche ou non d'une régularité dans l'agencement des carrés.

**Pour les problèmes 3 et 4 :**
- d'une part, les stratégies de reproduction : tracé de 4 ou 8 carrés sur les compositions c et d pour se ramener à une situation analogue à celle des compositions a et b ;
- d'autre part, les stratégies de contrôle : comparaison de l'allure globale ou identification dans le modèle de figures qu'on doit retrouver dans la reproduction ou comparaison après placement de chaque nouveau carré.

## Erreurs à exploiter particulièrement

**Pour le problème 2,** la superposition éventuelle de carrés, des cases laissées blanches.

**Pour les problèmes 3 et 4,** s'appuyer sur quelques reproductions erronées, pour faire discuter des stratégies de contrôle et de reproduction.

* D'après une idée d'activité de Pierre Subtil, revue *Zoom Avant*, n° 12, 1979.
Cette banque de problèmes trouve un prolongement dans l'activité 66 de *80 Activités et jeux mathématiques CP*.

# UNITÉ 7

**13 ou 14 séances**
– 10 séances programmées (9 séances d'apprentissage + 1 bilan)
– 3 ou 4 séances pour la consolidation et la résolution de problèmes

| | CALCUL MENTAL (environ 30 min par séance) | RÉVISER | APPRENDRE (environ 45 min par séance) |
|---|---|---|---|
| **Séance 1** FICHIER NOMBRES p. 71 | **Problèmes dictés** Addition, complément (quantités) | **Problèmes écrits** Addition, complément (quantités) | **La monnaie** (pièces et billets de 1 €, 2 €, 5 €, 10 €) RECHERCHE Plus ou moins d'euros ? |
| **Séance 2** FICHIER NOMBRES p. 72 | **Dictée de nombres** jusqu'à 59 | **Comparaison des nombres** | **Addition, soustraction (aspect ordinal)** RECHERCHE En avant, en arrière (1) |
| **Séance 3** FICHIER NOMBRES p. 73 | **Répertoire additif** (résultats jusqu'à 12) | **Suite des nombres écrits en chiffres** jusqu'à 99 | **Addition, soustraction (aspect ordinal)** RECHERCHE En avant, en arrière (2) |
| **Séance 4** Pas d'exercices dans le fichier | **Répertoire additif** (résultats jusqu'à 12) | **Suite des nombres écrits en chiffres** jusqu'à 99 | **Dizaines, unités et suite de nombres** RECHERCHE Compteur, file et calculatrice (1) |
| **Séance 5** FICHIER NOMBRES p. 74 | **Problème dicté** Addition, complément (quantités) | **Problèmes écrits** Addition, complément (quantités) | **Dizaines, unités et suite de nombres** RECHERCHE Compteur, file et calculatrice (2) |
| **Séance 6** FICHIER NOMBRES p. 75 | **Répertoire additif** (résultats jusqu'à 14) | **Décomposition additive du nombre 12** | **Dizaines et unités : conversions** RECHERCHE Plus, moins, autant ? |
| **Séance 7** CAHIER GÉOMÉTRIE p. 28 | **Suite des nombres de dix en dix** (jusqu'à 99) | **Mesure de longueurs par report de l'unité** | **Reconnaitre des figures dans un assemblage complexe** RECHERCHE Carrés, rectangles, triangles |
| **Séance 8** CAHIER GÉOMÉTRIE p. 29 | **Dictée de nombres** jusqu'à 59 | **Reconnaitre des figures dans un assemblage complexe** | **Mesure de longueurs avec la règle graduée** RECHERCHE Les bandes colorées (3) |
| **Séance 9** CAHIER GÉOMÉTRIE p. 30 | **Répertoire additif** (résultats jusqu'à 14) | **Mesure de longueurs avec la règle graduée** | **Repérage sur quadrillage** RECHERCHE Le jeu des cases |

| | |
|---|---|
| **Bilan** | **Je prépare le bilan** puis **Je fais le bilan**<br>FICHIER NOMBRES p. 76-77<br>CAHIER GÉOMÉTRIE p. 31 |

En plus des 10 séances décrites dans le guide, **3 à 4 séances** sont consacrées à des **activités de consolidation et de résolution de problèmes.**
Pour cela, l'enseignant peut utiliser les ressources suivantes :

| | |
|---|---|
| **Consolidation Remédiation** | **Je consolide mes connaissances**<br>FICHIER NOMBRES p. 78-79<br>CAHIER GÉOMÉTRIE p. 32 |
| **Banque de problèmes** | ***Avec la monnaie***<br>FICHIER NOMBRES p. 80<br>– Calculer une somme d'argent simple<br>– Décomposer 22 sous forme de sommes en utilisant les nombres 1, 5 et 10<br>– Décomposer 16 sous forme de sommes en utilisant des nombres choisis parmi 1, 2, 5 et 10 |

**L'essentiel à retenir de l'unité 7**

- **Calcul mental**
  - Problèmes dictés (addition, soustraction)
  - Dictée de nombres jusqu'à 59
  - Répertoire additif (résultats jusqu'à 14)
  - Comptine orale de dix en dix
- **Monnaie**
- **Addition, soustraction : aspect ordinal**
- **Dizaines et unités : valeur positionnelle des chiffres, conversions**
- **Carré, rectangle, triangle** : reconnaissance dans un assemblage complexe
- **Mesure de longueurs avec la règle graduée**
- **Repérage de cases sur quadrillage** : repérage relatif

| | Tâche | Matériel | Connaissances travaillées |
|---|---|---|---|
| **CALCUL MENTAL** | **Problèmes dictés**<br>– Résoudre deux problèmes dont l'énoncé est donné oralement (addition, complément) | pour la classe :<br>– 8 crayons cachés : 3 derrière un livre, 3 dans une boite et 2 dans la corbeille<br>– 5 cubes dans une boite et 5 en dehors<br>par élève :<br>FICHIER NOMBRES p. 71 1 | – **Résolution de problèmes** (domaine additif)<br>– Addition, complément, soustraction |
| **RÉVISER** Problèmes | **Problèmes écrits**<br>– Résoudre deux problèmes dont l'énoncé est donné par écrit (addition, complément) | par élève :<br>FICHIER NOMBRES p. 71 2 3 | – **Résolution de problèmes** (domaine additif)<br>– Addition, complément, soustraction |
| **APPRENDRE** Calculs | **La monnaie : 1 €, 2 €, 5 €, 10 €**<br>RECHERCHE **Plus ou moins d'euros ?**<br>– Déterminer, parmi 3 ensembles de pièces et de billets, celui qui représente la somme d'argent la plus importante ou la moins importante | pour la classe :<br>– pièces et billets de 1 € à 10 € › **matériel du fichier, planche 5**<br>– dessin ou affichage au tableau :<br>**Arthur** avec 1 billet de 10 €, 1 billet de 5 € et 3 pièces de 1 €<br>**Zoé** avec 1 pièce de 2 € et 13 pièces de 1 €<br>**Gribouille** avec 2 billets de 10 €<br>par équipe de 3 :<br>– 3 enveloppes au nom d'Arthur, Zoé, Gribouille (ou portant leurs images) contenant respectivement les pièces et billets d'Arthur, Zoé et Gribouille<br>– une demi-feuille A4<br>par élève :<br>FICHIER NOMBRES p. 71 4 5 | – **Monnaie en euros**<br>– Distinction entre quantité et valeur de lots de pièces et de billets<br>– Addition de petits nombres |



## NOMBRES

### Addition, soustraction (quantités)

– Résoudre deux problèmes dont l'énoncé est communiqué oralement.
– Addition, complément.

COLLECTIF / INDIVIDUEL

FICHIER NOMBRES ET CALCULS p. 71

Problèmes dictés
1 Gribouille a caché ...... crayons. Il y a ...... cubes dans la boite.

**Exercice 1**

• Deux problèmes sont proposés. Les élèves répondent dans leur fichier.

**Problème a**

Gribouille a caché tous les crayons de Zoé. Il en a mis 3 derrière ce livre, 3 encore dans cette boite et 2 dans la corbeille. Combien de crayons Gribouille a-t-il cachés ?

**Problème b**

Il y avait 10 cubes dans cette boite. Gribouille en a pris 5 (les montrer). Combien de cubes y a-t-il maintenant dans la boite ?

Une mise en commun rapide de quelques procédures peut précéder la vérification expérimentale des réponses.

RÉPONSE : 8 ; 5.

## RÉVISER

### **Problèmes écrits** • Addition, complément

– Résoudre des problèmes donnés par écrit (addition, complément).

INDIVIDUEL

**FICHIER NOMBRES ET CALCULS p. 71**

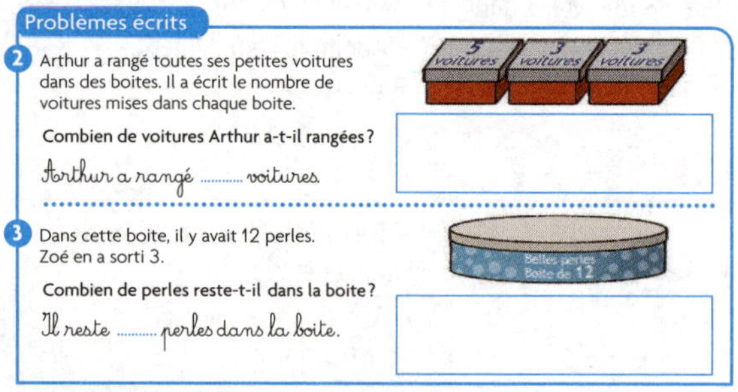
Problèmes écrits

2 Arthur a rangé toutes ses petites voitures dans des boites. Il a écrit le nombre de voitures mises dans chaque boite.

Combien de voitures Arthur a-t-il rangées ?

*Arthur a rangé ........ voitures.*



3 Dans cette boite, il y avait 12 perles. Zoé en a sorti 3.

Combien de perles reste-t-il dans la boite ?

*Il reste ........ perles dans la boite.*



### Exercice 2

• Reformuler la situation avec les élèves, en s'aidant du texte et du dessin.

• La recherche peut d'abord se faire sur le cahier de brouillon avant que les élèves ne soient incités à reproduire ce qui leur a permis de trouver dans le cadre de recherche du fichier.

• La correction peut être individualisée ou être faite collectivement si beaucoup d'élèves n'ont pas réussi. Elle est l'occasion de distinguer différentes formes de résolution : par dessin et dénombrement des voitures (plus ou moins schématisées), par figuration des voitures sur les doigts, ou par calcul.

**Il est probable que beaucoup d'élèves auront recours au dessin** (schématisé) des voitures. Lors de la correction, ce type de procédure est mis en relation avec la procédure qui consiste à opérer sur les nombres (plusieurs calculs sont possibles : 3 + 3 = 6 puis 6 + 5 = 11 ; 5 + 3 = 8, puis 8 + 3 = 11…).
**Pour les élèves qui ont recours à un dessin,** il est important de mettre en évidence le fait qu'il n'est pas utile de dessiner effectivement les voitures et que, par exemple, une représentation de chaque voiture par un carré ou un rond suffit. Ce progrès vers l'abstraction doit faire l'objet d'une attention particulière car certains élèves ont des difficultés à s'affranchir d'une représentation réaliste des objets évoqués.

RÉPONSE : 11 voitures.

### Exercice 3

• Même déroulement que pour l'exercice 2, en précisant que l'indication « 12 » sur la boite correspond à ce qu'elle contenait avant que Zoé n'en sorte 3.

RÉPONSE : 9 perles.

## APPRENDRE

### **La monnaie : 1 €, 2 €, 5 €, 10 €**

– Connaitre les pièces et billets d'usage courant et calculer avec la monnaie.
– Distinguer nombre de pièces et billets, et valeur représentée.

### RECHERCHE

**Plus ou moins d'euros** : Parmi 3 lots de pièces et de billets, les élèves doivent déterminer ceux qui représentent la plus grande et la plus petite valeur.

COLLECTIF

#### PHASE 1 Découverte des pièces et des billets

• Présenter quelques vraies pièces et billets en euros. Demander à quelques élèves de mettre ensemble ceux qui vont ensemble. Différents critères peuvent apparaitre : taille, couleur, forme, valeur indiquée.

• Recenser et noter au tableau les différentes valeurs, en euros.

• Demander aux élèves s'ils connaissent d'autres types de pièces ou billets.

• Présenter le matériel en carton du fichier avec lequel les élèves vont travailler par la suite.

La rencontre avec la monnaie présente une difficulté nouvelle pour les élèves. Jusque-là, les nombres rencontrés ont évoqué soit une quantité d'objets distincts, soit une position dans une suite ordonnée.
Dans le cas de la monnaie, les nombres représentent une valeur, et la « pluralité » qu'évoque un nombre supérieur à 1 n'est suggérée que par la possibilité d'un échange : la pièce de 2 € peut être échangée contre 2 pièces de 1 €.

ÉQUIPES DE 3

#### PHASE 2 Qui a le plus d'euros ? Qui en a le moins ?

• Former des équipes de 3 élèves.

• Distribuer les 3 enveloppes préparées à chaque équipe et donner la consigne :

➡ *Regardez au tableau. Chaque personnage est représenté avec les pièces et les billets qu'il possède. Dans vos enveloppes, il y a les mêmes pièces et billets : il y a donc l'enveloppe d'Arthur, celle de Zoé et celle de Gribouille. Dans chaque équipe, un élève prend l'enveloppe d'Arthur, un autre celle de Zoé et le troisième celle de Gribouille.*

➡ *Vous devrez trouver qui est le plus riche (celui qui a le plus d'euros), qui est le moins riche (celui qui a le moins d'euros) ou dire si un personnage est aussi riche qu'un autre.*

➡ *Dans chaque équipe, vous devez ranger les enveloppes de celui qui est le moins riche à celui qui est le plus riche. Faites bien attention à ne pas mélanger ce qui appartient à un personnage avec ce qui appartient à un autre.*

➡ *Chaque équipe doit répondre par écrit à ces questions, sur sa feuille.*

Pendant la phase de recherche, observer les échanges entre élèves pour identifier ceux qui se basent sur les quantités de pièces et billets et ceux qui prennent en compte la valeur qu'ils représentent.

COLLECTIF

PHASE 3 **Mise en commun et synthèse**

• Regrouper les réponses, les faire comparer et discuter : certains invoquent le nombre de pièces, d'autres les sommes d'argent.

• Pour trancher, si nécessaire, faire procéder à des échanges pour que chaque personnage n'ait que des pièces de 1 €.

SYNTHÈSE

• **Conclure sur la distinction à faire entre quantité de pièces et billets, et valeur de ces pièces ou billets, avec des exemples d'équivalence :**
– une pièce de 2 € a la même valeur que 2 pièces de 1 € ;
– un billet de 5 € a la même valeur que 5 pièces de 1 € ou que 2 pièces de 2 € et 1 pièce de 1 €.

• Ce n'est pas le nombre de pièces ou de billets qui est important pour savoir combien d'euros on a, mais leur valeur totale.

• Gribouille n'a que 2 billets mais ils valent au total 20 € : c'est lui qui a le plus d'euros.

• Zoé a beaucoup plus de pièces qu'Arthur, mais elle n'a que 15 € alors qu'Arthur a 18 €. C'est Zoé qui a le moins d'euros.

**L'élève doit accepter une équivalence de valeur** qui n'est plus traduite par une équivalence de quantité : une pièce peut valoir autant que deux pièces…
Malgré les pratiques sociales, certains élèves n'ont pas encore construit cet aspect essentiel de la maitrise de la monnaie.
**Un travail différencié,** reprenant le thème de cette activité avec le matériel, peut être nécessaire pour certains élèves.

INDIVIDUEL

## ENTRAINEMENT

FICHIER NOMBRES ET CALCULS p. 71

**Exercice 4**

• Il faut trouver les tirelires qui contiennent en pièces de 1 € respectivement 10 € (pour Arthur) et 9 € (pour Zoé).

• Cela permet de remarquer que 1 seul billet peut correspondre à plus de pièces de 1 € que 1 billet et 2 pièces.

RÉPONSE : 2e tirelire pour Arthur (rouge) et 3e tirelire pour Zoé (vert).

**Exercice 5**

• Il faut déterminer qui est le plus riche, qui est le moins riche, comme dans l'activité d'apprentissage.

RÉPONSE : Entourer la tirelire d'Arthur (14 € contre 12 €).

À SUIVRE
**Dans la banque de problèmes de cette unité,** ce travail est à nouveau exploité.

UNITÉ 7

# Addition, soustraction : aspect ordinal (1)



| | Tâche | Matériel | Connaissances travaillées |
|---|---|---|---|
| NOMBRES | **Nombres dictés jusqu'à 59**<br>– Écrire en chiffres des nombres donnés oralement | par élève :<br>FICHIER NOMBRES p. 72 ❶ | – **Désignation orale et écrite des nombres** |
| RÉVISER Nombres | **Comparaison de nombres**<br>– Comparer des nombres | par élève :<br>FICHIER NOMBRES p. 71 ❷ ❸ | – **Comparaison des nombres**<br>– Utilisation des symboles < et > |
| APPRENDRE Calculs | **Addition, soustraction : aspect ordinal**<br>RECHERCHE **En avant, en arrière (1)**<br>– Anticiper le résultat d'un déplacement sur la file numérique | pour la classe :<br>– file numérique collective et pion aimanté<br>– 6 cartes « avancer et reculer » de 1 à 5 agrandies › **fiche 48**<br>– une bande « cache » permettant de masquer une vingtaine de nombres<br>par élève :<br>– file numérique individuelle › **sous-main du fichier**<br>– un pion<br>– ardoise ou cahier de brouillon<br>FICHIER NOMBRES p. 72 ❹ | – **Addition, soustraction : aspect ordinal**<br>– Utilisation des signes + et –<br>– Utilisation du répertoire additif |

## NOMBRES

### Nombres dictés jusqu'à 59

– Traduire en chiffres un nombre donné oralement.

COLLECTIF

FICHIER NOMBRES ET CALCULS p. 72

Nombres dictés

❶ a ___ b ___ c ___ d ___ e ___ f ___

**Exercice ❶**

• Les élèves écrivent les nombres dictés dans les cases correspondantes.

a. 35 b. 43 c. 52
d. 40 e. 55 f. 45

## RÉVISER

### Comparaison de nombres

– Comparer deux nombres.
– Utiliser les symboles < et >.

INDIVIDUEL

FICHIER NOMBRES ET CALCULS p. 72

Comparer des nombres

❷ **Entoure** le plus petit des deux nombres.

8 25 | 47 39 | 70 40 | 37 69 | 90 78

❸ **Complète** avec les signes < ou >.

| | | |
|---|---|---|
| 28 ........ 32 | 70 ........ 59 | 45 ........ 54 |
| 72 ........ 27 | 60 ........ 16 | 91 ........ 72 |
| 7 ........ 70 | 71 ........ 17 | 50 ........ 60 |

**Exercices ❷ et ❸**

• Les consignes sont lues par les élèves et, éventuellement, reformulées par l'enseignant.

• Lors de la correction, insister sur le fait qu'il n'est pas nécessaire de savoir lire les nombres pour pouvoir les comparer (rappeler la procédure étudiée en unité 6).

RÉPONSE : ❷ Entourer : 8 ; 39 ; 40 ; 37 ; 78.
❸ 28 < 32 ; 72 > 27 ; 7 < 70 ; 70 > 59 ; 60 > 16 ; 71 > 17 ; 45 < 54 ; 91 > 72 ; 50 < 60.

## APPRENDRE

### Addition, soustraction : aspect ordinal

– Utiliser le calcul pour anticiper le résultat d'un déplacement sur la file numérique.

## RECHERCHE

**En avant, en arrière (1) :** Un pion est déplacé en avant ou en arrière sur la file numérique. Les élèves doivent anticiper le nombre d'arrivée.

COLLECTIF

### PHASE 1 Comment se déplacer sur la file numérique ?

- Donner à chaque élève une file numérique et un pion.
- Afficher la file numérique collective au tableau. Montrer aux élèves les 10 cartes de déplacement : 5 cartes Avancer de 1, 2, 3, 4 ou 5 et 5 cartes Reculer de 1, 2, 3, 4 ou 5.
- Demander aux élèves de placer leur pion sur la case 5.
- Tirer une carte au hasard (par exemple Avancer de 2) et en demander la signification, puis préciser : ➡ *Cette carte indique qu'il faut avancer votre pion de 2. Faites-le.*
- Demander quelle est la case d'arrivée.
- Recommencer, toujours à partir de 5, avec une carte du type Reculer de 3, puis avec d'autres cartes jusqu'à ce que les élèves aient compris les règles de déplacement.
- À la fin, faire ranger les files individuelles en vue de la phase 2.

– Il est probable que la plupart des élèves sont familiers des jeux de déplacement sur une piste numérotée. Il convient cependant de s'en assurer.
– Une erreur fréquente consiste à compter « un » la case sur laquelle se trouve le pion : en avançant de 2, à partir de la case 5, l'élève arrive alors sur la case 6 au lieu d'arriver sur la case 7.
– On perçoit ici l'intérêt du **choix de la forme de la file numérique** :

[5]—[6]—[7]

Les 2 traits entre les nombres de 5 à 7 marquent mieux le nombre de sauts à réaliser (ici 2) qu'une forme du type :

| 5 | 6 | 7 |
|---|---|---|

COLLECTIF / INDIVIDUEL

### PHASE 2 Anticiper la case d'arrivée

- Les élèves ne disposent pas de leur file numérique et, sur la file collective, les nombres situés autour du nombre de départ sont cachés (mais la case de départ est visible).
- Préciser la tâche :

➡ *Nous allons jouer plusieurs fois. Je vais placer le pion sur un nombre de la file numérique et j'écrirai ce nombre au tableau. C'est le nombre de départ. Puis je vais tirer une carte que j'afficherai. Vous devez trouver sur quel nombre va se trouver le pion, lorsque le déplacement aura été réalisé. Écrivez le nombre d'arrivée sur votre feuille. On pourra vérifier sur la piste qui est au tableau.*

- Jouer huit fois en choisissant un nouveau nombre de départ entre 1 et 10 et une carte (s'il s'agit d'une carte Reculer, elle doit permettre d'avoir une réponse égale ou supérieure à 0).
- Procéder à chaque fois à :

– un recensement des réponses (il peut être décidé que chaque réponse correcte rapporte un point à l'élève) ;
– une explicitation des procédures ;
– une vérification sur la file numérique et une analyse des erreurs ;
– une traduction par une écriture additive ou soustractive : avancer de 3 à partir de 8 se traduit par 8 + 3 ; la case d'arrivée étant 11, on écrit : 8 + 3 = 11 ; reculer de 3 à partir de 8 se traduit par 8 – 3 ; la case d'arrivée étant 5, on écrit : 8 – 3 = 5.

- Montrer qu'on peut ainsi représenter des procédures de calcul réfléchi vues en unité 6, comme le passage par 10. Par exemple, pour 9 + 4 :

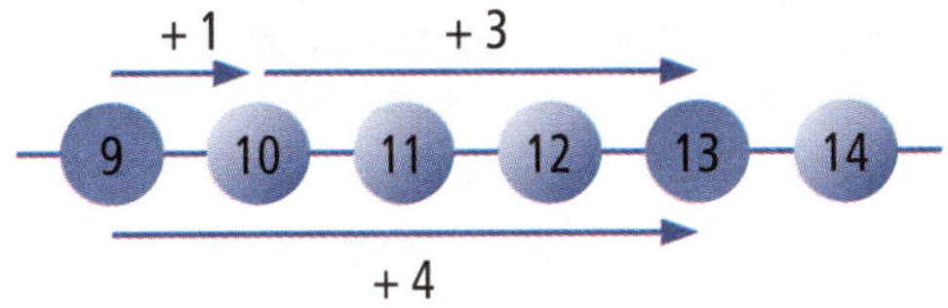


– Il est important que les élèves aient à anticiper, et donc qu'ils ne voient pas la file numérique avant le moment de vérification.
**Procédures possibles :**
– utiliser la suite des nombres ;
– utiliser un résultat mémorisé (avancer de 1 à partir d'un nombre revient à dire le suivant, ou je sais que 4 plus 1, c'est 5, 2 plus 2, c'est 4…) ou un résultat construit (9 + 4 est obtenu en ajoutant d'abord 1 à 9, puis 3 à 10).

COLLECTIF

### PHASE 3 Synthèse

**SYNTHÈSE**

- **Mettre en évidence que les connaissances acquises sur l'addition et la soustraction permettent de traduire les actions sur la file numérique et de trouver les réponses.** Par exemple : trouver l'arrivée en reculant de 4 à partir de 10 se traduit par 10 – 4 = 6.
- Illustrer cela en dessinant, par exemple, 10 points sous la case « 10 », le recul de « 4 » étant alors associé au retrait de 4 points et la case « 6 » se trouvant alors associée à 6 points.
- Montrer, à partir de l'exemple 9 + 4, comment décrire un calcul réfléchi à l'aide du support de la file numérique.

INDIVIDUEL

## ENTRAINEMENT

**FICHIER NOMBRES ET CALCULS** p. 72

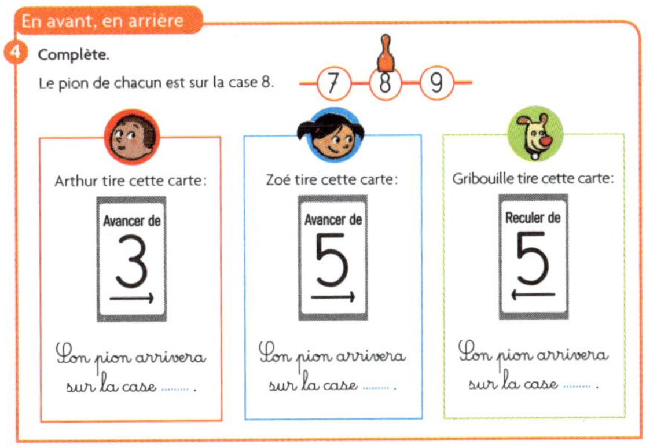


**Exercice 4**

- Application directe de l'activité d'apprentissage.

RÉPONSE : 11 ; 13 ; 3.

**Différenciation** → CD-Rom du guide, fiche 26.

**À SUIVRE**
**En séance 3**, l'activité est reprise avec le questionnement inverse : recherche de déplacements.

UNITÉ 7

# Addition, soustraction : aspect ordinal (2)



| | Tâche | Matériel | Connaissances travaillées |
|---|---|---|---|
| CALCUL MENTAL | **Répertoire additif (jusqu'à 12)**<br>– Calculer des sommes données oralement | par élève :<br>FICHIER NOMBRES p. 73 1 | – **Répertoire additif (jusqu'à 12)**<br>– Mémorisation<br>– Construction de résultats |
| RÉVISER Nombres | **Suite écrite des nombres (jusqu'à 99)**<br>– Dans une série de nombres, trouver 5 nombres qui se suivent | pour la classe :<br>– file numérique collective<br>par élève :<br>– ardoise ou cahier de brouillon<br>FICHIER NOMBRES p. 73 2 | – **Suite écrite des nombres (de 1 en 1)** |
| APPRENDRE Calculs | **Addition, soustraction : aspect ordinal**<br>RECHERCHE **En avant, en arrière (2)**<br>– Anticiper le résultat d'un déplacement sur la file numérique | pour la classe :<br>– file numérique collective et pion aimanté<br>– 6 cartes « avancer et reculer » de 1 à 5 agrandies › **fiche 48**<br>– une bande « cache » permettant de masquer une vingtaine de nombres<br>par élève :<br>– file numérique individuelle › **sous-main du fichier**<br>– un pion<br>– ardoise ou cahier de brouillon<br>FICHIER NOMBRES p. 72 3 à 5 | – **Addition, soustraction : aspect ordinal**<br>– Utilisation des signes + et –<br>– Utilisation du répertoire additif |

## CALCUL MENTAL

### Répertoire additif (jusqu'à 12)

– Utiliser des résultats mémorisés ou les construire très vite.

COLLECTIF

**FICHIER NOMBRES ET CALCULS** p. 73

**Exercice 1**

• Dicter les calculs et demander aux élèves d'écrire les résultats dans les cases correspondantes.

a. 2 + 7 b. 4 + 5 c. 5 + 4
d. 6 + 4 e. 6 + 6 f. 5 + 6

• En cas de difficulté, les calculs font l'objet d'une vérification collective, à l'aide des doigts ou de la file numérique.

Les procédures sont verbalisées en fonction de ce qui a été travaillé dans les unités précédentes (résultat mémorisé, appui sur un double, passage par 10, utilisation de décompositions avec 5). Les réponses peuvent être validées en ayant recours aux doigts ou aux déplacements sur la file numérique, mais les élèves sont incités à ne pas utiliser ces supports pour répondre.

RÉPONSE : 9 ; 9 ; 9 ; 10 ; 12 ; 11.

## RÉVISER

### Suite écrite des nombres (jusqu'à 99)

– Connaitre l'algorithme permettant d'engendrer une suite écrite de nombres (de 1 en 1).

COLLECTIF

**PHASE 1 Activité collective**

• Écrire au tableau dix nombres, en vrac : 77, 69, 85, 68, 70, 84, 72, 80, 79, 71.

• Dire aux élèves :

➡ *Dans cette série de nombres, il y en a cinq qui se suivent de un en un. Trouvez-les et écrivez-les du plus petit au plus grand.*

• Faire l'inventaire des stratégies utilisées pour trouver la réponse. Vérifier éventuellement en utilisant la file numérique.

• Reprendre avec 53, 20, 49, 51, 55, 28, 50, 52, 38, 60.

Lors de la correction, insister sur le fait qu'on peut trouver les suites de nombres même si on ne sait pas lire tous les nombres.

INDIVIDUEL

**PHASE 2**

**FICHIER NOMBRES ET CALCULS** p. 73

Suite des nombres

2 Parmi ces nombres, il y en a 5 qui se suivent. Colorie-les.

77 89 69 78 80
91 79 81 90 75

**Exercice 2**

• Pour s'aider, certains élèves peuvent être autorisés à découper des étiquettes portant ces nombres.

RÉPONSE : 77, 78, 79, 80, 81.

APPRENDRE

# Addition, soustraction : aspect ordinal

– Anticiper l'amplitude et le sens d'un déplacement sur la file numérique.

## RECHERCHE

**En avant, en arrière (2) :** Un pion doit être déplacé en avant ou en arrière sur la file numérique. Les élèves doivent anticiper l'amplitude et le sens du déplacement à opérer pour passer d'un nombre à un autre.

COLLECTIF/INDIVIDUEL

### PHASE 1 Anticiper le sens et l'amplitude du déplacement

• Les élèves ne disposent pas de leur file numérique et les nombres situés entre le nombre de départ et le nombre d'arrivée sont cachés sur la file collective (mais les cases de départ et d'arrivée sont visibles).

• Préciser la tâche :

➡ *Aujourd'hui, j'écris au tableau le nombre de départ et le nombre d'arrivée. C'est vous qui devez me dire quelle carte je dois afficher au tableau pour aller, avec le pion, du nombre de départ au nombre d'arrivée. Dessinez cette carte sur votre feuille. On pourra vérifier ensuite sur la piste qui est au tableau.*
*Exemple : départ 6, arrivée 4.*

• Jouer huit fois en choisissant chaque fois un nouveau nombre de départ entre 1 et 12 et une carte.

• Procéder à chaque fois à :
– un recensement des réponses (il peut être décidé que chaque réponse correcte rapporte un point à l'élève) ;
– une explicitation des procédures ;
– une vérification sur la file numérique et une analyse des erreurs.

Ce type de problèmes est plus difficile que celui de la séance précédente, car il s'agit de trouver le complément d'un nombre à un autre nombre.
**Procédures possibles** sur l'exemple « départ 6, arrivée 4 » :
– dire les nombres en reculant « cinq, quatre », avec la difficulté de ne pas dire « six, cinq, quatre » ou, si c'est le cas, de considérer que « six, cinq » correspond à 1, de même que « cinq, quatre » : on a donc reculé de 2 ;
– écrire la suite des nombres en reculant ;
– utiliser le fait qu'il faut soustraire 2 à 6 pour obtenir 4, ce qui se traduit par 6 – 2 = 4, avec la difficulté de lire la réponse « – 2 » à l'intérieur de l'écriture soustractive.

COLLECTIF

### PHASE 2 Synthèse

**SYNTHÈSE**

• Mettre en évidence :
– les erreurs à ne pas commettre lorsqu'on se déplace sur la file numérique : on ne cherche pas combien de nombres sont dits du départ à l'arrivée, mais combien de sauts il faut faire pour aller du départ à l'arrivée ;
– le fait que pour trouver de combien il faut avancer ou reculer pour aller par exemple de 5 à 9 ou de 7 à 2, on peut chercher à compléter une addition (5 + ? = 9) ou une soustraction (7 – ? = 2).

Les élèves disposent maintenant d'une référence cardinale (quantités) et d'une référence ordinale (suite des nombres) pour l'addition et la soustraction, ce qui enrichit leurs références pour retrouver un résultat oublié ou trouver un résultat nouveau.
Ils devront progressivement s'affranchir de ces références pour travailler directement sur les nombres, à partir de ce qu'ils ont mémorisé ou de ce qu'ils savent reconstruire.

INDIVIDUEL

## ENTRAINEMENT

**FICHIER NOMBRES ET CALCULS** p. 73

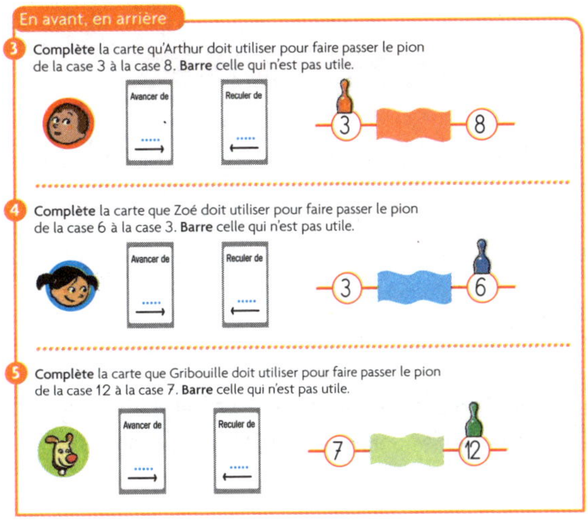


**Exercices 3, 4 et 5**

• Application directe de l'activité d'apprentissage.

RÉPONSE : avancer de 5 ; reculer de 3 ; reculer de 5.

**Différenciation** → CD-Rom du guide, fiche 27.

UNITÉ 7

# UNITÉ 7 Dizaines, unités et suite de nombres (1)

SÉANCE 4
Pas d'exercices dans le fichier

| | Tâche | Matériel | Connaissances travaillées |
|---|---|---|---|
| CALCUL MENTAL | **Répertoire additif (jusqu'à 12)**<br>– Calculer des sommes données oralement | par élève :<br>– ardoise ou cahier de brouillon | – **Répertoire additif (jusqu'à 12)**<br>– Mémorisation<br>– Construction de résultats |
| RÉVISER Nombres | **Suite écrite des nombres (jusqu'à 99)**<br>– Trouver les nombres juste avant, juste après un nombre donné<br>– Dans une série de nombres, trouver 5 nombres qui se suivent | pour la classe :<br>– file numérique collective (pour la vérification)<br>par élève :<br>– ardoise ou cahier de brouillon | – **Suite écrite des nombres (de 1 en 1)** |
| APPRENDRE Nombres | **Dizaines, unités et suite de nombres**<br>RECHERCHE **Compteur, file et calculatrice (1)**<br>– Mettre en relation les modifications de l'écriture d'un nombre avec celles de la quantité qu'elle exprime (ajouts successifs d'unités) | pour la classe :<br>– file numérique collective affichée<br>– une boite et 45 cubes<br>– un compteur<br>– sachets transparents pouvant contenir 10 cubes<br>par équipe de 2 :<br>– un compteur › **matériel du fichier, planche 6**<br>– une calculatrice | – **Dizaines et unités**<br>– **Valeur des chiffres en fonction de leur rang dans l'écriture d'un nombre**<br>– Suite écrite des nombres |

## CALCUL MENTAL

### Répertoire additif (jusqu'à 12)

– Utiliser des résultats mémorisés ou les construire très vite.

COLLECTIF

• Dicter les calculs et demander aux élèves d'écrire les résultats sur l'ardoise ou le cahier de brouillon.

a. 7 + 4 b. 7 + 5 c. 4 + 8
d. 6 + 5 e. 9 + 3 f. 2 + 9

• En cas de difficulté, les calculs font l'objet d'une vérification collective, à l'aide des doigts ou de la file numérique.

Les procédures sont verbalisées en fonction de ce qui a été travaillé dans les unités précédentes (résultat mémorisé, appui sur un double, passage par 10, utilisation de décompositions avec 5). Les réponses peuvent être validées en ayant recours aux doigts ou aux déplacements sur la file numérique, mais les élèves sont incités à ne pas utiliser ces supports pour répondre.

RÉPONSE : 11 ; 12 ; 12 ; 11 ; 12 ; 11.

## RÉVISER

### Suite écrite des nombres (jusqu'à 99)

– Connaitre l'algorithme permettant d'engendrer une suite écrite de nombres (de 1 en 1).

INDIVIDUEL

**PHASE 1 Juste avant, juste après**

• Écrire un nombre au tableau et demander aux élèves d'écrire celui qui vient juste avant et celui qui vient juste après. Les élèves répondent sur l'ardoise ou le cahier de brouillon.

• Nombres proposés : 13, 45, 59, 70, 81, 89.

RÉPONSE : 12 et 14 ; 44 et 46 ; 58 et 60 ; 69 et 71 ; 80 et 82 ; 88 et 90.

INDIVIDUEL

**PHASE 2 Cinq nombres qui se suivent**

• Écrire une série de nombres au tableau et demander aux élèves de trouver et d'écrire, parmi ces nombres, les 5 nombres qui se suivent. Les élèves répondent sur l'ardoise ou le cahier de brouillon.

• Nombres écrits en vrac au tableau : 70, 79, 77, 67, 57, 66, 69, 78, 68, 63.

Proposer à certains élèves d'écrire les nombres sur des étiquettes pour faciliter la tâche.
La vérification peut être faite sur la file collective.

RÉPONSE : 66 ; 67 ; 68 ; 69 ; 70.

APPRENDRE

## Dizaines, unités et suite de nombres (1)

– Comprendre et utiliser la valeur positionnelle des chiffres dans l'écriture d'un nombre.
– Maitriser la structuration de la suite écrite des nombres.

### RECHERCHE

**Compteur, file et calculatrice (1) :** Chaque élève reçoit soit un compteur soit une calculatrice. Il doit faire évoluer les affichages de son instrument au fur et à mesure qu'une quantité d'objets augmente d'une unité (sans remettre à zéro les affichages). Un élève témoin suit l'évolution de la quantité sur la file numérique.

COLLECTIF ET ÉQUIPES DE 2

### PHASE 1 Découverte des compteurs et des calculatrices

• **Dans un 1er temps, distribuer les compteurs aux élèves (un pour 2 élèves) :**
– laisser un temps d'exploration libre ;
– susciter commentaires et remarques : description, identification de ce qui est reconnu… ;
– indiquer que les compteurs permettent d'afficher les nombres, en insistant sur la convention : 8 s'affiche 008, 17 s'affiche 017 ;
– demander l'affichage de quelques nombres dictés, par exemple : 1 ; 7 ; 11 ; 24 ; 30.

• **Dans un 2e temps, distribuer les calculatrices** (une pour 2 élèves) : elles sont, en principe, connues des élèves. Si ce n'est pas le cas, réserver un temps à leur exploration : mise en route, affichage de nombres, signes [+] et [=].

**L'utilisation de compteurs à 3 roues** permettra éventuellement de commencer à travailler en fin d'année avec des nombres de plus de 2 chiffres. Il convient d'insister sur la convention d'utilisation du compteur avec les « 0 à gauche ».

ÉQUIPES DE 2

### PHASE 2 Trois outils pour dénombrer : file numérique, compteur et calculatrice

• Préparer un paquet de 24 cubes mis sur le bureau de l'enseignant, à côté de la boite.

• Répartir les élèves selon les trois types de matériel :
– un élève au tableau avec la file numérique collective ;
– les autres élèves par équipes de 2 : l'un a un compteur, l'autre une calculatrice.

Les élèves changent de matériel lorsque démarre le dénombrement d'une nouvelle collection (phase 4).

• Préciser la tâche à réaliser et les rôles de chacun :

➡ *Sur la table, j'ai un paquet de cubes. Nous allons chercher combien il y en a. Pour cela, je les ferai tomber un par un dans cette boite. Pour savoir, au fur et à mesure, combien il y en a dans la boite, l'élève au tableau suivra avec son doigt sur la file numérique et, dans chaque équipe, un élève devra faire afficher le nombre de cubes sur sa calculatrice, et l'autre sur son compteur.*

• Demander au départ comment exprimer le contenu de la boite vide. Le compteur est sur 000, la calculatrice affiche 0, le doigt est avant 1 sur la file numérique (on peut, à ce moment, écrire 0 au début de la file).

• Commencer à faire tomber les cubes un par un dans la boite (jusqu'à 9 cubes). Pour chaque nouveau cube ajouté, demander ce qu'il faut faire avec chaque outil pour obtenir le bon affichage et le reformuler :
– avancer d'une case sur la file numérique ;
– avancer la roue de droite du compteur qui affiche ainsi 001, puis 002, puis 003…
– taper [+] 1 [=] sur la calculatrice qui affiche ainsi 1, puis 2, puis 3…

• Faire vérifier périodiquement l'adéquation entre l'affichage des trois outils.

• Faire tomber le dixième cube dans la boite. Inviter les élèves à s'interroger : ➡ *Comment avoir le bon affichage sur le compteur ?*

• Si l'élève en charge du compteur tourne seulement la roue de droite, il affiche à nouveau 000… alors que la calculatrice affiche 10 comme le nombre pointé sur la file numérique ! Il faut donc aussi tourner la roue du milieu pour afficher 010.

• Demander : ➡ *Comment, avec les objets dans la boite, matérialiser les deux chiffres : le 1 et le 0 ?*

Les élèves peuvent revenir sur la signification de chacun des chiffres, en référence à la situation du grand ziglotron ou aux situations de dénombrement en groupant par dizaines : il faudrait avoir un groupement de dix, ce qui est réalisé en mettant dix cubes dans un sachet.

• Continuer ainsi, en veillant à faire formuler le fonctionnement du compteur à différents moments, notamment au passage à 20 qui correspond à la possibilité de faire un deuxième sachet de dix cubes et se traduit, avec le compteur, par le fait d'avancer la roue du milieu.

**L'activité doit être conduite avec beaucoup de rigueur,** de façon directive et très progressivement.
**L'intérêt de l'utilisation simultanée de ces 3 types de matériel** est de renforcer, chez les élèves, la compréhension des modifications apportées aux chiffres d'un nombre lorsqu'on passe au nombre suivant et/ou lorsqu'on ajoute 1 à ce nombre, puis lorsqu'on ajoute 10 (voir séance 5). Cela permet en particulier de faire à nouveau le lien entre passer au nombre suivant et ajouter 1.

COLLECTIF

### PHASE 3 Synthèse sur le fonctionnement du compteur

SYNTHÈSE

• **Formuler les caractéristiques du fonctionnement du compteur en relation avec les groupements par dix :**
– le compteur permet d'afficher le nombre de cubes mis dans la boite : lorsqu'on ajoute un cube, il faut avancer la roue de droite ; mais quand cette roue de droite passe à 0, il faut faire avancer la roue du milieu ; ensuite, lors de l'ajout d'un nouveau cube, il ne faut pas oublier de revenir à la roue de droite ;
– si le compteur affiche 023, il y a 2 dizaines de cubes (2 sachets de dix cubes) et il y a 3 unités (3 cubes seuls).

• L'activité peut être reprise avec de nouvelles quantités à dénombrer (34, par exemple).

UNITÉ 7

# Dizaines, unités et suite de nombres (2)



| | Tâche | Matériel | Connaissances travaillées |
|---|---|---|---|
| **CALCUL MENTAL** | **Problème dicté**<br>– Résoudre un problème dont l'énoncé est donné oralement (complément) | pour la classe :<br>– une enveloppe<br>– 6 photos d'Arthur, 4 photos de Zoé › **fiche 8**<br>par élève :<br>FICHIER NOMBRES p. 74 1 | – **Résolution de problèmes** (domaine additif)<br>– Addition, complément, soustraction |
| **RÉVISER** Problèmes | **Problèmes écrits**<br>– Résoudre deux problèmes dont l'énoncé est donné par écrit (addition, complément) | par élève :<br>FICHIER NOMBRES p. 74 2 3 | – **Résolution de problèmes** (domaine additif)<br>– Addition, complément, soustraction |
| **APPRENDRE** Nombres | **Dizaines, unités et suite de nombres**<br>RECHERCHE **Compteur, file et calculatrice (2)**<br>– Mettre en relation les modifications de l'écriture d'un nombre avec celles de la quantité qu'elle exprime (ajouts successifs d'unités ou de dizaines) | pour la classe :<br>– file numérique collective affichée<br>– une boite et 45 cubes<br>– un compteur<br>– sachets transparents pouvant contenir 10 cubes<br>par équipe de 3 :<br>– une file numérique<br>– un compteur › **matériel du fichier, planche 6**<br>– une calculatrice<br>par élève :<br>FICHIER NOMBRES p. 74 4 5 | – **Dizaines et unités**<br>– **Valeur des chiffres en fonction de leur rang dans l'écriture d'un nombre**<br>– Suite écrite des nombres |

## CALCUL MENTAL

### Addition, soustraction (quantités)

– Résoudre un problème dont l'énoncé est communiqué oralement.
– Calculer un complément.

COLLECTIF / INDIVIDUEL

FICHIER NOMBRES ET CALCULS p. 74

Problème dicté

1 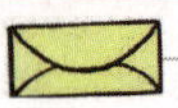 Il y a ...... photos de Zoé.

**Exercice 1**

• Exposer la situation en la réalisant devant les élèves :

➡ *Dans cette enveloppe, il y a 10 photos (les sortir et montrer le dos des photos). Il n'y a que des photos d'Arthur et de Zoé. Il y a 6 photos d'Arthur. Toutes les autres sont des photos de Zoé.*

• Noter les informations au tableau : « 10 photos, 6 photos d'Arthur ».

• Demander aux élèves de faire des hypothèses sur la question à laquelle il faut répondre. Puis poser la question : ➡ *Combien de photos de Zoé y a-t-il dans l'enveloppe ?* Laisser un temps de recherche et demander de formuler la réponse par écrit dans le fichier.

• Recenser les réponses, demander d'éliminer celles qui sont surement erronées, faire formuler quelques procédures.

• Procéder à une validation expérimentale.

La « concrétisation » de la situation présente un double intérêt :
– aider à la compréhension de la situation ;
– permettre une validation à la fin de la résolution.
L'émission d'hypothèses sur la question favorise l'entrée dans le problème.
Il faut veiller à ne pas montrer séparément les 2 types de photos, ce qui permettrait un dénombrement rapide et « tuerait » le problème.

RÉPONSE : 4 photos.

## RÉVISER

### **Problèmes écrits** • Addition, complément

– Résoudre des problèmes donnés par écrit (addition, complément).
– Calculer un complément.

INDIVIDUEL

**FICHIER NOMBRES ET CALCULS p. 74**

Problèmes écrits

**2** Dans cette enveloppe, il y a déjà 7 photos pour Arthur.
Zoé veut en envoyer 10.
**Écris** combien de photos Zoé doit encore mettre dans l'enveloppe.

*Zoé doit encore mettre ........ photos dans l'enveloppe.*

**3** Dans une autre enveloppe, il y a 2 photos pour Zoé.
Arthur veut en envoyer 10.
**Écris** combien de photos Arthur doit encore mettre dans l'enveloppe.

*Arthur doit encore mettre ........ photos dans l'enveloppe.*

**Exercices 2 et 3**

• Les énoncés peuvent être lus collectivement avant la résolution individuelle.

• Au moment de la correction, les procédures utilisées sont mises en évidence. L'erreur qui consiste à ajouter les 2 nombres est concrétisée à l'aide du matériel. Le problème auquel répondrait ce calcul peut également être formulé.

Pour certains élèves, la lecture collective de l'énoncé peut ne pas suffire. Un atelier personnalisé peut être organisé où les problèmes sont matérialisés, comme dans l'activité de calcul mental qui précède.
**Procédures possibles :** dessin ou doigts et dénombrement, surcomptage, utilisation de résultats connus ou reconstruits.

RÉPONSE : 3 photos ; 8 photos.

**Différenciation** → CD-Rom du guide, fiche 28.

UNITÉ 7

## APPRENDRE

### Dizaines, unités et suite de nombres (2)

– Comprendre et utiliser la valeur positionnelle des chiffres dans l'écriture d'un nombre.
– Maitriser la structuration de la suite écrite des nombres.
– Mettre en relation ces deux types de connaissances.

COLLECTIF ET ÉQUIPES DE 3

**RECHERCHE**

**Compteur, file et calculatrice (2) :** Chaque élève reçoit soit un compteur soit une calculatrice. Ils doivent faire évoluer les affichages de leur instrument au fur et à mesure qu'une quantité d'objets augmente d'une unité ou d'une dizaine (sans remettre à zéro les affichages). Un élève témoin suit l'évolution de la quantité sur la file numérique.

**PHASE 1 Ajouts d'une unité ou d'une dizaine**

• Dans chaque équipe de 3, un élève travaille avec la file numérique, un autre avec le compteur, le troisième avec la calculatrice. Les élèves changent de rôle à la fin de chaque série.

• Faire tomber dans la boite (vide au départ) les cubes un par un ou par dizaines (paquets de dix), et annoncer selon les cas aux élèves « un cube » ou « un sachet de dix cubes ».

• Demander à chaque élève de suivre, avec son matériel, l'évolution du nombre de cubes contenus dans la boite.

• Exemples de séries possibles (lire 1 = un cube, et 10 = un sachet de dix cubes) :
– série a : 1 / 1 / 1 / 10 / 10 / 1 / 1 / 1 / 1 / 1 / 1 / 1 / 10 / 1 / 1 ;
– série b : 1 / 1 / 1 / 1 / 1 / 1 / 1 / 10 / 1 / 10 / 10 / 1 / 1 / 1 / 1 / 1 / 10 ;
– série c : 10 / 10 / 1 / 1 / 1 / 1 / 1 / 1 / 1 / 1 / 1 / 1 / 1 / 1 / 10 / 1 / 1 / 1 / 1 / 10.

• D'autres séries peuvent être proposées.

• Arrêter l'activité à différents moments stratégiques pour mettre en commun les procédures utilisées. Demander :

➡ *Comment obtenir le résultat de l'ajout d'un cube ?*

➡ *Comment obtenir le résultat de l'ajout de dix cubes ?*

• Mettre en évidence ce qui sera repris dans la synthèse, notamment, sur le compteur :
– lorsqu'on ajoute 1 cube, le passage de la roue des unités de 9 à 0 doit s'accompagner de l'avancée d'un cran de la roue des dizaines ;
– lorsqu'on ajoute 10 cubes, on peut avancer 10 fois la roue des unités de 1 (avec toujours la question du passage de la roue des unités de 9 à 0) ou bien avancer directement la roue des dizaines de 1 (sans modifier la roue des unités).

Les séries sont choisies pour favoriser la réflexion sur les nombres ayant 9 ou 0 pour chiffre des unités, sur l'ajout de 10 et le comptage de 10 en 10.

COLLECTIF

**PHASE 2 Synthèse**

**SYNTHÈSE**

Elle porte sur 2 points.

**1.** Ajout d'un cube
Rappel des acquis de la séance précédente, avec une attention particulière portée sur le passage d'un nombre terminé par 9, correspondant à la possibilité de faire un nouveau sachet de dix.

**2.** Ajout d'un sachet de dix cubes (une dizaine de cubes)
Expression des différentes procédures utilisables avec chaque matériel :
– **sur la file numérique,** on peut soit avancer case par case (dix fois) ou de deux cases en deux cases (cinq fois), soit faire un seul saut, en ajoutant mentalement 10 au nombre précédent ou parce qu'on a remarqué qu'il suffit d'avancer de 1 le chiffre de gauche, celui des dizaines ;

– **sur le compteur,** on peut soit avancer dix fois de un la roue des unités (en veillant à l'effet sur la roue des dizaines du passage à zéro), soit avancer une seule fois de un la roue du milieu, celle des dizaines ;

– **avec la calculatrice,** on peut soit faire dix fois de suite [+] 1, soit faire directement [+] 10.

Sur chaque matériel, la première procédure revient à ajouter dix fois un cube alors que la 2e procédure revient à ajouter directement une dizaine de cubes.

**Les différentes procédures** sont explicitées et comparées, mais chacun reste libre d'utiliser la procédure de son choix, adaptée au matériel dont il dispose.

**La mise en relation des procédures utilisées** avec différents instruments permet de faire un lien entre ajouter dix, avancer de dix, ajouter une dizaine, avancer la roue des dizaines.

Progressivement, les élèves devraient prendre conscience du fait qu'ajouter dix ou avancer de dix ne modifie que le chiffre des dizaines (pour les nombres à deux chiffres).

INDIVIDUEL

## ENTRAINEMENT

### FICHIER NOMBRES ET CALCULS p. 74

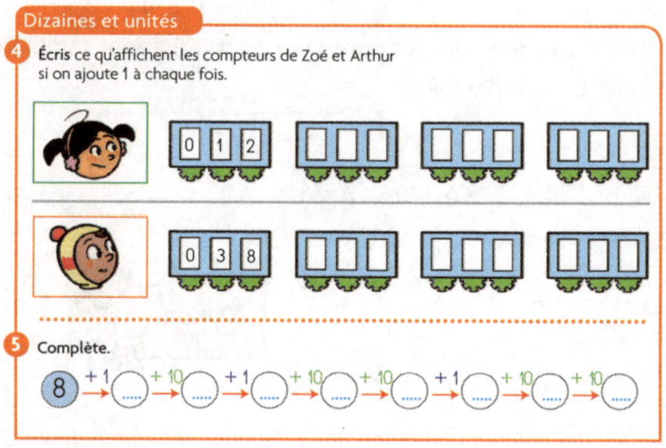


**Exercice 4**

• Suites de nombres à compléter de 1 en 1, en utilisant le support du compteur.

• Pour certains élèves, un compteur peut être laissé à disposition pour cet exercice.

• Lors de la correction, l'accent est mis sur le passage des dizaines (pour Arthur).

RÉPONSE : Zoé : 013 ; 014 ; 015. Arthur : 039 ; 040 ; 041.

**Exercice 5**

• Lors de la correction de cet exercice, on peut revenir sur le fait qu'ajouter 1 (ou 10) revient à « avancer d'une unité (ou d'une dizaine) ».

RÉPONSE : 9 ; 19 ; 20 ; 30 ; 40 ; 41 ; 51 ; 61.

**Différenciation** → CD-Rom du guide, fiche 28.

# Dizaines et unités : conversions



| | Tâche | Matériel | Connaissances travaillées |
|---|---|---|---|
| CALCUL MENTAL | **Répertoire additif (jusqu'à 14)**<br>– Calculer des sommes données oralement | par élève :<br>FICHIER NOMBRES p. 75 ① | – **Répertoire additif (jusqu'à 14)**<br>– Mémorisation<br>– Construction de résultats |
| RÉVISER Calculs | **Décomposer 12 sous forme de sommes**<br>– Obtenir un nombre en additionnant deux ou plusieurs nombres donnés | pour la classe :<br>– 18 cartes de 1 à 9 › **matériel du fichier, planche 3**<br>– 10 cartes de 10 à 19 › **matériel du fichier, planche 4**<br>– 1 carte 20 › **fiche 59**<br>par élève :<br>– ardoise ou cahier de brouillon<br>– répertoire additif pour certains élèves<br>FICHIER NOMBRES p. 75 ② | – **Addition**<br>– Décompositions d'un nombre |
| APPRENDRE Nombres | **Dizaines et unités : conversions**<br>RECHERCHE **Plus, moins, autant ?**<br>– Comparer des quantités exprimées sous forme de dizaines et d'unités ou uniquement d'unités | pour la classe :<br>– 3 cartes de Zoé, Arthur et Gribouille portant des dessins d'étoiles › **fiche 49**<br>par élève ou par équipe de 2 :<br>– 3 cartes de Zoé, Arthur et Gribouille portant des expressions de quantités en dizaines et unités › **fiche 49**<br>– une feuille pour chercher<br>par élève :<br>FICHIER NOMBRES p. 75 ③ ④ | – **Dizaines et unités**<br>– **Conversions entre unités et dizaines**<br>– 1 dizaine = 10 unités<br>– Comparaison de quantités et de nombres |

## CALCUL MENTAL

### Répertoire additif (jusqu'à 14)

– Utiliser des résultats mémorisés ou les construire très vite.

COLLECTIF

FICHIER NOMBRES ET CALCULS p. 75

**Exercice 1**

• Dicter les calculs et demander aux élèves d'écrire les résultats dans les cases correspondantes.

a. 7 + 7 b. 9 + 4 c. 8 + 6
d. 5 + 8 e. 6 + 7 f. 3 + 9

• En cas de difficulté, les calculs font l'objet d'une vérification collective, à l'aide des doigts ou de la file numérique.

Les procédures sont verbalisées en fonction de ce qui a été travaillé dans les unités précédentes (résultat mémorisé, appui sur un double, passage par 10, utilisation de décompositions avec 5). Pour certains calculs comme 3 + 9, montrer qu'il peut être remplacé par 9 + 3, souvent plus facile à mémoriser ou à retrouver. Les réponses peuvent être validées en ayant recours aux doigts ou aux déplacements sur la file numérique, mais les élèves sont incités à ne pas utiliser ces supports pour répondre.

RÉPONSE : 14 ; 13 ; 14 ; 13 ; 13 ; 12.

## RÉVISER

### Décomposer 12 sous forme de sommes

– Décomposer un nombre sous forme de sommes de 2 ou plusieurs nombres.

COLLECTIF

**PHASE 1** **Première recherche de sommes**

• Tirer 5 cartes parmi les nombres de 0 à 9 (par exemple 2, 7, 4, 5 et 6) et la carte 12.

• Afficher ces cartes au tableau, puis formuler la consigne :

➡ *Vous devez trouver comment obtenir 12, en ajoutant certains nombres parmi les 5 nombres affichés. Il ne faut utiliser que les nombres qui sont affichés. Il faut écrire votre calcul avec le signe +.*

• À l'issue de cette recherche, un bilan est fait collectivement : inventaire des propositions, vérification, explicitation de quelques procédures utilisées, écriture des sommes trouvées, par exemple : 2 + 4 + 6 = 12 ou 12 = 2 + 4 + 6 ou 7 + 5 = 12.

INDIVIDUEL

**PHASE 2**

**FICHIER NOMBRES ET CALCULS** **p. 75**

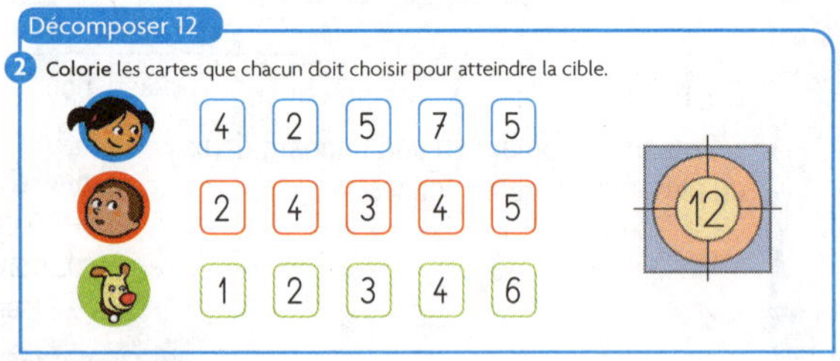


**Exercice 2**

• Même type de tâche sur le fichier.

Il s'agit d'un entrainement au calcul réfléchi.
L'activité nécessite de faire preuve d'initiative :
– faire des essais ;
– additionner d'abord deux nombres et, si le résultat n'est pas égal à 12, regarder s'il est possible de compléter le résultat obtenu ;
– s'appuyer sur un dessin…
Le répertoire peut être remis, comme aide, à certains élèves.

RÉPONSE : Zoé : 5 + 7 ou 2 + 5 + 5.
Arthur : 4 + 3 + 5.
Gribouille : 1 + 2 + 3 + 6 ou 2 + 4 + 6.

## APPRENDRE

### Dizaines et unités : conversions

– Convertir des dizaines en unités (ou inversement).
– Utiliser l'égalité 1 dizaine = 10 unités.

**RECHERCHE**

**Plus, moins, autant :** Trois quantités étant exprimées sous la forme « 2 dizaines et 3 unités », « 1 dizaine et 12 unités » et « 22 unités », les élèves doivent déterminer si elles sont égales, plus petites ou plus grandes l'une que l'autre.

INDIVIDUEL OU ÉQUIPES DE 2

**PHASE 1** **Comparaison des quantités d'étoiles**

• Distribuer les 3 cartes portant les quantités d'étoiles exprimées en dizaines et unités à chaque élève ou à chaque équipe.

• Préciser la tâche :

➡ *Zoé, Arthur et Gribouille ont reçu chacun une carte sur laquelle des étoiles sont dessinées. Ces cartes sont là sur le bureau* (les montrer rapidement, sans laisser le temps aux élèves de dénombrer les étoiles). *Sur les cartes que je vous ai données, ils ont écrit combien il y a d'étoiles sur leurs cartes* (faire lire ce qui est écrit, sans commentaire). *Avec ces renseignements, vous devez trouver qui a le plus d'étoiles, qui en a le moins ou, peut-être, si un personnage a autant d'étoiles qu'un autre. Vous avez une feuille pour chercher et pour écrire votre réponse. Il faudra dire pourquoi votre réponse est la bonne réponse.*

• Aider éventuellement les élèves à traduire leurs réponses par écrit (ou en disposant les cartes de celle qui a le moins d'étoiles à celle qui en a le plus) et à expliquer comment ils ont fait pour trouver (ces explications, correctes ou erronées, pourront être rapportées par l'enseignant au moment de la mise en commun).

**Cette séance constitue une sorte de récapitulatif** de ce qui a été travaillé jusque-là (particulièrement dans cette unité) sur l'équivalence entre 1 dizaine et 10 unités. Elle est l'occasion de montrer qu'une même quantité peut être exprimée sous diverses formes. **L'erreur qui consiste à prendre la somme des nombres** (2 + 3 pour Zoé, 1 + 12 pour Arthur…) sera particulièrement exploitée au cours de la mise en commun qui suit, en insistant sur la signification des mots dizaine et unité.

COLLECTIF

**PHASE 2** **Mise en commun**

• Recenser d'abord les réponses et demander aux élèves d'éliminer celles qui sont manifestement fausses, en expliquant pourquoi (voir commentaire précédent).

• Valider les réponses en utilisant les cartes collectives portant les étoiles (ces cartes serviront également de point d'appui pour l'explicitation des procédures correctes utilisées).

• Faire expliciter les procédures mises en œuvre. Trois catégories principales peuvent apparaitre :

**1^er^ type de procédure : expression des quantités par des nombres en utilisant la valeur positionnelle des chiffres.** 2 dizaines et 3 unités s'écrit 23 ce qui permet la comparaison entre Zoé et Gribouille (23 > 22). Cette utilisation, mal assimilée, a pu conduire à l'erreur 1 dizaine et 12 unités = 112 démentie par le recours aux cartes étoiles, avec le rappel du fait que pour l'écriture d'un nombre les chiffres des dizaines et des unités vont de 0 à 9.

**2^e^ type de procédure : expression des quantités par des nombres en utilisant le fait que 1 dizaine = 10 unités et le calcul.** On arrive ainsi à 2 dizaines et 3 unités = 10 unités + 10 unités + 3 unités = 23 unités ; 1 dizaine et 12 unités = 10 unités + 12 unités = 22 unités, ce qui permet de conclure que c'est Zoé qui a le plus d'étoiles et qu'Arthur et Gribouille en ont autant l'un que l'autre. Avec les cartes étoiles, cette procédure revient à « additionner les étoiles » par groupes de 10 ou à les compter de 1 en 1.

**3^e^ type de procédure : expression des quantités en dizaines et unités (avec moins de 10 unités) en utilisant le fait que 10 unités = 1 dizaine.** On arrive ainsi à 1 dizaine et 12 unités = 1 dizaine + 10 unités + 2 unités = 1 dizaine + 1 dizaine + 2 unités = 2 dizaines + 2 unités ; et 22 unités = 10 unités + 10 unités + 2 unités = 1 dizaine + 1 dizaine + 2 unités = 2 dizaines + 2 unités, ce qui permet également de conclure que c'est Zoé qui a le plus d'étoiles et qu'Arthur et Gribouille en ont autant l'un que l'autre. Avec les cartes étoiles, cette procédure revient à réaliser tous les regroupements par dix possibles sur les cartes d'Arthur et de Gribouille. Le lien est alors fait avec la valeur positionnelle des chiffres dans l'écriture chiffrée des nombres.

COLLECTIF

## PHASE 3 Synthèse

**SYNTHÈSE**

Reprendre les connaissances mises en jeu dans cette activité.

• Il faut bien se souvenir que 1 dizaine = 10 unités et qu'on peut donc remplacer 1 dizaine par 10 unités ou 10 unités par 1 dizaine.

• Un nombre peut être exprimé de plusieurs façons :
23 = 23 unités = 2 dizaines et 3 unités = 1 dizaine et 13 unités.

**TRACE ÉCRITE**

Ces différentes égalités peuvent être conservées au tableau pendant quelque temps.

UNITÉ 7

INDIVIDUEL

## ENTRAINEMENT

**FICHIER NOMBRES ET CALCULS p. 75**

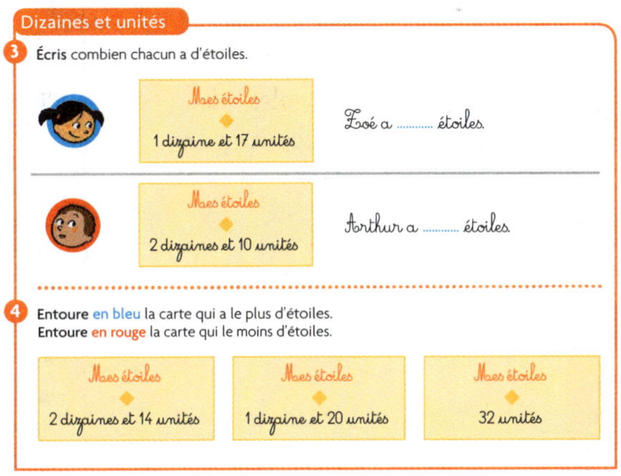


### Exercices 3 et 4

• Ces exercices sont un entrainement sur les conversions entre dizaines et unités.

• Lors de la correction, un recours aux dessins d'étoiles peut s'avérer utile, comme dans l'activité d'apprentissage.

RÉPONSE : 3 27 étoiles ; 30 étoiles.
4 Entourer en bleu 2 dizaines et 14 unités (34 étoiles). Entourer en rouge 1 dizaine et 20 unités (30 étoiles).

**Différenciation** → CD-Rom du guide, fiche 29.

# Reconnaitre des figures dans un assemblage complexe



| | Tâche | Matériel | Connaissances travaillées |
|---|---|---|---|
| NOMBRES | **Compter de dix en dix (jusqu'à 59)**<br>– Compter à l'oral en avant ou en arrière de dix en dix à partir d'un nombre donné | pour la classe :<br>– file numérique jusqu'à 59<br>– tableau des nombres | – **Régularité de la suite orale des nombres de 20 à 59** |
| RÉVISER Mesures | **Mesure de longueurs par report de l'unité**<br>– Mesurer des segments par report de l'unité<br>– Construire un segment de longueur donnée | par élève :<br>– bande unité orange › **matériel du cahier, planche 3**<br>– bande unité violette › **matériel du cahier, planche 3**<br>CAHIER GÉOMÉTRIE **p. 28** 1 à 4 | – **Mesure de longueurs par report de l'unité** |
| APPRENDRE Géométrie | **Reconnaitre des figures dans un assemblage complexe**<br>RECHERCHE **Carrés, rectangles, triangles**<br>– Reproduire un assemblage de figures en les dessinant à l'aide de gabarits | pour la classe :<br>– formes gabarits › **matériel du cahier, planche 1** (en autant d'exemplaires que d'élèves)<br>– catalogue des gabarits agrandis › **fiche 20**<br>– figures a, b, c, d, e et g agrandies au même format et découpées › **fiche 20**<br>– modèles R, S au même format › **fiche 50**<br>– modèles R, S, T, U reproduits sur papier calque pour la validation<br>– pâte à fixer<br>par équipe de 2 :<br>– catalogue des gabarits › **fiche 20**<br>– modèles R, S › **fiche 50**<br>par élève :<br>– feuille de brouillon<br>– crayon à papier, gomme | – **Carré, rectangle, triangle : reconnaissance perceptive dans un assemblage complexe**<br>– **Vocabulaire : sommet et côté**<br>– Tracé à l'aide d'un gabarit |

## COMPTINE ORALE

**Le furet** • Compter de dix en dix

– Réciter la suite des nombres, en avant et en arrière.

COLLECTIF

• Un nombre de départ est choisi (successivement 0, 15, 30, 53) et un ordre (« en avant » ou « en arrière »).

• Un élève doit dire la suite des nombres de dix en dix à partir du nombre choisi et en respectant l'ordre indiqué ; les autres doivent relever les erreurs.

• Variante : désigner à chaque coup l'élève qui doit « dire le nombre ».

• Un élève peut être chargé de suivre l'évolution sur la file collective et un autre sur le tableau des nombres.

Ce suivi sur la file ou sur le tableau permet d'identifier les régularités (chiffre des unités non modifié, chiffre des dizaines incrémenté de 1 à chaque fois).

## RÉVISER

### Mesure de longueurs par report de l'unité

– Exprimer une longueur par un nombre, une unité étant choisie.
– Effectuer une mesure de longueur par report de l'unité.

INDIVIDUEL

**CAHIER MESURES ET GÉOMÉTRIE p. 28**

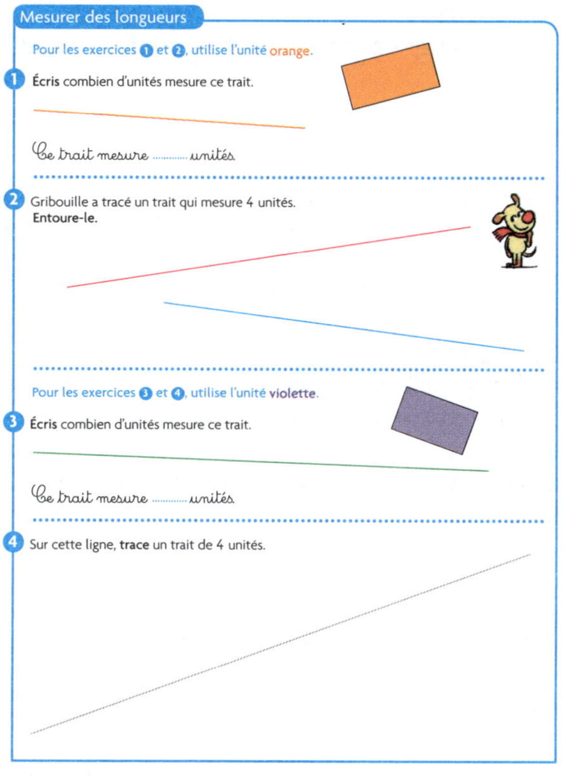
Mesurer des longueurs

Pour les exercices 1 et 2, utilise l'unité orange.

1 Écris combien d'unités mesure ce trait.

Ce trait mesure ........ unités.

2 Gribouille a tracé un trait qui mesure 4 unités. Entoure-le.

Pour les exercices 3 et 4, utilise l'unité violette.

3 Écris combien d'unités mesure ce trait.

Ce trait mesure ........ unités.

4 Sur cette ligne, trace un trait de 4 unités.

**Exercices 1 à 4**

• Le travail effectué en unité 6 avec des bandes est repris ici avec des segments.

• Demander aux élèves de s'appliquer pour reporter l'unité.

• Veiller à ce qu'ils changent bien d'unité après le deuxième exercice.

• Pour venir en aide aux élèves, faire un parallèle entre la mesure d'une bande, où on mesure un bord, et la mesure d'un trait.

RÉPONSE : 1 3 unités.
2 Entourer le trait bleu.
3 6 unités.

**Différenciation** → CD-Rom du guide, fiche 30.

UNITÉ 7

## APPRENDRE

### Reconnaitre des figures dans un assemblage complexe

– Effectuer des tracés à l'aide de gabarits.
– Reconnaitre des figures planes dans différentes orientations.
– Reconnaitre des figures élémentaires : carré, rectangle, triangle.
– Utiliser un vocabulaire géométrique : sommet, côté, carré, rectangle, triangle.

COLLECTIF

### RECHERCHE

**Carrés, rectangles, triangles :** Les élèves ont à reproduire un assemblage de 3 figures planes à partir d'un modèle de l'assemblage. Pour cela, ils doivent commander les gabarits des figures, en les reconnaissant dans un « catalogue » où elles sont dessinées dans une orientation différente de celle qu'elles ont sur le modèle.

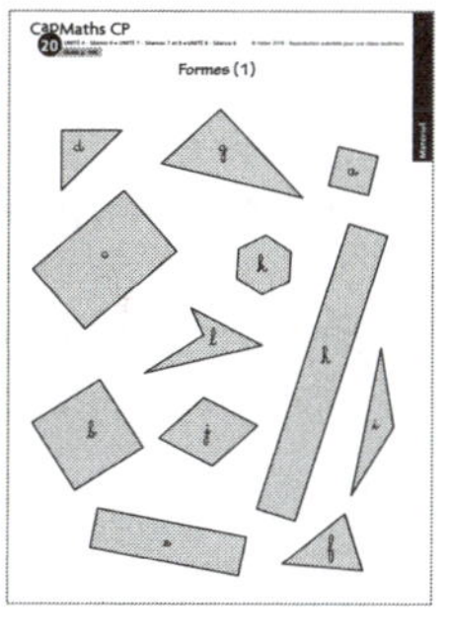


**PHASE 1 Présentation de l'activité**

• Présenter les gabarits de la planche 1 utilisés en unité 4, séance 7, et demander comment certains d'entre eux ont été utilisés : pour tracer des triangles.

• Afficher les modèles R, S et la feuille « catalogue » agrandis et présenter la tâche :

➡ *Voici des dessins qui ont été faits avec certains des gabarits : ce sont les modèles (montrer les modèles R, S). Tout à l'heure, vous aurez à reproduire un de ces dessins. Attention, il faudra faire un dessin qui soit exactement le même que le modèle. Pour cela, il faudra choisir les bons gabarits. Sur cette feuille* (montrer le catalogue des gabarits), *toutes les formes gabarits que vous allez pouvoir utiliser sont dessinées. C'est le catalogue. Vous pourrez ainsi choisir celles qu'il vous faut et vous me les demanderez en indiquant les lettres écrites dessus* (si besoin, mimer la commande d'un gabarit).

➡ *Vous aurez un modèle pour deux. Vous vous mettrez d'accord sur le choix des gabarits. Puis, chacun fera son dessin.*

PAR ÉQUIPES DE 2, PRODUCTION INDIVIDUELLE

**PHASE 2 Reproduction des assemblages R et S à l'aide de gabarits**

• Distribuer un modèle à chaque équipe (le dessin S, plus simple, peut être donné aux élèves les plus en difficulté) ainsi que le catalogue des gabarits.

• Lorsque deux élèves sont d'accord sur les gabarits nécessaires, ils les demandent à l'enseignant qui en remet un exemplaire à chaque élève. Les élèves peuvent d'abord placer les gabarits sur le modèle avant de tenter de le reproduire, et modifier leur demande si nécessaire.

• Quand les deux élèves d'une équipe ont terminé, ils comparent leurs productions au modèle. S'ils pensent que leurs productions ne sont pas conformes au modèle, ils peuvent faire une nouvelle demande et redessiner l'assemblage.

• Quand une équipe pense avoir terminé, lui donner un calque du modèle pour valider les productions. Commenter avec elle les erreurs.

La nécessité de reproduire un modèle engage à l'analyse de ce modèle et au contrôle de la production.
Les compétences travaillées ici sont fondamentales en géométrie : **être capable d'isoler des sous-figures dans un assemblage, et de reconnaitre des figures dans différentes orientations, sur différents supports.**
Le moment où les élèves reçoivent les gabarits est un moment de validation important pour la reconnaissance des figures. Celui de la superposition du calque du modèle et de la production est important pour la validation de la perception des positions relatives des figures.
Des élèves peuvent avoir identifié les bonnes figures, mais ne pas reproduire correctement le modèle :
– pour le modèle R, certains dessinent un assemblage qui est superposable au modèle après retournement du calque, comme ci-dessous :

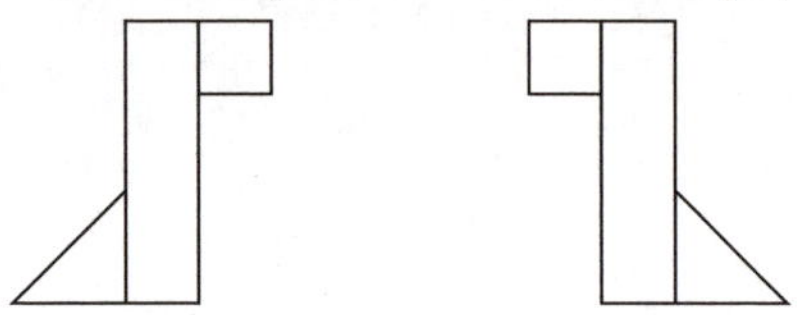
Modèle Production

– pour le modèle S, certains dessinent un assemblage en retournant le triangle g (la lettre n'est alors plus visible).

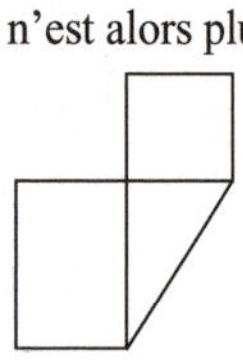

RÉPONSE : R est composé des figures a, *d* et *e*. S est composé des figures *b*, *c* et *g*.

COLLECTIF

## PHASE 3 Mise en commun

• Organiser une discussion autour de quelques productions incorrectes ou peu soignées. Les commentaires portent notamment sur le choix des bons gabarits, l'orientation des formes, la façon dont elles se touchent suivant un côté de la même longueur ou non. La nécessité de se comprendre conduit à préciser le vocabulaire : **sommet et côté**.

• Engager les élèves à reconnaitre et nommer **triangles** et **rectangles** et à les caractériser pour les différencier des autres triangles ou rectangles. Par exemple :
– concernant la discussion du choix des triangles, pour différencier le triangle rectangle *g* des autres triangles, des élèves mentionneront qu'il a deux pointes et un coin ou encore qu'il est droit. On n'abordera pas l'expression « triangle rectangle » (elle sera abordée en CE1) ;
– concernant la discussion du choix des rectangles, des élèves assimileront le rectangle e à une bande pour le différencier du rectangle *c*, et noteront qu'elle est moins longue que la bande ou le rectangle *h* ; essayer de leur faire formuler que e est un rectangle comme *c* et *h*, mais qu'il est moins large ou plus aplati que *c*, moins long que *h*.

• Conclure la discussion par une synthèse précisant la stratégie à utiliser.

**SYNTHÈSE**

• Pour reproduire un modèle, il faut :
– repérer le découpage du modèle en plusieurs figures ;
– retrouver dans le catalogue chacune de ces figures ; pour cela, on peut par exemple tourner le modèle pour orienter une figure de la même façon qu'une figure sur le catalogue, ou faire le contraire (tourner le catalogue pour que la figure soit dans la même orientation que sur le modèle) ;
– vérifier que la figure qu'on trace est bien placée comme sur le modèle : identifier les côtés et les sommets des figures qui se touchent ;
– quand on a terminé, vérifier que le dessin ressemble bien au modèle.

• À l'issue de l'activité, ramasser les gabarits.

PAR ÉQUIPES DE 2, PRODUCTION INDIVIDUELLE

## PHASE 4 Reproduction des assemblages T et U à l'aide de gabarits

• Reprendre le déroulement de la phase 2 en distribuant un modèle à chaque équipe (le dessin T, plus simple, peut être donné aux élèves les plus en difficulté) ainsi que le catalogue des gabarits.

• À l'issue de l'activité, ramasser les gabarits.

Des élèves peuvent avoir identifié les bonnes figures, mais ne pas réussir à reproduire le modèle :
– pour le modèle T, deux positions du carré sont possibles en appui contre les côtés de même longueur du triangle *i* : il faut faire le choix du « bon » côté.
– pour le modèle U, le placement des deux triangles de part et d'autre du losange *j* est source de difficulté.

RÉPONSE : T est composé des figures *b*, e et *i*. U est composé des figures *d*, *g* et *j*.

**À SUIVRE**

Une activité du même type est proposée en **séance 8.**
On pourra, en Arts plastiques, expérimenter d'autres façons de faire des compositions avec des gabarits de formes : superposition, recoupement, emboitement, répétition.

# Mesure de longueurs avec la règle graduée

| | Tâche | Matériel | Connaissances travaillées |
|---|---|---|---|
| NOMBRES | **Nombres dictés jusqu'à 59**<br>– Écrire en chiffres des nombres donnés oralement | par élève :<br>– ardoise ou cahier de brouillon | – **Désignations orale et écrite des nombres** |
| RÉVISER Géométrie | **Reconnaitre des figures dans un assemblage complexe**<br>– Reproduire un assemblage de figures en les dessinant à l'aide de gabarits | pour la classe :<br>– formes gabarits › **matériel du cahier, planche 1** (en autant d'exemplaires que d'élèves)<br>par élève :<br>– catalogue des gabarits › **fiche 20**<br>CAHIER GÉOMÉTRIE p. 29 ① | – **Carré, rectangle, triangle : reconnaissance perceptive dans un assemblage complexe**<br>– Tracé à l'aide d'un gabarit |
| APPRENDRE Mesures | **Mesure de longueurs avec la règle graduée**<br>RECHERCHE **Les bandes colorées (3)**<br>– Construire une bande de longueur donnée | par équipe de 2 :<br>– 2 bandes › **fiche 51**<br>– bande verte › **fiche 43** (à photocopier sur du papier vert)<br>– la règle à mesurer blanche › **matériel du cahier, planche 3**<br>– bande unité orange › **matériel du cahier, planche 3**<br>– un quart de feuille A4 et des ciseaux<br>par élève :<br>– règle à mesurer blanche › **matériel du cahier, planche 3**<br>CAHIER GÉOMÉTRIE p. 29 ② | – **Mesure de longueurs en utilisant une règle graduée** |

## NOMBRES

### Nombres dictés jusqu'à 59

– Traduire en chiffres un nombre donné oralement.

COLLECTIF

• Les élèves écrivent les nombres dictés sur l'ardoise ou le cahier de brouillon.

a. 53 b. 50 c. 37
d. 48 e. 40 f. 59

## RÉVISER

### Reconnaitre des figures dans un assemblage complexe

– Effectuer des tracés à l'aide de gabarits.
– Reconnaitre des figures planes dans différentes orientations.
– Reconnaitre des figures élémentaires : carré, rectangle, triangle.
– Utiliser un vocabulaire géométrique : sommet, côté, carré, rectangle, triangle.

INDIVIDUEL

**CAHIER MESURES ET GÉOMÉTRIE p. 29**

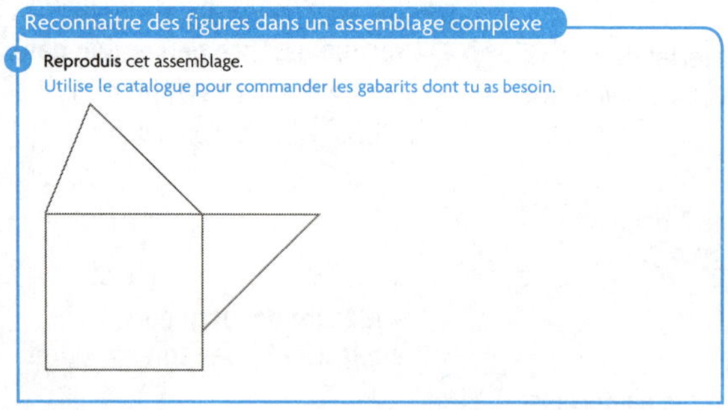


**Exercice 1**

• Chaque élève dispose du catalogue de gabarits.

• Cet exercice permet tout à la fois d'appliquer la stratégie décrite en séance 7, et d'entrainer la reconnaissance d'une figure dans une figure complexe (sur le modèle) et parmi d'autres figures (sur le catalogue).

• Les élèves doivent demander à l'enseignant les bons gabarits pour reproduire l'assemblage.

• Venir en aide aux élèves qui ont des difficultés pour identifier les triangles, en les aidant à analyser ce qui est spécifique de ces figures, et à les retrouver sur le catalogue. Par exemple :
– un des triangles a un coin droit ; il y en a deux dans le catalogue ; c'est le plus petit des deux : c'est *d*.
– l'autre n'a pas de coin droit, il est pointu, il n'est pas aplati : c'est *f*.

RÉPONSE : L'assemblage est composé des figures *b*, *d* et *f*.

## APPRENDRE

### Mesure de longueurs avec la règle graduée

– Exprimer une longueur par un nombre, une unité étant choisie.
– Effectuer une mesure de longueur en utilisant une règle graduée.
– Utiliser la mesure pour garder la mémoire d'une longueur ou pour la communiquer.

ÉQUIPES DE 2

**RECHERCHE**

**Les bandes colorées (3) :** Les élèves découvrent comment est réalisée une règle graduée et l'utilisent ensuite pour découper des bandes de même longueur que des bandes données.

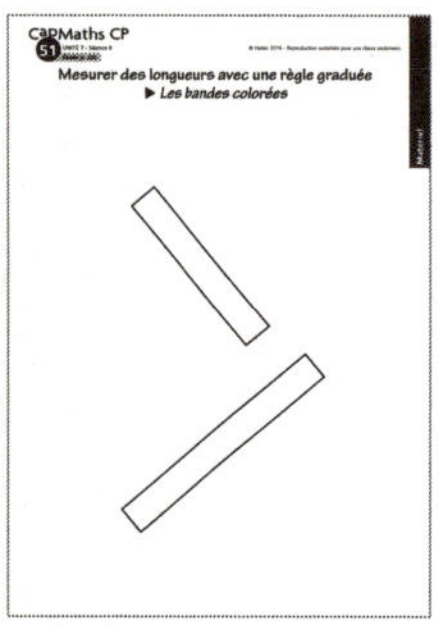


**PHASE 1 Découverte de la règle graduée**

• Rappeler ce qui a été vu au cours de l'unité 6, séance 7, en s'appuyant sur une fiche élève avec une bande jaune collée : « On peut trouver la mesure de la longueur d'une bande en reportant l'unité. Le nombre de reports est la mesure de la bande. »

• Distribuer la fiche avec les 2 bandes et le petit papier à chaque équipe, et énoncer la consigne :

➡ *Sur cette feuille, Gribouille a dessiné deux bandes. Vous devez recouvrir chacune de ces bandes avec une bande verte. Vous devez donc construire deux bandes vertes qui ont les mêmes longueurs que ces bandes. Vous allez, dans un premier temps, noter les mesures des deux bandes sur le papier. Dans un deuxième temps, je vous donnerai une grande bande verte et vous découperez les deux bandes juste à la longueur voulue. Attention, cette fois, je vous donne en plus de la bande-unité orange, une « règle à mesurer ». (Montrer un exemplaire de la règle graduée aux élèves). Cette règle vous servira à trouver la mesure des deux bandes.*

• Distribuer une unité orange et une règle à chaque équipe.

• Décrire la règle : ➡ *Chaque trait est appelé graduation.*

• Faire vérifier qu'entre deux graduations, il est possible de placer une unité orange.

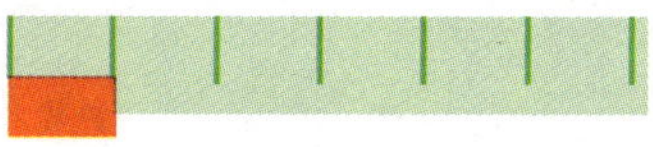

L'objectif est ici l'appropriation de l'usage d'une règle pour mesurer des longueurs.
Le choix de faire mesurer deux bandes vise à alourdir la tâche (et donc à montrer l'utilité de la règle) et non pas à approcher l'additivité des mesures.

ÉQUIPES DE 2

**PHASE 2 Résolution du problème et vérification**

➡ *Vous devez mesurer les deux bandes de Gribouille en reportant l'unité orange ou en utilisant la règle à mesurer. Mettez-vous d'accord et notez les mesures sur le papier.*

• Après que les élèves ont écrit les deux mesures, récupérer les fiches et donner à chaque équipe une bande verte, en précisant à nouveau la consigne :

➡ *Vous devez couper deux bandes vertes exactement à la longueur voulue.*

• Quand les deux bandes vertes sont découpées, redonner la fiche initiale pour vérification : si la longueur d'une bande est exacte, les élèves la collent sur la bande de la fiche, sinon ils la collent à côté.

COLLECTIF

**PHASE 3** **Mise en commun et synthèse**

• Faire exprimer les méthodes utilisées :
– utilisation de la « règle » comme une bande de papier quelconque en inscrivant dessus des repères de longueur ;
– mesurage par report de l'unité orange ;
– mesurage en comptant les intervalles entre 2 graduations présentes sur la règle.

• Cette dernière procédure est privilégiée et mise en relation avec le report de la bande unité :
– des élèves montrent au tableau comment se fait le mesurage à l'aide de cette règle à mesurer ;
– selon la compréhension des élèves, pour faciliter le mesurage : engager les élèves à numéroter les unités (schéma 1) ou les graduations (schéma 2) sur la règle, ce qui évite de les recompter.

❶ 

❷ 

• Se mettre d'accord sur les résultats : la bande la plus longue mesure 4 unités et la plus courte 3 unités.

• **Les erreurs de mesure peuvent avoir plusieurs causes :**
– difficulté à effectuer les reports précis ;
– erreur de positionnement de la règle ;
– erreur de comptage des reports ou des graduations sur la règle.

• Faire formuler des idées et des remarques sur l'utilisation de la « règle à mesurer ».

**SYNTHÈSE**

• La règle à mesurer comporte des graduations.
L'espacement entre deux graduations est égal à l'unité.

• La règle à mesurer permet de mesurer la longueur d'un trait sans effectuer de report de l'unité : l'unité est déjà reportée sur la règle et les reports sont marqués.

• Pour mesurer la longueur d'une bande ou d'un trait avec la règle à mesurer, il faut :
– placer une extrémité de la règle à une extrémité de la bande ;
– repérer la graduation de la règle qui est en face de l'autre extrémité de la bande ;
– compter le nombre d'unités sur la règle comprises entre son extrémité et cette graduation : le nombre obtenu est la mesure de la bande ou du trait.

**TRACE ÉCRITE**

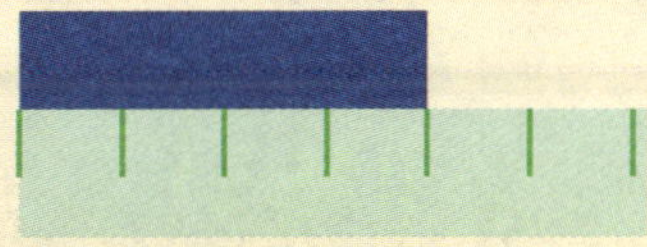

• La longueur de la bande est de 4 unités.

• Habituellement, sur les règles, ce sont les graduations qui sont numérotées.

• Engager à nouveau les équipes à trouver la mesure des deux bandes dessinées à l'aide de la règle ou à mesurer avec précision les morceaux à découper dans la bande verte.

Il est important de faire prendre conscience aux élèves que la règle graduée évite le report de l'unité, mais que les deux méthodes sont équivalentes car sur la règle l'unité est déjà reportée.
La question de la numérotation est plus difficile : faut-il numéroter les intervalles (donc les unités reportées) ou les extrémités (avec la question du 0 initial…) ? Nous conseillons de montrer la deuxième méthode, plus conventionnelle.

INDIVIDUEL

## ENTRAINEMENT

**CAHIER MESURES ET GÉOMÉTRIE** p. 29

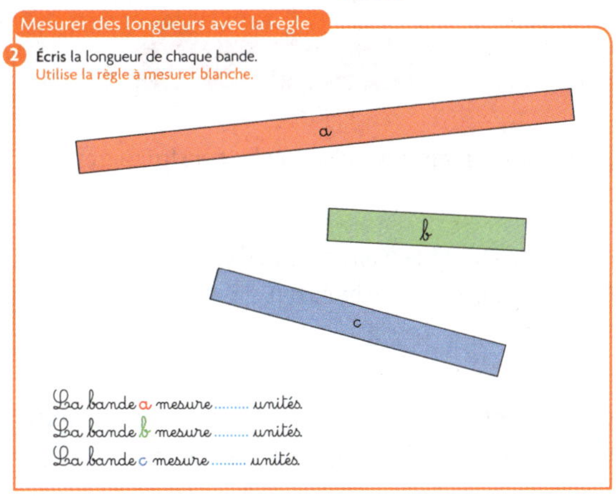


**Exercice 2**

• Les exercices se font à l'aide de la « règle à mesurer » blanche. Ils constituent un entrainement pour l'utilisation de cet outil.

• Préciser aux élèves qu'on s'intéresse à la longueur des bandes et non à leur largeur.

RÉPONSE : a = 5 unités ; b = 2 unités ; c = 3 unités.

**À SUIVRE**
La mesure à l'aide d'une règle graduée est entrainée dans la **séance suivante** et en **unité 8**.

| | Tâche | Matériel | Connaissances travaillées |
|---|---|---|---|
| **CALCUL MENTAL** | **Répertoire additif (jusqu'à 14)**<br>– Calculer des sommes données oralement | par élève :<br>– ardoise ou cahier de brouillon | – **Répertoire additif (jusqu'à 14)**<br>– Mémorisation<br>– Construction de résultats |
| **RÉVISER** Mesures | **Mesure de longueurs avec la règle graduée**<br>– Utiliser une règle graduée pour mesurer des longueurs<br>– Construire une bande ou un segment de longueur donnée | par élève :<br>– la règle à mesurer blanche › **matériel du cahier, planche 3**<br>CAHIER GÉOMÉTRIE **p. 30** 1 à 4 | – **Mesure de longueurs à l'aide d'une règle graduée** |
| **APPRENDRE** Espace | **Repérage sur quadrillage**<br>RECHERCHE **Le jeu des cases**<br>– Utiliser un schéma d'un quadrillage pour indiquer où sont situés des objets cachés dans les cases du quadrillage | pour la classe :<br>– quadrillage 6 x 6 › **à dessiner par l'enseignant (cases de 12 cm) sur une feuille**<br>– 10 gobelets opaques et 4 jetons<br>par élève :<br>– quadrillage en réduction › **fiche 52** (2 par élève)<br>– crayon | – **Repérage de cases dans un quadrillage** par rapport à d'autres cases<br>– **Utilisation d'un plan** : nécessité de l'orienter |

## CALCUL MENTAL

### Répertoire additif (jusqu'à 14)

– Utiliser des résultats mémorisés ou les construire très vite.

COLLECTIF

• Dicter les calculs et demander aux élèves d'écrire les résultats sur l'ardoise ou le cahier de brouillon.

a. 5 + 9 b. 6 + 5 c. 8 + 4
d. 2 + 9 e. 4 + 9 f. 6 + 8

• En cas de difficulté, les calculs font l'objet d'une vérification collective, à l'aide des doigts ou de la file numérique.

Les procédures sont verbalisées en fonction de ce qui a été travaillé dans les unités précédentes (résultat mémorisé, appui sur un double, passage par 10, utilisation de décompositions avec 5). Pour certains calculs comme 2 + 9, montrer qu'il peut être remplacé par 9 + 2, souvent plus facile à mémoriser ou à retrouver. Les réponses peuvent être validées en ayant recours aux doigts ou aux déplacements sur la file numérique, mais les élèves sont incités à ne pas utiliser ces supports pour répondre.

RÉPONSE : 14 ; 11 ; 12 ; 11 ; 13 ; 14.

## RÉVISER

### Mesure de longueurs avec la règle graduée

– Mesurer une longueur en utilisant une règle graduée.

INDIVIDUEL

CAHIER MESURES ET GÉOMÉTRIE **p. 30**

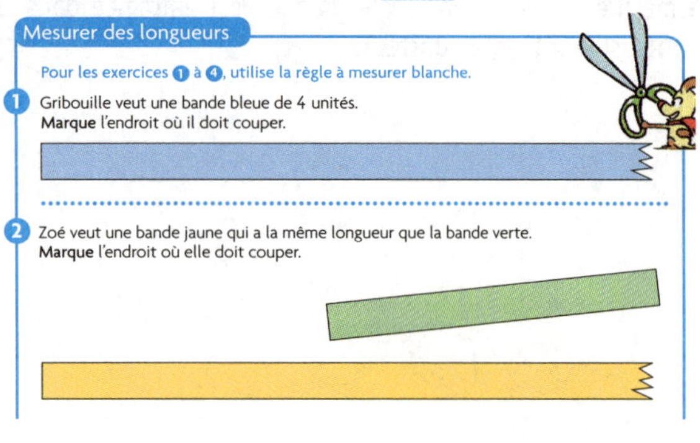
Mesurer des longueurs

Pour les exercices 1 à 4, utilise la règle à mesurer blanche.

1 Gribouille veut une bande bleue de 4 unités. **Marque** l'endroit où il doit couper.

2 Zoé veut une bande jaune qui a la même longueur que la bande verte. **Marque** l'endroit où elle doit couper.

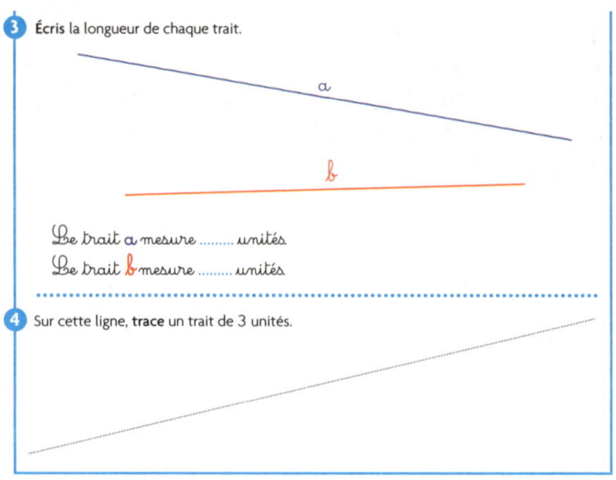
3 **Écris** la longueur de chaque trait.



Le trait a mesure ........ unités.
Le trait b mesure ........ unités.

4 Sur cette ligne, **trace** un trait de 3 unités.

**Exercices 1 à 4**

• Les exercices se font avec la « règle à mesurer » blanche. Ils constituent un entrainement à l'utilisation de cet outil.

• Pour les exercices 1 et 2, le problème posé (réaliser une bande de longueur donnée) est similaire à celui posé dans la séance précédente.

• Dans les exercices 3 et 4, les problèmes de mesure sont maintenant posés sur des traits.

• Dans l'exercice 4, les élèves tracent un trait de longueur donnée.

RÉPONSE : 3 a = 5 unités ; b = 4 unités.

**Différenciation** → CD-Rom du guide, fiche 31.

UNITÉ 7

## APPRENDRE

### Repérage sur quadrillage

– Se repérer dans les cases d'un quadrillage.
– Reproduire une disposition sur quadrillage.
– Réaliser un schéma pour communiquer des informations concernant des positions.
– Comprendre la nécessité d'orienter ce schéma pour retrouver les positions.

### RECHERCHE

**Le jeu des cases*** : Dix gobelets retournés sont disposés sur un grand quadrillage et quatre jetons sont posés sur certains d'entre eux. Ces jetons seront ensuite cachés sous ces gobelets. Munis d'une réduction du quadrillage, les élèves doivent dessiner sur celui-ci les informations qui permettront de trouver les jetons cachés.

* Cette activité s'inspire d'une situation proposée par René Berthelot et Marie-Hélène Salin dans leur thèse *L'Enseignement de l'espace et de la géométrie dans la scolarité obligatoire*, 1992.

**• Avant de commencer l'activité :**

Poser le grand quadrillage au sol ou sur une table, de façon à ce que les élèves puissent être autour et le voir. Placer les gobelets retournés sur certaines cases : 5 gobelets posés sur des cases « alignées » et se touchant par un côté, 5 autres disposés sur d'autres cases de façon non symétrique par rapport à l'alignement des 5 premiers gobelets, par exemple :

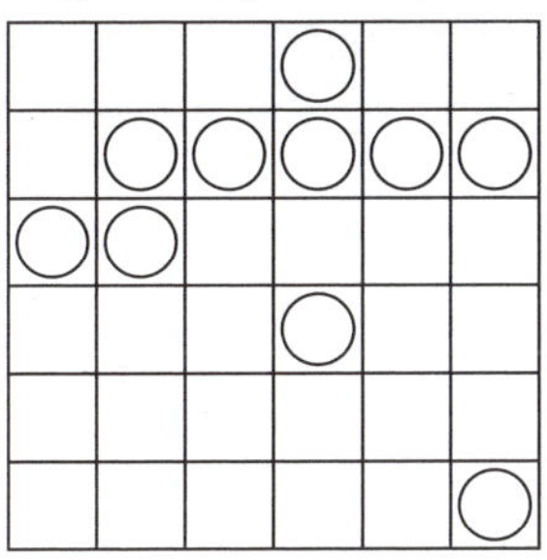

COLLECTIF

**PHASE 1 Présentation du problème**

• Réunir les élèves autour du grand quadrillage et formuler la tâche :

➡ *Trois élèves vont sortir de la classe. Pendant ce temps, nous allons cacher 4 jetons sous certains gobelets. Chacun aura une feuille avec un quadrillage sur laquelle il notera des renseignements : uniquement des dessins, pas de mots. Avec ces renseignements, vos trois camarades doivent pouvoir trouver où sont cachés les jetons. Quand un élève reviendra, je choisirai une de vos feuilles et l'élève s'en servira pour trouver où sont cachés les jetons. C'est comme le jeu des boites.*

• Montrer la feuille avec le quadrillage en réduction où chacun notera des renseignements. Demander aux élèves de commenter ce qu'ils voient sur la feuille. Chacun doit comprendre qu'il s'agit d'un quadrillage comme celui où sont posés les gobelets avec 6 cases sur le côté.

• Choisir 3 élèves et les placer à l'écart ; ils peuvent par exemple être occupés à travailler sur une fiche : dessin à la règle ou reproduction sur quadrillage.

• Poser les 4 jetons sur des gobelets : 2 jetons sur 2 gobelets faisant partie de l'alignement des 5 gobelets, les 2 autres jetons sur 2 autres gobelets (dont un pas trop éloigné de l'alignement des 5 gobelets), par exemple :

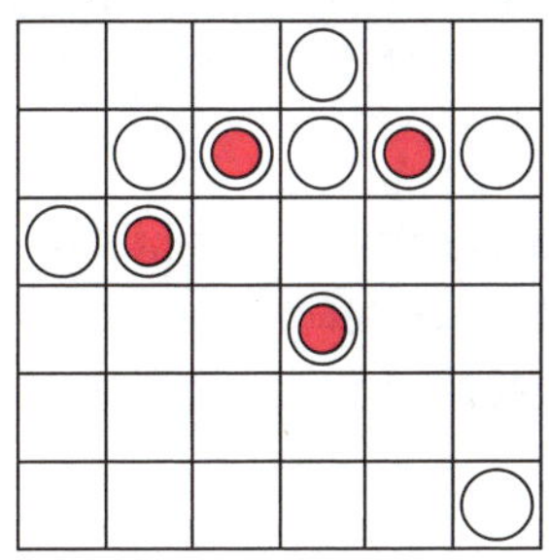

Les élèves sont amenés à **réinvestir** ce qu'ils ont construit lors des unités précédentes :
– les représentations de l'espace : nécessité d'un repère, ordre dans un alignement, conservation des positions relatives ;
– le travail déjà fait sur quadrillage.
**L'objectif** ici est le repérage des cases les unes par rapport aux autres. Un autre objectif visé est celui de l'utilisation d'un plan et de son orientation dans un cas simple. Les gobelets alignés doivent constituer un repère caractéristique dans le quadrillage.

INDIVIDUEL

**PHASE 2 Élaboration individuelle des messages**

• Formuler le travail demandé aux élèves :

➡ *Tout à l'heure, nous cacherons les jetons sous les gobelets.*

➡ *Ce que vous dessinez sur votre feuille doit permettre de retrouver où sont les jetons. Attention, l'élève qui cherchera les jetons à l'aide de votre feuille devra retrouver ces 4 jetons.*
*S'il soulève un gobelet et qu'il n'y a pas de jeton dessous, vous aurez perdu.*

• Ne donner aucune indication supplémentaire aux élèves, mais leur indiquer qu'ils ont le droit de se déplacer pour bien voir le quadrillage collectif.

• Après réalisation des dessins, étudier les productions des élèves et choisir 3 messages :
– un 1er dessin qui ne comporte que la position des jetons (ou de certains jetons) dans le quadrillage, sans indication de la position des gobelets ;
– un 2e dessin qui comporte une disposition correcte des jetons cachés et de certains gobelets, mais sans que tous les gobelets soient indiqués ;
– un 3e dessin qui comporte des informations suffisantes pour trouver tous les jetons (dessin des jetons et des gobelets).

• Cacher les jetons sous les gobelets.

• Appeler le premier élève et lui donner le premier dessin (qui ne doit pas permettre de réussir) et lui demander de trouver les jetons cachés. Les autres élèves observent ce qui se passe.

• Faire de même avec les deux autres élèves (l'un pour le 2e dessin, puis l'autre pour le 3e dessin), en veillant à présenter les dessins orientés suivant le point de vue qu'a l'élève sur le quadrillage collectif.

• Faire s'exprimer les 3 élèves sur leur stratégie ou leurs difficultés.

**Erreurs possibles :**
– dessins des gobelets et jetons sans positions respectées ;
– dessins des jetons à des positions exactes, mais les gobelets ne sont pas indiqués (ce qui ne permet pas de réussir à coup sûr, car on ne sait pas comment orienter le dessin) ;
– dessins des gobelets et jetons avec des positions relatives exactes, mais l'ensemble n'est pas bien positionné sur le quadrillage ;
– dessins des gobelets et jetons avec des positions inexactes.
Il peut y avoir dans cette séance beaucoup de représentations non satisfaisantes.

COLLECTIF

## PHASE 3 Mise en commun et synthèse

• Présenter les trois feuilles choisies.

• **Engager les élèves à les commenter, à dire ce qui a permis de retrouver les jetons :**
– positionnement des gobelets alignés qui donne un repère dans le quadrillage ;
– repérage des autres gobelets et des jetons par rapport à ce positionnement ;
– nécessité d'une orientation correcte de la feuille pour que les positions soient comme sur le quadrillage collectif.

• **Se mettre d'accord pour représenter les gobelets par un rond et les jetons par un rond plus petit colorié.**

• Si certains élèves proposent un repérage par rapport à un repère fixe extérieur pour orienter le quadrillage (par exemple, tableau dessiné sur un côté du quadrillage), cette idée pourra être reprise par la suite.

• Conclure.

SYNTHÈSE

• **Pour communiquer les positions des jetons et des gobelets** (ou tout autre objet) **sur le quadrillage**, on peut utiliser le dessin du quadrillage et marquer où se trouvent les objets. Il faut être très précis et dessiner les jetons dans les bonnes cases, comme dans le grand quadrillage.

• **Quand on utilise le dessin pour retrouver les jetons,** il faut faire attention à tourner le dessin pour qu'il corresponde exactement à la réalité. Il faut voir la même chose sur le grand quadrillage et sur le dessin.

Au cours de la discussion, veiller à l'utilisation d'un **vocabulaire adéquat** (case, ligne ou rangée ou colonne, à côté). Laisser l'élève décrire de son point de vue : 2 cases en dessous, la case à gauche…, même s'il ne s'agit pas d'un point de vue commun à tous.
**L'utilisation d'un repère extérieur fixe** n'est pas nécessaire à la compréhension des représentations, vu les caractéristiques de la disposition des gobelets, mais il peut être utilisé si les élèves le proposent et si le maitre le ressent comme nécessaire.

COLLECTIF ET INDIVIDUEL

## PHASE 4 Reprise du problème

• Garder la même disposition des gobelets et placer les 4 jetons à des emplacements différents de l'activité précédente.

• Rappeler les consignes qui sont identiques à celles du premier jeu, ainsi que ce qui a été décidé à la fin : ➡ *Les gobelets sont représentés sur les dessins par des ronds et les jetons par des petits ronds coloriés.*

• Faire sortir deux élèves différents de ceux du jeu précédent.

• Une fois les messages réalisés, cacher les jetons, rappeler successivement les deux élèves et procéder comme la fois précédente.

• Si le temps fait défaut, l'activité pourra être reprise à un autre moment.

Il s'agit d'une phase de réinvestissement de ce qui a été construit lors du jeu précédent.
Cette fois, on devrait obtenir des productions plus complètes et plus élaborées.

# BILAN et consolidation

FICHIER NOMBRES p. 76 à 79
CAHIER GÉOMÉTRIE p. 31-32



## BILAN de l'UNITÉ 7 | CONSOLIDATION

NOMBRES ET CALCULS

### Nombres en chiffres jusqu'à 59 • Calcul mental : répertoire additif jusqu'à 14 (séances 1 à 9)

**Je fais le bilan** › FICHIER NOMBRES p. 77

**Exercice 1 Écriture en chiffres des nombres jusqu'à 59.**

Dicter les nombres suivants.

a. quarante b. trente-deux
c. cinquante-et-un d. quarante-neuf
e. cinquante-sept f. cinquante-cinq

**Exercice 2 Répertoire additif jusqu'à 14.**

Dicter les calculs suivants.

a. 6 + 6 b. 7 + 6
c. 2 + 9 d. 8 + 6
e. 9 + 4 f. 4 + 8

RÉPONSE : 12 ; 13 ; 11 ; 14 ; 13 ; 12.

**Exercice 3 Répertoire additif jusqu'à 14.**

RÉPONSE : 12 ; 10 ; 11 ; 14 ; 14 ; 14.

**Je consolide mes connaissances** › FICHIER NOMBRES p. 78

**Exercices 1 et 2**

RÉPONSE : 1. Zoé : 6 + 5 ou 3 + 8 ou 6 + 3 + 2.
Arthur : 5 + 1 + 5 ou 5 + 2 + 4.
Gribouille : 2 + 5 + 4 ou 4 + 7.
2. Pour 12 : 3 + 9 ; 4 + 8 ; 5 + 7 ; 6 + 6 ; 7 + 5 ; 8 + 4 ; 9 + 3.
Pour 14 : 5 + 9 ; 6 + 8 ; 7 + 7 ; 8 + 6 ; 9 + 5.

**Atelier**

- Montrer un nombre sur la file numérique (jusqu'à 59) et demander de l'exprimer oralement.
- Dire un nombre (jusqu'à 59) et demander de le montrer sur la file numérique.

**Autres ressources**

› 80 Activités et jeux mathématiques CP

**16.** La bonne page (3)
**36.** Addi-grille

› CD-Rom Jeux interactifs GS-CP-CE1

**Jeu 11.** Je suis un as du calcul (niveau 1)
**Jeu 12.** Je calcule à la vitesse de l'éclair (niveau 2)
**Jeu 14.** La punta

NOMBRES ET CALCULS

### Addition, soustraction : aspect ordinal (déplacements sur une piste numérotée) (séances 2 et 3)

**Je prépare le bilan** › FICHIER NOMBRES p. 76 A

A Arthur et Zoé partent de 5. Arthur recule de 3. Zoé avance de 2.

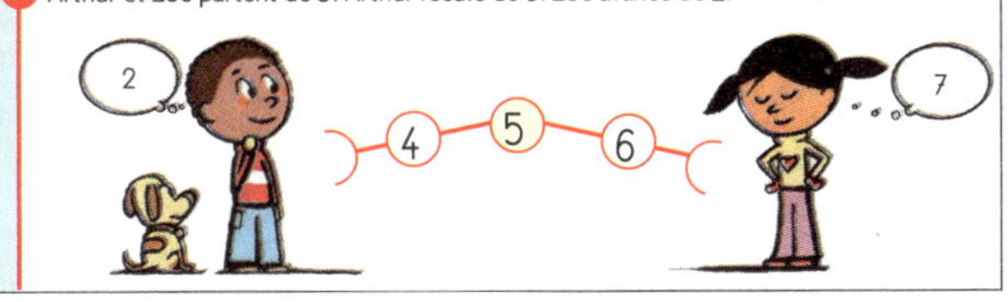


→ **Il est possible de prévoir la position atteinte à la suite d'un déplacement en avant ou en arrière sur la file numérique, ou encore de trouver le déplacement à réaliser pour atteindre une position donnée.** Pour cela, on peut utiliser deux grandes catégories de procédures :
– compter en avant ou en arrière ;
– utiliser des résultats additifs ou soustractifs mémorisés ou notés dans le répertoire de résultats, ce qui est beaucoup plus rapide.

**Je fais le bilan** › FICHIER NOMBRES p. 77

**Exercice 4 Prévoir la position atteinte à la suite d'un déplacement en avant ou en arrière sur la file numérique. Trouver le déplacement à réaliser pour aller d'une position à une autre.**

RÉPONSE : 12 ; 7 ; 4 ; 9.

**Je consolide mes connaissances** › FICHIER NOMBRES p. 78

**Exercices 3 à 5**

RÉPONSE : 3. Case 13.
4. Case 5.
5. Reculer de 5.

**Autres ressources**

› 80 Activités et jeux mathématiques CP

**41.** Jeu de l'oie

# BILAN de l'UNITÉ 7

# CONSOLIDATION

NOMBRES ET CALCULS

## Dizaines, unités et suite de nombres (séances 4 et 5)

**Je prépare le bilan** › FICHIER NOMBRES p. 76 B

→ **Quand on passe de 24 à 25 dans la suite des nombres,** cela revient à avancer de 1 la roue de droite du compteur, à faire [+] 1 sur la calculatrice et à mettre un objet de plus dans la boite.

→ **Il faut faire attention quand le chiffre des unités (celui de droite) passe de 9 à 0 :** la roue suivante avance aussi et on peut faire un groupement de dix avec les objets.

→ **Quand on ajoute 10,** le chiffre des unités ne change pas : sur le compteur, on peut le faire en une seule fois en avançant la roue des dizaines.

**Je fais le bilan** › FICHIER NOMBRES p. 77

**Exercices 5 et 6 Comprendre et utiliser la valeur positionnelle des chiffres pour compléter des suites de nombres (ajout de 1 ou de 10).**

RÉPONSE : 5. 059 ; 060 ; 061.
6. 10 ; 11 ; 12 ; 13 ; 14 ; 24 ; 34 ; 44.
17 ; 27 ; 28 ; 29 ; 39 ; 40 ; 50 ; 51.

**Je consolide mes connaissances** › FICHIER NOMBRES p. 79

**Exercices 6 et 7**

RÉPONSE : 6. 10 ; 20 ; 30 ; 40 ; 50 ; 60 ; 70 ; 80.
10 ; 11 ; 12 ; 22 ; 32 ; 42 ; 43 ; 44.
7. 14 ; 24 ; 34 ; 44 ; 54.
6 ; 16 ; 26 ; 27 ; 28 ; 29 ; 30 ; 40.

**Atelier**

Reprendre l'activité « compteur, file et calculatrice » avec un petit groupe d'élèves.

NOMBRES ET CALCULS

## Dizaines et unités : conversions (séance 6)

**Je prépare le bilan** › FICHIER NOMBRES p. 76 C

→ **En utilisant les dizaines et les unités, un nombre peut se décomposer de plusieurs manières :**
– 34 c'est 3 dizaines et 4 unités ;
– c'est aussi 2 dizaines et 14 unités ;
– ou 1 dizaine et 24 unités ;
– ou 34 unités.

**Je fais le bilan** › FICHIER NOMBRES p. 77

**Exercice 7 Utiliser l'égalité 1 dizaine = 10 unités.**

RÉPONSE : 20 ; 26 ; 20 ; 31.

**Je consolide mes connaissances** › FICHIER NOMBRES p. 79

**Exercices 8 et 10**

RÉPONSE : 8. 62 timbres.
9. 55 timbres.
10. Relier « 2 dizaines et 11 unités », « 3 dizaines et 1 unité », « 1 dizaine et 21 unités » et « 31 ».
Relier « 1 dizaine et 11 unités » et « 21 ».

MESURES ET GÉOMÉTRIE

## Carré, rectangle, triangle : reconnaissance dans une figure complexe (séance 7)

**Je prépare le bilan** › CAHIER GÉOMÉTRIE p. 31 **A**

→ **Rappel des noms des formes utilisées** comme gabarits pour les assemblages.

→ **Deux formes peuvent être identiques, même si elles ne sont pas orientées de la même manière,** ce qui peut être vérifié par superposition (réelle ou mentale).

**Je fais le bilan** › CAHIER GÉOMÉTRIE p. 31

**Exercice 1 Reconnaitre les formes simples composant un assemblage.**

MATÉRIEL par élève : crayons ou stylos de couleur (rouge, bleu, vert, orange).

RÉPONSE :

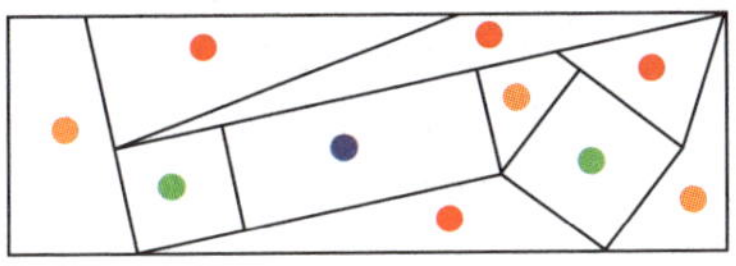

**Je consolide mes connaissances** › CAHIER GÉOMÉTRIE p. 32

**Exercices 1 et 2**

Exercice 2 : Après qu'ils ont passé commande, remettre les gabarits aux élèves qui les placent sur le modèle pour contrôler l'exactitude de celle-ci. Si la commande est erronée, ils peuvent faire une autre demande.

RÉPONSE : 1.

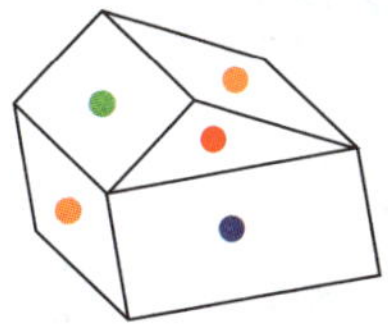

2.

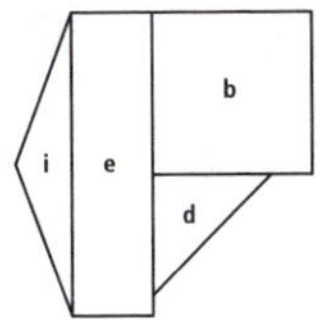


**Autres ressources**

› 80 Activités et jeux mathématiques CP

**73.** Assemblages de formes
**74.** Reproduction d'assemblages
**75.** Formes en puzzle

MESURES ET GÉOMÉTRIE

## Mesure de longueurs avec la règle graduée (séance 8)

**Je prépare le bilan** › CAHIER GÉOMÉTRIE p. 31 **B**

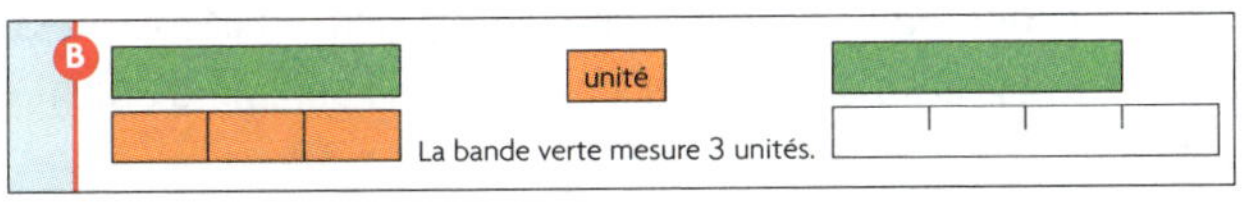


→ **Utiliser une règle graduée évite d'avoir à reporter l'unité.** Sur la règle, l'unité a déjà été reportée plusieurs fois à partir d'une extrémité. Il suffit donc de placer l'extrémité de la règle sur une extrémité de la bande et de compter le nombre de reports jusqu'à l'autre extrémité de la bande. Il correspond à la mesure de la longueur.

**Je fais le bilan** › CAHIER GÉOMÉTRIE p. 31

**Exercice 2 Utiliser la règle graduée pour mesurer des longueurs.**

MATÉRIEL par élève : règle graduée blanche › **matériel du cahier, planche 3.**

RÉPONSE : a = 3 unités ; b = 1 unité.

**Je consolide mes connaissances** › CAHIER GÉOMÉTRIE p. 32

**Exercices 3 et 5**

RÉPONSE : 3. a = 3 unités ; b = 1 unité ; c = 5 unités.

**CD-Rom du guide**

› Fiche différenciation n° 31

**Autres ressources**

› 80 Activités et jeux mathématiques CP

**47.** Le plus court chemin

MESURES ET GÉOMÉTRIE

## Repérage de cases sur quadrillage et élaboration d'un plan (séance 9)

La compétence relative au plan n'est pas évaluée en CP. Elle le sera en CE1 après que la réalisation et l'utilisation d'un plan auront été travaillées dans d'autres contextes.

**Autres ressources**

› 80 Activités et jeux mathématiques CP

**57.** Jeu des cases
**65.** Memory des formes

# Avec la monnaie

› FICHIER NOMBRES p. 80

Les questions posées sur cette page se rapportent toutes à l'utilisation de la monnaie en euros (pièces et billets de 1 €, 2 €, 5 €, 10 €) et au calcul de sommes d'argent ne dépassant pas 22 €. Elles prolongent le travail amorcé sur la monnaie en séance 1 de cette unité.
Pour leur résolution, les élèves peuvent utiliser le matériel « monnaie » inséré dans leur fichier.

## Problèmes 1 et 2

OBJECTIF : Calculer une somme d'argent très simple.

TÂCHES :

– Calculer le prix d'un article à partir des pièces utilisées pour régler l'achat.

– Calculer le prix d'un article connaissant une partie du règlement et ce qui reste à payer.

RÉPONSE : 1. 3 €. 2. 7 €.

## Problème 3

OBJECTIF : Décomposer 22 sous forme de sommes en utilisant les nombres 1, 5 et 10.

TÂCHE : Trouver comment réaliser 22 € en utilisant des pièces et billets donnés.

RÉPONSE : 1 billet de 10 €, 2 billets de 5 € et 2 pièces de 1 €.

## Problème 4

OBJECTIF : Décomposer 16 sous forme de sommes en utilisant des nombres choisis parmi 1, 2, 5 et 10.

TÂCHE : Parmi 4 personnages dont le contenu de la tirelire est connu, trouver ceux qui peuvent payer exactement 16 €.

RÉPONSE : Arthur : oui (3 billets de 5 € et 1 pièce de 1 € ou 1 billet de 10 €, 1 billet de 5 € et 1 pièce de 1 €).
Nestor : non.
Zoé : oui (1 billet de 10 € et 3 pièces de 2 €).
Gribouille : oui (1 billet de 5 €, 5 pièces de 2 € et 1 pièce de 1 € ou 1 billet de 5 €, 4 pièces de 2 € et 3 pièces de 1 € ou 1 billet de 5 €, 3 pièces de 2 € et 5 pièces de 1 € ou 5 pièces de 2 € et 6 pièces de 1 €).

### Mise en œuvre

Une feuille de brouillon est remise à chaque élève : c'est leur espace de recherche utile notamment pour les **problèmes 3 et 4**.

Comme pour les séries de problèmes précédentes, un accompagnement à la lecture des énoncés peut être nécessaire. Que le traitement des questions se fasse en atelier ou avec toute la classe, pour chaque question, l'enseignant lit la consigne et indique aux élèves l'endroit où il faut compléter la phrase réponse.

Pour la tirelire de Gribouille (**problème 4**), les élèves peuvent être invités à chercher plusieurs manières de réaliser la somme de 16 € avec les pièces et le billet disponibles.

L'exploitation peut se faire problème par problème ou à l'issue de tout ou partie des problèmes traités. Pour les différents problèmes, elle peut s'appuyer sur l'utilisation du matériel « monnaie », et déboucher sur l'utilisation de l'écriture additive qui rend compte des calculs effectués.

### Aides possibles

Pour **tous les problèmes**, le matériel « monnaie » peut être mis à disposition des élèves qui en ont besoin.

### Procédures à observer particulièrement

Pour les **problèmes 3 et 4**, il est intéressant d'observer les stratégies utilisées pour essayer de réaliser la somme d'argent demandée :
– essais au hasard ;
– essai au hasard suivi d'un ajustement pour réduire ou augmenter la somme réalisée ;
– démarche organisée en commençant par le billet de plus grande valeur, en essayant ensuite de compléter progressivement avec des éléments de valeur inférieure.

### Erreurs à exploiter particulièrement

Elle concerne la distinction entre nombre de pièces et billets, et valeur représentée par ces pièces et billets. Si nécessaire, des échanges contre des pièces de 1 € peuvent être proposés à certains élèves.

# Évaluation de fin de période 2 (unités 5 à 7)

**Cette évaluation concerne les acquis des élèves relatifs aux apprentissages des unités 5 à 7.**
**Les supports élèves sont fournis sous forme de fiches photocopiables.**

## EXERCICES DICTÉS ORALEMENT PAR L'ENSEIGNANT

Chaque nombre ou chaque calcul est dicté deux fois.

### Exercice 1 Dictée de nombres

**Attendus de fin de cycle :** Nommer, lire, écrire, représenter des nombres entiers.

**Compétence spécifique :** Écrire en chiffres des nombres inférieurs à 60 donnés oralement.

**Commentaire :** Cette compétence peut nécessiter un entrainement complémentaire, en se concentrant sur la lecture des nombres clés : 20, 30, 40 et 50.

**Nombres dictés :**
a. 16 b. 36 c. 50 d. 48
e. 39 f. 30 g. 19 h. 55

### Exercice 2 Répertoire additif jusqu'à 14, relation des nombres avec 10 (dont les compléments à 10)

**Attendus de fin de cycle :** Calculer avec des nombres entiers.

**Compétence spécifique :** Connaitre ou retrouver rapidement des résultats (répertoire additif jusqu'à 10, relations à 10).

**Commentaire :** Le répertoire additif sera progressivement mémorisé. Certains résultats nécessitent d'être reconstruits avant d'être mémorisés ou retrouvés très rapidement.

**Calculs dictés :**
a. 4 + 4 b. 4 + 5 c. 8 + 4 d. 6 + 7 e. 13 – 3 f. 10 – 7
g. 2 pour aller à 10 h. 10 pour aller à 17

RÉPONSE : 8 ; 9 ; 12 ; 13 ; 10 ; 3 ; 8 ; 7.

### Exercice 3 Problèmes

**Attendus de fin de cycle :** Résoudre des problèmes en utilisant des nombres entiers et le calcul.

**Compétence spécifique :** Résoudre des problèmes faisant intervenir des augmentations ou diminutions de quantités.

**Commentaire :** Lire chaque énoncé deux fois de suite. Si nécessaire, simuler les actions avec du matériel.

**Premier problème :** Gribouille est sur la file des nombres. Il se trouve sur la case 4. Il a tiré la carte « avancer de 3 ». Il doit avancer de 3 cases. Il se demande sur quelle case il va arriver. Écris le numéro de cette case sur l'ardoise d'Arthur.

**Deuxième problème :** Gribouille est sur la file des nombres. Il se trouve sur la case 10. Il a tiré la carte « reculer de 4 ». Il doit reculer de 4 cases. Il se demande sur quelle case il va arriver. Écris le numéro de cette case sur l'ardoise de Zoé.

RÉPONSE : Arthur : 7. Zoé : 6.

## EXERCICES À ÉNONCES ÉCRITS

Pour certains élèves, les consignes peuvent être lues par l'enseignant.

### Exercice 4 File numérique jusqu'à 59

**Attendus de fin de cycle :** Nommer, lire, écrire, représenter des nombres entiers.

**Compétence spécifique :** Connaitre la suite écrite des nombres de 1 à 59.

**Commentaire :** Il s'agit de vérifier si les élèves ont compris l'organisation de la suite des nombres écrits en chiffres. On peut observer s'ils répondent directement en analysant les écritures chiffrées ou s'ils passent par une verbalisation des nombres.

RÉPONSE : 35 ; 36 ; 39 ; 40 ; 44 ; 45 ; 46 ; 50 ; 51 ; 52.

### Exercices 5 et 6 Suites de nombres (de 1 en 1, de 10 en 10)

**Attendus de fin de cycle :** Nommer, lire, écrire, représenter des nombres entiers.

**Compétence spécifique :** Ajouter 1 ou 10 à un nombre donné.

**Commentaire :** Les erreurs peuvent provenir d'un manque d'attention (ajout de 1 au lieu d'un ajout de 10, par exemple) ou d'une difficulté à ajouter lorsque le chiffre des unités est 9.

RÉPONSE : 5 1 ; 11 ; 21 ; 22 ; 23 ; 24 ; 34 ; 44.
6 9 ; 19 ; 20 ; 21 ; 22 ; 32 ; 42 ; 43.

### Exercice 7 Répertoire additif (jusqu'à 10)

**Attendus de fin de cycle :** Calculer avec des nombres entiers.

**Compétence spécifique :** Calculer en ligne des sommes et des différences relevant du répertoire additif (jusqu'à 10).

**Commentaire :** Cette partie du répertoire additif devrait maintenant donner lieu à des réponses rapides. Prévoir un entrainement spécifique pour les élèves pour qui ce n'est pas encore le cas.

RÉPONSE : 11 ; 3 ; 3 ; 5 ; 2 ; 7 ; 8 ; 5.

### Exercice 8 Dizaines et unités (valeur positionnelle des chiffres)

**Attendus de fin de cycle :** Nommer, lire, écrire, représenter des nombres entiers.

**Compétence spécifique :** Dénombrer une collection organisée en groupements par dix.

**Commentaire :** Les groupements par dizaines étant apparents, la réponse est facilitée. On peut observer si les élèves repèrent ces groupements et les utilisent ou s'ils dénombrent les timbres un par un puis traduisent le résultat en chiffres. Dans ce deuxième cas, des activités de remédiation sont à prévoir pour inciter à utiliser les groupements par dix.

RÉPONSE : Arthur a 54 timbres.

## Exercice 9 Comparaison et rangement des nombres

**Attendus de fin de cycle :** Comprendre et utiliser des nombres entiers pour dénombrer, ordonner, repérer, comparer.

**Compétence spécifique :** Comparer des nombres.

**Commentaire :** En cas d'erreurs, le travail doit être repris en s'appuyant sur le matériel de numération (fiche 30) de façon à faire ressortir l'intérêt de commencer à comparer les dizaines, puis en cas d'égalité les unités : la réalisation de chaque nombre de la première bulle avec le matériel (groupements de dix points et points isolés), fait apparaitre par exemple que 95 est réalisé avec plus de points que tous les autres nombres parce qu'il comporte plus de dizaines (groupements de dix points).

RÉPONSE : Entourer 95 et 77. Dessiner une croix sous 70 et 44.

## Exercice 10 Unités de numération

**Attendus de fin de cycle :** Nommer, lire, écrire, représenter des nombres entiers.

**Compétence spécifique :** Connaitre et utiliser les relations entre dizaines et unités.

**Commentaire :** Ces questions sont plus difficiles que celle posée dans l'exercice 8. Comme pour l'exercice 9, le recours au matériel de numération peut être utile.

RÉPONSE : Zoé : 25 étoiles. Arthur : 50 étoiles.

## Exercice 11 Problème

**Attendus de fin de cycle :** Résoudre des problèmes en utilisant des nombres entiers et le calcul.

**Compétence spécifique :** Résoudre un problème de recherche de complément.

**Commentaire :** Une aide à la lecture de l'énoncé peut s'avérer utile. Observer si les élèves ont recours à un dessin ou s'ils répondent en utilisant directement les nombres (surcomptage à partir de 9 jusqu'à 12, calcul en passant par 10 par exemple, etc.).

RÉPONSE : Le pâtissier a vendu 3 croissants.

## Exercice 12 Mesure de longueurs

**Attendus de fin de cycle :** Mesurer des longueurs en reportant une unité.

**Compétence spécifique :** Mesurer une longueur par report de l'unité.

**Commentaire :** Les reports de la bande unité peuvent être imprécis, les élèves n'arrivent alors pas à loger un nombre exact dans la bande à mesurer.
Au lieu de dénombrer les unités visibles sur la bande, les élèves peuvent dénombrer les repères qu'ils ont marqués, ce qui conduit à une erreur d'une unité en moins ; ils peuvent aussi ajouter à ce nombre les deux extrémités de la bande, ce qui conduit à une erreur d'une unité en plus.

RÉPONSE : La bande a mesure 5 unités.

## Exercice 13 Tracé sur quadrillage

**Attendus de fin de cycle :** Utiliser la règle comme instrument de tracé.

**Compétence spécifique :** Réaliser un déplacement sur un quadrillage en respectant des contraintes.

**Commentaire :** Observer en cours de réalisation si les élèves anticipent un chemin possible conduisant de Gribouille à son os en évitant les nœuds occupés par Nestor, ou s'ils procèdent étape par étape, un tracé l'un après l'autre.
L'observation des productions permet d'évaluer la précision du tracé : tracé à main levée ou à la règle et, dans ce cas, suivi des lignes du quadrillage, arrêt de chaque trait sur un nœud du quadrillage.

RÉPONSE : Plusieurs chemins sont possibles.

## Exercice 14 Formes géométriques

**Attendus de fin de cycle :** Reconnaitre les figures usuelles.

**Compétences spécifiques :** Reconnaitre des formes dans différentes positions. Reconnaitre les triangles, les carrés, les rectangles.

**Commentaire :** Tenter d'observer comment les élèves font pour identifier les formes : tournent-ils la feuille ou la tête pour amener les formes dans une position familière ? Il est intéressant de pointer d'une part, les formes reconnues en fonction de leur orientation et d'autre part, leur reconnaissance en fonction de l'écart qu'elles présentent avec leurs représentations coutumières. Par exemple :
– le rectangle étroit et allongé est-il reconnu comme étant un rectangle ?
– le triangle très aplati est-il reconnu comme étant un triangle ?
– le secteur de disque est-il assimilé à un triangle ?

RÉPONSE :

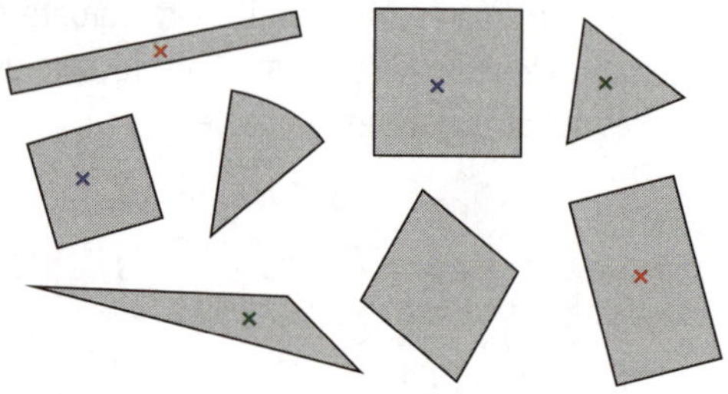

## Exercice 15 Dates, jours et mois

**Attendus de fin de cycle :** Mesurer des durées.

**Compétence spécifique :** Lire des informations sur un calendrier.

**Commentaire :** Dire aux élèves qu'ils doivent utiliser le calendrier de leur fiche pour répondre. Observer les élèves effectuer le repérage sur le calendrier : les élèves peuvent ne pas prendre en compte le mois, ou le jour. Si les élèves ne reconnaissent pas les abréviations des noms des jours, leur apporter une aide.

RÉPONSE : a. 4. b. lundi. c. jeudi. d. 28.

# UNITÉ 8

**13 ou 14 séances**
– 10 séances programmées (9 séances d'apprentissage + 1 bilan)
– 3 ou 4 séances pour la consolidation et la résolution de problèmes

| | CALCUL MENTAL (environ 30 min par séance) | RÉVISER (environ 30 min par séance) | APPRENDRE (environ 45 min par séance) |
|---|---|---|---|
| **Séance 1** Pas d'exercices dans le fichier | **Suite orale des nombres (jusqu'à 59)** | **Calcul réfléchi de sommes en appui sur 5 ou sur 10** | **Répertoire additif (jusqu'à 18)** RECHERCHE Compléter le répertoire |
| **Séance 2** FICHIER NOMBRES p. 81 | **Problèmes dictés** | **Problèmes écrits** | **Répertoire additif (jusqu'à 18) : mémorisation, utilisation** RECHERCHE La punta (4) |
| **Séance 3** FICHIER NOMBRES p. 82 | **Compléments et différences (jusqu'à 10)** | **Égalités de sommes** | **Répertoire additif (jusqu'à 18) : mémorisation, utilisation** RECHERCHE La punta (5) |
| **Séance 4** FICHIER NOMBRES p. 83 | **Compléments et différences (jusqu'à 10)** | **Comparaison de sommes** | **Nombres jusqu'à 99 : organisation en tableau** RECHERCHE Le grand bazar des nombres |
| **Séance 5** FICHIER NOMBRES p. 84 | **Problèmes dictés** | **Problèmes écrits** | **Nombres jusqu'à 99 : organisation en tableau** RECHERCHE Cachecache dans le tableau des nombres |
| **Séance 6** CAHIER GÉOMÉTRIE p. 33-34 | **Sommes de dizaines et d'unités** | **Reconnaissance de figures** | **Repérage sur quadrillage** RECHERCHE Le même dessin (1) |
| **Séance 7** CAHIER GÉOMÉTRIE p. 35-36 | **Sommes de dizaines et d'unités** | **Mesure de longueurs avec une règle graduée** | **Repérage sur quadrillage** RECHERCHE Le même dessin (2) |
| **Séance 8** Pas d'exercices dans le fichier | **Calcul avec des dizaines et des unités** | **Calcul avec des dizaines et des unités** | **Calcul sur les dizaines** RECHERCHE La punta des dizaines (1) |
| **Séance 9** FICHIER NOMBRES p. 85 | **Dictée de nombres jusqu'à 59** | **Dénombrement et unités de numération** | **Calcul sur les dizaines** RECHERCHE La punta des dizaines (2) |

**Bilan**

Je prépare le bilan puis Je fais le bilan
FICHIER NOMBRES p. 86-87
CAHIER GÉOMÉTRIE p. 37

En plus des 10 séances décrites dans le guide, **3 à 4 séances** sont consacrées à des **activités de consolidation et de résolution de problèmes**.
Pour cela, l'enseignant peut utiliser les ressources suivantes :

**Consolidation Remédiation**

Je consolide mes connaissances
FICHIER NOMBRES p. 88
CAHIER GÉOMÉTRIE p. 38

**Banque de problèmes**

*Les mercredis d'Arthur et Zoé*
FICHIER NOMBRES p. 89
– Prendre de l'information sur divers supports (texte, illustration)
– Résoudre un problème à étapes
– Utiliser les opérations connues

### L'essentiel à retenir de l'unité 8

- **Calcul mental**
  – Problèmes dictés : déplacements sur une piste numérotée
  – Répertoire additif (jusqu'à 12)
  – Calcul sur les dizaines et les unités
  – Dictée de nombres (jusqu'à 59)
- **Répertoire additif** (sommes jusqu'à 18)
- **Nombres jusqu'à 99 :** tableau des nombres
- **Calcul sur les dizaines**
- **Repérage sur quadrillage :** reproduction de figures

# Répertoire additif (jusqu'à 18)

SÉANCE 1
Pas d'exercices dans le fichier

| | Tâche | Matériel | Connaissances travaillées |
|---|---|---|---|
| NOMBRES | **Répertoire additif (jusqu'à 18)**<br>– Donner une suite de nombres oralement, avec un pas de 1, de 2 ou de 5 | par élève :<br>– file numérique › **sous-main du fichier** | **– Suite des nombres de 1 en 1, 2 en 2, 10 en 10**<br>– Association entre nombres dits et nombres écrits en chiffres |
| RÉVISER Calculs | **Calcul réfléchi de sommes en appui sur 5 ou sur 10**<br>– Calculer des sommes de 2 nombres | par élève :<br>– ardoise ou cahier de brouillon | **– Calcul réfléchi (addition)** |
| APPRENDRE Calculs | **Répertoire additif (jusqu'à 18)**<br>RECHERCHE **Compléter le répertoire**<br>– Décomposer les nombres de 11 à 18 sous forme de sommes de nombres inférieurs à 10<br>– Organiser et compléter le répertoire additif | pour la classe :<br>– répertoire additif jusqu'à 10 › **fiche 16**<br>– tableau de 8 colonnes, avec en tête des colonnes les nombres de 11 à 18 › **à dessiner au tableau**<br>par élève :<br>– ardoise ou cahier de brouillon<br>– complément du répertoire additif, à remettre aux élèves en fin d'activité › **fiche 53** | **– Répertoire additif jusqu'à 18**<br>**– Décomposition additive des nombres** |

## NOMBRES

**Le furet** • Suite orale et écriture des nombres (jusqu'à 59)
– Connaitre la suite orale des nombres jusqu'à 59 : de 1 en 1, de 2 en 2, de 10 en 10.

• Reprise du jeu du furet, dans les conditions habituelles.

COLLECTIF

**PHASE 1 De 1 en 1**

• Annoncer un nombre de départ et demander à un élève (ou à des élèves à tour de rôle) de dire la suite des nombres.

• Les autres élèves suivent sur leur file numérique en pointant du doigt les nombres dits, et repèrent les erreurs.

COLLECTIF

**PHASE 2 De 2 en 2**

• Même déroulement. Au début, proposer 0 ou 10 comme nombre de départ, puis d'autres nombres.

• Faire remarquer les régularités : au-delà de 20, il suffit de connaitre la suite de 1 à 9 et de savoir passer les dizaines.

COLLECTIF

**PHASE 3 De 10 en 10**

• Même déroulement. Au début, choisir des nombres de départ pairs, puis des nombres impairs.

• Faire remarquer les régularités : il suffit de connaitre la comptine des dizaines ; au-delà de 20, quand on compte de dix en dix, le nom des unités ne change pas.

Le fait de suivre sur la file numérique permet de travailler la relation oral/écrit et de mettre en relation les régularités.
La suite de 2 en 2 des nombres pairs est en général mieux maitrisée que celle des nombres impairs, notamment pour les passages de dizaines.

## RÉVISER

**Calcul réfléchi** • En appui sur 5 ou sur 10

– Calculer des sommes dont chaque terme est compris entre 5 et 10, en s'appuyant sur le nombre 5 ou en passant par 10.

INDIVIDUEL

• Proposer au tableau une série de calculs du même type, par exemple :

| | | | |
|---|---|---|---|
| 8 + 2 | 8 + 3 | 8 + 6 | 8 + 8 |
| 1 + 9 | 3 + 9 | 5 + 9 | 8 + 9 |
| 7 + 3 | 3 + 7 | 7 + 6 | 7 + 8 |

• Exploiter certains calculs qui ont fait difficulté : faire expliciter les procédures efficaces (appui sur les doubles, passage par 10, appui sur des décompositions avec 5…) en les illustrant avec des figurations des nombres (doigts, constellations…).

## APPRENDRE

**Répertoire additif (jusqu'à 18)**

– Connaitre et utiliser le répertoire additif.

### RECHERCHE

**Compléter le répertoire :** Les élèves doivent d'abord chercher des décompositions additives des nombres de 11 à 18 (à l'aide de nombres inférieurs à 10), puis compléter et organiser le répertoire additif.

INDIVIDUEL OU ÉQUIPES DE 2

**PHASE 1 Recherche de décompositions**

• Présenter l'activité :

➡ *Nous avons déjà réalisé un premier répertoire pour l'addition avec des résultats jusqu'à 10 (montrer la fiche 16 et l'afficher au tableau). Il faut maintenant le compléter pour avoir aussi les résultats plus grands que 10. Ce serait très utile, par exemple, pour jouer à la punta. Pour cela, nous allons chercher toutes les façons d'écrire les nombres de 11 à 18 sous la forme (exemple pour 13) : 13 = ... + ... (gabarit écrit au tableau). On dit qu'on décompose 13. Les seuls nombres que vous pourrez utiliser sont des nombres à un seul chiffre, c'est-à-dire des nombres qui vont de 0 à 9 (les écrire au tableau).*

• Afficher le tableau avec les nombres de 11 à 18 (avec uniquement les entêtes).

| 11 | 12 | 13 | 14 | 15 | 16 | 17 | 18 |
|---|---|---|---|---|---|---|---|
| | | | | | | | |

• Partager la classe en trois groupes :

➡ *Les élèves du 1er groupe vont chercher comment décomposer 13, 15 et 18, ceux du 2e groupe vont s'occuper des nombres 11 et 16, et ceux du 3e groupe des nombres 12, 14 et 17. Vous pouvez travailler seuls ou par deux. Pour chaque nombre, il faut trouver le plus possible de façons de le décomposer.*

La manière dont le répertoire additif est maitrisé varie d'un individu à l'autre.
Certains adultes ont mémorisé l'ensemble du répertoire alors que d'autres n'en ont effectivement mémorisé qu'une partie et, à partir de là, sont capables de retrouver très rapidement (quasi instantanément) les autres résultats.
Il conviendra donc, dans les exercices d'entrainement, de donner à chacun des armes pour une maitrise personnelle. Il faudra en particulier insister sur les stratégies de calcul réfléchi déjà évoquées, qui permettent de retrouver rapidement un résultat à partir de résultats connus.
La maitrise du répertoire additif suppose d'être capable de donner :
– une somme ;
– un complément ;
– une différence ;
– une décomposition.
L'entrainement devra concerner ces quatre compétences.

COLLECTIF

**PHASE 2 Mise en commun et synthèse : recherche d'une organisation**

• Recenser les décompositions proposées par chaque groupe.

• Une fois vérifiées, les recopier dans le tableau : les 2 décompositions avec les mêmes nombres (comme 9 + 8 et 8 + 9 pour 17) sont retenues.

• Chercher s'il manque des résultats et les inscrire au tableau.

• Organiser chacune des 8 colonnes du tableau comme celles du répertoire jusqu'à 10 (comme sur la fiche 16 affichée au tableau).

**SYNTHÈSE**

• Remettre à chaque élève le complément du répertoire organisé (fiche 53), en précisant que, petit à petit, il faudra être capable de donner tous les résultats très vite. Renvoyer également au dico-maths, rubrique 3.

• Indiquer que, comme pour le répertoire précédent, les résultats connus « par cœur », « sans réfléchir » ou « qu'on peut dire très vite » pourront être coloriés au fur et à mesure qu'ils seront connus. Annoncer que des contrôles seront faits de temps en temps.

• Faire remarquer quelques propriétés, notamment :
– les résultats vont par deux (sauf ceux qui correspondent à des doubles) : si on connait 9 + 3, on connait aussi 3 + 9 ;
– 7 + 8 vaut 1 de plus que 7 + 7 : si on connait 7 + 7, il est facile de retrouver 7 + 8 ; il est donc important de bien connaitre les doubles.

COLLECTIF

**PHASE 3 Utilisation du répertoire**

• Poser des questions du type :

8 + 7 = …  15 = 7 + ...  13 = ... + ...

Les questions sont écrites au tableau et les élèves répondent sur l'ardoise ou le cahier de brouillon.

• Demander, pour chaque question, comment utiliser le répertoire pour trouver la réponse.

**À SUIVRE**

**En séances 3 et 4,** on utilise le répertoire dans une reprise du jeu « La punta ».

UNITÉ 8

# Répertoire additif (jusqu'à 18) : mémorisation, utilisation



| | Tâche | Matériel | Connaissances travaillées |
|---|---|---|---|
| **CALCUL MENTAL** | **Problèmes additifs (répertoire additif, jusqu'à 14)**<br>– Résoudre trois problèmes dont l'énoncé est donné oralement | pour la classe :<br>– file numérique collective dont les nombres de 1 à 4 et de 6 à 14 sont cachés<br>– un dé dont la face 6 est cachée<br>– un pion<br>par élève :<br>– ardoise ou cahier de brouillon<br>FICHIER NOMBRES **p. 81** 1 | – **Calcul mental**<br>– Addition, soustraction<br>– Problèmes de déplacements sur une piste numérotée |
| **RÉVISER** Problèmes | **Problèmes additifs (répertoire additif, jusqu'à 14)**<br>– Résoudre des problèmes dont l'énoncé est donné par écrit | par élève :<br>FICHIER NOMBRES **p. 81** 2 | – **Calcul mental**<br>– Soustraction<br>– Problèmes de déplacements sur une piste numérotée |
| **APPRENDRE** Calculs | **Répertoire additif (jusqu'à 18) : mémorisation, utilisation**<br>RECHERCHE **La punta (4)**<br>– Atteindre un nombre cible en utilisant des nombres choisis parmi 5 nombres disponibles | pour la classe :<br>– 54 cartes avec au recto les nombres de 4 à 9 et au verso leur figuration à l'aide de points (chaque nombre en 9 exemplaires) › **fiches 54 et 55**<br>– 8 cartes cibles portant les nombres de 11 à 18 à agrandir › **fiche 56**<br>– une calculatrice utilisée pour le contrôle des réponses<br>par équipe de 4 ou 5 :<br>– répertoire additif › **dico-maths, rubrique 3**<br>– une feuille pour chercher<br>– une boite pour les cartes gagnées<br>par élève :<br>FICHIER NOMBRES **p. 81** 3 4 | – **Répertoire additif jusqu'à 18**<br>– Utilisation du répertoire<br>– Mémorisation des résultats<br>– Décomposition des nombres |

## CALCUL MENTAL

**Problèmes dictés** • Répertoire additif (jusqu'à 14)

– Résoudre des problèmes donnés oralement (relevant de l'addition et de la soustraction) dans un contexte de déplacement sur la file numérique.

COLLECTIF

FICHIER NOMBRES ET CALCULS **p. 81**

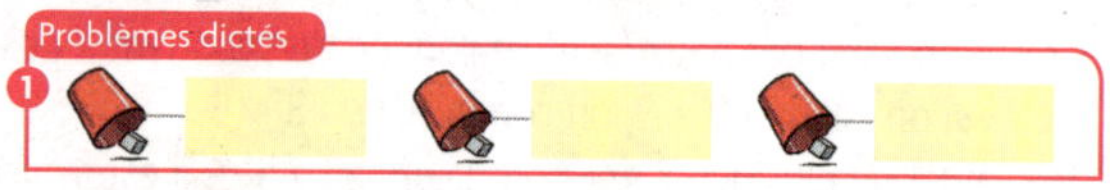


**Exercice 1**

• Afficher au tableau la file numérique et cacher les nombres de 1 à 4 et de 6 à 14. Montrer le dé dont la face 6 est cachée (elle vaut donc 0).

• Pour chaque problème, raconter l'histoire et poser la question. Laisser aux élèves 2 à 3 minutes pour élaborer une réponse écrite sur l'ardoise ou le cahier de brouillon, puis la transcrire dans le fichier.

• Recenser les réponses et les écrire au tableau. Demander si certaines peuvent être reconnues très vite comme fausses, en référence à la situation, par exemple.

• Faire expliciter quelques procédures. Si nécessaire, un retour à la file numérique permet de valider la réponse.

**Problème a**

➡ *Le pion est sur la case 5* (le placer ou mettre un repère sur la file numérique). *Il va avancer. Je lance le dé. Il marque ...* (indiquer la valeur de la face). *Sur quelle case arrivera le pion ? Cherchez et écrivez la réponse sur votre fichier.*

**Problème b**

• Mêmes données, toujours en avançant. Si le dé tombe sur une face déjà apparue, il est relancé.

**Problème c**

➡ *Le pion est sur la case 6* (le placer ou mettre un repère sur la file numérique, et déplacer les caches). *Il va reculer. Je lance le dé. Il marque ...* (indiquer la valeur de la face). *Sur quelle case arrivera le pion ? Cherchez et écrivez la réponse sur votre fichier.*

La mise en commun est d'abord destinée à mettre en évidence la diversité des procédures possibles et, en second lieu, à remarquer que ces procédures s'appuient sur des connaissances différentes. Le recours possible aux écritures additives et soustractives est souligné pour rendre compte du calcul à effectuer et du résultat obtenu.

## RÉVISER

**Problèmes écrits** • Soustraction et répertoire additif (jusqu'à 14)

– Résoudre des problèmes donnés par écrit, relevant de la soustraction, dans un contexte de déplacement sur la file numérique.

INDIVIDUEL

**FICHIER NOMBRES ET CALCULS** p. 81

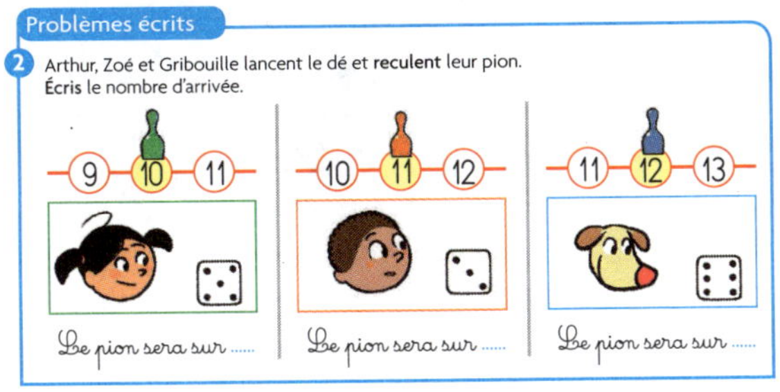


**Exercice 2**

• Reformuler la situation avec les élèves, en s'aidant du texte et du dessin. Insister sur le fait qu'une partie de la file numérique est cachée.

• La recherche peut d'abord se faire sur le cahier de brouillon.

• La correction peut être individualisée ou être faite collectivement si beaucoup d'élèves n'ont pas réussi. Elle est l'occasion de recourir aux écritures soustractives comme 10 – 5 = 5...

RÉPONSE : 5 ; 8 ; 6.

## APPRENDRE

**Répertoire additif : mémorisation, utilisation**

– Utiliser et mémoriser le répertoire additif (résultats jusqu'à 18).

UNITÉ 8

### RECHERCHE

**La punta (4)*** : Un nombre cible étant donné, il s'agit de l'atteindre en additionnant des nombres (deux ou plus) choisis parmi 5 nombres disponibles.
Remarque : Il s'agit d'une reprise du jeu pratiqué en unité 5, avec des nombres plus grands.

* Ce jeu est inspiré d'une activité proposée dans les moyens d'enseignement de nos amis de Suisse romande.

COLLECTIF ET ÉQUIPES DE 4 OU 5

**PHASE 1 Présentation du jeu**

• Répartir la classe en équipes de 4 ou 5 élèves qui jouent les unes contre les autres. Si l'effectif de la classe est réduit, les équipes peuvent ne comporter que 2 ou 3 élèves.

• Distribuer au hasard 5 des cartes du jeu de 54 cartes à chaque équipe. Les autres cartes restent dans la pioche sur le bureau de l'enseignant.

Exemple de lot de 5 cartes :

| 4 | 7 | 4 | 9 | 8 |
|---|---|---|---|---|

• Tirer une carte cible et l'afficher au tableau, par exemple : 15

• Préciser la règle du jeu :

➡ *Dans chaque équipe, il faut essayer de réaliser le nombre affiché avec les cartes distribuées. Vous pouvez utiliser plusieurs cartes, en additionnant les nombres qui sont écrits sur les cartes. Pour répondre, utilisez les cartes posées côté « nombre » visible. Les points dessinés de l'autre côté seront utilisés pour vérifier les réponses. Pour jouer, vous pouvez utiliser votre répertoire additif, mais ce n'est pas une obligation, et il faut même essayer de vous en passer.*

• Demander à chaque équipe de faire une proposition, si elle le pense possible, en alignant les cartes choisies sur sa table.

• Organiser un contrôle :

– reproduire chaque alignement proposé au tableau en l'écrivant sous forme de somme de plusieurs nombres, par exemple : 4 + 7 + 4 ;

– demander aux autres élèves de contrôler l'alignement proposé. En cas de litige ou à la demande de l'enseignant, les cartes peuvent être retournées pour effectuer un dénombrement des points figurant au verso des cartes. Si le nombre cible est bien atteint, les cartes sont gagnées par le groupe qui les a jouées et mises dans sa boite « gain ». Une vérification supplémentaire peut être faite par un élève à qui est confiée une calculatrice.

• Préciser la suite du jeu (qui se déroulera avec le même nombre cible) :

– si une équipe a réussi, les cartes gagnées (et mises dans la boite « gain ») sont remplacées par autant de cartes prises à la pioche ;

– si une équipe a proposé un alignement erroné, elle conserve ses cartes pour le tour suivant ;

– si une équipe n'a pas pu proposer d'alignement, elle peut choisir de conserver ses cartes ou de toutes les échanger.

COLLECTIF ET ÉQUIPES DE 4 OU 5

**PHASE 2 Suite du jeu**

• Reprendre le jeu (avec le même nombre cible) et le même déroulement.

• La partie s'arrête lorsqu'un groupe a épuisé ses cartes et que la pioche est épuisée ou insuffisante pour que chaque équipe ait ses 5 cartes. Le gagnant est l'équipe qui a le plus de cartes dans sa boite « gain ».

Cette activité-jeu vise à entrainer les élèves à utiliser des résultats additifs disponibles soit parce qu'ils sont déjà mémorisés, soit parce qu'on les trouve dans le répertoire.

**AIDE** Portant sur les nombres, l'activité peut présenter un niveau d'abstraction important pour certains élèves. L'utilisation des points figurant au verso des cartes peut alors être permise temporairement pour ces élèves.

COLLECTIF

## PHASE 3 Mise en commun et synthèse

• À l'issue du jeu, faire expliciter les procédures mobilisées pour vérifier les propositions, puis les stratégies utilisées pour atteindre le nombre cible. De premières explicitations peuvent avoir eu lieu en cours de partie, après chaque tour du jeu.

• En synthèse, reformuler les procédures et stratégies les plus importantes.

**SYNTHÈSE**

• **Procédures de contrôle :**
– addition « mentale » (résultats mémorisés, surcomptage) : *je sais que 7 + 8 = 15, j'ai retrouvé 7 + 8 dans ma tête, par exemple à partir de 7 + 7 = 14… ;*
– utilisation du répertoire additif ;
– utilisation d'objets (doigts, points dessinés au verso des cartes) ;
– utilisation de la calculatrice par le meneur de jeu ou par un élève désigné par lui.
La réorganisation de l'ordre des cartes ou de l'écriture additive peut faciliter le calcul, par exemple 4 + 7 + 6 peut être réorganisé en 4 + 6 + 7 estimé plus facile à calculer (en utilisant 4 + 6 = 10). L'égalité 4 + 7 + 6 = 4 + 6 + 7 rend compte de cette réorganisation.

• **Stratégies de recherche,** utilisables pour trouver les « bonnes cartes » :
– décomposer le nombre cible ;
– additionner 2 ou 3 nombres et chercher le complément au nombre cible ;
– faire des essais d'addition des nombres disponibles ;
– …

Les procédures de contrôle sont explicitées avant les stratégies de recherche, car elles sont plus faciles à mutualiser et peuvent influer, par la suite, sur les stratégies de recherche.

• Une nouvelle partie collective peut être jouée s'il reste du temps.

INDIVIDUEL

## ENTRAINEMENT

**FICHIER NOMBRES ET CALCULS** p. 81

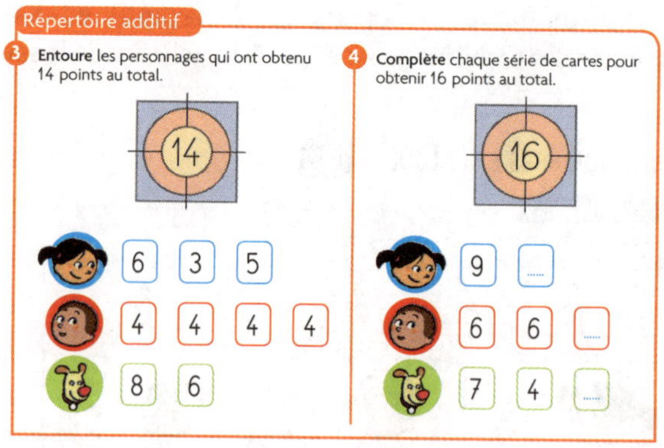


AIDE Pour ces deux exercices, le répertoire figurant dans le dico-maths peut être mis à disposition des élèves.

### Exercice 3

• Il s'agit d'une situation de vérification.

RÉPONSE : Zoé et Gribouille.

### Exercice 4

• Comme ils ont pu le faire au cours du jeu « La punta », les élèves doivent compléter une somme, après en avoir additionné 2 termes (pour les 2 dernières séries de cartes).

RÉPONSE : 7 ; 4 ; 5.

**Différenciation** → CD-Rom du guide, fiche 32.

**À SUIVRE**
**En séance 3,** le jeu sera repris, mais en demandant aux élèves de garder une trace écrite de leurs propositions.

# Répertoire additif (jusqu'à 18) : mémorisation, utilisation



| | Tâche | Matériel | Connaissances travaillées |
|---|---|---|---|
| CALCUL MENTAL | **Compléments et différences (jusqu'à 10)**<br>– Calculer des différences, des compléments | par élève :<br>FICHIER NOMBRES p. 82 ① | – **Répertoire additif**<br>– Mémorisation |
| RÉVISER Calculs | **Égalités de sommes**<br>– Trouver des sommes égales | par élève :<br>FICHIER NOMBRES p. 82 ② | – **Égalité**<br>– **Calcul réfléchi de sommes** (jusqu'à 20) |
| APPRENDRE Calculs | **Répertoire additif (jusqu'à 18) : mémorisation, utilisation**<br>RECHERCHE **La punta (5)**<br>– Atteindre un nombre cible en utilisant des nombres choisis parmi 5 nombres disponibles | par équipe de 4 ou 5 :<br>– 54 cartes recto verso (chaque nombre en 9 exemplaires) › **fiches 54 et 55**<br>– 8 cartes cibles à agrandir › **fiche 56**<br>– une calculatrice pour le contrôle des réponses<br>par élève :<br>– répertoire additif › **dico-maths, rubrique 3**<br>– une boite pour les cartes gagnées<br>– une feuille pour noter les réponses<br>FICHIER NOMBRES p. 82 ③ à ⑤ | – **Répertoire additif jusqu'à 18**<br>– Utilisation du répertoire<br>– Mémorisation des résultats<br>– Décomposition des nombres |

## CALCUL MENTAL

**Répertoire additif : compléments et différences (jusqu'à 10)**

– Connaitre le répertoire additif : différences, compléments.

COLLECTIF

FICHIER NOMBRES ET CALCULS p. 82

**Exercice ①**

• Formuler chaque question oralement sous la forme : *8 moins 3, combien pour aller de 2 à 7 ?* Les élèves répondent dans le fichier.

a. 8 – 3 b. 9 – 7 c. 10 – 2
d. 2 → 7 e. 6 → 10 f. 1 → 8

• En cas de difficulté, les réponses peuvent être validées en ayant recours aux doigts ou à des déplacements sur la file numérique, mais les élèves sont incités à ne pas les utiliser pour répondre.

Des élèves peuvent utiliser le fait que chercher le complément de 1 à 8 revient à soustraire 1 de 8 (ce qui est plus facile), ou que calculer 9 – 7 revient à chercher le complément de 7 à 9 (ce qui est aussi plus facile). L'équivalence entre calcul d'un complément et calcul d'une différence peut commencer à être mis en évidence, à partir de procédures exprimées par les élèves. Cette équivalence sera spécifiquement travaillée au CE1, puis au CE2.

RÉPONSE : 5 ; 2 ; 8 ; 5 ; 4 ; 7.

## RÉVISER

**Calcul réfléchi • Égalités de sommes**

– Reconnaitre des sommes égales en les calculant ou en comparant certains de leurs termes.

COLLECTIF

• Écrire au tableau les 4 sommes suivantes :

5 + 6 + 5 11 + 4 10 + 6 10 + 1 + 4

• Préciser aux élèves : ➡ *J'ai écrit au tableau 4 sommes de nombres. Une somme est une addition de deux ou plusieurs nombres. Certaines de ces sommes sont égales, elles donnent le même résultat. Pour savoir lesquelles sont égales, on peut les calculer, mais ce n'est pas toujours nécessaire. Il suffit parfois de bien les observer.*

• Recenser les propositions des élèves et leurs explications, par exemple pour 5 + 6 + 5 et 10 + 6, on peut :
– effectuer le calcul et trouver le même résultat (16) ;
– remarquer que les deux sommes ont un terme commun et que 5 + 5 = 10.

• Conclure qu'on peut écrire : 5 + 6 + 5 = 10 + 6 et 11 + 4 = 10 + 1 + 4.

INDIVIDUEL

FICHIER NOMBRES ET CALCULS p. 82

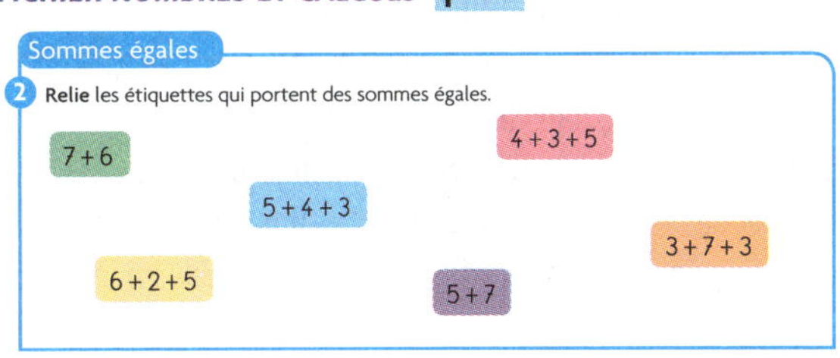


**Exercice ②**

• Il reprend l'activité collective précédente.

RÉPONSE : 7 + 6 = 3 + 7 + 3 = 6 + 2 + 5 ; 5 + 7 = 4 + 3 + 5 = 5 + 4 + 3.

## APPRENDRE

### Répertoire additif (jusqu'à 18) : mémorisation, utilisation

– Utiliser et mémoriser le répertoire additif (résultats jusqu'à 18).

## RECHERCHE

**La punta (5)*** : Un nombre cible étant donné, il s'agit de l'atteindre en additionnant des nombres (deux ou plus) choisis parmi 5 nombres disponibles. Les élèves doivent également écrire les sommes calculées à l'aide du signe +.

* Ce jeu est inspiré d'une activité proposée dans les moyens d'enseignement de nos amis de Suisse romande.

ÉQUIPES DE 4 OU 5

### PHASE 1 Reprise du jeu, par équipes, et écriture des sommes

• Répartir la classe en équipes de 4 ou 5 élèves. Si l'effectif de la classe est réduit, les équipes peuvent ne comporter que 3 élèves. Désigner un meneur de jeu dans chaque équipe à qui est confiée une calculatrice.

• Préciser aux élèves que le jeu va maintenant se dérouler à l'intérieur des équipes :

➡ *Dans chaque équipe, les élèves (autres que le meneur de jeu) vont jouer les uns contre les autres. Le meneur de jeu doit distribuer au hasard 5 cartes du jeu de 54 cartes à chaque joueur. Les autres cartes restent dans la pioche conservée par le meneur de jeu. Le meneur de jeu tire une carte cible et la présente sur la table. Le jeu se déroule ensuite comme dans la séance précédente. À la fin du jeu, nous regarderons ensemble des suites de cartes que vous avez proposées pour atteindre le nombre cible. Pour cela, chaque joueur doit conserver une trace écrite des « coups essayés », en écrivant la somme des nombres utilisés, par exemple 4 + 6 + 5 = 15 si quelqu'un a utilisé les cartes 4, 6 et 5 pour atteindre la cible 15. Le meneur de jeu peut vérifier ce que vous proposez avec la calculatrice.*

• Préciser que le répertoire additif du dico-maths peut être utilisé, mais qu'il faut chercher à s'en passer.

• Veiller au bon déroulement du jeu et observer les procédures utilisées par les élèves.

• Proposer de jouer une ou plusieurs nouvelles parties aux équipes plus rapides.

• Récupérer tout ou partie des productions pour une évaluation et exploitation éventuelle avec les élèves.

La notation sous forme de sommes de plusieurs nombres a déjà été utilisée pour ce jeu (en unité 5). Il s'agit donc d'un réinvestissement.

COLLECTIF

### PHASE 2 Mise en commun et synthèse

• À l'issue d'une ou plusieurs parties, des feuilles de jeu sont étudiées collectivement, dans un double but :
– vérifier si les sommes proposées donnent le total attendu ;
– comparer des sommes pour savoir si elles donnent ou non le même total (ce qui permet de réinvestir ce qui a été travaillé en révision).

**SYNTHÈSE**

• Pour calculer ces sommes, on peut se servir de résultats connus ou du répertoire additif.

• Pour savoir si deux sommes sont égales, il n'est pas toujours nécessaire de les calculer. Il suffit parfois de comparer les nombres qui les composent, par exemple 7 + 6 + 5 est égal à 5 + 7 + 6 car elles comportent les mêmes nombres (même s'ils sont dans un ordre différent), et 8 + 4 + 5 = 5 + 4 + 4 + 4 car 4 + 4 = 8.

La capacité à analyser des sommes prépare le calcul réfléchi de sommes de plusieurs nombres : il s'agit de chercher le meilleur agencement des nombres pour trouver une somme plus facile à calculer que la somme initiale.

INDIVIDUEL

## ENTRAINEMENT

FICHIER NOMBRES ET CALCULS p. 82

Répertoire additif

**3** Complète.

| | | |
|---|---|---|
| 4 + 4 + 4 = ...... | 5 + 8 = ...... | 6 + 5 + 4 = ...... |
| 7 + 8 + 4 = ...... | 9 + 5 + 4 = ...... | 5 + 6 + 7 = ...... |

**4** Entoure les égalités qui sont justes. Barre les autres.

| | |
|---|---|
| 9 + 8 = 16 | 8 + 4 + 7 = 19 |
| 6 + 6 + 5 = 17 | 6 + 6 + 6 = 16 |
| 4 + 5 + 7 = 11 + 5 | 4 + 7 + 6 = 3 + 4 + 6 + 4 |

**5** Écris deux sommes en utilisant ces nombres. Le résultat doit être égal à 17.

5 9 5 7 8

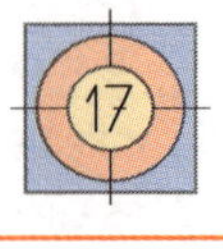


.................... = 17
.................... = 17

**Exercice 3**

• Cet exercice propose un entrainement au calcul de sommes de plusieurs termes.

RÉPONSE : 12 ; 19 ; 13 ; 18 ; 15 ; 18.

**Exercice 4**

• Cet exercice propose un entrainement à la comparaison de nombres exprimés sous forme usuelle ou sous forme de sommes.

• Lors de l'exploitation, mettre en évidence que les comparaisons de sommes peuvent être faites en effectuant complètement chaque calcul, ou en comparant certains termes des sommes proposées.

RÉPONSE : Entourer : 6 + 6 + 5 = 17 ; 4 + 5 + 7 = 11 + 5 ; 8 + 4 + 7 = 19 ; 4 + 7 + 6 = 3 + 4 + 6 + 4.

**Exercice 5**

• Cet exercice évoque le jeu de la punta, les élèves devant donner leurs réponses sous forme d'écritures additives. Il peut être réservé aux élèves plus rapides.

AIDE Des cartes du jeu peuvent être remises à certains élèves. Certains peuvent être autorisés à utiliser leur répertoire additif.

RÉPONSE : 5 + 5 + 7 ; 9 + 8.

**Différenciation** → CD-Rom du guide, fiche 33.

# Nombres jusqu'à 99 : organisation en tableau (1)



| | Tâche | Matériel | Connaissances travaillées |
|---|---|---|---|
| CALCUL MENTAL | **Compléments et différences (jusqu'à 10)**<br>– Calculer des différences, des compléments | par élève :<br>FICHIER NOMBRES p. 83 ❶ | – **Répertoire additif**<br>– Mémorisation |
| RÉVISER Calculs | **Comparaison de sommes**<br>– Comparer des sommes | par élève :<br>FICHIER NOMBRES p. 83 ❷ ❸ | – **Égalité, inégalité**<br>– **Signes =, <, >** |
| APPRENDRE Nombres | **Nombres jusqu'à 99 : organisation en tableau**<br>RECHERCHE **Le grand bazar des nombres**<br>– Trouver les nombres manquants dans le tableau des nombres de 0 à 99 | pour la classe :<br>– même tableau que pour les élèves, dessiné ou agrandi et affiché (la taille des cases doit correspondre à celle des cartes nombres des fiches 58 à 65)<br>par équipe de 2 :<br>– tableau avec quelques nombres placés › **fiche 57**<br>– cartes des nombres non placés dans le tableau › **fiches 58 à 65**<br>par élève :<br>FICHIER NOMBRES p. 83 ❹ | – **Dizaines et unités**<br>– **Suite des nombres de 1 en 1, de 10 en 10**<br>– Valeur positionnelle des chiffres<br>– Lecture des nombres |

## CALCUL MENTAL

### Répertoire additif : compléments et différences (jusqu'à 10)

– Connaitre le répertoire additif : différences, compléments.

COLLECTIF

FICHIER NOMBRES ET CALCULS p. 83

**Exercice ❶**

• Formuler chaque question oralement sous la forme : *7 moins 4, combien pour aller de 2 à 8 ?* Les élèves répondent dans le fichier.

a. 7 – 4  b. 8 – 5  c. 10 – 3
d. 2 → 8  e. 3 → 10  f. 2 → 9

• En cas de difficulté, les réponses peuvent être validées en ayant recours aux doigts ou à des déplacements sur la file numérique, mais les élèves sont incités à ne pas les utiliser pour répondre.

Des élèves peuvent utiliser le fait que chercher le complément de 2 à 9 revient à soustraire 2 de 9 (ce qui est plus facile) ou que calculer 7 – 4 revient à chercher le complément de 4 à 7 (ce qui est aussi plus facile).
L'équivalence entre calcul d'un complément et calcul d'une différence peut commencer à être mis en évidence, à partir de procédures exprimées par les élèves. Cette équivalence sera spécifiquement travaillée au CE1, puis au CE2.

RÉPONSE : 3 ; 3 ; 7 ; 6 ; 7 ; 7.

## RÉVISER

### Calcul réfléchi • Comparaison de sommes

– Comparer des sommes en les calculant ou en comparant certains de leurs termes.

INDIVIDUEL

**FICHIER NOMBRES ET CALCULS** p. 83

**Comparer des sommes**

**2** **Complète** avec = ou ≠.

| | | |
|---|---|---|
| 6 + 8 ....... 8 + 6 | 7 + 8 ....... 4 + 7 + 4 | 4 + 8 + 6 ....... 5 + 8 + 5 |
| 7 + 5 ....... 7 + 3 | 9 + 6 ....... 6 + 5 + 5 | 7 + 7 + 7 ....... 5 + 5 + 8 |

**3** **Complète** avec = ou < ou >.

| | | |
|---|---|---|
| 9 + 7 ....... 8 + 5 | 9 + 8 ....... 4 + 8 + 5 | 7 + 9 + 3 ....... 10 + 4 + 9 |
| 9 + 6 ....... 8 + 7 | 12 + 9 ....... 6 + 7 + 6 | 9 + 9 + 9 ....... 10 + 9 + 8 |

• Pour ces deux exercices, insister, lors de l'exploitation, sur le fait que la comparaison peut être faite sans calculer chaque somme. La comparaison de termes est souvent suffisante pour répondre, par exemple :

– dans l'exercice 2, 4 + 8 + 6 = 5 + 8 + 5 parce que 4 + 6 = 5 + 5 ; 7 + 7 + 7 ≠ 5 + 5 + 8 parce que 5 c'est 2 de moins que 7 et que 8 c'est seulement 1 de plus que 7 (ce raisonnement n'est pas à la portée de tous les élèves, la plupart d'entre eux préfèreront effectuer les 2 calculs) ;

– dans l'exercice 3, 12 + 9 > 6 + 7 + 6 parce que 6 + 6 = 12 et 9 > 7, ce qui permet aussi de remarquer que la longueur d'une somme (son nombre de termes) n'est pas significative quant à sa valeur.

• On peut aussi remarquer que le calcul effectif des sommes permet de conclure et qu'il est, parfois, aussi rapide que la comparaison des termes de chaque somme.

**Exercice 2**

• Il est de même nature que l'exercice proposé en séance 3, mais les élèves doivent répondre en utilisant les signes = et ≠. Pour ce dernier, il peut être nécessaire d'en rappeler la signification : il traduit le fait qu'il n'y a pas égalité et se lit : différent de ou non égal.

RÉPONSE : 6 + 8 = 8 + 6 ; 7 + 5 ≠ 7 + 3 ; 7 + 8 = 4 + 7 + 4 ; 9 + 6 ≠ 6 + 5 + 5 ; 4 + 8 + 6 = 5 + 8 + 5 ; 7 + 7 + 7 ≠ 5 + 5 + 8.

**Exercice 3**

• Il s'agit maintenant non seulement de savoir si les sommes sont ou non égales, mais en cas d'inégalité de trouver quelle somme est supérieure ou inférieure à l'autre.

RÉPONSE : 9 + 7 > 8 + 5 ; 9 + 6 = 8 + 7 ; 9 + 8 = 4 + 8 + 5 ; 12 + 9 > 6 + 7 + 6 ; 7 + 9 + 3 < 10 + 4 + 9 ; 9 + 9 + 9 = 10 + 9 + 8.

## APPRENDRE

### Nombres jusqu'à 99 : organisation en tableau (1)

– Comprendre le rôle joué par chaque chiffre dans l'écriture d'un nombre.
– Maitriser les suites de nombres de 1 en 1, de 10 en 10.

### RECHERCHE

**Le grand bazar des nombres :** Il s'agit de replacer des nombres dans un tableau en s'appuyant sur son organisation en fonction des chiffres des unités (colonnes du tableau) et des chiffres des dizaines (lignes du tableau).

CapMaths CP 57

Structuration des nombres de 0 à 99
▶ Le grand bazar des nombres

| | | 2 | | | | | 7 | | |
|---|---|---|---|---|---|---|---|---|---|
| | | | | | | | | | |
| | | | 23 | | | | | | |
| | | | 33 | | | | 37 | | 39 |
| | | | | | | | | | |
| 50 | | | | | | | 57 | | |
| | | | | 64 | | | | | |
| | | | | | | | | | 79 |
| | | | | | | | | 88 | |
| | | | | | 95 | | | | |

Matériel

COLLECTIF ET ÉQUIPES DE 2

**PHASE 1 Placer des nombres dans un tableau**

• Former des équipes de 2 élèves.

• Distribuer la fiche avec le tableau à chaque équipe et la faire commenter (la fiche agrandie est aussi affichée). Certains reconnaitront sans doute une partie d'un tableau qu'ils ont déjà vu dans leur sous-main : le tableau des nombres.

• Faire lire les nombres déjà placés ou les lire (pour ceux que les élèves ne parviennent pas à lire). Aucune remarque n'est faite sur la manière dont ces nombres sont disposés.

• Répartir équitablement les cartes nombres entre les équipes et préciser la tâche :

➡ *Arthur et Zoé avaient rempli ce tableau avec des nombres, mais Gribouille en a enlevé beaucoup. Ceux qui restent sont à leur place. Il va falloir reconstituer tout le tableau. Je vais vous donner des indications sur les nombres manquants. Si vous pensez avoir une ou plusieurs cartes qui correspondent à ces indications, vous les montrerez. Si ce sont les bons nombres, nous les écrirons dans le tableau que j'ai dessiné, ainsi que dans votre tableau.*

• Exemples d'indications fournies par l'enseignant, les nombres cités dans les indications étant soit montrés sur le tableau, soit dits oralement sous leur forme usuelle (*vingt-trois*) ou sous la forme *8 dizaines et 8 unités* pour ceux dont la lecture n'est pas assurée :

➡ *Qui a un nombre qui peut être placé à côté de 23 ?* (on peut préciser à gauche ou à droite)

➡ *Qui a un nombre qui peut être placé juste au-dessus de 37 ?*

➡ *Qui a un nombre qui peut être placé juste au-dessous de 64 ?*

➡ *Qui a un nombre qui peut être placé sur la même ligne que 64 ?*

➡ *Qui a un nombre qui peut être placé sur la même colonne que 88 ?*

• Après chaque indication, recenser les propositions et demander aux élèves de valider chacune d'elles par un argument :

➡ *Le nombre proposé convient-il ? Pourquoi ? Les élèves sont alors amenés à faire des hypothèses sur l'organisation du tableau.*

• Après accord des élèves et de l'enseignant, demander à un élève d'écrire le nombre à la bonne place dans le tableau collectif et à tous de le faire sur leur propre tableau.

Peu de nombres ont été placés au départ, sur le tableau, afin de favoriser l'émission d'hypothèses par les élèves. Ces hypothèses sont confrontées avec les nombres déjà placés soit avant le jeu, soit au cours du jeu.
Progressivement, les hypothèses sont confortées et formulées avec davantage de précision.

COLLECTIF ET ÉQUIPES DE 2

**PHASE 2** **Synthèse**

• Faire la synthèse des principales observations émises par les élèves.

**SYNTHÈSE**

• **Sur une même ligne,** les nombres ont le même chiffre de gauche et le chiffre de droite avance de un en un (ou les nombres se suivent).

• **Sur une même colonne,** les nombres ont le même chiffre de droite et le chiffre de gauche avance de un en un (certains diront peut-être que les nombres se suivent de dix en dix, mais cette formulation n'apparaitra pas nécessairement).

• Les nombres se suivent de un en un, comme sur la file numérique, avec une règle de lecture particulière (comme quand on lit un texte).

• Colorier éventuellement une ligne ou une colonne dont tous les nombres ont été placés, afin de mettre en évidence leur caractéristique commune.

• Faire placer les nombres restants.

• Faire identifier les nombres que les élèves ont appris à lire (ceux de 0 à 59) et ceux qu'ils apprendront à lire avant la fin du CP (de 60 à 99). Pour l'instant, ces derniers peuvent être lus par les élèves qui savent le faire et seulement décrits par les autres, soit à l'aide d'une description sommaire (il s'écrit avec un 7, puis un 8), soit d'une description significative (c'est 7 dizaines et 8 unités).

**TRACE ÉCRITE**

• Faire remarquer que le tableau complété en classe figure également sur le sous-main remis à chaque élève.

INDIVIDUEL

## ENTRAINEMENT

**FICHIER NOMBRES ET CALCULS** **p. 83**

Tableau des nombres

**4** **Écris** ces nombres à leur place dans le tableau.

38 75 82 33 65 35 97 29 80 72

| | | | | | | | | | |
|---|---|---|---|---|---|---|---|---|---|
| | | | | | | | | | 9 |
| | 11 | | | | | | 17 | | |
| | | | 23 | | | | | | |
| | | | | | | | | | 39 |
| 40 | | | | | 45 | | | | |
| | | | | | | | | | |
| | 61 | | | | | | | | |
| | | | | 74 | | | | | |
| | | | | | | 86 | | | |
| | | 92 | | | | | | | |

**Exercice 4**

• Application directe de l'activité de recherche.

**Différenciation** → CD-Rom du guide, fiche 34.

**À SUIVRE**

**En séance 5,** les élèves auront à retrouver des nombres cachés dans le tableau des nombres.

UNITÉ 8

| | Tâche | Matériel | Connaissances travaillées |
|---|---|---|---|
| CALCUL MENTAL | **Problèmes additifs (répertoire additif, jusqu'à 14)**<br>– Résoudre trois problèmes dont l'énoncé est donné oralement | pour la classe :<br>– file numérique collective dont les nombres de 1 à 7 et de 9 à 15 sont cachés<br>– un dé dont la face 6 est cachée<br>– un pion<br>par élève :<br>– ardoise ou cahier de brouillon<br>FICHIER NOMBRES p. 84 ❶ | – **Calcul mental**<br>– Addition, soustraction<br>– Problèmes de déplacements sur une piste numérotée |
| RÉVISER Problèmes | **Problèmes additifs**<br>– Résoudre des problèmes dont l'énoncé est donné par écrit | par élève :<br>FICHIER NOMBRES p. 84 ❷ | – **Calcul mental**<br>– Soustraction<br>– Problèmes de déplacements sur une piste numérotée |
| APPRENDRE Nombres | **Nombres jusqu'à 99 : organisation en tableau**<br>RECHERCHE **Cachecache dans le tableau des nombres**<br>– Trouver les nombres cachés dans le tableau des nombres de 0 à 99 | pour la classe :<br>– même tableau que pour les élèves, agrandi et affiché<br>par équipe de 2 :<br>– 5 caches avec fenêtres (découper les fenêtres sur les pointillés pour pouvoir les soulever)<br>› **fiche 66**<br>par élève :<br>– ardoise ou cahier de brouillon<br>FICHIER NOMBRES p. 84 ❸ | – **Dizaines et unités**<br>– **Suite des nombres de 1 en 1, de 10 en 10**<br>– Valeur positionnelle des chiffres<br>– Lecture des nombres |

## CALCUL MENTAL

**Problèmes dictés • Répertoire additif (jusqu'à 14)**

– Résoudre des problèmes donnés oralement (relevant de l'addition et de la soustraction) dans un contexte de déplacement sur la file numérique.

COLLECTIF

FICHIER NOMBRES ET CALCULS p. 84

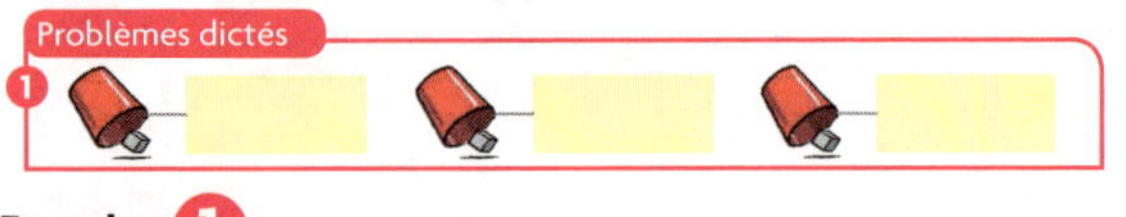


**Exercice 1**

• Afficher au tableau la file numérique et cacher les nombres de 1 à 7 et de 9 à 15. Montrer le dé dont la face 6 est cachée (elle vaut donc 0).

• Pour chaque problème, raconter l'histoire et poser la question. Laisser aux élèves 2 à 3 minutes pour élaborer une réponse écrite sur l'ardoise ou le cahier de brouillon, puis pour la transcrire dans le fichier.

• Recenser les réponses et les écrire au tableau. Demander si certaines peuvent être reconnues très vite comme fausses, en référence à la situation, par exemple.

• Faire expliciter quelques procédures. Si nécessaire, un retour à la file numérique permet de valider la réponse.

**Problème a**

➡ *Le pion est sur la case 8* (le placer ou mettre un repère). *Il va avancer. Je lance le dé. Il marque ...* (indiquer la valeur de la face). *Sur quelle case arrivera le pion ? Cherchez et écrivez la réponse sur votre fichier.*

**Problème b**

• Mêmes données, toujours en avançant. Si le dé tombe sur une face déjà apparue, il est relancé.

**Problème c**

➡ *Le pion est sur la case 9* (le placer ou mettre un repère sur la file numérique et déplacer les caches). *Il va reculer. Je lance le dé. Il marque ...* (indiquer la valeur de la face). *Sur quelle case arrivera le pion ? Cherchez et écrivez la réponse sur votre fichier.*

La mise en commun est d'abord destinée à mettre en évidence la diversité des procédures possibles et, en second lieu, à remarquer qu'elles utilisent des connaissances différentes. Le recours possible aux écritures additives et soustractives est souligné pour rendre compte du calcul à effectuer et du résultat obtenu.

## RÉVISER

### **Problèmes écrits** • Soustraction et déplacement sur une file numérique

– Résoudre des problèmes donnés par écrit, relevant de la soustraction, dans un contexte de déplacement sur la file numérique.

INDIVIDUEL

**FICHIER NOMBRES ET CALCULS p. 84**

Problèmes écrits

2 Arthur, Zoé et Gribouille lancent le dé et **reculent** leur pion.
**Écris** le nombre d'arrivée.

**Exercice 2**

• Reformuler la situation avec les élèves, en s'aidant du texte et du dessin. Insister sur le fait qu'une partie de la file numérique est cachée.

• La recherche peut d'abord se faire sur le cahier de brouillon.

• La correction peut être individualisée ou être faite collectivement si beaucoup d'élèves n'ont pas réussi. Elle est l'occasion de formuler que 18 – 5 = 13.

Il s'agit d'une reprise du problème proposé en séance 2, avec des nombres plus grands.

RÉPONSE : 13 ; 19 ; 9.

## APPRENDRE

### Nombres jusqu'à 99 : organisation en tableau (2)

– Comprendre le rôle joué par chaque chiffre dans l'écriture d'un nombre.
– Maitriser les suites de nombres de 1 en 1, de 10 en 10.

COLLECTIF

### RECHERCHE

**Cachecache dans le tableau des nombres :** Il s'agit de retrouver des nombres cachés dans le tableau des nombres de 0 à 99, en s'appuyant sur son organisation en fonction des chiffres des unités (colonnes du tableau) et des chiffres des dizaines (lignes du tableau).

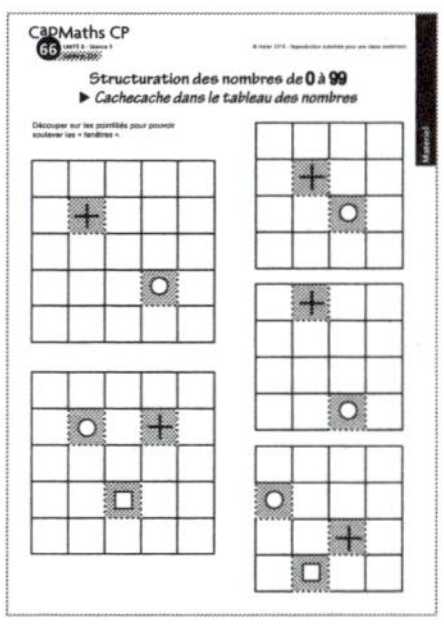

• Afficher le tableau des nombres complet (le sous-main agrandi). Puis placer un cache sur le tableau et expliquer le but du jeu :
➡ *Il faut trouver les nombres cachés derrière les fenêtres avec un rond, une croix ou un carré, quand je les montrerai.*

• Désigner l'une des fenêtres par son symbole et demander aux élèves d'écrire le nombre caché derrière la fenêtre.

• Faire l'inventaire des réponses, en demandant de les justifier et de formuler les stratégies utilisées.

• Vérifier la réponse en soulevant la fenêtre et noter au tableau le symbole avec le nombre correspondant.

• Reprendre le jeu plusieurs fois en plaçant le même cache à un autre endroit du tableau ou en utilisant d'autres caches.

**La difficulté des caches** proposés diffère :
– selon la taille du cache, qui masque plus ou moins de nombres autour des nombres cherchés ;
– selon la position des fenêtres, plus ou moins éloignées des bords du cache.
**La position des caches** sur le tableau des nombres est une autre variable à prendre en compte.
Il est important de faire expliciter les stratégies utilisées, dans la mesure où elles s'appuient nécessairement sur l'organisation du tableau.

INDIVIDUEL

### ENTRAINEMENT

**FICHIER NOMBRES ET CALCULS p. 84**

Tableau des nombres

3 **Écris** les nombres dans les cases vertes.

| 0 | 1 | 2 |  | 4 | 5 | 6 |  | 8 | 9 |
|---|---|---|---|---|---|---|---|---|---|
|  |  |  |  | 14 | 15 | 16 | 17 | 18 | 19 |
|  |  |  |  | 24 |  |  |  |  |  |
|  |  |  |  | 34 |  |  |  |  |  |
|  |  |  |  | 44 |  |  |  |  |  |
| 50 | 51 | 52 | 53 | 54 |  |  |  |  |  |
|  |  |  |  |  |  |  |  |  |  |
|  |  |  |  | 74 |  |  | 77 |  | 79 |
| 80 |  |  |  | 84 | 85 |  |  |  | 89 |
|  |  | 92 |  | 94 | 95 | 96 | 97 |  | 99 |

**Exercice 3**

• Insister sur le fait qu'il faut trouver et écrire les nombres situés dans les cases vertes et seulement eux.

Les élèves doivent s'appuyer sur l'organisation des nombres dans le tableau, en se servant des nombres qui y figurent déjà comme points de repère.

RÉPONSE : 11 ; 23 ; 32 ; 46 ; 48 ; 57 ; 87 ; 88 ; 90.

**Différenciation** → CD-Rom du guide, fiche 35.

# Reproduction sur quadrillage (1)



| | Tâche | Matériel | Connaissances travaillées |
|---|---|---|---|
| CALCUL MENTAL | **Sommes de dizaines et d'unités**<br>– Calculer des sommes du type 10 + 3, 20 + 3… | par élève :<br>– ardoise ou cahier de brouillon | – **Dizaines et unités**<br>– Automatisation |
| RÉVISER Géométrie | **Reconnaissance de figures**<br>– Trouver les gabarits qui ont été utilisés pour dessiner un assemblage complexe | pour la classe :<br>– les deux assemblages agrandis au format A3 ou photocopiés sur transparent rétroprojetable, pour la présentation et la correction<br>– formes gabarits › **matériel du cahier, planche 1** (en plusieurs exemplaires)<br>par élève :<br>– le catalogue des gabarits › **fiche 20**<br>– crayons ou stylos de couleur (rouge, bleu, vert)<br>CAHIER GÉOMÉTRIE p. 33 1 2 | – **Carré, rectangle, triangle : reconnaissance dans un assemblage complexe**<br>– Reconnaissance d'une figure dans différentes orientations |
| APPRENDRE Géométrie | **Reproduction sur quadrillage**<br>RECHERCHE **Le même dessin (1)**<br>– Reproduire un dessin donné construit sur les lignes du quadrillage | pour la classe :<br>– dessins A et B agrandis<br>– calques des dessins A et B<br>par élève :<br>– dessin A (phase 1) › **fiche 67**<br>– dessin B (phase 3) › **fiche 68**<br>– règle, crayon, gomme<br>CAHIER GÉOMÉTRIE p. 34 3 4 | **Reproduction sur quadrillage :**<br>– **repérage par rapport aux lignes et aux nœuds**<br>– analyser une figure pour la reproduire |

## CALCUL MENTAL

### Sommes de dizaines et d'unités

– Calculer rapidement des sommes du type 10 + 3, 20 + 3…

COLLECTIF

• Formuler chaque question oralement sous la forme : *10 plus 3*. Les élèves répondent sur l'ardoise ou dans le cahier de brouillon.

a. 10 + 3 b. 10 + 7 c. 20 + 3
d. 20 + 7 e. 30 + 5 f. 40 + 1

• Lors de la correction, faire le lien avec la numération décimale : 20 + 3 c'est 2 dizaines et 3 unités, donc 23.

Ce type de calcul doit donner rapidement lieu à des réponses automatiques. En particulier, les élèves doivent être incités à abandonner les réponses obtenues par surcomptage de un en un.

RÉPONSE : 13 ; 17 ; 23 ; 27 ; 35 ; 41.

## RÉVISER

### Carré, rectangle, triangle : reconnaissance de formes dans un assemblage complexe

– Reconnaitre des figures identiques dans différentes orientations.
– Reconnaitre des figures élémentaires : carré, rectangle, triangle.

INDIVIDUEL

**CAHIER MESURES ET GÉOMÉTRIE p. 33**

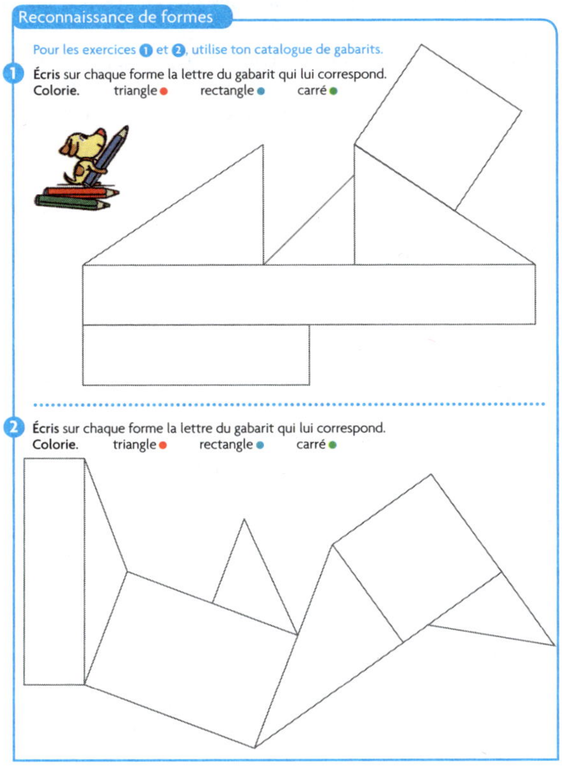


**Exercice 1**

• Afficher le dessin de l'exercice 1 et préciser la tâche :

➡ *Zoé a dessiné cet assemblage. Pour cela, elle a utilisé les mêmes gabarits que vous avez utilisés dans l'unité 7. Vous devrez retrouver quels gabarits elle a utilisés. Dans chaque figure du dessin, vous marquerez la lettre qui correspond au gabarit qu'elle a utilisé. Pour cela, vous aurez chacun le catalogue des gabarits.*

➡ *Quand vous reconnaitrez qu'une forme est un carré, vous dessinerez dessus un rond vert ; si c'est un rectangle, vous dessinerez un rond bleu ; si c'est un triangle, un rond rouge. Si ce n'est aucun des trois, vous ne dessinerez pas de rond.*

• Après la résolution individuelle, engager un contrôle avec le voisin. Si besoin, donner les gabarits correspondants aux lettres indiquées par les élèves pour que ceux-ci puissent valider leur travail.

• Une courte discussion pourra être engagée sur la reconnaissance des figures élémentaires, et sur la façon dont les élèves les ont reconnues : par exemple, tourner la page du cahier ou tourner la tête pour reconnaitre le carré.

RÉPONSE :

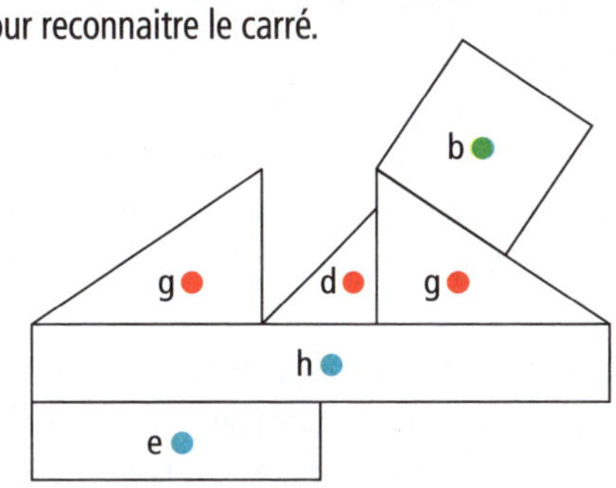


**Exercice 2**

• Les élèves les plus rapides traiteront cet exercice et une correction individuelle en sera faite.

• Il pourra être proposé en consolidation aux autres élèves.

RÉPONSE :

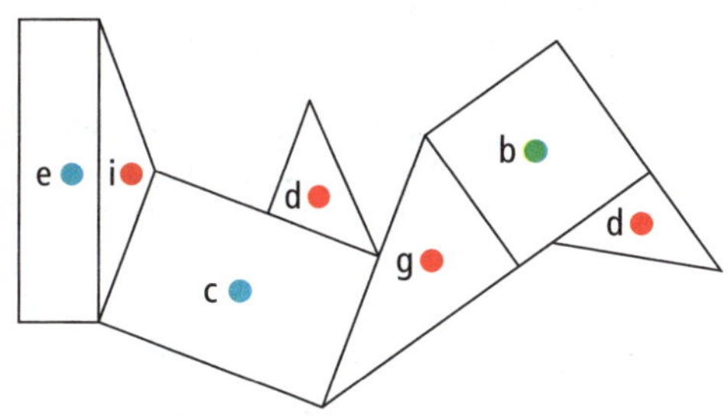


Ces exercices permettent d'affiner les capacités de reconnaissance perceptive. Celles-ci sont liées à la faculté d'effectuer mentalement des déplacements ou des rotations de figures, et d'isoler une figure dans un assemblage complexe.
L'utilisation des gabarits rend possible une validation, nécessaire pour certains élèves.

UNITÉ 8

APPRENDRE

## Reproduction sur quadrillage (1)

– Effectuer des tracés à la règle.
– Se repérer sur un quadrillage par rapport aux lignes et aux nœuds.
– Reproduire des dessins construits sur les lignes du quadrillage.

### RECHERCHE

**Le même dessin (1) :** Les élèves reproduisent une figure sur quadrillage sur un quadrillage de même taille. Dans un premier temps, le point de départ de la reproduction est donné. Dans un second temps, le quadrillage est vierge.

INDIVIDUEL

#### PHASE 1 Reproduction du dessin A

• Distribuer la fiche du dessin A et présenter la tâche :

➡ *Vous devez refaire dans le quadrillage du bas un dessin identique au modèle. Attention : les deux dessins doivent être exactement pareils. Il faut tracer les traits à la règle et bien s'appliquer. Le point noir sert de repère. On pourra vérifier avec ce calque (montrer le calque).*

• Après la résolution individuelle, solliciter le contrôle des productions entre élèves voisins et demander de noter en couleur sur la production de son voisin ce qui parait faux.

• Pour les équipes qui se montrent en difficulté, proposer une vérification à l'aide du calque. Des élèves peuvent prendre l'initiative de superposer leurs deux productions ou de les superposer l'une après l'autre au modèle.

**L'objectif** est ici double :
– repérage par rapport aux lignes et aux nœuds dans un quadrillage ;
– compréhension de la signification de l'activité de reproduction.
Les élèves vont réinvestir ce qui a été travaillé sur le repérage par rapport aux lignes et aux nœuds, et sur les reproductions de dispositions sur quadrillage.

COLLECTIF

#### PHASE 2 Mise en commun et synthèse

• Choisir quelques productions reconnues comme fausses et s'appuyer éventuellement sur le dessin A affiché au tableau.

• **Axer la mise en commun** sur ce qu'il faut faire pour réussir un dessin exactement identique au modèle.

**SYNTHÈSE**

• Pour réaliser un dessin identique au modèle :
– les traits doivent être tracés sur les lignes du quadrillage ;
– chaque trait doit commencer et finir à un nœud ;
– il faut respecter la longueur de chaque trait, en comptant le nombre de côtés de carreaux.
Si le dessin est bien identique au modèle, le calque du modèle doit pouvoir se superposer exactement au dessin.

• **Insister sur la nécessité de contrôler** la production au fur et à mesure ainsi qu'à la fin du tracé.

La plupart des élèves reproduisent en fait un chemin en suivant la ligne fermée et tracent en comptant au fur et à mesure le nombre de carreaux correspondant à la longueur de chaque trait. La difficulté pour eux consiste à gérer les contraintes de précision et de tracé à la règle.
La procédure qui consiste à d'abord repérer les sommets de la figure (par rapport aux bords du quadrillage et à d'autres sommets) a peu de chances d'apparaitre.

Pour le **contrôle de la production**, les procédures peuvent être différentes et s'orienter :
– vers le repérage des sommets, notamment par rapport aux bords du quadrillage ;
– vers la comparaison des formes entre le modèle et la production de l'élève : « C'est plus grand, plus long... ».

INDIVIDUEL

#### PHASE 3 Reproduction du dessin B

• Proposer la reproduction du dessin B. Cette fois, il n'y a pas de point repère.

• Veiller à ce que le travail soit fait avec soin. Susciter des contrôles, proposer le calque pour validation.

• Procéder éventuellement à une mise au point collective sur la façon d'engager la reproduction : choix du point de départ pour que la figure ne déborde pas du quadrillage.

• Engager à refaire le tracé si nécessaire.

INDIVIDUEL

### ENTRAINEMENT

CAHIER MESURES ET GÉOMÉTRIE p. 34

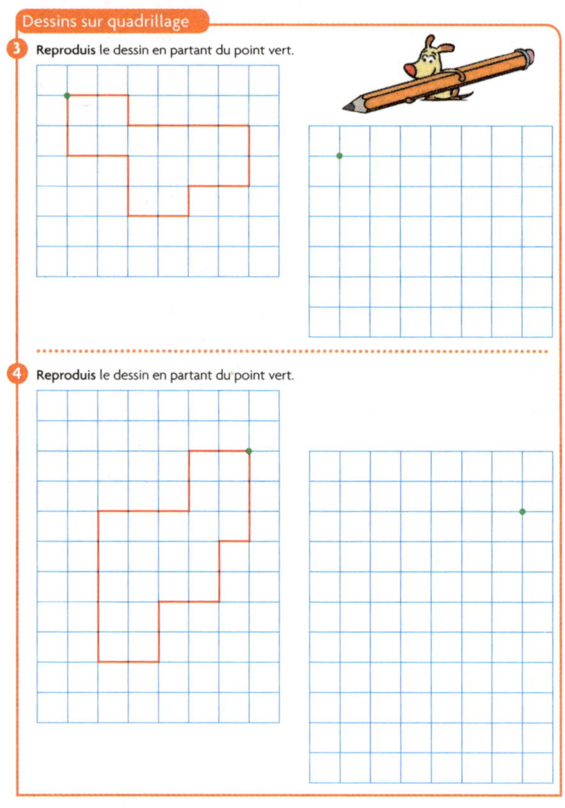


**Exercices 3 et 4**

• Il s'agit d'un entrainement individuel, nécessitant plus de précision dans la mesure où le quadrillage est plus petit.

• Tous les élèves traiteront l'exercice 3. Seuls les plus rapides aborderont l'exercice 4.

**Différenciation** → CD-Rom du guide, fiche 36.

# Reproduction sur quadrillage (2)



| | Tâche | Matériel | Connaissances travaillées |
|---|---|---|---|
| CALCUL MENTAL | **Sommes de dizaines et d'unités**<br>– Calculer des sommes et des compléments du type 10 + 3, 10 pour aller à 13 | par élève :<br>– ardoise ou cahier de brouillon | **– Dizaines et unités**<br>– Automatisation |
| RÉVISER Mesures | **Mesure de longueurs avec une règle graduée**<br>– Reconnaitre un segment de longueur donnée<br>– Compléter ou construire un segment pour qu'il ait une longueur donnée<br>– Comparer des longueurs en mesurant | par élève :<br>– la règle à mesurer bleue (unité 2 cm)<br>› **matériel du cahier, planche 4**<br>CAHIER GÉOMÉTRIE **p. 35** 1 à 4 | **Mesure de longueurs avec une règle graduée :**<br>– Mesurer un segment<br>– Tracer un segment de longueur donnée<br>– Comparer des longueurs |
| APPRENDRE Géométrie | **Reproduction sur quadrillage**<br>RECHERCHE **Le même dessin (2)**<br>– Reproduire un dessin donné construit sur les lignes du quadrillage | pour la classe :<br>– dessins C et D agrandis<br>– calques des dessins C et D<br>par élève :<br>– dessin C (phase 1) › **fiche 69**<br>– dessin D (phase 3) › **fiche 70**<br>– règle, crayon, gomme<br>CAHIER GÉOMÉTRIE **p. 36** 5 6 | **Reproduction sur quadrillage :**<br>**– repérage par rapport aux lignes et aux nœuds**<br>– analyser une figure pour la reproduire |

## CALCUL MENTAL

### Sommes de dizaines et d'unités

– Effectuer rapidement des calculs du type 10 + 3, 10 pour aller à 13…

COLLECTIF

• Formuler chaque question oralement sous la forme : *10 plus 5, 20 pour aller à 24*. Les élèves répondent sur l'ardoise ou dans le cahier de brouillon.

a. 10 + 5 b. 40 + 8 c. 50 + 2
d. 20 → 24 e. 10 → 19 f. 30 → 36

• Lors de la correction, faire à nouveau le lien avec la numération décimale : chercher le complément de 20 à 24 revient à chercher le complément de 2 dizaines à 2 dizaines et 4 unités.

Ce type de calcul doit donner rapidement lieu à des réponses automatiques. En particulier, les élèves doivent être incités à abandonner les réponses obtenues par surcomptage de un en un.

RÉPONSE : 15 ; 48 ; 52 ; 4 ; 9 ; 6.

## RÉVISER

### Mesure de longueurs avec une règle graduée

– Mesurer une longueur avec une règle graduée.

INDIVIDUEL

**CAHIER MESURES ET GÉOMÉTRIE p. 35**

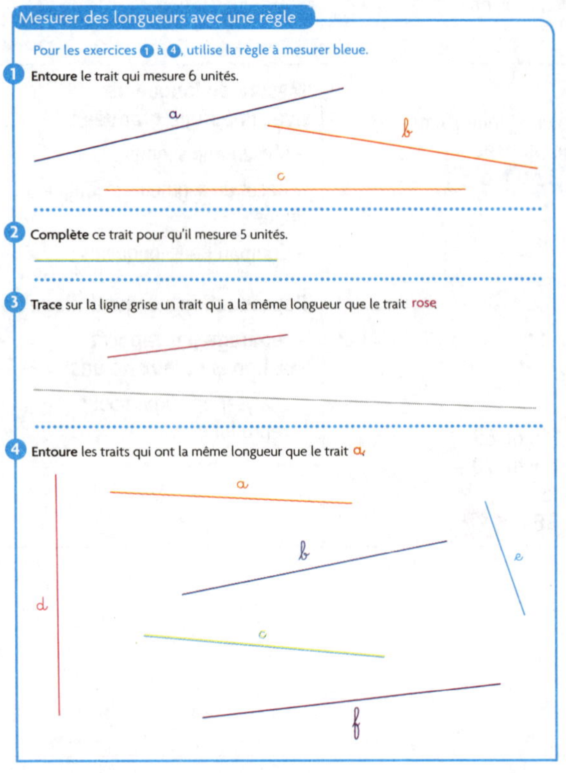


• On utilise pour ces exercices une nouvelle règle à mesurer : la règle bleue. Si, au cours des activités, certains élèves souhaitent numéroter les unités sur la règle bleue comme il a été fait sur la règle blanche dans l'unité précédente, les encourager à le faire.

**Exercice 1**

• Cet exercice permet d'entrainer l'utilisation de la règle pour mesurer, et de se familiariser avec la technique.

RÉPONSE : c.

**Exercice 2**

• Une mise au point collective pourra être faite sur le placement de la règle pour prolonger un trait et obtenir un trait de la longueur voulue :

– en deux temps : prolonger le trait vert puis placer l'extrémité gauche de la règle en coïncidence avec l'extrémité gauche du trait, et marquer sur le trait un point en face du repère de la règle correspondant à 5 unités ;

– en une seule fois : placer l'extrémité gauche de la règle en coïncidence avec l'extrémité gauche du trait, et la règle en appui contre le trait, puis prolonger le trait jusqu'au repère de la règle correspondant à 5 unités.

**Exercice 3**

• Les élèves ont le choix de commencer ou non le tracé du trait à partir de l'extrémité de la ligne.

**Exercice 4**

• Observer les stratégies des élèves et réaliser une mise en commun qui permet de comparer les stratégies utilisées.

**Les stratégies utilisées** peuvent être diverses :
– mesurage préalable de tous les traits et comparaison des mesures ;
– élimination à l'œil de traits de longueurs vraiment différentes, et mesurage de certains traits ;
– comparaison des traits deux à deux avec le trait *a*, en les mesurant ou en reportant la longueur sur la règle à mesurer, utilisée comme une bande de papier ordinaire.

RÉPONSE : c et d.

• Les exercices qui ne seront pas traités dans cette séance pourront être proposés en consolidation.

# APPRENDRE

## Reproduction sur quadrillage (2)

– Effectuer des tracés à la règle.
– Se repérer sur un quadrillage par rapport aux lignes et aux nœuds.
– Reproduire des dessins construits sur les lignes du quadrillage.

## RECHERCHE

**Le même dessin (2) :** Les élèves reproduisent une figure sur le même quadrillage que la figure modèle. Pour la première activité, un sommet de la figure, qui peut servir de point de départ de la reproduction, est déjà placé. Pour la deuxième, deux points repères sont déjà placés, mais ils ne sont pas sur le contour de la figure.

INDIVIDUEL

### PHASE 1 Reproduction du dessin C

• Distribuer la fiche du dessin C et indiquer la tâche :

➡ *Vous devez refaire cette fois sur le même quadrillage un dessin identique au modèle. Le petit triangle sert de repère.*

➡ *Attention, les deux dessins doivent être exactement pareils. Il faut tracer les traits à la règle et bien s'appliquer.*

• Après la résolution individuelle, solliciter le contrôle des productions entre deux élèves voisins et demander de noter en couleur sur la production de son voisin ce qui parait faux. Pour les groupes en difficulté, proposer une vérification à l'aide du calque.

**L'objectif** ici est le même qu'à la séance 6. Mais la disposition des figures bloque le repérage par rapport aux bords du quadrillage et rend l'exercice plus difficile.
**Pour le contrôle des productions entre voisins,** les élèves peuvent superposer par transparence les productions au modèle.
**Les procédures des élèves** sont en général séquentielles. Ils reproduisent la figure trait par trait en comptant au fur et à mesure le nombre de carreaux. La procédure du repérage relatif des sommets par rapport au sommet repéré par le triangle peut apparaitre, mais on ne cherche pas à la privilégier.

COLLECTIF

### PHASE 2 Mise en commun

• Revenir sur les éléments vus lors de la séance précédente.

• Proposer à un ou deux élèves de venir faire la reproduction au tableau. Toute stratégie correcte est acceptée, par exemple : « À partir du triangle, on trace un trait horizontal de 3 carreaux vers la droite… ».

INDIVIDUEL

### PHASE 3 Reproduction du dessin D

• La reproduction est faite au rythme de chacun, l'aspect figuratif du dessin étant une aide pour les élèves.

• Procéder éventuellement à une mise au point collective sur la façon d'engager la reproduction : choix du point de départ ou du premier segment tracé en repérant sa position par rapport aux points intérieurs déjà placés.

INDIVIDUEL

## ENTRAINEMENT

**CAHIER MESURES ET GÉOMÉTRIE** p. 36

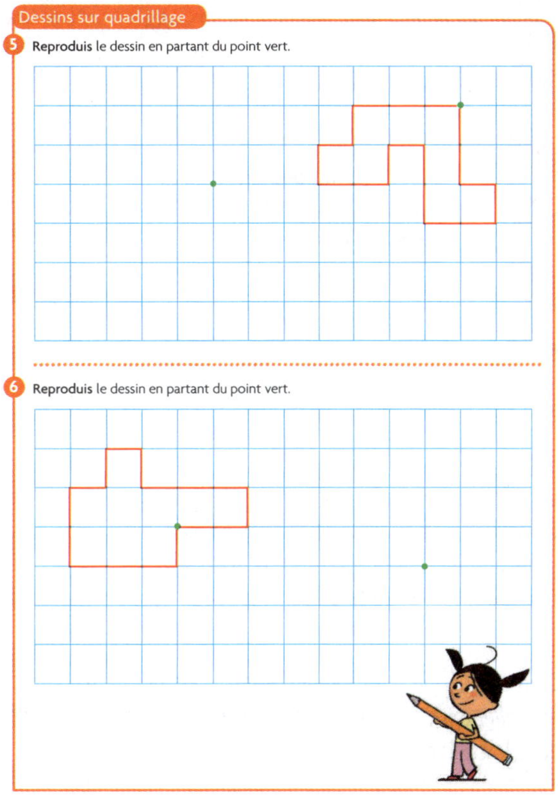


### Exercices 5 et 6

• Il s'agit d'un entrainement individuel, nécessitant plus de précision dans la mesure où le quadrillage est plus petit.

**Différenciation** → CD-Rom du guide, fiche 37.

UNITÉ 8

# UNITÉ 8 Calcul sur les dizaines (1)

SÉANCE 8
Pas d'exercices dans le fichier

| | Tâche | Matériel | Connaissances travaillées |
|---|---|---|---|
| CALCUL MENTAL | **Calcul avec des dizaines et des unités**<br>– Calculer des sommes, des compléments et des différences du type 30 + 7, 50 pour aller à 52, 25 – 5 | par élève :<br>– ardoise ou cahier de brouillon | **– Dizaines et unités**<br>– Automatisation |
| RÉVISER Calculs | **Calcul avec des dizaines et des unités**<br>– Ajouter des dizaines et des unités, compléter des dizaines ou des unités | par élève :<br>– ardoise ou cahier de brouillon | **– Dizaines et unités**<br>– Automatisation |
| APPRENDRE Calculs | **Calcul sur les dizaines**<br>RECHERCHE **La punta des dizaines (1)**<br>– Atteindre un nombre cible en additionnant des dizaines entières | pour la classe :<br>– cartes cibles (nombres de 50 à 90) › **fiche 71**<br>– 48 cartes (12 cartes de 10, 20, 30 et 40) › **fiches 72 à 75**<br>– 1 calculatrice pour le meneur de jeu<br>par équipe de 4 ou 5 :<br>– une boite pour les cartes gagnées | **– Calcul sur les dizaines entières : addition** |

## CALCUL MENTAL

### Calcul avec des dizaines et des unités

– Effectuer rapidement des calculs du type 30 + 7, 50 pour aller à 52, 25 – 5.

COLLECTIF

• Formuler chaque question oralement sous la forme : *30 plus 7, 50 pour aller à 52, 25 moins 5...* Les élèves répondent sur l'ardoise ou dans le cahier de brouillon.

a. 30 + 7 b. 50 → 52 c. 40 → 49
d. 25 – 5 e. 38 – 8 f. 27 – 20

• Lors de la correction, faire à nouveau le lien avec la numération décimale : calculer 25 – 5 revient à calculer 2 dizaines et 5 unités moins 5 unités.

Ce type de calcul doit donner rapidement lieu à des réponses automatiques. En particulier, les élèves doivent être incités à abandonner les réponses obtenues par surcomptage de un en un.

RÉPONSE : 37 ; 2 ; 9 ; 20 ; 30 ; 7.

## RÉVISER

### Calcul avec des dizaines et des unités

– Ajouter des dizaines et des unités, compléter des dizaines ou des unités.

COLLECTIF/INDIVIDUEL

• Ces deux exercices reprennent sous une autre forme ce qui a été travaillé précédemment en calcul mental. Les élèves répondent sur l'ardoise ou dans le cahier de brouillon.

**Exercice 1**

• Dicter les calculs sous la forme :

3 dizaines + 5 unités 6 unités + 5 dizaines
3 unités + 5 dizaines 2 dizaines + 6 unités
8 unités + 1 dizaine 7 unités + 1 dizaine

Cet exercice, comme le suivant, propose de calculer directement sur les dizaines et les unités, reprenant ainsi les décompositions des nombres en dizaines et unités déjà rencontrées.

Attirer l'attention des élèves sur le fait qu'il faut, dans l'expression avec unités d'abord et dizaines ensuite, être vigilant pour placer correctement les chiffres dans l'écriture usuelle.

RÉPONSE : 35 ; 53 ; 18 ; 56 ; 26 ; 17.

**Exercice 2**

• Dicter les calculs sous la forme :

– combien d'unités faut-il ajouter à 2 dizaines pour obtenir 24 ?
– combien d'unités faut-il ajouter à 3 dizaines pour obtenir 38 ?
– combien de dizaines faut-il ajouter à 5 unités pour obtenir 45 ?
– combien de dizaines faut-il ajouter à 2 unités pour obtenir 52 ?

RÉPONSE : 4 ; 8 ; 4 ; 5.

APPRENDRE

## Calcul sur les dizaines : addition (1)

– Additionner des nombres représentant des dizaines entières (résultat inférieur à 100).

COLLECTIF ET ÉQUIPES DE 4 OU 5

### RECHERCHE

**La punta des dizaines (1) :** Un nombre cible étant donné, il s'agit de l'atteindre en additionnant des nombres (deux ou plus) choisis parmi 5 nombres disponibles.

### PHASE 1 Présentation du jeu

• Répartir la classe en équipes de 4 ou 5 élèves qui jouent les unes contre les autres. Si l'effectif de la classe est réduit, les équipes peuvent ne comporter que 2 ou 3 élèves.

• Distribuer au hasard 5 des cartes du jeu de 48 cartes à chaque équipe. Les autres cartes restent dans la pioche sur le bureau de l'enseignant.

Exemple de lot de 5 cartes :

| 20 | 30 | 40 | 30 | 10 |
|---|---|---|---|---|

• Tirer une carte cible et l'afficher au tableau, par exemple :

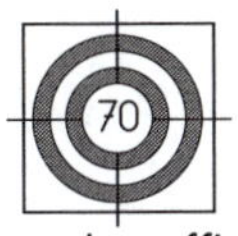


• Préciser la règle du jeu :

➡ *Dans chaque équipe, il faut essayer de réaliser le nombre affiché avec les cartes distribuées. Vous pouvez utiliser plusieurs cartes, en additionnant les nombres qui sont écrits sur les cartes. Pour répondre, posez les cartes côté « nombre » visible.*

• Demander à chaque équipe de faire une proposition, si elle le pense possible, en alignant les cartes choisies sur sa table.

• Organiser un contrôle :
– reproduire chaque alignement proposé au tableau ;
– demander aux autres élèves de contrôler l'alignement proposé.
En cas de litige ou à la demande de l'enseignant, la calculatrice peut être utilisée. Si le nombre cible est bien atteint, les cartes sont gagnées par le groupe qui les a jouées, et mises dans sa boite « gain ».

• Préciser la suite du jeu (qui se déroulera avec le même nombre cible) :
– si une équipe a réussi, les cartes gagnées (et mises dans la boite « gain ») sont remplacées par autant de cartes prises à la pioche ;
– si une équipe a proposé un alignement erroné, elle conserve ses cartes pour le tour suivant ;
– si une équipe n'a pas pu proposer d'alignement, elle peut choisir de conserver ses cartes ou de toutes les échanger.

Les élèves ne sont pas nécessairement capables de lire tous les nombres utilisés. Cela n'influe pas sur le jeu dans la mesure où le calcul sur les dizaines ne fait intervenir que les nombres de 1 à 9 (2 dizaines + 5 dizaines, par exemple). Cependant, les nombres supérieurs à 50 peuvent être lus par les élèves qui en sont capables ou par l'enseignant, de façon à familiariser les élèves avec leur lecture.

COLLECTIF ET ÉQUIPES DE 4 OU 5

### PHASE 2 Suite du jeu

• Reprendre le jeu (avec le même nombre cible) et le même déroulement.

• La partie s'arrête lorsqu'un groupe a épuisé ses cartes et que la pioche est épuisée ou insuffisante pour que chaque équipe ait ses 5 cartes. Le gagnant est l'équipe qui a le plus de cartes dans sa boite « gain ».

COLLECTIF

### PHASE 3 Mise en commun et synthèse

• À l'issue du jeu, faire expliciter les procédures mobilisées pour vérifier les propositions, puis les stratégies utilisées pour atteindre le nombre cible. Des premières explicitations peuvent avoir eu lieu en cours de partie, après chaque tour du jeu.

• En synthèse, reformuler les procédures et stratégies les plus importantes.

**SYNTHÈSE**

• **Procédures de contrôle :**
– calcul sur les dizaines : 40 + 30, c'est 4 dizaines + 3 dizaines (ou 4 paquets de dix plus 3 paquets de dix), donc 7 dizaines (ou 7 paquets de dix), donc 70 ;
– utilisation d'un résultat mémorisé : 20 + 20 c'est 40 ;
– comptage de 10 en 10 : pour 40 + 30, on compte « 50, 60, 70 ».

• **Stratégies de recherche,** utilisables pour trouver les « bonnes cartes » :
– décomposer le nombre cible ;
– additionner 2 ou 3 nombres et chercher le complément au nombre cible ;
– faire des essais d'addition des nombres disponibles ;
– …

Les procédures de contrôle sont explicitées avant les stratégies de recherche, car elles sont plus faciles à mutualiser et peuvent influer, par la suite, sur les stratégies de recherche.
Le calcul sur les dizaines est souligné comme particulièrement efficace. Les dizaines utilisées peuvent être figurées par des cartes dizaines ou par les doigts.

• Une nouvelle partie collective peut être jouée s'il reste du temps.

INDIVIDUEL

### ENTRAINEMENT

• Écrire en ligne au tableau, successivement, en demandant chaque fois d'écrire le résultat sur l'ardoise ou le cahier de brouillon :

30 + 30 = ….  20 + 40 = …..  30 + 60 = …..
10 + 30 + 10 = ….  20 + 20 + 20 = ….  30 + 40 + 10 = ….

RÉPONSE : 60 ; 60 ; 90 ; 50 ; 60 ; 80.

**À SUIVRE**

**En séance 9,** ce travail sera repris mais chaque équipe jouera sa propre partie. Un meneur de jeu sera désigné dans chaque équipe, et on demandera aux élèves de garder une trace écrite de leurs propositions.

UNITÉ 8

# Calcul sur les dizaines (2)



| | Tâche | Matériel | Connaissances travaillées |
|---|---|---|---|
| CALCUL MENTAL | **Lecture et écriture des nombres jusqu'à 59**<br>– Écrire en chiffres des nombres dictés | par élève :<br>FICHIER NOMBRES p. 85 ❶ | – **Lecture et écriture des nombres jusqu'à 59** |
| RÉVISER Nombres | **Dénombrement et unités de numération**<br>– Entourer un nombre donné de perles exprimé sous forme de décomposition en dizaines et unités, ou sous forme usuelle | par élève :<br>FICHIER NOMBRES p. 85 ❷ ❸ | – **Numération décimale**<br>– **Unités de numération**<br>– Dénombrement en utilisant des groupements par dix |
| APPRENDRE Calculs | **Calcul sur les dizaines**<br>RECHERCHE **La punta des dizaines (2)**<br>– Atteindre un nombre cible en additionnant des dizaines entières | pour la classe :<br>– cartes cibles (nombres de 50 à 90) › **fiche 71**<br>– 48 cartes (12 cartes de 10, 20, 30 et 40) › **fiches 72 à 75**<br>– 1 calculatrice pour le meneur de jeu<br>par élève :<br>– une boite pour les cartes gagnées<br>– une feuille pour noter les réponses<br>FICHIER NOMBRES p. 82 ❹ ❺ | – **Calcul sur les dizaines entières : addition** |

## CALCUL MENTAL

### Lecture et écriture des nombres jusqu'à 59

– Écrire en chiffres des nombres dictés.

COLLECTIF

FICHIER NOMBRES ET CALCULS p. 85

**Exercice ❶**

• Nombres dictés :

a. 28 b. 30 c. 51
d. 45 e. 50 f. 57

## RÉVISER

### Dénombrement et unités de numération

– Connaitre et utiliser les unités de numération.

INDIVIDUEL

FICHIER NOMBRES ET CALCULS p. 85

**Exercices ❷ et ❸**

• Dans ces exercices, il s'agit de vérifier si les élèves sont capables d'utiliser les groupements par dix pour réaliser un dénombrement. L'exercice 2 (où la quantité est évoquée par un nombre de dizaines) est une incitation à utiliser de tels groupements.

• Lors de l'exploitation collective, l'intérêt de tels groupements est mis en évidence pour répondre aux demandes formulées, et ensuite pour contrôler rapidement les réponses.

**Différenciation** → CD-Rom du guide, fiche 38.

## APPRENDRE

### Calcul sur les dizaines : addition (2)

– Additionner des nombres représentant des dizaines entières (résultat inférieur à 100).

## RECHERCHE

**La punta des dizaines (2) :** Un nombre cible étant donné, il s'agit de l'atteindre en additionnant des nombres (deux ou plus) choisis parmi 5 nombres disponibles. Cette fois, les élèves doivent également écrire les sommes calculées à l'aide du signe +.

ÉQUIPES DE 4 OU 5

**PHASE 1 Reprise du jeu, par équipes, et écriture des sommes**

• Répartir la classe en équipes de 4 ou 5 élèves. Si l'effectif de la classe est réduit, les équipes peuvent ne comporter que 3 élèves. Désigner un meneur de jeu dans chaque équipe.

• Préciser aux élèves que le jeu va maintenant se dérouler à l'intérieur des équipes :

➡ *Dans chaque équipe, les élèves (autres que le meneur de jeu) vont jouer les uns contre les autres. Le meneur de jeu doit distribuer au hasard 5 des cartes du jeu de 48 cartes à chaque joueur. Les autres cartes restent dans la pioche, conservée par le meneur de jeu. Le meneur de jeu tire une carte cible et la présente sur la table. Le jeu se déroule ensuite comme dans la séance précédente. À la fin du jeu, nous regarderons ensemble des suites de cartes que vous avez proposées pour atteindre le nombre cible. Pour cela, chaque joueur doit conserver une trace écrite des « coups essayés », en écrivant la somme des nombres utilisés, comme nous l'avons déjà fait.*

• Veiller au bon déroulement du jeu et observer les procédures utilisées par les élèves.

• Proposer de jouer une ou plusieurs nouvelles parties aux équipes plus rapides.

• Récupérer tout ou partie des productions pour une évaluation et exploitation éventuelle avec les élèves.

La notation sous forme de sommes de plusieurs nombres a déjà été utilisée pour ce jeu (en séance 3).

COLLECTIF

**PHASE 2 Mise en commun**

• À l'issue d'une ou plusieurs parties, des feuilles de jeu sont étudiées collectivement, dans un double but :

– vérifier si les sommes proposées donnent le total attendu (pour cela, reprendre les procédures vues au cours de la séance précédente) ;

– comparer des sommes pour savoir si elles donnent ou non le même total (ce qui permet de réinvestir ce qui a été travaillé en séances 3 et 4).

La capacité à analyser des sommes prépare le calcul réfléchi de sommes de plusieurs nombres : il s'agit de chercher le meilleur agencement des nombres pour trouver une somme plus facile à calculer que la somme initiale.

INDIVIDUEL

## ENTRAINEMENT

**FICHIER NOMBRES ET CALCULS p. 85**

Calcul sur les dizaines

**4** **Complète.**

| | |
|---|---|
| 60 = 10 + 30 + ........ | 80 = 40 + ........ + 20 |
| 90 = 30 + 30 + ........ | 70 = 10 + ........ + 10 + 10 |
| 60 = 40 + 10 + ........ | 70 = 30 + ........ + 10 |

**5** **Entoure** les billets qu'il faut pour réaliser la somme d'argent indiquée.

### Exercice 4

• Compléter une égalité lacunaire est plus difficile que de chercher le résultat d'une somme. Les élèves sont donc invités à contrôler leur réponse en calculant la somme obtenue avec le nombre trouvé.

• En cas de difficultés, le lien avec le jeu de la punta peut être établi en reprenant les cartes. Par exemple, pour la 1re égalité : cible 60, cartes déjà posées : 10 et 30 ; il faut trouver une 3e carte qui permet d'atteindre la cible.

RÉPONSE : 20 ; 30 ; 10 ; 20 ; 40 ; 30.

### Exercice 5

• Cet exercice offre l'occasion de compléter la connaissance de la monnaie, avec l'introduction des billets de 20 € et de 50 €.

• Les élèves en difficulté peuvent être autorisés à utiliser leurs billets fictifs.

RÉPONSE : 40 € = 20 € + 10 € ; 60 € = 50 € + 10 € ; 80 € = 50 € + 20 € + 10 €.

UNITÉ 8

# BILAN de l'UNITÉ 8

# CONSOLIDATION

NOMBRES ET CALCULS

## Calcul mental : répertoire additif, calcul avec les dizaines et les unités (séances 1 à 9)

**Je fais le bilan** › FICHIER NOMBRES p. 87

**Exercice 1**

Dicter les nombres suivants.

a. 10 – 6 b. 9 – 7 c. 20 + 5
d. 40 + 1 e. 46 – 6 f. 37 – 30

RÉPONSE : 4 ; 2 ; 25 ; 41 ; 40 ; 7.

**Autres ressources**

› 80 Activités et jeux mathématiques CP

**34.** Le loto-calcul
**35.** Le nombre de Gribouille (1)
**36.** Addi-grille

› CD-Rom Jeux interactifs GS-CP-CE1

**Jeu 10.** Je calcule à la vitesse de l'éclair (niveau 1)
**Jeu 11.** Je suis un as du calcul (niveau 1)

NOMBRES ET CALCULS

## Répertoire additif (jusqu'à 18) (séances 1 à 3)

**Je prépare le bilan** › FICHIER NOMBRES p. 86 A

→ **Le répertoire** fournit tous les résultats pour les additions de deux nombres plus petits que 10. On peut l'utiliser pour retrouver un résultat : somme, complément, décomposition. Mais il faudra arriver à le savoir par cœur ou à pouvoir répondre très vite.

→ Tous les résultats de votre répertoire devront bientôt être surlignés !

**Je fais le bilan** › FICHIER NOMBRES p. 87

**Exercice 2 Utiliser le répertoire pour compléter des égalités.**

RÉPONSE : 2 ; 8 ; 7 ; 9 ; 3 ; 7 ; 8 ; 8.

**Je consolide mes connaissances** › FICHIER NOMBRES p. 88

**Exercice 1**

RÉPONSE : 7 + 6 ou 5 + 8 = 13.
6 + 4 + 7 ou 8 + 4 + 5 = 17.

**CD-Rom du guide**

› Fiches différenciation n° 32 et n° 33

**Atelier**

- Reprendre le jeu « La punta ».

**Autres ressources**

› CD-Rom Jeux interactifs GS-CP-CE1

**Jeu 12.** Je calcule à la vitesse de l'éclair (niveau 2)
**Jeu 14.** La punta

› Guide d'activités pour la calculatrice cycle 2 (p. 15)

**Activité 10.** Tables d'addition

# BILAN de l'UNITÉ 8

# CONSOLIDATION

NOMBRES ET CALCULS

## Tableau des nombres jusqu'à 99 (séances 4 et 5)

**Je prépare le bilan** › FICHIER NOMBRES p. 86 B

→ **Dans les lignes du tableau,** les nombres vont de 1 en 1 (le chiffre des dizaines ou des groupements de dix ne change pas). **En colonnes,** ils vont de 10 en 10 (le chiffre des unités ne change pas).

→ **Rappel : Pour lire les nombres de 0 à 59,** il existe un mot-clé par ligne à partir de 20.

**Je fais le bilan** › FICHIER NOMBRES p. 87

**Exercice 3 Repérer des nombres dans le tableau des nombres.**

RÉPONSE : Nombres à écrire dans les cases vertes : 11 ; 14 ; 42 ; 59 ; 70 ; 74 ; 87 ; 91.

**Je consolide mes connaissances** › FICHIER NOMBRES p. 88

**Exercice 2**

RÉPONSE : 1re colonne jaune : 2, 12, 22, 32, 42, 52, 62, 72, 82, 92.
2e colonne jaune : 6, 16, 26, 36, 46, 56, 66, 76, 86, 96.
1re ligne jaune : 40, 41, 42, 43, 44, 45, 46, 47, 48, 49.
2e ligne jaune : 70, 71, 72, 73, 74, 75, 76, 77, 78, 79.

**CD-Rom du guide**

› Fiches différenciation n° 34 et n° 35

**Atelier**

- Reprendre le jeu « Cachecache dans le tableau des nombres ».

**Autres ressources**

› 80 Activités et jeux mathématiques CP
**18.** Une carte, une case

› CD-Rom Jeux interactifs GS-CP-CE1
**Jeu 3.** Le grand bazar des nombres

UNITÉ 8

NOMBRES ET CALCULS

## Calcul sur les dizaines (séances 8 et 9)

**Je prépare le bilan** › FICHIER NOMBRES p. 86 C

→ **Pour faire des calculs comme 40 + 30,** il suffit de penser que c'est 4 dizaines + 3 dizaines.

**Je fais le bilan** › FICHIER NOMBRES p. 87

**Exercice 4 Additionner des dizaines.**

RÉPONSE : 50 ; 60 ; 90.

**Exercice 5 Décomposer des dizaines sous forme de sommes.**

RÉPONSE : 30 € = 10 € + 10 € + 10 € ou 30 € = 20 € + 10 €.
70 € = 50 € + 20 € ou 70 € = 50 € + 10 € + 10 €.

**Je consolide mes connaissances** › FICHIER NOMBRES p. 88

**Exercices 3 à 4**

RÉPONSE : 3. pour 60 : 10 + 50 ou 20 + 40 ou 30 + 30.
pour 70 : 10 + 10 + 50 ou 10 + 20 + 40 ou 10 + 30 + 30 ou 20 + 20 + 30.
pour 90 : 10 + 10 + 10 + 60 ou 10 + 10 + 20 + 50 ou 10 + 10 + 30 + 40 ou 10 + 20 + 20 + 40 ou 10 + 20 + 30 + 30.
4. Zoé : 10 + 10 + 40 + 20.
Arthur : 40 + 30 + 10.
Gribouille : 40 + 20 + 20.

**Atelier**

- Reprendre le jeu « La punta des dizaines ».

**Autres ressources**

› 80 Activités et jeux mathématiques CP
**42.** Addi-grille des dizaines
**43.** Le nombre de Gribouille (2)

› CD-Rom Jeux interactifs GS-CP-CE1
**Jeu 11.** Je suis un as du calcul (niveau 1)

# BILAN de l'UNITÉ 8

# CONSOLIDATION

MESURES ET GÉOMÉTRIE

## Reproduction sur quadrillage (séances 6 et 7)

**Je prépare le bilan** › CAHIER GÉOMÉTRIE p. 37 A

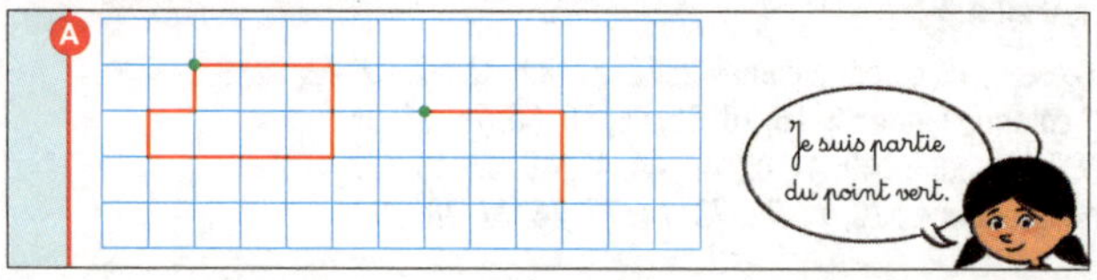


→ **Il existe plusieurs stratégies pour reproduire un dessin sur quadrillage :** on se repère par rapport à un point déjà placé ou par rapport à une extrémité d'un trait déjà tracé.

→ **Il faut de plus bien placer les points sur les nœuds,** poser la règle contre les traits. Il faut tracer des traits de même longueur que sur le modèle : pour cela on compte les carreaux (ou les bords de carreaux).

**Je fais le bilan** › CAHIER GÉOMÉTRIE p. 37

**Exercice 1 Reproduire une figure sur quadrillage à partir d'un point fixé.**
MATÉRIEL par élève : crayon et règle.

**Je consolide mes connaissances** › CAHIER GÉOMÉTRIE p. 38

**Exercices 1 et 2**

**CD-Rom du guide**

› Fiches différenciation n° 36 et n° 37

**Autres ressources**

› 80 Activités et jeux mathématiques CP

**63.** Reproduction sur quadrillage (1)
**64.** Reproduction sur quadrillage (2)

› CD-Rom Jeux interactifs GS-CP-CE1

**Jeu 22.** Dessins sur quadrillage

MESURES ET GÉOMÉTRIE

## Mesurer avec la règle graduée (séance 7)

**Je prépare le bilan** › CAHIER GÉOMÉTRIE p. 37 B

→ **Une unité étant donnée, on peut mesurer un trait en utilisant une règle graduée :** cela évite d'avoir à reporter l'unité.

→ **La mesure s'obtient** en plaçant l'extrémité de la règle contre une extrémité de la bande, et en comptant les unités jusqu'à l'autre extrémité de la bande.

**Je fais le bilan** › CAHIER GÉOMÉTRIE p. 37

**Exercices 2 et 3 Utiliser la règle graduée pour mesurer une longueur et tracer un segment de longueur donnée.**
MATÉRIEL par élève : règle à mesurer bleue › **matériel du cahier, planche 3.**
RÉPONSE : 2. 7 unités.

**Je consolide mes connaissances** › CAHIER GÉOMÉTRIE p. 38

**Exercices 3 et 4**
RÉPONSE : 3. Entourer le trait h.

**Atelier**

– Donner aux élèves une feuille blanche sur laquelle sont tracés des segments de longueur 6 cm, 12 cm, 18 cm. Demander aux élèves de les mesurer avec la règle blanche, puis avec la règle bleue.
– Faire remarquer que les mesures obtenues dépendent de la règle utilisée et donc de l'unité utilisée.

**Autres ressources**

› 80 Activités et jeux mathématiques CP

**48.** Un cadre pour …

# Les mercredis d'Arthur et Zoé

› FICHIER NOMBRES p. 89

La résolution des problèmes posés sur cette page sollicite diverses connaissances étudiées depuis le début de l'année.

## Problème 1

1 Combien d'œufs Zoé doit-elle encore acheter ?

Zoé doit encore acheter ........ œufs

OBJECTIFS :

– Calculer une somme puis une différence.

– Prendre de l'information sur divers supports (texte, illustration).

– Résoudre un problème à étapes.

TÂCHE : Calculer le nombre d'œufs manquants.

RÉPONSE : 6 œufs.

## Problème 2

2 Arthur et Zoé partent avec le centre de loisirs. Au total, 56 enfants doivent partir.
Y aura-t-il assez de places pour tout le monde ? Entoure. oui non

OBJECTIF : Comparer un nombre en écriture usuelle et une somme de deux nombres.

TÂCHE : Déterminer si 2 autocars dont la capacité est connue peuvent emmener un nombre donné d'élèves.

RÉPONSE : Oui (56 < 60).

## Problème 3

3 Arthur a collé des photos sur une grande feuille.
Il a collé 4 rangées de photos. Dans chaque rangée, il a placé 5 photos.
Combien de photos Arthur a-t-il collées ?

Arthur a collé ........ photos.

OBJECTIF : Calculer une addition itérée de 4 termes.

TÂCHE : Déterminer le nombre de photos organisées en 4 rangées de 5 photos.

RÉPONSE : 20 photos.

## Problème 4

4* Zoé a 8 billes et Arthur a 12 billes.
Arthur veut bien donner quelques-unes de ses billes à Zoé.
Comme cela, ils en auront exactement le même nombre.
Combien Arthur doit-il donner de billes à Zoé ?

Arthur doit donner ........ billes à Zoé.

OBJECTIFS :

– Égaliser 2 quantités.

– Mettre en œuvre une procédure originale.

TÂCHE : Diminuer et augmenter simultanément 2 quantités pour les rendre égales.

RÉPONSE : 2 billes.

## Problème 5

5* Arthur et Zoé ont pris tous les biscuits qui étaient dans cette boite.
Zoé en a pris 2 de plus qu'Arthur.
Combien Arthur a-t-il pris de biscuits ?
Combien Zoé a-t-elle pris de biscuits ?

Arthur a pris ........ biscuits Zoé a pris ........ biscuits

OBJECTIFS :

– Déterminer 2 nombres connaissant leur somme et leur différence.

– Mettre en œuvre une procédure originale.

TÂCHE : Décomposer 14 en somme de 2 nombres, sachant que l'un vaut 2 de plus que l'autre.

RÉPONSE : Arthur : 6. Zoé : 8.

### Mise en œuvre

Une feuille de brouillon est remise à chaque élève : c'est leur espace de recherche.
Comme pour les séries de problèmes précédentes, un accompagnement à la lecture des énoncés et à la prise d'information peut être nécessaire. Que le traitement des questions se fasse en atelier ou avec toute la classe, pour chaque question, l'enseignant lit la consigne et indique aux élèves l'endroit où il faut compléter la phrase réponse.

Les **problèmes 4 et 5** sont des problèmes de recherche.

### Aides possibles

**Pour les différents problèmes,** du matériel type « jetons » peut être mis à disposition des élèves qui en ont besoin, afin de les aider à se représenter les situations évoquées.

**Pour le problème 1,** la détermination des 2 étapes peut faire l'objet d'une mise en commun intermédiaire (si c'est nécessaire).

### Procédures à observer particulièrement

**Pour le problème 1,** il est intéressant d'observer si les élèves décomposent le problème en 2 étapes : chercher le nombre d'œufs disponibles, puis le nombre d'œufs à acheter.

**Pour les problèmes 4 et 5,** il est intéressant d'observer les stratégies utilisées :
– essais de nombres au hasard avec vérification ;
– essais au hasard suivi d'un ajustement pour s'approcher des données de l'énoncé ;
– essais systématisés, par exemple, pour le problème 5, en essayant les couples de nombres de gâteaux (1 ; 3) ; (2 ; 4) ; (3 ; 5), etc. (sans forcément commencer par le couple 1 ; 3).

### Erreurs à exploiter particulièrement

**Pour le problème 3,** la réponse 9 (addition de 4 et de 5) peut être exploitée en ayant recours à une figuration de la situation avec des photos de Gribouille, par exemple.

**Pour le problème 4,** la réponse « Arthur donne 4 billes à Zoé » sera surement proposée. La détermination du nombre de billes possédées alors par chacun doit amener à une relance de la recherche.

# UNITÉ 9

**13 ou 14 séances**
– 10 séances programmées (9 séances d'apprentissage + 1 bilan)
– 3 ou 4 séances pour la consolidation et la résolution de problèmes

| | CALCUL MENTAL (environ 30 min par séance) | RÉVISER | APPRENDRE (environ 45 min par séance) |
|---|---|---|---|
| **Séance 1** FICHIER NOMBRES p. 90 | **Problèmes dictés** Partage en 2 | **Problèmes écrits** Partage en 2 | **Écriture des nombres en lettres, jusqu'à 59** RECHERCHE Des chiffres et des lettres |
| **Séance 2** FICHIER NOMBRES p. 91 | **Répertoire additif** (résultats jusqu'à 14) | **Tableau des nombres** | **Dizaines et unités : décompositions avec 10 (1)** RECHERCHE Les planches de photos |
| **Séance 3** FICHIER NOMBRES p. 92 | **Répertoire additif** (résultats jusqu'à 16) | **Comparaison de sommes de nombres** | **Dizaines et unités : décompositions avec 10 (2)** RECHERCHE Égales ou non égales |
| **Séance 4** FICHIER NOMBRES p. 93 | **Répertoire additif** (résultats jusqu'à 16) | **Suite écrite des nombres jusqu'à 99** | **Lecture des nombres de 60 à 79** RECHERCHE Soixante… |
| **Séance 5** FICHIER NOMBRES p. 94 | **Problèmes dictés** Réunion de quantités identiques | **Problèmes écrits** Réunion de quantités identiques | **Somme de 2 nombres inférieurs à 100 : calcul réfléchi** RECHERCHE Une commande pour deux (1) |
| **Séance 6** FICHIER NOMBRES p. 95 | **Doubles et moitiés** (jusqu'à 20) | **Nombre de dizaines** | **Somme de 2 nombres inférieurs à 100 : calcul réfléchi** RECHERCHE Une commande pour deux (2) |
| **Séance 7** CAHIER GÉOMÉTRIE p. 39 | **Décompositions additives de nombres** (jusqu'à 12) | **Tracés à la règle** | **Lecture de l'heure** RECHERCHE Les repères de la journée |
| **Séance 8** CAHIER GÉOMÉTRIE p. 40 | **Décompositions additives de nombres** (jusqu'à 14) | **Lecture de l'heure** | **Carré, rectangle** RECHERCHE Construction sur papier pointé |
| **Séance 9** CAHIER GÉOMÉTRIE p. 41 | **Nombres dictés** (jusqu'à 79) | **Carré, rectangle, triangle** | **Comparaison de masses** RECHERCHE En soupesant et avec une balance à plateaux |

**Bilan**

Je prépare le bilan puis Je fais le bilan
FICHIER NOMBRES p. 96-97
CAHIER GÉOMÉTRIE p. 42

En plus des 10 séances décrites dans le guide, **3 à 4 séances** sont consacrées à des **activités de consolidation et de résolution de problèmes.**
Pour cela, l'enseignant peut utiliser les ressources suivantes :

**Consolidation Remédiation**

Je consolide mes connaissances
FICHIER NOMBRES p. 98-99
CAHIER GÉOMÉTRIE p. 43

**Banque de problèmes**

*Des assemblages*
CAHIER GÉOMÉTRIE p. 44
– Identifier des assemblages de carrés ou de cubes identiques
– Construire des assemblages différents
– Construire un assemblage de cubes à partir de sa représentation

**L'essentiel à retenir de l'unité 9**

- **Calcul mental**
  – Problèmes dictés (partage, réunion de quantités identiques)
  – Dictée de nombres jusqu'à 79
  – Répertoire additif (résultats jusqu'à 16)
- **Écriture des nombres en lettres (jusqu'à 59)**
- **Dizaines, unités, décompositions avec 10**
- **Lecture des nombres (jusqu'à 79)**
- **Somme de 2 nombres inférieurs à 100 : calcul réfléchi**
- **Carré, rectangle** : construction sur papier pointé
- **Lecture de l'heure** : heures entières
- **Masses** : comparaison en soupesant ou en utilisant une balance à plateaux

# Écriture des nombres en lettres, jusqu'à 59



| | Tâche | Matériel | Connaissances travaillées |
|---|---|---|---|
| CALCUL MENTAL | **Problèmes dictés**<br>– Résoudre deux problèmes dont l'énoncé est donné oralement (partage en 2) | pour la classe :<br>– 2 boites<br>– 10 cubes<br>par élève :<br>FICHIER NOMBRES p. 90 1 | – **Résolution de problèmes** (domaine additif)<br>– Partage en 2<br>– Notion de moitié, décomposition en somme de 2 nombres égaux |
| RÉVISER Problèmes | **Problèmes écrits**<br>– Résoudre deux problèmes dont l'énoncé est donné par écrit (partage en 2) | par élève :<br>FICHIER NOMBRES p. 90 2 3 | – **Résolution de problèmes** (domaine additif)<br>– Partage en 2<br>– Notion de moitié, décomposition en somme de 2 nombres égaux |
| APPRENDRE Nombres | **Écriture des nombres en lettres (jusqu'à 59)**<br>RECHERCHE **Des chiffres et des lettres**<br>– Mettre en relation des étiquettes portant des écritures littérales de nombres et des nombres écrits en chiffres dans le tableau des nombres | pour la classe :<br>– tableau des nombres, dessiné ou agrandi et affiché<br>– 10 demi-feuilles A4 portant chacune l'un des nombres suivants écrit en lettres : six, treize, dix-sept, vingt, vingt-trois, trente-sept, quarante, quarante-trois, quarante-sept, cinquante-sept<br>› **à fabriquer par l'enseignant**<br>par équipe de 2 :<br>– tableau des nombres › **sous-main du fichier**<br>– 10 jetons (ou cubes) de la taille d'une case<br>par élève :<br>FICHIER NOMBRES p. 90 4 5 | – **Nombres en écritures littérales et chiffrées** |



## CALCUL MENTAL

### Problèmes dictés • Partage en deux

– Résoudre deux problèmes dont l'énoncé est communiqué oralement.
– Décomposer un nombre en somme de 2 nombres égaux (notion de moitié).

COLLECTIF / INDIVIDUEL

FICHIER NOMBRES ET CALCULS p. 90

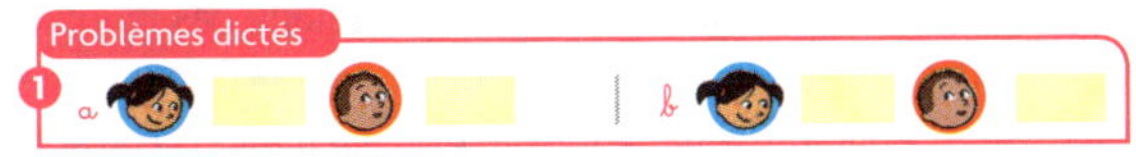


**Exercice 1**

• Deux problèmes sont proposés. Les élèves répondent dans leur fichier.

**Problème a**

• Montrer 6 cubes et les 2 boites présentées comme la boite d'Arthur et celle de Zoé.

➡ *J'ai 6 cubes (les poser sur le bureau de façon à ce qu'ils ne soient plus visibles et écrire « 6 cubes » au tableau). Je veux les partager entre Arthur et Zoé. Ils doivent en avoir autant chacun. Écrivez dans votre fichier le nombre de cubes que chacun aura.*

**Problème b**

• Poser le même problème avec 10 cubes.

Il s'agit d'une reprise de problèmes déjà résolus par les élèves, faisant intervenir la notion de moitié (partage équitable en deux). Pour chaque problème, une validation des réponses peut être faite par réalisation effective du partage.

RÉPONSE : 3 cubes ; 5 cubes.

## RÉVISER

### **Problèmes écrits** • Partage en deux

– Résoudre des problèmes donnés par écrit (addition, complément).

INDIVIDUEL

**FICHIER NOMBRES ET CALCULS** **p. 90**

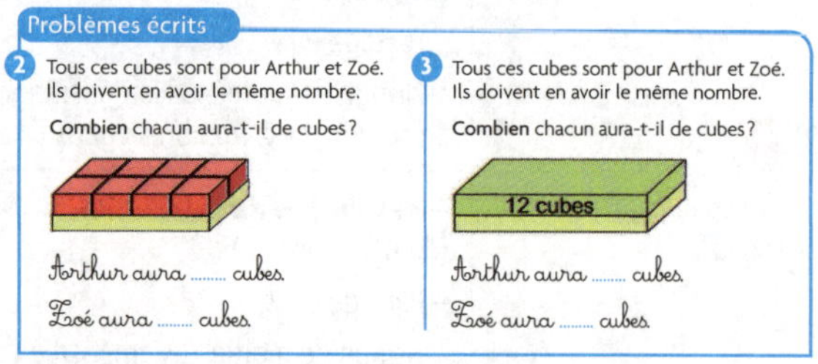


• Ces problèmes utilisent le même contexte que celui du calcul mental précédent. Les énoncés peuvent être lus collectivement avant la résolution individuelle. Au moment de la correction, les procédures utilisées sont mises en évidence.

**Exercice 2**

• Une résolution pratique (partage effectif) est encouragée par le dessin des cubes, mais le recours au calcul est également possible.

RÉPONSE : 4 cubes.

**Exercice 3**

• L'absence du dessin des cubes peut inciter les élèves à utiliser un résultat connu ou à faire des essais additifs.

RÉPONSE : 6 cubes.

AIDE Les élèves qui le souhaitent peuvent utiliser un matériel (de type jetons) ou dessiner.

**Différenciation** → CD-Rom du guide, fiche 39.

## APPRENDRE

### Écriture des nombres en lettres (jusqu'à 59)

– Comprendre le système de désignation orale des nombres jusqu'à 59.
– Associer désignations orale, littérale et chiffrée des nombres.

### RECHERCHE

**Des chiffres et des lettres :** Les élèves doivent trouver dans le tableau des nombres ceux qui correspondent à des écritures en lettres qui leur sont fournies.

COLLECTIF / ÉQUIPES DE 2

#### PHASE 1 Associer des écritures en chiffres à des écritures littérales

• Former des équipes de 2 et distribuer à chacune 10 jetons.

• Afficher au tableau six demi-feuilles portant des noms de nombres (six, dix-sept, trente-sept, quarante, quarante-trois, cinquante-sept), en désordre et sans les lire.

• Inviter les élèves à faire des hypothèses sur la tâche demandée, avant de formuler celle-ci :

➡ *Sur les étiquettes, les nombres sont écrits avec des mots. Il faut placer des jetons sur les cases du tableau qui ont les mêmes nombres que ceux qui sont écrits au tableau.*

• Les deux élèves de chaque équipe doivent se mettre d'accord sur les cases sur lesquelles il faut placer les jetons.

AIDE Si la lecture des étiquettes pose problème à certaines équipes, l'enseignant peut les aider à lire le nom des nombres.

La lecture des nombres jusqu'à 59 a déjà été travaillée. Il s'agit ici de passer aux écritures correspondantes avec des mots écrits. La nouveauté réside dans l'utilisation des écritures littérales.
Limiter cette première étude à 59 est dû au fait que le domaine « difficile » commence à 60 (et non 70, comme beaucoup le pensent). En effet, le mot soixante peut se traduire par 6 ou 7 pour les dizaines. Il faut donc éviter d'insister sur une fausse association entre soixante et 6, ce qui pourrait se produire si on allait jusqu'à 69 dans cette étape.

COLLECTIF

#### PHASE 2 Mise en commun et synthèse

• Examiner rapidement les nombres qui n'ont pas posé de difficultés.

• Pour les nombres qui ont fait difficulté, demander :

➡ *Que faire pour trouver facilement comment le nombre écrit en lettres sur une étiquette s'écrit avec des chiffres ?*

**SYNTHÈSE**

• À partir des réponses des élèves, mettre en évidence que :
– les noms de nombres qui commencent par *vingt* sont situés sur la ligne des nombres dont le chiffre des dizaines est 2, que ceux qui commencent par *trente* sont situés sur la ligne des nombres dont le chiffre des dizaines est 3, etc.
– dans *trente*, *quarante*, *cinquante*, on retrouve quelque chose du *trois*, du *quatre* et du *cinq*, et trente c'est trois groupements de dix (ou trois dizaines), etc.

**TRACE ÉCRITE**

• Les mots *vingt*, *trente*, *quarante*, *cinquante* peuvent être écrits, sur le tableau collectif, en tête des lignes des nombres de 20 à 29, de 30 à 39…

COLLECTIF

#### PHASE 3 Entrainement collectif

• Afficher les quatre demi-feuilles restantes (treize, vingt, vingt-trois, quarante-sept) et demander de placer les quatre jetons correspondants.

• Montrer un nombre sur le tableau des nombres (entre 0 et 59) et demander à un élève d'en trouver le nom, les autres devant valider la réponse. Écrire le nombre au tableau ou le faire écrire par un élève.

• Écrire le nom d'un nombre en lettres (toujours entre 1 et 59) et demander aux élèves d'écrire en chiffres le nombre correspondant sur leur ardoise.

Par la suite, un travail d'imprégnation peut s'avérer nécessaire. Certains élèves pourront se référer au dictionnaire des nombres, dans le dico-maths (rubrique 4). Celui-ci peut aussi être agrandi et affiché dans la classe.

INDIVIDUEL

## ENTRAINEMENT

### FICHIER NOMBRES ET CALCULS p. 90

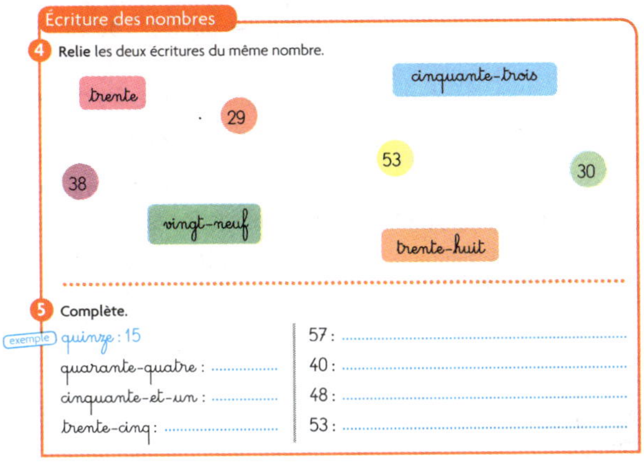
Écriture des nombres

4 Relie les deux écritures du même nombre.



5 Complète.

exemple quinze : 15

quarante-quatre : ……

cinquante-et-un : ……

trente-cinq : ……

57 : ……

40 : ……

48 : ……

53 : ……

### Exercices 4 et 5

• Pour la 2$^{e}$ partie de l'exercice 5, les élèves peuvent prendre appui sur les nombres déjà écrits sous forme littérale dans ces deux exercices ou se référer (pour contrôle) aux numéros de pages du fichier écrits en chiffres et en lettres.

**AIDE** Si la lecture des étiquettes pose problème à certaines équipes, l'enseignant peut les aider à lire le nom des nombres.

RÉPONSE : 4 Relier 29 à vingt-neuf, 38 à trente-huit, 30 à trente, et 53 à cinquante-trois.

5 44 ; 51 ; 35.
cinquante-sept ; quarante ; quarante-huit ; cinquante-trois.

**À SUIVRE**

**En séance 2,** les expressions chiffrées et littérales sont mises en relation avec des quantités sous forme de dizaines et d'unités, et avec des décompositions additives avec le nombre 10.

UNITÉ 9

# Dizaines et unités : décompositions avec 10 (1)



| | Tâche | Matériel | Connaissances travaillées |
|---|---|---|---|
| CALCUL MENTAL | **Répertoire additif (jusqu'à 14)**<br>– Calculer des sommes données oralement | par élève :<br>FICHIER NOMBRES p. 91 ① | – **Répertoire additif (jusqu'à 14)**<br>– Mémorisation<br>– Construction de résultats (calcul réfléchi) |
| RÉVISER Nombres | **Tableau des nombres**<br>– Retrouver des nombres manquants dans un tableau de nombres | par élève :<br>FICHIER NOMBRES p. 91 ② | – **Dizaines et unités**<br>– **Suite des nombres de 1 en 1, de 10 en 10**<br>– Valeur positionnelle des chiffres<br>– Lecture des nombres |
| APPRENDRE Nombres | **Dizaines et unités : décompositions avec 10 (1)**<br>RECHERCHE **Les planches de photos**<br>– Mettre en relation des quantités de photos, des étiquettes portant des écritures littérales de nombres, des étiquettes portant des décompositions additives, des écritures chiffrées | pour la classe :<br>– 5 planches de 10 photos › **fiches 76 et 77**<br>– planches de 1, 2, 5, 6, 8 et 9 photos (en 2 exemplaires pour la planche de 2) › **fiches 78 et 79**<br>par élève ou par équipe de 2 :<br>– fiche de travail › **fiche 80**<br>– 3 jetons (ou cubes) de la taille d'une case<br>FICHIER NOMBRES p. 91 ③ | – **Différentes représentations des nombres (jusqu'à 59)**<br>– **Décomposition des nombres avec 10**<br>– Écriture des nombres en lettres et en chiffres |

## CALCUL MENTAL

### Répertoire additif (jusqu'à 14)

– Utiliser des résultats mémorisés, les construire très vite ou utiliser le calcul réfléchi.

COLLECTIF / INDIVIDUEL

FICHIER NOMBRES ET CALCULS p. 91

**Exercice 1**

• Dicter les calculs et demander aux élèves d'écrire les résultats dans les cases correspondantes :

a. 5 + 5 b. 5 + 7 c. 9 + 4
d. 7 + 7 e. 7 + 6 f. 8 + 5

• En cas de difficulté, les calculs font l'objet d'une vérification collective, à l'aide des doigts ou de la file numérique.

Il est probable que beaucoup d'élèves ne puissent pas encore retrouver très rapidement les résultats de ces calculs. Il est alors indispensable de leur laisser le temps de la réflexion pour les établir.

RÉPONSE : 10 ; 12 ; 13 ; 14 ; 13 ; 13.

## RÉVISER

### Tableau des nombres

– Comprendre et utiliser l'organisation des nombres en tableau (lignes de dizaines et colonnes d'unité).

INDIVIDUEL

FICHIER NOMBRES ET CALCULS p. 91

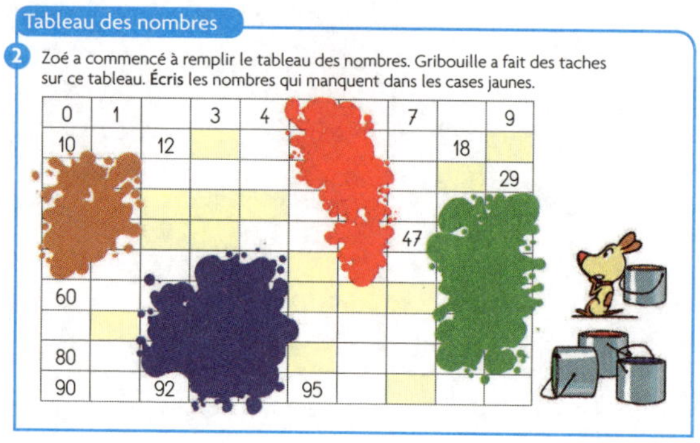


**Exercice 2**

• Pour répondre, les élèves peuvent :
– s'appuyer sur les nombres présents et compter de 1 en 1 sur les lignes, ou de 10 en 10 sur les colonnes ;
– retrouver les nombres de la 1re ligne et de la 1re colonne, qui donnent respectivement le chiffre des unités et le chiffre des dizaines des nombres de chaque case.

RÉPONSE : 13 ; 19 ; 28 ; 32 ; 33 ; 34 ; 42 ; 43 ; 55 ; 65 ; 66 ; 67 ; 71 ; 85 ; 97.

## APPRENDRE

### Dizaines et unités : décompositions avec 10 (1)

– Décomposer un nombre sous la forme 24 = 20 + 4 ou 24 = 10 + 10 + 4.
– Associer, pour un même nombre, écriture littérale, écriture chiffrée et décomposition additive liée à la numération décimale.

## RECHERCHE

**Les planches de photos :** Les élèves doivent associer différentes expressions d'un même nombre, inférieur à 60.

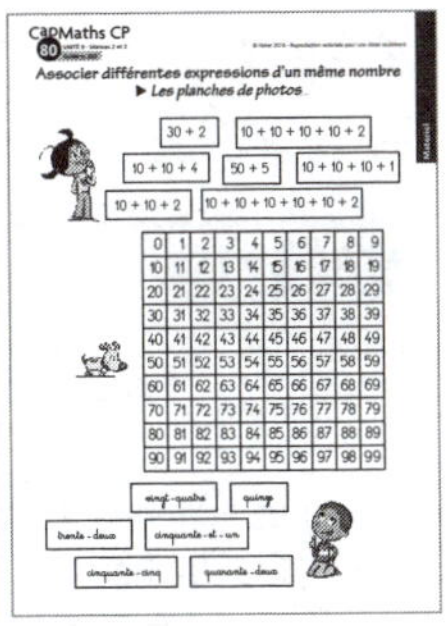

INDIVIDUEL OU ÉQUIPES DE 2/COLLECTIF

### PHASE 1 Associer trois représentations de 24

• Distribuer la fiche de travail et les 3 jetons à chaque équipe ou à chaque élève, puis faire commenter la fiche par les élèves :
– Arthur possède 6 étiquettes qui portent des noms de nombres ;
– Zoé possède 7 étiquettes qui portent des sommes de nombres ;
– Gribouille est devant le tableau des nombres.

• Afficher au tableau 24 photos sous la forme de 2 planches de dix et 2 planches de deux (sans exprimer ce nombre ni le faire exprimer), puis formuler la tâche :

➡ *Vous devez trouver le nombre de photos affichées. Si ce nombre correspond à une étiquette d'Arthur et/ou de Zoé, vous devez mettre un jeton sur ces étiquettes. Vous devez également mettre un jeton dans le tableau des nombres de Gribouille.*

• Exploiter les réponses des élèves et mettre en évidence les relations entre quantité, écriture chiffrée, écriture littérale (avec des mots) et sommes de nombres. Demander aux élèves d'entourer le nombre 24 dans le tableau et d'écrire 24 sur l'étiquette « vingt-quatre » et sur l'étiquette « 10 + 10 + 4 ».

• Faire éventuellement le lien avec une figuration par les doigts : tous les doigts de deux élèves et 4 doigts d'un autre élève.

**Les écritures additives, liées à des décompositions avec 10,** sont ici explicitées alors qu'elles ont déjà pu être utilisées, notamment dans le cadre du calcul réfléchi.
Le nombre associé à une écriture additive peut être trouvé de plusieurs façons :
– par un calcul de 10 en 10 ;
– en remarquant que le nombre de fois où 10 apparait correspond au chiffre des dizaines du nombre associé (et au nombre de planches de 10 images).

INDIVIDUEL OU ÉQUIPES DE 2/COLLECTIF

### PHASE 2 Associer des représentations d'autres nombres

• Reprendre le même déroulement successivement avec :
– 4 planches de dix et 1 planche de deux (42)
– 5 planches de dix et 1 planche de un (51)
– 1 planche de dix et 1 planche de cinq (15)
– 5 planches de dix et 1 planche de cinq (55)
– 3 planches de dix et 1 planche de deux (32)
– 2 planches de dix et 1 planche de deux (22)
– 3 planches de dix et 1 planche de un (31)

COLLECTIF

### PHASE 3 Synthèse

**SYNTHÈSE**

• Expliciter avec les élèves :
– les relations entre écriture chiffrée et décomposition avec 10 : dans 42, le 4 indique le nombre de groupements de dix (ou de dizaines) qu'on retrouve dans 10 + 10 + 10 + 10 + 2 ;
– 42, c'est aussi 4 dizaines et 2 unités ;
– les relations entre certaines désignations orales et certaines décompositions additives : dans 40 + 2, on retrouve le *quarante* et le *deux* de *quarante-deux* ;
– les relations entre les écritures chiffrées et les quantités évoquées par les images ou les doigts.

INDIVIDUEL

## ENTRAINEMENT

**FICHIER NOMBRES ET CALCULS** p. 91

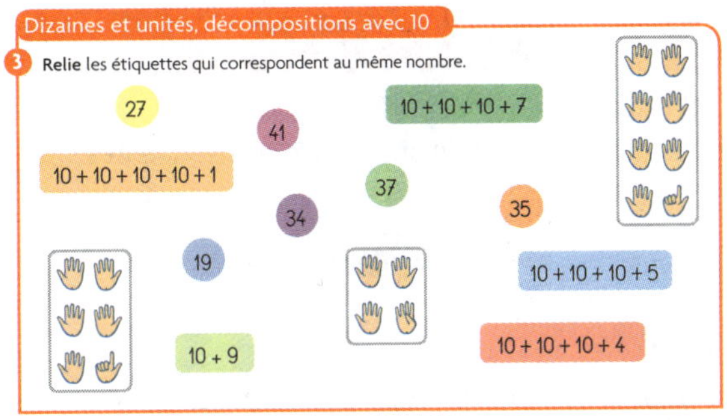


**Exercice 3**

• Il est possible que tous les liens envisageables n'apparaissent pas chez certains élèves. Une mise en commun est alors nécessaire.

RÉPONSE : 19 avec 3 mains et 4 doigts et 10 + 9 ; 27 avec 5 mains et 2 doigts ; 34 avec 10 + 10 + 10 + 4 ; 35 avec 10 + 10 + 10 + 5 ; 41 avec 10 + 10 +10 + 10 + 1 ; 37 avec 10 + 10 + 10 + 7 et avec 7 mains et 2 doigts.

**À SUIVRE**

**En séance 3**, les décompositions en dizaines et unités et les décompositions additives avec le nombre 10 sont consolidées.

# Dizaines et unités : décompositions avec 10 (2)



| | Tâche | Matériel | Connaissances travaillées |
|---|---|---|---|
| CALCUL MENTAL | **Répertoire additif (jusqu'à 16)**<br>– Calculer des sommes données oralement | par élève :<br>FICHIER NOMBRES p. 92 ❶ | – **Répertoire additif (jusqu'à 12)**<br>– Mémorisation<br>– Construction de résultats |
| RÉVISER Calculs | **Comparaison de sommes de nombres**<br>– Comparer des sommes sans nécessairement les calculer | par élève :<br>FICHIER NOMBRES p. 92 ❷ ❸ | – **Égalité, inégalité**<br>– **Signes =, <, >** |
| APPRENDRE Calculs | **Dizaines et unités : décompositions avec 10 (2)**<br>RECHERCHE **Égales ou non égales ?**<br>– Comparer des expressions de nombres exprimés sous forme de décompositions en dizaines et unités, de décompositions additives avec 10, ou sous forme usuelle | pour la classe :<br>– 5 planches de 10 photos › **fiches 76 et 77**<br>– planches de 1, 2, 5, 6, 8 et 9 photos (en 2 exemplaires pour la planche de 2) › **fiches 78 et 79**<br>par élève :<br>– ardoise ou cahier de brouillon<br>FICHIER NOMBRES p. 92 ❹ à ❻ | – **Différentes représentations des nombres (jusqu'à 59)**<br>– **Décomposition des nombres avec 10**<br>– Écriture des nombres en lettres et en chiffres |

## CALCUL MENTAL

**Répertoire additif (jusqu'à 16)**

– Utiliser des résultats mémorisés ou les construire très vite.

COLLECTIF / INDIVIDUEL

FICHIER NOMBRES ET CALCULS p. 92

**Exercice 1**

• Dicter les calculs et demander aux élèves d'écrire les résultats dans les cases correspondantes.

a. 7 + 7 b. 8 + 7 c. 8 + 8
d. 9 + 4 e. 9 + 6 f. 9 + 7

• En cas de difficulté, les calculs font l'objet d'une vérification collective, à l'aide des doigts ou de la file numérique.

Pour ces calculs, il est probable que beaucoup d'élèves ne puissent pas encore les retrouver très rapidement. Il est alors indispensable de leur laisser le temps de la réflexion pour les établir.

RÉPONSE : 14 ; 15 ; 16 ; 13 ; 15 ; 16.

## RÉVISER

**Calcul réfléchi • Comparaison de sommes de nombres**

– Comparer des sommes en analysant les nombres qui les composent.

INDIVIDUEL

FICHIER NOMBRES ET CALCULS p. 92

**Comparer des sommes**

**2** **Complète** avec = ou < ou >.

8 + 7 + 1 + 8 ....... 8 + 8 + 8 | 9 + 9 + 9 ....... 9 + 8 + 7
11 + 10 + 7 ....... 17 + 9 | 12 + 12 + 12 ....... 12 + 12 + 9 + 3
15 + 17 ....... 10 + 15 + 7 | 13 + 13 ....... 8 + 5 + 7 + 7

**3** **Complète** pour obtenir des égalités.

8 + 6 = 6 + ....... | 10 + 7 = 7 + 5 + .......
14 + 9 = ....... + 10 + 9 | 12 + 12 = 6 + 6 + ....... + 6
15 + 9 = 10 + 5 + 4 + ....... | 7 + 16 = 8 + 5 + ....... + 8

• Pour ces deux exercices, insister, lors de l'exploitation, sur le fait que la comparaison peut être faite sans calculer effectivement chaque somme. La comparaison de termes est souvent suffisante pour répondre, comme en unité 8 séance 4. Par exemple :
– dans l'exercice 2, 15 + 17 = 10 + 15 + 7 car on retrouve le nombre 15, et 17 = 10 + 7 ;
– dans l'exercice 3, 10 + 7 = 7 + 5 + 5, car on retrouve 7, et 5 + 5 = 10.

• On peut aussi remarquer que le calcul effectif des sommes permet de conclure et que, parfois, il est aussi rapide que la comparaison des termes de chaque somme.

Le recours à des matérialisations des sommes peut être nécessaire pour certains élèves.

**Exercice 2**

• Il est de même nature que l'exercice proposé en séance 4 de l'unité 8.

RÉPONSE : 8 + 7 + 1 + 8 = 8 + 8 + 8 ; 11 + 10 + 7 > 17 + 9 ; 15 + 17 = 10 + 15 + 7 ; 9 + 9 + 9 > 9 + 8 + 7 ; 12 + 12 + 12 = 12 + 12 + 9 + 3 ; 13 + 13 < 8 + 5 + 7 + 7.

**Exercice 3**

• Il s'agit de compléter des sommes, ce qui est beaucoup plus difficile et peut être réservé aux élèves plus rapides.

RÉPONSE : 8 + 6 = 6 + 8 ; 14 + 9 = 4 + 10 + 9 ; 15 + 9 = 10 + 5 + 4 + 5 ; 10 + 7 = 7 + 5 + 5 ; 12 + 12 = 6 + 6 + 6 + 6 ; 7 + 16 = 8 + 5 + 2 + 8.

## APPRENDRE

### Dizaines et unités : décompositions avec 10 (2)

– Comparer des expressions de nombres exprimés sous forme de décompositions en dizaines et unités, de décompositions additives avec 10, ou sous forme usuelle.

## RECHERCHE

**Égales ou non égales :** Les élèves doivent trouver si des sommes, des assemblages de dizaines et d'unités, et des nombres écrits en chiffres sont égaux ou non ; le cas échéant, ils doivent trouver comment les compléter ou les modifier pour aboutir à des égalités.

COLLECTIF / INDIVIDUEL

### PHASE 1 Trouver des égalités

• Écrire au tableau trois expressions de nombres :

A. 3 dizaines et 8 unités | B. 38 | C. 10 + 10 + 10 + 8

• Préciser la tâche :

➡ *J'ai écrit trois nombres sous des formes différentes. Sont-ils égaux ou non égaux ? Représentent-ils tous la même quantité d'objets ? Écrivez les lettres des étiquettes qui correspondent au même nombre.*

• Recenser les réponses et les mettre en discussion. Faire expliciter les arguments en faveur des égalités ou des inégalités trouvées par les élèves.

• Trancher d'éventuels différends en faisant réaliser les quantités associées à chaque expression de nombre avec les planches de photos.

• Revenir éventuellement sur la synthèse de la séance précédente.

• Reprendre l'activité avec trois autres groupes d'étiquettes :

A. 5 unités et 2 dizaines | B. 52 | C. 10 + 10 + 5

A. 4 dizaines et 7 unités | B. 47 | C. 10 + 10 + 10 + 7 + 10 + 10

A. 5 dizaines | B. 50 | C. 10 + 10 + 10 + 10

COLLECTIF / INDIVIDUEL

### PHASE 2 Compléter ou modifier pour obtenir des égalités

• Écrire au tableau trois expressions de nombres :

A. 4 unités et 1 dizaine | B. 41 | C. 10 + 4

• Préciser la tâche :

➡ *J'ai écrit trois nombres sous des formes différentes. Sont-ils égaux ou non égaux ? Représentent-ils tous la même quantité d'objets ? Écrivez les lettres des étiquettes qui correspondent au même nombre, et trouvez comment il faut modifier l'étiquette qui ne correspond pas au même nombre.*

• Recenser les réponses et les mettre en discussion. Faire expliciter les arguments en faveur des égalités ou des inégalités trouvées par les élèves, ainsi que les modifications portées à l'étiquette qui ne correspond pas au même nombre que les autres.

• Trancher d'éventuels différends en faisant réaliser les quantités associées à chaque expression de nombre avec les planches de photos.

• Reprendre l'activité avec trois autres groupes d'étiquettes :

A. 8 unités et 3 dizaines | B. 38

C. 10 + 10 + 10 + 10 + 10 + 10 + 10 + 10 + 3

A. 2 dizaines et 9 unités | B. 92 | C. 9 + 10 + 10

A. 9 dizaines 2 unités | B. 29

C. 10 + 10 + 10 + 10 + 10 +10 + 2 + 10 + 10 + 10

COLLECTIF

### PHASE 3 Synthèse

**SYNTHÈSE**

• Expliciter à nouveau avec les élèves :
– les relations entre écritures chiffrées et décompositions avec 10 : dans 92, le 9 indique le nombre de groupements de dix (ou de dizaines) et donc le nombre de « 10 » qu'il faut additionner ;
– les relations entre écritures chiffrées et quantités évoquées par les images ou les doigts.

INDIVIDUEL

## ENTRAINEMENT

**FICHIER NOMBRES ET CALCULS p. 92**

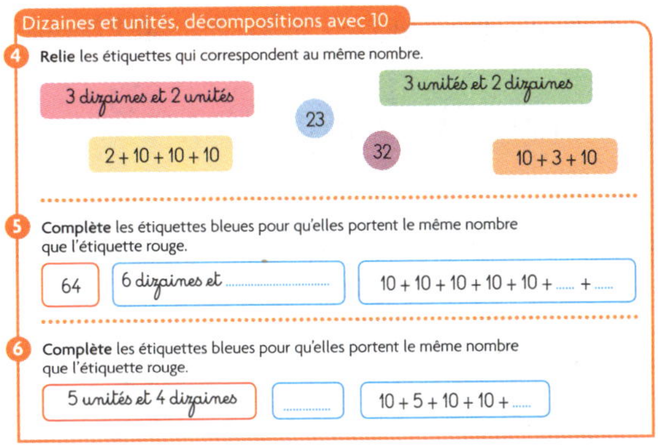
Dizaines et unités, décompositions avec 10

4 **Relie** les étiquettes qui correspondent au même nombre.

3 dizaines et 2 unités | 3 unités et 2 dizaines | 23 | 32 | 2 + 10 + 10 + 10 | 10 + 3 + 10

5 **Complète** les étiquettes bleues pour qu'elles portent le même nombre que l'étiquette rouge.

64 | 6 dizaines et ...... | 10 + 10 + 10 + 10 + 10 + ...... + ......

6 **Complète** les étiquettes bleues pour qu'elles portent le même nombre que l'étiquette rouge.

5 unités et 4 dizaines | ...... | 10 + 5 + 10 + 10 + ......

### Exercices 4, 5 et 6

• Application directe de l'activité d'apprentissage.

RÉPONSE : 4 3 dizaines et 2 unités = 32 = 2 + 10 + 10 + 10.
3 unités et 2 dizaines = 23 = 10 + 3 + 10.
5 6 dizaines et **4 unités** et 10 + 10 + 10 + 10 + 10 + **10 + 4**.
6 **45** et 10 + 5 + 10 + 10 + **10**.

**À SUIVRE**

**En séance 4**, les décompositions en dizaines et unités et les décompositions additives avec le nombre 10 seront consolidées pour les nombres de 60 à 79, et mises en relation avec la désignation orale des nombres.

UNITÉ 9

# UNITÉ 9 Lecture des nombres de 60 à 79

SÉANCE 4

FICHIER NOMBRES p. 93

| | Tâche | Matériel | Connaissances travaillées |
|---|---|---|---|
| CALCUL MENTAL | **Répertoire additif (jusqu'à 16)**<br>– Calculer des sommes données oralement | par élève :<br>FICHIER NOMBRES p. 93 ❶ | – **Répertoire additif (jusqu'à 16)**<br>– Mémorisation<br>– Construction de résultats |
| RÉVISER Nombres | **Suite écrite des nombres (jusqu'à 99)**<br>– Écrire une suite de nombres de 1 en 1, de 10 en 10 | par élève :<br>FICHIER NOMBRES p. 93 ❷ ❸ | – **Suite écrite des nombres (de 1 en 1, de 10 en 10)** |
| APPRENDRE Nombres | **Lecture des nombres de 60 à 79**<br>RECHERCHE **Soixante…**<br>– Mettre en relation les modifications de l'écriture d'un nombre avec les modifications de la quantité qu'elle exprime (ajouts successifs d'unités) | pour la classe :<br>– 2 lots d'étiquettes (lot « Arthur » et lot « Zoé ») : 2 élèves voisins ne reçoivent pas le même lot › **fiches 81 et 82**<br>– des pinces ou des trombones<br>par élève :<br>FICHIER NOMBRES p. 93 ❹ ❺ | – **Lecture des nombres**<br>– **Nombres en écritures littérales et chiffrées**<br>– Décompositions associées |

## CALCUL MENTAL

### Répertoire additif (jusqu'à 16)

– Utiliser des résultats mémorisés ou les construire très vite.

COLLECTIF / INDIVIDUEL

FICHIER NOMBRES ET CALCULS p. 93

**Exercice ❶**

• Dicter les calculs et demander aux élèves d'écrire les résultats dans les cases correspondantes.

a. 7 + 8 b. 8 + 6 c. 9 + 3
d. 8 + 3 e. 4 + 8 f. 6 + 9

• En cas de difficulté, les calculs font l'objet d'une vérification collective, à l'aide des doigts ou de la file numérique.

Il est probable que beaucoup d'élèves ne puissent pas encore retrouver très rapidement les résultats de ces calculs. Il est alors indispensable de leur laisser le temps de la réflexion pour les établir.

RÉPONSE : 15 ; 14 ; 12 ; 11 ; 12 ; 15.

## RÉVISER

### Suite écrite des nombres (jusqu'à 99)

– Connaitre l'algorithme permettant d'engendrer une suite écrite de nombres (de 1 en 1, de 10 en 10).

INDIVIDUEL

FICHIER NOMBRES ET CALCULS p. 93

Suite des nombres

❷ Arthur a commencé à écrire des nombres qui se suivent de 1 en 1. Continue.

56 | 57 | 58 | …… | …… | …… | …… | ……

❸ Zoé a commencé à écrire des nombres qui se suivent de 10 en 10. Continue.

25 | 35 | 45 | …… | …… | …… | …… | ……

**Exercices ❷ et ❸**

• Exercices classiques permettant de revoir comment écrire des suites de nombres de 1 en 1 ou de 10 en 10, et les actions à mettre en œuvre sur les chiffres des unités ou/et des dizaines.

RÉPONSE : ❷ 59, 60, 61, 62, 63.
❸ 55, 65, 75, 85, 95.

## APPRENDRE

### Lecture des nombres de 60 à 79

– Lire les nombres de 60 à 79 (ceux qui se disent avec *soixante*).
– Les écrire en lettres.
– Associer écritures chiffrées, désignations orales et décompositions liées à la numération décimale.

## RECHERCHE

**Soixante… :** Dans des lots d'étiquettes qui portent des nombres donnés sous différentes formes (écriture chiffrée, écriture littérale, décomposition avec 10 ou quantité d'objets), les élèves doivent rassembler celles qui correspondent au même nombre.

INDIVIDUEL

### PHASE 1 Rassembler les étiquettes qui correspondent au même nombre

• Distribuer à chaque élève un lot d'étiquettes prédécoupées ou à découper par les élèves, deux élèves voisins ne recevant pas le même lot : l'un a le lot d'étiquettes « Arthur », l'autre le lot « Zoé ».

• Après description de ce que comportent les étiquettes, formuler la tâche :

➡ *Certaines étiquettes correspondent au même nombre. Vous devez mettre ensemble les étiquettes qui correspondent au même nombre en les attachant avec une pince ou un trombone.*

• Observer les stratégies des élèves et aider ceux qui ne parviennent pas à élaborer une stratégie efficace (voir commentaire ci-dessous).

Il est intéressant ici d'observer les stratégies, et notamment les points d'appui utilisés (partir d'une étiquette et chercher toutes celles qui lui correspondent, faire des lots petit à petit…).

**AIDE** Le nombre d'étiquettes étant assez important, certains élèves peuvent avoir besoin d'aide. Pour cela, on peut, par exemple, les inciter à choisir une étiquette et leur demander de chercher « celles qui vont avec ».
Pour les étiquettes portant des écritures en lettres, elles peuvent être lues par l'enseignant.

ÉQUIPES DE 2

### PHASE 2 Compléter les lots d'étiquettes

• Formuler la nouvelle tâche :

➡ *Chaque élève a reçu un lot d'étiquettes différent de celui de son voisin : soit le lot d'Arthur, soit celui de Zoé. Il est possible cependant que certaines étiquettes de ces 2 lots portent les mêmes nombres. Vous devez donc travailler maintenant à deux et faire un seul paquet chaque fois que vous êtes surs que vos étiquettes correspondent bien au même nombre. Si vous pensez que le premier classement de votre camarade n'est pas bon, vous devez vous mettre d'accord avec lui pour le changer.*

• Observer les échanges entre élèves, notamment à propos du classement de la phase 1.

COLLECTIF

### PHASE 3 Mise en commun

• Demander à des équipes de présenter leur classement et le noter, en ligne, au tableau.

• Demander aux autres élèves de dire si, d'une part, les étiquettes vont effectivement ensemble et correspondent au même nombre et si, d'autre part, certaines n'ont pas été oubliées.

COLLECTIF

### PHASE 4 Synthèse

**SYNTHÈSE**

Mettre en évidence 2 points.

• **Les différentes représentations rencontrées** (par exemple en les organisant en plusieurs colonnes) :
– écriture usuelle en chiffres ;
– écriture avec des mots ;
– décomposition additive utilisant 10 ;
– décomposition additive de la forme 30 + 6 ;
– représentation par des paquets de dix et des objets isolés.
Les représentations manquantes, pour certains nombres, peuvent alors être trouvées collectivement.

• **La désignation orale spécifique pour les nombres de 60 à 79** en soulignant que, pour toute cette tranche de nombres, *soixante* est le mot-clé :
– *soixante-deux*, c'est *soixante* plus *deux* ou 62 ou 60 + 2… ;
– *soixante-treize*, c'est *soixante* plus *treize* ou 73 (le 6 est remplacé par 7) ou 60 + 13 ou 70 + 3…

Il convient d'insister sur le fait que les nombres de 60 à 79 se disent avec le même mot-clé (*soixante*), en utilisant ensuite tous les nombres de « un » à « dix-neuf » et donc que, lorsqu'on entend *soixante*, on ne sait pas encore s'il faut écrire d'abord un « 6 » ou un « 7 » : c'est la suite qui permet de le préciser.
Le travail sur les décompositions associées (60 + 13 pour 73) n'est qu'amorcé au CP. Il sera repris au CE1, puis au CE2.

INDIVIDUEL

## ENTRAINEMENT

**FICHIER NOMBRES ET CALCULS** p. 93

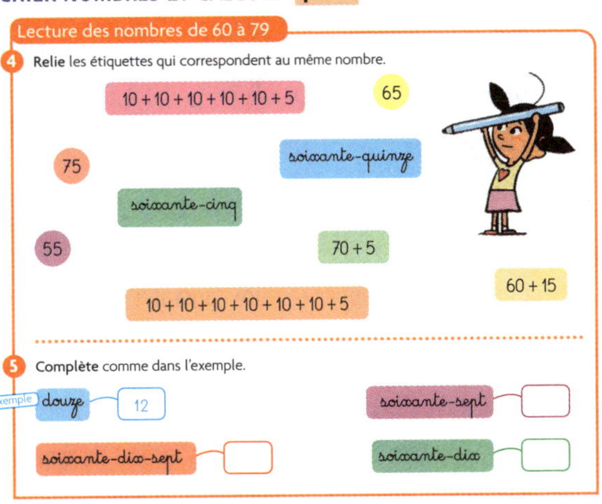
Lecture des nombres de 60 à 79

4 **Relie** les étiquettes qui correspondent au même nombre.

10 + 10 + 10 + 10 + 10 + 5 | 65 | 75 | soixante-quinze | soixante-cinq | 55 | 70 + 5 | 60 + 15 | 10 + 10 + 10 + 10 + 10 + 10 + 5

5 **Complète** comme dans l'exemple.

exemple : douze — 12
soixante-sept — ☐
soixante-dix-sept — ☐
soixante-dix — ☐

**Exercices 4 et 5**

• Application directe de l'activité d'apprentissage.

RÉPONSE : 4 55 avec 10 + 10 + 10 + 10 + 10 + 5 ; 65 avec soixante-cinq et 10 + 10 + 10 + 10 + 10 + 10 + 5 ; 75 avec soixante-quinze et 70 + 5 et 60 + 15.
5 soixante-dix-sept = 77 ; soixante-sept = 67 ; soixante-dix = 70.

UNITÉ 9

# Somme de 2 nombres inférieurs à 100 : calcul réfléchi (1)



| | Tâche | Matériel | Connaissances travaillées |
|---|---|---|---|
| CALCUL MENTAL | **Problèmes dictés**<br>– Résoudre un problème dont l'énoncé est donné oralement (réunion de 3 quantités identiques) | pour la classe :<br>– 3 enveloppes contenant chacune 4 photos de Zoé › **fiche 8**<br>– 1 grande enveloppe<br>par élève :<br>FICHIER NOMBRES **p. 94** 1 | – **Résolution de problèmes** (domaine additif)<br>– Addition itérée |
| RÉVISER Problèmes | **Problèmes écrits**<br>– Résoudre deux problèmes dont l'énoncé est donné par écrit (réunion de 3 quantités identiques) | par élève :<br>FICHIER NOMBRES **p. 94** 2 3 | – **Résolution de problèmes** (domaine additif)<br>– Addition itérée |
| APPRENDRE Calculs | **Somme de 2 nombres inférieurs à 100 : calcul réfléchi**<br>RECHERCHE **Une commande pour deux (1)**<br>– Trouver une quantité obtenue en réunissant deux collections d'objets | pour la classe :<br>– 150 boutons par paquets de dix et 150 boutons isolés › **fiche 30**<br>par équipe de 2 :<br>– 2 bons de commande complétés en phase 1 : 15 pour Zoé ; 23 pour Arthur en phase 3 : 32 pour Zoé ; 28 pour Arthur › **fiche 83**<br>– 2 enveloppes<br>par élève :<br>FICHIER NOMBRES **p. 94** 4 5 | – **Calcul réfléchi**<br>– **Addition de 2 nombres inférieurs à 100**<br>– Initiation au calcul posé (enseigné en unité 10) |

## CALCUL MENTAL

**Problèmes dictés** • Addition itérée (quantités)

– Résoudre deux problèmes dont l'énoncé est communiqué oralement.
– Calculer la somme de 3 nombres.

COLLECTIF / INDIVIDUEL

FICHIER NOMBRES ET CALCULS **p. 94**

Problème dicté

1 

Il y a ........ photos dans la grande enveloppe.

**Exercice 1**

• Montrer une des enveloppes et faire constater qu'elle contient 4 photos de Zoé. Écrire l'information 4 photos au tableau.

• Indiquer aux élèves que chacune des 3 enveloppes contient le même nombre de photos de Zoé.

• Vider le contenu des 3 enveloppes dans la grande enveloppe (vide au départ).

• Demander aux élèves de faire des hypothèses sur la question à laquelle il faut répondre et la reformuler : ➡ *Combien de photos y a-t-il dans la grande enveloppe ?*

• Laisser un temps de recherche.

• Après formulation de la réponse par écrit, recenser les réponses, demander d'éliminer celles qui sont surement erronées, faire formuler quelques procédures.

• Procéder à une validation expérimentale par dénombrement des photos contenues dans la grande enveloppe.

La « concrétisation » de la situation présente un double intérêt :
– aider à la compréhension de la situation ;
– permettre une validation à la fin de la résolution.
L'émission d'hypothèses sur la question favorise l'entrée dans le problème.

RÉPONSE : 12 photos.

## RÉVISER

### **Problèmes écrits** • Addition itérée (quantités)

– Résoudre deux problèmes dont l'énoncé est donné par écrit.
– Calculer la somme de 3 ou 4 nombres.

INDIVIDUEL

**FICHIER NOMBRES ET CALCULS p. 94**

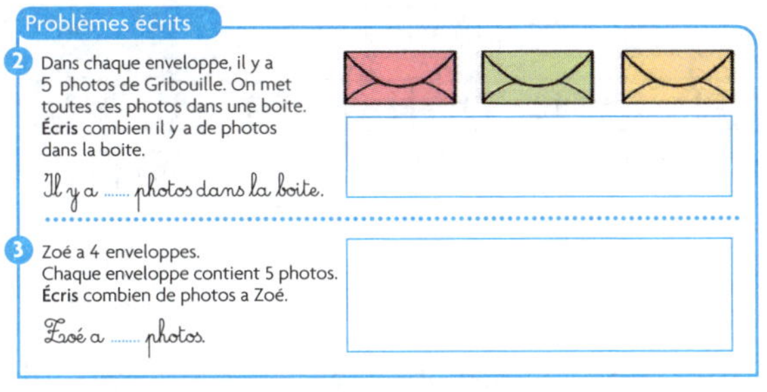

Problèmes écrits

2 Dans chaque enveloppe, il y a 5 photos de Gribouille. On met toutes ces photos dans une boite. Écris combien il y a de photos dans la boite.

Il y a ...... photos dans la boite.

3 Zoé a 4 enveloppes. Chaque enveloppe contient 5 photos. Écris combien de photos a Zoé.

Zoé a ...... photos.

• Ces problèmes utilisent le même contexte que celui du calcul mental qui a précédé.

• Pour chaque exercice :

– les énoncés peuvent être lus collectivement avant la résolution individuelle ;

– au moment de la correction, les procédures utilisées sont mises en évidence.

**Exercice 2**

• Une partie de l'information doit être prise sur le dessin, l'autre dans le texte.

RÉPONSE : 15 photos.

**Exercice 3**

• L'information est entièrement fournie par le texte.

RÉPONSE : 20 photos.

AIDE Pour certains élèves, la lecture collective de l'énoncé peut ne pas suffire. Un atelier personnalisé est alors organisé où les problèmes sont simulés, comme dans l'activité de calcul mental qui précède.

**Procédures possibles :** dessin ou doigts et dénombrement, surcomptage, calcul (addition répétée).

**Différenciation** → CD-Rom du guide, fiche 40.

UNITÉ 9

## APPRENDRE

### Somme de 2 nombres inférieurs à 100 : calcul réfléchi (1)

– Additionner des nombres de 2 chiffres (calcul réfléchi).

**RECHERCHE**

**Une commande pour deux :**
Les élèves doivent compléter une commande permettant d'obtenir le total des boutons demandés par deux personnages.

ÉQUIPES DE 2

**PHASE 1 Commande de 15 boutons pour Zoé et 23 boutons pour Arthur**

• Remettre 2 enveloppes aux élèves et leur demander d'écrire « Arthur » sur l'une et « Zoé » sur l'autre.

• Leur remettre le bon de commande complété et le faire lire en silence par les élèves, puis le commenter : ➡ *Arthur et Zoé ont chacun un ziglotron auquel il manque des boutons. Sur le bon de commande que je vous ai distribué, il y a le nombre de boutons qu'il faut commander pour réparer les deux ziglotrons : 15 pour Zoé et 23 pour Arthur. Mais cette fois-ci, il ne faut passer qu'une commande. Vous devez écrire combien il faut de boutons en tout pour les deux ziglotrons. Il faut aussi écrire combien le marchand doit donner de paquets de dix boutons et de boutons tout seuls. Attention, le marchand refusera de donner plus de 9 boutons tout seuls.*

➡ *Vous avez de la place sur le bon de commande pour chercher. Une fois que vous êtes d'accord, complétez le bon de commande. Puis un élève de chaque équipe viendra chercher les boutons avec le bon de commande.*

• Les élèves cherchent par deux. L'un des deux élèves apporte sa commande à l'enseignant qui ne le sert que si la commande est bien rédigée (mais il ne contrôle pas les réponses à ce moment-là).

• Dire ensuite aux élèves, une fois qu'ils ont reçu leur commande :

➡ *Vous mettrez les boutons dans les deux enveloppes en vérifiant que chaque personnage a bien ce qu'il voulait.*

➡ *Si ça ne va pas, vous pourrez revenir avec votre commande corrigée, en pensant à rapporter tous les boutons de la première commande.*

L'objectif n'est pas de mettre immédiatement en place la technique opératoire (qui sera enseignée en fin de CP et reprise au CE1), mais de favoriser différentes stratégies de calcul réfléchi, en utilisant les connaissances disponibles. À partir de là, en unité 10, la technique de calcul posé sera mise en place.
Le premier bon de commande a été choisi pour que la simple addition séparée des unités et des dizaines soit suffisante, ce qui limite la difficulté.
La forme du bon de commande (comme la référence au grand ziglotron) est destinée à inciter les élèves à raisonner sur les dizaines et les unités.
Les erreurs peuvent notamment porter :
– sur la signification des chiffres dans l'écriture (non-distinction des dizaines et des unités) ;
– sur des difficultés de calcul (on peut dans ce cas conseiller l'utilisation du répertoire additif).

COLLECTIF

**PHASE 2 Mise en commun et synthèse**

• Recenser les réponses et les noter au tableau.

• Demander aux élèves de dire pourquoi une réponse est correcte ou non.

• Faire expliciter les procédures de résolution utilisées pour trouver le total de boutons à commander. Il est important de bien mettre en évidence les différents types de procédures évoquées, en particulier :
– décomposition de chaque nombre en dizaines (paquets de dix) et unités, addition séparée des dizaines et des unités (on arrive à 3 dizaines et 8 unités), réponse traduite par 38 ;
– décomposition additive de chaque nombre : 10 + 5 et 20 + 3, puis calcul de 10 + 20 et de 5 + 3, puis de 30 + 8 ;
– surcomptage de 23 à partir de 15 ou de 15 à partir de 23 de un en un, ou de dix en dix puis de un en un ;
– utilisation d'un dessin et dénombrement effectif un par un ou avec les regroupements par dix ;
– addition explicite en ligne ou posée (technique apprise en dehors de la classe).

**SYNTHÈSE**

• Valoriser les deux premières procédures, en s'appuyant éventuellement sur le matériel « dizaines », « unités », par exemple sous la forme :

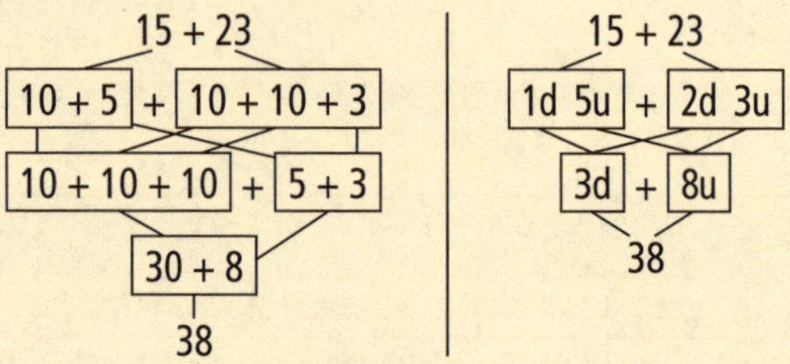


• Écrire aussi **15** + **23** = **1d** 5u + **2d** 3u = **3d** 8u = **38** donc 15 + 23 = 38.

ÉQUIPES DE 2

**PHASE 3 Commande de 32 boutons pour Zoé et 28 boutons pour Arthur**

• Reprendre le même scénario qu'en phase 1 avec les nouveaux nombres : 32 et 28.

Le deuxième bon de commande présente une difficulté nouvelle. Il a été choisi pour que la simple addition séparée des unités et des dizaines ne soit plus suffisante, mais en limitant cependant les difficultés calculatoires.
Un groupement est nécessaire, mais son repérage est facilité par le fait que 10 unités apparaissent effectivement (ce qui ne sera pas le cas de la commande envisagée en séance 6). Il s'agit d'une préparation au principe des retenues dans le calcul posé qui sera stabilisé au CE1.
L'erreur 32 + 28 = 510 peut apparaitre, les élèves estimant que 5 est le chiffre des dizaines et « 10 » celui des unités. L'utilisation des unités de numération 5d 10u, avec remplacement de 10u par 1d, et de 5d 1d par 6d pour arriver à 60 permet d'invalider cette réponse.

COLLECTIF

**PHASE 4 Mise en commun et synthèse**

• La mise en commun est du même type qu'en phase 2.

**SYNTHÈSE**

• Valoriser les deux premières procédures, en s'appuyant éventuellement sur le matériel « dizaines », « unités », par exemple sous la forme :

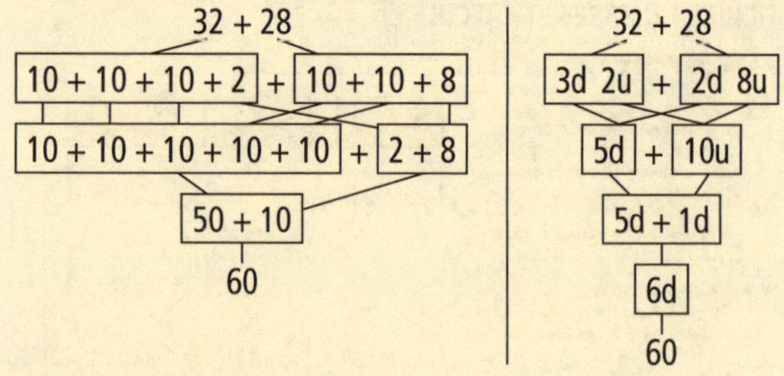


• Écrire aussi **32** + **28** = **3d** 2u + **2d** 8u = **5d** + 10 u = **5d** + **1d** = **6d** = **60** donc 32 + 28 = 60.

INDIVIDUEL

## ENTRAINEMENT

**FICHIER NOMBRES ET CALCULS** **p. 94**

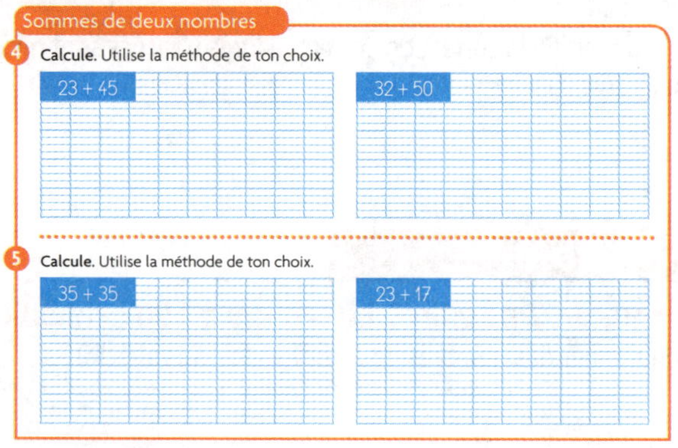


**Exercice 4**

• Ces deux additions sont des cas « sans retenue ».

RÉPONSE : 68 ; 82.

**Exercice 5**

• Une dizaine est générée par l'addition des unités.

RÉPONSE : 70 ; 40.

**Différenciation** → CD-Rom du guide, fiche 40.

**À SUIVRE**

**En séance 6**, le même type de question sera posé avec des sommes de nombres dont la somme des unités est supérieure à 10.

# Somme de 2 nombres inférieurs à 100 : calcul réfléchi (2)



| | Tâche | Matériel | Connaissances travaillées |
|---|---|---|---|
| CALCUL MENTAL | **Doubles et moitiés (jusqu'à 20)**<br>– Calculer des doubles et des moitiés | par élève :<br>FICHIER NOMBRES p. 95 ① | – **Doubles et moitiés**<br>– Mémorisation |
| RÉVISER Calculs | **Nombre de dizaines**<br>– Trouver combien il faut de dizaines d'objets pour réaliser une quantité | par élève :<br>FICHIER NOMBRES p. 95 ② ③ | – **Dizaines et unités**<br>– **Valeur positionnelle des chiffres** |
| APPRENDRE Calculs | **Somme de 2 nombres inférieurs à 100 : calcul réfléchi**<br>RECHERCHE **Une commande pour deux (2)**<br>– Trouver une quantité obtenue en réunissant deux collections d'objets | pour la classe :<br>– 150 boutons par paquets de dix et 150 boutons isolés › **fiche 30**<br>par équipe de 2 :<br>– 1 bon de commande complété : 48 pour Zoé ; 24 pour Arthur › **fiche 83**<br>– 2 enveloppes<br>par élève :<br>FICHIER NOMBRES p. 95 ④ | – **Calcul réfléchi**<br>– **Addition de 2 nombres inférieurs à 100**<br>– Initiation au calcul posé (enseigné en unité 10) |

## CALCUL MENTAL

### Doubles et moitiés (jusqu'à 20)

– Mémoriser les doubles et les moitiés (jusqu'à 20).

COLLECTIF / INDIVIDUEL

FICHIER NOMBRES ET CALCULS p. 95

**Exercice ①**

• À partir d'un exemple, rappeler les notions de double et de moitié : 6 est le double de 3, c'est deux fois 3, c'est 3 + 3. 3 est la moitié de 6, c'est 6 partagé exactement en deux. Si nécessaire, associer à ces 2 notions des représentations à l'aide de quantités d'objets.

• Dicter les calculs et demander aux élèves d'écrire les résultats dans les cases correspondantes.

a. double de 5 b. double de 7 c. double de 9
d. moitié de 4 e. moitié de 8 f. moitié de 20

• En cas de difficulté, les calculs font l'objet d'une vérification collective, à l'aide de quantités d'objets.

RÉPONSE : 10 ; 14 ; 18 ; 2 ; 4 ; 10.

## RÉVISER

### Nombre de dizaines

– Trouver combien il faut de dizaines d'objets pour atteindre une quantité donnée.

INDIVIDUEL

FICHIER NOMBRES ET CALCULS p. 95

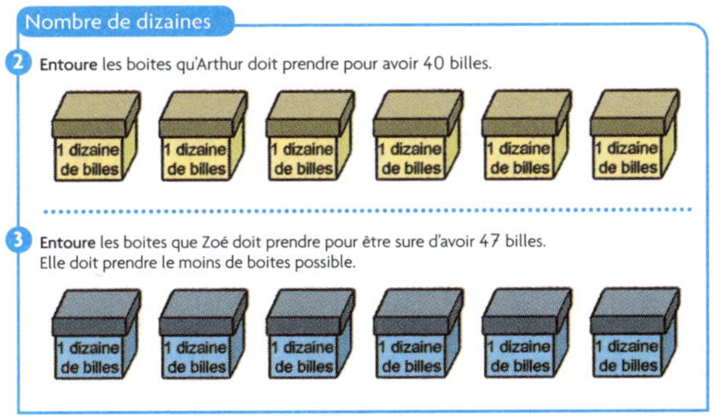


**Exercices ② et ③**

• Les 2 questions reviennent à trouver combien il y a de dizaines dans chaque nombre demandé. La difficulté de l'exercice 3 réside dans le fait qu'il faut prendre la dizaine supérieure.

• Les élèves peuvent répondre en utilisant directement la numération décimale (interprétation de chaque chiffre de 40 et de 47), ou en procédant par addition de plusieurs 10. Dans ce dernier cas, il faut interpréter chaque 10 additionné comme 1 boite (et en prendre 1 de plus pour l'exercice 3).

RÉPONSE : ② 4 boites.
③ 5 boites.

**Différenciation** → CD-Rom du guide, fiche 41.

## APPRENDRE

## Somme de 2 nombres inférieurs à 100 : calcul réfléchi (2)

– Additionner des nombres de 2 chiffres (calcul réfléchi).

### RECHERCHE

**Une commande pour deux :** Les élèves doivent compléter une commande permettant d'obtenir le total des boutons demandés par deux personnages.

ÉQUIPES DE 2

**PHASE 1 Commande de 48 boutons pour Zoé et 24 boutons pour Arthur**

• Remettre 2 enveloppes aux élèves et leur demander d'écrire « Arthur » sur l'une et « Zoé » sur l'autre.

• Leur remettre le bon de commande complété et indiquer la nouvelle tâche :

➡ *Comme dans la séance précédente, il faut passer une seule commande pour avoir tous les boutons d'Arthur et de Zoé. Attention, le marchand refuse toujours de donner plus de 9 boutons tout seuls. Une fois que vous êtes d'accord, vous complétez le bon de commande. Puis un élève de chaque équipe viendra chercher les boutons avec le bon de commande.*

• Les élèves cherchent par deux. L'un des deux élèves apporte sa commande à l'enseignant, qui ne le sert que si la commande est bien rédigée (mais il ne contrôle pas les réponses à ce moment-là).

• Dire ensuite aux élèves, une fois qu'ils ont reçu leur commande :

➡ *Vous mettrez les boutons dans les deux enveloppes en vérifiant que chaque personnage a bien ce qu'il voulait. Si c'est nécessaire, vous pourrez découper les paquets de 10 boutons.*

• Si ça ne va pas, vous pourrez revenir avec votre commande corrigée, en pensant à rapporter tous les boutons de la première commande.

Les nombres de ce 3e bon de commande sont un peu plus grands, pour décourager les procédures par dessin. Ils entrainent à nouveau le recours à un groupement supplémentaire (dizaine à extraire du nombre 12 issu de 8 + 4).
Le fait que les élèves ne soient pas tous capables de lire le résultat n'a pas d'effet sur les procédures de calcul retenues en synthèse lors de la séance précédente, mais peut gêner les procédures qui s'appuient sur le surcomptage.

COLLECTIF

**PHASE 2 Mise en commun et synthèse**

• Recenser les réponses et les noter au tableau.

• Demander aux élèves de dire pourquoi une réponse est correcte ou non.

• Faire expliciter les procédures de résolution utilisées pour trouver le total de boutons à commander. Il est important de bien mettre en évidence les différents types de procédures évoquées (voir séance précédente).

#### SYNTHÈSE

• Valoriser les procédures qui utilisent les décompositions avec 10 ou en unités de numération, en s'appuyant éventuellement sur le matériel « dizaines », « unités », par exemple sous la forme :

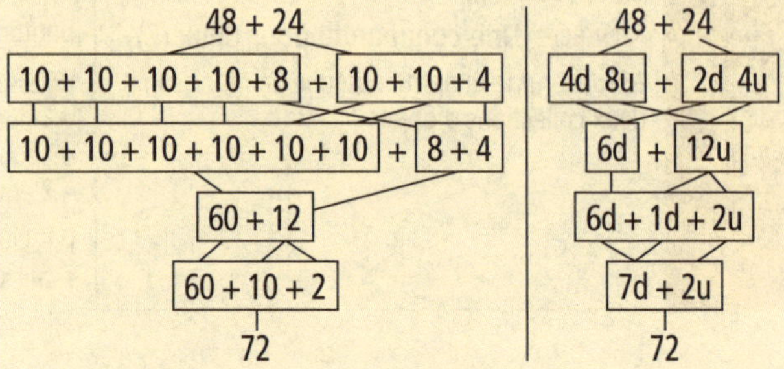


• Écrire aussi **48** + **24** = **4d** 8u + **2d** 4u = **6d** + 12u = **6d** + **1d** + 2u = **7d** + 2u = **72** donc 48 + 24 = 72.

### ENTRAINEMENT

INDIVIDUEL

**FICHIER NOMBRES ET CALCULS p. 95**

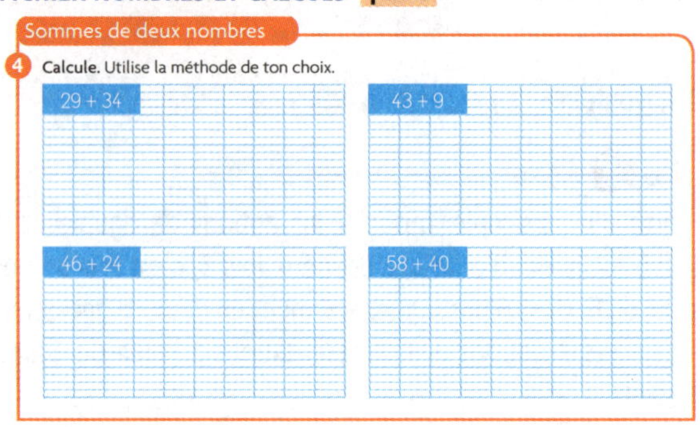


**Exercice 4**

• Différents cas sont envisagés dans ces calculs. Ils sont destinés à vérifier que les élèves différencient bien le travail à mener sur les dizaines d'une part et sur les unités d'autre part.

RÉPONSE : 29 + 34 = 63 ; 43 + 9 = 52 ; 46 + 24 = 70 ; 58 + 40 = 98.

| | Tâche | Matériel | Connaissances travaillées |
|---|---|---|---|
| CALCUL MENTAL | **Décompositions additives de nombres (jusqu'à 12)**<br>– Décomposer un nombre sous forme de sommes de 2 ou plusieurs nombres choisis parmi des nombres donnés | par élève :<br>– ardoise ou cahier de brouillon | – **Répertoire additif (jusqu'à 12)**<br>– Mémorisation<br>– Calcul réfléchi |
| RÉVISER Géométrie | **Tracés à la règle**<br>– Terminer la reproduction d'un dessin à l'aide de la règle | pour la classe :<br>– un calque avec le dessin modèle<br>par élève :<br>– crayon à papier et règle<br>CAHIER GÉOMÉTRIE p. 39 1 | – **Tracés à la règle**<br>– **Reproduction de figures** |
| APPRENDRE Mesures | **Lecture de l'heure**<br>RECHERCHE **Les repères de la journée**<br>– Lire des horaires en heures entières sur une horloge à aiguilles<br>– Repérer certains horaires connus de la journée en heures ou heures et demie<br>– Mettre en relation des horaires avec des moments de la journée | pour la classe :<br>– une horloge à aiguilles ou une horloge pédagogique<br>– étiquettes agrandies > **fiche 84**<br>– fiche de travail > **fiche 85**<br>par élève :<br>– 2 lots d'étiquettes > **fiche 84**<br>– fiche de travail > **fiche 85**<br>CAHIER GÉOMÉTRIE p. 39 2 | – **Lecture de l'heure : heures entières** |



## CALCUL MENTAL

### Décompositions additives de nombres (jusqu'à 12)

– Utiliser des résultats mémorisés pour décomposer un nombre sous forme de sommes.

COLLECTIF

• Écrire 4 nombres au tableau ainsi qu'un nombre cible :

7 3 5 2 (8)

• Indiquer aux élèves : vous devez obtenir le nombre cible en additionnant 2 ou plusieurs des nombres donnés. Écrivez les additions sur votre ardoise ou cahier de brouillon.

• Faire une correction immédiate et constater que la seule réponse possible est avec 3 et 5 : 3 + 5 = 8 ou 5 + 3 = 8.

• Recommencer avec la même liste de nombres et d'autres cibles : 10, puis 12.

• Faire une correction immédiate et constater que, chaque fois, deux réponses sont possibles :
– 7 + 3 = 10 (ou 3 + 7 = 10) et 3 + 5 + 2 = 10 (ou toute autre somme avec ces 3 nombres).
– 7 + 5 = 12 (ou 5 + 7 = 12) et 7 + 3 + 2 = 12 (ou toute autre somme avec ces 3 nombres).

Cette activité, voisine du jeu « La punta » déjà pratiqué, oblige à travailler simultanément le calcul de sommes et de compléments, ainsi que la décomposition d'un nombre en sommes de deux ou plusieurs nombres.
Certains élèves peuvent avoir besoin du répertoire additif et d'autres s'appuyer, partiellement, sur les figurations des nombres. La pratique de ce jeu peut être une incitation à la mémorisation de la table d'addition.

## RÉVISER

### **Tracés à la règle** • Dans un carré (2)

– Effectuer des tracés à la règle en respectant des contraintes.
– Analyser et reproduire un modèle.

INDIVIDUEL

**CAHIER MESURES ET GÉOMÉTRIE** p. 39

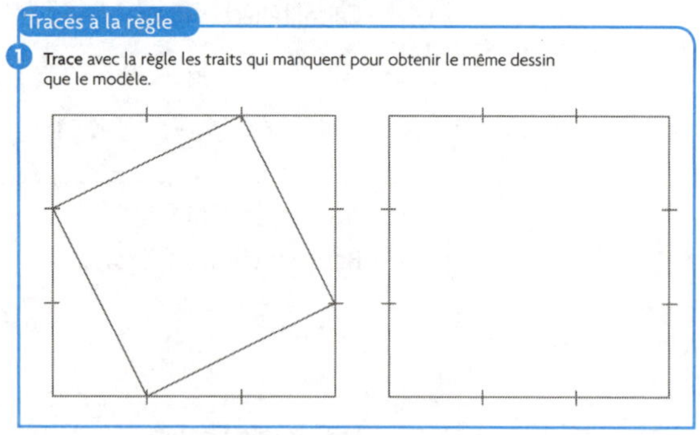


**Exercice 1**

• Faire observer et décrire le modèle : ➡ *Le dessin est obtenu en reliant certains repères marqués sur les côtés du carré.*

• Commenter la consigne : ➡ *Il s'agit de refaire exactement le même dessin que le modèle ; si l'on place le calque du modèle dessus (le montrer), le modèle et la reproduction devront se superposer.*

• Aider chaque élève à la réalisation de la tâche.

• Si besoin, procéder à une analyse collective de quelques productions erronées afin de dégager ce sur quoi il faut être vigilant pour reproduire à l'identique :
– bien identifier les repères qui sont les extrémités des traits manquants ;
– bien placer la règle pour tracer.

Cet exercice prolonge le travail engagé en **unité 6 séance 7**.

## APPRENDRE

### Lecture de l'heure

– Lire des horaires sur une horloge à aiguilles (heures entières).
– Repérer certains horaires connus en heures ou heures et demie.
– Associer des horaires à des moments de la journée.

### RECHERCHE

**Les repères de la journée :** Les élèves lisent sur l'horloge à aiguilles de la classe des horaires qui rythment leur vie scolaire et leur vie quotidienne, horaires en heures pleines et en heures et demie. Ensuite, ils apparient avec des horaires indiqués par une horloge, les locutions horaires associées et les moments de la journée évoqués par un dessin.

COLLECTIF

#### PHASE 1 Les horaires connus sur l'horloge à aiguilles

• Marquer successivement sur l'horloge des horaires (en heures exactes ou heures et demie) correspondant aux évènements repères de la journée scolaire, par exemple :
– 8 heures et demie, la rentrée du matin ;
– 10 heures, le début de la récréation du matin ;
– 11 heures et demie, la sortie du matin.

• Pour chaque horaire marqué, demander aux élèves :
➡ *Quelle heure est-il ? Comment faites-vous pour lire l'heure ? À quoi correspond cet horaire ?*

De façon rituelle, ces horaires ont déjà été abordés en classe. Cette première activité est une synthèse sur ces horaires connus correspondant au vécu de l'école et leur lecture sur l'horloge à aiguilles de la classe.

COLLECTIF

#### PHASE 2 Lecture des horaires en heures entières

• Faire décrire le cadran de l'horloge et les aiguilles : « Autour du cadran de l'horloge, des graduations sont numérotées de 1 à 12. Ce sont les graduations des heures. L'horloge comporte 2 aiguilles, une petite et une grande (voire une autre grande : la trotteuse). La petite aiguille indique les heures. »

• Afficher des horaires en heures exactes sur l'horloge. Pour chaque heure marquée, demander aux élèves en les interrogeant successivement :
➡ *Quelle heure est-il ? Comment fais-tu pour lire l'heure ?*

• Conclure : ➡ *Quand la grande aiguille est sur le 12, la petite aiguille est en face d'une graduation d'heure. Par exemple, si la grande aiguille est sur le 12 et la petite aiguille sur le 7, il est 7 heures.*

• Demander également aux élèves :
➡ *Que fais-tu à ce moment de la journée ?*

• Exemple de réponse : « Il est 7 heures du matin : je me lave ou je prends le petit-déjeuner ; il est 4 heures de l'après-midi : je sors de l'école ou je goute, etc. »

• **Si le niveau de la classe le permet,** poursuivre en abordant les horaires en heures et demie. Montrer que la rotation de la grande aiguille entraine celle de la petite aiguille. Marquer un horaire en heure entière, par exemple 1 heure. Expliquer :
➡ *Si la grande aiguille fait un tour à partir du 12, la petite aiguille avance d'une graduation. Il est 2 heures. Si la grande aiguille fait un demi-tour, elle se trouve alors sur le 6, il est 2 heures et demie.*

• Afficher des horaires connus en heures et demie. Pour chaque heure marquée, demander aux élèves en les interrogeant successivement :
➡ *Quelle heure est-il ? Comment fais-tu pour lire l'heure ?*

• Expliquer :
➡ *Si la grande aiguille est sur le 6, la petite aiguille est entre deux nombres ; si par exemple elle est entre 4 et 5, il est 4 heures et demie.*

Dans ce domaine de la lecture de l'heure, le niveau des élèves est très hétérogène. Certains savent déjà lire l'heure, d'autres n'en ont aucune notion. Il faut donc avancer avec précaution. Certains élèves ont beaucoup de difficulté, confondent les rôles des deux aiguilles. D'autres ont encore du mal à appréhender des repères horaires dans la journée.
Ce travail constitue une première approche de la lecture de l'heure qui sera poursuivie en CE1.
Les heures de l'après-midi peuvent être données de deux façons (5 h ou 17 h) si un élève le propose, et les locutions comme « midi » et « minuit » sont utilisées. Mais il n'y a pas de travail systématique sur la désignation des heures de l'après-midi.

ÉQUIPES DE 2

### PHASE 3 Jeu des étiquettes : les horaires de la journée

• Distribuer la fiche de travail avec les horloges et les 2 lots d'étiquettes : 1 lot avec les locutions horaires du type « il est 12 heures », et 1 lot avec les représentations des personnages à certains moments de la journée.

• Interroger les élèves sur l'horaire correspondant à la première horloge en haut de la feuille. Revenir sur l'identification et le rôle de la petite aiguille. Si besoin, engager les élèves à repasser la petite aiguille en rouge sur leur fiche. Préciser qu'il est « 8 heures du matin » et faire coller l'étiquette correspondante. Demander ce que font les enfants à 8 heures le matin. Convenir qu'ils se préparent pour aller à l'école. Faire coller l'image où Zoé se prépare pour aller à l'école.

• Préciser la tâche :

➡ *Par équipes de 2, vous devez coller à côté de l'horloge une étiquette horaire et un dessin correspondant à cet horaire.*

➡ *Attention, il faut que vous puissiez expliquer pourquoi vous avez mis ces étiquettes sur la même ligne.*

• Réaliser une mise en commun avec des étiquettes agrandies au tableau : faire discuter d'abord de la lecture des horaires, puis de l'association avec un dessin représentant un moment de la journée ; demander aux élèves de justifier leurs choix. Pour un horaire donné, plusieurs dessins sont possibles.

Cette activité entraine les élèves à lire les horaires sur une horloge à aiguilles, mais aussi à se repérer dans les évènements rituels de chaque journée.
Le but est qu'ils réalisent quelques correspondances correctes et non qu'ils réussissent pour tous les horaires donnés. L'activité permet de mettre en évidence que l'on dit 12 heures ou midi, que la disposition des aiguilles est la même pour 8 heures du matin et 8 heures du soir, mais que ce n'est pas le même moment de la journée et que l'on ne fait pas la même chose.

INDIVIDUEL

## ENTRAINEMENT

**CAHIER MESURES ET GÉOMÉTRIE p. 39**

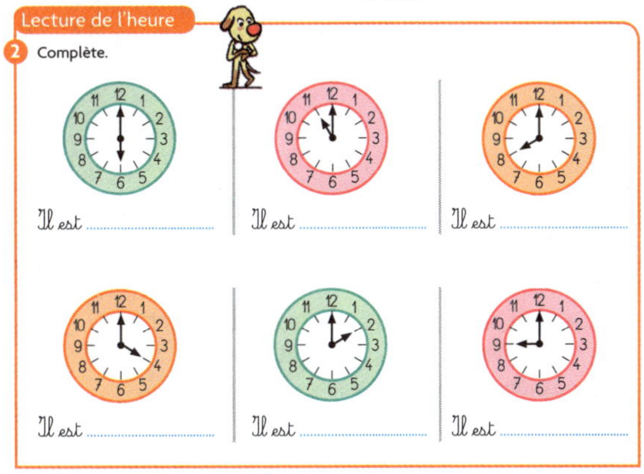


**Exercice 2**

• Il s'agit d'un entrainement à la lecture d'heures entières sur une horloge à aiguilles.

• Aider les élèves à repérer la grande et la petite aiguille sur les horloges (si besoin, faire repasser la petite aiguille en rouge) : la grande aiguille est sur le 12, il s'agit donc de lire l'heure indiquée par la petite aiguille.

L'entrainement à la lecture de l'heure continue à se faire collectivement quotidiennement de façon fonctionnelle dans la vie de la classe ; elle peut se faire individuellement à l'aide du jeu 20 du CD-Rom de jeux interactifs GS-CP-CE1.

RÉPONSE : 6 heures ; 11 heures ; 8 heures ; 4 heures ; 2 heures ; 9 heures.

**Différenciation** → CD-Rom du guide, fiche 42.

UNITÉ 9

| | Tâche | Matériel | Connaissances travaillées |
|---|---|---|---|
| CALCUL MENTAL | **Décompositions additives de nombres (jusqu'à 14)**<br>– Décomposer un nombre sous forme de sommes de 2 ou plusieurs nombres choisis parmi des nombres donnés | par élève :<br>– ardoise ou cahier de brouillon | – **Répertoire additif (jusqu'à 14)**<br>– Mémorisation<br>– Calcul réfléchi |
| RÉVISER Mesures | **Lecture de l'heure**<br>– Lire des horaires en heures entières sur une horloge à aiguilles | pour la classe :<br>– une horloge à aiguilles<br>par élève :<br>CAHIER GÉOMÉTRIE p. 40 1 2 | – **Lecture de l'heure en heures entières** |
| APPRENDRE Géométrie | **Carré, rectangle**<br>RECHERCHE **Construction sur papier pointé**<br>– Tracer plusieurs carrés et rectangles différents sur papier pointé<br>– Terminer le tracé d'un carré et d'un rectangle sur papier pointé en faisant attention aux longueurs des côtés | pour la classe :<br>– une feuille de papier pointé agrandie et affichée ou rétroprojetée au tableau › **fiche 86**<br>– les figures des exercices 3 et 4 agrandies ou rétroprojetées<br>– une règle de tableau et un feutre<br>par élève :<br>– une ou deux feuilles de papier pointé › **fiche 86**<br>– une règle et un crayon<br>CAHIER GÉOMÉTRIE p. 40 3 4 | **Carré, rectangle :**<br>– **longueurs des côtés**<br>– **construction sur papier pointé** |

## CALCUL MENTAL

### Décompositions additives de nombres (jusqu'à 14)

– Utiliser des résultats mémorisés pour décomposer un nombre sous forme de sommes.

COLLECTIF

• Écrire 4 nombres au tableau ainsi qu'un nombre cible :

7 6 4 3 (10)

• Indiquer aux élèves :

➡ *Vous devez obtenir le nombre cible en additionnant 2 ou plusieurs des nombres donnés. Écrivez les additions sur votre ardoise ou cahier de brouillon.*

• Faire une correction immédiate et constater que 2 réponses sont possibles : avec 3 et 7 ou avec 6 et 4.

• Recommencer avec la même liste de nombres et d'autres cibles : 11, puis 14.

• Faire une correction immédiate et constater les réponses possibles :

– seulement avec les nombres 7 et 4 pour 11 ;

– seulement avec les nombres 7, 4 et 3 pour 14.

## RÉVISER

### Lecture de l'heure • Heures entières

– Lire des horaires sur une horloge à aiguilles (heures entières).

INDIVIDUEL

CAHIER MESURES ET GÉOMÉTRIE p. 40

**Exercices 1 et 2**

• Aider les élèves à repérer la grande et la petite aiguille sur les horloges ; si besoin, faire repasser la petite aiguille en rouge. La grande aiguille est sur le 12, il s'agit donc de lire l'heure indiquée par la petite aiguille.

• Expliquer que l'exercice 2 est une reprise du jeu des étiquettes.

RÉPONSE : 1 5 heures ; 7 heures ; 3 heures.

**Différenciation** → CD-Rom du guide, fiche 42.

## APPRENDRE

### Carré, rectangle

– Comprendre que les carrés et les rectangles ont 4 sommets et 4 côtés droits.
– Connaitre les propriétés relatives à la longueur de leurs côtés.
– Utiliser ces propriétés pour construire des carrés et des rectangles sur papier pointé.

## RECHERCHE

**Construction sur papier pointé :** Les élèves vont tracer plusieurs carrés différents puis plusieurs rectangles différents sur une feuille de papier pointé avant de terminer la construction d'un carré et d'un rectangle, toujours sur papier pointé.

INDIVIDUEL ET COLLECTIF

### PHASE 1 Construire des carrés

• Demander aux élèves de construire, sur la fiche, 2 carrés différents. Insister sur le fait que les carrés ne doivent pas être les mêmes :

➡ *Si on les découpe, ils ne doivent pas se superposer. Leurs sommets doivent être sur des points du réseau.*

• Observer les productions et demander à 2 ou 3 élèves de venir au tableau réaliser la construction de carrés différents. Engager une discussion sur la validité de ce qui est proposé. Conclure :
– le carré a 4 sommets et 4 côtés ;
– il faut relier 4 points pour tracer 4 côtés ;
– il est facile de construire les côtés du carré en suivant les points disposés sur des lignes imaginaires horizontales ou verticales ;
– les côtés du carré ont la même longueur (le même nombre d'intervalles de points).

• Demander ensuite à chaque élève de construire sur sa fiche un carré différent de ceux qu'il a déjà tracés.

Dans leurs premières productions, les élèves utilisent souvent quatre points voisins sur le réseau.
La contrainte de construire plusieurs carrés doit les amener à construire des carrés plus grands en utilisant le réseau de points, et donc à prendre conscience de l'égalité des longueurs des côtés.

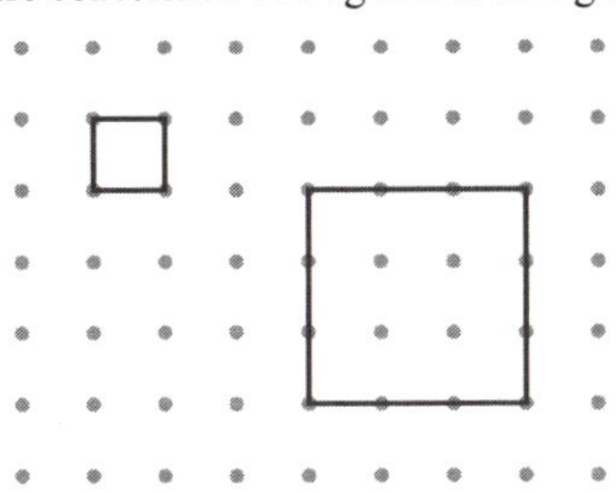

Certains peuvent proposer des carrés en position non standard, comme ci-dessous. Ces productions ne sont pas attendues ici, car elles ne correspondent pas à la vision qu'ont les élèves d'un carré et la validation qui ne peut être que perceptive est sujette à caution. Mais ces propositions ne seront pas pour autant rejetées.

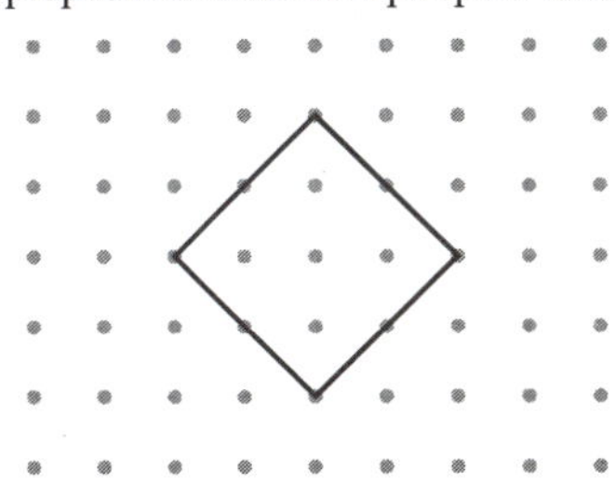

INDIVIDUEL ET COLLECTIF

### PHASE 2 Construire des rectangles

• L'activité est reprise en demandant la construction de deux rectangles différents (qui ne sont pas des carrés). Leurs sommets doivent être sur des points du réseau.

• Une courte mise en commun permet de conclure que :
– le rectangle a 4 sommets et 4 côtés ;
– il faut relier 4 points pour tracer 4 côtés ;
– il est facile de construire les côtés du rectangle en suivant les points disposés sur des lignes imaginaires horizontales ou verticales ;
– les 2 côtés du rectangle qui sont verticaux ont la même longueur, de même pour les deux autres côtés ;
– tous les rectangles tracés n'ont pas la même forme : certains sont plus allongés que d'autres.

• Chaque élève construit, sur sa fiche, un autre rectangle différent de ceux qu'il a déjà tracés.

#### TRACE ÉCRITE

• Les carrés et les rectangles ont 4 sommets et 4 côtés.
• Les côtés d'un carré ont tous la même longueur.

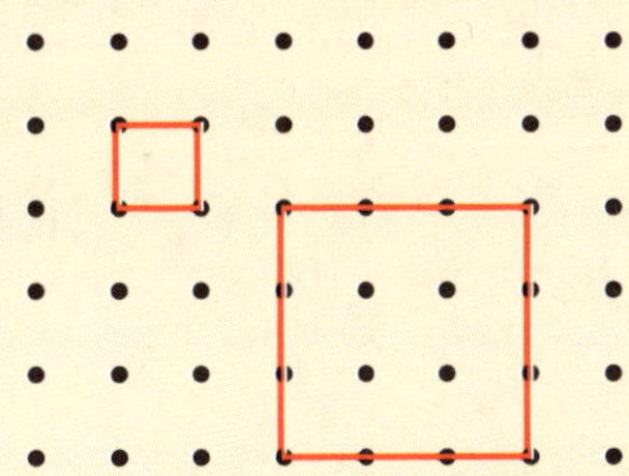

• Dans un rectangle, les deux côtés qui sont sur des lignes verticales ont la même longueur, les deux côtés qui sont sur des lignes horizontales ont aussi la même longueur.
• Tous les rectangles n'ont pas la même forme.

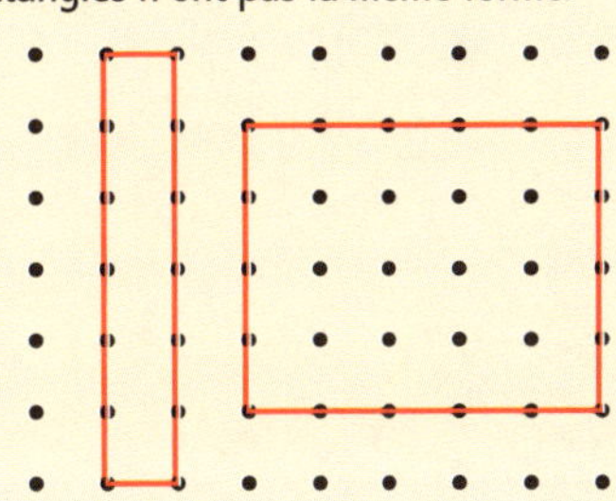

INDIVIDUEL

## ENTRAINEMENT

### CAHIER MESURES ET GÉOMÉTRIE p. 40

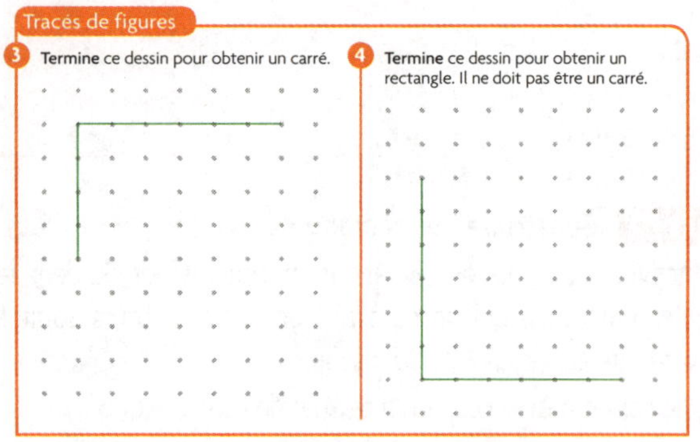


**Exercices 3 et 4**

- Dans l'exercice 3, il est nécessaire de prolonger le plus court des deux segments.
- Dans l'exercice 4, il est nécessaire de prolonger un des deux segments tracés qui ont même longueur.
- Repérer les élèves qui se contentent de « fermer » la figure et qui obtiennent un rectangle dans l'exercice 3, un carré dans l'exercice 4.
- Reproduire au tableau quelques productions erronées et les faire discuter, ce qui permet de revenir sur les propriétés des longueurs des côtés.

RÉPONSE : Voici deux possibilités de construction.

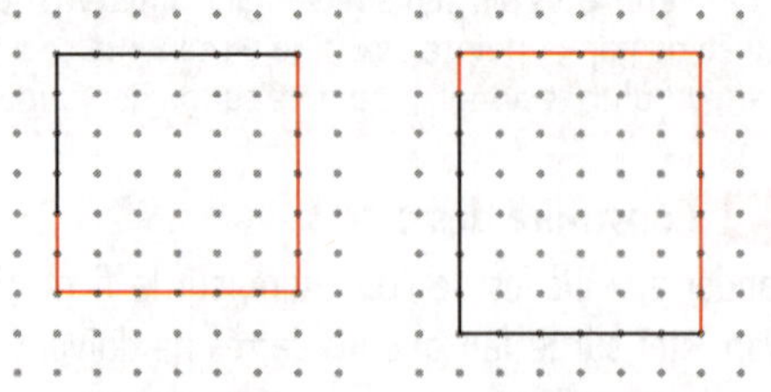

Exercice 3 Exercice 4

| | Tâche | Matériel | Connaissances travaillées |
|---|---|---|---|
| NOMBRES | **Nombres dictés jusqu'à 79**<br>– Écrire en chiffres des nombres donnés oralement | par élève :<br>– ardoise ou cahier de brouillon | **– Désignation orale et écrite des nombres** |
| RÉVISER Géométrie | **Carré, rectangle, triangle**<br>– Tracer des carrés, des rectangles et des triangles sur papier pointé | pour la classe :<br>– une feuille de papier pointé agrandie et affichée ou rétroprojetée au tableau › **fiche 86**<br>– une règle de tableau et un feutre<br>par élève :<br>– une règle et un crayon<br>CAHIER GÉOMÉTRIE **p. 41** 1 à 3 | **– Carré, rectangle : longueurs des côtés**<br>**– Triangle : nombre de sommets et de côtés**<br>**– Construction sur papier pointé** |
| APPRENDRE Mesures | **Comparaison de masses**<br>RECHERCHE **En soupesant et avec une balance à plateaux**<br>– Comparer des masses en soupesant et à l'aide d'une balance à plateaux | par équipe de 4 :<br>– une balance à plateaux ou balance Roberval (une pour la classe peut suffire)<br>– une feuille de papier<br>– un lot de 3 sacs repérés par les lettres A, B et C (voir activité) | **Masse :**<br>**– comprendre ce qu'est la masse**<br>**– comparaison** (en soupesant, avec une balance à plateaux) |

## NOMBRES DICTÉS

### Lecture et écriture des nombres jusqu'à 79

– Écrire en chiffres des nombres dictés.

COLLECTIF

- Nombres dictés :

a. 58 b. 60 c. 64
d. 70 e. 71 f. 74

- Les élèves répondent sur l'ardoise ou le cahier de brouillon.



## RÉVISER

### Carré, rectangle, triangle • Construction sur papier pointé

– Savoir que les carrés et les rectangles ont 4 sommets et 4 côtés.
– Connaitre les propriétés relatives à la longueur de leurs côtés.
– Savoir que les triangles ont 3 sommets et 3 côtés.
– Utiliser ces propriétés pour construire des carrés, des rectangles et des triangles sur papier pointé.

INDIVIDUEL

CAHIER MESURES ET GÉOMÉTRIE **p. 41**

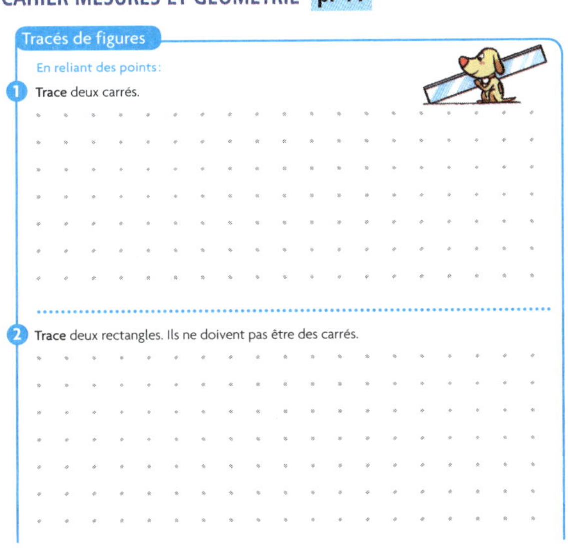
Tracés de figures

En reliant des points :

1 Trace deux carrés.

2 Trace deux rectangles. Ils ne doivent pas être des carrés.

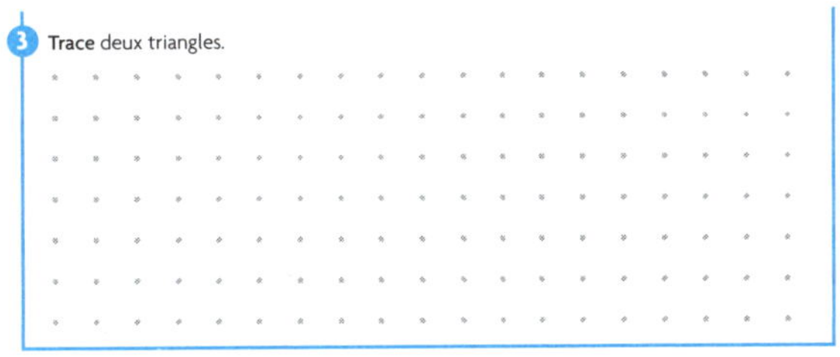
3 Trace deux triangles.

**Exercices 1 à 3**

- Il s'agit d'un réinvestissement de ce qui a été vu dans la séance précédente sur les carrés et les rectangles, et en unité 5 séance 8 sur les triangles.
- Un retour collectif pourra être fait après avoir reproduit au tableau quelques productions, notamment sur les formes très différentes que peuvent prendre les triangles, bien qu'ils aient tous 3 sommets et 3 côtés.

**Différenciation** → CD-Rom du guide, fiche 43.

APPRENDRE

## Comparaison de masses

– Comprendre la notion de masse.
– Comparer des masses en soupesant et à l'aide d'une balance à plateaux.

### RECHERCHE

**En soupesant et avec une balance à plateaux :** Les élèves vont chercher à déterminer, parmi plusieurs sacs, celui qui est le plus lourd et celui qui est le moins lourd, d'abord en les soupesant, puis en utilisant une balance à plateaux.

**Préparation du matériel**

• Préparer avant la séance, pour chaque équipe de 4 élèves, un lot de 3 sacs repérés par les lettres **A**, **B** et **C** contenant :
– pour **A** : 200 g environ de riz ou pâtes ;
– pour **B** : quelques dizaines de grammes d'un matériau de masse volumique faible (copeaux de polystyrène ou mousse) ; le sac **B** doit être plus volumineux que les autres ;
– pour **C** : 400 g environ d'un matériau de masse volumique élevée (gravier ou écrous).

• Les sacs **A** et **C** sont de volumes voisins, le sac C pouvant être de volume moindre.

ÉQUIPES DE 4

### PHASE 1 Estimer en soupesant

• Remettre un lot de 3 sacs à chaque équipe.

➡ *Vous allez chercher quel est le sac le plus lourd et quel est le sac le moins lourd. Il faut vous mettre d'accord par équipes. Vous expliquerez ensuite comment vous avez fait.*

• Veiller à ce que les élèves se mettent d'accord et que chacun puisse soupeser les sacs s'il le désire.

• Recenser au tableau les estimations des équipes sans valider les réponses données : le sac le moins lourd, le sac le plus lourd.

• Faire expliquer les méthodes utilisées :
– le sac le plus volumineux est le plus lourd (conception fausse encore bien présente chez des élèves de cet âge) ;
– en soupesant les sacs l'un après l'autre et en gardant la mémoire de la perception du poids ;
– en soupesant deux sacs, un dans chaque main et en faisant ainsi plusieurs comparaisons successives.

ÉQUIPES DE 4

### PHASE 2 Vérification à l'aide de la balance

• Si le nombre de balances le permet, remettre une balance à chaque équipe, sinon inviter deux élèves à venir faire les manipulations sur la balance collective.

➡ *Vous allez vérifier vos estimations précédentes avec cet instrument qui s'appelle une balance. Placez un sac sur chaque plateau et essayez de comprendre ce qui se passe.*

• Laisser les élèves faire des essais et les commenter :

➡ *Le plateau qui porte l'objet le plus lourd est le plus bas.*

• Demander aux élèves de réfléchir à une méthode qui permette de vérifier que le sac C est le plus lourd. Recenser les propositions. Conclure qu'il faut mettre les sacs C et A sur les deux plateaux, puis les sacs C et B. On peut ainsi vérifier que C est plus lourd que A et plus lourd que B.

• Procéder de même pour la vérification du fait que B est le sac le moins lourd ou le plus léger.

COLLECTIF

### PHASE 3 Synthèse

• La synthèse vise à expliquer la notion de masse et le rôle de la balance.

**SYNTHÈSE**

• La propriété des objets dont on parle est la masse.
• L'objet le plus lourd a la plus grande masse.
• La balance à plateaux sert à comparer des masses.
• Si les plateaux sont vides, la balance est en équilibre : les plateaux sont à la même hauteur.
• Si on place deux objets sur les plateaux, le plateau qui baisse porte l'objet le plus lourd.
• L'objet le plus lourd n'est pas forcément le plus gros.
• Si les deux plateaux restent à la même hauteur, les deux objets ont la même masse.

• Faire vérifier cette dernière propriété en plaçant deux sacs **A** de même masse sur les deux plateaux d'une balance.

**On aborde ici la notion de masse par un problème de comparaison.** L'élève doit comprendre de quelle propriété de l'objet il s'agit, en particulier distinguer masse et volume.
La notion de mesure de la masse sera abordée au CE1.

ÉQUIPES DE 4

### PHASE 4 Autres comparaisons

• Donner à chaque équipe deux objets de la classe.

• Demander d'estimer en soupesant lequel est le plus lourd, puis de vérifier cette estimation à l'aide de la balance.

FICHIER NOMBRES p. 96 à 99
CAHIER GÉOMÉTRIE p. 42-43

# BILAN de l'UNITÉ 9 — CONSOLIDATION

NOMBRES ET CALCULS

## Répertoire additif jusqu'à 16 (séances 1 à 9)

**Je fais le bilan** › FICHIER NOMBRES p. 97

**Exercice 1**

RÉPONSE : 14 ; 16 ; 15 ; 12 ; 14 ; 14 ; 11 ; 13.

**Je consolide mes connaissances** › FICHIER NOMBRES p. 98

**Exercices 1 à 3**

RÉPONSE : 1. Zoé : 6 + 5 + 2 ou 3 + 2 + 8.
Arthur : 5 + 1 + 2 + 5.
Gribouille : 2 + 7 + 4 ou 2 + 5 + 2 + 4.
2. 15 = 6 + 8 + 1 et 15 = 2 + 8 + 5.
3. 16 = 2 + 6 + 8 et 16 = 7 + 9.

**Autres ressources**

› CD-Rom Jeux interactifs GS-CP-CE1
**Jeu 12.** Je calcule à la vitesse de l'éclair (niveau 2)
**Jeu 14.** La punta

NOMBRES ET CALCULS

## Lecture des nombres jusqu'à 79 (séance 1)

**Je prépare le bilan** › FICHIER NOMBRES p. 96 A

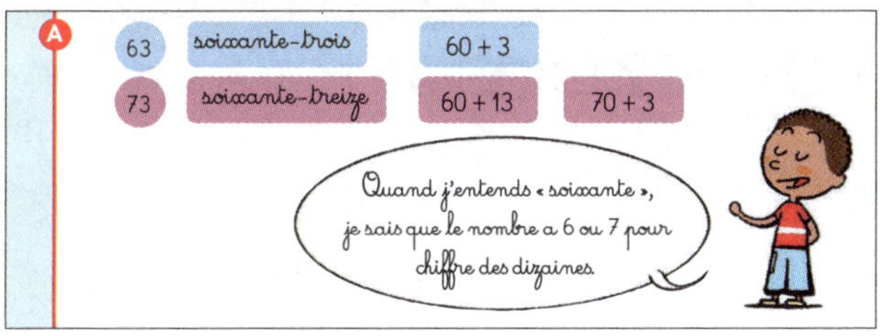


→ **Pour lire et écrire les nombres de 20 à 59,** c'est facile : il y a un mot-clé pour chaque dizaine.
→ **Pour lire et écrire les nombres de 60 à 79,** c'est plus difficile, car c'est le même mot-clé (*soixante*) : il faut bien regarder si c'est 6 ou 7 (ou bien écouter ce qui suit *soixante*, si le nombre est dicté).

**Je fais le bilan** › FICHIER NOMBRES p. 97

**Exercice 2 Écriture en chiffres des nombres jusqu'à 79.**

Dicter les nombres suivants (les élèves écrivent en chiffres).

a. cinquante-sept b. soixante-sept
c. soixante-dix-sept d. soixante-dix
e. soixante-et-un f. soixante-et-onze

RÉPONSE : 57 ; 67 ; 77 ; 70 ; 61 ; 71.

**Exercice 3 Associer des écritures en chiffres et en lettres.**

RÉPONSE : Relier : 74 et soixante-quatorze ; 64 et soixante-quatre ; 47 et quarante-sept.

**Exercice 4 Associer des nombres écrits en chiffres et en lettres.**

RÉPONSE : 41 ; 52 = 10 + 10 + 10 + 10 + 10 + 2 ; dix-huit = 18 ; cinquante-cinq = 55.

**Je consolide mes connaissances** › FICHIER NOMBRES p. 98-99

**Exercices 4 à 6**

RÉPONSE : 4. vingt-et-un ; cinquante-quatre ; quarante-et-un ; soixante-dix-huit ; soixante-cinq ; soixante-treize.
5. 70 = 10 + 10 + 10 + 10 + 10 +10 + 10.
77 = 10 + 10 + 10 + 10 + 10 + 10 + 10 + 7.
soixante-huit = 68.
cinquante = 50.
quarante-quatre = 10 + 10 +10 + 10 + 4.
soixante-dix-huit = 10 + 10 + 10 +10 + 10 + 10 + 10 + 8.
soixante-treize = 10 + 10 + 10 + 10 + 10 + 10 + 10 + 3.
6. 75 ; soixante-quinze.

**Autres ressources**

› 80 Activités et jeux mathématiques CP
**25.** Combien ?
**26.** Coloriage magique
**27.** Le loto des nombres

NOMBRES ET CALCULS

## Dizaines, unités : décompositions avec 10 (séances 2 et 3)

**Je prépare le bilan** › FICHIER NOMBRES p. 96 B

→ **La décomposition** du type 10 + 10 + 10 + 10 + 3 peut être facilement mise en relation avec **l'écriture en chiffres** 43 (il suffit de compter les 10, donc les dizaines). Celle du type 40 + 3 l'est également mais, en plus, pour les nombres à partir de 20, elle rappelle comment se dit le nombre : quarante-trois.

**Je fais le bilan** › FICHIER NOMBRES p. 97

Exercice 4 **Décomposer des nombres en utilisant le nombre 10.**
RÉPONSE : Voir p. 261.

**Je consolide mes connaissances** › FICHIER NOMBRES p. 99

**Exercices 5 et 6**
RÉPONSE : Voir p. 261.

**Autres ressources**

› **80 Activités et jeux mathématiques CP**
**25.** Combien ?
**26.** Coloriage magique

NOMBRES ET CALCULS

## Somme de 2 nombres inférieurs à 100 : calcul réfléchi (séances 5 et 6)

**Je prépare le bilan** › FICHIER NOMBRES p. 96 C

→ **Pour calculer une somme** comme 37 + 25, on peut utiliser :
– une figuration des deux nombres en dizaines (groupements de dix) et unités ;
– une décomposition du type 30 + 7 + 20 + 5 ;
– une décomposition du type 10 + 10 + 10 + 7 + 10 + 10 + 5.

→ **L'ajout des unités peut donner une dizaine supplémentaire** (7 + 5 = 12 = 1 dizaine et 2 unités).

**Je fais le bilan** › FICHIER NOMBRES p. 97

Exercice 5 **Additionner 2 nombres inférieurs à 100.**
RÉPONSE : 59 ; 82.

**Je consolide mes connaissances** › FICHIER NOMBRES p. 99

**Exercices 7 et 8**
RÉPONSE : 7. 51 élèves.
8. 81 ; 90 ; 90.

MESURES ET GÉOMÉTRIE

## Tracé à la règle (séance 7)

Pas de bilan proposé.
Le tracé à la règle a besoin d'être régulièrement entrainé pour en améliorer la maitrise. De la même manière, l'analyse d'une figure en vue de la reproduire qui a été initiée en unité 6 est une tâche difficile et doit faire l'objet d'un travail régulier sur le long terme.

**Je consolide mes connaissances** › CAHIER GÉOMÉTRIE p. 43

**Exercice 1**

**Autres ressources**

› 80 Activités et jeux mathématiques CP
**71.** Dans un carré

› CD-Rom Jeux interactifs GS-CP-CE1
**Jeu 23.** Dans un carré (jeux 1 à 3)

MESURES ET GÉOMÉTRIE

## Lecture de l'heure (séance 7)

**Je prépare le bilan** › CAHIER GÉOMÉTRIE p. 42 A

→ **L'horloge comporte 12 graduations** numérotées de 1 à 12 (ce sont les graduations des heures) et deux aiguilles : une petite et une grande. La petite aiguille indique l'heure. Quand la grande aiguille est sur le 12 et la petite aiguille sur le 10, il est 10 heures.

**Je fais le bilan** › CAHIER GÉOMÉTRIE p. 42

**Exercice 1 Lire des horaires en heures exactes sur une horloge à aiguilles.**
RÉPONSE : 2 heures ; 8 heures ; 5 heures.

**Je consolide mes connaissances** › CAHIER GÉOMÉTRIE p. 43

**Exercice 2**
RÉPONSE : 7 heures ; 1 heure ; 8 heures et demie.

**CD-Rom du guide**

› Fiche différenciation n° 42

**Autres ressources**

› 80 Activités et jeux mathématiques CP
**51.** Les horaires de l'école
**52.** Loto des heures

› CD-Rom Jeux interactifs GS-CP-CE1
**Jeu 20.** La lecture de l'heure (jeux 1 et 2)

MESURES ET GÉOMÉTRIE

## Carré, rectangle, triangle : construction sur quadrillage ou papier pointé (séance 8)

**Je prépare le bilan** › CAHIER GÉOMÉTRIE p. 42 B

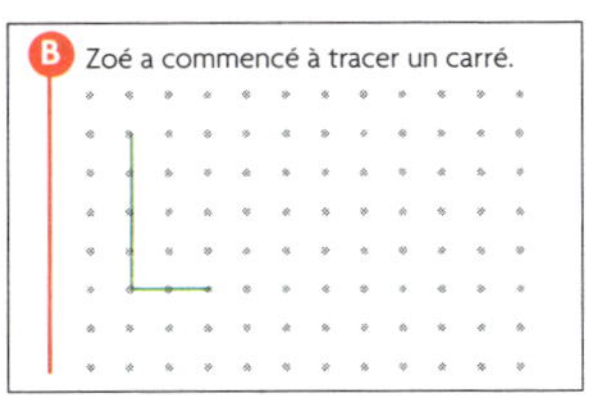


→ **Pour construire un carré ou un rectangle,** il faut utiliser ce qu'on sait de ces figures :
– ils ont 4 sommets et 4 côtés ;
– tous les côtés d'un carré ont la même longueur ;
– les côtés d'un rectangle qui se font face ont même longueur ;
– les 4 côtés sont des traits du quadrillage qu'on imagine (on ne voit que les nœuds où se croisent les traits, les traits ont été effacés).

**Je fais le bilan** › CAHIER GÉOMÉTRIE p. 42

**Exercices 2 et 3 Terminer la construction d'un carré et d'un rectangle sur papier quadrillé.**
MATÉRIEL par élève : règle pour tracer.

**Je consolide mes connaissances** › CAHIER GÉOMÉTRIE p. 43

**Exercice 3**

**CD-Rom du guide**

› Fiche différenciation n° 43

BANQUE DE PROBLÈMES

# Des assemblages

› CAHIER GÉOMÉTRIE p. 44

**Tous les problèmes consistent à construire ou inventorier différents assemblages possibles de carrés ou de cubes. Ils permettent de travailler la reconnaissance d'un même objet du plan ou de l'espace dans des orientations différentes ainsi que le changement de point de vue sur un objet. Le regard sur un assemblage peut se porter soit sur la forme globale de celui-ci, soit sur l'agencement des éléments qui le constituent. D'autres problèmes dans *80 activités et jeux mathématiques CP* permettent de travailler ces compétences : l'activité 76 « Assemblages de triangles » et l'activité 77 « Assemblages superposables ».**

MATÉRIEL POUR CHAQUE ÉLÈVE :
- carrés gris à découper › **fiche 87**
- une paire de ciseaux

MATÉRIEL PAR ÉQUIPE DE DEUX ÉLÈVES :
- photos des assemblages à reproduire › **fiche 88**
- un rouleau de ruban adhésif

MATÉRIEL PAR ÉQUIPE DE QUATRE ÉLÈVES : une trentaine de cubes emboitables dans toutes les directions (par exemple, les Multicubes de Nathan ou les Cube-Union d'Asco-Celda)

## Problème 1

Dans les problèmes 1 et 2, tu vas construire des assemblages avec des carrés gris qui sont tous de la même taille. Quand tu as trouvé un assemblage, attache les carrés entre eux avec du ruban adhésif.
- Les carrés doivent se toucher côté contre côté et sommet contre sommet.
- Ils doivent être assemblés avec la face grise du même côté.

Découpe les carrés dans la fiche que te donne le maitre ou la maitresse.

1 **Construis** tous les assemblages différents qu'on peut réaliser en utilisant 3 carrés.

ORGANISATION : Individuel ou par équipes de deux.

OBJECTIFS :
- Identifier des assemblages superposables.
- Construire une procédure qui permet de trouver tous les assemblages de 3 carrés.

TÂCHE : Construire tous les assemblages de 3 carrés.

RÉPONSE : Les 2 assemblages de 3 carrés.

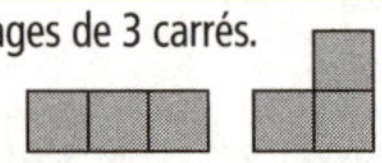

## Problème 2

2 **Construis** au moins 6 assemblages différents en utilisant 4 carrés.

ORGANISATION : Individuel ou par équipes de deux.

OBJECTIFS :
- Construire une procédure qui permet de trouver plusieurs assemblages de 4 carrés.
- Identifier des assemblages superposables.

TÂCHE : Construire 6 assemblages de 4 carrés.

RÉPONSE : Les 7 assemblages de 4 carrés.

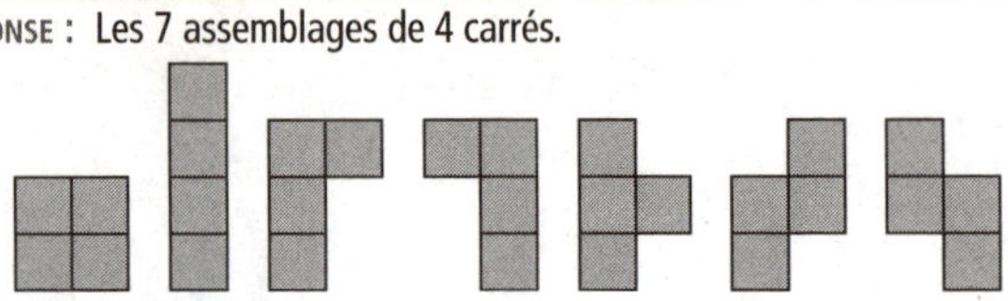

## Problème 3

Dans les problèmes 3 à 5, tu vas construire des assemblages de formes **différentes avec des cubes** qui sont tous de la même taille. La couleur des cubes dans chaque assemblage est sans importance.

3 **Construis** tous les assemblages différents qu'on peut réaliser en utilisant 3 cubes.

ORGANISATION : Individuel ou par équipes de deux.

OBJECTIFS :
- Construire une procédure qui permet de trouver tous les assemblages de 3 cubes.
- Identifier des assemblages identiques.

TÂCHE : Construire tous les assemblages de 3 cubes.

RÉPONSE : Les 2 assemblages de 3 cubes.

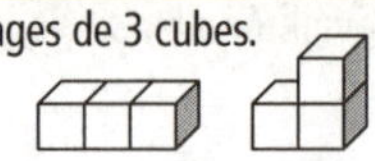

## Problème 4

4 Voici 4 assemblages différents construits chacun avec 5 cubes.
a. Avec tes cubes, **reproduis** chacun de ces assemblages.
b. **Construis** au moins 3 autres assemblages en utilisant 5 cubes. Ils doivent être différents des assemblages photographiés.

ORGANISATION : Par équipes de deux ou quatre.

OBJECTIFS :
- Construire un assemblage d'après une représentation.
- Construire une procédure qui permet de trouver différents assemblages de 5 cubes.
- Identifier des assemblages identiques.

TÂCHES :
- Construire des assemblages de 5 cubes à partir de photographies de ceux-ci.
- Construire trois assemblages de 5 cubes, différents de ceux qui sont photographiés.

RÉPONSE : Les 29 assemblages qu'il est possible de réaliser avec 5 cubes (dont les 4 photographiés).

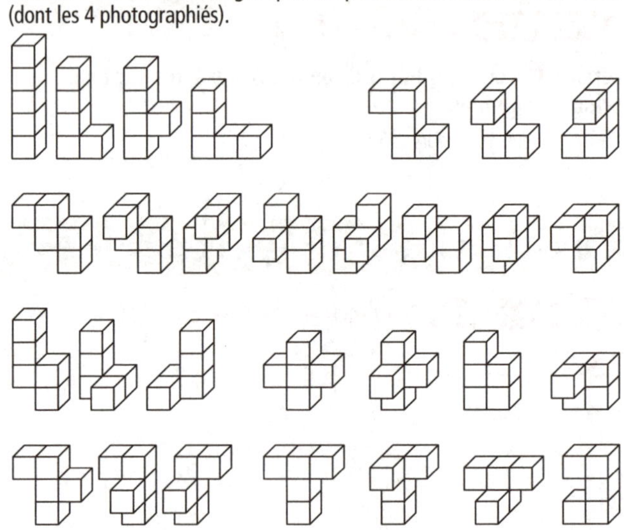

## Problème 5

5 **Construis** 6 assemblages différents en utilisant 4 cubes.

ORGANISATION : Par équipes de deux ou quatre.

OBJECTIFS :
- Construire une procédure qui permet de trouver différents assemblages de 4 cubes.
- Identifier des assemblages identiques.

TÂCHE : Construire 6 assemblages de 4 cubes.

RÉPONSE : Les 8 assemblages qu'il est possible de réaliser avec 4 cubes.

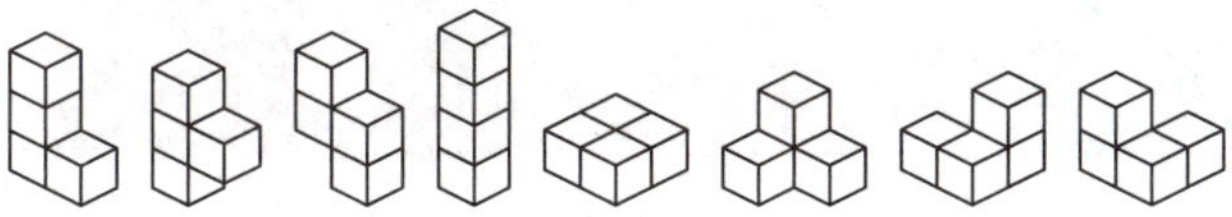

## Mise en œuvre

• Découpage des carrés : demander à chaque élève de découper les 24 carrés de la fiche 87 en s'appliquant.

• Présentation des contraintes d'assemblage des carrés :
– afficher ou dessiner 3 assemblages comme ceux-ci :

et demander lesquels respectent la consigne : « se toucher côté contre côté et sommet contre sommet » ;
– préciser que tous les carrés doivent être assemblés avec la face grise du même côté.

### Problème 1

Ce problème prépare le suivant. Il permet de s'approprier les contraintes et de montrer comment faire pour savoir si deux assemblages sont identiques.

• Avant que les élèves engagent la recherche, préciser ce que sont deux assemblages différents : deux assemblages qu'on ne peut pas superposer l'un sur l'autre.

• Procéder à l'inventaire des assemblages trouvés et à partir des productions, discuter pour savoir si deux assemblages comme ceux-ci sont différents. Si besoin, coller les carrés entre eux avec du ruban adhésif pour superposer les assemblages et ainsi montrer qu'ils sont les mêmes.

### Problème 2

• Procéder à l'inventaire des assemblages trouvés et engager la discussion pour savoir s'il n'y a pas des assemblages qui sont les mêmes mais positionnés différemment.

• Ces deux assemblages qui peuvent être superposés si on retourne l'un sur sa face blanche sont deux assemblages gris différents car en les maintenant faces grises visibles, en faisant pivoter l'un, il n'est pas possible de le superposer à l'autre.

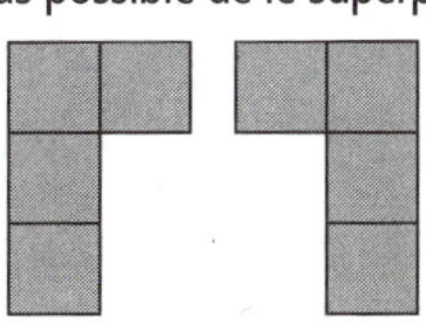

### Problème 3

• Remettre une trentaine de cubes à chaque équipe de 4 élèves. Si les élèves ne les ont pas déjà manipulés, présenter les cubes, montrer qu'ils peuvent être assemblés sur toutes leurs faces.

• Laisser un temps pour que chaque élève assemble plusieurs cubes.

• Après la recherche, procéder à l'inventaire des assemblages trouvés et à partir des productions, discuter pour savoir si par exemple deux assemblages comme ceux-ci sont différents :

### Problème 4

• Revenir éventuellement sur la mise en correspondance d'un assemblage et de sa photographie.

### Problème 5

• Procéder à l'inventaire des assemblages trouvés et engager la discussion pour savoir s'il n'y a pas des assemblages qui sont les mêmes.

• Il est conseillé de faire l'exploitation question après question.

## Aides possibles

**Pour la découpe des carrés,** signaler les stratégies économiques utilisées par certains élèves : découper d'abord des bandes, puis les carrés, plutôt que carré par carré.

**Pour les problèmes 1 à 5,** questionner individuellement les élèves ou les équipes sur :
– ce qu'ils peuvent faire pour savoir si leurs assemblages sont pareils ou non ;
– ce qu'ils peuvent essayer pour construire de nouveaux assemblages qui soient différents des précédents.

**Pour le problème 4,** inciter les élèves à prendre des cubes de la même couleur que la photographie du cahier et leur demander, une fois l'assemblage construit, comment faire pour savoir s'il correspond bien à celui qui est photographié : allure générale, comptage des cubes alignés ; quand il y a un cube placé au-dessus des autres, repérage de sa position à partir d'une extrémité…

## Procédures à observer particulièrement

• **Les procédures de construction :**
– assemblage sans stratégie arrêtée et contrôle après coup pour savoir s'il est différent de ceux déjà construits, ou contrôle en cours de construction après chaque nouveau cube placé ;
– ébauche d'une stratégie après avoir construit un ou plusieurs assemblages.

• **Les procédures pour repérer des assemblages identiques :**
– comparaison à vue (allure générale, comptage des carrés ou cubes alignés…) ;
– rotation d'un des deux pour l'amener dans la même position que l'autre ;
– superposition dans le cas des carrés, placement des assemblages l'un contre l'autre dans le cas des cubes.

**Pour le problème 4,** la façon dont les élèves comparent leur construction au modèle photographié.

## Erreurs à exploiter particulièrement

**Pour les problèmes 1 et 2,** des assemblages identiques mais orientés différemment.

**Pour les problèmes 3 à 5,** des assemblages identiques mais ne reposant pas sur la table par une même face.

# UNITÉ 10

**13 ou 14 séances**
– 10 séances programmées (9 séances d'apprentissage + 1 bilan)
– 3 ou 4 séances pour la consolidation et la résolution de problèmes

| | CALCUL MENTAL (environ 30 min par séance) | RÉVISER (environ 30 min par séance) | APPRENDRE (environ 45 min par séance) |
|---|---|---|---|
| **Séance 1** FICHIER NOMBRES p. 101 | **Problèmes dictés** Compléments | **Problèmes écrits** Compléments | **Lecture et écriture des nombres de 80 à 99** RECHERCHE Ça se complique |
| **Séance 2** FICHIER NOMBRES p. 102 | **Répertoire additif** | **Décompositions de nombres avec 1, 2, 5, 10, 20, 50** | **Complément et différence** RECHERCHE Combien de photos dans la boite ? |
| **Séance 3** FICHIER NOMBRES p. 103 | **Répertoire additif** | **Décomposition du nombre 15** | **Complément et différence** RECHERCHE Combien de photos dans la boite bleue ? |
| **Séance 4** FICHIER NOMBRES p. 104 | **Répertoire additif : compléments et différences** | **Décomposition du nombre 20** | **Addition posée** RECHERCHE L'addition comme les grands (1) |
| **Séance 5** FICHIER NOMBRES p. 105 | **Problèmes dictés** Compléments à 10 | **Problèmes écrits** Compléments | **Addition posée** RECHERCHE L'addition comme les grands (2) |
| **Séance 6** CAHIER GÉOMÉTRIE p. 45 | **Répertoire additif : compléments et différences** | **Lecture de l'heure** | **Solides** RECHERCHE Assemblages de solides (1) |
| **Séance 7** CAHIER GÉOMÉTRIE p. 46 | **Calcul sur les dizaines et les unités : compléments et différences** | **Tracés à la règle** | **Solides** RECHERCHE Assemblages de solides (2) |
| **Séance 8** FICHIER NOMBRES p. 106 | **Calcul sur les dizaines et les unités : compléments et différences** | **Addition posée ou en ligne** | **Calcul sur les dizaines et comparaison de sommes** RECHERCHE La cible (1) |
| **Séance 9** FICHIER NOMBRES p. 107 | **Dictée de nombres jusqu'à 99** | **Décomposition du nombre 50** | **Décompositions de nombres sous forme de sommes** RECHERCHE La cible (2) |

| | |
|---|---|
| **Bilan** | **Je prépare le bilan** puis **Je fais le bilan**<br>FICHIER NOMBRES p. 108-109<br>CAHIER GÉOMÉTRIE p. 47 |

En plus des 10 séances décrites dans le guide, **3 à 4 séances** sont consacrées à des **activités de consolidation et de résolution de problèmes**.
Pour cela, l'enseignant peut utiliser les ressources suivantes :

| | |
|---|---|
| **Consolidation Remédiation** | **Je consolide mes connaissances**<br>FICHIER NOMBRES p. 110<br>CAHIER GÉOMÉTRIE p. 48 |
| **Banque de problèmes** | ***Le cirque***<br>FICHIER NOMBRES p. 111<br>– Calculer une somme<br>– Calculer un complément<br>– Résoudre un problème à étapes |

**L'essentiel à retenir de l'unité 10**

- **Calcul mental**
  - – Problèmes dictés : compléments
  - – Répertoire additif (jusqu'à 18)
  - – Calcul sur les dizaines et les unités
  - – Dictée de nombres (jusqu'à 99)
- **Nombres jusqu'à 99 :** lecture, écriture
- **Complément et différence**
- **Vers l'addition posée**
- **Calcul sur les dizaines**
- **Comparaison de sommes**
- **Décompositions de nombres sous forme de sommes**
- **Solides :** décrire, représenter, nommer

# Lecture des nombres jusqu'à 99



| | Tâche | Matériel | Connaissances travaillées |
|---|---|---|---|
| **CALCUL MENTAL** | **Problèmes dictés**<br>– Résoudre deux problèmes dont l'énoncé est donné oralement | pour la classe :<br>– une enveloppe avec 6 photos d'Arthur et 4 de Zoé (problème a)<br>– une enveloppe avec 5 photos d'Arthur, 3 photos de Zoé et 2 photos de Gribouille (problème b) › **fiche 8**<br>par élève :<br>FICHIER NOMBRES **p. 101** 1 | – **Addition et soustraction**<br>– Notion de complément |
| **RÉVISER** Calculs | **Problèmes écrits**<br>– Résoudre deux problèmes dont l'énoncé est donné par écrit | par élève :<br>FICHIER NOMBRES **p. 101** 2 3 | – **Addition et soustraction**<br>– Notion de complément |
| **APPRENDRE** Nombres | **Lecture des nombres de 80 à 99**<br>RECHERCHE **Ça se complique**<br>– Comprendre et expliquer le principe de lecture des nombres de 80 à 99 | par élève :<br>– ardoise ou cahier de brouillon<br>FICHIER NOMBRES **p. 101** 4 5 | – **Lecture des nombres de 80 à 99** |

## CALCUL MENTAL

**Problèmes dictés** • Compléments

– Résoudre mentalement des problèmes de recherche de complément.

COLLECTIF/INDIVIDUEL

FICHIER NOMBRES ET CALCULS **p. 101**

Problèmes dictés

1  ........ photos de Zoé.  ........ photos de Gribouille.

**Exercice 1**

**Problème a**

• Résoudre mentalement des problèmes de recherche de complément.

➡ *Dans cette enveloppe, il y a 10 photos (les sortir et montrer le dos des photos, sans laisser la possibilité de dénombrer les 2 types de photos). Il n'y a que des photos d'Arthur et de Zoé. Il y a 6 photos d'Arthur. Toutes les autres sont des photos de Zoé.*

• Noter les informations au tableau : « 10 photos, 6 photos d'Arthur ».

• Demander aux élèves de faire des hypothèses sur la question à laquelle il faut répondre. Poser la question : ➡ *Combien de photos de Zoé y a-t-il ?*

• Laisser un temps de recherche et demander de formuler la réponse par écrit dans le fichier.

• Recenser les réponses, demander d'éliminer celles qui sont surement erronées, faire formuler quelques procédures.

• Procéder à une validation expérimentale.

RÉPONSE : 4 photos de Zoé.

**Problème b**

• Même déroulement avec cet autre problème :

➡ *Dans cette enveloppe, il y a 10 photos (les sortir et montrer le dos des photos, sans laisser la possibilité de dénombrer les 3 types de photos). Il n'y a que des photos d'Arthur, de Zoé et de Gribouille. Il y a 5 photos d'Arthur et 3 de Zoé. Toutes les autres sont des photos de Gribouille. Combien de photos de Gribouille y a-t-il ?*

Comme dans d'autres séances, la concrétisation de la situation présente un double intérêt :
– aider à la compréhension de la situation ;
– permettre une validation à la fin de la résolution.

RÉPONSE : 2 photos de Gribouille.

## RÉVISER

**Problèmes écrits • Compléments**
– Résoudre des problèmes de recherche de complément.

INDIVIDUEL

**FICHIER NOMBRES ET CALCULS p. 101**

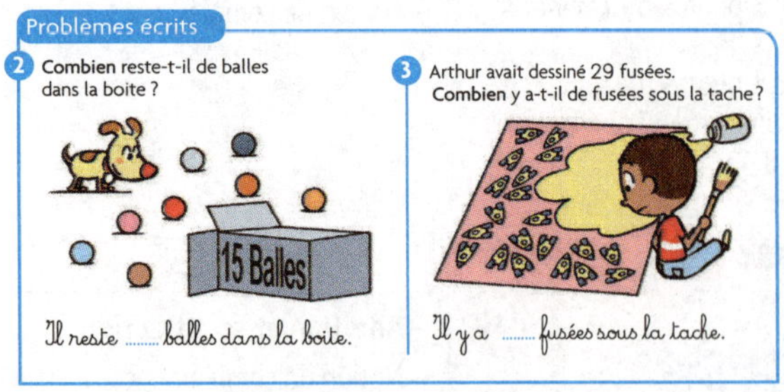


• Les énoncés peuvent être lus collectivement avant la résolution individuelle.
• Au moment de la correction, les procédures utilisées sont mises en évidence.

**Exercice 2**
• Les informations utiles sont fournies par le dessin.
RÉPONSE : 7 balles.

**Exercice 3**
• Les informations sont fournies par le texte et par le dessin.
RÉPONSE : 9 fusées.

**Procédures possibles :** dessin ou doigts et dénombrement, comptage en avant ou en arrière, calcul (utilisation de résultats connus ou reconstruits).

**Différenciation** → CD-Rom du guide, fiche 44.

**À SUIVRE**
**En séances 2 et 3,** ce type de problème fera l'objet d'une étude spécifique.

## APPRENDRE

**Lecture des nombres de 80 à 99 (et écriture en lettres)**
– Lire et écrire en lettres les nombres de 80 à 99.

### RECHERCHE

**Ça se complique :** Les élèves doivent, à partir d'exemples, comprendre et expliquer le principe de lecture des nombres de 80 à 99.

COLLECTIF ET INDIVIDUEL OU ÉQUIPES DE 2

**PHASE 1 Recherche du principe de lecture des nombres**

• Écrire en vrac au tableau les nombres :
34 45 48 56 50 65 75 70 84 80 94
• Formuler ensuite la tâche :
➡ *Cherchez, parmi ces nombres, ceux que vous savez lire. Écrivez-les dans un coin de votre feuille. Écrivez ailleurs ceux que vous n'êtes pas surs de savoir lire.*
• Recenser d'abord les nombres que la plupart des élèves savent lire et écrire leur nom en lettres (nombres jusqu'à 79). Rappeler les règles de lecture connues.
• Recenser ensuite les nombres que peu d'élèves savent lire et les écrire en chiffres au tableau.
• Demander les propositions de lecture s'il y en a, ou les donner soi-même, et les écrire au tableau en lettres.

| | |
|---|---|
| 84 | quatre-vingt-quatre |
| 80 | quatre-vingts |
| 94 | quatre-vingt-quatorze |

• Demander aux élèves de chercher la réponse à la question suivante, individuellement ou par deux :
➡ *Observez bien les exemples que nous venons d'étudier et ce qui est écrit au tableau. Essayez de trouver une méthode qui aide à lire les nombres de deux chiffres qui commencent par 8 ou par 9, comme par exemple ceux que j'écris au tableau : 81, 85, 92, 96 (les écrire sans les lire).*

À partir de quelques exemples de nombres lus, il s'agit de formuler les principes relatifs à la lecture des nombres de 80 à 99. Le système français de désignation orale des nombres inférieurs à 100 est particulièrement compliqué pour les nombres situés entre 60 et 100 (contrairement aux systèmes belge et suisse). C'est une source de nombreuses erreurs pour les élèves (par exemple : quatre-vingt-treize traduit 8013 ou 42013 ou 813…).
La lecture de ces nombres (entre 80 et 99) a toutefois pu être acquise par quelques élèves.

COLLECTIF

**PHASE 2 Mise en commun et synthèse : formulation des principes de lecture**

• Recenser les suggestions et les faire expliciter.

**SYNTHÈSE**
• Pour les nombres de deux chiffres qui commencent par 8 et 9, il faut utiliser le même mot-clé ***quatre-vingt***.
• Pour les nombres qui commencent par 8, il faut compléter avec les mots de *un* à *neuf*.
• Pour les nombres qui commencent par 9, il faut compléter avec les mots de *dix* à *dix-neuf*.
• Faire remarquer que ces principes sont semblables à ceux utilisés pour les nombres de 60 à 79 (avec le mot-clé *soixante*).

COLLECTIF

**PHASE 3** **Entrainement collectif**

- Pour des nombres compris entre 0 et 99 (notamment entre 60 et 99) :

– lecture de nombres donnés par leur écriture en chiffres au tableau ;

– écriture en chiffres de nombres donnés oralement.

INDIVIDUEL

## ENTRAINEMENT

### FICHIER NOMBRES ET CALCULS p. 101

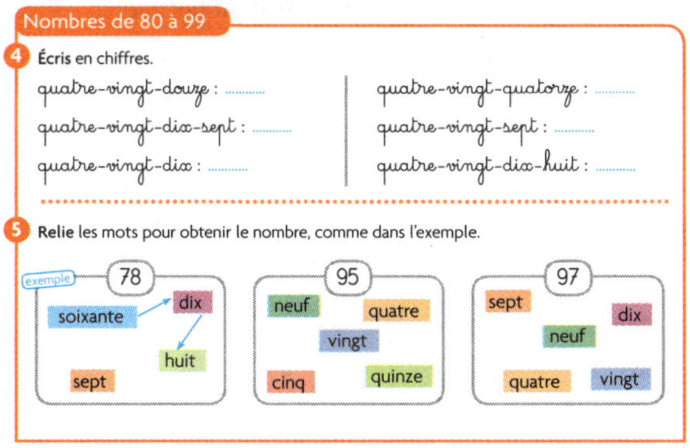

Nombres de 80 à 99

4 **Écris** en chiffres.

quatre-vingt-douze : ..........
quatre-vingt-dix-sept : ..........
quatre-vingt-dix : ..........
quatre-vingt-quatorze : ..........
quatre-vingt-sept : ..........
quatre-vingt-dix-huit : ..........

5 **Relie** les mots pour obtenir le nombre, comme dans l'exemple.



### Exercice 4

- Il s'agit d'un exercice classique.
- Pour certains élèves, il peut être utile d'apporter une aide dans la lecture des écritures littérales.

RÉPONSE : 92 ; 97 ; 90 ; 94 ; 87 ; 98.

### Exercice 5

- Il s'agit d'un exercice plus difficile qui peut ne pas être traité par tous les élèves.
- Il est également possible de donner des étiquettes-mots à certains élèves pour les aider à les combiner.

RÉPONSE : quatre-vingt-quinze ; quatre-vingt-dix-sept.

**Différenciation** → CD-Rom du guide, fiche 44.

UNITÉ 10

# UNITÉ 10 Complément et différence (1)

| | Tâche | Matériel | Connaissances travaillées |
|---|---|---|---|
| CALCUL MENTAL | **Répertoire additif**<br>– Donner rapidement toutes les sommes du répertoire additif | par élève :<br>FICHIER NOMBRES p. 102 (1) | – **Calcul mental (mémorisation du répertoire additif)** |
| RÉVISER Calculs | **Décompositions de nombres avec 1, 2, 5 10, 20, 50**<br>– Réaliser des sommes d'argent avec des pièces et billets ayant ces valeurs en euros | par élève :<br>FICHIER NOMBRES p. 102 (2) | – **Numération décimale**<br>– Monnaie<br>– Calcul |
| APPRENDRE Calculs | **Complément et différence**<br>RECHERCHE **Combien de photos dans la boite ?**<br>– Trouver le nombre de photos contenues dans une boite, connaissant le nombre total de photos et le nombre de photos sorties de la boite | pour la classe :<br>– 15 photos de Gribouille › **fiche 8**<br>– 1 boite ou enveloppe de couleur (par exemple bleue)<br>par élève :<br>– une feuille pour chercher<br>FICHIER NOMBRES p. 102 (3) (4) | – **Addition, soustraction : sens**<br>– Relation entre complément et différence |

## CALCUL MENTAL

### Répertoire additif

– Donner rapidement la somme de deux nombres inférieurs à 10.

COLLECTIF

FICHIER NOMBRES ET CALCULS p. 102

**Exercice 1**

• Calculs proposés :

a. 8 + 8 b. 8 + 9 c. 8 + 7
d. 6 + 6 e. 6 + 8 f. 6 + 9

• Mise en commun rapide pour expliciter les procédures utilisées (résultat mémorisé, appui sur des doubles ou d'autres résultats connus, passage par 10, appui sur des décompositions avec 5…).

RÉPONSE : 16 ; 17 ; 15 ; 12 ; 14 ; 15.

## RÉVISER

### Décompositions de nombres avec 1, 2, 5, 10, 20, 50

– Décomposer des nombres inférieurs à 100.
– Connaitre et utiliser la monnaie.

INDIVIDUEL

FICHIER NOMBRES ET CALCULS p. 102

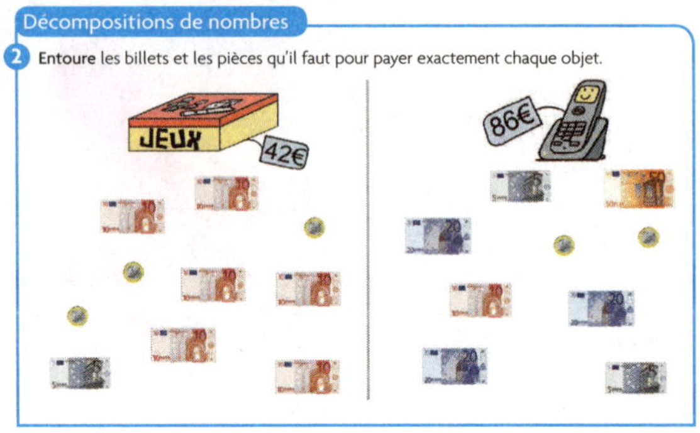


**Exercice 2**

• Réaliser une somme en choisissant parmi des billets et des pièces donnés.

• Le choix des billets et des pièces donnés ne permet de réaliser qu'une seule solution.

RÉPONSE : 10 + 10 + 10 + 10 + 1 + 1 ; 50 + 20 + 10 + 5 + 1.

**Différenciation** → CD-Rom du guide, fiche 45.

## APPRENDRE

## Complément et différence (1)

– Comprendre l'équivalence entre calcul d'un complément et calcul d'une différence.

### RECHERCHE

**Combien de photos dans la boite :** Les élèves doivent trouver combien de photos il y a dans la boite, en connaissant le nombre total de photos, les autres photos étant visibles.

COLLECTIF ET INDIVIDUEL

#### PHASE 1 Présentation de l'activité

• Présenter l'activité aux élèves en montrant 5 photos de Gribouille visibles de tous et dénombrées par un élève. Sans que les élèves le voient, placer 2 photos dans la boite et laisser les autres sur la table.

• Poser la question :

➡ *J'avais 5 photos de Gribouille. J'en ai mis quelques-unes dans cette boite et les autres sont restées sur la table (montrer les 3 photos restées sur la table).*

➡ *Combien de photos y a-t-il dans la boite ? Vous pouvez chercher dans votre tête ou utiliser la feuille de papier ou l'ardoise.*

• Recenser les réponses et les noter au tableau. Demander lesquelles ne peuvent pas être correctes (nombres supérieurs à 5, notamment).

• Faire formuler quelques procédures utilisées, par exemple :
– représentation des 5 photos et isolement des 3 qui sont sur la table, puis dénombrement de celles qui restent ;
– représentation des seules 3 photos mises sur la table, accompagnée d'un surcomptage « quatre, cinq » et réponse « deux » ;
– surcomptage sans dessin ;
– utilisation de l'égalité connue 3 + 2 = 5 ou de 5 – 3 = 2.

• Vérification en montrant le contenu de la boite.

À terme, il s'agit de faire prendre conscience qu'un complément peut être calculé de deux façons : en complétant un nombre *a* pour obtenir un nombre *b*, ou en soustrayant le nombre *a* du nombre *b*. L'équivalence de ces deux calculs ne va pas de soi et, pour certains élèves, peut être longue à établir (il faut parfois attendre le CE2 pour cela). Au CP, il s'agit donc de poser un premier jalon vers la conquête de cette équivalence, à partir d'exemples pour lesquels une vérification expérimentale du résultat reste possible.

COLLECTIF ET INDIVIDUEL

#### PHASE 2 Autres questions

• Reprendre le même type de question et le même déroulement avec d'autres quantités indiquées dans le tableau ci-dessous.

| | a | b | c | d | e | f |
|---|---|---|---|---|---|---|
| **Nombre total de photos** | 10 | 10 | 10 | 15 | 15 | 15 |
| **Nombre de photos sur la table** | 5 | 1 | 8 | 10 | 2 | 12 |

Les nombres sont choisis pour favoriser différentes procédures :
– appui sur un résultat bien mémorisé comme 5 + 5 = 10 (question a) ;
– démarche « soustractive » : la question b peut être résolue en soustrayant 1 de 10 (ce qui peut être traduit par 10 – 1 = 9) ;
– démarche « additive » : la question c peut être résolue en cherchant le nombre qu'il faut ajouter à 8 pour obtenir 10, ce qui peut être codé par 8 + … = 10.
Si une procédure est, dans la plupart des cas, favorisée par le choix des nombres, les autres procédures sont également envisageables (voir synthèse ci-après).

COLLECTIF

#### PHASE 3 Synthèse

• En synthèse, reformuler les principales procédures utilisées, notamment celles faisant appel au calcul.

**SYNTHÈSE**

• Pour trouver le nombre de photos qui sont dans la boite, on peut :
– trouver la réponse très vite en utilisant un résultat connu « par cœur » comme 5 + 5 = 10, ou qui est facile à retrouver comme 10 + 5 = 15 ;
– compléter, par ajouts successifs d'une photo, le nombre de photos qui sont sur la table pour obtenir le nombre total de photos : dans ce cas, on peut écrire par exemple 12 + … = 15 ;
– soustraire le nombre de photos qui sont sur la table du nombre total de photos : dans ce cas on peut écrire par exemple 15 – 2 = 13.

INDIVIDUEL

### ENTRAINEMENT

**FICHIER NOMBRES ET CALCULS p. 102**

**Exercices 3 et 4**

• Les énoncés peuvent être lus collectivement avant la résolution.

• Pour l'exercice 3, l'information est prise sur le dessin, alors que pour l'exercice 4, elle est fournie par le texte et le dessin.

• Au moment de la correction, les procédures utilisées sont mises en évidence en référence à celles mentionnées lors de la synthèse.

RÉPONSE : 3 12 pailles.
4 6 os.

**Différenciation** → CD-Rom du guide, fiche 45.

**À SUIVRE**

**En séance 3**, l'activité sera reprise, mais les objets dont le nombre est connu ne seront plus visibles.

UNITÉ 10

| | Tâche | Matériel | Connaissances travaillées |
|---|---|---|---|
| CALCUL MENTAL | **Répertoire additif**<br>– Donner rapidement toutes les sommes du répertoire additif | par élève :<br>FICHIER NOMBRES p. 103 ① | – **Calcul mental (mémorisation du répertoire additif)** |
| RÉVISER Calculs | **Décomposition du nombre 15**<br>– Obtenir 15 en additionnant des nombres donnés | par élève :<br>FICHIER NOMBRES p. 103 ② | – **Calcul réfléchi de sommes** (jusqu'à 15) |
| APPRENDRE Calculs | **Complément et différence**<br>RECHERCHE **Combien de photos dans la boite bleue ?**<br>– Trouver combien de photos il y a dans la boite bleue, connaissant le nombre total de photos ainsi que le nombre de photos mises dans la boite rouge | pour la classe :<br>– 30 photos de Gribouille › **fiche 8**<br>– 2 boites ou enveloppes de couleurs différentes (par exemple, rouge et bleue)<br>par élève :<br>– une feuille pour chercher<br>FICHIER NOMBRES p. 103 ③ à ⑤ | – **Addition, soustraction : sens**<br>– Relation entre complément et différence |

## CALCUL MENTAL

### Répertoire additif

– Donner rapidement la somme de deux nombres inférieurs à 10.

COLLECTIF

FICHIER NOMBRES ET CALCULS p. 103

**Exercice ①**

• Calculs proposés :

a. 7 + 7 b. 7 + 5 c. 7 + 8
d. 9 + 9 e. 9 + 6 f. 9 + 8

• Mise en commun rapide pour expliciter les procédures utilisées (résultat mémorisé, appui sur des doubles ou d'autres résultats connus, passage par 10, appui sur des décompositions avec 5…).

RÉPONSE : 14 ; 12 ; 15 ; 18 ; 15 ; 17.

## RÉVISER

### Calcul réfléchi • Décomposition du nombre 15

– Obtenir 15 en additionnant des nombres donnés.

INDIVIDUEL

FICHIER NOMBRES ET CALCULS p. 103

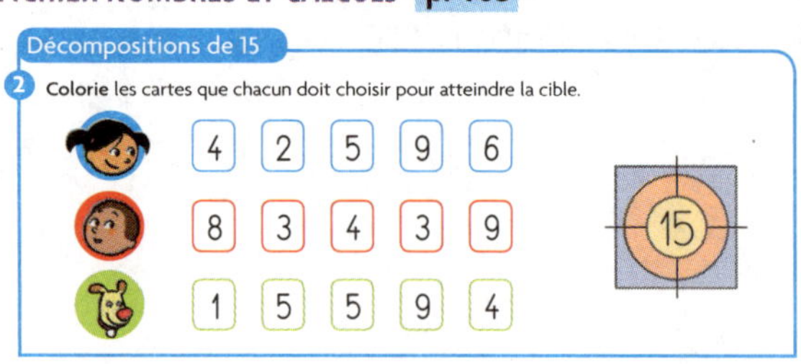


**Exercice ②**

• Pour les élèves plus rapides, il peut être demandé de chercher d'autres solutions possibles avec chaque ensemble de cartes, et de les donner à l'aide d'écritures additives.

RÉPONSE : Zoé : 4 + 2 + 9 ; 4 + 5 + 6 ; 9 + 6.
Arthur : 8 + 3 + 4 ; 3 + 3 + 9.
Gribouille : 1 + 5 + 9 ; 1 + 5 + 5 + 4.

## Complément et différence (2)

– Comprendre l'équivalence entre calcul d'un complément et calcul d'une différence.

### RECHERCHE

**Combien de jetons dans la boite bleue :** Les élèves doivent trouver combien de photos il y a dans la boite bleue, connaissant le nombre total de photos et le nombre de photos placées dans la boite rouge.

COLLECTIF ET INDIVIDUEL

#### PHASE 1 Présentation de l'activité

• Présenter l'activité aux élèves en montrant 6 photos de Gribouille visibles de tous et dénombrées par un élève. Sans que les élèves le voient, placer 3 photos dans la boite rouge et les 3 autres dans la boite bleue.

• Poser la question.

➡ *J'avais 6 photos de Gribouille. J'en ai mis 3 dans cette boite rouge (écrire 3 sur une étiquette placée devant la boite rouge et bien visible des élèves) et les autres dans cette boite bleue.*

➡ *Combien de photos y a-t-il dans la boite bleue ? Vous pouvez chercher dans votre tête ou utiliser la feuille de papier ou l'ardoise.*

• Recenser les réponses et les noter au tableau. Demander lesquelles ne peuvent pas être correctes (nombres supérieurs à 6, notamment).

• Faire formuler quelques procédures utilisées, par exemple :
– représentation des 6 photos et isolement des 3 qui sont dans la boite rouge, puis dénombrement de celles qui restent ;
– représentation des seules 3 photos de la boite rouge, accompagnée d'un surcomptage « quatre, cinq, six » et réponse « trois » ;
– surcomptage sans dessin ;
– utilisation de l'égalité connue 3 + 3 = 6 ou de 6 – 3 = 3.

• Vérification en montrant le contenu de la boite.

Cette phase doit être conduite très rapidement, puisqu'il s'agit simplement de montrer aux élèves la différence avec l'activité de la séance 2.

COLLECTIF ET INDIVIDUEL

#### PHASE 2 Autres questions

• Reprendre le même type de question et le même déroulement avec d'autres quantités indiquées dans le tableau ci-dessous.

| | a | b | c | d | e | f | g |
|---|---|---|---|---|---|---|---|
| Nombre total de photos | 20 | 20 | 20 | 20 | 30 | 30 | 30 |
| Nombre de photos dans la boite rouge | 18 | 1 | 5 | 16 | 10 | 3 | 27 |

Comme en séance 2, les nombres sont choisis pour favoriser différentes procédures. Le fait que les photos dont le nombre est connu ne soient plus visibles (elles sont dans la boite rouge) et que les nombres soient plus grands qu'en séance 2 devrait favoriser l'abandon du recours au dessin, et donc mettre l'accent sur les procédures numériques.

COLLECTIF

#### PHASE 3 Synthèse

• En synthèse, rappeler les procédures vues en séance 2.

**SYNTHÈSE**

• Pour trouver le nombre de photos qui sont dans la boite bleue, on peut :
– compléter le nombre de photos qui sont dans la boite rouge pour obtenir le nombre total de photos : dans ce cas, on peut écrire par exemple 18 + … = 20 ;
– soustraire le nombre de photos qui sont dans la boite rouge du nombre total de photos : dans ce cas, on peut écrire par exemple 20 – 1 = 19.

INDIVIDUEL

### ENTRAINEMENT

**FICHIER NOMBRES ET CALCULS** p. 103

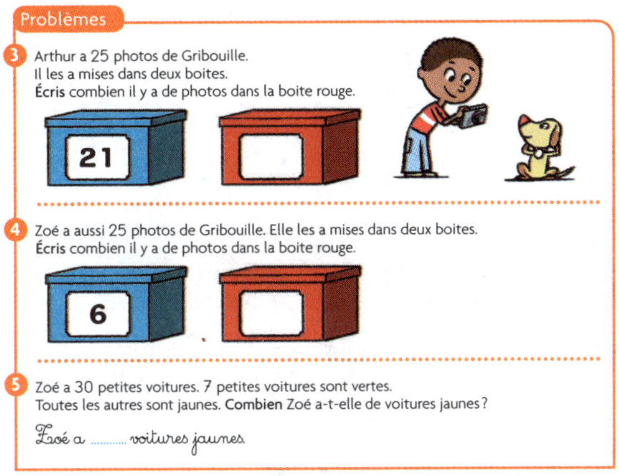


**Exercices 3 à 5**

• Les énoncés peuvent être lus collectivement avant la résolution.

• Pour l'exercice 5, l'information se trouve uniquement dans le texte, ce qui nécessite un effort plus important de la part des élèves pour se représenter la situation évoquée.

• Au moment de la correction, les procédures utilisées sont mises en évidence en référence à celles mentionnées lors de la synthèse.

RÉPONSE : 3 4 photos.
4 19 photos.
5 23 voitures jaunes.

**Différenciation** → CD-Rom du guide, fiche 46.

# Addition posée (1)



| | Tâche | Matériel | Connaissances travaillées |
|---|---|---|---|
| CALCUL MENTAL | **Compléments et différences (répertoire additif)**<br>– Calculer des différences, des compléments | par élève :<br>FICHIER NOMBRES p. 104 1 | – **Répertoire additif**<br>– Mémorisation |
| RÉVISER Calculs | **Décomposition du nombre 20 (calcul réfléchi)**<br>– Obtenir 15 en additionnant des nombres donnés | par élève :<br>FICHIER NOMBRES p. 104 2 | – **Calcul réfléchi de sommes** (jusqu'à 20) |
| APPRENDRE Calculs | **Addition posée**<br>RECHERCHE **L'addition comme les grands (1)**<br>– Comprendre le fonctionnement du calcul de l'addition posée en colonnes | pour la classe :<br>– 20 paquets de dix boutons et 20 boutons isolés › **fiche 30**<br>– 3 enveloppes marquées « Arthur : 21 et 14 », « Zoé : 32 et 35 » et « Gribouille : 42 et 7 »<br>par équipe de 2 :<br>– 3 additions posées › **fiche 90**<br>par élève :<br>– 3 bons de commande › **fiche 89**<br>FICHIER NOMBRES p. 104 3 4 | – **Calcul posé pour l'addition**<br>– Valeur positionnelle des chiffres |

## CALCUL MENTAL

### Répertoire additif : compléments et différences

– Connaitre le répertoire additif : différences, compléments.

COLLECTIF

FICHIER NOMBRES ET CALCULS p. 104

**Exercice 1**

• Formuler chaque question oralement (5 → 11 est formulé sous la forme *combien pour aller de 5 à 11 ?* et *combien faut-il ajouter à 5 pour avoir 11 ?*).

a. 14 – 7 b. 14 – 5 c. 14 – 9
d. 5 → 11 e. 3 → 11 f. 7 → 11

• Les procédures sont verbalisées en fonction de ce qui a été travaillé dans les unités précédentes (résultat mémorisé, passage par 10, utilisation de décompositions avec 5). Elles peuvent être mises en relation avec des actions sur des objets ou sur la file numérique.

• Des élèves peuvent également remplacer le calcul d'une différence par celui d'un complément, en utilisant ce qui a été travaillé en séances 2 et 3.

RÉPONSE : 7 ; 9 ; 5 ; 6 ; 8 ; 4.

## RÉVISER

### Calcul réfléchi • Décomposition du nombre 20

– Obtenir 20 en additionnant des nombres donnés.

INDIVIDUEL

FICHIER NOMBRES ET CALCULS p. 104

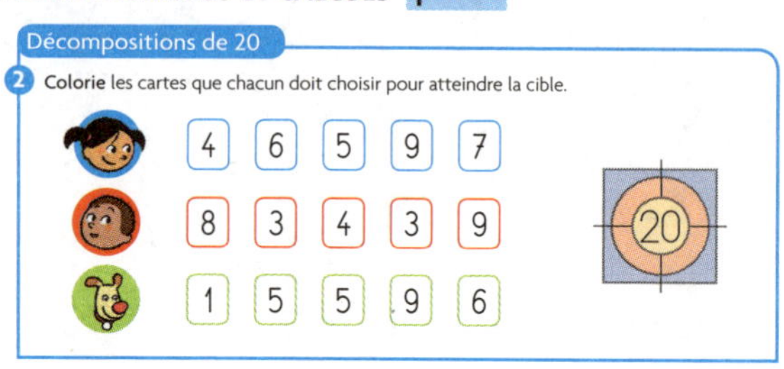


**Exercice 2**

• Pour les élèves plus rapides, il peut être demandé de chercher d'autres solutions possibles avec chaque ensemble de cartes, s'il en existe, et de les donner à l'aide d'écritures additives.

RÉPONSE : Zoé : 4 + 9 + 7 ; 6 +5 + 9.
Arthur : 8 + 3 + 9.
Gribouille : 1 + 5 + 5 + 9 ; 5 + 9 + 6.

# APPRENDRE

## Addition posée (1)

– Comprendre le calcul de l'addition posée en colonnes de 2 nombres de 2 chiffres.

### RECHERCHE

**L'addition comme les grands (1) :**
La résolution d'un problème conduit d'abord les élèves à calculer (implicitement pour certains) trois sommes de deux nombres.
Puis l'enseignant présente le calcul posé par des « grands » pour obtenir le même résultat. Ce calcul est décortiqué et mis en relation avec ce qu'ont fait les élèves.

INDIVIDUEL

### PHASE 1 Combien faut-il de boutons pour chacun ?

• Montrer les trois enveloppes marquées des noms des trois personnages : Arthur, Zoé, Gribouille.

• Signaler que sur chaque enveloppe sont écrits deux nombres et présenter le problème :

➡ *Chaque personnage doit réparer deux ziglotrons et a donc commandé des boutons. Arthur en a commandé 21 pour son premier ziglotron et 14 pour le deuxième, Zoé 32 et 35, et Gribouille 42 et 7.*

• Placer dans chaque enveloppe, avec l'aide des élèves, les boutons correspondants, ce qui permet de rappeler l'interprétation des chiffres en termes de dizaines (paquets de dix boutons) et d'unités (boutons isolés). Ainsi dans l'enveloppe d'Arthur, placer avec les élèves : 2 bandes de dix boutons et 1 bouton, puis 1 bande de dix boutons et 4 boutons, etc. Fermer ensuite les enveloppes, puis distribuer la fiche avec les bons de commande.

• Poursuivre la présentation du problème à résoudre :

➡ *Sur votre feuille, vous devez chercher combien il y a en tout de boutons dans chaque enveloppe. Il faut indiquer le nombre total de boutons, pas seulement ceux qui sont détachés.*

• Observer les procédures utilisées par les élèves pendant la résolution.

**Le calcul de l'addition posée en colonnes** est une technique sociale. Il est donc peu probable qu'elle puisse être reconstruite par les élèves, à partir de leurs procédures « spontanées » de calcul de sommes de deux nombres (comme celles qui ont pu apparaitre dans les unités précédentes). C'est pour cette raison qu'elle est présentée ici comme une méthode à comprendre plutôt qu'à construire.
Cet apprentissage sera repris au CE1. Il ne s'agit ici que d'une première approche, et il ne faut donc pas attendre de tous les élèves une maitrise complète de ce mode de calcul.
Pour les élèves en difficulté importante, l'enseignant peut fournir le matériel correspondant à celui qui est dans les enveloppes. Mais, compte tenu du travail antérieur, la plupart des élèves devraient pouvoir résoudre le problème en travaillant directement sur les nombres.
**Procédures possibles :**
– schéma des bandes et des boutons isolés et dénombrement ;
– décomposition des nombres en dizaines et unités (et addition séparée des dizaines et des unités) ou sous la forme 10 + 10 + 1…

COLLECTIF

### PHASE 2 Mise en commun

• Recenser les réponses et les procédures utilisées, puis les noter au tableau ; elles sont conservées pour la suite.

• Mettre en évidence le fait que les résultats obtenus correspondent aux calculs de 21 + 14, 32 + 35 et 42 + 7, par exemple avec une calculatrice, et écrire les résultats en ligne :
21 + 14 = 35  32 + 35 = 67  42 + 7 = 49

• Valider les réponses en vérifiant le contenu des enveloppes.

• Identifier les erreurs éventuelles.

ÉQUIPES DE 2

### PHASE 3 Calcul en colonnes

• Former des équipes de 2 élèves.

• Distribuer ensuite à chaque équipe la fiche sur laquelle figure le calcul des sommes précédentes par des additions posées « en colonnes » et préciser la nouvelle tâche :

➡ *Des élèves plus âgés que vous ont résolu le même problème. Voici les calculs qu'ils ont posés. Nous allons essayer de comprendre ce qu'ils ont fait pour pouvoir, ensuite, faire comme eux. Par deux, vous essayez de comprendre à quoi correspond le premier calcul pour Arthur. Vous pouvez écrire ou dessiner sur la feuille.*

| 21 | 32 | 42 |
|---|---|---|
| + 14 | + 35 | + 7 |
| 35 | 67 | 49 |

• Les élèves ont un temps pour s'expliquer mutuellement par deux ce qu'ils comprennent du calcul d'Arthur.

• Demander à divers groupes d'expliquer ce qu'ils ont compris.

• Faire une synthèse collective, en expliquant le calcul avec les unités, puis avec les dizaines et en l'illustrant avec le matériel figurant dans l'enveloppe d'Arthur (positionné, lui aussi, en colonnes) :

**SYNTHÈSE**

$$\begin{array}{r} 2\ 1 \\ +\ 1\ 4 \\ \hline 3\ 5 \end{array}$$

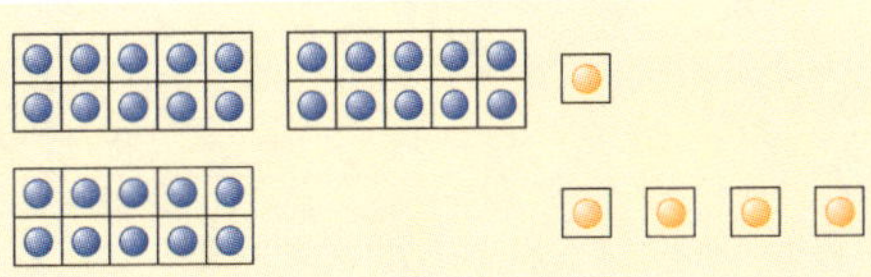

• Reprendre l'explication avec les deux autres sommes.

Le fait de commencer par des calculs « sans retenue » permet à tous les élèves de remarquer qu'on peut additionner les unités entre elles et les dizaines entre elles. Mais il serait dangereux de rester trop longtemps sur des additions sans retenue qui peuvent laisser penser que cela suffit. C'est pourquoi des calculs « avec retenue » sont étudiés dès la séance suivante.

UNITÉ 10

INDIVIDUEL

## ENTRAINEMENT

### FICHIER NOMBRES ET CALCULS p. 104

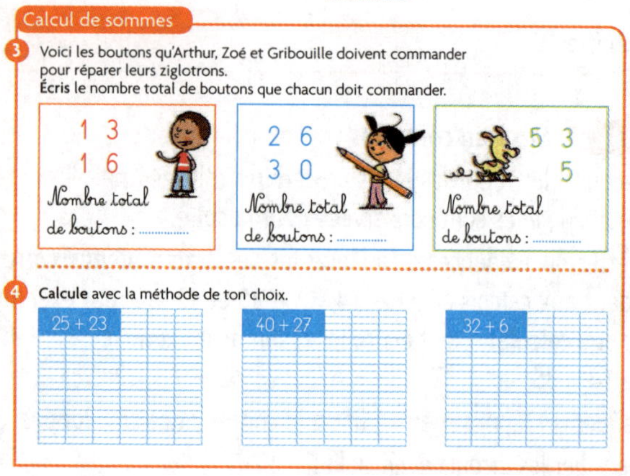

Calcul de sommes

3 Voici les boutons qu'Arthur, Zoé et Gribouille doivent commander pour réparer leurs ziglotrons.
**Écris** le nombre total de boutons que chacun doit commander.

| | | |
|---|---|---|
| 1 3<br>1 6<br>Nombre total de boutons : ........ | 2 6<br>3 0<br>Nombre total de boutons : ........ | 5 3<br>5<br>Nombre total de boutons : ........ |

4 **Calcule** avec la méthode de ton choix.

25 + 23 | 40 + 27 | 32 + 6

• Pour tous ces exercices, certains élèves peuvent être incités à utiliser le matériel.

**Exercice 3**

• Application directe de l'activité de recherche. Il reprend exactement la situation étudiée.

RÉPONSE : 29 ; 56 ; 58.

**Exercice 4**

• Les élèves peuvent utiliser le calcul réfléchi ou poser les opérations en colonnes. Pour le dernier calcul, on s'intéressera particulièrement à la réponse 92 qui témoigne d'une confusion entre dizaines et unités.

RÉPONSE : 48 ; 67 ; 38.

**À SUIVRE**

**En séance 5**, les élèves auront à résoudre le même type de problème dans des cas où la somme des unités est supérieure ou égale à 10 (addition avec retenue).

| | Tâche | Matériel | Connaissances travaillées |
|---|---|---|---|
| CALCUL MENTAL | **Problèmes additifs (compléments à 10)**<br>– Résoudre des problèmes dont l'énoncé est donné oralement | pour la classe :<br>– une boite sur laquelle il est écrit 10 craies, avec 6 ou 3 craies à l'intérieur<br>par élève :<br>– ardoise ou cahier de brouillon<br>FICHIER NOMBRES p. 105 1 | – **Calcul mental**<br>– **Addition, soustraction**<br>– Compléments |
| RÉVISER Problèmes | **Problèmes additifs (compléments)**<br>– Résoudre des problèmes dont l'énoncé est donné par écrit | par élève :<br>FICHIER NOMBRES p. 105 2 3 | – **Addition, soustraction**<br>– Compléments |
| APPRENDRE Calculs | **Addition posée**<br>RECHERCHE **L'addition comme les grands (2)**<br>– Comprendre le fonctionnement du calcul de l'addition posée en colonnes | pour la classe :<br>– 20 paquets de dix boutons et 20 boutons isolés › **fiche 30**<br>– 3 enveloppes marquées « Arthur : 34 et 21 », « Zoé : 37 et 45 » et « Gribouille : 42 et 28 »<br>par équipe de 2 :<br>– 3 additions posées › **fiche 92**<br>par élève :<br>– 3 bons de commande › **fiche 91**<br>FICHIER NOMBRES p. 105 4 5 | – **Calcul posé pour l'addition**<br>– Valeur positionnelle des chiffres |

## CALCUL MENTAL

**Problèmes dictés** • Compléments à 10

– Résoudre des problèmes donnés oralement (relevant de l'addition et de la soustraction) dans un contexte de calcul de complément.

COLLECTIF

FICHIER NOMBRES ET CALCULS p. 105

**Exercice 1**

**Problème a**

• Montrer la boite marquée « 10 craies », avec seulement 6 craies à l'intérieur. Écrire l'information 10 craies au tableau.

• Ouvrir la boite et faire constater qu'elle ne contient que 6 craies. Écrire l'information 6 craies au tableau.

• Demander aux élèves de faire des hypothèses sur la question à laquelle il faut répondre, puis la reformuler :

➡ *Combien de craies a-t-on déjà utilisées ?*

• Laisser un temps de recherche pour écrire la réponse dans le fichier.

• Recenser les réponses : demander d'éliminer celles qui sont surement erronées et faire formuler quelques procédures.

• Procéder à une validation expérimentale en complétant les 6 craies pour en avoir 10.

**Problème b**

• Reprendre la même situation avec 3 craies dans la boite.

RÉPONSE : 4 craies ; 7 craies.

## RÉVISER

### Problèmes écrits • Compléments

– Résoudre des problèmes donnés par écrit (relevant de la recherche de compléments).

INDIVIDUEL

**FICHIER NOMBRES ET CALCULS p. 105**

Problèmes écrits

**2** Dans cette boite, il y avait une douzaine de craies.
**Écris** combien la maitresse en a déjà utilisé.

*La maitresse a utilisé ....... craies.*

**3** Sur une boite de craies, Arthur lit «15 craies».
Il ouvre la boite et il compte les craies.
Il n'y a plus que 5 craies dans la boite.
**Écris** combien de craies ont déjà été utilisées.

*........ craies ont déjà été utilisées.*

• Ces problèmes utilisent le même contexte que celui du calcul mental précédent.

• Les énoncés peuvent être lus collectivement avant la résolution individuelle.

• Au moment de la correction, les procédures utilisées sont mises en évidence.

**Exercice 2**

• L'information doit être prise sur le dessin.

RÉPONSE : 4 craies.

**Exercice 3**

• L'information est entièrement fournie par le texte.

RÉPONSE : 10 craies.

Pour certains élèves, la lecture collective de l'énoncé peut ne pas suffire. Un atelier personnalisé est alors organisé où les problèmes sont simulés, comme dans l'activité de calcul mental qui précède.
**Procédures possibles :** dessin ou doigts et dénombrement, surcomptage, calcul (utilisation de résultats connus ou reconstruits).

**Différenciation** → CD-Rom du guide, fiche 47.

## APPRENDRE

### Addition posée (2)

– Comprendre le calcul de l'addition posée en colonnes de 2 nombres de 2 chiffres.

#### RECHERCHE

**L'addition comme les grands (2)** : La résolution d'un problème conduit d'abord les élèves à calculer (implicitement pour certains) trois sommes de deux nombres. Puis l'enseignant présente le calcul posé par des « grands » pour obtenir le même résultat. Ce calcul est décortiqué et mis en relation avec ce qu'ont fait les élèves.

INDIVIDUEL

**PHASE 1 Combien faut-il de boutons pour chacun ?**

• Montrer les trois enveloppes marquées des noms des trois personnages : Arthur, Zoé, Gribouille. Signaler que sur chaque enveloppe sont écrits deux nombres et présenter le problème :

➡ *Chaque personnage doit réparer deux ziglotrons et a donc commandé des boutons. Arthur en a commandé 34 pour son premier ziglotron et 21 pour le deuxième. Zoé 37 et 45, et Gribouille 42 et 28.*

• Placer dans chaque enveloppe, avec l'aide des élèves, les boutons correspondants, ce qui permet de rappeler l'interprétation des chiffres en termes de dizaines (paquets de dix boutons) et d'unités (boutons isolés). Ainsi dans l'enveloppe d'Arthur, placer avec les élèves : 3 bandes de dix boutons et 4 boutons, puis 2 bandes de dix boutons et 1 bouton, etc. Fermer ensuite les enveloppes, puis distribuer la fiche avec les bons de commande.

• Poursuivre la présentation du problème à résoudre :

➡ *Sur votre feuille, vous devez chercher combien il y a en tout de boutons dans chaque enveloppe. Il faut indiquer le nombre total de boutons, pas seulement ceux qui sont détachés.*

• Observer les procédures utilisées par les élèves pendant la résolution.

Dans les problèmes proposés, deux cas sont envisagés :
– addition sans retenue où les élèves peuvent utiliser les acquis de la séance précédente ;
– addition avec retenue (avec le cas particulier où le chiffre des unités de la somme est 0) : certains élèves peuvent tenter de poser les opérations ou utiliser le calcul réfléchi.
Dans l'exploitation, on insiste particulièrement sur le lien avec la numération décimale, au niveau du langage utilisé (unité, dizaine ou objet et paquet de 10 objets) et de l'illustration par le matériel.

COLLECTIF

**PHASE 2 Mise en commun**

• Recenser les réponses et les procédures utilisées, puis les noter au tableau ; elles sont conservées pour la suite.

• Mettre en évidence le fait que les résultats obtenus correspondent aux calculs de 34 + 21, 37 + 45 et 42 + 28, par exemple avec une calculatrice, et écrire les résultats en ligne :

34 + 21 = 55 37 + 45 = 82 42 + 28 = 70

• Valider les réponses en vérifiant le contenu des enveloppes.

• Identifier les erreurs éventuelles.

ÉQUIPES DE 2

**PHASE 3 Calcul en colonnes pour Arthur**

• Former des équipes de 2 élèves.

• Distribuer ensuite à chaque équipe la fiche sur laquelle figure le calcul des sommes précédentes par des additions posées « en colonnes » et préciser la nouvelle tâche :

➡ *Des élèves plus âgés que vous ont résolu le même problème. Voici les calculs qu'ils ont posés. Nous allons essayer, comme la dernière fois, de retrouver ce qu'ils ont fait pour pouvoir, ensuite, faire comme eux.*

➡ *Par deux, vous essayez de comprendre à quoi correspond le premier calcul pour Arthur. Vous pouvez écrire ou dessiner sur la feuille.*

• Les élèves ont un temps pour s'expliquer mutuellement par deux ce qu'ils comprennent du calcul d'Arthur.

• Demander à divers groupes d'expliquer ce qu'ils ont compris.

• Faire une **synthèse collective**, en expliquant le calcul avec les unités, puis avec les dizaines et en l'illustrant avec le matériel figurant dans l'enveloppe d'Arthur (positionné, lui aussi, en colonnes), comme dans la séance précédente.

**SYNTHÈSE**

$$\begin{array}{r} 34 \\ +\ 21 \\ \hline 55 \end{array}$$

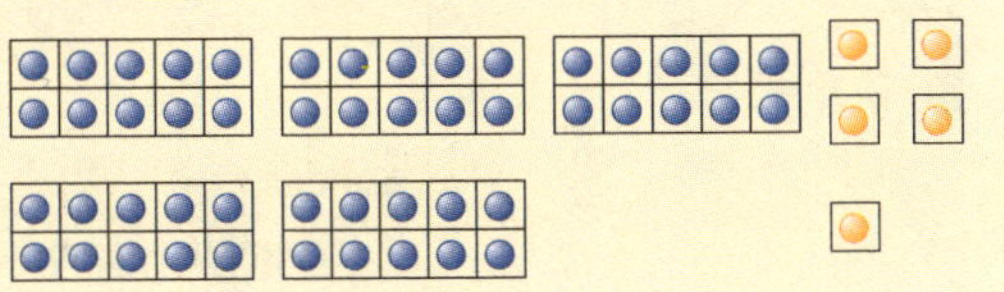

ÉQUIPES DE 2

**PHASE 4 Calculs en colonnes pour Zoé et Gribouille**

• Reprendre le même déroulement pour les commandes de Zoé et de Gribouille.

• Faire une synthèse collective, en expliquant le calcul avec les unités, puis avec les dizaines et en l'illustrant avec le matériel (exemple pour Zoé).

**SYNTHÈSE**

• Souligner que l'addition des unités (7 + 5), donne 12 unités, mais qu'on ne peut écrire qu'un chiffre au rang des unités. Il faut donc remplacer 12 unités par 1 dizaine et 2 unités. On écrit le 2 au rang des unités et on garde 1 dizaine (en retenue) qu'il faudra ajouter avec les autres dizaines.

$$\begin{array}{r} {\scriptstyle ①}\ \ \\ 37 \\ +\ 45 \\ \hline 82 \end{array}$$

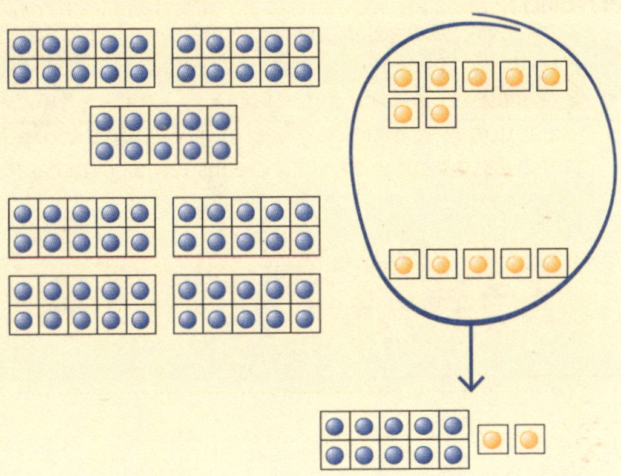

L'addition de Zoé fait immédiatement intervenir le principe de la retenue, justifiée avec le matériel par le fait que, dès qu'on a au moins 10 objets, on peut les regrouper en un paquet de 10.
Le calcul pour Gribouille fait intervenir le cas particulier où 0 est nécessaire pour exprimer l'absence d'unités.
L'analyse de cette technique d'addition en colonnes est d'abord une occasion de consolider le principe fondamental des « groupements » sous-jacents à l'écriture chiffrée des nombres. Les élèves pourront y faire référence lorsqu'ils auront des additions à calculer « en colonnes ».

L'enseignant peut faire le choix d'une étape intermédiaire qui rend mieux compte de la suite des calculs, par exemple sous la forme :

| | dizaines | unités |
|---|---|---|
| | 3 | 7 |
| + | 4 | 5 |
| | 7 | 12 |

| | dizaines | unités |
|---|---|---|
| | 3 | 7 |
| + | 4 | 5 |
| | 7 | 10 + 2 |

| | dizaines | unités |
|---|---|---|
| | ① | |
| | 3 | 7 |
| + | 4 | 5 |
| | 7 | ~~10~~ + 2 |

INDIVIDUEL

## ENTRAINEMENT

**FICHIER NOMBRES ET CALCULS p. 105**

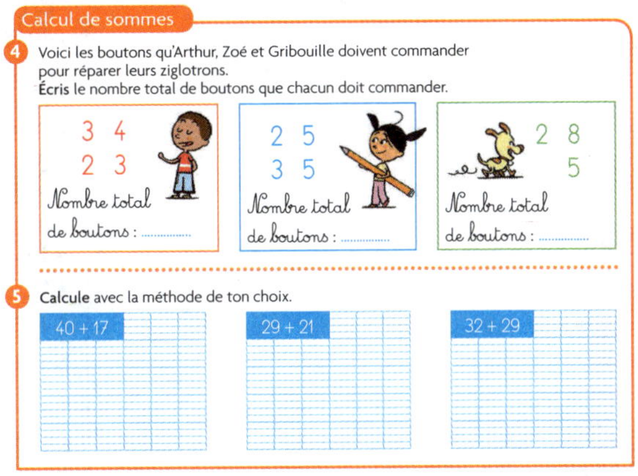
Calcul de sommes

4 Voici les boutons qu'Arthur, Zoé et Gribouille doivent commander pour réparer leurs ziglotrons.
**Écris** le nombre total de boutons que chacun doit commander.

34 / 23 — Nombre total de boutons : ..........
25 / 35 — Nombre total de boutons : ..........
28 / 5 — Nombre total de boutons : ..........

5 **Calcule** avec la méthode de ton choix.

40 + 17 29 + 21 32 + 29

• Pour ces deux exercices, certains élèves peuvent être incités à utiliser le matériel.

**Exercice 4**

• Application directe de l'activité de recherche. Il reprend exactement la situation étudiée.

RÉPONSE : 57 ; 60 ; 33.

**Exercice 5**

• Les élèves peuvent utiliser le calcul réfléchi ou poser les opérations en colonnes.

RÉPONSE : 57 ; 50 ; 61.

UNITÉ 10

| | Tâche | Matériel | Connaissances travaillées |
|---|---|---|---|
| CALCUL MENTAL | **Compléments et différences (répertoire additif)**<br>– Calculer des différences, des compléments | par élève :<br>– ardoise ou cahier de brouillon | – **Répertoire additif**<br>– Mémorisation |
| RÉVISER Mesures | **Lecture de l'heure**<br>– Lire des horaires sur une horloge à aiguilles | pour la classe :<br>– une horloge à aiguilles<br>par élève :<br>CAHIER GÉOMÉTRIE p. 45 1 2 | **Lecture de l'heure : heures entières** |
| APPRENDRE Géométrie | **Solides**<br>RECHERCHE **Assemblages de solides (1)**<br>– Décrire avec des mots un assemblage fait de deux solides<br>– Construire un assemblage de deux solides à partir d'un message | pour la classe :<br>– le lot des 12 solides<br>par équipe de 4 :<br>– un lot constitué de 12 solides à réaliser à partir des patrons de la pochette de solides Cap Maths (*Les solides de l'école*) ou à partir des patrons photocopiés sur du papier fort<br>› **fiches 93 à 104**<br>• 2 cubes (a) et (h)<br>• 2 pavés droits (c) et (i)<br>• 2 prismes droits à base triangulaire (d) et (j)<br>• 2 pyramides à base carrée (b) et (n)<br>• 1 tétraèdre régulier ou pyramide à base triangulaire (e)<br>• 1 pyramide tronquée (k)<br>• 1 cylindre (g)<br>• 1 cône (l)<br>par équipe de 2 :<br>– une feuille pour rédiger le message<br>par élève :<br>CAHIER GÉOMÉTRIE p. 45 3 | **Solides :**<br>– **reconnaitre, nommer, décrire, comparer**<br>– **vocabulaire :** cube, cône, cylindre, pyramide, face… |

## CALCUL MENTAL

### Répertoire additif : compléments et différences

– Connaitre le répertoire additif : différences, compléments.

COLLECTIF

• Formuler chaque question oralement (5 → 12 est formulé sous la forme *combien pour aller de 5 à 12 ?* et *combien faut-il ajouter à 5 pour avoir 12 ?*). Les réponses sont données sur l'ardoise ou le cahier de brouillon.

a. 13 – 6 b. 13 – 5 c. 13 – 7
d. 5 → 12 e. 9 → 12 f. 4 → 12

• Les procédures sont verbalisées en fonction de ce qui a été travaillé dans les unités précédentes (résultat mémorisé, passage par 10, utilisation de décompositions avec 5). Elles peuvent être mises en relation avec des actions sur des objets ou sur la file numérique.

• Des élèves peuvent également remplacer le calcul d'une différence par celui d'un complément, en utilisant ce qui a été travaillé en séances 2 et 3.

RÉPONSE : 7 ; 8 ; 6 ; 7 ; 3 ; 8.

## RÉVISER

**Lecture de l'heure** • Heures entières, heures et demie

– Lire des horaires sur une horloge à aiguilles (heures entières, heures et demie pour des horaires connus).

INDIVIDUEL

**CAHIER MESURES ET GÉOMÉTRIE p. 45**

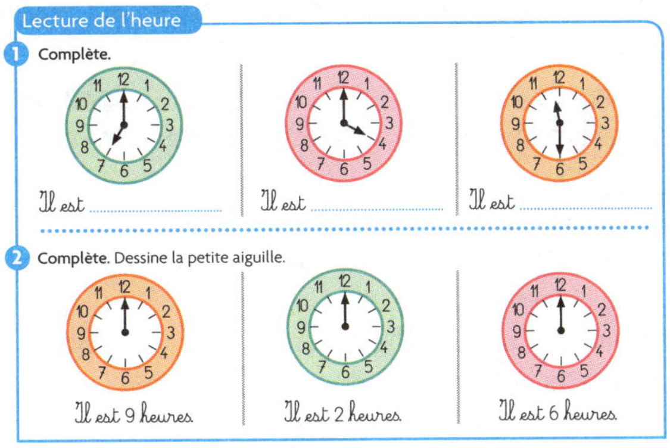


**Exercice 1**

• Il s'agit d'une reprise du travail fait en unité 9 séances 7 et 8.

RÉPONSE : 7 heures ; 4 heures ; 11 heures et demie.

**Exercice 2**

• Les élèves ont à compléter les horloges en dessinant la petite aiguille. Ce travail permet de revenir sur le fait que la petite aiguille est en face d'une graduation repérant les heures quand la grande aiguille est sur le 12.

L'entrainement à la lecture des heures peut se faire à l'aide du jeu 20 du CD-Rom de jeux interactifs GS-CP-CE1 (jeux 1 et 2).

**Différenciation** → CD-Rom du guide, fiche 48.

## APPRENDRE

**Solides (1)**

– Reconnaitre, nommer, décrire un solide.
– Comparer des solides.
– Comprendre que la caractérisation d'un solide ne se réduit pas à la donnée d'une de ses faces.

### RECHERCHE

**Assemblages de solides (1) :** Par équipes de 2, les élèves ont un assemblage fait de deux solides réalisé à partir d'un lot de solides placés devant eux. Ils doivent rédiger un message avec des mots pour que d'autres puissent construire le même assemblage. Ensuite, par groupes de 4, ils construisent les assemblages correspondant aux différents messages écrits.

**Avant la séance**

• Constituer des groupes de 4 élèves et au sein de chaque groupe, deux équipes de 2.

• Anticiper l'assemblage qui sera donné à chaque équipe de 2, en veillant à ne pas attribuer aux deux équipes d'un même groupe des assemblages qui nécessiteraient les mêmes solides. Toutefois, il est intéressant pour la gestion de la mise en commun que deux ou trois équipes ne faisant pas partie du même groupe, aient le même assemblage.

Exemples d'assemblages possibles :

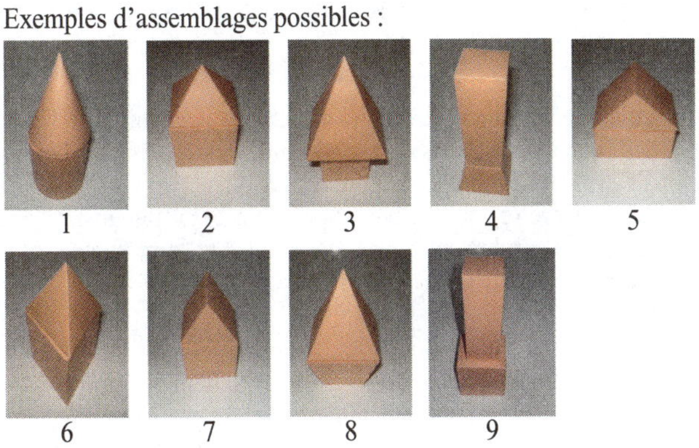


1 : cylindre (g) et cône (l)
2 : cube (a) et pyramide à base carrée (b)
3 : cube (h) et pyramide à base carrée (n)
4 : pyramide tronquée (k) et pavé droit (i)
5 : pavé droit (c) et prisme droit à base triangulaire (j)
6 : prisme droit à base triangulaire (d) et tétraèdre (e)
7 : cube (a) et prisme droit à base triangulaire (d)
8 : pyramide tronquée (k) et pyramide à base carrée (n)
9 : pavé droit (i) et cube (a)

• Noter sur une feuille de papier l'assemblage (dessin à main levée, description, photo…) qui sera donné à chaque équipe de 2 (voir phase 1), pour en garder la mémoire en vue de l'exploitation des messages.

Suggestion d'organisation de ces informations :

| Jules et Jim | Marius et Jeannette | Harold et Maude | Ernest et Célestine |
|---|---|---|---|
| n<br>i | b<br>k | j<br>c | l<br>g |

L'objectif de la séance est la prise de conscience que la reconnaissance d'un solide peut se faire à partir :
– de son nom, auquel sont attachées l'allure générale ou certaines caractéristiques du solide ;
– de plusieurs informations qui permettent de le différencier d'autres solides (forme de certaines de ses faces, présence ou non de surfaces non planes, présence d'un sommet présentant des particularités qui fait que le solide est qualifié de « pointu »…).
L'objectif est aussi de prendre conscience que la caractérisation d'un solide ne peut pas se faire à partir de la forme d'une seule de ses faces (plusieurs solides peuvent avoir des faces de même forme), que l'identification d'un solide à un objet du monde sensible n'est pas toujours pertinente pour identifier le solide. C'est le cas quand la forme de l'objet n'est pas spécifique du solide (par exemple, les boites peuvent avoir des formes différentes).

ÉQUIPES DE 2

**PHASE 1** **Rédaction des messages**

• Constituer les groupes et les équipes de deux :

➡ *J'ai formé dans chaque groupe de 4, deux équipes de 2 (donner les noms).*

• Remettre un lot des 12 solides à chaque groupe.

• Préciser :

➡ *Les objets que vous avez devant vous sont appelés des solides, mais attention, manipulez-les avec précaution car ils sont en carton et ils sont fragiles. Solide est le nom qu'on donne à ces objets en mathématique. Il ne signifie pas que l'objet est dur, qu'il résiste aux chocs.*

➡ *Tous les groupes de 4 ont les mêmes solides.*

➡ *Vous allez travailler en équipes de 2. Je vais passer dans les groupes et construire pour chaque équipe de 2 un assemblage avec deux des solides.*

➡ *Chaque équipe de 2 va devoir écrire un message qui doit permettre à un groupe de construire exactement le même assemblage que le sien. Le message ne doit comporter que des mots, pas de dessin, ni les lettres qui sont écrites sur les solides. Je donne à chaque équipe une feuille pour réaliser le message, sur laquelle elle écrira les noms des deux élèves.*

• Passer dans les groupes pour construire l'assemblage de chaque équipe. Venir en aide aux élèves qui ont des difficultés à écrire, en prenant note de leur message sous leur dictée, mais ne pas intervenir sur le contenu de celui-ci.

• Une fois que les équipes ont rédigé leur message, les assemblages sont défaits. Chaque groupe se retrouve alors avec devant lui le lot des 12 solides.

ÉQUIPES DE 4 ET COLLECTIF

**PHASE 2** **Construction à partir des messages**

• Chaque groupe dispose des 12 solides.

• Une première équipe de 2 lit son message, les groupes autres que le sien essaient de construire l'assemblage à partir de ce message.

• Regarder si tous les groupes ont construit le même assemblage.

• S'il y a plusieurs assemblages différents, demander à la classe de regarder en quoi ils sont différents. Puis engager la discussion sur les ambigüités ou insuffisances du message. Par exemple : « Mets une boite dessous et un toit dessus » peut donner lieu à plusieurs interprétations :

– le pavé droit (c) surmonté du prisme droit (j) ;

– le cube (a) surmonté de la pyramide (b) ou (n) ou du prisme droit (d) ou encore du cône (l) ;

– la pyramide tronquée (k) qui évoque un célèbre emballage de fromage surmontée d'une des deux pyramides, voire du tétraèdre (e).

S'il est précisé que le toit est pointu, ceci permet d'écarter le prisme droit (j).

Si le mot boite est remplacé par rectangle, ceci permet d'écarter le cube (a) placé dessous… les possibilités sont multiples.

• Si tous les groupes ont construit le même assemblage, demander ce qui a fait que c'était facile : utilisation du nom du solide (cube, cône, pyramide…), d'un objet évoqué par le solide et qui ne prête pas à confusion (rouleau pour cylindre) ou de certaines de ses caractéristiques (il a un côté rond et il est pointu…) ; ou une combinaison des deux (le petit cube, la boite qui a des côtés qui sont des rectangles et les autres des carrés).

• Demander aux équipes de 2 qui avaient le même assemblage de lire leur message, et en faire discuter la pertinence rapidement.

• Enchainer de la même manière avec les autres assemblages, jusqu'à ce que tous les messages rédigés aient été discutés.

COLLECTIF

**PHASE 3** **Synthèse**

• En conclusion de l'examen des messages, demander ce qui a facilité leur bonne compréhension :

– nommer des solides (cube, pyramide, pavé…) ; mais on ne connait pas toujours leurs noms ;

– donner des informations sur leur forme (ressemblance avec un objet), leur taille ;

– décrire certaines de leurs propriétés (il a une pointe, il est rond, il n'a que des triangles…).

**SYNTHÈSE**

• Introduire le terme « face » : revenir sur l'emploi qui a pu être fait du mot « côté » à propos d'un solide.
On emploie le mot côté pour une figure plane. Ce mot désigne un trait, un segment.
Quand on l'a employé pour un solide, il désignait une forme, une figure plane et non plus un segment.
Pour cette raison, on emploie le mot face pour un solide et non le mot côté.

• Revenir sur les solides qui ont été nommés au cours des échanges et seulement ceux-ci, et demander aux élèves ce qu'ils en savent. Par exemple :
– les solides (a) et (h) sont des cubes ; toutes les faces sont des carrés ;
– les solides (b) et (n) sont des pyramides : une face est un carré et toutes les autres sont des triangles ;
– les solides (g) et (l) n'ont pas que des surfaces planes ; l'un est pointu : le cône ; l'autre pas : le cylindre.

• Pour désigner certains solides, on a employé les mots triangles ou rectangles ou carrés : « tu mets le rectangle dessous et le triangle dessus ». Ces mots n'ont pas toujours suffi pour reconnaitre le solide car plusieurs solides ont des faces qui sont des triangles, des rectangles, des carrés. Pour distinguer un solide de ses faces, on donne un nom à chaque solide, différent de celui de ses faces. Par exemple le solide qui a toutes ses faces carrées s'appelle un cube.

Le terme pyramide, rencontré en GS, est introduit en référence à des monuments à base carrée connus des élèves (les pyramides d'Égypte, la pyramide du Louvre…).
Le tétraèdre (e) qui est une pyramide à base triangulaire sera vu comme tel seulement si des élèves en font la remarque, cas peu probable.

INDIVIDUEL

## ENTRAINEMENT

### CAHIER MESURES ET GÉOMÉTRIE p. 45

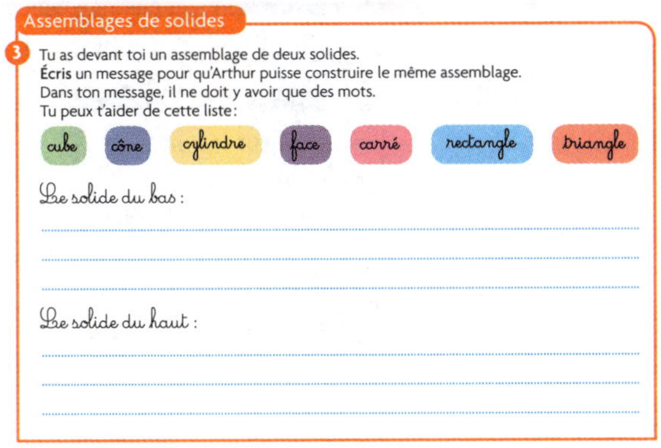

Assemblages de solides

3 Tu as devant toi un assemblage de deux solides.
**Écris** un message pour qu'Arthur puisse construire le même assemblage.
Dans ton message, il ne doit y avoir que des mots.
Tu peux t'aider de cette liste :

cube | cône | cylindre | face | carré | rectangle | triangle

Le solide du bas : ……

Le solide du haut : ……

**Exercice 3**

• Les élèves sont toujours groupés par 4. Ils n'ont plus devant eux que six solides : le cube (a), la pyramide (b), le pavé droit (c), le prisme droit (d), le cylindre (g) et le cône (l).

• Construire pour chaque équipe de 2 au sein d'un groupe un assemblage de deux solides choisis parmi les six solides qu'a le groupe. Noter sur une feuille les lettres qui repèrent les deux solides qui composent l'assemblage remis à chaque équipe.

• Lire et compléter la consigne :

➡ *Dans votre message, il ne doit y avoir que des mots. Vous ne devez pas faire de dessin, ni utiliser les lettres qui sont écrites sur les solides. Vous décrirez d'abord le solide du bas, puis celui du haut de l'assemblage* (montrer les emplacements correspondants dans le cahier).

➡ *Pour vous aider, on a écrit une liste de mots que vous pouvez utiliser, mais vous pouvez en utiliser d'autres.*

• Préciser :

➡ *Par deux, vous vous mettez d'accord sur le message que vous allez écrire, ensuite chacun écrit le message.*

• Venir en aide aux élèves qui ont des difficultés pour écrire en prenant note de leur message sous leur dictée.

Les élèves peuvent nommer les solides qu'ils connaissent et pour les autres, ils peuvent nommer certaines de leurs faces afin de les différencier des autres solides.
Si le temps fait défaut, cet exercice pourra être proposé à un autre moment.

UNITÉ 10

| | Tâche | Matériel | Connaissances travaillées |
|---|---|---|---|
| CALCUL MENTAL | **Compléments et différences (calcul sur les dizaines et les unités)**<br>– Calculer des différences, des compléments | par élève :<br>– ardoise ou cahier de brouillon | – **Calcul sur les dizaines et les unités**<br>– Mémorisation, réflexion |
| RÉVISER Géométrie | **Tracés à la règle**<br>– Terminer la reproduction d'un dessin à l'aide de la règle | pour la classe :<br>– un calque avec le dessin modèle<br>par élève :<br>– crayon à papier et règle<br>CAHIER GÉOMÉTRIE **p. 46** 1 | – **Tracés à la règle**<br>– **Reproduction de figures** |
| APPRENDRE Géométrie | **Solides**<br>RECHERCHE **Assemblages de solides (2)**<br>– Représenter un assemblage fait de deux solides<br>– Construire un assemblage de deux solides à partir d'un message dessiné | pour la classe :<br>– le lot des 12 solides utilisés en séance 6<br>par équipe de 4 :<br>– le lot constitué des 12 solides utilisés en séance 6 › **fiches 93 à 104**<br>• 2 cubes (a) et (h)<br>• 2 pavés droits (c) et (i)<br>• 2 prismes droits à base triangulaire (d) et (j)<br>• 2 pyramides à base carrée (b) et (n)<br>• 1 tétraèdre régulier ou pyramide à base triangulaire (e)<br>• 1 pyramide tronquée (k)<br>• 1 cylindre (g)<br>• 1 cône (l)<br>par équipe de 2 :<br>– une feuille pour dessiner le message | **Solides :**<br>– **reconnaitre, représenter, comparer**<br>– **vocabulaire :** cube, pavé droit, cône, cylindre, face |

## CALCUL MENTAL

### Calcul sur les dizaines et les unités : compléments et différences

– Calcul de différences et de compléments.

COLLECTIF

• Formuler chaque question oralement (20 → 30 est formulé sous la forme *combien pour aller de 20 à 30 ?* et *combien faut-il ajouter à 20 pour avoir 30 ?*). Les réponses sont données sur l'ardoise ou le cahier de brouillon.

a. 10 – 6 b. 9 – 5 c. 15 – 10
d. 20 → 30 e. 10 → 50 f. 30 → 50

• Les procédures sont verbalisées en fonction de ce qui a été travaillé dans les unités précédentes (résultat mémorisé, traduction de « 20 pour aller à 30 » en « 2 dizaines pour aller à 3 dizaines »…).

• Des élèves peuvent également remplacer le calcul d'une différence par celui d'un complément ou inversement, en utilisant ce qui a été travaillé en séances 2 et 3.

RÉPONSE : 4 ; 4 ; 5 ; 10 ; 40 ; 20.

## RÉVISER

### Tracés à la règle • Dans un carré (3)

– Effectuer des tracés à la règle en respectant des contraintes.
– Analyser et reproduire un modèle.

INDIVIDUEL

**CAHIER MESURES ET GÉOMÉTRIE p. 46**

Tracés à la règle

1 **Trace** avec la règle les traits qui manquent pour obtenir le même dessin que le modèle.

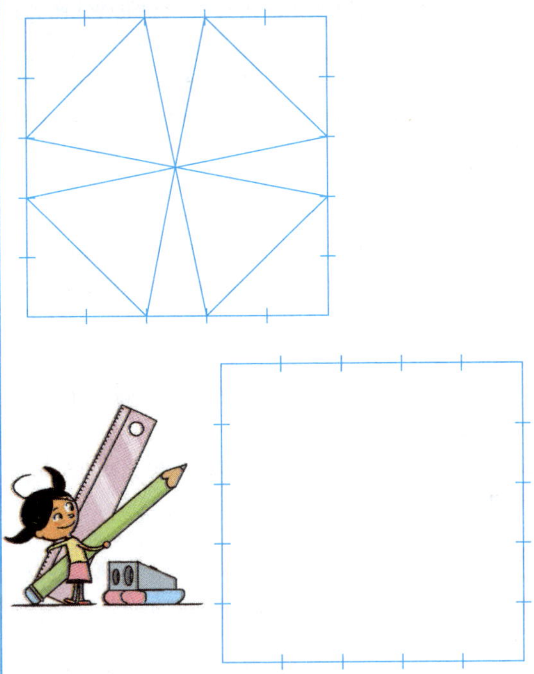

**Exercice 1**

• Il s'agit de la reprise des activités de l'unité 6 séance 7, et l'unité 9 séance 7.

• En cas de difficulté, procéder à une analyse collective de la figure modèle.

• Aider chaque élève à la réalisation de la tâche.

**Différenciation** → CD-Rom du guide, fiche 49.

UNITÉ 10

## APPRENDRE

### Solides (2)

– Reconnaitre, nommer, décrire, représenter un solide.
– Comparer des solides.
– Comprendre que la caractérisation d'un solide ne se réduit pas à la donnée d'une de ses faces.

### RECHERCHE

**Assemblages de solides (2) :** Par équipes de 2, les élèves ont un assemblage fait de deux solides réalisé à partir d'un lot de solides placés devant eux. Ils doivent rédiger un message dessiné pour que d'autres puissent construire le même assemblage. Ensuite, par groupes de 4, ils construisent les assemblages correspondant aux différents messages produits.

**La préparation de la séance** est similaire à celle de la séance 6.

• Constituer des groupes de quatre élèves et au sein de chaque groupe, deux équipes de 2.

• Anticiper l'assemblage qui sera donné à chaque équipe de 2 pour chacune des phases 1 et 3, en veillant à ne pas attribuer aux deux équipes d'un même groupe des assemblages qui nécessiteraient les mêmes solides.

Les assemblages proposés sont les mêmes que dans la séance 6. L'assemblage 1 sera donné à des élèves qui ont une bonne perception de l'espace et qui sont de bons dessinateurs.

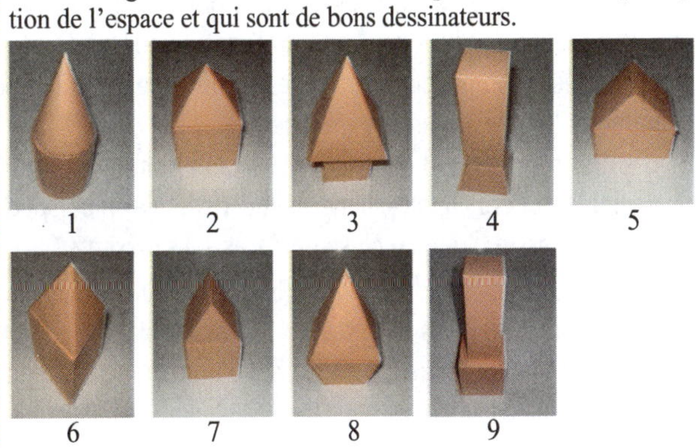


• Noter sur une feuille de papier l'assemblage qui est donné à chaque équipe de 2.

ÉQUIPES DE 2

## PHASE 1 Production des messages

• Constituer les groupes et les équipes de 2 :

➡ *J'ai formé dans chaque groupe de 4, deux équipes de 2 (donner les noms).*

• Remettre un lot des 12 solides à chaque groupe.

• Préciser :

➡ *Tous les groupes de 4 ont les mêmes solides, les mêmes que ceux de la séance précédente.*

➡ *Vous allez travailler en équipes de 2. Je vais passer dans les groupes et construire pour chaque équipe de 2 un assemblage avec deux des solides.*

➡ *Cette fois, chaque équipe de 2 va devoir dessiner un message qui doit permettre à un groupe de construire exactement le même assemblage que le sien. Le message ne doit comporter que des dessins, vous ne devez pas écrire ni faire deviner les lettres des solides de l'assemblage. Je donne à chaque équipe une feuille pour réaliser le dessin, sur laquelle elle écrira les noms des deux élèves.*

• Préciser que les équipes ne sont pas autorisées à désolidariser les deux solides.

• Veiller à ce que les dessins soient des dessins de représentation et que les élèves ne cherchent pas à faire des rébus qui permettraient de trouver la forme ou la lettre du solide.

• Relever tous les messages. Les analyser rapidement en effectuant un classement par type :
– essai de perspective ;
– dessins d'une ou plusieurs faces de l'assemblage.

COLLECTIF

## PHASE 2 Validation des messages

• Regrouper les élèves près du tableau. Les différents assemblages donnés aux équipes sont posés devant le tableau. Afficher tous les messages classés par type. Laisser les élèves les observer.

• Pour chaque dessin, procéder de la même manière : demander aux élèves quel assemblage ils reconnaissent, recenser les propositions, les valider en demandant à l'équipe, auteur du dessin, quel assemblage elle avait. Si le dessin permet de reconnaitre le bon assemblage, demander aux élèves de dire pourquoi. Garder le dessin à l'affichage s'il permet de reconnaitre l'assemblage.

• Expliquer la nature des messages-dessins :
– certains sont des dessins correspondant à l'allure générale de l'assemblage, un peu comme on pourrait le voir sur une photo ;
– d'autres sont des dessins d'une face de l'assemblage : dessins accolés des deux faces des solides qui constituent la face de l'assemblage ; plusieurs faces de l'assemblage peuvent être représentées ; comme pour les solides, le mot face est utilisé pour nommer « le côté » d'un assemblage ;
– d'autres représentent séparément les deux solides constituant l'assemblage. Pour chaque solide, l'allure générale en perspective ou bien le dessin d'une ou plusieurs faces sont présents.

• Faire discuter des messages relatifs à l'assemblage 1 (cylindre surmonté du cône). Les élèves à qui cet assemblage a été attribué relatent leur expérience : le dessin d'un rectangle surmonté d'un triangle ne permet pas de différencier cet assemblage, il correspond également aux assemblages 2, 6 ou 7. Il est nécessaire alors de dessiner la face plane ronde qui repose sur la table. Dans ce cas, un dessin avec un essai de perspective est plus pertinent.

**SYNTHÈSE**

• Les dessins représentant un assemblage peuvent être :
– un dessin correspondant à son allure générale, en représentant les solides qui le composent ;
– un dessin d'une ou plusieurs de ses faces. Pour cela, on dessine l'une en dessous de l'autre et attachées les deux faces des solides qui forment l'assemblage.

• Il n'est pas toujours facile de reconnaitre un assemblage à partir d'un dessin car le dessin ne peut pas représenter tout ce que l'on sait de l'assemblage.

ÉQUIPES DE 2

## PHASE 3 Réalisation de nouveaux messages

• Selon le nombre de messages réalisés et étudiés dans les deux premières phases qui est fonction du nombre d'élèves dans la classe, la même activité peut être reprise. Sinon, passer directement à la phase 5.

• Regrouper les élèves comme ils l'étaient dans la phase 1 avec les 12 solides à disposition.

• Passer dans les groupes pour construire l'assemblage de chaque équipe.

COLLECTIF

## PHASE 4 Validation des messages

• Cette phase est conduite comme la phase 2 :
– faire valider les messages ;
– faire discuter des messages insuffisants : ceux qui comportent par exemple le dessin d'une seule face de l'assemblage qui à lui seul ne suffit pas pour caractériser l'assemblage ; c'est le cas par exemple du dessin d'un carré surmonté d'un triangle qui correspond tout aussi bien aux assemblages 2 (cube a surmonté de la pyramide b), 6 (prisme droit d surmonté du tétraèdre e) et 7 (cube a surmonté du prisme droit d) ; le dessin d'une deuxième face de l'assemblage est nécessaire.

ÉQUIPES DE 4 ET COLLECTIF

## PHASE 5 Synthèse (suite)

**SYNTHÈSE**

• Commencer par distinguer face plane et surface non plane : les solides (g) et (l) ont une ou deux surfaces planes et une surface non plane.

• Terminer par une synthèse sur les solides usuels (cube et pavé). Chaque groupe dispose des 12 solides :
– demander de prendre les cubes (solides a et h) et d'observer ce qui les différencie de tous les autres : toutes les faces sont des carrés ;
– demander de prendre les solides (c) et (i) et d'observer ce qui les différencie de tous les autres ; toutes les faces sont des rectangles (solide c) ou des rectangles et des carrés (i) ; on les appelle des pavés droits ;
– le solide (j) a des faces qui sont des rectangles, mais aussi deux faces qui sont des triangles : ce n'est pas un pavé droit.

# Calcul sur les dizaines et comparaison de sommes



| | Tâche | Matériel | Connaissances travaillées |
|---|---|---|---|
| CALCUL MENTAL | **Compléments et différences (calcul sur les dizaines et les unités)**<br>– Calculer des différences, des compléments | par élève :<br>FICHIER NOMBRES p. 106 ① | – Calcul sur les dizaines et les unités<br>– Mémorisation, réflexion |
| RÉVISER Calculs | **Addition posée ou en ligne**<br>– Calculer des sommes de 2 nombres en ligne ou en colonnes | par élève :<br>FICHIER NOMBRES p. 106 ② ③ | – Calcul de sommes en ligne ou en colonnes |
| APPRENDRE Calculs | **Calcul sur les dizaines et comparaison de sommes**<br>RECHERCHE **La cible (1)**<br>– Comparer des scores obtenus en lançant 4 palets sur une cible | pour la classe :<br>– une cible › **fiche 105**<br>– 4 palets ou aimants<br>– 1 calculatrice<br>par élève :<br>– une feuille de papier<br>FICHIER NOMBRES p. 106 ④ ⑤ | – Calcul sur les dizaines entières : addition<br>– Comparaison de sommes de plusieurs nombres |

## CALCUL MENTAL

### Calcul sur les dizaines et les unités : compléments et différences

– Calcul de différences et de compléments.

COLLECTIF

FICHIER NOMBRES ET CALCULS p. 106

**Exercice ①**

• Formuler chaque question oralement (20 → 50 est formulé sous la forme *combien pour aller de 20 à 50 ?* et *combien faut-il ajouter à 20 pour avoir 50 ?*).

a. 10 – 3 b. 12 – 7 c. 26 – 6
d. 20 → 50 e. 10 → 40 f. 30 → 60

• Les procédures sont verbalisées en fonction de ce qui a été travaillé dans les unités précédentes (résultat mémorisé, traduction de 20 pour aller à 50 en 2 dizaines pour aller à 5 dizaines…).

• Des élèves peuvent également remplacer le calcul d'une différence par celui d'un complément ou inversement, en utilisant ce qui a été travaillé en séances 2 et 3.

RÉPONSE : 7 ; 5 ; 20 ; 30 ; 30 ; 30.

## RÉVISER

### Addition posée ou en ligne

– Utiliser une technique pour l'addition posée ou en ligne.

INDIVIDUEL

FICHIER NOMBRES ET CALCULS p. 106

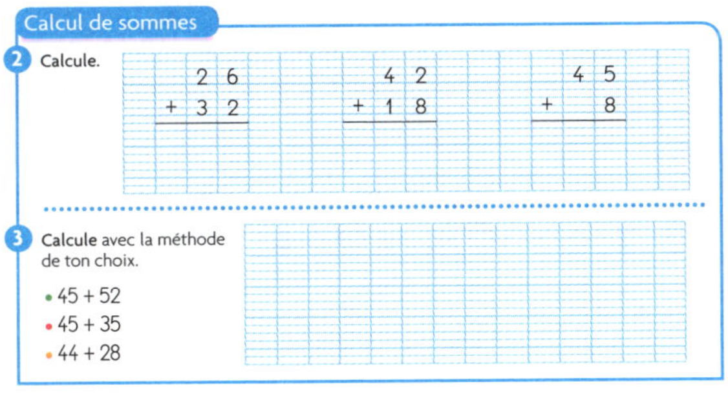
Calcul de sommes

② Calcule.

26 + 32 ; 42 + 18 ; 45 + 8

③ Calcule avec la méthode de ton choix.

• 45 + 52
• 45 + 35
• 44 + 28

**Exercices ② et ③**

• Dans l'exercice 2, les calculs sont posés alors que dans l'exercice 3, le calcul peut être fait en ligne ou posé en colonnes.

RÉPONSE : ② 26 + 32 = 58 ; 42 + 18 = 60 ; 45 + 8 = 53.
③ 45 + 52 = 97 ; 45 + 35 = 80 ; 44 + 28 = 72.

APPRENDRE

## Calcul sur les dizaines et comparaison de sommes

– Calculer des sommes formées avec 50, 20,10 et les nombres à un chiffre.
– Comparer des sommes.

### RECHERCHE

**La cible (1) :** Les élèves doivent comparer les scores établis à la suite du lancer de 4 palets sur une cible.

COLLECTIF (ÉLÈVES RÉPARTIS EN 3 ÉQUIPES) ET INDIVIDUEL

#### PHASE 1 Qui est le gagnant ?

• Constituer 3 équipes d'élèves et identifier chaque équipe par une lettre (ces équipes vont jouer les unes contre les autres).

• Afficher la cible au tableau ou la poser au sol.

• Demander à un membre de chaque équipe de placer, les yeux fermés, 4 aimants sur la cible affichée ou de lancer 4 palets sur la cible au sol (chaque équipe joue à son tour). On convient des deux choix suivants :

– seuls sont pris en compte les palets tombés sur la cible (il peut donc y en avoir moins de 4) ;

– si un palet tombe à cheval sur plusieurs zones, on le déplace sur la zone sur laquelle il empiète le plus et, en cas d'indécision, on décide de le relancer.

• Au fur et à mesure, dessiner au tableau la cible avec les points marqués par chaque équipe, par exemple :

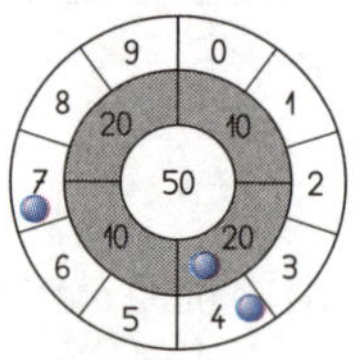

Équipe A

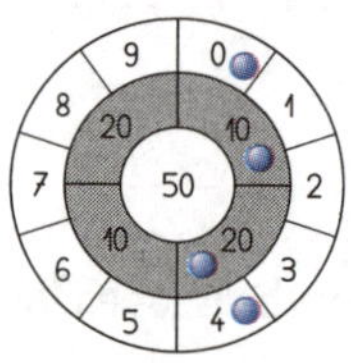

Équipe B

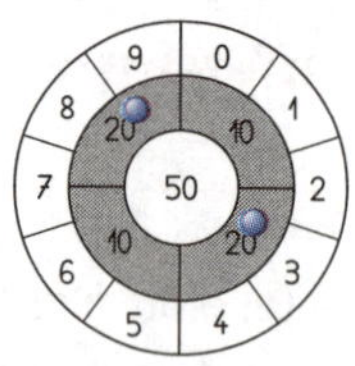

Équipe C

• Formuler la consigne :

➡ *Chacun doit trouver l'équipe qui a marqué le plus de points (l'équipe gagnante) et celle qui en a marqué le moins (l'équipe perdante).*

INDIVIDUEL ET COLLECTIF

#### PHASE 2 Mise en commun et synthèse

• Demander d'abord à chacun sa réponse, et noter sous le nom de chaque équipe combien d'élèves l'estiment gagnante ou perdante.

• Faire ensuite formuler les procédures qui ont permis de parvenir à ces réponses et les distinguer dans une synthèse. Par exemple, dans le cas ci-dessus :

– considérer que chaque équipe a placé un palet sur une zone « 20 » : on peut donc ne considérer que les autres zones (7 + 4 ; 10 + 4 + 0 ; 20), et les comparer ; un calcul simple permet de conclure ;

– calculer le total des points marqués par chacun (31 ; 34 ; 40) et conclure en comparant les 3 résultats.

**SYNTHÈSE**

• Établir que les gains de chaque équipe peuvent être formulés par des sommes de plusieurs nombres, ici : 20 + 7 + 4 ; 20 + 10 + 4 + 0 ; 20 + 20.

• Faire remarquer que la comparaison des sommes peut souvent se faire de 2 façons :

– en comparant les nombres figurant dans les sommes, par exemple :

20 + 7 + 4   20 + 10 + 4 + 0 → Il reste à comparer 7 et 10 + 0.

– en calculant le résultat de chaque somme, et en comparant les nombres obtenus.

• Rappeler le codage 20 + 7 + 4 < 20 + 10 + 4 + 0.

Ce jeu est un support pour travailler l'addition de nombres « ronds » et de nombres à un chiffre, ainsi que la comparaison de sommes composées de ces nombres. Il permet donc de mettre en œuvre plusieurs connaissances étudiées au cours de l'année : sommes de plusieurs nombres, numération décimale, calcul sur les dizaines et les unités, comparaison de sommes et de nombres. Il est possible que certains totaux dépassent 100. Si nécessaire, ils seront calculés avec l'aide d'une calculatrice.

COLLECTIF ET INDIVIDUEL

#### PHASE 3 Reprise du jeu

• Reprendre le jeu avec le même déroulement, en demandant maintenant de noter les points obtenus sous forme de sommes.

• Faire porter les mises en commun sur les éléments vus en synthèse dans la phase 2.

INDIVIDUEL

### ENTRAINEMENT

**FICHIER NOMBRES ET CALCULS** p. 106

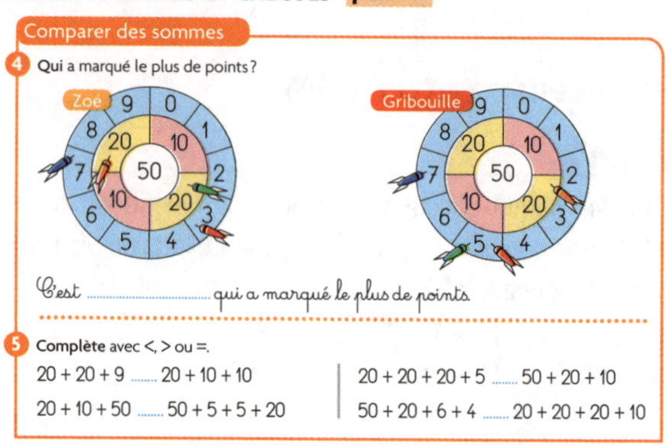


• Pour tous ces exercices, certains élèves peuvent être autorisés à utiliser une cible et des jetons.

**Exercice 4**

• Application directe de l'activité de recherche. Il reprend exactement la situation étudiée.

RÉPONSE : Zoé.

**Exercice 5**

• Les élèves sont invités à comparer des sommes et à utiliser les symboles de comparaison.

RÉPONSE : 20 + 20 + 9 > 20 + 10 + 10 ; 20 + 10 + 50 = 50 + 5 + 5 + 20 ; 20 + 20 + 20 + 5 < 50 + 20 + 10 ; 50 + 20 + 6 + 4 > 20 + 20 + 20 + 10.

**À SUIVRE**

**En séance 9**, les élèves seront invités à trouver différentes manières de réaliser une somme donnée.

| | Tâche | Matériel | Connaissances travaillées |
|---|---|---|---|
| NOMBRES DICTÉS | **Lecture et écriture des nombres jusqu'à 99**<br>– Écrire en chiffres des nombres dictés | par élève :<br>FICHIER NOMBRES p. 107 (1) | – Lecture et écriture des nombres jusqu'à 99 |
| RÉVISER Calculs | **Décomposition du nombre 50**<br>– Obtenir 50 en additionnant des nombres | par élève :<br>FICHIER NOMBRES p. 107 (2) | – Calcul réfléchi de sommes |
| APPRENDRE Calculs | **Décompositions de nombres sous forme de sommes**<br>RECHERCHE **La cible (2)**<br>– Comparer des scores obtenus en lançant 4 palets sur une cible | pour la classe :<br>– une cible › **fiche 105**<br>– 4 palets ou aimants<br>– 1 calculatrice<br>par élève :<br>– une feuille de papier<br>FICHIER NOMBRES p. 107 (3) (4) | – Calcul sur les dizaines entières : addition<br>– Décomposition de nombres sous forme de sommes |

## NOMBRES DICTÉS

### Lecture et écriture des nombres jusqu'à 99

– Écrire en chiffres des nombres dictés.

COLLECTIF

FICHIER NOMBRES ET CALCULS p. 107

**Exercice 1**

• Dicter les nombres suivants. Les élèves répondent sur leur fichier.

a. 47 b. 65 c. 75
d. 83 e. 90 f. 93



## RÉVISER

### Calcul réfléchi • Décomposition du nombre 50

– Obtenir 50 en additionnant des nombres donnés.

INDIVIDUEL

FICHIER NOMBRES ET CALCULS p. 107

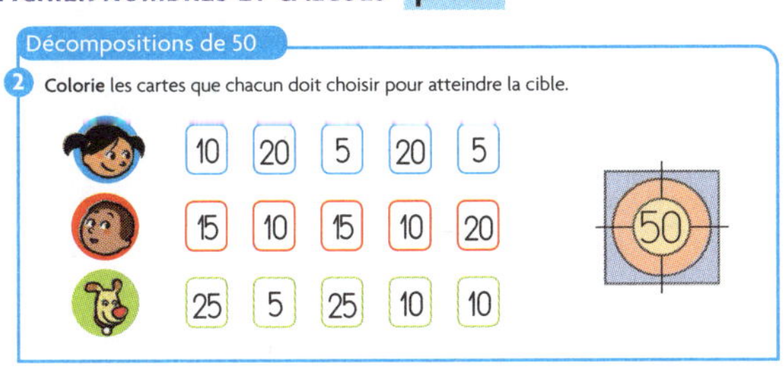


**Exercice 2**

• Pour les élèves plus rapides, il peut être demandé de chercher d'autres solutions possibles avec chaque ensemble de cartes et de les donner à l'aide d'écritures additives.

RÉPONSE : Zoé : 10 + 20 + 20 ; 20 + 20 + 5 + 5.
Arthur : 15 + 15 + 20 ; 15 + 15 + 10 + 10.
Gribouille : 25 + 25 ; 25 + 5 + 10 + 10.

## APPRENDRE

### Décompositions de nombres sous forme de sommes

– Calculer des sommes formées avec 50, 20, 10 et les nombres à un chiffre.
– Décomposer un nombre sous forme de sommes de plusieurs nombres.

## RECHERCHE

**La cible (2) :** Les élèves doivent obtenir un nombre en additionnant des nombres de la cible.

INDIVIDUEL

**PHASE 1 Obtenir 45 points**

• Afficher la cible au tableau ou la poser au sol.

• Formuler le nouveau problème :

➡ *Zoé a joué au jeu de la cible. Elle a marqué 45 points en lançant 4 fléchettes. Les 4 fléchettes sont tombées sur la cible. Écrivez les calculs qui montrent comment elle a pu obtenir 45 points avec 4 fléchettes.*

• Une fois la recherche individuelle des élèves achevée, inventorier puis faire analyser les éventuelles erreurs : erreurs de calcul, non-respect des contraintes sur les nombres utilisés et le nombre de termes de la somme.

• Faire expliciter les stratégies utilisées pour trouver le plus de réponses possible. Si toutes les réponses n'ont pas été trouvées, de nouvelles propositions peuvent être faites.

**Stratégies possibles :**
– essayer d'abord d'obtenir 5, puis compléter ;
– chercher toutes les sommes avec 20, puis chercher s'il en existe sans 20…

RÉPONSE : 20 + 20 + 5 + 0 ; 20 + 20 + 4 + 1 ; 20 + 20 + 3 + 2 ; 20 + 10 + 10 + 5 ; 20 + 10 + 7 + 8 ; 20 + 10 + 6 + 9 ; 20 + 9 + 9 + 7 ; 20 + 9 + 8 + 8.

INDIVIDUEL

**PHASE 2 Obtenir 35 points**

• Même déroulement.

RÉPONSE : 20 + 10 + 5 + 0 ; 20 + 8 + 2 + 5 ; 20 + 10 + 4 + 1 ; 20 + 7 + 3 + 5 ; 20 + 10 + 3 + 2 ; 20 + 6 + 4 + 5 ; 10 + 10 + 10 + 5 ; 20 + 5 + 5 + 5 ; 20 + 9 + 1 + 5 ; 10 + 10 + 8 + 7; 10 + 10 + 9 + 6 ; 9 + 9 + 9 + 8.

INDIVIDUEL

## ENTRAINEMENT

**FICHIER NOMBRES ET CALCULS p. 107**

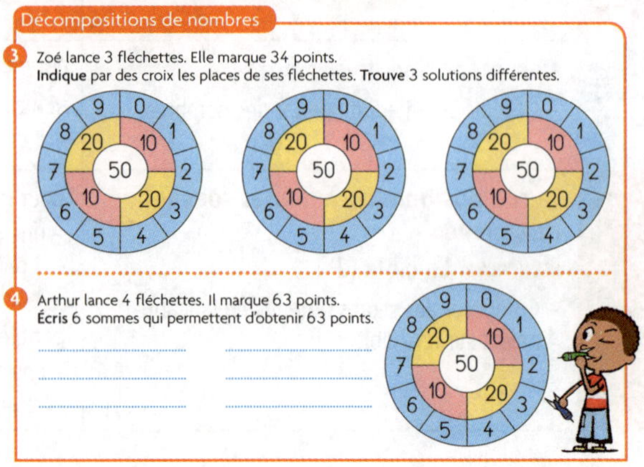


• Pour tous ces exercices, certains élèves peuvent être autorisés à utiliser une cible et des jetons.

**Exercice 3**

• Application directe de l'activité de recherche. Les élèves doivent placer les fléchettes.

RÉPONSE : 20 + 10 + 4 ; 20 + 7 + 7 ; 20 + 8 + 6 ; 20 + 9 + 5.

**Exercice 4**

• Les élèves sont invités à formuler les réponses sous forme de sommes. Lors de la correction, l'inventaire complet des solutions peut être réalisé collectivement.

RÉPONSE : 50 + 10 + 3 + 0 ; 50 + 8 + 5 + 0 ; 50 + 10 + 2 + 1 ; 50 + 6 + 6 + 1 ; 20 + 20 + 20 + 3 ; 50 + 5 + 5 + 3…

# BILAN et consolidation

FICHIER NOMBRES p. 108 à 110
CAHIER GÉOMÉTRIE p. 47-48

## BILAN de l'UNITÉ 10

## CONSOLIDATION

NOMBRES ET CALCULS

### Calcul mental (séances 1 à 9)

**Je fais le bilan** › FICHIER NOMBRES p. 109

**Exercice 1**
Dicter les calculs suivants.
a. 7 + 3　b. 8 + 8　c. 9 + 5
d. 7 + 6　e. 6 + 9　f. 9 + 8
RÉPONSE : 10 ; 16 ; 14 ; 13 ; 15 ; 17.

**Je consolide mes connaissances** › FICHIER NOMBRES p. 110

**Exercice 1**
RÉPONSE : 14 ; 13 ; 12 ; 17 ; 14 ; 15 ; 16 ; 15.

**Autres ressources**

› CD-Rom Jeux interactifs GS-CP-CE1
**Jeu 11.** Je suis un as du calcul (niveau 1)
**Jeu 12.** Je calcule à la vitesse de l'éclair (niveau 2)

NOMBRES ET CALCULS

### Lecture des nombres jusqu'à 99 (séance 1)

**Je prépare le bilan** › FICHIER NOMBRES p. 108 A

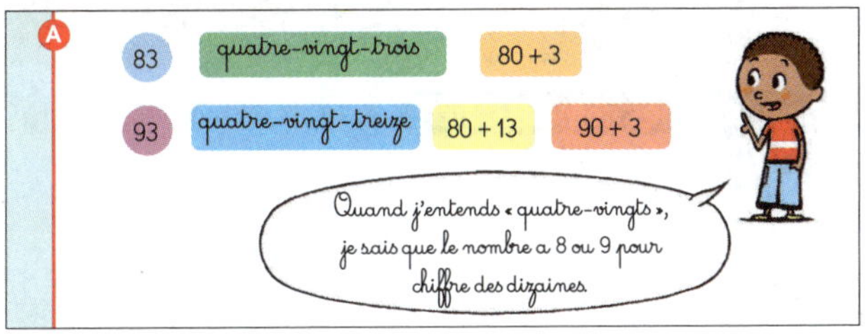


→ **Pour lire et écrire les nombres de 80 à 99,** il n'y a qu'un seul mot-clé (*quatre-vingt…*) : il faut bien regarder si c'est 8 ou 9 (ou bien écouter ce qui suit *quatre-vingt…*).

**Je fais le bilan** › FICHIER NOMBRES p. 109

**Exercice 2 Écrire en chiffres des nombres dictés.**
Dicter les nombres suivants.
a. 59　b. 69　c. 89
d. 99　e. 75　f. 95

**Je consolide mes connaissances** › FICHIER NOMBRES p. 110

**Exercice 2**
RÉPONSE : 76 ; 80 ; 96 ; 79 ; 82 ; 90.

**CD-Rom du guide**

› Fiche différenciation n° 44

**Autres ressources**

› 80 Activités et jeux mathématiques CP
**27.** Le loto des nombres (jusqu'à 99)

NOMBRES ET CALCULS

### Complément et différence (séances 2 et 3)

**Je prépare le bilan** › FICHIER NOMBRES p. 108 B

→ **Pour trouver le nombre de photos de la boite rouge,** on peut :
– compléter le nombre de photos de la boite bleue pour arriver à 25 : on peut écrire par exemple 6 + … = 25 ;
– soustraire le nombre de photos de la boite bleue du nombre total de photos : on peut écrire par exemple 25 – 6 = 21.

**Je fais le bilan** › FICHIER NOMBRES p. 109

**Exercice 3 Calculer un complément.**
RÉPONSE : 14 photos de Gribouille.

**Je consolide mes connaissances** › FICHIER NOMBRES p. 110

**Exercice 3**
RÉPONSE : 9 lapins.

**CD-Rom du guide**

› Fiches différenciation n° 45 et 46

# BILAN de l'UNITÉ 10

# CONSOLIDATION

NOMBRES ET CALCULS

## Addition : calcul posé (séances 4 et 5)

**Je prépare le bilan** › FICHIER NOMBRES p. 108 C

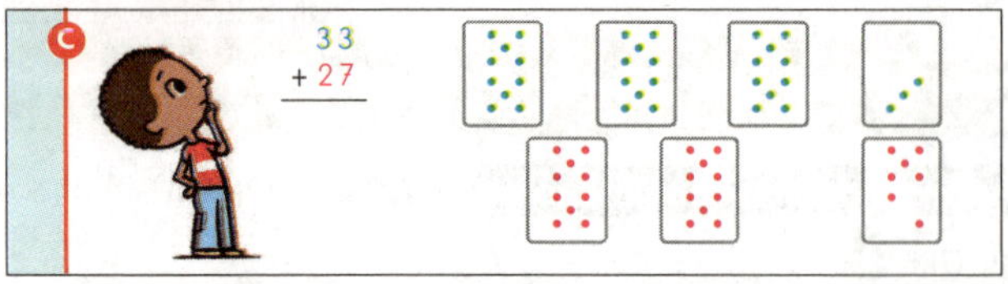


→ **Pour calculer une addition,** on peut utiliser le calcul réfléchi ou bien poser l'opération en colonnes. Dans ce dernier cas, il faut commencer par les unités. S'il y en a plus de dix au total, il faut fabriquer une dizaine supplémentaire (c'est la retenue).
L'explication peut être appuyée sur du matériel de numération.

**Je fais le bilan** › FICHIER NOMBRES p. 109

**Exercice 4 Calculer des sommes.**

RÉPONSE : 88 ; 80 ; 85.

**Je consolide mes connaissances** › FICHIER NOMBRES p. 110

**Exercice 4**

RÉPONSE : 88 ; 78 ; 90.

NOMBRES ET CALCULS

## Comparaison de sommes (séances 8 et 9)

**Je prépare le bilan** › FICHIER NOMBRES p. 108 D

→ **Pour comparer deux sommes de plusieurs nombres,** on peut :
– regarder les termes qui les composent et chercher des termes égaux, puis comparer les termes restants (par un calcul) ;
– calculer la valeur de chaque somme et comparer les résultats obtenus.

**Je fais le bilan** › FICHIER NOMBRES p. 109

**Exercices 5 et 6 Comparer des sommes.**

RÉPONSE : 5 Arthur.
6 20 + 20 + 7 + 5 > 20 + 10 + 10 + 8 ; 50 + 8 = 20 + 20 + 10 + 8.

**Je consolide mes connaissances** › FICHIER NOMBRES p. 110

**Exercice 5**

RÉPONSE : Zoé.

**Atelier**

Reprendre le jeu « La cible ».

MESURES ET GÉOMÉTRIE

## Lecture de l'heure (séance 6)

Pas de bilan.
La lecture de l'heure qui nécessite de différencier les indications fournies par chaque aiguille est difficile pour beaucoup d'élèves. Sa maitrise s'inscrit dans la durée et requiert une fréquentation régulière de ce type d'exercices.

**Je consolide mes connaissances** › CAHIER GÉOMÉTRIE p. 48

**Exercice 1**

**CD-Rom du guide**

› Fiche différenciation n° 48

**Autres ressources**

› 80 Activités et jeux mathématiques CP

**52.** Loto des heures
**53.** Bataille des heures

› CD-Rom Jeux interactifs GS-CP-CE1

**Jeu 20.** La lecture de l'heure (jeux 1 et 2)

# BILAN de l'UNITÉ 10

# CONSOLIDATION



## Solides (séances 6 et 7)

**Je prépare le bilan** › CAHIER GÉOMÉTRIE p. 47 Ⓐ

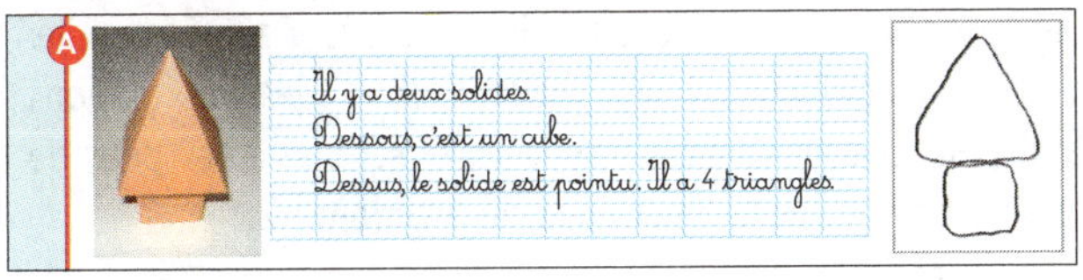


→ **Pour expliquer comment est fait un assemblage de solides,** on peut :
– faire des phrases avec des mots : nommer les solides, donner des informations sur leur forme, indiquer certaines de leurs propriétés, en utilisant le plus possible un vocabulaire géométrique (cube, pavé, pyramide, face et les noms des figures planes qui forment les faces des solides) ;
– faire un dessin des faces de l'assemblage.

**Je fais le bilan** › CAHIER GÉOMÉTRIE p. 47

**Exercices ❶ et ❷ Représenter puis décrire un assemblage pour permettre de réaliser le même.**

MATÉRIEL par groupe de 4 élèves : cube (a), pavé droit (i), pyramide à base carrée (b), prisme droit à base triangulaire (d), cylindre (g), cône (l)

Construire dans chaque groupe l'assemblage formé du cube (a) surmonté du pavé droit (i). Pour l'exercice 2, il sera nécessaire de préciser la consigne :
→ *Dans votre message, il ne doit y avoir que des mots. Vous ne devez pas faire de dessin, ni utiliser les lettres qui sont écrites sur les solides.*
→ *Vous décrirez d'abord le solide du bas, puis celui du haut de l'assemblage (montrer les emplacements correspondants dans le cahier).*
→ *Pour vous aider, on a écrit une liste de mots que vous pouvez utiliser, mais vous pouvez en utiliser d'autres.*

RÉPONSE : ❶ Par exemple :

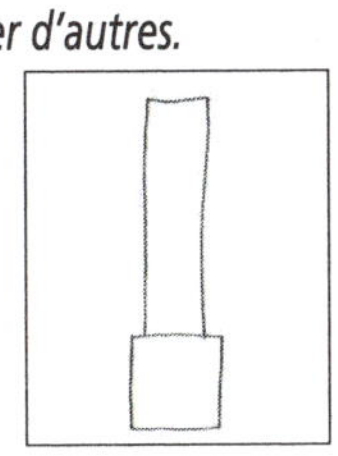

❷ Par exemple :
Le solide du bas : « C'est un cube » ou « Toutes ses faces sont des carrés ».
Le solide du haut : « Il a deux carrés et quatre rectangles ; il est debout. »

**Atelier**

MATÉRIEL par groupe de 4 élèves répartis en deux équipes de 2 : les 12 solides utilisés en séances 6 et 7 › **fiches 93 à 104**

Chaque équipe réalise un assemblage de 2 solides en cachette de l'autre équipe et rédige un message pour que l'autre équipe puisse construire le même.
Au choix de l'enseignant, le message peut ne contenir que des mots ou que des dessins.

**Autres ressources**

› 80 Activités et jeux mathématiques CP
**78.** Des formes planes aux solides
**79.** Construction de solides et d'assemblages de solides
**80.** Jeu de reconnaissance tactile

## Tracé à la règle (séance 7)

Pas de bilan proposé.
Le tracé à la règle a besoin d'être régulièrement sollicité pour en améliorer la maitrise. De la même manière, l'analyse d'une figure en vue de la reproduire est une tâche difficile qui doit faire l'objet d'un travail régulier et s'inscrire sur le long terme.

**Je consolide mes connaissances** › CAHIER GÉOMÉTRIE p. 48

**Exercice ❷**

**CD-Rom du guide**

› Fiche différenciation n° 49

**Autres ressources**

› 80 Activités et jeux mathématiques CP
**71.** Dans un carré

› CD-Rom Jeux interactifs GS-CP-CE1
**Jeu 23.** Dans un carré (jeux 1 à 4)

UNITÉ 10

# *Le cirque*

› FICHIER NOMBRES p. 111

**La résolution des problèmes posés sur cette page nécessite une prise d'informations sur les illustrations et dans les textes.**

1 Combien y a-t-il de chevaux ?
Il y a ....... chevaux.

2* Combien y a-t-il de petits singes ?
Il y a ....... petits singes.

## Problème 1

OBJECTIF : Calculer une somme.
TÂCHE : Calculer le nombre de chevaux.

RÉPONSE : 7 chevaux.

## Problème 2

OBJECTIFS :
– Calculer un complément.
– Résoudre un problème à étapes.

TÂCHE : Déterminer le nombre de singes connaissant le nombre total d'animaux et le nombre de chaque autre sorte d'animaux.

RÉPONSE : 5 petits singes.

## Mise en œuvre

Une feuille de brouillon est remise à chaque élève : c'est leur espace de recherche.

Comme pour les séries de problèmes précédentes, un accompagnement à la lecture des énoncés peut être utile. En effet, un guidage et une aide au choix des informations utiles pour chaque question peuvent être nécessaires pour de nombreux élèves, notamment pour le **problème 2**.

Il est préférable ici que **l'exploitation** se fasse question par question.

## Aides possibles

**Pour le guidage de la résolution,** il est possible, après un temps individuel, d'indiquer les informations à prendre en compte pour traiter le 1er, puis le 2e problème.

**Pour le problème 2**, une aide à la détermination des étapes peut s'avérer nécessaire :
– trouver le nombre d'animaux (en dehors des singes) à partir des informations de l'illustration (3ours, 3 lions) et de celle issue du problème 1 (7 chevaux) ;
– trouver le nombre de singes.

## Procédures à observer particulièrement

**Pour le problème 1**, il est intéressant d'observer si les élèves mettent en relation l'information donnée verbalement par Arthur avec celle donnée par la photo de Zoé.

**Pour le problème 2**, il est intéressant d'observer comment les élèves déterminent le complément de 13 à 18 (dessin, addition à trou, soustraction…).

# Évaluation de fin de période 3 (unités 8 à 10)

**Cette évaluation concerne les acquis des élèves relatifs aux apprentissages des unités 8 à 10.**
**Les supports élèves sont fournis sous forme de fiches photocopiables.**

## EXERCICES DICTÉS ORALEMENT PAR L'ENSEIGNANT

Chaque nombre ou chaque calcul est dicté deux fois.

### Exercice 1 Dictée de nombres

**Attendus de fin de cycle :** Nommer, lire, écrire, représenter des nombres entiers.

**Compétence spécifique :** Écrire en chiffres des nombres inférieurs à 100 donnés oralement.

**Commentaire :** Cette compétence peut nécessiter un entrainement complémentaire, en se concentrant sur la lecture des nombres clés : 60, 70, 80 et 90. Mais, pour certains élèves, il faut attendre le début du CE1 pour une maitrise complète.

**Nombres dictés :**
a. 57 b. 40 c. 68 d. 80
e. 71 f. 87 g. 97 h. 70

### Exercice 2 Répertoire additif, calcul sur les dizaines, doubles

**Attendus de fin de cycle :** Calculer avec des nombres entiers.

**Compétence spécifique :** Connaitre ou retrouver rapidement des résultats (répertoire additif, sommes et différences de dizaines, doubles jusqu'à 20).

**Commentaire :** Le répertoire additif est progressivement disponible. Certains résultats nécessitent d'être reconstruits avant d'être mémorisés ou retrouvés très rapidement. Pour beaucoup d'élèves, le répertoire additif ne sera entièrement disponible qu'au CE1.

**Calculs dictés :**
a. 8 + 7 b. 3 + 9 c. 12 – 6 d. 15 – 6
e. 40 + 10 f. 20 + 40 g. 50 – 20 h. double de 9

RÉPONSE : 15 ; 12 ; 6 ; 9 ; 50 ; 60 ; 30 ; 18.

### Exercice 3 Problèmes

**Attendus de fin de cycle :** Résoudre des problèmes en utilisant des nombres entiers et le calcul.

**Compétence spécifique :** Résoudre des problèmes faisant intervenir des augmentations ou diminutions de quantités (recherche de la valeur de l'augmentation ou de la diminution).

**Commentaire :** Lire chaque énoncé deux fois de suite. Si nécessaire, simuler les actions avec du matériel.

**Premier problème :** Dans un album, Arthur colle d'abord 10 photos de Gribouille. Puis, il colle des photos de Zoé. Il y a maintenant 13 photos en tout dans l'album. Combien de photos de Zoé a-t-il collées dans l'album ? Écris la réponse dans la case d'Arthur.

**Deuxième problème :** Ce matin, Zoé est arrivée avec 10 billes à l'école. À la récréation, elle a perdu des billes. À la fin de la récréation, il ne lui reste que 6 billes. Combien de billes a-t-elle perdues pendant la récréation ? Écris la réponse dans la case de Zoé.

RÉPONSE : Arthur : 3. Zoé : 4.

## EXERCICES À ÉNONCES ÉCRITS

Pour certains élèves, les consignes peuvent être lues par l'enseignant.

### Exercice 4 Tableau des nombres

**Attendus de fin de cycle :** Nommer, lire, écrire, représenter des nombres entiers.

**Compétence spécifique :** Situer un nombre dans le tableau des nombres.

**Commentaire :** Il s'agit de vérifier si les élèves ont compris l'organisation du tableau des nombres, avec repérage des lignes (pour les dizaines) et des colonnes (pour les unités).

RÉPONSE : 35 ; 44 ; 53 ; 75 ; 76.

### Exercice 5 Comparaison et rangement des nombres

**Attendus de fin de cycle :** Comprendre et utiliser des nombres entiers pour dénombrer, ordonner, repérer, comparer.

**Compétence spécifique :** Ranger des nombres par ordre croissant.

**Commentaire :** En cas d'erreurs relatives à la comparaison, le travail doit être repris en s'appuyant sur le matériel de numération (fiche 30) de façon à faire ressortir l'intérêt de commencer à comparer les dizaines, puis en cas d'égalité les unités. D'autres erreurs peuvent être dues à la stratégie de rangement utilisée : mettre alors en évidence celle qui consiste à chercher d'abord le plus petit, à l'éliminer, puis à recommencer avec les nombres restants.

RÉPONSE : 59 ; 69 ; 86 ; 95 ; 96.

### Exercice 6 Écriture des nombres en chiffres et en lettres

**Attendus de fin de cycle :** Nommer, lire, écrire, représenter des nombres entiers.

**Compétence spécifique :** Associer écriture littérale et écriture chiffrée des nombres jusqu'à 99.

**Commentaire :** Il convient de distinguer les erreurs qui concernent l'orthographe de celles qui sont liées à la lecture des nombres.

RÉPONSE : cinquante-deux ; soixante-douze ; quatre-vingts ; quatre-vingt-quinze ; quatre-vingt-dix-huit.
67 ; 70 ; 77 ; 84 ; 94.

### Exercice 7 Dizaines et unités (valeur positionnelle des chiffres)

**Attendus de fin de cycle :** Nommer, lire, écrire, représenter des nombres entiers. Calculer avec des nombres entiers.

**Compétence spécifique :** Décomposer un nombre inférieur à 100 à l'aide des nombres 50, 20, 10…

**Commentaire :** Pour répondre, les élèves peuvent s'appuyer soit sur des connaissances relatives à la numération décimale (68 c'est 6 dizaines et 8 unités, puis chercher à obtenir 6 dizaines d'euros et 8 euros avec les billets et pièces disponibles) soit uniquement sur le calcul sur les dizaines et les unités.

RÉPONSE : 68 € = 10 € + 10 € + 10 € + 10 € + 10 € + 10 € + 5 € + 1 € + 1 € + 1 €
83 € = 50 € + 10 € + 10 € + 5 € + 5 € + 1 € + 1 € + 1 €

ÉVALUATION 3

## Exercice 8 Ajout ou retrait de 1 ou de 10

**Attendus de fin de cycle :** Calculer avec des nombres entiers.

**Compétence spécifique :** Ajouter ou soustraire 1 ou 10 à un nombre inférieur à 100.

**Commentaire :** Les réponses peuvent être obtenues en remarquant qu'ajouter ou soustraire 10 revient à ajouter ou soustraire 1 dizaine et que l'ajout (ou le retrait) d'une unité ne modifie que le chiffre des unités, sauf lorsque celui-ci est 9 (dans le cas d'un ajout) ou 0 (dans le cas d'un retrait).

RÉPONSE : 45 ; 80 ; 61 ; 54 ; 89 ; 70 ; 43 ; 78 ; 59 ; 34 ; 69 ; 50.

## Exercice 9 Calcul sur les dizaines

**Attendus de fin de cycle :** Calculer avec des nombres entiers.

**Compétence spécifique :** Additionner des dizaines entières.

**Commentaire :** Ce type de calcul devrait être bien maitrisé en fin de CP.

RÉPONSE : $60 = 40 + 20$ ou $60 = 30 + 20 + 10$.
$80 = 50 + 20 + 10$.

## Exercice 10 Comparaison de sommes

**Attendus de fin de cycle :** Calculer avec des nombres entiers.

**Compétence spécifique :** Comparer des sommes sans nécessairement les réduire complètement.

**Commentaire :** Au CP, il est probable que des élèves répondront en calculant chaque somme alors que d'autres sont capables de comparer en faisant apparaitre des termes communs. Par exemple, $16 + 5 + 4$ et $5 + 8 + 8 + 4$ peuvent être comparées en remarquant que $8 + 8 = 16$ et que les autres termes sont communs.
On observera aussi si des difficultés sont dues à une mauvaise compréhension des symboles $<$ et $>$.

RÉPONSE : $16 + 5 + 4 = 5 + 8 + 8 + 4$    $12 + 6 + 8 < 15 + 12$
$8 + 6 + 4 + 5 = 13 + 10$    $10 + 3 + 7 + 5 > 7 + 15$

## Exercice 11 Calcul de sommes, mentalement, en ligne ou en colonnes

**Attendus de fin de cycle :** Calculer avec des nombres entiers.

**Compétence spécifique :** Additionner deux nombres, en utilisant le calcul réfléchi, en ligne ou posé.

**Commentaire :** Au CP, le calcul posé fait l'objet d'une première approche. Pour certains élèves, sa maitrise ne sera assurée qu'au CE1. Cela ne nécessite pas de remédiation immédiate.

RÉPONSE : $45 + 23 = 68$    $29 + 40 = 69$
$8 + 54 = 62$    $47 + 38 = 85$

## Exercices 12 et 13 Problèmes

**Attendus de fin de cycle :** Résoudre des problèmes en utilisant des nombres entiers et le calcul.

**Compétence spécifique :** Résoudre un problème de recherche de complément et un problème de recherche de double.

**Commentaire :** Une aide à la lecture de l'énoncé peut s'avérer utile. Observer si les élèves ont recours à un dessin ou s'ils répondent en utilisant directement les nombres (par exemple pour le problème 12, surcomptage à partir de 9 jusqu'à 25, calcul en passant par 10, etc.)

RÉPONSE : 12 Le marchand a vendu 16 ballons.
13 Dans l'album de Zoé, il y a 14 photos.

## Exercices 14 et 15 Mesure de longueurs

**Attendus de fin de cycle :** Mesurer des longueurs avec un instrument adapté.

**Compétences spécifiques :** Mesurer une longueur à l'aide d'une règle graduée. Tracer un trait de longueur donnée.

**Commentaire :**
**Exercice 14 :** Les élèves doivent dénombrer sur la règle les unités situées entre les deux graduations qui sont en face des extrémités du trait.
**Exercice 15 :** Pour tracer, les élèves doivent repérer sur la règle la graduation qui correspond au nombre d'unités donné. Ils peuvent soit commencer par placer sur la ligne un repère correspondant à la longueur voulue et ensuite tracer le trait, soit tracer le trait en même temps qu'ils dénombrent les unités. Cette seconde procédure est moins sure.

RÉPONSE : 14 Le trait a mesure 4 unités. Le trait b mesure 7 unités.

## Exercice 16 Lecture de l'heure

**Attendus de fin de cycle :** Lire l'heure et les dates.

**Compétence spécifique :** Lire des horaires en heures entières sur une horloge à aiguilles.

**Commentaire :** La grande aiguille étant sur le 12, il suffit de lire le nombre qui fait face à la petite aiguille.
Il peut y avoir confusion entre les deux aiguilles, ce qui conduit à une réponse erronée, par exemple pour la dernière horloge : 12 heures ou 12 heures et demie.

RÉPONSE : 10 heures ; 4 heures ; 6 heures.

## Exercice 17 Reproduction sur quadrillage

**Attendus de fin de cycle :** Reproduire des figures sur quadrillage.

**Compétence spécifique :** Reproduire un dessin tracé sur des lignes du quadrillage.

**Commentaire :** Les élèves peuvent construire un dessin ayant à vue sensiblement la même forme ou construire en mesurant la longueur des côtés du dessin. Dans ce cas, ils peuvent soit placer les extrémités de chaque côté avant de tracer le côté, soit tracer un côté en même temps qu'ils « comptent » sa longueur en nombre de côtés de carreaux. La présence d'un point de départ pour la reproduction est une aide. Les élèves peuvent avoir du mal à concilier un tracé à la règle avec les contraintes de la reproduction. Pour la validation, il est possible d'utiliser un calque du modèle.

## Exercice 18 Construction sur quadrillage

**Attendus de fin de cycle :** Construire des figures sur quadrillage.

**Compétence spécifique :** Construire un carré sur quadrillage.

**Commentaire :** Les élèves peuvent considérer les deux traits comme étant deux côtés de la figure et fermer la figure en suivant les lignes du quadrillage. Ils obtiennent alors un rectangle.
La procédure correcte consiste à considérer le plus grand trait comme étant un côté du carré et à prolonger le second trait de façon à ce qu'il ait même longueur que le premier. Une erreur peut se produire lors de la mise en œuvre : mesure du côté tracé ou du trait prolongé.

RÉPONSE : Le côté du carré peut faire 6, 7, 8 ou 9 carreaux.



Achevé d'imprimer par Loire Offset Titoulet à Saint-Etienne - France
Dépôt légal : 96441-1/03 - février 2017